수용전념치료 배우기

Jason B. Luoma · Steven C. Hayes · Robyn D. Walser 공저
최영희 · 유은승 · 최지환 공역

Learning ACT

An Acceptance & Commitment Therapy Skills-Training Manual for Therapists

학지사

Learning ACT:
An Acceptance and Commitment Therapy Skills-Training Manual for Therapists
by Jason Luoma Ph.D., Steven Hayes Ph.D. and Robyn Walser Ph.D.

역자의 글

정신치료의 핵심은 인간을 고통에서 벗어나도록 돕는 이론과 기법에 관한 것이다. 정신과 치료의 주종이었던 정신분석적 정신치료가 이제 어느덧 후퇴를 하면서 오늘날은 인지행동치료가 주종을 이루게 되었다. 인지행동치료를 통하여 효과를 보지 못하는 환자에게는 스키마에 초점을 둔 치료법이 개발되었다. 그리고 동양에서 오랜 기간 동안 전해 내려온 마음챙김이란 개념이 오늘날 서양의 정신치료와 접목되기 시작하여 이제는 전성시대를 이루고 있다.

1999년에 Steven Hayes 박사가 그의 동료들과 함께 『Acceptance and Commitment Therapy(수용전념치료)』를 출간하였고, 나는 책을 읽으며 꽤나 역설적인 이 책의 내용을 이해하느라 많은 시간을 보냈다. 구성주의와 관계틀 이론에 근거하여 언어의 해독을 강조하며, 언어의 의미를 탈융합하는 다양한 방법을 개발하고, 세상이 추구하는 가치체계와는 달리 역설적으로 고통과 함께 살아가는 심리적 유연성을 길러서, 현재 이 순간을 살아갈 수 있도록 마음챙김 하여, 가치 있는 방향으로 삶에 전념하는 일련의 치료 과정은 인지행동치료와 스키마치료를 전문으로 해 온 나에게 또 다른 치료의 길을 안내해 주기에 부족함이 없었다.

이 책은 전문가들을 위한 교재로 출간되었다. 저자 중 한명인 Luoma 박사도 언급했지만, 사실 수용전념치료의 용어나 은유가 그리 쉽게 이해되는 것은 아니며, 또한 머리로는 이해가 된다고 해도 그것이 몸에 배인 행동으로 전환되는 것은 별개의 문제다. 그래서 이 책은 각 장마다 연습을 두어 실제로 환자에게 적용하는 데 아주 도움이 되게 하였다.

이 책이 번역 출간되는 데 주된 역할을 한 최지환 선생은 정신과 전문의이며 나에게서 인지행동치료와 스키마치료를 연수받았다. 그 인연으로 나는 이 책의 번역을 권하였고, 그는 아주 성실하게 초벌 번역을 맡아 주었다. 또한 유은승 선생은 임상심리 전문가이며 나에게서 사회기술 훈련을 연수받은 아주 긴 시간을 함께해 온 후학으로 그 역시 초벌 번역을 맡아서 성실하게 완수해 주었다. 나는 두 사람의 초벌 번역을 토대로 원서와 대조를 해 가며 번역을 완성해 나갔고 그들이 도움이 있었기에 이 책의 번역 작업을 끝낼 수 있었다.

번역 작업이란 정말 고통스러운 작업이다. 저자들의 의도를 충실하게 이해하고 우리말로 옮기는 데 있어 언어적 차이에서 오는 미세한 어감까지도 잘 살펴야만 하는 작업이다. 더구나 수용전념치료는 용어의 탈융합이 꽤 많이 이루어지는 치료이기에 영어와 한국어의 문화적 차이를 실감하는 어려운 작업이었다. 번역의 정확성을 높이기 위해 최선을 다했으나 잘못된 부분이 남아 있다면 언제든 역자들에게 알려 주기를 바란다.

작년에 미국 보스턴에서 열린 세계 인지행동치료학회에 참석했다가 찰스강의 유람선에서 Steven Hayes 박사와 많은 이야기를 나누었다. 자신의 책들이 한국어로 번역되어 나온다는 사실에 기뻐하던 그의 미소를 떠올리며 우리나라에 수용전념치료가 널리 보급되어 많은 이들이 마음에서 빠져 나와 삶으로 들어가는 작은 기적이 일어나기를 기대한다.

끝으로 이 책의 출간을 맡아 주신 학지사 김진환 사장님과 편집 과정에서 수고하신 김경민 차장께도 심심한 감사를 드린다.

2012년 여름, 메타 연구소에서

역자 대표 최영희

감사의 글

이 책은 한 팀이 되어 노력한 결과다. 각 장의 내용을 읽고 피드백을 제공해 준 모든 이들에게 감사드린다. 이 책은 각 장에 나오는 내용을 미리 시도해 본 사람들에 의해 특히 연습 부분의 내용이 풍부해졌다. 그들은 Mary Englert, Anne Shankar, Lianna Evans, Ross Leonard, Brendan Sillifant, Kevin Handley, Laura Meyers, Joanne Hersh, Jennifer Boulanger, and Jennifer Plumb 등이다. 포틀랜드 수용전념치료 동료 상담 그룹이 이 책의 연습과 관련 동영상을 어떻게 배열할지에 대한 아이디어를 제공하여 준 것에 감사드린다. Joe Parsons는 이 책에 있는 연습에 영향을 준 치료자 행동의 틀을 갖추는 데 도움을 주었으며, Jason Lillis는 자신의 수용전념치료 사례 개념화 용지를 사용하도록 허락해 주었고, Jonathan Weinstein은 그가 경험한 치료 장면에 근거하여 사례를 구성하도록 허락해 주었다. 모두 감사드린다.

우리가 모든 환자 분의 존재와 신뢰와 용기와 함께할 수 있었음은 영광이었다. 여러분이 없었다면, 이 책은 나올 수 없었을 것이다.

우리에게 지도감독을 받은 모든 학생과 전문가에게도, 그들이 지도감독자를 잘 가르쳐 주어 감사드린다.

편집자인 Jude Berman은 우리의 잘못된 문법을 손질하고 불필요한 삽입 어구를 정리하여 부드러운 문맥이 되도록 교정을 도와주었으며 이에 감사드린다.

각 저자의 감사 인사

[Jason B. Luoma] 수용전념치료를 배우도록 도와주신 모든 분께 감사드린다. 처음으로 수용전념치료를 배울 때, 이론의 엄격함과 관점에 압도되었고 기술적 언어가 완전히 혼동스러웠다. 빠르게 많은 은유와 연습을 활용할 수 있게 되었지만, 이들이 어떻게 한꺼번에 연결되는지는 실제로 이해하지 못했다. 매 순간 이런 간극을 채워 줄 책이 필요했으며, 이것이 나로 하여금 이 책을 쓰게 하였다.

[Steven C. Hayes] 아내인 Jacqueline Pistorello가 작업 내내 인내해 주고, 지지해 주고, 조언해 준 것에 감사드린다. 그리고 우리 연구실 여러 직원의 성원과 용기가 도움이 되었음에 감사드린다.

[Robyn D. Walser] 이 책에 있는 그림 중의 일부를 제공해 주신 어머니께 감사드린다. 어머니, 그림들이 참 좋아요! 우리는 여러분이 기꺼이 짧은 충고와 행동을 실행해 준 것에 감사드린다. 이 책을 쓰는 동안 다양한 메시지를 전달해 주고 지지적인 배우자로 있어 준 남편 Mark Castroreno에게도 감사드린다.

차례

서문

Richard Cory가 마을로 내려올 때마다
우리네 사람들은 길거리에 서서 그를 바라보았다.
그는 머리끝에서 발끝까지 신사였다.
말끔한 생김새에 위엄 있고 늘씬했다.

그는 언제나 수수하게 차려 입었고,
언제나 인간미가 넘치게 말했다.
하지만 "좋은 아침입니다." 하고 말할 때는 여전히
그의 맥박은 고동쳤고, 걸을 때는 눈이 부셨다.

또한 그는 부자였다. 그렇다, 그는 왕보다 더 부유했다.
그리고 경외롭게도 그는 가장 좋은 교육을 받았다.
요컨대, 우리는 그가 모든 것을 갖추었다고 생각했다.
우리 모두가 그처럼 되고 싶어 했다.

그래서 우리는 열심히 일하며 그 빛을 기다렸다.
그리고 고기도 없이 지내며 빵을 저주했다.
그리고 Richard Cory는 어느 조용한 여름 밤,
집으로 돌아가 자신의 머리에 총을 쏴 버렸다.

—Edwin Arlington Robinson(1922)

고난을 겪지 않고 삶을 이끌어 가는 것은 불가능하다. Edwin Arlington Robinson의 유명한 시는 우리에게 모든 것을 가진 것으로 보이는 사람이, 최소한 겉으로는 그렇게 보일지라도 또 하나의 순간을 견디느니 차라리 목숨을 끊기를 원할 수도 있음을 상기시켜 준다. 인간으로서 우리는 다른 종과 마찬가지로 많은 고통스러운 사건과 부닥친다. 인간과 동물은 모두 상실과 예기치 않은 곤경, 신체적으로 고통스러운 경험을 맞게 된다. 하지만 이러한 것에 대해 우리는 동물이 하지 않는 무엇인가를 한다. 즉, 우리는 그에 대해 '생각한다'. 그리고 이 과정을 통해 우리는 고통을 확대하며 지니고 산다.

인간의 생각하고 추론하는 능력은 참으로 놀랍다. 우리의 언어 체계는 다른 것과는 다르다. 그것은 지속적인 과정으로서, 우리의 인식을 끊임없는 언어적 연결의 흐름으로 채운다. 이 능력은 대단한 것이며 동시에 가혹한 것이다. 그것은 인간의 성취 능력을 유지하여 준다. 즉, 우리가 서로 소통하고, 창조하고, 계획하며, 문제를 풀어 가는 능력이다. 깊이 사랑하고, 타인에게 헌신하며, 미래에 대한 꿈을 꾸고, 그것의 실현을 향하여 일하는 것도 우리 능력의 일부다. 하지만 이러한 가능성을 제공하는 바로 그 인지적, 언어적 구성 요소가 한편으로는 우리로 하여금 풍요함 속에서 허우적대도록 만든다. 그것이 우리를 Richard Cory처럼 되게 만든다.

인간은 고통스러우며 삶을 바꿀 수도 있는 여러 방식으로 몸부림친다. 우리로 하여금 어려운 감정과 생각을 갖게 하는 사건이 일어날 때, 우리는 자주 이러한 경험을 없애기 위해서 열심히 노력한다. 즉, 이런 감정이나 생각을 유발하는 사건을 피하려고 하기도 하고, 그와 같은 경험에 수반되는 부정적인 감정과 생각을 없애려고 시도하기도 한다. 예를 들어, 우리는 실패에 대한 불안 또는 상실에 대한 슬픔을 느끼고 싶어 하지 않는다. 따라서 이와 같은 감정을 유발할 수 있는 사건이 일어나면 그 사건과 그로 인한 감정적 반응을 피하려고 애쓴다.

우리가 이런 방법을 택하는 것은 이상한 일이 아니다. 무엇인가가 불쾌하다면, 그것을 어떻게 고칠 것인지를 생각하는 것은 당연하다. 이 전략에 문제가 있는 것은 언어—우리가 '마음'이라고 부르는 것을 구성하는 상징적 능력—의 역설적인 효과 때문인데, 이는 우리가 피할 수 없는 것을 피하기 위해 언어적 능력을 사용하려고 시도할 때 발생한다. 우리가 어떤 방식으로 생각하거나 느끼지 않으려고 애를 쓰는데도 자신이 그런 방식으로 생각하거나 느끼고 있음을 깨달을 때, 우리의 마음은 이러한 경험을 제거하기 위한 노력으로 소진될 수 있다. 하지만 이러한 경험을 제거하기 위해 집중적으로 노력하는 과정에서 실제로는 오히려 우리가 없애기를 원하는 그 괴물을 더 번식시키고 키우는 경향이 있다.

수용전념치료(acceptance and commitment therapy: ACT, 이것은 A.C.T.라고 하지 않고 한 단어로 취급된다; Hayes, Strosahl, & Wilson, 1999)는 이러한 언어적 능력의 해로운 기능과 그것이 인간의 고뇌에 끼치는 역할에 대한 해독제를 제공한다. 수용전념치료는 우리를 고뇌 속에 가두는 언어적 문제를 약화하는 반면 경험적 지혜에 대한 우리의 느낌에 더 가까이 접근하도록 도움으로써 심리적 융통성을 만들어 내도록 설계된 맥락적 인지-행동 중재다. 수용전념치료는 인간의 인지기능에 내재한 역설을 다루며, 내담자가 의미 있고 가치 있는 삶을 살도록 돕는 데 적극적인 역할을 한다. 수용전념치료에는 몇 가지 전략을 사용하는데, 그중에는 현재 순간과의 접촉, 자신 및 타인의 수용, 탈융합 및 탈문자화, 자신에 대한 초월적 인식과의 접촉, 가치 기반 생활, 내담자가 가치 있는 방향으로 움직이도록 돕는 수단으로서의 전념 행동 등이 포함된다. 이 각각의 과정은 내담자의 고충과 원치 않는 경험이 초래할 수 있는 어려움에 대해 온정과 연민을 가지고 제공된다. 수용전념치료는 심리치료에 대한 건설적 접근방법으로서, 사람들이 자신의 내적 경험을 있는 그대로 공감하고 포용하며 동시에 가치 중심적인 건설적 행동의 레퍼토리를 구축하는 데 초점을 맞추는 방법을 배우도록 돕는다.

수용전념치료는 관련된 기초 이론인 관계틀 이론(relational frame theory: RFT; Hayes, Barnes-Holmes & Roche, 2001)에 의해 뒷받침되며, 사람들이 고통스러운 심리적 소재에 집착하는 데 있어서 언어가 어떤 기능을 하는가, 그리고 이것이 어떻게 고뇌와 비참함을 악화시키는가를 탐구한다. 이 관계는 이전의 문헌에서 방대하게 다루어졌으며, 이 책에서 우리는 좀 더 임상적인 측면으로 간략하게 요약한다. 이 책에서는 수용전념치료가 이러한 문제에 어떻게 접근하는지를 좀 더 자세히 설명한다. 이 책의 주요 부분은 수용전념치료의 핵심 치료과정이 어떻게 적용되는지를 독자에게 유용하고 이해하기 쉬운 방식으로 제시한다.

우리가 기대하는 것은 임상가가 이 책을 읽음으로써 임상에 이러한 기법을 바로 적용할 수 있게 되는 것이다. 이것이 이 책의 가장 독특한 점이다. 이 책은 기법에 대한 철학, 이론, 개념, 언어적 지식 등을 넘어서 실질적으로 임상 기술 및 역량을 키울 수 있도록 설계되었다. 우리의 초점이 실용적인 것에 맞추어져 있기 때문에, 의도적으로 쉽게 참조할 수 있고 접근할 수 있는 형식으로 썼다.

이 학습 자료는 다음과 같은 특징을 가진다.

- ✓ 임상가가 자신의 내담자로 하여금 더욱 보람 있고 충만하고 생기 있는 삶을 살도록 돕는 방법에 관한 것이다.
- ✓ 구분된 장을 제공하며, 각 장은 수용전념치료 작업에 포함된 상이한 주요 핵심 치료과정을 다루도록 설계되어 있다.
- ✓ 임상가가 이 자료를 읽고 연습하여 이 치료법을 이행하기 시작할 수 있도록 충분한 지식과 기술 수준에 도달하기 위한 훈련에 관한 것이다.
- ✓ 수용전념치료의 이론, 철학, 자료, 은유, 연습, 적용에 관해, 그리고 불안, 우울, 만성 통증, 정신병과 같은 다양한 내담자 문제와 수용전념치료 간의 관련성에 관해 더 자세한 내용을 제공하는 다른 수용전념치료 교과서와 함께 사용될 수 있는 기술 습득용 자료로서 제작되었다(자세한 내용은 서문의 마지막 부분을 참조하라).
- ✓ 임상가가 내담자의 증상과 관계없이 더욱 효과적일 수 있도록 각 치료과정과 관련된 핵심 역량에 있어서 필요한 기술을 습득하는 데 도움을 주고자 했다.

우리가 이 책을 요리책처럼 보고 따라 하기만 하면 되는 것으로 생각한다는 뜻은 아니다. 수용전념치료는 그런 종류의 치료가 아니다. 우리는 치료자에게 수용전념치료가 어떻게 수행되는지에 관한 명확한 지식을 제공하기 원할 뿐 아니라 이 치료가 사람들의 경험에 제공할 수 있는 활력을 전달하고자 한다. 연습과 과제 수행을 포함하여 이 책의 내용을 자신에게 직접 적용해 볼 것을 권장한다. 이렇게 요청하는 데는 몇 가지 이유가 있지만, 가장 중요한 것은 치료자로서 당신이 직접 수용전념치료를 수행한다는 것이 무엇을 의미하는지 경험할 수 있다는 것이다.

당신 자신의 삶에 대해서도 똑같은 방법을 적용하지 않는다면 이 치료법을 사용하는 것은 쉽지 않다. 당신 자신의 감정에 대한 개인적 경험을 예로 들어 보자. 가장 고통스러운 것에 직면할 때 당신은 무엇을 하는가? 당신의 대답이 제거하거나 통제하기 위한 많은 노력을 포함할 경우, 당신은 "무슨 목적으로?"라는 질문을 우리에게서 들을 것이다. 대부분의 사람과 같이 당신에게도 그 목적은 기분 좋게 하기 위한 것일 것이다. 하지만 당신의 대답이 고통을 있는 그대로 경험하기 위한 것이라고 한다면, 그리고 그렇게 함으로써 당신이 더 나은 삶을 살 수 있게 되는 것이라면, 당신은 수용전념치료 접근방법을 배우는 데 있어 남보다 한 발짝 앞서 있는 것이다.

많은 치료가 주로 사람들의 기분을 개선하도록 돕는 데 초점을 둔다. 그 바람은 치료가 끝났을 때 내담자의 증상이 줄어들고 감정적으로 개선되는 것이다. 수용전념치료에서의 초점은 분명히 더 나은 삶을 사는 것이다. 이것이 더 좋은 기분을 포함할 수도 있지만 그렇지 않을 수도 있다. 때로는 더 나은 삶이 실제로는 고통을 유발하기도 한다. 그렇게 하는 것이 연결, 선택 및 활력 있는 삶을 촉진한다면, 수용전념치료는 불필요한 방어를 하지 않고 고통을 느끼도록 필요한 기술을 제공하려고 시도한다. 수용전념치료의 핵심 목적은 내담자가 이미 직접 느끼고 생각하는 것을 느끼고 생각하도록 도와주면서 동시에 그들이 선택한, 개인적으로 가치 있는 방향으로 움직이도록 돕는 것이다.

이 책의 사용법

수용전념치료 배우기는 수용전념치료의 개념과 방법에 관한 다른 책과 함께 사용되도록 설계되었다. 우리는 특히 다음 서적을 추천한다.

Hayes, S. C., Strosahl, K., & Wilson, K. G. (1999). *Acceptance and commitment therapy: An experiential approach to behavior change*. New York: Guilford Press. [가장 핵심적인 수용전념치료 서적이며, 모든 수용전념치료

임상가가 반드시 소유하고 읽어야 하는 책이다.]

Hayes, S. C., & Strosahl, K. D. (2005). *A practical guide to acceptance and commitment therapy.* New York: Springer-Verlag. [다양한 대상 집단에 대해 어떻게 수용전념치료를 적용하는지를 보여 준다.]

Eifert, G., & Forsyth, J. (2005). *Acceptance and commitment therapy for anxiety disorder.* Oakland: New Harbinger. [제목은 특정 집단을 위한 것이라고 되어 있지만, 어떻게 수용전념치료 과정을 불안장애에 대한 치료에 접목할 수 있는지를 보여 주는 강력하고 보편적으로 유용한 수용전념치료 지침서다.]

Hayes, S. C., & Smith, S. (2005). *Get out of your mind and into your life.* Oakland, CA: New Harbinger. [일반적인 목적의 수용전념치료 학습서다. 수용전념치료를 처음 접하는 치료자가 이 작업을 경험적으로 접할 수 있도록 도와주는 데 유용할 수 있으며, 내담자를 위해서 과제로 사용될 수 있다.]

Hayes, S. C. (2007). *ACT in action.* Oakland, CA: New Harbinger. [최고의 수용전념치료자 중 몇 명이 출연한 6편의 DVD 시리즈로 수용전념치료 수행방법을 보여 준다.]

이 밖에도 특정 대상 집단과 치료자, 개인을 위한 많은 수용전념치료 서적이 있다. 맥락적 행동과학학회(Association for Contextual Behavioral Science, ACBS)의 웹사이트(www.contextualpsychology.org)에서 이러한 책의 목록을 볼 수 있다. 이 기관은 수용전념치료 연구, 임상 및 이론 자료 출판, 온라인 토론, 훈련, 연수, 회의, 매뉴얼, 지침서, 은유 및 네트워킹에 대한 통로다. 이 기관은 이 중재법의 학습과 수행에 귀중한 자원일 뿐만 아니라 지속적인 수용전념치료 훈련 및 이용을 위해서도 유용하다.

또한 www.learningact.com은 이 책을 지원하기 위한 목적으로 구축되었다. 이 사이트는 당신이 다른 독자와 접촉할 수 있도록 하며, 수용전념치료 학습에 관한 추가 안내를 포함한다. 위의 책과 자료는 단지 독자가 수용전념치료에 관해 더 많은 정보를 발견하는 데 도움을 주기 위해 제시되었다. 『수용전념치료 배우기

(Learning ACT)』는 다른 수용전념치료 서적 출판사(예, Guilford Press; Springer-Verlag)의 승인을 받거나 제휴관계를 맺고 있지 않다.

이 학습서의 구성

이 학습서의 서문과 제1장은 수용전념치료의 기초가 되는 이론에 대한 개요와 사례를 수용전념치료 시각에서 생각하는 데 도움이 되는 몇 가지 도구를 제공한다. 구체적으로 1장은 기본 학습과정이 언어의 문제성 있는 영향과 결합하여 사람들의 고통을 증가시키는 방식에 대해 설명한다. 수용전념치료의 변화 이론 또한 1장에서 언급된다. 2~7장, 9장은 수용전념치료 임상가가 배워야 할 핵심 역량 분야에 초점을 맞춘다. 그중에 2~7장은 여섯 가지 핵심 치료과정에 초점을 맞추고, 9장은 수용전념치료에서 치료관계에 초점을 맞춘다. 각 장은 해당 역량과 관련하여 사용되는 기초 은유, 이야기 및 기법에 대한 설명, 각 기법의 내담자/임상가 실연 등으로 구성되어 있고, 실질적인 쓰기 과제를 통해 당신이 배운 원리를 다양한 내담자 자료 예제에 적용하도록 하는 것으로 마무리되어 있다. 또한 각 장은 논의된 과정을 언제 사용할 것인지, 이 과정을 시행할 때 발생하는 일반적인 문제를 어떻게 다룰 것인지, 그리고 최소한 한 가지 경험적 연습을 포함한다. 8장은 당신이 이전 장에서 배운 모든 것을 통합하는 과정을 시작한다. 이를 위해 수용전념치료의 시각에서 사례 개념화 및 치료 계획 수립을 배우며 수용전념치료 모델을 실제 사례에 적용해 볼 수 있도록 구성되어 있다.

2~7장의 수용전념치료 과정 각각은 마치 서로 분리된 것처럼 제시되어 있다. 하지만 내담자와의 실제 치료시간에서 단 하나의 역량만 한 과정에 초점을 맞추는 경우는 드물다. 오히려 각 치료시간에서 여러 과정이 탐색되며 시도된다. 10장의 목적은 다양한 수용전념치료 과정을 통합하고 융통성 있게 사용할 수 있도록 하는 것이다. 수용전념치료가 내담자에게 심리적 유연성을 구축하도록 시도하는 것처럼, 우리는 이 학습서가 임상가로서 수용전념치료를 적용하는 데 있어 유연성을 높일 것을 기대한다. 10장은 이러한 유연성을 높이는 데 도움이 되는 다양한

연습 문제를 제공하며, 또한 수용전념치료에 관하여 자주 제기되는 질문에 대한 답을 포함하고 있다.

이 학습서의 마지막 부분을 부록이 구성한다. 부록 A는 연구 모임, 교실, 실습 과목에서와 같이 수용전념치료를 집단으로 배우는 사람에 대한 안내를 제공한다. 경험에 따르면, 치료자의 수용전념치료 업무를 지원하는 공동체를 갖추는 것은 중요하다. 그것이 친구 또는 동료 집단이든, 인터넷을 통해 접근하는 가상 공동체든, 단기 연수과정이든, 혹은 지도감독자나 스승과 멘토의 관계든, 이러한 사회적/언어적 공동체는 당신이 임상가로서, 특히 수용전념치료 임상가로서의 역할을 유지할 수 있게 하는 데 필수다. 다행인지 불행인지, 효과적인 수용전념치료 임상가의 레퍼토리의 일부가 되는 화법이나 사고방식 중 다수가 우리 문화에서 잘 나타나지 않는다. 다수의 주류 서구 문화 메시지, 특히 '좋은 느낌'을 조장하는 메시지(예, 경험적 통제) 및 생각과 문자로 상호작용하는 방식은 매우 지배적이고 자동적이다. 그렇기에 생소하고 이전에 별로 시도해 보지 않은 수용전념치료에 기초한 행동 및 사고 방식은 수용전념치료에 능통한 사회적/언어적 공동체의 지원이 없이는 오랜 시간을 두고 유지될 가능성이 떨어진다.

참고 동영상[1)]

이 동영상은 내담자의 역할을 하는 훈련된 배우를 통해 핵심 역량에 대한 역할극의 예를 제공함으로써 이 책을 보완한다. 이러한 예는 수용전념치료 방법과 원리를 비교적 능숙하게 적용하는 경우와 상대적으로 능숙하지 않게 적용하는 경우를 보여 주기 위해 구성되었다. 모든 역량이 동영상에 망라되지는 않지만, 8장(사례 개념화)을 제외하고는 2장에서 10장까지의 예가 제공된다.

이 동영상은 글로는 적절하게 설명될 수 없는 방식으로 예제와 기법의 본보기를 제공한다. 그것을 이용하는 좋은 방식은 각 장면을 실행한 다음 해설자가 무엇

1) 역주: 이 동영상은 학지사 홈페이지(http://www.hakjisa.co.kr)의 부록자료실에서 내려받을 수 있다.

이 진행되었는지를 설명하기 전에 재생 장치를 중지하는 것이다. 해당 장면에서 무엇이 수용전념치료 모델에 적합한지 또는 적합하지 않은지를 결정해 보고, 그런 다음 해설자가 자신의 생각을 설명하는 것을 듣는 것이 좋다. 이 시작–중지 방법은 특히 이 책과 동영상 패키지를 사용하는 워크숍이나 교실에서 권장된다. 우리는 동영상의 어떤 섹션을 보기 전에 미리 이 책의 해당 장을 읽을 것을 권한다.

이 책의 연습 실행하기의 사용

수용전념치료 기법과 기술에 대한 독서도 중요하지만, 더욱 효과적인 수용전념치료 임상가가 되기 위해서 이러한 기술을 연습하는 것은 더욱 중요하다. 어떤 치료에 대한 방대한 지식을 갖추는 것은 그것의 시행을 위한 발판을 분명하게 다질 수 있다. 하지만 우리는 수용전념치료에 대해 당신이 더 나아가기를 요구한다. 수용전념치료에서 치료 활동을 통해 당신을 안내하는 것은 언어적 지식만이 아니다. 경험을 통해 아는 것(즉, 경험적 지식) 또한 내담자를 잘 이해하고 내담자에게 양질의 치료를 시행하기 위한 열쇠다. 수용전념치료를 학습하는 것은 바이올린을 배우려고 시도하는 것과 비슷하다. 당신은 활을 어떻게 쥐고 음계가 어떤 기능을 하는지에 대해 책을 통해서 배울 수 있다. 하지만 단순히 연주법에 대해 읽는 것만으로는 바이올리니스트가 될 수 없다. 연습이 필수적이다. 읽기(언어적 지식)가 '어떻게 활을 쥐는가'를 가르치는 것이라면, 이 책에서의 연습은 당신이 바이올린 연주의 시작을 돕도록 설계되었다(경험적 지식).

2장에서 7장까지 각 장의 마지막 부분에는 '핵심 역량 연습'이라는 제목의 절을 포함하였다. 여기에서는 가상적 내담자와의 면담 기록을 바탕으로 연습을 실행해 보도록 한다. 이 책에서 제시된 사례 중 다수는 실제 내담자 또는 여러 내담자가 조합된 내용을 기초로 작성되었으며, 일부 측면은 개인 신분 보호를 위해 변경되었다. 이러한 연습은 실제 내담자를 대하기 전에 가상의 내담자에 대한 대응을 모의 실험하고 연습할 수 있는 기회를 제공한다. 이 연습을 통해 자신만의 반응을 만들어 보고 그것을 해당 장의 마지막에 제시된 수용전념치료와 일치하는 예시 반응과 비교하도록 되어 있다.

이러한 연습과 더불어 각 장에서는 경험적 연습을 제시한다. 이러한 연습은 당신이 실제로 해 보기 위한 것이고 개인적인 내용을 반영한다. 여기서 '경험적'이란 말은 이러한 연습의 목적이 당신으로 하여금 효과적인 수용전념치료 임상가가 될 수 있도록 수용전념치료 공간, 입장, 심리적 자세 등을 발견하도록 돕는 것임을 의미한다. 이 연습의 이러한 속성은 이 치료의 본질과 긴밀하게 연결되어 있다.

수용전념치료에서 우리는 내담자에게 경험적으로 제시되는 어렵고 부정적인 것을 포함한 모든 것을 기꺼이 경험하는 과정에 전적으로 몰입할 것을 권한다. 더불어 그들에게 풍요하고 가치 있는 삶을 살기 위한 목적을 갖고 그렇게 하도록 권한다. 당신 또한 전적으로 그리고 열린 마음으로 이 학습서에 제시된 경험적 연습에 몰입하고, 자신과 연결하는 방식으로 그것과 상호작용함으로써 내담자에게 권하는 것과 같은 것을 하도록 제안한다. 우리는 이 책에 가능한 한 많은 상호작용적 연습을 포함하려고 시도했으며, 그것을 모두 이용할 것을 권한다. 비록 다른 자료를 빨리 배우기 위해서 건너뛰고 싶은 유혹이 있겠지만, 이 책에서 제시된 순서대로 호기심을 채운 후에 주어진 자료를 끝까지 학습하고 연습하길 바란다. 만일 건너뛴 경우에는 나중에 다시 돌아와서 연습 문제를 완료하여 이 책의 가치를 충분히 습득할 것을 제안한다.

수용전념치료 사용의 시작

우리는 이 치료법 사용의 시작에 대해 여러 권고안을 갖고 있다. 첫째, 이 접근방법을 당신의 내담자에게 적용하기 전에 당신이 수용전념치료 모델 전체에 대해 충분히 이해할 것을 권한다. 앞에서 언급한 바와 같이, 비록 이 치료의 과정이 서로 분리된 것처럼 제시되어 있지만, 실제로는 상호 의존적이다. 한 과정에 대해 기본 이해가 부족하면 다른 과정을 시행하는 것이 어렵게 되고, 막다른 골목에 다다르게 되거나 혼란하게 된다. 또한 이 접근방법을 총체적으로 이해하지 못한다면 치료자는 자칫 일관성이 없는 모습을 보이기 쉬워 이 중재의 전반적인 효과를 약화할 수 있다. 대부분의 임상가에게는 이 전체 모델에 대한 명확한 이해를 위해서 수용전념치료 원본(Hayes et al., 1999)을 읽는 것이 도움이 된다. 만약 원본을 주의 깊게 읽었다면 이 책에서 제시한 방법을 읽으면서 바로 적용하기 시작하는 것이 가능할 것이다. 하지만 이 책이 당신이 접한 수용전념치료에 관한 첫 서적이라면 이러한 방법을 당신의 내담자에게 적용하기 전에 이 책을 처음부터 끝까지 숙독해야 한다.

둘째, 우리는 이론과 치료에서의 성장을 위해 시간을 가질 것을 권한다. 이 접근방법을 사용하기 시작했을 때, 특히 지금까지 통제기반 중재 이론[2)]에 따라 업무를 수행해 온 경우라면 진료나 상담을 할 때 혼란할 수 있다. 수용전념치료를 적용하는 것이 처음에 어색하고 혼란하고 불안한 것은 임상가에게 전혀 이상한 것이 아니다. 일반 외래 환자를 치료하는 초보 치료자에 관한 최근의 효과성 연구에 따르면, 전통적인 인지행동치료에 비해 수용전념치료 시행은 치료자에게 더 많은 불안을 유발하고, 이러한 방법의 적용 경험에 따른 불안 감소는 더 느리게 진행되는 반면, 환자에게 있어서 유의하게 향상된 임상 결과를 가져온다(Lappalainen et al., 2007). 특히 이러한 연구 결과는 임상가의 불안과 어색함이 효과성을 없애지 않음을 시사하는 것으로 보이기 때문에, 우리는 당신이 수용전념치료를 시행하는 데 있어서 경험할 수 있는 취약성을 받아들일 수 있는 '여유'를 가질 것과 이런 새로운 기법을 계속해서 적용할 것을 권한다. 『마음에서 빠져나와 삶 속으로 들어가라(Get Out of Your Mind and Into Your Life)』(Hayes & Smith, 2005)와 같은 자조 수용전념치료 서적은 이러한 과정에 수용전념치료를 적용하는 데 있어서 유용하게 쓰일 수 있다. 이는 열린 마음으로 충분한 시간과 노력을 들이면 결국 수용전념치료의 효과에 대해 더 깊이 이해할 수 있게 되겠지만, 수용전념치료를 시행함에 있어서의 불안감이 완전히 사라지지는 않을 것임을 충고한다. 수용전념치료는 임상가에게 내담자를 대할 때 방어적이지 않은 열린 자세로 또 하나의 다른 사람과 함께 경험하는 것 같은 태도를 갖기를 요구한다. 이 과정에는

2) 역주: 통제기반 중재 이론(control-based intervention theories)은 사고나 행동을 조절하고 통제함으로써 증상의 변화를 꾀하는 치료법을 뜻하는 것으로 인지행동치료 이론이 대표적이다.

그 일 자체를 포기하지 않고는 피할 수 없는 순수함과 풍요로움이 존재한다.

셋째, 우리는 수용전념치료를 당신의 업무 수행에 포함하기 시작하기 위한 두 가지 기본 방법을 권한다. 하나는 앞서 '이 책의 사용법'에서 열거되고 웹사이트(www.contextualpsychology.org)에도 제시된 책을 포함하여 다양한 형태로 활용 가능한 표준화된 매뉴얼 중 하나를 기초로 수용전념치료를 시행하면서 시작하는 것이다. 해당 매뉴얼에 기술되어 있는 특정 치료법과 잘 일치되는 문제를 갖고 있는 내담자를 대상으로 처음부터 끝까지 매뉴얼을 따라가며 치료를 해 보는 것이 가장 이상적인 방법일 것이다. 다른 한 방법은 당신이 치료에 어려움을 겪고 있는 특정 내담자에 대해 수용전념치료의 시행을 시작하는 것이다. 자주 그렇듯이 어려운 내담자의 경우에는 이것이 직관에 반하는 시작점이 될 수도 있다. 하지만 당신의 기존 레퍼토리가 이미 실패했기 때문에 당신도 그 내담자처럼 뭔가 막혀서 이러지도 저러지도 못하는 듯한 느낌을 받을 것이다. 따라서 수용전념치료를 시도함으로써 이 치료과정의 실마리를 푸는 뭔가 새로운 일이 일어날 수 있는지 확인해 볼 수 있다.

넷째, 경험적 수용전념치료 워크숍에 참여할 것을 권한다. 이것은 특히 이 중재를 배우는 최선의 방법 중 하나다. 수용전념치료는 모든 경험—부정적인 것과 긍정적인 것 모두—을 껴안고 살아가며 목적의식이 있는 삶이 가져오는 자유와 풍요로움에 중점을 두고 있다. 워크숍 참여는 당신이 개인적으로 이 세상에 존재하는 방식에 있어서 그리고 내담자에 대한 업무에 있어서 당신의 삶에 이러한 이벤트를 형성하는 데 도움이 될 수 있으며, 수용전념치료 과정의 형식뿐 아니라 기능에 관한 직관적인 안내를 제공할 수 있다. 수용전념치료 훈련과 워크숍은 웹사이트(www.contextualpsychology.org)에 제시되어 있다.

마지막으로 수용전념치료는 과학, 철학, 기초심리학, 정신병리학, 임상 중재 분야에서의 방대한 학문적 연구에 기초한 것임을 알아야 한다. 이 책에서 우리가 다소 평이한 용어를 사용한 것은 우리의 목적이 실무와 기술에 집중적으로 초점을 맞추고 있기 때문이다. 당신은 수용전념치료 기술이 성장함에 따라 이해의 깊이를 더하기 위해서 더 많은 연구 결과를 읽게 될 것이다. 수용전념치료 학술회의에 처음 참석하는 임상가는 관계틀 이론, 행동 이론 및 맥락적 과학철학에 관한 워크숍과 치료시간을 보고 놀라는 경우가 많다. 하지만 더욱 놀라운 것은 어느 정도 경험을 쌓은 후에 임상가 자신이 이러한 치료시간을 요구하기 시작하며 그것의 실용적 유용성에 대해 자주 열광한다는 것이다. 이 책에서 우리는 임상적이고 상식적인 용어를 사용하며, 일반적으로 그것을 기초 이론과 연결하지는 않는다. 예를 들어, 우리는 마음에 대해서 쉽게 이야기만 할 뿐, 이 상식적인 영역에 포함된 행동 기술 요소를 파악하기 위해 관계틀 이론 연구실에서 실시되는 연구를 파고들거나 하지는 않는다. 만약 더 관심이 있다면 수용전념치료와 관계틀 이론 관련 문헌을 더 읽어 보면 될 것이다.

당신이 이 치료법을 깊이 탐구한다면, 결국 수용전념치료가 심리학 자체를 재구성하려는 시도의 일부임을 알게 될 것이다. 즉각적인 실용적 목적에 관심이 있다면 이 책은 더 큰 맥락을 겨냥한 수용전념치료에 관해 충분히 배우는 데 도움이 될 수 있다. 가장 중요한 것은 이 책을 읽는 것—또는 어쩌면 '하는 것'이라는 말이 더 적합할 수도 있다—이 당신으로 하여금 수용전념치료 방법이 유익할 수 있는 내담자에게 그것을 시작하기에 충분할 만큼 배우는 데 도움이 되기를 바라는 것이다.

Learning ACT

제1장

수용전념치료의 여섯 가지 핵심 과정과 공통 목표

제1장

수용전념치료의 여섯 가지 핵심 과정과 공통 목표

커튼 뒤에 있는 사람을 주목하지 마시오.
-오즈의 마법사

인간이 존재함에 있어 축복이자 저주는 언어다. 수용전념치료(ACT)의 모든 과정은 이러한 통찰과 그것을 이끈 기초 연구에서 시작된다.

수용전념치료의 관점에서 보면, 언어와 인지가 장기적으로 가치 있는 결말을 이끌어 내는 변화를 추구하거나, 그러한 변화를 유지할 수 없는 방향으로 우리 삶을 둘러싼 환경과 상호작용하는 것이 정신병리와 인간 불행의 근본 원천이다. 이런 종류의 심리적 경직성은 사람들이 언어적 도구가 도움이 되지 않는 상황에서 그것을 사용하거나, 비효율적으로 혹은 문제가 되는 방식으로 사용할 때 나타난다.

언어가 축복이라는 말에는 의심할 여지가 없다. 모든 출입문이 잠긴 방 안에 당신이 갇혀 있고, 탈출을 시도할 단 한 번의 기회가 있다고 상상해 보라. 이 시나리오에서 당신이 할 일은 행동의 과정을 결정하는 것이며, 당신은 자신의 계획을 이야기하기 전까지는 그것을 행동으로 옮길 수 없다고 가정해 보자. 이러한 상황에서 아마도 당신은 다양한 선택사항을 평가하고, 결과를 예측하는 데 전념하게 되며, 그런 다음 가장 성공할 확률이 있는 계획을 말하게 될 것이다. 만일 머릿속에서 계획을 생각할 시간이 있다면, 당신은 도움을 요청하는 전화를 하거나, 문을 부수거나, 다른 방에 있는 배우자를 부르거나, 창문을 깨고 뛰어내리거나 하는 등의 생각을 하는 자신을 발견하게 될 것이다. 단지 생각만으로 당신은 이러한 계획이 갖고 있는 각각의 위험성을 고려해 볼 수 있다. 예를 들면, '만일 문이 부숴 버리기에는 너무 튼튼하다면?' 혹은 '아무도 전화를 받지 않는다면?' 등과 같은 질문을 생각할 수 있을 것이다. 단지 마음만을 이용해서 당신은 충분히 계획을 세우고, 왜 그러한 계획이 가장 성공적일지를 설명할 수 있다.

이 예는 인간이 언어적 기술과 인지적 기술을 사용하여 외부 세계에 잘 적응하는 데 필요한 모든 요소를 포함하고 있다. 복잡한 상황은 그것의 요소와 특징으로 구분된다. 이러한 요소와 특징은 상상이 되는 행동, 예측, 평가의 경우를 세우고, 예상되는 결과에 기초하여 계획이 선택된다.

이러한 언어적 문제해결 과정은 상당한 진화론적인 이득을 제공한다. 즉, 그것은 인류가 비록 나약하고 느리며 방어를 제대로 하지 못함에도 이 세상을 장악할 수 있게 했다. 그러나 인류의 이러한 강력한 힘은 쉽게 막대한 손실을 가져올 수도 있다. 방 안에 갇히는 것 대신 당신이 강렬한 불안 혹은 파국이 임박했다는 감정에 사로잡혀 있다고 가정해 보자. 마찬가지로 당신이 해야 할 일은 그것에서 빠져나가는 방법을 찾는 것일 것이다. 똑같은 문제해결 능력이 해결책을 제공하고(예를 들면, 신경안정제를 먹고 불안을 억제하거나 혹은 자해를 하는), 그러한 감정에서 빠져나오는 것과 같은 적절한 결과를 가져오기 위해 사용될 수 있을 것이다. 그러나 수용전념치료 연구는 여기서 문제를 해결하기 위해 고안된 그 해결책이 문제가 될 수 있다고 제안한다(Hayes, Luoma, Bond, Masuda, & Lillis, 2006). 즉, 당신은 지금 수용전념치료 모델에서 **경험 회피**라고 알려진 핵심적 병리과정 안에 빠지게 될 수 있다. 그러나 이러한 '저주'가 잠긴 방의 예에서는 축복이었던 것과 사실상 같은 것일 수 있다.

이 책의 기초가 된 작업은 외부 세계에서 잘 기능하는 것과 똑같은 것이 내부 세계를 향했을 때에는 쉽게 해가 될 수 있다는 점을 분명히 한다. 예를 들어, 페인트 위에 덧칠하는 것을 싫어한다면 벽을 긁어내고 새로운 칠을 할 수 있다. 반면 과거의 외상을 떠올리는 것을 원치 않아 그것을 긁어내려 한다면, 외상은 더 생각의 중심이 되고 두드러지며 영향력을 끼치게 될 수 있다. 미래에 있을 가뭄을 두려워한다면, 우리는 미래의 갈증을 해소하기 위해 물을 아껴야 한다. 그러나 미래의 거절이 두려워 누구도 자신에게 그런 식으로 상처를 주지 않도록 노력한다면, 우리는 관계에서 조화를 이루지 못하고 만남을 회피하여 결국 자신의 삶에서 거절이 차지하는 역할을 확대하게 된다.

수용전념치료는 관계틀 이론에서 설명하는 것과 같이 기본 행동 원칙과 그것의 인간 언어와 인지로의 확장에 기초한다. 따라서 관계틀 이론은 언어적 능력의 기원을 설명한다. 우리가 이 이론의 개요를 이해해야 하는 이유는 수용전념치료가 이 이론에 연관되어 있기 때문이다. 관계틀 이론을 이해함으로써 우리는 인지행동치료의 일부로 인식되는 수용전념치료가 왜 전통적인 인지행동치료와 극적으로 다른지를 명백하게 알 수 있다.

관계틀 이론은 우리가 어릴 적부터 사회 관습에 따라 사건을 서로 관련짓는 것을 배운다고 설명한다. 여기서 '사건'이라는 것은 사물을 바라보고, 냄새를 맡고, 다른 사람을 만지고, 생각을 하거나 감정을 느끼는 것과 같은 한 사람의 모든 경험을 의미한다. 사회적/언어적 집단에서 훈련을 한 결과, 우리는 단순히 어떤 사건의 물리적 특성보다는 그 사건이 다른 사건과 관련된 특성이 어떻다고 알려져 있는가에 기초하여 반응하는 법을 배운다. 이 장에서는 한 예를 들어 설명한다. 언어적 능력이 강력해지기 전에 어린아이는 5센트짜리 동전이 더 크기 때문에 10센트짜리 동전보다 5센트짜리 동전을 더 좋아하며, 따라서 5센트 대신 10센트를 주면 울 것이다. 언어적으로 좀 더 성숙한 아이는 10센트가 '더 크다'고 알려져 있기 때문에 10센트를 더 좋아할 것이며, 비록 실제로 10센트로 물건을 사 본 적이 없더라도 10센트짜리 동전 대신에 5센트짜리 동전을 주면 울 것이다. 이와 같이 동전(이 예에서는 사건)의 기능은 단지 5센트가 10센트보다 '작다'는 임의적 공표인 사회적 선호 혹은 관습에 기초한다.

인간에게 있어서 관계 기술의 융통성은 물리적인 세계에 존재하는 임의적이지 않은 관계를 넘어서게 한다. 하지만 이를 너무 한결같이 사용하면 그 세계 자체가 우리의 관계 행동에 완전히 얽히게 된다. 우리는 '마른 것이 살찐 것보다 더 낫다'고 말할 수 있으며, 이 말에서 '낫다'는 '코끼리가 쥐보다 더 크다'는 말에서 '더 크다'는 말과 같아 보인다. 따라서 관계(이 예에서는 평가)는 임의적 사회 훈련의 반복에 의한 것이라기보다는 사물 그 자체에 있는 것처럼 보인다. 일단 이런 능력이 힘을 얻게 되면, 우리는 거대한 관계망을 형성하고, 점점 더 직접 경험에 기초한 것이 아닌 언어적으로 획득된 방식으로 작동되는 세계 속에 살게 된다. 이로 인해 우리는 스스로 선택한 것도 아니고 항상 실행 가능한 것도 아닌, 문화적이고 사회적으로 형성된 생활 및 관계 방식에 갇히게 될 수도 있다. 이런 식으로 언어는 우리의 세계를 구성하는 배후에서 작용한다.

한편으로 수용전념치료는 언어적 환상을 드러내고 '커튼 뒤의 사람'을 드러내는 작업을 한다. 관계틀 이론의 관점에서 우리가 '마음'이라고 언급한 것은 '사물'이 아니라 관계적 능력의 집합이다. 사건과 관계를 맺는 능력—예를 들면, 사고, 계획, 판단, 평가, 기억을 함으로써—은 밝은 면과 어두운 면을 모두 갖고 있다. 그렇지만 그 과정은 놀랍게도 양면이 유사하다. 다른 점은 맥락과 목표 영역이다. 문자 언어와 인지는 도구이지만, 모든 목적에 딱 맞는 도구는 아니다.

운 좋게도 관계틀 이론은 언어와 상위 인지가 어떻게 발달하고, 왜 그것이 도움이 되기도 하고 장애가 되기도 하는지를 제안할 뿐 아니라, 우리가 이에 의해 이용되는 것이 아니라 그것을 이용할 수 있도록 하기 위해 이러한 능력을 어떻게 제어할 것인지를 제안한다. 관계틀 이론은 언어적, 인지적 과잉의 근원을 지적한다. 연구자들은 아동에게 논리적인 비교를 가르치거나(Berens & Hayes, 2007), 관점으로서의 자기감을 형성하는 것(McHugh, Barnes-Holmes, & Barnes-Holmes, 2004; Rehfeldt, Dillen, Ziomek, & Kowalchuck, 2007)과 같은 중요한 언어 기술과 인지 기술을 훈련하는 데 있어 관계틀 이론이 제공하는 통찰을 점점 더 사용할 수 있다.

관계틀 이론의 개념은 수용전념치료의 관점에서 정신병리를 이끄는 것으로 알려진 핵심 과정의 기초를 제공한다. 본질적으로 문제는 문자 언어가 고통을 늘리고 그러한 고통을 해결하는 방법인 문제해결적 사고를 과잉 확대하는 경향에 있다. 그 결과 우리는 감정에서 벗어나려 애쓰고 우리의 생각에 얽히게 되어, 현재와의 연결을 잃고 자신에 대한 자신만의 이야기를 믿고 방어하기 시작한다. 그러는 동안 우리가 진정 원하는 것은 보류되거나 배경으로 떠밀리게 되면서 전념 행동이 좀 더 어렵게 된다. 요약하면, 인간 언어의 과잉 확장은 삶을 경직되고 심리적으로 융통성이 부족하게 만든다. 수용전념치료/관계틀 이론의 관점에서 이러한 핵심 과정은 인간의 고통을 양산하거나 악화한다. 지금부터 이 과정에 대한 좀 더 상세한 연구를 살펴보자.

정신병리에 대한 수용전념치료 모델

정신병리에 대한 전반적인 수용전념치료 모델은 육각형의 형태로 설명될 수 있으며([그림 1-1] 참조), 육각형의 각 꼭짓점은 많은 인간의 고통과 정신병리의 원인이라고 가정되는 여섯 가지 과정 중 하나와 대응된다(Hayes et al., 2006). 이 도형의 중앙에는 심리적 경직성이 있다. 이것은 모든 과정의 상호작용을 의미하는

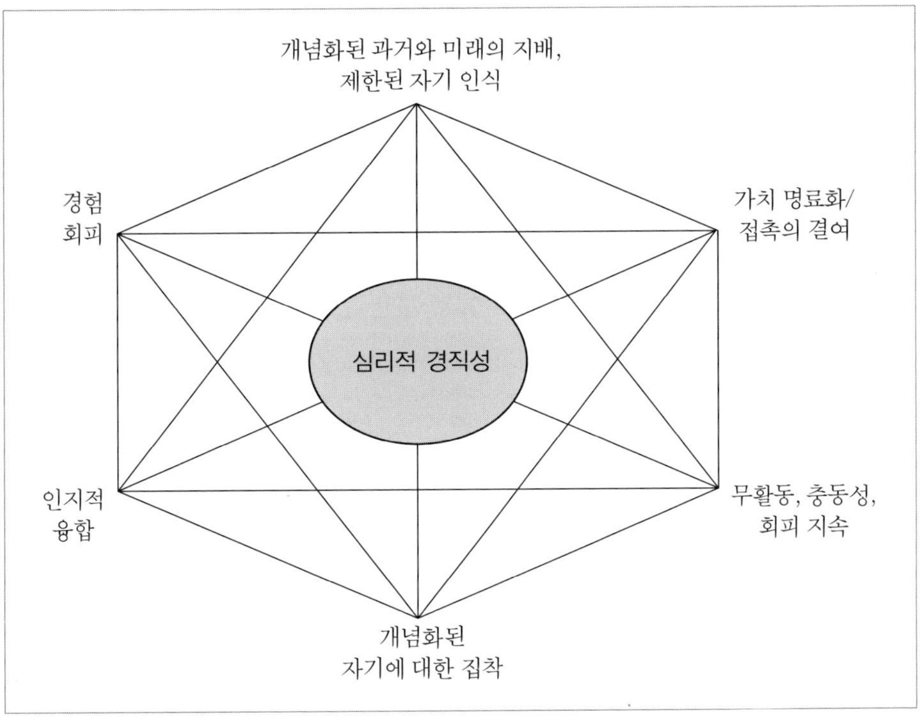

[그림 1-1] 정신병리의 수용전념치료 모델

데 쓰이는 용어다. 수용전념치료에서는 특정 병리과정이 특정 장애와 관련이 있다는 것을 인정하지만, 이러한 일반적인 과정이 우리가 정신병리라고 부르는 전통적인 구분을 관통하는 개념이며, 대다수 사람이 별개의 질환으로 설명하는 공존 질환 문제의 많은 부분을 설명할 수 있다고 주장한다.

경험 회피

경험 통제라고도 불리는 **경험 회피**는 그렇게 하는 것이 행동적 해로움을 유발함에도 내적 경험(예, 사고, 감정, 감각, 기억)의 형태, 빈도, 혹은 상황적 민감성을 통제하거나 바꾸려는 시도를 말한다(Hayes, Wilson, Gifford, Follette, & Strosahl, 1996). 수용전념치료/관계틀 이론의 관점에서 보면, 경험 회피는 사건을 평가하고 예측하고 회피하는 능력에서 자연스럽게 나온다. 즉, 그것은 언어와 인지가 얽힘으로써 생겨난다. 언어는 외부 세계에서 유용한데, 외적 사건이 부분적으로는 예측되고 평가되며 피할 수 있기 때문이다. 하지만 어떤 것도 언어 기술이 외부 세계에서 내부로 확대되는 것을 막을 수는 없다. 잠긴 문을 탈출하는 것과 관련된 인지과정과 약물을 사용하고 싶은 욕구를 해결할 때 사용되는 인지과정 간에도 그렇고, 식량의 고갈을 예측하는 데 사용하는 인지과정과 공황을 예측하는 데 쓰이는 인지과정 간에도 본질적인 차이는 없다.

우리의 예측하고 평가하는 능력은 감정, 사고, 신체 감각과 기억을 긍정적 유형과 부정적 유형으로 나누게 한다. 이후에는 부분적으로 그것을 기초로 하여 이러한 경험을 추구하거나 회피하게 된다. 불행하게도 경험을 회피하거나 바꾸려는 직접 시도는 어떤 맥락에서는 역설적인 효과를 가질 수 있다.

부정적인 사고를 회피하는 과정에서 시작해 보자. 어떤 것도 생각하지 않는 것이 매우 중요하다고 가정해 보자. 이러한 사고의 출현을 통제하려는 필사적인 시도는 " 'X'를 생각하지 말라"는 언어 법칙을 포함한다. 그러나 X가 무엇이든 간에 X를 구체화하는 것은 X를 환기하는 경향이 있다. 호수를 생각하지 않는 것은 호수에 대한 생각을 일으키고, 아이를 생각하지 않는 것은 아이에 대한 생각을 일으킨다. 이러한 일이 일어나는 것은 단지 이러한 언어 사건이 실제 사건과 관련이 있기 때문이며, 실제 사건의 특성 중 일부는 언어 사건으로 옮겨 가기 때문이다(예를 들면, '아이'라는 단어를 들었을 때 당신의 마음속에서 아이의 이미지를 보았을 것이다).

감정에 대해서도 똑같은 일이 일어나곤 한다. 감정의 일부는 방금 논의했던 언어 법칙 자체에 기인한다. 즉, 불안을 통제하려는 노력은 불안에 대한 생각과 관련되고, 이것은 불안을 야기하기 쉽다. 그러나 일부는 이러한 통제 노력의 뒤에 있는, 통제를 해야 하는 언어적 이유에 기인한다. 대개 불안은 수많은 원치 않는 결과 때문에 그것을 회피하려는 것을 일컫는다. 원치 않는 결과의 예로 '바보가 될 것이다', '미칠 것이다', '심장마비에 걸릴 것이다', '어떤 기능도 할 수 없을 것이다' 등의 생각이 있을 수 있다. 그러나 그러한 결과에 대한 이와 같은 자연스러운 감정 반응은 (당신이 생각했듯) 불안을 포함한다.

다른 여러 이유 때문에 경험 회피는 비록 단기간에는 도움이 되는 경우도 있지만 애석하게도 장기적 측면에서는 결국 도움이 되지 않고 자기 확대적인 경우가 많다. 술을 마시는 것을 통해 불안을 다루는 사람은 여러 해 동안은 '불안에서 벗어날 수 있을 것'이다. 두려운 상황을 피하려는 사람은 순간은 안도감을 느끼지만 그의 생활 공간이 제한됨을 점차 알아차리게 될 것이다. 어떤 경험 회피는 문화 과정을 통해 강화되거나 문화 과정 자체를 강화하기도 한다. 유행에 맞는 옷을 구입함으로써 거절에 대한 두려움을 회피하려는 사람은 적어도 겉보기에는 해당 문화와 그 경제적 원동력을 지지하는 셈이다. 아마도 비슷한 이유에서 건강한 사람은 심리적 고통을 갖지 않는다는 이념을 장려하는 사회/문화 집단에 의해 경험 회피가 종종 확대되고, 이러한 부정적인 개인 사건을 피하기 위해 행할 필요가 있는 행동을 구체화하게 된다. 적어도 서구 문화에서 일반적인 사회 초점은 '기분 좋아지기'에 맞춰져 있다. 때로는 더 나아가 기분이 좋아야 할 뿐 아니라 기분이 좋을 권리가 있다는 식이다! 술, 약물, 생각 없는 섹스와 같은 회피적인 해결책은 텔레비전 쇼, 광고, 다른 매체에서 본보기가 되고 있고, 일반적인 '기분 좋아지기 주의'는 문화에 의해 장려되고 있다.

애석하게도 기분 좋아지기는 종종 정신건강 모델의 가장 핵심이 된다. 장애와 치료의 명칭 자체가 바로 이러한 관련성을 보여 준다. 우리는 개인 사건과 경험의 특정한 양상이 존재하느냐에 기초하여 장애를 진단한다. 예를 들면, 자기비판적 사고, 자살사고, 피로감은 우울증의 일부다. 그런 후에 우리는 명백히 개인이 다시 건강하게 될 수 있는 것을 목표로 하여, 이러한 증상을 제거하기 위해 고안된 치료를 구성한다. 하지만 불행히도 이 모든 것은 '기분 좋아지기 주의'의 메시지를 강화하는 위험성을 갖고 있다.

인지적 융합

일반적인 용어로, 인지적 융합이란 인류가 자신이 생각하고 있는 내용에 사로잡히게 되고, 그런 경향이 행동을 조절하는 다른 유용한 자원을 압도하게 되는 경향을 말한다. 우리는 상징적 혹은 관계적 의미를 갖고 있는 것, 즉 단어, 몸짓, 사고, 상징, 이미지, 약간의 감정 등이 단지 '생각'을 하면 임의로 적용될 수 있는 것으로 생각한다.

융합(fusion)이라는 단어는 '쏟아붓다(pour)'를 의미하는 단어에서 유래된다. 비유하자면 마치 레몬, 물, 설탕이 섞여 레모네이드가 될 수 있는 것처럼 인지의 내용과 우리가 생각하는 세계가 하나가 될 때까지 함께 쏟아져 나오는 것이다. 그러나 인지의 내용과 우리가 생각하고 있는 세계가 하나로 취급될 때, 생각하는 습관은 우리가 세계에 대해 어떻게 반응할지를 지시할 수 있으며, 우리는 생각이 세계에 부여한 구조가 활동 과정임을 놓칠 수 있다. 그것은 우리가 뭔가를 하는 것이다.

특정한 언어 규칙에 의해 통제되는 행동은 경직되고 융통성이 없는 경향이 있다는 것은 오래전부터 알려져 왔다(Hayes, 1989). 대부분의 심리 개입 방식에서도 이를 잘 알고 있기 때문에 논리적 경로를 따라 언어 규칙을 바꿔 줌(예, 사고의 변화)으로써 문제를 해결하려고 한다. 그러나 불행하게도 이것은 문제의 핵심을 놓치는 것이다. 옳지 않은 규칙이 사용되고 있는 것은 아니지만, 언어적으로 해석된 사건은 두 가지, 즉 사건과 사건에 대한 해석이 합쳐져 하나로 보이는 것이다. 따라서 우리는 진행되는 사고과정 자체를 놓친 채 생각의 의미를 그것과 관련해서 떠오른 문자 그대로의 사건과 결합한다. 수용전념치료/관계틀 이론의 관점에서 보면, 대부분의 문제는 우리가 무엇을 생각하느냐가 아니라 우리가 생각하는 것을 어떻게 관련짓느냐다.

사고를 당신이 선글라스를 끼고 있다는 것을 잊어버린 것과 같은 것이라고 상상해 보라. 사고는 세상에 대한 당신의 관점을 채색할 것이며, 당신은 세상이 채색되어 있다는 것을 인식하지 못한다. 이것의 문제는 사고라는 것이 당신에게 생각을 통해 구조화된 세상—이러한 색을 통해서 보게 된 세상—을 자유롭게 보여준다는 것이다. 당신은 마치 직접 경험한 것처럼 세상을 대하고, 세상에 대해 '언어화'하고 있다는 사실을 놓친다. 예를 들면, 강박장애를 가진 사람이 '손을 씻지 않으면 내 가족이 오염될 것이다'라고 생각할 때, 그들은 그러한 생각에 물들여진 세계에 너무 집중하게 된 나머지 생각과는 전혀 상호작용하지 않게 될 수 있다. 그들은 오염과 그 결과(예를 들면, 그들의 가족이 죽을 것이라는)를 다루고 있지만 생각을 다루는 것은 아니다.

모든 언어는 어떠한 맥락에서 이루어지며, 언어와 인지만이 특정한 맥락 안에서 특정한 기능을 갖는다. 인간이 문제를 해결하고 환경에 잘 적응하는 데 있어 상징적 사고가 널리 유용하기 때문에, 대부분의 성공적인 문화는 언어에 자동적인 기능을 부여하는 상황을 과잉 확대하였다. 실용적으로는 그들이 무엇이라고 이야기하는 그대로 언어를 받아들이는 것이 유용하다. 당신이 해변가를 걷고 있다고 생각할 때, 다소 덜 생생하겠지만 실제로 해변을 걷고 있는 것과 같은 반응을 경험하는 것은 대개 해롭지 않다. 당신은 마음의 눈으로 물을 '보고' 피부로 바람을 '느낄'지도 모른다. 이러한 과정은 잠긴 방에서 탈출하는 방법을 생각했을 때 경험할 수 있는 것과 같이 대부분의 상황에서 유용하다. 사회 훈련과 지지 덕분에 우리는 대개 사고를 직접 관찰하기보다 사고의 유리한 지점에서 세상을 본다. 생각을 통해 구조화된 세상을 보는 것은 세금을 내거나 차를 고치거나 농사를 짓는 것과 같은 활동에 좋다. 그러나 노을을 감상하거나 마음의 평화를 어떻게 얻을 것인지를 이해할 때에는 그렇게 유용하지는 않다.

방에서 탈출하는 법을 고민하던 예로 돌아가서 생각해 보라. 당신이 이 일을 실제로 하게 된다면, 아마 당신은 그 순간에 신체적으로 자신이 하고 있는 것을 인식하지 못할 것이다. 아마 특히 당신의 발이나 앉아 있는 의자, 이 글귀가 쓰여 있는 종이의 재질이나 색을 알아차리지 못할 것이다. 당신의 주의의 초점은 좁아져 있다. 즉, 탈출을 계획하는 데에만 초점이 맞춰져 있을 것이다.

이것이 인지적 융합에서 일어나는 것이다. 언어/인지 구조는 사건의 직접 접촉을 대체한다. 따라서 우리는 실제 사물이 아닌 사고와 상호작용하고 있다는 것을 잊는다. 과거는 죽고 사라져 버린 것인데도 마치 지금 일어나고 있는 것처럼 보일 수 있다. 멀리 있는 미래조차도 지금 여기의 현재가 될 수 있다. 과거와 미래에 마음의 초점이 맞춰져 있어 현재 순간을 잃게 된다. 우리는 끊임없이 세상을 조직화한다는 것을 알아차리지 못한 채 인지적으로 조직화된 세상과 끊임없이 상호작용하고 있다.

우울한 내담자가 직장에서의 스트레스 때문에 자신이 망가져 버릴 것이라고 상상한다면, 겉보기에 그 사람은 방금 전에 당신이 잠긴 방을 다루던 것과 똑같이 문자 그대로 망가져 버리는 문제를 다루고 있는 것과 같다. 그러한 생각의 문자적 기능이 다른 가능한 모든 기능을 훨씬 넘어선다면, 이 문제는 수많은 다른 가능한 반응이나 상황에 따른 문제가 아니라 어떻게 하면 망가져 버리는 것을 피할 수 있는가의 문제가 된다. 따라서 심리적이고 행동적인 융통성은 사라지고, 그 결과 내담자는 직장에 가지 않고 늦잠을 자거나 혹은 직장에서 어려운 업무에 도전하는 것을 멀리 하거나 동료에게서 멀어지게 된다. 이는 우리가 소위 우울증이라고 부르는 것에서 볼 수 있는 전형적인 행동이다. 내담자가 언어 내용에 융합되면, 그 내용이 개인의 행동을 완전히 지배하게 되어 치료자는 좀 더 새롭고 약한 언어 레퍼토리나 주어진 환경에서의 직접적인 비상 대책처럼 영향을 줄 수 있는 다른 가능한 자원을 제한하게 될 위험에 처한다.

언어의 과잉 확장은 여러 가지 중요한 맥락적 원천을 갖는다. 첫째로, 언어는 문자 그대로의 맥락 속에서 시작하며, 이것은 우리가 듣는 어떤 소리('레몬'이라는 말)와 우리가 의미를 가진 단어나 생각으로서 보게 되는 어떠한 장면(레몬의 이미지)을 형성하는 사회/언어 맥락이다. 뿐만 아니라 사회 공동체는 다른 방식으로 이 레퍼토리를 확대한다. 예를 들면, 대부분의 아동은 어릴 적부터 자신의 행동을 정당화하고 설명하라는 요구를 받는다. 이것은 사회/언어 공동체가 아동이 논증 기술을 이용할 수 있도록 도우며, 문화 공동체 내의 언어로 정당화될 수 있는 범위에서 아동이 행동을 유지할 수 있도록 돕는다. 따라서 아동과 성인은 자신의 행동을 정당화하고 설명할 수 있는 이유가 있을 것으로 기대된다. 이런 것은 "나는 우울했기 때문에 침대에 누워 있었다."라고 말하는 것과 같이 원인과 결과라는 언어 진술의 형태를 띤다.

불행하게도 이런 문자 그대로의 맥락은 또한 이유가 문자 그대로의 원인이라는 관점을 지지하는 경향이 있다. 예를 들면, 우리는 우울이 침대에 머물게 한 원인이었다고 생각한다. 결국 문자 그대로의 원인에 대한 이 개념은 '왜'라는 질문에 대한 대답을 설명하는 것이다. 사실상 언어적으로 구조화된 '왜'에 대한 대답이 '사실'로 간주되는 것은 단지 언어 공동체가 그렇게 받아들이기 때문이다. 이렇게 이유를 제시하는 사회 맥락이 있기 때문에, 행동에 대한 설명을 위해 시작된 이유가 나중에는 우리의 행동을 통제하게 된다. 우리 삶의 모든 측면이 분석되고 범주화되면서, 우리의 삶은 언어적 공식의 거대한 네트워크와 얽히기 시작한다(Addis & Jacobson, 1996).

더불어 '왜'라는 질문에 대한 많은 답은 힘든 개인 경험을 의미한다. 예를 들면, '잊어버렸기 때문에' 회의에 참석하지 못하거나, '두렵기 때문에' 일을 피하는 것이다. 이 공식을 의심하는 일은 거의 없다. '왜 잊어버렸나?' 혹은 '왜 두려움을 느끼면서도 그냥 그 일을 해 보지는 않았나?'라고 물어보는 것은 대개 실례가 된다. 이처럼 이유를 제시하는 맥락은 경험 회피의 맥락으로 빠르게 확장된다. 논리적인 다음 단계는, 예를 들면 좀 더 행동을 통제하기 위해서 잊어버리고 두려워하는 것을 없애는 것을 통해 곤란한 개인 경험을 제거하려고 노력하는 것이다. 지배적인 서구 문화는 개인 경험이 위험할 수 있고 통제되어야 한다고 가르친다. 예를 들면, 아들에게 "겁먹지 마라. 애기들이나 겁을 먹는 거야."라고 말하는 아버지를 떠올려 보라.

인지적 융합은 개인 사건의 인과적 효과, 위험한 특성, 사건을 통제하려는 욕구와 능력을 문화적으로 지지하는 메시지와 결합된다. 예를 들면, '나는 망가져 버릴 거야'라고 생각하는 사람은 이 생각이 문자 그대로 망가져 버리는 과정의 일부라고 믿을 것이다. 즉, 생각이 원인인 것이다. 우리는 '불안은 나쁜 것이다'와 같이 마치 감정이란 것 자체가 위험한 것처럼 배운다. 우리는 아이였을 때 마치 감정 통제가 도리에 맞고 당연하다는 것처럼 "뚝 그쳐. 안 그러면 정말 울게 만들어 줄 거야."라는 말을 들어 왔다. 만일 우리가 아이였을 때 어른에게 반박할 수 있어서, "내가 우는 것 때문에 성가시다고 느끼지 말아요. 아니면 정말 성가시게 해 주겠어요!"라고 말함으로써 어른이 말로써 자기가 한 명령이 얼마나 어리석은지를 보여 줄 수 있다면 재미있을 것이다. 이런 모든 문화 메시지는 단지 사고가 행동에 훨씬 지배적이고 과도한 효과를 미치도록 만들 뿐이다.

개념화된 과거와 미래의 지배, 제한된 자기 인식

융합과 회피는 우리를 현재 이 순간 밖으로 끄집어내는 경향이 있다. 이것은 두 가지 측면에서 문제가 된다. 첫째, 개인 경험에 대한 지속적인 유연한 인식이 줄게 된다. 우리가 그 순간 무엇을 느끼고 생각하고 감지하며 기억하는가에 대해 아는 것이 때로는 질책받게 될 것이다. 왜냐하면 그러한 인식이 인간의 폭넓은 반응에서 오는 두려움, 분노, 슬픔과 같은 경험과 만나게 할 것이기 때문이다. 이런 이유로 경험 회피와 감정표현불능증, 그와 관련된 과정은 매우 상관관계가 높다(Hayes et al., 2004; Hayes et al., 2006).

둘째, 특히 융합은 현재 순간과의 접촉을 하지 못하게 한다. 우리는 개념화된 세계로 들어올 때 비개념적이고 직접적이며 현재의 경험에 대한 인식을 잃는 경향이 있다는 것을 언급한 바 있다. 은유적으로, 문이 잠긴 방에서 나오는 것이 점점 핵심이 될수록 호흡과 다른 감각에 대해서는 점점 덜 인식하게 된다. 즉, 개념화된 과거나 미래가 현재보다 우위를 차지하면서 백일몽이 효과적인 행동을 대신하게 된다. 매일 쇄도하는 작은 상처는 그 순간의 친밀감과 연결의 자리를 대신하게 된다. 현재 순간과 충분히 접촉하지 않으면 행동은 역사적으로 프로그램화된 사고와 반응에 따라 지배되는 경향이 있으며, 그 결과로 과거에 했던 같은 행동이 반복된다. 새로운 가능성이 조기에 차단되는 것이다.

개념화된 자기에 대한 집착

아마도 자기 자신만큼 언어 과정의 큰 초점이 되는 것은 없을 것이다. 어릴 적부터 아동은 몇 살인지, 무엇을 좋아하는지, 커서 뭐가 되고 싶은지, 학교에서 재미있는 것은 무엇인지 등 자신에 대한 많은 질문을 받는다. 아동은 마치 이미 대답이 준비되어 있는 것처럼 '왜'라는 질문에 대답하도록 시달리고, 그들이 완전히 자신을 드러내는 답을 하지 않아도 되는 방법은 수줍어하는 것뿐이다. 사실 아동은 처음에는 그런 질문에 대해 거의 답을 하지 못한다. '왜'라는 질문에 솔직하게 '단지 ~때문에'라는 대답을 하게 되고, 자기 인식에 대한 다른 복잡한 질문은 똑같이 정직하게 '모르겠다'로 이어진다. 그러나 결국에는 좀 더 일관성 있고, 듣는 사람을 즐겁게 하는 이야기를 하게 된다. 따라서 과거는 공식화되고 기술되며 미래는 예측되고 평가된다. 개념화된 자기는 이러한 이야기하기 과정 속에 있다(Hayes et al., 1999). 즉, 개인과 그의 특성은 묘사되고 분석된다. 아동은 타당한 이유 없이 이야기를 바꾸면 사람들이 좋아하지 않는다는 것을 재빨리 배우게 된다. 그래서 이야기는 시간이 갈수록 더 견고해진다. 내담자가 치료를 받으러 올 때쯤이면 이미 이 과정을 통해 자기와 관련된 범주화, 해석, 평가, 예상 등이 거미줄처럼 엮여 있을 것이다.

우리는 우리가 무엇을 해 왔고, 무엇을 좋아하며, 왜 문제가 생겼고, 무엇이 해결책으로 효과적인지, 우리가 어떻고, 어떻게 다른 사람과 다른지에 대한 이야기를 갖고 있다. 전형적으로 이 모든 이야기에는 어느 정도의 진실이 담겨 있다. 문제는 우리가 말하고 있는 진실이 반드시 유용하거나 도움이 되는 것은 아니며, 그 진실이라는 것은 언어 설명과 문제에 대해 객관적이라고 가정된 사실이 일치하기만 하면 정당화될 수 있는 것이라는 점이다. 즉, 그러한 이야기는 반드시 살아가는 데 도움이 되기 때문이 아니라 '맞기' 때문에 진실로 간주되는 것이다.

"광장공포증이 있어요. 남편이 나를 때리고, 나와 두 살 난 아들을 버린 이후 12년 동안 이렇게 지냈어요. 부모님은 도와주려고 하셨지만 너무 비판적이셔서 상황이 더 안 좋아질 뿐이었어요. 그때부터 심하게 불안감을 느껴 왔어요. 그래서 어떤 것도 할 수 없었고, 불안을 다루기에는 너무 두려웠어요. 나는 항상 불안에 대해 생각하고 있어요."라고 말하는 내담자를 떠올려 보라. 이런 사건은 모두 100퍼센트 사실일 수 있지만, 그보다 중요한 것은 그 사람이 자기 초점화된 이야기에 융합되어 있고 그 이야기 안에서 문제를 해결하려고 하고 있다는 점이다. 우리는 유연하고 복잡한 인간 대신에 "난 광장공포증 환자다."라고 말하는, 스스로 만들어 낸 가상 인물을 대하게 되는 셈이다. 즉, '나는 두려움을 느낀다'가 아니라, '나는 진단 범주에 속한다'다. '나는 너무 두렵다'는 말에서 '너무'라는 단어는 '나라는 사람'이 다소 부적절하다는 것을 암시한다.

문제는 그 가상의 이야기를 지지하는 증거가 매우 많아서 그 이야기 밖에 있는 모든 가능한 방법이 타당하지 않은 것으로 경험될지라도 실제 해결책이 그 안에 있지 않을 수도 있다는 점이다. 개념화된 자기는 좁고 또 새장에 갇힌 것처럼 되어, 결국 융통성이 없는 행동 패턴은 피할 수 없는 결과가 되어 버린다.

가치 명료화/접촉의 결여

가치란 선택한 삶의 질로, 진행 중인 행동 패턴으로 표현된다. 궁극적으로 가치는 선택된, 의미 있는 방식으로 살아가는 것에 관한 것이다. 즉, 가치는 우리가 자신의 삶을 안내하기 위해 사용할 수 있는 나침반과 같다. 가치는 그 자체가 평가되는 것이 아니라 다른 것을 평가할 수 있도록 선택된 기준 역할을 한다. 가치는 부분적으로는 언어 과정이며 논리적이거나 합리적인 과정은 아니다. 가치에는 선택, 가정, 창조가 포함된다. 값(가치)을 매긴다는 것은 우리가 일반적으로 삶의 목표를 어떻게 설정하느냐를 의미하지 않는다. 종종 목표는 무심결에 설정되거나 이유를 평가해서(예, 단점과 장점 목록) '최선'의 것을 기초로 선택된다. 많은 경우에 이렇게 하는 것이 유용하지만, 불행히도 이런 이유 중에 많은 것이 삶에서 의미를 두고 선택한 길을 추구하기보다는 결국 중요하지 않은 과정 목표(예, 옳은 사람이 되기, 고통 피하기, 다른 사람을 즐겁게 해 주기 등)와 연결된다.

행동이 경험 회피와 연결되는 만큼 한 개인은 자신의 삶에서 정말 중요한 것을 만나는 데 어려움을 겪을 것이다. 신경 쓰는 것은 고통스러운 것이다. 만약 어떤 사람이 상실, 후회, 실패 등으로 가득 찬 삶의 이야기를 갖고 있다면 그것에 신경 쓰지 않아야 좀 더 쉬워질 것이다. 특히 삶이 예측 불가능하고, 종종 실망스러운 문제 가정에서 자란 사람은 상실과 고통을 피하기 위해 가치 있는 미래를 만드는 것을 피할지도 모른다. 그들은 한 번도 언어적으로 가치 있는 미래를 건설하는 데 필요한 어떤 행동 레퍼토리를 견고하게 만들어 본 적이 없거나, 그런 가치가 고통으로 인해 억압되어 왔는지도 모른다. 어느 쪽이든 '가치'가 없거나 부족하다.

무활동, 충동성, 회피 지속

융합과 관련된 회피, 개념화된 자기와 현재 순간의 상실은 선택한 가치에 따라 효과적으로 행동하는 데서의 무능력함을 의미한다. 장기 목표를 지향하는 유연한 행동 대신에 충동성이나 경직된 고집이 나타난다.

기분이 좋아지는 것, 옳은 것, 개념화된 자기를 방어하는 것과 같은 단기 목표가 우위를 차지하면, 장기적으로 바랐던 삶의 질(예, 가치)은 하위로 밀려나게 된다. 사람들은 심리적인 고통에서 벗어나 안정을 얻는 것을 넘어서 자신의 삶에서 원하는 것과 만나는 것을 놓친다. 삶의 전부가 좀 더 큰 의미와 깊은 활력을 가질 수 있는 가능한 다른 수많은 결과 목표보다는 불안으로부터 자신을 방어하고 우울을 다루거나 자존감을 지키는 것과 같은 과정 목표로 소모될 수 있다. 비유하자면 이는 항상 도끼를 날카롭게 하는 데 시간을 허비하지만 정작 나무를 베어 살 집을 짓는 기회는 갖지 못하는 것과 같다.

장기적으로 희망하는 삶의 질과는 동떨어진 행동 패턴이 생겨나게 되어 그것이 점차 그 사람의 레퍼토리에서 우위를 차지하게 될 수 있다. 때로 이것은 전반적인 삶의 방향성이 없는 형태로 나타난다. 예를 들면, 어떤 사람은 직장, 가족 및 친구와의 친밀한 관계, 운동, 식습관, 여가 및 레저 활동, 의미 있는 영적 활동 등에 효과적으로 참여하지 못한다. 종종 이러한 패턴은 활력 부족, 그리고 호텔에서 '체크아웃' 하듯 자신의 삶에서 '체크아웃' 한 듯이 느껴지는 것으로 나타난다.

행동 레퍼토리는 좁아지고, 현재 환경에서 가치 있는 행동을 위한 가능성에 덜 민감하게 된다. 효과가 있도록 하기 위해 행동을 유지하거나 바꾸는 일은 별로 없게 된다.

수용전념치료의 여섯 가지 핵심 치료과정

수용전념치료는 심리적 유연성을 증진하는 일반 목표와 함께 이제껏 기술되었던 핵심 문제 각각을 목표로 한다. 여기서 심리적 유연성이란 의식적인 한 인간으로서 충분히 현재 순간과 만나는 능력을 말하며, 또한 가치 있는 목표를 추구하기 위해 주어진 상황에서 행동의 변화를 꾀하거나 지속하는 능력을 의미한다(Hayes & Strosahl, 2005). [그림 1-2]에서 제시한 바와 같이 심리적 유연성은 여섯 가지 핵심 수용전념치료 과정을 통해 얻어진다. 각각의 영역은 단지 정신병리를 피하기 위한 하나의 방법이 아닌 긍정적인 심리 기술로서 개념화되어 있다.

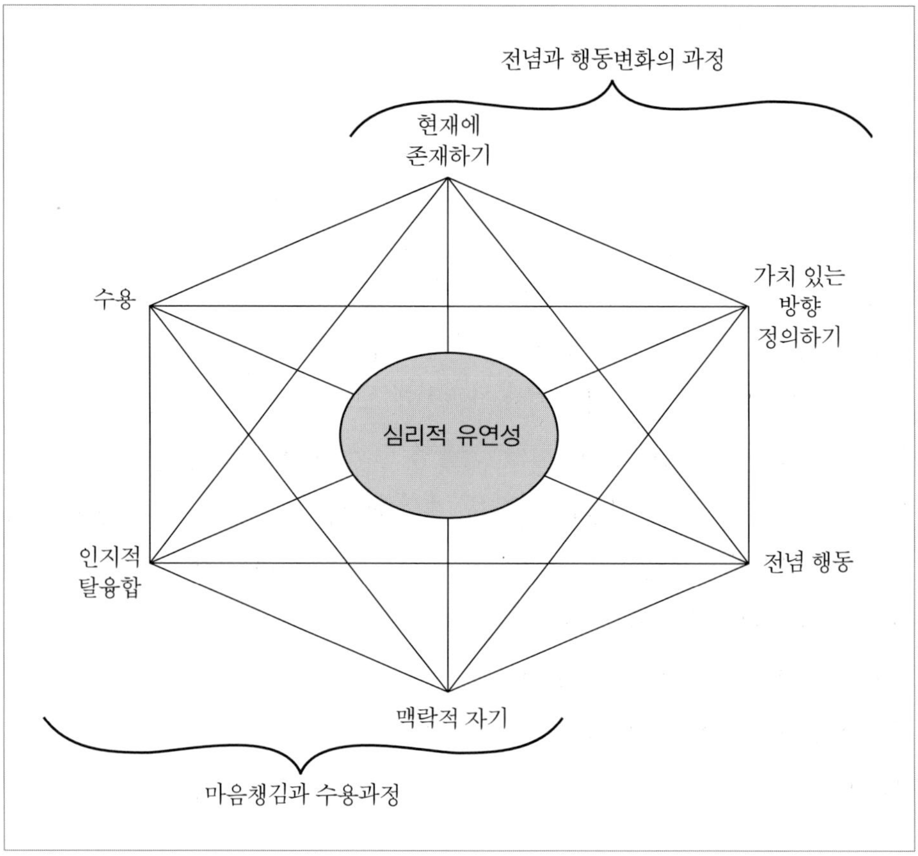

[그림 1-2] 수용전념치료의 여섯 가지 핵심 치료과정

수용

개인 사건에 대한 수용은 경험 회피의 대안으로 배우게 되는 것이다. 여기에는 우리의 옛 경험으로 인해 일어나는 개인 사건을 그 빈도나 형태를 바꾸려는 불필요한 시도를 하지 않고 적극적이고 자각적으로 받아들이는 것(포용)이 필요한데, 특히 그렇게 받아들이는 것이 심리적인 위해를 가할 수 있을 때일수록 더욱 그렇다. 예를 들면, 불안을 경험하는 내담자는 불안을 충분히, 방어하지 말고, 감정으로서 느끼라고 배운다. 통증을 경험하는 내담자는 통증과 싸우는 것을 놓아 버리도록 독려하는 방법을 배운다.

수용전념치료에서 수용은 그 자체가 목적은 아니다. 그보다 수용은 가치에 기반을 둔 행동을 증진하는 하나의 방법으로서 키우는 것이다. 수용전념치료에서 수용방법은 이전에 회피된 경험과 풍부하고 유연한 상호작용을 독려하는 연습을 포함한다. 예를 들면, 감정을 묘사된 대상으로 탈바꿈하고 복잡한 반응을 경험 요소로 쪼개며, 회피된 사건의 상대적으로 미묘한 측면에 주의를 두는 것이다. 이것은 어느 정도는 직면 연습처럼 보이지만, 여기에는 단지 정서 반응을 줄이기보다는 기꺼이 하기나 반응 유연성을 증진하기와 같은 부가 목적이 있다.

인지적 탈융합

수용전념치료는 인지행동치료 중의 하나다. 하지만 소위 제3세대 인지행동치료 접근이라고 불리는(Hayes, 2004) 접근 방식과 마찬가지로 전통적인 인지행동치료의 이론 핵심, 즉 내담자에게 심오한 행동 변화가 가능하려면 부정적인 감정과 왜곡되거나 비현실적인 생각을 제거할 필요가 있다는 점을 받아들이지 않는다. 관계틀 이론의 관점에서 문제는 관계틀(예, 사고 패턴)을 바꾸고자 하는 노력이 일반적으로 관계틀을 확장하고 그 사람이 초점을 두고 있는 사건(예, 사고나 감정)을 오히려 더 중요하게 만든다는 것이다. 기술적 관점에서 일반적으로 관계 맥락은 또한 기능 맥락이기도 하다.

보통 내담자는 부정적인 개인 경험에 지나치게 집중한다. 그 결과로 행동 레퍼토리가 좁아지게 된다. 부정적인 개인 경험에 너무 많이 집중하는 것은 최적의 도움을 주지 못한다. 생각이라는 것은 과거를 담고 있고 종종 자동적이며, 적어도 임상 영역에서 다루어지는 사고는 대체로 견고하게 확립된 것이기에 영구히 완전하게 인지 내용을 바꾸기란 거의 어렵다. 생각을 바꾸는 데 성공한다고 해도 오랜 시간이 걸릴 수 있으며, 스트레스 상황에서 더 오래된 언어/인지 네트워크가 다시 출현하는 경향성을 보면 생각이 완전히 사라지는 것도 아니다(Wilson & Hayes, 1996). 게다가 내담자는 당장이라도 부정적인 사고와 감정을 억누르거나 제거할 준비가 되어 있는데, 그 결과로 역설적 효과가 나타날 수 있고, 때로는 실제로 이러한 경험의 빈도, 강도, 행동 조절력 등이 증가될 수 있다(Wenzlaff & Wegner, 2000). 인지적 변화 기법이 전형적으로 억제하기 위해 고안된 것은 아니지만, 이러한 경향성으로 인해 인지적 변화 전략의 위험성은 증가한다. 인지적 논쟁과 변화가 행동 변화에 도움이 된다거나 핵심 과정이라는 것을 시사하는 자료는 거의 없다. 오늘날 연구들은 이러한 방법이 상대적으로 효과가 없거나, 어떤 경우에는 오히려 해가 된다는 것을 시사하기도 한다(Dimidjian et al., 2006; Jacobson et al., 1996).

운 좋게도 관계틀 이론은 우리가 삶에서 사고의 기능을 바꾸기 위해 사고 내용을 바꿀 필요가 없다는 것을 시사한다. 문자 그대로의 이유를 부여하는, 감정 조절의 전형적인 맥락은 일반적으로 행동에 대한 사고의 기능을 결정한다. 이러한 정상 맥락에서 행동에 대한 생각의 효과는 기계적이다. 즉, 한 당구공이 두 번째 공을 치면 두 번째 공이 움직이는 것처럼 사고나 감정은 행동을 야기하는 것처럼 보인다. 그러므로 행동을 바꾸기 위해 우리는 생각을 바꾸어야 한다. 그러나 맥락적 관점에서는 생각의 효과가 단지 겉으로 보기에만 기계적인 것이라는 것을 알 수 있다. 즉, 생각은 행동을 야기하는 것처럼 보이지만 실제로는 그렇지 않다. 그보다 특정한 생각은 오직 주어진 맥락 내에서만 특정한 행동이나 사고와 연관된다. 그러므로 다른 맥락을 만드는 것을 통해(예를 들면, 탈융합 혹은 경험 수용을 통해) 사고의 영향은 그것의 형태를 먼저 바꾸지 않고서도 바뀔 수 있다. 그러면 사고를 바꿀 필요는 없는 것이다. 실제로 몇몇 연구는 생각과 감정의 내용을 직접 목표로 전략을 세우기보다는 맥락 전략이 좀 더 빨리 지속적인 행동 변화를 유도

한다는 것을 보여 주기 시작하고 있다(Hayes et al., 2006). 수용전념치료의 관점에서는 내담자가 마치 자신의 삶이 걸린 것처럼 개인 경험과 싸우고(생각이 문자 그대로 받아들여졌을 때 이렇게 되는 것 같다), 자신의 행동을 정당화하고 설명하기 위해 이야기를 만들어 낼 때 고통을 증폭하고 경직된 반응을 보이는 결과를 초래할 수 있다고 본다. 이 두 가지는 모두 극복하기가 어려울 수 있다. 이러한 결과가 생기는 주요한 원인은 바로 이런 노력이 광범위하고 경직된, 문자 그대로의, 이유를 부여하는, 감정 조절의 맥락을 형성한다는 데 있다. 수용전념치료 기법은 이러한 맥락을 목표로 한다.

탈융합은 융합을 하지 않는다 혹은 '융합을 끊는다'는 의미에서 만들어진 단어로, 언어가 역사적 성격을 갖고 있으면서 지금 이 순간에 존재하는, 적극적이고 진행 중이며 관계적인 과정으로서 간주되는 비문자적 맥락을 만들어 내는 과정을 뜻한다. 즉, 언어가 언어로서 그 순간에 관찰될 수 있고, 우리는 마음의 노예가 되기보다는 마음이 무엇을 말하는지를 바라볼 수 있다. 하나의 단어는 그 의미가 무엇인지가 아닌 하나의 단어로서만 보인다. 이러한 비문자적 맥락을 만드는 것은 사고와의 관계를 느슨하게 하며 더 많은 유연성을 만들어 낸다. 우리는 우리의 말에 의해 조정당할 필요가 없는 것이다.

기법적으로 탈융합은 아마 수용전념치료의 가장 독특한 특성 중 하나일 것이다. 수많은 탈융합 기법이 다양한 임상 양상에 적용하기 위해 개발되었다. 예를 들면, 부정적인 생각을 차분하게 바라볼 수 있을 때, 그리고 단지 부정적인 생각이 소리만 남을 때까지 크게 반복하여 말하거나 모양, 크기, 색깔, 속도, 형태 등을 부여함으로써 일종의 외적으로 관찰된 사건처럼 다룰 수 있게 된다. 탈융합의 결과는 대개 사고 빈도의 즉각적인 변화보다는 사고에 대한 믿음이나 집착이 감소하는 것이다. 더불어 탈융합은 생각하는 것 혹은 생각의 영향을 없애는 과정은 아니다. 요점은 사고에 대해 좀 더 마음챙김(mindfulness)을 할 수 있는 관점을 갖는다는 것인데, 이것은 선택된 가치와 관련 있는 행동적 유연성을 높여 준다. 아무 생각 없이 있는 것이나, 직관 또는 합리성을 제거하는 것을 의미하는 것이 아니다.

모든 탈융합 기법의 목적은 순식간에 지나가는 언어 과정을 잡아내어 맥락적인 통제 안에 놓음으로써, 언어 과정으로부터 보는 것이 아니라 언어 과정 자체를 바라볼 수 있게 하는 것에 있다.

현재에 존재하기

수용전념치료는 심리적이며 환경적인 사건과의 비판단적이며 진행적인 만남을 촉진한다. 그 목표는 **현재 순간의 알아차림**이다. 현재 순간과의 만남에서 인간은 유연하고 반응적이며 가능성에 대해 인식하게 되고, 현재 상황에서 주어진 기회를 배우게 된다. 개념화된 과거나 미래에서 살아가는 것과 비교하면, 현재 순간의 알아차림은 더 직접적이고, 덜 개념적이며, 덜 융합되어 있고, 좀 더 반응적이다. 현재 순간과의 충분한 만남이 없으면 행동은 융합, 회피, 원인 부여에 더 지배되는 경향이 있으며, 결과적으로 우리는 과거에 일어났던 같은 행동을 더 하게 된다. 새로운 가능성은 조기에 차단되는 것이다.

과정적 자기라고 불리는 자기감(Hayes et al., 1999)은 적극적으로 독려되고, 생각과 감정과 다른 개인 사건에 대한 탈융합되고 비판단적이며 진행적인 설명에 의해 특징지어진다. 우리가 어떤 순간이라도 주어진 풍부한 상호작용을 더욱 충분히 알아차리는 법을 배울 수 있도록 열린 자세로 마음챙김을 하는 것 역시 독려된다.

맥락적 자기

관계틀 이론의 관점은 언어 훈련(예, '나 대 너', '지금 대 나중', '여기 대 거기'와 같은 대상 지시적 관계틀)이 경계가 없는 영역으로서 자기감을 확립한다고 주장한다. 이 관점에서 보면, 자기는 경험 그 자체와 같다기보다 경험이 일어나는 맥락이나 장에 더 가깝다. Hayes 등(1999)의 말을 인용하면 다음과 같다.

> 사람들이 자신의 과거사나 경험에 대해 질문을 받았을 때, 항상 유일하게 일관된 것은 대답의 내용이 아니라 대답을 하는 맥락이나 관점이다. 어떤 의미에서 '나'는 모든 내용의 차이를 제거했을 때 남는 영역이다(p. 185).

예를 들면, 다음 질문에서 무엇이 공통적인지 생각해 보라. "무엇을 먹었나요?", "무엇을 원하십니까?", "누구와 이야기를 했습니까?", "언제 그것을 했습니까?", "왜 그것을 했습니까?" 유일한 공통점은 답변이 위치하는 곳, 즉 이 모든 질문에 답할 '나'뿐이다.

수용전념치료는 경험 훈련과 은유를 통해 맥락적 자기, 즉 사건 자체와는 거리를 두고 있으면서 사건의 경험이 일어나는 지속적이고 안정적인 나와의 만남을 돕는다. 이 과정은 우리가 소위 '언어 기계'에 뒤엉켜 있는 것에서 벗어날 수 있도록 해 준다. 그 순간의 특정한 경험에 관계없이 관찰자 또는 경험자로서 좀 더 견고한 자기감을 개발하는 것이 목표다.

더불어 의식과 자각의 한계가 의식과 자각의 범위 안에서 접촉할 수 없기 때문에 인간의 언어는 정상적인 인간 경험의 영적인 측면인 자기 초월감으로 이끈다. 자기 초월감의 확립은 내용에 대한 집착을 줄이는 데도 도움이 될 수 있다. 이러한 개념은 수용전념치료와 관계틀 이론이 발전해 나가기 시작한 근원 중 하나이며(Hayes, 1984), 공감, 연민, 마음 이론과 같은 현상의 기저에 있는 언어 기능에 있어서도 중요하다는 증거가 있다(Barnes-Holmes, Hayes, & Dymond, 2001; Barnes-Holmes, Hayes, & Gregg, 2001; McHugh et al., 2004). 수용전념치료에서 자기 초월감이 중요한 것은 부분적으로는 우리가 자기 초월감의 관점에서 경험에 집착하지 않은 채 우리 자신의 경험의 흐름을 알아차릴 수 있기 때문이다. 이처럼 탈융합과 수용은 인간 경험의 자연적이고 영적인 측면을 통해 길러진다.

가치 있는 방향 정의하기

앞서 기술한 수용전념치료의 과정은 대체로 언어가 상대적으로 비효과적인 삶의 영역에서 언어를 약화하는 데 목적이 있었다. 가치 명료화와 전념의 과정은 언어가 가장 효과적으로 적용될 것 같은 영역에서 언어를 강화하는 것에 중점을 둔다. 가치 명료화를 통해 우리는 삶의 일상 문제에서 물러나서 무엇이 우리 삶에 의미를 주는지 바라보고, 우리의 노력을 고귀하게 만들며 건설적인 행동으로 인도할 수 있는 더 큰 가능성을 찾아볼 수 있게 된다.

가치는 결코 하나의 목표물로서 획득될 수 없는 선택된 행동이지만 순간순간 설명될 수는 있다. 가치는 명사가 아닌 동명사와 부사의 합성이다(예, 애정 있게 관계 맺기나 솔직하게 참여하기). 수용전념치료는 경험 회피, 사회 순응과 인지적 융합에 기초한 선택을 이끄는 언어 과정을 약화하는 한편, 다양한 영역(예, 가족, 경력, 영성)에서 내담자가 삶의 방향을 선택하도록 돕기 위해 다양한 연습을 활용한다. 예를 들면, 수용전념치료에서는 다음의 말이 모두 가치에 해당되지 않는다. '내가 Q에 가치를 두지 않는다면 죄책감을 느낄지도 모른다', '어머니가 원하기 때문에 나는 Z에 가치를 둔다', '나는 X를 가치 있게 평가해야 한다', '좋은 사람이라면 Y에 가치를 둘 것이다'. 이들 문장 중 첫 번째는 회피이며, 두 번째는 순응, 나머지 두 문장은 융합에 해당된다. 가치는 선택이다. 가치는 "만약 자신의 삶이 무엇을 위한 것이 될지 선택할 수 있다면 무엇을 선택하겠는가?" (Wilson & Murrell, 2004, p. 135)라는 질문에 대한 답이다.

수용전념치료의 진실과 유용성이 가치에 달려 있기 때문에 가치는 수용전념치료에서 핵심이다. 핵심 수용전념치료에서 수용, 탈융합, 현재에 존재하기와 다른 핵심 과정은 그 자체로 목표가 아니다. 이것은 더욱 중요한, 가치에 일치하는 삶을 위한 길을 닦아 줄 뿐이다.

수용전념치료는 실용주의 철학의 한 형태인 기능적 맥락 이론(functional contextualism)에서 주장하는 진실을 옹호하는 입장을 취한다. 이 진실은 효용성을 기초로 정의되며, 효용성은 선택된 가치와 관련된다. 더욱 전형적인 기계론적 세계관에서는 글자 그대로의 해석이 진실을 정의하는 맥락이며, 이때의 진실은 일종의 대응성[1)](correspondence)에 근거한 진실이다. 지도라는 은유를 활용해 보면, 지도상의 표시가 '실제 세계'에서 서로 간의 위치를 고려했을 때 정확한 위치를 가리키는 경우 그 지도는 진실을 반영한다고 보는 것이다. 반면 실용적인 진실은 오직 특정 맥락 안에서 그 맥락에서 평가되는 효용성에 근거하여 진실을 찾는다. 따라

1) 역주: 진리 대응론(correspondence theory of truth)은 명제가 실제 세계와 일치하는지를 기준으로 참과 거짓을 평가하는 것이고, 실용주의 진리론(pragmatic theory of truth)은 명제의 유용성 및 효용성을 기준으로 참과 거짓을 평가하는 것이다.

서 당신이 세계일주를 할 때 어떤 도시로 갈지 이해하기 위해서는 세계 지도가 도움이 되지만(진실이 되지만), 뉴욕 주변의 길을 찾기 위해서는 별 쓸모가 없을 것(진실이 아닐 것)이다. 일반적인 대응성에 근거한 관점에서는 한 지도가 다른 지도보다 진실을 덜 반영한다고 할 수 있을까? 그렇지는 않다. 하지만 분명히 특정 지도가 뉴욕 주변의 길을 찾는 상황에서는 더 효과적이다. 이것이 바로 수용전념치료에서 정의되는 진실이다. 수용전념치료는 문자 그대로의, 즉 대응성과 맥락에서 비롯된 진실 대신에 우리에게 힘을 주는 데 유용한지를 기준으로 판단하는 입장을 취한다. 이것은 가치에 의해 인도되는 풍요롭고 의미 있는 삶을 살기 위해서다.

진실에 대한 이런 획기적인 입장은 수용전념치료자가 자신의 이야기가 맞는지 틀린지, 혹은 세상에 대한 자신의 관점이 정확한지 아닌지에 대한 논쟁에 사로잡힌 내담자로 하여금 일반적인 치료 덫에서 빠져나오도록 해 준다. 내담자에게는 진실이 특정 부분이며, 가치 있는 삶을 추구하는 데 특정 방식의 생각이나 행동이 도움이 되는지 아닌지의 측면에서 정의된다. 예를 들면, 내담자가 자신은 태어날 때부터 호감이 가지 않는 사람이라고 생각한다고 가정하자. 삶은 망가지고, 보살핌을 받는 대인관계와 가족이 있는 삶이 매우 중요하게 느껴지더라도 결코 그것을 가질 가능성은 없을 것이다. 수용전념치료자는 이러한 생각이 합리적인지 비합리적인지, 혹은 이러한 생각을 지지하거나 반대하는 증거 등에는 초점을 맞추지 않는다. 대신에 그 생각이 무엇을 위한 것인지, 선택된 가치를 반영하는 삶을 향해 나아가는 데 도움이 되는 경험인지에 중점을 둔다. 치료실에서의 주제는 내담자가 이러한 생각이 났을 때 그것을 기꺼이 받아들이고, 그 생각이 문자 그대로 세상 혹은 자신의 상태에 대해 주장하는 방향이 아닌 자신이 선택한 가치의 방향대로 나아갈 것인가에 대한 것이다.

전념 행동

마지막으로 수용전념치료는 선택된 가치와 관련 있는 효과적인 행동 패턴을 더 많이 개발하도록 독려한다. 이런 면에서 수용전념치료는 전통적인 행동치료와 상당히 비슷하며, 직면, 기술 습득, 행동 형성과 목표 설정을 포함하여 대부분의 행동 변화 기법이 수용전념치료 지침서에 적합할 수 있다. 항상 설명될 수는 있지만 결코 목표물로서 획득될 수 없는 '가치'와는 다르게, 가치와 일맥상통하는 구체적인 목표는 이러한 방법을 통해 얻을 수 있다. 수용전념치료 지침서는 거의 항상 단기, 중기, 장기적 행동 변화 목표와 관련된 과제를 포함한다. 행동 변화를 위한 노력은 심리 장벽과 만나도록 이끌며, 이는 다른 수용전념치료 과정(예, 수용, 탈융합)을 통하여 설명된다.

수용전념치료의 정의

수용전념치료 과정의 여섯 가지 핵심은 부분적으로 겹치며 상호작용한다. 전체적으로 보면 각각은 다른 것을 지지하며, 이 모든 핵심은 심리적 유연성을 목표로 한다. 심리적 유연성이란 의식적인 인간으로서 현재 순간과 완전히 만나는 과정, 선택된 가치를 위해 행동을 유지하거나 바꾸는 것을 의미한다. 여섯 가지 과정은 두 집단으로 묶일 수 있다. 첫째, 마음챙김과 수용 과정은 수용, 탈융합, 현재 순간과 만나기, 맥락적 자기를 포함한다. 실제로 이들 네 가지 과정은 마음챙김의 수행 가능한 행동 정의를 제공한다(Fletcher & Hayes, 2005). 전념과 행동 변화의 과정은 현재 순간과 만나기, 맥락적 자기, 가치 있는 방향 정의하기, 전념 행동을 포함한다. 현재 순간과 만나기와 맥락적 자기는 의식적인 인간의 모든 심리적 활동이 알려진 바대로 바로 지금(the now)을 포함하고 있기 때문에 두 집단에 모두 포함된다.

이제 여섯 가지 핵심 과정이 정의되었기에 우리는 매우 간단하게 수용전념치료를 정의할 수 있다. 수용전념치료는 심리적 유연성을 만들기 위해 마음챙김과 수용 과정, 전념과 행동 변화 과정을 적용하고, 관계틀 이론을 포함하며, 현대 행동 심리학에 기초한 심리적 중재다.

이처럼 수용전념치료는 하나의 모델이지 특정한 기술이 아니다. 여기에는 정신병리 모델과 치료과정 및 건강 모델이 포함되어 있다. 또한 여섯 가지 특정한 이론 과정의 측면에서 정의된 심리 중재와 인간의 기능에 대한 접근이며, 이는 기본 원칙에 입각한다. 이제 여섯 가지 과정 중 첫 번째에 대해 알아보자.

추가 정보

- 치료 결과 및 수용전념치료의 근간을 이루는 변화과정에 대한 증거 관련 연구의 개관을 위해서는 Hayes 등(2006)을 참조하라.
- 수용전념치료의 근간을 이루는 언어 및 인지 이론인 관계틀 이론에 관한, 입문자를 위한 개관으로는 www.contextualpsychology.org/_tutorial에 수록되어 있는 4시간 분량의 온라인 지침서를 참조하라.
- 관계틀 이론에 대한 좀 더 간략한 입문을 위해서는 Blackledge(2003)가 작성한 개론을 읽어 보라.
- 관계틀 이론에 관해 책 한 권 분량으로 논한 것을 원한다면 Hayes 등(2001)을 참조하라(이 책은 읽기가 쉽지 않으니 주의할 것).

Learning ACT

제2장

기꺼이 하기와 수용의 개발

제2장

기꺼이 하기와 수용의 개발

고통이 당신의 문을 두드릴 때 고통이 앉을 자리가 없다고 말하면,
고통은 당신에게 '내가 앉을 의자를 갖고 왔으니 걱정하지 말라'고 말한다.
– Chinua Achebe, 『신의 화살(Arrow of God)』(1967, p. 84)

기꺼이 하기(willingness)/수용(acceptance)의 핵심 목표는 다음과 같다.

- ✓ 내담자가 내적 경험에 전념하는 동안 통제에 대한 의제는 무시할 수 있도록 돕기
- ✓ 내담자가 기꺼이 체험하기를 경험 통제에 대한 대안으로 생각하도록 돕기
- ✓ 내담자가 욕구가 아닌 하나의 선택으로서 기꺼이 하기를 접하도록 돕기
- ✓ 내담자가 결과가 아닌 하나의 과정으로서 기꺼이 하기를 이해하도록 돕기

많은 투쟁과 괴로움은 인간 고통의 불가피성을 부인하는 데서 비롯된다. 우리는 두려움, 불안, 슬픔, 무망감 등의 부정적 정서를 느낄 때, 혹은 우리 자신을 가치 없다고 여길 때 이러한 경험이 없는 상태로 되돌리려고 애쓴다. 이렇게 하여 우리의 내적 경험과의 전쟁은 시작된다. 다른 선택 사항은 인식하지 못한 채 경험

통제 계획을 선택하고 작업을 하게 된다. 불행히도 우리는 전반적으로 과거사의 산물이고 자신의 과거사나 그것이 담고 있는 내용을 쉽게 제거할 수는 없다. 그래서 경험 통제 계획은 대체로 비효과적이고 성공할 수 없는 자신과의 전쟁에 스스로를 가두어 추가적인 고통을 유발하는 자기 증폭적 올가미를 만들어 낸다. 그리하여 헛된 노력과 파괴적인 행동으로 수년간의 삶이 허비될 수 있고, 효과가 없는 결말로 향하게 될 수 있다.

경험 회피 성향은 인간이 존재함에 있어서 선천적이고 기본적인 부분이다. 즉, 경험 회피 성향은 언어에서 생겨나고 문화에 의해 확대된다. 우리 모두는 고통스러운 경험을 통제하려고 시도하며, 우리 중 상당수는 이따금 고통스러운 사건을 피하기 위한 열띤 노력을 한다. 그러나 고통 또한 인간의 기본 상태 중 하나이기 때문에 상실이나 채워지지 않은 욕구 혹은 그와 유사한 상황에 처했을 때 유발되는 경험에서 벗어나는 데 있어 장기간 효과적이거나 실용적인 방법은 없다. 통제 방법이 때로는 단기적으로 효과적일 수 있지만, 장기적으로는 실제로 괴로움을 늘리는 역설적 영향을 끼치는 경향이 있다. 괴로움의 증폭은 언어의 기본 속성—예를 들어, 나쁜 기억에 대해 생각하지 않으려고 노력할 때 오히려 그 기억이 되살아나는 것—과 자신이 매우 가치 있게 여기는 것에서 벗어난 생활을 하는 데서 오는 상실과 고통—예를 들어, 사람들과 함께 있고 싶지만 당혹감에 대한 두려움 때문에 사람들을 회피해서 결국 고립감으로 고통받는 사회 불안을 가진 사람의 경우—의 두 가지 모두를 통해 일어날 수 있다.

수용전념치료는 특히 잘못 적용된 통제나 건강한 방식으로 제거할 수 없는 경험을 제거하려는 통제를 내려놓는 것을 목표로 한다. 수용전념치료는 내담자가 부정적인 경험을 통제하려고 애쓰면서 고통을 늘리기보다는 경험을 그 자체가 아닌 다른 것으로 만들기 위한 과도한 혹은 경직된 노력을 하지 않고 차라리 부정적인 경험과 만날 수 있도록 대안을 제공한다. 그 대안이 기꺼이 하기다.

기꺼이 하기란 무엇인가

기꺼이 하기는 적극적이고 의도적으로 가치 있는 삶의 방향으로 나아가는 것을 선택하는 과정에서 개인의 경험 전체에 대해 개방적인 태도를 갖는 것으로 정의할 수 있다. 기꺼이 하기는 내적 경험이 무엇이든지 그 자체로서 현재 순간을 만나면서 동시에 의도적으로 가치 있는 행동을 취하는 과정을 통해 발전한다. 우리가 무엇을 탐색하고자 하는지는 내담자와 기꺼이 하기에 대해 작업할 때 기꺼이 하기의 정반대 현상을 통해 알 수 있다. 만일 어떤 내담자가 기꺼이 하지 않는다면, 그 사람은 자신이 개인적으로 가치 있게 여기는 방향보다는 내적 경험의 회피에 기초한 어떤 선택을 한 것이다.

기꺼이 하기는 일종의 행동이며 흑백 논리적 특성이 있다. 마치 도약과 같다. 도약하기 위해서는 중력이 작용하도록 하면서 바닥에 전혀 닿지 않은 채로 한동안은 공중에 완전히 떠 있어야 한다. 도약은 매 순간이 통제되는 계단 오르기와는 다른 특성을 지닌다. 계단 오르기에서는 크게 한 계단을 오를 수는 있지만 그래봤자 여전히 한 계단일 뿐이며, 단지 우리를 한 칸만큼만 가게 할 수 있다. 우리는 의자에서는 한 계단 오를 수 있지만 지붕에서는 더 오를 계단이 없다. 이와는 반대로 도약은 작을 수 있지만 한 번의 도약도 도약이며 위로는 한계가 없다. 의자에서 도약하는 동작은 지붕에서 도약할 때 하는 동작과 동일하다. 또한 도약을 할 때 우리는 공중에 있거나 아니면 땅에 있다. 마치 우리가 기꺼이 하거나 하지 않는 것처럼 말이다.

인내심을 가짐으로써 기꺼이 하려는 마음에 한 걸음 더 가까이 다가가게 할 수는 있지만, 인내는 더 나은 것이 올 때까지 부정적인 경험을 참아내는 것을 의미한다. 인내에는 여전히 '계단'의 특성이 있는 것이다. 반면 기꺼이 하기는 개방성과 허용, 그리고 그 순간 느껴지고 감지되고 보이는 것과 함께 현재에 존재하는 특성을 지닌다. 기꺼이 하기는 하나의 지속적인 과정으로서 경험되며, 우리가 충분히 인내하여 더 좋은 것으로 바꾸기 위해 무언가를 기다리는 것이 아니다.

내담자는 가끔 기꺼이 하기를 느낌으로 혼동한다. 하지만 기꺼이 하기 위해서 기꺼이 하려는 마음을 느껴야 할 필요는 없다. 또한 기꺼이 하기는 무엇인가를 원하는 것이 아니다. 내담자는 기꺼이 하기 위해서 어떤 것을 느끼거나 생각하기를 원할 필요가 없다. 문제는 그것이 내담자의 삶에서 새로운 가능성을 만들어 내는 것을 의미할 때 내담자가 어떠한 방어도 없이 그러한 감정이나 생각을 완전하게 기꺼이 경험할 의지를 갖고 있느냐 여부다.

기꺼이 하기는 원래 적극적인 것이다. 기꺼이 하기는 내담자의 가치에 따라 달라지지만, 자신의 감정을 상하게 한 친구에게 기꺼이 전화를 하거나, 배우자와 대화를 할 기분이 아니어도 기꺼이 대화를 하고, 무언가 논쟁하고 싶을 때 방어적인 태도를 기꺼이 내려놓는 것, 말하기 두렵지만 기꺼이 '사랑해'라고 말을 하는 것 등에서 찾아볼 수 있다.

이 책에서는 그 목적상 수용과 기꺼이 하기라는 용어를 섞어서 사용한다. 불행히도 '수용'이란 용어는 문화적 영향을 많이 반영하기 때문에 일부 내담자, 특히 무언가를 받아들여야 한다(수용해야 한다)고 배운 적이 있는 일부 내담자에게는 덜 유용할 수 있다. 치료자의 입장에서는 환자에게 이러한 용어와 관련하여 부정적인 의미가 내포해 있는지를 주시하는 것이 도움이 될 수 있다. 우리는 분명히 삶을 긍정하고 능력을 부여하며 활력을 불어넣어 주는 의미를 가진 단어를 사용하기를 원한다. 수용과 기꺼이 하기는 상실이나 체념에 관한 것이 아니다. 어떤 사람에게는 수용이 체념처럼 들리며, 때로는 실제로 문헌에 그렇게 정의되어 있는 경우도 있다. 그러나 이것은 수용전념치료에서 말하는 수용이 아니다(Hayes et al., 1999). 내담자가 '수용'이란 단어에 이런 방식으로 반응한다면 '기꺼이 하기'라는 용어를 사용하는 것이 낫다.

우리는 어원을 통해 수용전념치료에서 의미하는 수용이 무엇인지를 어렴풋이 알 수 있다. 수용은 '제공되는 것을 취하거나 받는 것'을 의미하는 라틴어[1)]에서 유래한 것이다. 이는 삶이 제공하는 것을 기꺼이 포용하고 담아내거나 취하는 일종의 행위임을 암시한다. 수용이란 궁극적으로 삶 자체와 삶이 제공하는 것을 포용하는 선택이며, 삶에 대해 '예'라고 응답하는 것이다. 이것이 수용전념치료에

1) 역주: 라틴어 acceptare가 어원이다.

서 말하는 수용을 이해하는 것이다.

왜 기꺼이 하기인가

기꺼이 하기는 수용전념치료 개입의 핵심적인 기능적 목표 중 하나다. 수용과 기꺼이 하기는 개념이 아닌 학습해야 할 기술이기 때문에 단순히 이것이 내담자에게 도움이 될 것이라는(즉, 내담자는 '받아들이게 될 것이다' 혹은 '좀 더 기꺼이 하게 될 것이다'와 같은) 희망의 차원으로는 설명될 수 없다. 수용전념치료에서 치료자는 내담자로 하여금 힘든 생각, 느낌, 감정 등을 경험하기 위한 선택을 할 가능성을 높이는 구체적인 활동에 참여하게 함으로써 수용의 행동을 구축하고자 시도한다. 수용은 맥락적 자기, 탈융합, 현재 순간과 만나기와 더불어 마음챙김의 한 요소로 여겨질 수 있다. 이 모든 과정은 내담자가 의식적인 인간으로서 개방적이고 비판단적인 방식으로 현재에 도달할 수 있게 돕도록 고안된 것이다. 임상적으로 이러한 모든 방법은 서로 연관되어 있으며, 그다음에는 가치에 기초한 선택을 할 수 있는 능력과 연결된다.

불쾌하고 원치 않는 힘든 내적 경험을 통제하고 관리할 때, 경직되고 잘못 적용된 시도는 최소 두 가지 방식으로 부작용이 있을 수 있다. 첫째, 고통스러운 감정, 사고, 감각, 기억 등을 줄이거나 제거하고자 하는 시도는 종종 역효과를 초래하며, 역설적이게도 심지어 더 큰 고통을 가져올 수 있다. 고통을 느끼지 않으려는 시도에 의해 유발된 고통은 수용전념치료에서 '오염된 고통'으로 불린다. 반면 '순수한 고통'은 삶을 살아가는 데 있어 자연스럽고 자동적인 결과인 고통을 의미한다. 실제로 힘든 생각이나 감정을 억압하려는 시도는 반동 효과를 낳아 감정이나 사고가 오히려 더 심해진다는 것을 밝힌 연구가 있다(Hayes et al., 1996). 안 좋은 기억에 대해 생각하지 않으려는 노력은 종종 바로 그 기억을 유발해 내는 경향이 있다(예를 들면, 외상후 스트레스 장애처럼). 삶의 무의미함에서 벗어나고자 종일 누워 있는 우울한 사람은 자신의 삶의 무의미함에 대한 두려움을 더욱 확인하게 될 뿐이다. 공황은 적어도 부분적으로는 불안하지 않으려는 개인 투쟁의 결과다.

이와 같은 경험 회피의 역설적인 결과에 관한 더 많은 예를 다른 수용전념치료 교재에서 찾아볼 수 있다(Eifert & Forsyth, 2005; Hayes et al., 1999).

둘째, 좋은 감정만을 추구하며 사는 삶은 우리가 가장 깊숙이 믿고 있는 가치를 위해 살지 못하도록 한다. 흔히 중요한 일을 하는 것은 때로는 고통스럽거나 적어도 취약함을 느끼게 하는데, 정확한 이유는 신경 쓰는 것은 그 자체로 우리가 어느 곳에서 상처받을 수 있고 또 상처받아 왔는지를 보여 주기 때문이다. 이런 고통과 가치 간의 연결은 경험 회피가 왜 그러한 손실을 가져오는지 부분적으로 설명한다. 경험 회피는 우리가 어떠한 경험을 조절하거나 통제하거나 회피할 수 있도록 하기 위해 가치 있게 여기는 방향, 관계, 활동에서 이탈하게 할 수가 있다. 예를 들어, 앞 장에서 논의했듯이 사회 불안을 가진 사람은 창피함을 피하고자 하는 욕구 때문에 친구가 없을 수 있지만, 바로 그 불안이 그에게 사람이 얼마나 중요한지를 알려 주는 지표이기도 하다. 이와 유사하게 만성적이고 지속적으로 경험 회피를 하는 사람은 느끼지 않으려는 것에 지나치게 몰두하기 때문에 일상생활에서 자신이 무엇을 바라는지에 대한 인식을 결코 향상할 수 없을 것이다.

기꺼이 하기와 탈융합 간의 연결

기꺼이 하기는 특히 인지적 탈융합(3장 참조)과 밀접하게 연결되어 있는데, 여기에서 이 연관성을 약간 확장하여 논의하는 것이 좋을 것 같다. 인간은 문자적 언어와 융합되는 경향이 있다. 그래서 우리는 종종 언어적으로 개념화된 세계와 직접 경험한 세계를 구별하지 못하곤 한다. 세상은 단순히 보이는 대로 존재하는 것으로 생각되며, 우리는 세상이 실제로 직접 경험과 생각이 혼합된 결과라는 것을 알지 못한다. 우리는 우리의 마음과 융합되어 있다. 이런 상황에서 마음의 언어적인 내용이 행동을 지배하게 되고, 경험의 직접적인 수반성이 사라지게 된다. 예를 들면, 융합이 일어날 경우에 "난 더 이상 이 느낌을 견딜 수 없어요."라고 말하는 내담자는 만일 그러한 느낌의 경험이 계속된다면 자신이 무너져 버리게 되고 존재하지 않게 되거나 피해를 입을 것이라는 생각을 믿는다. 그러나 내담자는 탈융합된다면 직접 경험에 전념할 수 있고, 그 느낌을 좀 더 참을 수 있거나 또 참아내려 할 것이며, 자신의 존재가 끝나지 않음을 경험하게 될 것이다. 더불어 현재 경험의 지속적 흐름에 주목하면서, 이 느낌은 지나갈 것이고 다른 느낌이 올 것이라는 것을 배운다.

융합의 주된 문제 중 하나는 이 장에서 다루는 바와 같이 부정적인 사고와 감정은 나쁜 것이며 제거되어야 한다는 문화적으로 지지되는 메시지뿐 아니라, 일체감과 웰빙이라는 것은 괜찮은 감정을 느끼는 것이라고 대부분 정의되며, 우리는 괜찮게 느끼게 해 주는 것은 무엇이든 해야 한다는 메시지와 융합된다는 것이다. 이러한 메시지를 완전히 믿게 되면, 부정적인 사고와 감정을 제거하고 웰빙을 얻을 수 있을 것이라 추측되는 행동을 하기 시작한다. 게다가 우리는 어떤 것이 마음에 들지 않으면 그것을 어떻게 제거하는지를 알아내서 제거해야 한다고 배우게 된다. 이는 외부 세계에 대해서는 말이 된다. 당신이 어떤 것이 싫다면 그것을 고치면 된다. 예를 들면, 방이 정리된 방식이 마음에 들지 않으면 다시 정리하면 된다. 싱크대에 있는 더러운 그릇이 싫으면 설거지를 해서 치워 버리면 된다. 긴 머리가 마음에 들지 않으면 자르면 된다. 문제를 고치는 방법을 알아내고 문제를 고치면 된다. 그러나 이런 전략이 내면의 부정적인 경험에 적용될 때에는 그것을 고치고자 하는 바로 그 노력이 실제로는 우리가 고치려고 애쓰는 경험을 지속하게 하고 때로는 더욱 키우기도 한다. '불안한 것이 싫다면 어떻게 불안을 없앨지 알아보고 불안을 없애라'는 것은 실제로 좀처럼 사라지지 않는 불안을 유발하는데, 그것은 불안하고 싶어 하지 않는 것 자체가 무언가에 대해 불안해하는 것이기 때문이다. 결론은 문제를 고치기 위한 좀 더 많은 전략이 필요하다는 것이다. 즉, 우리는 좀 더 통제해야 한다는 것이다.

그래서 수용전념치료자가 목표로 하는 효과적인 전략은 개인의 내적 사건에 관해서는 이러한 전략을 약화하는 것이다. 치료자는 이 과정에서 논리가 아닌 경험에 호소한다. 이때 논리는 내담자에게 감정과 사고를 통제해야만 한다고 '말하기' 때문에 자기 영속적 체계와 동일한 부분이다.

무엇이 이 과정을 촉발하는가

치료시간 중에 기꺼이 하기 요소를 사용해야 하는 때를 가장 명확하게 알려 주는 신호는 경험 회피다. 어떤 치료시간 내에서 어려운 내용을 다루게 되면, 내담자는 화제를 바꾸거나, 피상적이 되거나, 농담을 하고, 문제가 있다는 것을 부인하거나, 자신의 감정과는 일치하지 않는 단어를 사용하기도 한다. 치료시간의 초반에 내담자가 지나치게 소극적이거나, 애쓰는 느낌이 들거나, 똑같은 내용에만 집착하는 것 등은 기꺼이 하기를 사용해야 할 필요성을 반영하는 것이다. 치료의 후반부에는 논쟁, 과도한 논리성, 동기 결여, 수동성, 치료자에게 책임을 미루고자 애쓰는 느낌이 들 경우 등이 이 과정을 다시 해야 할 필요가 있다는 것을 알려 주는 지표가 될 수 있다.

치료자의 반응은 내담자 혹은 치료자 자신에게 경험 회피가 존재함을 알려 주는 효과적인 안내자가 될 수 있다. 회피는 치료자가 지루함을 느끼거나, 내담자를 압박하려는 좌절된 욕구를 느끼거나, 내담자와 논쟁을 하는 인상을 받거나, 내담자를 설득하고자 하는 필요를 느낄 때 등의 상황에서 나타날 수 있다.

방법은 무엇인가

수용을 향상하는 과정은 대개 두 가지 중요한 임상적 초점을 포함한다. ① 초반에 열린 태도를 유도하기 위해 개인의 자아와 세계가 관계를 맺는 주요한 방법으로서 그리고 남은 작업의 선행 단계로서 경험 통제를 약화하는 것, ② 내담자가 이전에 회피하던 내적 경험이 있는 상태에서 적극적으로 연습하고, 의도적으로 기꺼이 하기 기술을 향상할 수 있는 기회를 구조화하는 것이다. 이런 단계는 심리적 유연성, 즉 의식적인 인간 존재로서 좀 더 충만하게 현재 순간과 만나고, 가치 있는 목적에 도움이 되도록 행동을 바꾸거나 유지할 수 있는 능력을 배양하기 위한 것이다.

통제 약화하기

경험 회피와 통제는 매우 잘 연습된 것이기에 사실상 거의 자각 없이도 일어날 수 있다. 많은 사람에게 내적 경험을 관리하고 통제하는 것은 일종의 선택이 아닌 단지 '하던 그대로' 하는 것이다. 불안을 느끼고, 고통과 마주하고, 슬픔 속에 머물고, 두려움을 포용하거나 불확실성 속에서 긴장을 푸는 것을 기꺼이 선택할 수도 있다는 생각은 너무나 비일상적이고 새롭기에 마치 숨 쉬지 않고도 살 수 있다고 제안하는 것처럼 느껴질 수 있다. 특히 경험 회피가 생활에 스며들어 만연해 있는 내담자에게는 기꺼이 하기, 수용, 연민 등이 성장할 수 있는 공간을 만들어 주기 위해 상당한 작업이 필요하다. 수용전념치료를 하는 치료자는 대개 특히 다음의 두 가지 의제에 초점을 맞추면서 경험 통제를 약화하는 과정부터 치료를 시작한다.

1. '체계 파악하기'를 하여서 내담자가 자신의 경험을 회피하고 통제하려고 시도하는 방식을 알아채도록 돕는 것.
2. 좀 더 장기적인 계획과 더 큰 삶의 목표라는 측면에서 이러한 전략의 효용성을 검토하고, 실행 불가능한 전략은 내려놓을 수 있도록 내담자를 안내하는 것.

통제를 줄이는 과정의 결과는 궁극적으로 경험 통제 계획을 성공하려는 집착과 자신감을 약화하고 낡은 체계로 후퇴하지 않도록 하는 새로운 전략인 기꺼이 하기와 수용을 연습해 볼 여유를 갖게 되는 것이다. 체계의 직면이란 용어는 이런 과정을 설명하는 데 주로 사용되는데, 이 치료가 내담자를 직면하게 하는 것이 아니라 내담자가 갇혀 있는 경험 통제의 사회-언어-문화적 체계를 직면하는 것이라는 개념을 치료자가 명확히 하도록 돕는다. 직면은 내담자와 치료자 사이에서 이루어지는 것이 아니라, 내담자의 실제 경험과 그 사람의 마음속에서 제안하는 사회-문화적 조건화의 결과인 문제에 대한 해결책 사이에서 일어나는 것이다.

이것이 어떻게 일어나는지 살펴보자.

체계 파악하기

통제의 약화는 내담자가 자신의 내적 경험과 관련하여 무엇을 통제하고자 시도하고 있는지를 이해하는 데에서 시작된다. 이는 보통 환자가 호소하는 문제에서 발견된다(예, "너무 불안해요." "더 이상 슬프고 싶지 않아요."). 치료자가 "무엇 때문에 힘드십니까? 무엇 때문에 치료를 받으러 오셨습니까?"라고 질문하면, 내담자는 거의 항상 어떠한 감정, 기억, 혹은 자기 평가(예, 통증, 불안, 두려움, 허무함, 자기의심, 무가치함)와의 싸움을 보고할 것이다. 일단 내담자가 무엇을 통제하려 하고 있는가에 대한 좋은 해답을 치료자가 가지게 되면, 내담자가 자신이 호소하는 문제를 스스로 '해결하기' 위해 노력해 왔던 전략을 명확하게 그려 내는 것이 가능하다. '전략'이라는 용어는 반드시 내담자가 의식적으로 혹은 의도적으로 특정한 행동을 선택한다는 것을 뜻하기보다는 내담자의 행동이 어떤 목적을 갖고 있다는 사실을 강조하는 의미에서 사용한 것이다. 예를 들면, 불안한 내담자의 경우 치료자는 내담자가 불안할 때 하는 행위에 대해 이야기할 수 있다. 마찬가지로 우울한 내담자와는 우울을 없애거나 다루기 위해 그 사람이 해 왔던 일을 파악해 볼 수 있다. 약물중독 내담자는 약물 사용을 통해 고치고 싶어 했던 불쾌한 내적 반응이 무엇인지를 알고, 문제를 해결할 수 있는 다른 가능한 방법을 알아내는 데 도움을 받을 수 있다. 다른 사람이나 약물치료 또는 상담을 통해 도움을 받는 것과 같이 겉으로는 건강하게 보이는 방법을 포함하여 문제 해결을 위한 모든 방법을 탐색하여야 한다.

내담자는 종종 자신의 개인적 경험을 통제하기 위한 방법의 다양성과 범위를 인식하지 못하고 자신의 행동의 목적을 설명하거나 파악하지 못할 수 있다. 따라서 내담자의 문제 해결을 위한 시도의 기능(즉, 목적)을 파악하고 그것을 내담자에게 제시하는 것이 치료자가 해야 할 작업 중 일부다. 예를 들면, 어떤 우울한 내담자는 과도한 수면이나 과식이 기분 상태를 조절하거나 회피하기 위한 혹은 불쾌한 반추를 줄이기 위한 전형적인 방식임을 즉각 알아채지 못한다. 이 경우 우리는 내담자가 자신의 행동의 목적을 더 잘 추적 관찰할 수 있게 해 줌으로써 현재 순간에 대한 인식을 향상하고 자신의 행동에 대해 더 좋은 관찰자가 되도록 도울 수 있다.

효용성 검증하기

체계 파악하기와 동시에 치료자는 내담자 행동의 효용성을 특히 장기적 관점에서 검토해야 한다. 여기서 묻는 기본 질문은 내담자의 문제에 대한 다양한 해결책이 실제로 자신의 마음이 그렇게 하면 된다고 말했던 것처럼 되었는지를 밝히는 것이다.

효용성의 한 가지 측면은 내담자의 변화에 대한 시도가 장기적인 측면에서 고통의 감소를 가져왔는지를 검토하는 것을 통해 확인할 수 있다. 예를 들어, 불안을 감소하거나 제거하기 위해 내담자가 했던 것이 실제로 장기적으로 정말 불안을 감소하거나 제거하였는가? 우울을 다루기 위해 시도했던 방법이 실제로 관리할 수 있는 수준으로 우울을 줄였는가? 많은 내담자가 이런 측면에서는 상대적으로 쉽게 경험 통제의 역설적인 효과를 깨닫고, 자신이 고통에 대해 대처하고 통제하려 할수록 실제로는 고통이 가중되거나 적어도 별다른 변화가 없는 상태로 남아 있게 된다는 것을 알게 될 것이다. 그러나 어떤 내담자는 고통이 오래 지속되는 경험을 했음에도 이러한 측면에서의 경험 통제로 인한 손실을 그렇게 강하게 인식하지 못한다. 예를 들면, 급성 증상을 겪고 있지는 않으면서 삶의 무의미함과 외로움을 지속적으로 느끼고 있는, 사고가 둔감해지고 지쳐 있으며 즐거움을 느끼지 못하는 우울한 내담자를 생각해 보라.

효용성의 두 번째 측면은 파악된 문제가 무엇이든 내담자가 그것을 다루려고 애쓰는 가운데 자신의 삶을 억제하거나 제한했던 방식에서 확인할 수 있다. 이것은 기본적으로 내담자의 삶에 대한 가치와 관련된 효용성이다. 효용성의 이러한 측면을 끌어내기 위해 치료자는 "자신의 삶에 어떤 일이 일어났습니까? 자신의 삶에 다소라도 해 놓은 게 있습니까? 선택할 것이 늘어났습니까, 아니면 삶의 공간이 시간이 갈수록 좁아졌습니까?"와 같은 질문을 할 수 있다(Eifert & Forsyth, 2005, p. 135). "자신의 ~(힘든 감정, 생각, 감각, 심상, 욕구, 기억 중 어떤 것이든)을 다루느라 바쁘지 않았다면 그 시간에 무엇을 하고 있었을까요? 이 문제를 다루기 위해서 무엇을 포기했습니까? 자신이 가장 원하는 삶의 방향으로 나아가고 있었습니까, 아니면 그러한 삶에서 멀어지고 있었습니까?"라고 질문할 수 있다.

위의 두 가지 측면 모두를 탐색하는 이유는 경험 통제 계획에서 이 두 가지가 서로 연결되어 있기 때문이다(Hayes et al., 1999). 경험 통제 계획이 분명하게 약속하는 것은 신중하고 의식적인 통제를 통해 우리가 더 많은, 더 낫거나 다른 감정, 자기 평가, 사고, 감각, 심상 등을 가질 수 있다는 것이다. 효용성의 첫 번째 측면은 이러한 약속된 결과가 달성되었는지 여부를 검토하는 것이다. 그러나 우리는 단지 기분 좋은 것만을 원하는 것이 아니라, 잘 살고 싶어 한다. 특별한 꿈과 삶의 포부(즉, 가치)로 정의될 수 있는 충만하고, 풍요로우며, 의미 있고 활기찬 삶을 살기를 원한다. 경험 통제 계획이 가장 우리를 현혹하는 것은 그것의 두 번째 측면, 즉 더 나은 삶을 가져다줄 수 있다는 약속이다. 우리의 문화는 일단 우리가 행복하고 기쁘고 에너지가 넘치는 것을 더 많이 느끼고 불안, 우울, 후회, 피곤, 화 등은 덜 느낄 수 있다면(혹은 다른 자기 평가나 과거사와 생각을 가질 수 있다면) 우리가 자신의 꿈을 좇고 더 나은 관계를 갖고, 더 활기찬 생활로 이끌고, 우리의 가치대로 살고, 더 의미 있는 일을 찾는 것 등을 할 수 있게 될 것이라고 말한다. 그러나 불행하게도 종종 현실은 정반대이며, 표면적으로는 가치 있는 삶이라는 두 번째 목표를 위해서이지만 실제로는 그것을 희생하면서 경험 통제의 첫 번째 목표(즉, 고통의 감소)를 달성하는 데 삶 전체를 소비할 수 있다.

내담자 행동의 효용성을 검토하는 과정에서 치료자가 취해야 할 입장에 관해 중요한 사항이 몇 가지 있다. 첫째, 치료자는 내담자가 한 것은 무엇이든 이해할 만하고 그럴 만하다는 입장을 견지해야 한다. 실제로 내담자의 개인사를 고려하면 그러하다(Hayes et al., 1999). 또한 치료자가 옳으냐 혹은 내담자가 옳으냐가 아니라 효용성의 문제에 전적으로 초점을 맞추는 것이 중요하다. 이것은 치료자가 더 좋은 방법을 갖고 있음을 내담자에게 증명하는 것에 관한 문제가 아니다. 이는 수용전념치료의 기본 입장과 본질적으로 정반대일지도 모른다. 도리어 치료자가 할 일은 내담자 자신의 삶의 목표와 포부에 비추어 효용성의 기준을 적용하도록 돕는 것이다.

치료자가 쉽게 빠질 수 있는 함정에 대해 언급하고자 한다. 치료자는 이 작업을 하는 동안 내담자가 말하는 내용에 사로잡히지 않을 수 없다. 통제 약화에 초점을 맞출 때, 치료자는 이러한 전략이 내담자의 삶에서 효과가 있었는지에 대한 문제로 일관성 있게 돌아와야 한다. 내담자의 언어 공식이 잘 숙련되어 있고 소중히 양육된 것이기 때문에 내담자는 통제 약화를 위협적으로 느낄 수 있으며, 자신의 행동을 방어하거나 자신이 해 왔던 것에 대해 합리화할 수 있다. 이는 이런 과정에서 정상적이고 이해할 수 있는 반응이다. 여기에 반응하는 한 가지 방법은 비판단적이고 비방어적인 방식(이것은 그런 척 속일 수 없다)으로, 내담자에게 잠시 뒤로 물러서서 '내 관점의 정확성 방어하기'를 하나의 전략으로 생각하고 그것이 자신의 삶에서 효과적이었는지를 들여다보도록 요청하는 것이다(Eifert & Forsyth, 2005). 예를 들어, 치료자는 "지금 당신이 하고 있는 것(이 접근을 방어하는 것) 말인데요, 결국엔 그것이 효과적이었습니까? 그것이 옳고 그름을 떠나서 이런 입장을 취하는 것이 당신이 원하는 삶을 사는 데 도움이 되었습니까?"라고 질문할 수 있다. 이러한 것을 질문할 때, 치료자는 옳은 위치에 서려고 하거나 내담자가 잘못했다고 말하는 것이 아니라 내담자가 강하게 믿고 있는 것이 효과적이었는지를 솔직하게 검토하는 것이 중요하다.

또 다른 일반적인 함정은 내담자가 특정한 전략이 효과적이었다고 말하는 데 있다. 이때 내담자는 보통 단기적 효과를 언급하는 것이고, 치료자가 할 일은 장기적 효용성을 내담자가 검토하도록 돕는 것이다. 장기간의 효과도 있었다고 내담자가 방어하더라도 치료자는 부드럽게, 예를 들면 "그럼 당신이 여기에 도움을 받으러 오신 이유는 무엇일까요?"와 같이 말하면서 치료의 필요성에 대해 질문해 볼 수 있다(Eifert & Forsyth, 2005).

체계 파악하기와 효용성에 대해 좀 더 알기 원한다면 Hayes 등(1999, pp. 92-98)을 보라.

내담자의 경험을 타당화하기

과거의 경험적 통제와 회피의 노력에 대해 논의해 보면 이전의 해결책이 썩 효과적이지 않았다는 것을 알게 될 가능성이 높다. 또한 그런 노력은 개인적으로 많은 손실을 가져왔을 것이다(Eifert & Forsyth, 2005). 내담자가 이러한 패턴을 아는 것으로부터 실제로 경험 통제나 회피의 노력을 내려놓는 것으로 옮겨 갈 수 있도록 돕기 위해, 치료자는 이것을 통합하여 **창조적 무망감**을 촉진하고자 한다(Hayes et al., 1999, pp. 87-112). '창조적 무망감'이라는 용어는 독자가 이를 일종의 감정으로 잘못 받아들일 수 있기 때문에 다소 문제가 있었다. 실제로 이것은 일종의 자기 타당화다. 치료적으로 이는 내담자가 그간 해 왔던 투쟁의 무익함에 대한 자신의 경험을 타당화하고, 자기 타당화에서 오는 완전히 새로운 가능성에 마음을 열기 시작하는 과정을 의미한다. 내담자도 자신이 사용했던 방법이 효과적이지 않았다는 것을 안다. 수용전념치료자가 덧붙이는 것은 그 경험이 타당한 것일 수도 있지만, 그것이 효과적일 수 없는 것일 수도 있다는 점이다.

일단 여러 가지 행동의 효용성에 대한 경험이 탐색되면, 내담자와 치료자 모두 그 문제와 그것을 해결하려는 시도가 얼마나 광범위한지를 이해하게 되고, 치료자는 치료시간 내에서 창조적 무망감을 개발하고자 시도한다. 상당히 많은 노력에도 성과가 거의 없을 때에는 그에 관한 다양한 이야기와 은유가 사용될 수 있다. 내담자의 상황은 쳇바퀴를 돌면서 아무 곳에도 갈 수 없는 햄스터, 모래 지옥에서 빠져나오려고 애쓰는 사람, 조작된 게임에 빠져든 도박꾼, 실력 없는 투자 전문가를 믿고 투자하는 사람 등에 비유될 수 있다(Hayes et al., 1999, p. 97). 또한 호랑이를 내쫓으려고 고기를 줬더니 호랑이가 더 크고 힘이 세고 더 굶주린 상태로 돌아왔다는 이야기(Eifert & Forsyth, 2005), 웅덩이에 빠진 사람에게 땅을 파도록 삽을 주는 꼴이라는 이야기(Hayes et al., 1999) 등도 이에 속한다. 웅덩이에 빠진 사람 이야기는 수용전념치료에서 사용하는 핵심적인 은유로, 도구(삽)는 그 사람이 구멍에서 나오는 방법을 창조해 내지 못하게 하고 오히려 구멍을 더 크게 만들 뿐이며, 그렇기에 삽을 내려놓는 것이 목표라는 것을 제안한다. 내담자에게 효과적이지 않은 변화 계획을 검토하고, 자신이 웅덩이에 빠져 있다는 것을 알아차리도록 요청한다. 치료가 진행되면서 내담자가 또 다른 통제 전략에 휩싸일 때는 위의 이미지나 다른 은유를 다시 언급할 수 있다. 치료자는 "다시 땅을 파고 계신 겁니까?" 혹은 "다시 쳇바퀴 속 햄스터가 된 건가요?"라는 식으로 가볍게 질문을 던질 수 있다.

예문

두 개의 면담 기록은 통제 약화 과정의 일부를 보여 준다. 우리는 스펙트럼의 양극단에 있는 과정을 예로 보여 줄 수 있는 이 면담 기록을 선택하였다. 첫 번째 면담 기록은 경험 회피가 오랫동안 배어 있던 한 내담자의 창조적 무망감을 보여 주는데, 이 과정은 강렬하고 장기적이며 감성적이다. 두 번째 면담 기록은 경험 회피에 대한 집착이 적고 기간도 짧아 그러한 행동의 대가에 대한 경험이 적은 내담자와 함께 진행한 부드럽고 보다 시험적인 경우다.

첫 번째 면담 기록은 치료자와 내담자가 치료적 관계를 형성하기 위해 두어 번의 치료시간의 상담을 가진 후에 시작되는 내용으로, 내담자의 가치와 내담자가 불안을 어떻게 다루어 왔는지에 대해 이야기하였다.

면담 기록 2-1

	치료자의 견해
내담자: 와, 제가 정말 여러 가지 것을 해 봤군요. 치료받는 것도 해 봤고, 그저 무시하려고도 해 본 것 같아요.	치료자는 계속해서 최대한 많은 예를 파악해 낸다.
치료자: 그것을 목록에 추가해 보죠. 치료와 무시. 또 다른 건요?	
내담자: 음, 사람들이 내가 손을 떠는 것을 알지 못하게 하려고 숨겨 왔던 것 같아요.	
치료자: 좋아요. 숨기기… 또 다른 건요?	
내담자: 분명 다른 것도 있는데 바로 생각이 안 나요.	
치료자: 아마 더 많은 것이 있을 겁니다. 계속 작업을 하면서 또 다른 게 나오면 목록에 추가할 수 있어요. 자, 여기 꽤 광범위한 목록이 있네요. 분명한 것은 당신이 불안을 없애려고 정말 많은 노력을 해 왔다는 겁니다.	이 과정을 작업할 때, 치료자는 내담자가 기울인 노력의 타당성을 인정해 주어야 하며, 동시에 해결책으로서 '비슷한 방법을 좀 더' 시도하는 것을 약화한다.
내담자: 네, 그랬던 거 같아요. 그런데 노력이 아직 충분하지 않나 봐요. 좀 더 노력을 해야 되겠죠?	
치료자: 한 가지 여쭤 볼게요. 그동안 열심히 노력했죠? 그런 거 같아요. 목록에 있는 당신이 시도했던 것은 오래된 겁니다. 저는 목록에 '더 열심히 노력하라'를 추가해야 되지 않을까 하는데요.	말 그대로 모든 해결책에는 기능적으로 많은 노력이 필요한데, '더 열심히 노력하는 것'은 현재 통제 계획과 연결되어 있으므로 약화되어야 한다.
내담자: [웃으며] 네, 그래야 될 거 같아요.	
치료자: 자, 그럼 '더 열심히 노력하라'를 여기 긴 목록에 넣읍시다. 그럼 다시 당신이 충분히 애쓰지 않았던 것이 아니라는 것을 분명히 하고 싶은데요…. 여기 재미있는 점이 있네요. 당신이 시도해 왔던 일이 얼마나 많았는지 보세요. 그런데도 당신은 여전히 지금 불안과 싸우고 있잖아요. 그럼 이 목록에서 당신이 오랫동안 해 왔던 것 중에 장기적으로 보았을 때 불안을 해결해 줬던 것 한 가지만 얘기	효용성이 단기적인 관점에서는 효과가 있는 것으로 보일 수 있기 때문에, 치료자는 내담자가 단기적인 관점보다는 장기적인 관점에서 효용성을 살펴볼 수 있도록 질문한다.

해 주시겠어요?

내담자: [당황하며] 글쎄요. 불안 다루기가 효과적이었던 것 같아요.

치료자: [역시 놀라며] 만일 그게 효과적이었다면 지금 여기 있지 않아야 될 텐데요. 불안 다루기를 좀 더 해 보면 되지 않나요?

치료자는 내담자의 경험을 강조한다. 즉, 장기적으로 이러한 해결책이 효과가 있었다면 내담자가 왜 치료를 받고 있는가?

내담자: 선생님이 다시 알려 주셔야 해요. 거의 잊어버렸거든요.

치료자: 한번 돌이켜 보죠. 예전에도 누가 다시 알려 준 적이 있었나요?

내담자: 네, 아주 많이요.

치료자: 자 그럼 이것을 효과가 없었던 목록에 추가하도록 하겠습니다. 저는 당신에게 이 방법을 다시 알려 줄 수는 있지만, 그러면 또다시 누군가 그것을 알려 줘야 할 때가 올 것이고, 그다음에도 또 그럴 겁니다. 그렇죠?

치료자는 내담자가 예전에 시도했던 것과 같은 것을 지금 하고 있지만, 그가 여기에 치료받으러 와 있기 때문에 그 방법은 효과적이지 않았던 것이 분명함을 확인한다.

내담자: [웃으며] 네, 많이 잊어버려요. 이것이 제게는 얼마나 고통스러운 일인지 아시겠어요? 단지 해결하고 싶을 뿐이에요.

해결하기는 흔한 반응 중 하나다.

치료자: 이 일을 해결하려고 얼마나 오랫동안 노력했나요?

치료자는 이 전략이 얼마나 오랫동안 사용되었는지를 다룬다.

내담자: 음, 30년 정도요.

치료자: 그럼 우린 효과가 없었던 목록에 '해결하기'도 추가해야 될 것 같습니다. 30년 동안 해결하려고 노력해 왔다면 지금쯤에는 효과가 있어야 할 것 같은데요.

치료자는 반응에서 기능적 범주를 파악하고 이름을 붙인다.

내담자: [살짝 참지 못하고] 치료자는 선생님이잖아요. 효과적인 방법이 뭔지 선생님이 알려 주세요.

치료자: 아! 이 문제를 해결하는 방법에 대해 다른 사람에게 정보를 얻는 것도 좋은 전략입니다. 하지만 여전히 우리는 여기 있네요. 당신은 치료를 받으러 왔고, 책도 읽었다고 했죠. 정보를 얻으려고 했지만 해결되지는 않았죠. 그럼 이것도 목록에 넣읍시다. 목록이 점점 늘어나네요.

치료자는 다시 내담자의 현재 행동에서 기능적 범주를 파악하고 이름을 붙인다. 치료자도 아마 이 부분에서 불안감을 느꼈을지 모른다. 그러나 자신의 입장이 확고한 내담자에게는 이 작업을 계속하는 것이 중요하다.

내담자: 실망스러워요. 효과적인 방법이 있어야 하는 거잖아요. 그렇죠?

이 단계에서 좌절감을 보이는 것이 반드시 나쁜 반응은 아니다.

치료자: 점점 흥미로워지네요. 하지만 우린 여전히 같은 공간에 있어요. 당신은 내게 무엇이 효과적인지를 물었습니다. 그래서 두 가지가 나왔네요. 질문을 하는 것과 다시 정보를 얻는 것…. 우리는 이미 정보를 얻는 것이 효과적이지 않았다는 것을 압니다. 질문을 하는 건 어떤가요? 불안에 대해서 얼마나 많이 물어봤나요?

내담자의 언급에 대해 문자 그대로 반응하는 것은 여기에서는 유용하지 않을 것이다. 대신 치료자는 내담자가 하는 행동의 또 다른 종류의 예로 이에 이름을 붙인다.

내담자: 많이요.

치료자: 그럼, 질문하기도 목록에 넣습니다.

내담자: 뭔가 효과가 있어야 하잖아요. 사람들이 왜 치료를 받으러 오나요? 선생님은 제가 이해할 수 있게 도와주셔야죠.

치료자: 알겠습니다. 그럼 불안에 대해 좀 더 이해하게 된다면 문제가 해결될까요?

치료자는 계속해서 내담자 행동의 기능에 이름을 붙인다.

내담자: [주저함] 전 불안에 대해 굉장히 잘 알아요.

치료자: 그럼 불안을 좀 더 이해하는 것은 효과적이지 않네요. 그리고 또…

내담자: 알아요. 이것도 목록에 들어가죠. [잠시 멈춤] 그럼 아무것도 효과가 없다면 전 그냥 집에 가야겠어요.

포기 혹은 단념은 하나의 전략으로 나타나지만, 종종 이미 이전 계획에 속하는 전략이기도 하다. 이것은 수용과 비슷하게 보이겠지만 위장된 통제 전략일 수 있다. 체념 뒤에는 언젠가는 변할 것이라는 바람이 숨겨져 있다.

치료자: 아마도요. 하지만 집에 있는 것은 이미 목록에 들어 있다는 걸 말씀 드리고 싶습니다. 단지 집에 가는 것은 문제를 해결할 수 없을 겁니다. 이것도 마찬가지로 효과적이지 않은 전략입니다.

내담자: 도대체 그럼 아무것도 남는 게 없잖아요. 포기할래요.

치료자: 예전에 포기해 본 적이 있습니까?

내담자: 네. [좌절스러운 목소리로] 계속해 보세요. 이것도 목록에 넣으시죠.

치료자: 네. 포기도 문제를 해결해 줄 수 없군요.

내담자: 좌절스러워요.

치료자: 그럴 것 같습니다.

내담자: 그냥 받아들여야겠네요.

치료자: 그전에도 단순히 수용해 본 적이 있습니까?

내담자: 오 이런 또 시작이군요. 이게 수용전념치료라고 하는 거 아닙니까?

치료자: 맞아요. 그전에 수용을 시도해 본 적이 있나요?

내담자: 네.

전에는 좌절감을 표현하면 상대방이 몰아붙이는 것을 그만두고 한 발짝 물러났을 것이다. 아마 치료자가 단순히 물러나거나 무엇인가 해결책을 제안했다면(예, 이완 요법), 내담자는 그 순간에는 좀 더 기분이 좋았을지도 모른다. 그러나 기능적으로 이것은 오랜 행동 계획을 되풀이하게 만들지도 모른다. 치료자는 오랫동안 회피적이고 진퇴양난인 내담자에게, 이 시점에서 내담자가 제시하는 어떤 것이든 보이는 것은 새로운 행동이 아니며 그것이 오래된 강령의 일부분일 뿐이라고 가정한다.

치료자: 그럼 그게 불안을 해결하는 데 효과적이지 않았네요. 그랬다면 당신은 여기에 있지 않을 텐데요. 아무것도 효과가 없는 곳까지 왔네요. 여기 있는 것을 모두 해 봤지만, 아무것도 당신의 불안을 해결하는 데 도움이 되지 않았어요. 제가 효과가 없다고 말한다고 해서 믿을 필요는 없어요. 몇 년을 되돌아보고, 여기 전략을 시도했던 경험에 비추어 한번 말해 보세요. 어떤 게 효과적이었나요?

치료자는 내담자에게 자신의 경험을 검토하도록 요구한다. 우리는 내담자를 좀 더 자신의 경험과 만날 수 있도록 방향을 바꾸고, 규칙에 너무 얽매이지 않도록 한다. 특히 치료자에 의해 만들어진 규칙까지도 말이다.

내담자: 음, 그중에 어떤 건 조금 효과가 있었죠.	
치료자: 맞아요. 이럴 때는 이렇게 해 보고, 저럴 때는 저렇게 해 보고, 잠시 동안은 기분이 나아질 거예요. 심지어는 술을 마시면 잠깐 기분이 좋아질 수 있어요. 하지만 그러고 나면 어떻게 되죠?	치료자는 다시 내담자의 주의를 장기간의 패턴으로 돌린다. 내담자는 대개 단기간에 초점을 맞추고 싶어 한다.
내담자: 다시 원래로 돌아가죠.	
치료자: 그러면 어떻게 해야 되죠?	
내담자: 더 열심히 해 보는 거예요.	
치료자: 하지만 '더 열심히 해 보기'는 이미 효과가 없다는 걸 알잖아요. 오늘 당신이 여기 제 앞에 앉아 있는 이유가 노력이 부족했기 때문은 아닙니다.	'충분히 노력하지 않았다'는 것과는 관계가 없음을 이야기해 주면 내담자가 쓸데없이 자기비난을 하는 것을 막을 수 있다.
내담자: 방향을 잃은 느낌이에요. 뭘 해야 할지 모르겠어요.	
치료자: 방향을 잃은 것처럼 느끼시면서 무슨 생각이 드나요?	내담자는 지금 무엇이 나타나는지 알아차리도록 질문을 받을 때 현재 순간과의 접촉이 일어난다.
내담자: 희망이 없다는 거요. 할 수 있는 일이 없구나.	
치료자: 이제야 뭔가 효과가 나타나고 있네요.	
내담자: 농담하지 마세요. 전 방향을 잃은 것 같다고 하는데, 뭔가 효과가 나타나고 있다고요?	이것은 예상했던 반응은 분명 아니다. 문자 그대로의 대화에서는 '무망감'과 '방향을 잃는 것'을 말 그대로 받아들이면 매우 좋지 않은 상태일 테지만, 지금 상황은 문자 그대로의 대화의 경계 밖으로 벗어난 것이다. 이 내담자의 경우에는 무망감과 방향을 잃은 느낌에서 벗어나려 하는 것이 오히려 그 상태에 갇히는 데 일조한다.
치료자: 방향을 잃은 것 같은 느낌은 적어도 지금은 머물러 있어도 좋은 공간입니다. 당신이 아무것도 모르겠다고 하는 것은 다른 일이 일어날 수도 있다는 것을 의미합니다. 만일 당신이 뭔가 알겠다고 했다면, 저는 효과가 없는 것의 목록에 그것을 추가해야 되는 것이 아닌가 하고 생각했을 겁니다. 그리고 저는 당신이 효과가 없었던 것으로 돌아가는 것을 원치 않습니다. 그럼 지금부터 방향을 잃은 것 같은 느낌이 아마도 있어야 할 공간이 됩니다. 하지만 혹시, 정말 혹시 여기서 새로운 일이 생길 수도 있기 때문에 이곳은 창조적인 공간입니다.	

경험적 연습: 수용

면담 기록을 읽을 때, 당신의 반응은 무엇이었습니까? 어떻게 느꼈습니까? 무언가 불편했습니까? 그랬다면 어떻게 불편했나요? 당신이 알아차린 감정은 무엇입니까? 뭔가 평가한 게 있나요? 그런 내용을 여기에 적어 보십시오.

장시간을 직면적인 방식으로 작업할 때는 상대를 존중하고 겸손한 태도를 갖는 것이 중요하다. 그렇지 않으면 마치 당신이 내담자와 장난을 치거나 내담자의 타당성을 인정하지 않는 것처럼 보일 수도 있다. 내담자의 효과적이지 않은 실제 통제 경험을 타당화하고, 내담자가 틀렸다기보다는 내담자에게 주어진 사회적 메시지가 틀렸을 수 있다는 것을 제안하는 것이다. 이 치료시간이 끝나기 전에 내담자가 희망이 없는 것이 아니라 지금까지 사용해 온 행동 계획이 희망이 없는 것임을 설명하는 것이 중요하다.

창조적 무망감에서 창조적인 부분이란 불필요한 경험 통제를 마침내 포기하고 선택한 가치에 어울리는 삶을 사는 것에 관심을 가질 때 오는 열린 마음을 언급하는 것이다. 무망감을 느끼는 것이나 무망감을 믿는 것이 목표가 아니다. 사실 대개 이런 과정은 희망적으로 느껴진다. 효과적이지 않은 것을 포기하는 과정을 가속화하는 것이 목표다(Hayes et al., 1999). 종종 오래된 통제 계획을 없애려 할 때, 내담자는 방향을 잃은 느낌이나 혼란감을 경험한다. 이것은 부정적인 징후가 아니라 오랜 통제 행동이 사라지기 시작하는 징후다. 다른 흔한 반응에는 마치 내담자가 사고의 습관적 패턴을 이해하고 있는 것처럼 느긋해지거나 혹은 좀 더 심사숙고하게 되고, 침묵의 시간, 방 안 분위기가 가벼워지는 것, 웃음, 대화를 시작하고 멈추는 것 등이 포함된다.

다른 지침도 염두에 두는 것이 중요하다. 치료자가 흔히 하는 실수는 회피가 효과적이지 않다거나, 경험 회피 계획을 포기해야 한다고 내담자를 설득하려는 것이다. 또한 치료자는 내담자를 준비가 된 수준 이상으로 밀어붙일 수 있다. 내담자의 경험이 절대적인 결정 기준이 되도록 하는 것이 중요하다. 창조적 무망감은 치료자와 내담자 사이가 아니라 내담자의 마음/경험 통제 체계와 자신의 경험 사이에서 직면이 이루어질 때만 효과적일 것이다. 치료자는 내담자가 자신의 경험을 검토하고, 자신의 마음이 제시한 해결책이 예상대로 효과적이었는지 그렇지 않았는지를 경험하도록 도와주는 이러한 과정을 단순히 안내한다.

치료자는 내담자가 말하는 내용에 사로잡히지 않는 것도 중요하다. 예를 들면, 겉으로 보기에 논리적이거나 건강한 해결책이라 할지라도 우선 그 해결책의 실제 기능을 완전하게 탐색하지 않은 채 이야기하는 내담자를 격려하는 것은 실수다. 내담자가 겉으로 보여 주는 것이 수용전념치료의 기법과 유사하거나 형식적으로 동일할 때 특히 이러한 실수에 빠지기 쉽다. 그러나 형식적으로 옳은 방법의 목록을 만드는 것이 목표는 아니다. 모든 방법의 기능적 영향력을 탐색하고, 효과적이지 않은 것은 내려놓는 것이 목표다. 전형적으로 효과적이지 않은 것은 내담자가 인지적으로 뒤엉켜 있어, 이로 인해 보이지 않는 통제 계획을 작동하는 것이다. 이것은 쉽게 혹은 논리적으로 이해되지 않을지도 모른다. 내담자의 경험은 가장 거대한 동맹군이다.

창조적 무망감은 행동의 변화가 단번에 흑백 논리적으로 일어나는 것이 아니라, 지금 이 순간과 다음 순간에도, 또 그다음에도 통제 이외의 것을 할 수 있는 가능성을 만든다는 것에 주목하는 것이 중요하다. 이는 궁극적으로 우리가 존재하는 매 순간에 자신의 경험을 부정함으로써 경험 회피의 계획을 북돋든지, 아니면 자신의 경험을 긍정함으로써 삶에 내포된 생명력을 키우는 기회가 제공된다는 사실을 내담자가 알 수 있도록 도와주는 것이다.

통제 약화를 어느 정도로 강조해야 하는가는 주로 경험 회피와 통제가 내담자의 삶에 얼마나 팽배해 있는지에 달려 있다. 어떤 내담자에게는 경험 통제가 수년간 삶을 사는 지배적인 방식이 되어 왔으며 깊숙이 자리 잡은 패턴이다. 반면 다른 내담자는 경험 회피가 덜 보편적이고 덜 습관적이거나 혹은 덜 우세하여, 그것을 해결책으로 사용하는 것을 좀 더 쉽게 포기할 수 있다. 경험 회피가 더 만성적이고 광범위할수록, 수용전념치료에서는 이 부분이 더 강조되어야 하는 것 같다.

치료자는 아마 경험 회피의 패턴이 상대적으로 덜 광범위한 내담자와는 이 단계를 좀 더 빠르게 진행할 수 있으며, 그들의 가치를 추구하는 맥락에서 마음챙김과 수용 기술을 향상하는 데 도움을 주는 단계로 진행할 수 있다.

다음 면담 기록은 사회 불안을 가졌지만 명석하고 젊으며 상대적으로 기능적인 내담자와의 초기 치료시간을 보여 준다.

면담 기록 2-2

치료자: [내담자가 불안을 어떻게 다루어 왔는지를 살펴본 후] 한 가지 제안을 할까 합니다. 만일 불안을 다루는 방법이 쉽고 뻔한 것이라면 이미 해결했겠지요.

내담자: 그랬겠죠.

치료자: 당신은 똑똑하고 능력 있는 사람입니다. 하지만 삶의 상당 부분을 이 문제로 애써 왔습니다. 그리고 이 문제는 원래 다루기 힘들다는 걸 압니다. 예를 들면, 심지어 불안이 없다는 것에 주목하는 것 역시 불안을 만들어 냅니다. 마치 이런 것과 같은 거죠. "기분이 한결 좋은데… 아니야, 기분이 좋아진 게 아니네…." 당신이 불안을 다루기 위해 해 왔던 것을 적은 목록에 무엇이 있나 봅시다. 주의 분산, 재확인, 거기서 벗어나라고 스스로에게 말하기, 피하기 등이 있었고, 아직까지 우리가 이야기하지 않은 것도 있을 겁니다. 여기에 공통점이 있는지 한번 보세요. 이것은 때로는 약간의 도움이 될 수도 있지만… 결과적으로는 도움이 되지 못합니다.

내담자: 네.

치료자: 이 방법은 불안을 해결하지 못합니다.

내담자: 네, 저도 알아요. [웃음]

치료자: 그리고 효과적이라고 치더라도, 이 방법은 단기적으로만 효과적일 수 있습니다. 그리고 이러한 방법은 중장기적으로는 상황을 더 악화할지도 모릅니다. 예를 들면 이런 거죠. 만일 당신이 스스로의 주의를 전환할 다른 무언가를 한다면 조만간 그게 효과적이었는지를 확인해야 합니다. 그리고 그 방법이 효과적이었는지 알아보기 위해 확인하려면 당신이 무엇을 잊으려고 했는지를 떠올릴 것이고… 그럼 다시 불안이 돌아오죠.

내담자: 네, 때로는 "좋아, 주의를 다른 데로 돌릴 거야. 재미있는 걸 생각해 보자. 그래, 이런 생각을 해 보자. 스키를 타고 언덕을 내려오고, 별장으로 가서 친구들과 어울리고… 젠장! 좋아, 처음부터 다시 시작해 보자."라고 생각하기도 해요.

치료자: 네.

내담자: 아니면, 기분이 좋아지고 있다는 걸 알아차리고 나면 다시 불안이 밀려오는 일도 있어요.

치료자: 네, 문제는 그겁니다. 당신의 마음이 당신을 속이는 것에 대해 이야기하셨죠, 그렇죠? 문제는 당신만이 아니라 당신의 마음도 당신이 있는 곳에 같이 있다는 겁니다. 그리고 당신은 마음이 당신에게 하라고 하는 것을 하고 있는 겁니다. 그리고 그게 효과는 있지만 장기적으로는 효과가 없는 것 같고요. 그래서 당신이 여기에 있는 것이죠. 여전히 당신의 마음은 이 방 안에 있고, 우리가 뭐라고 하는지 듣고 있습니다.

내담자: 그렇죠. [재미있는 듯 웃음]

치료자: 네, 당신 마음은 지금 무슨 일이 벌어지고 있는지 알고 있어요, 맞죠?

내담자: 네.

치료자: 하지만 당신 마음이 당신에게 근본적이고 결정적인 답을 줄 수는 없는 것 같군요. 당신 마음이 주는 답이 어떤 것이든 당신에게 고통을 주는 것 같아요. 당신이 생각하고 싶지 않은 기억을 가끔 떠올리게 하고요.

내담자: 그리고 논리적으로 해결할 수가 없어요. 선생님이 하는 말씀이 이해는 돼요. 제가 생각하고 있는 게 논리적이지 않다는 건 알지만 벗어나지 못할 뿐이에요.

치료자: 맞아요. 왜냐하면 이건 단순히 논리적인 문제가 아니라 심리적인 문제이기 때문이지요. 그리고 이 둘은 같은 것이 아닙니다. 그럼 이 둘을 붙여 봅시다. 제대로 하려면 이 사이에 공간을 만들어 내야 됩니다. 논리적이고 합리적이며 현명하게 보이는 것 때문에 당신이 굉장히 소진되었을 가능성을 생각해 보면 좋겠어요. 그 방법은 이런 식으로 효과가 있기도 하고, [손을 펼치며] 한편으로는 효과가 없을 수도 있습니다.

내담자: [웃으며] 아니요, 효과가 없었어요.

치료자: 만약 그 방법이 효과가 있는 그런 경우라면 완전히 다른 방식의 공격이 필요한 것이라는 가능성을 열어야만 하겠지요. 그러나 우리 마음속에는 "그래, 알겠어. 그런 것 같아."라고 말하면서도 또다시 같은 체계 속으로 잡아끄는 것이 있습니다. [멈춤] 모래 지옥 아시죠?

내담자: 네.

치료자: 사람들은 모래 지옥에 빠지면 정상적이고 논리적이며 합리적이고 현명한 일을 합니다. 바로 거기서 벗어나려고 노력하는 것이죠.

내담자: 그게 더 상황을 나쁘게 만드는군요.

치료자: 네. 무엇인가에서 벗어나는 일반적인 방법은 그것을 밀어내는 것입니다. 문제는 모래 지옥에서 그런 식으로 빠져나오려고 하면 더 깊이 빠지게 된다는 것입니다. 한 발로 안 되면 다른 발로 밉니다. 그럼 두 발이 빠지게 되는 거죠. 아마 이것과 마찬가지 아닐까요. 당신이 해 왔던 방법은 사람들이 진흙탕 속에 빠졌을 때 하는 정상적이고 논리적이며 합리적이고 현명한 행동과 같을 겁니다. 하지만 사실 이런 방법이 당신을 해방하지는 못하죠. 어떤 방법이든 당신을 더욱 곤경에 빠뜨리게 되는 겁니다. 이 말이 맞는다면, 그럼 우리는 지금까지 효과적일 것 같아 보였던 방법의 틀 밖에서 뭔가 효과가 있을 만한 방법을 찾아야 합니다. 무슨 뜻인지 이해가 되시나요?

내담자: [웃음] 네, [멈춤] 그럼 우린 이제 뭘 해야 하나요?

치료자: [멈춤, 웃음] 자, 당신의 경험은 '나는 뭔가를 하지만 효과는 없다. 단기간은 효과가 있지만 장기간에는 효과가 없다'고 당신에게 말하고 있네요. 그리고 정말 그 문제가 계속 맴돌고 있어요. 어떨 때는 더 좋아졌다가 어떨 때는 더 악화되기도 하지만 여전히 여기 있습니다. 그리고 당신은 문제가 커지지 않게 애쓰고 있지만 여전히 문제는 여기 있고, 당신은 거기서 헤어 나오지 못하고 있군요.

내담자: [알아듣지 못하게 작은 소리로 동의한다.]

치료자: 저는 그 문을 열고, "이도 저도 안 되는 꽉 막힌 느낌이 있으시죠? 음, 아마 당신이 정말로 지금 이도 저도 안 되는 꽉 막힌 상태이기 때문에 그런 느낌을 받으시는 것일지도 모릅니다."라고 말하고 싶군요. 이것은 일종의 꽉 막힌 게임입니다. 다른 방식으로는 효과가 없을 것입니다. 이런 식으로 작용하죠. 당신은 자신의 경험을 통해서 그 방법이 어떤 식으로 효과적이었는지를 알 겁니다. 한 걸음 물러서서 바라보면, 이건 마치 조작극처럼 보일 겁니다. 삶의 다른 영역에서는 당신이 노력을 하면 결과를 얻습니다. 하지만 여기서는 그러지 못하죠. 그래서 정말 다른 것을 할 필요가 있을 겁니다.

문제로서의 통제

두 번째 예에서, 당신은 치료자가 창조적인 무망감에 대한 작업을 통해 어떻게 경험/정서 통제가 내담자의 현재 어려움을 해결하기보다 그 문제의 일부가 되는지에 대해 좀 더 명확하게 윤곽을 그리는 것을 볼 수 있다. 많은 내담자가 자신의 내적 경험을 더 통제할 필요가 있다고 느끼며 치료에 찾아온다. 그러나 실제로는 잘못 적용된 통제가 내담자를 실행 불가능한 계획에 빠뜨린다. 그러고는 감정이나 사고를 통제하기 위한 작업을 하는 동안 내담자의 삶은 정체되기 때문에 삶을 희생하는 결과를 가져온다.

우리는 내담자가 "불안을 통제하면 직장을 얻게 될 거야." 혹은 "고통이 멈추면 다른 관계를 찾을 수 있을 거야."나 "'더 이상 죄책감을 느끼지 않을 때 아이들과 다시 관계를 맺을 수 있어. 아이들까지 나의 죄책감을 느끼게 하고 싶지 않아."와 같이 말하는 것을 들은 적이 있다. 이런 진술은 다양한 형태와 규모로 나타나며 모두 내담자의 내적 경험이 통제되고 난 다음에야 비로소 삶을 살기 시작할 수 있다는 내용이다. 물론 이러한 생각의 문제는, 삶은 현재 순간에도 일어나고 있기 때문에 내적으로 일어나는 일을 지속적이고 의미 있게 바꾸는 것은 매우 어렵다는 것이다. 더불어 통제하려는 노력은 더 많은 문제와 대가를 초래할 수 있다. 이것은 명백한 형태로 드러나기도 한다. 예를 들면, 어떤 내담자는 슬픔을 피하려고 술을 엄청 마신다. 잘못 적용된 통제는 좀 더 미묘한 방식으로 문제가 될 수 있다. 예를 들면, 고통스러운 문제에 대해 치료자로서 당신이 이야기를 하려 할 때마다 바로 교묘히 주제를 바꾸지만 친밀감은 유지하려는 욕구가 있는 내담자를 생각해 보라. 다음은 그러한 문제를 보여 준다.

치료자: 이번 주말에 호수에서 좋은 시간을 보냈다고요?

내담자: 네, 정말 재미있었어요. 수상 스키를 타고 수영도 했어요. 정말 잘 쉬었는데… 그런데 전 혼자였고, 그건 불쾌한 경험이었어요.

치료자: 혼자였다고요? 그동안 혼자 있는 것을 무척 힘들어해 왔던 것을 알고 있습니다. 고통스러우셨나요?

내담자: 네, 하지만 하이킹도 갈 수 있었어요. 그리고 어떤 일이 있었는지 믿지 못하

실 거예요. 산길에서 곰과 마주쳤어요.

치료자: [가로막으며] 고통스러운 부분을 그냥 넘어가셨네요.

내담자: 네, 하지만 저는 정말 곰에 대해 이야기를 하고 싶었어요.

치료자: 방금 또 그 일이 일어난 것 같네요. 고통을 마주하게 되면 어떤 일이 벌어질 것이라고 생각하세요?

내담자: [눈시울이 붉어지며] 울게 될 것 같은데, 그러고 싶진 않아요.

여기서 당신은 어떻게 내담자가 친밀감을 희생해 가며 취약성을 피하고자 하는지를 볼 수 있다. 치료자의 목표는 이런 종류의 통제가 '가치 있는 삶의 상실'이라는 손실을 가져옴을 지적하는 것이다. 예를 들면, 이 내담자의 경우에는 이것이 친밀감, 마음 소통, 사랑스러운 애정 소통, 애정 어린 대인관계의 상실을 의미한다.

잘못 적용된 통제는 경험에 호소하거나 은유를 사용해서 반박할 수 있다. 우선 창조적 무망감은 경험에 호소한다. 예를 들어, 치료자는 "당신의 경험상 통제가 효과적이었던 적이 있습니까?"라고 물을 수 있다. 또한 통제의 문제를 보여 주는 은유를 통해 유연성을 더욱 강화할 수 있다. 수용전념치료 문헌에는 은유가 매우 많다. 예를 들면, 중국 수갑 은유, 백미러 보며 운전하기 은유, 되먹임 비명 은유, 물건이 가득 찬 상자 은유, 괴물과의 줄다리기 은유, 젤리 도넛 은유, 사랑에 빠지기 연습, 거짓말 탐지기 은유가 있다(Hayes et al., 1999, pp. 104-105, 108, 136-138, 109, 123-124). 이러한 은유는 모두 통제의 역설을 설명한다. 즉, 내적 경험을 통제하려고 하면 할수록 더 통제력을 잃게 된다는 것이다.

이 역설은 "기꺼이 가지려고 하지 않으면 얻을 것이다"(Hayes et al., 1999, pp. 120-121). 혹은 반대로 '기꺼이 잃으려고 하지 않으면 잃을 것이다'라는 메시지가 담겨 있다. 만약 당신이 기꺼이 불안하려고 하지 않으면 그다음에는 불안 자체가 불안해야 할 대상이 되고, 그러면 더 많은 불안이 생길 것이다. 만일 당신이 기꺼이 사랑을 잃으려 하지 않는다면, 당신은 항상 당신이 사랑하는 사람을 통제하려 들기 때문에 사랑을 가질 수 없게 된다.

많은 예가 감정과 관련된 경험 통제에 초점이 맞춰져 있지만, 이런 종류의 역설은 사고에도 적용된다. 만약 당신이 마음이 생각하는 것을 통제하려 들면 즉시 문제가 발생한다. 즉, 당신이 통제하고자 하는 것이 무엇인지를 알기 위해서 통제하고자 하는 것과 접촉해야만 한다는 것이다. 한 예로, 당신은 내담자에게 바나나를 생각하지 말라고 요구할 수 있다. 그러면 내담자는 즉시 바나나에 대해서 생각하게 되는 일이 발생한다. 그리고 바나나에 대해서 생각하지 않으려고 노력할수록 더 많이 '바나나'를 생각하게 될 것이고, 심지어 바나나 조각, 노란색, 바나나 묶음, 아침에 먹은 바나나까지 생각하게 될 것이다. 당신은 특히 통제에 중요한 것으로 보이는 사고에 적용했을 때 이러한 노력이 어떤 식으로 역효과를 나게 할 수 있는지를 논의해야 한다. 바나나에 대한 생각에서 우리 자신을 분산시키는 것은 우리가 바나나를 보거나 혹은 '바나나'라는 단어를 듣지 않으면 가능할 수도 있다. 아마도 대부분의 사람에게는 바나나에 대해 생각하는 것은 전혀 심각하지 않은 일일 것이다. 그러나 다른 생각은 매우 강력한 영향력을 가질 수 있다. 예를 들면, '나는 쓸모없는 인간이다', '내게 뭔가 문제가 있다', '내 삶을 낭비해 왔다' 등과 같이 내담자가 정말로 지우고 싶어 하는 생각 말이다. 이러한 것은 중요한 생각이어서 주의 분산이 훨씬 더 어려울 것이다. 일반적으로 내담자는 행복감이나 좋은 생각을 통제하거나 제거하려고 노력하지는 않는다. 이런 것은 오히려 환영받고 머물 수 있는 한 오래 머문다. 통제하려는 노력은 우리가 원하지 않는 부정적인 것에 적용된다. 여기서 역설이 발생한다. 내담자와 이 문제를 탐색하는 것은 내담자가 원하지 않는 개인 경험을 통제하기 위한 일종의 기술로서 주의 분산을 사용할 때 유용할 수 있다.

다음의 예에서는 치료자가 모래 지옥 은유(Hayes et al., 1999)를 다시 언급하지만, 이는 약간 다른 목적이 있다. 즉, 기꺼이 하기가 어떤 것인지 가르치기 위한 목적으로 사용된다.

치료자: 모래 지옥에 빠져드는 은유 기억하시나요?

내담자: 네, 밖으로 나오려고 애쓸수록 더 깊이 들어가게 된다는 말씀이시죠.

치료자: 맞습니다. 밖으로 빠져나오려고 할수록 더 빨리 빠지게 되죠. 우리가 전에 이에 대해 이야기하지는 않았지만, 이 은유는 또한 당신이 곤경에 처했을 때 투쟁하는 것 이외에 무엇을 해야 할지를 알려 줍니다. 모래 지옥에 빠지지 않기

위해서는 자신이 하려고 생각했던 것과 정반대의 것을 할 필요가 있습니다. 모래 지옥에 떠 있으려면 부드럽게 몸을 쭉 펴고 가능한 한 자신의 몸이 모래에 많이 닿도록 놔둬야 합니다. 표면이 모래와 더 많이 닿을수록 더 떠 있을 수 있고 빠지지 않을 겁니다. 불안을 없애려는 것이 모래 지옥에 빠져 죽는 것과 같다면 어떻겠습니까? 불안에서 빠져나오려고 더 많이, 더 빨리 노력하면 할수록 더 빠져들게 되고 상황은 더 악화될 것입니다. 아마도 여기서 해야 할 일은 투쟁을 멈추고 거기에 떠 있기 위해 감정과 만나는 것입니다.

내담자: 하지만 불안에 떠 있는 것도 절 불안에서 빠져나오게 하진 못해요.

치료자: 맞아요. 당신이 느끼는 불안은 여전히 느껴지지만, 당신은 이제 막 투쟁하는 것을 포기한 상태죠. 그게 당신을 빠져 죽게 하지 않는다는 것을 의미한다면 기꺼이 해야겠죠?

내담자: 네, 하지만 어떻게요?

이것은 단지 통제의 대안으로서 기꺼이 하기에 대한 개념을 어떻게 소개할지에 대한 하나의 예시다. 이 과정은 다음 장에서 더 다룰 것이다.

수용의 개발과 연습

경험 통제 계획에 대한 내담자의 애착이 느슨해지도록 돕는 초기 작업이 완성된 후, 치료의 초점은 내담자가 자신의 삶에 일어나는 사건에 기꺼이 하는 마음을 가져오도록 돕는 것으로 옮겨 간다. 앞에서의 초점은 주로 잘 연습된 일련의 행동, 즉 경험 통제를 약화하는 것에 있었다. 여기에서는 자신의 경험을 기꺼이 받아들이고 포용하며 동정심을 갖고 수용하는 새로운 행동을 구축하는 것에 좀 더 분명한 초점을 둔다. 대개 내담자는 더 기분 좋게 느끼기를 직접적으로 원하면서 치료를 받으러 온다. 수용은 내담자가 좀 더 나은 삶을 위해서 기분을 좀 더 잘 느낄 수 있도록(즉, 느끼는 것을 더 잘하도록) 돕는 작업이다(Hayes et al., 1999). 여기서 치료의 과제는 내담자가 자신의 삶에서 더 광범위하게 기꺼이 하기를 적용할 수 있는 능력을 향상하는 것을 목표로 삼고, 다양한 맥락, 다양한 개인 사건에서 기꺼이 하기를 연습하도록 안내하는 것이다. 간혹 내담자가 자신의 경험을 보다 효과적으로 수용할 수 있는 방법을 배우기 위해 개방적이고 준비가 되어 있는 자세로 치료시간에 오는 경우가 있는데, 이때 치료자는 바로 이 단계로 넘어갈 수 있다. 당신이 내담자와 어디서 시작을 할지는 사례 개념화에 따라 결정된다(8장 참조).

일반적으로 내담자는 자신의 감정을 기꺼이 경험하게 되면 어떤 일이 일어날 것인지 알지 못한다. 내적 사건에 대한 통제를 놓아 버리는 것은 마치 미지의 세계에 발을 들여놓는 듯한 느낌이 들 수 있다. 정서적 내용을 기꺼이 수용하는 것은 마치 눈을 감고 한 발짝 내디디면서 땅을 디딜 수 있기를 바라는 것과 비슷할 수 있다. 치료자의 과제는 내담자에게 기꺼이 하기가 무엇인지를 가르치고, 내담자 곁에 있으면서 그들이 발을 디딜 수 있도록 서서히 격려하는 것이다. 치료자는 ① 기꺼이 하기가 무엇인지를 가르치기, ② 현재 순간을 포용하는 것을 통해 기꺼이 하기를 적극적으로 연습하기의 두 가지 방법으로 내담자를 돕는다.

기꺼이 하기가 무엇인지 가르치기

기꺼이 하기란 개인이 자신 앞에 펼쳐지는 지금 여기에서 순간을 기꺼이 받아들이는, 일종의 본래적으로 동정적인 자기 타당화 행동이다. 우리는 4장에서 좀 더 심도 있게 '지금 여기'의 개념을 탐색하고자 한다. 여기에서는 온전히 그리고 방어하지 않고 매 순간을 알아차리는 것을 적극적으로 행하는 것의 중요성만을 다룬다. '온전히'라는 의미는 넓고 포괄적이다. 모든 정서와 마음의 내용은 그중의 일부분이나 특히 우리가 좋아하는 부분만이 아닌 있는 그대로, 그 자체로 경험된다. 이것은 일종의 접촉에 관한 문제다. 즉, 모래 지옥 은유에서처럼 경험의 모든 부분에 자신을 드러내거나 혹은 우리의 경험 속으로 퍼지는 것이다. '방어하지 않고'의 의미는 비판단적이고 비평가적인 알아차림을 말한다. 즉, 냉철하게 관찰하는 것이다. 이러한 알아차림에는 지속적인 연습이 필요하다. 많은 내담자의 경우 치료시간 시작과 끝 부분에서 마음챙김을 연습하는 것이 도움이 될 수 있다.

기꺼이 하기는 선택이다 선택은 단지 우리가 할 수 있기 때문에 선택한다는 것을 의미한다. 그러므로 기꺼이 하기를 선택하는 것은 매 순간 존재한다. 내담자는 종종 자신에게 선택의 여지가 없다고 가정하며 기꺼이 하기를 선택할 수 없는 많은 이유를 나열할 것이다. 당신은 이런 내담자에게는 그런 이유를 탈융합하거나 관찰하면서도 여전히 행동하도록 작업할 수 있다. 내담자에게 이를 설명하기 위한 몇 가지 간단한 방법이 있다. 첫째, 내담자에게 비슷한 두 개의 물건 중에 선택을 하도록 할 수 있다. 예를 들어, 내담자에게 "홍차와 커피 중 뭘 선택하시겠습니까?"라고 물을 수 있다. 내담자가 선택을 한 후에는 왜 그렇게 선택했는지 설명할 수 있는 가능한 한 많은 이유를 댈 것을 요청한다. 커피를 마셔야 하는 많은 이유를 듣고, "홍차에 알레르기가 있어요."나 "홍차 맛을 싫어해요."와 같이 상당히 그럴듯한 이유를 이야기할지라도, 만일 그러한 모든 그럴듯한 이유가 있더라도 내담자가 홍차를 선택해서 마실 수는 없는지를 물어보자. 물론 대답은 '마실 수 있다'다. 이유가 선택을 하게 하는 것이 아니라 사람이 선택하는 것이다. 당신은 이것을 지금 다루고 있는 더 중요한 의제로 끌고 올 수 있다. 예를 들면, "만일 기꺼이 하기가 자신의 삶을 살아야 한다는 것을 의미한다면 그것을 기꺼이 선택하시겠습니까?"라고 물을 수 있다.

다음의 은유(Hayes et al., 1999, p. 240)는 이와 같은 상황에서 유용할 수 있다.

치료자: 당신이 막 새로운 집을 사서 집들이를 하기로 결정한다고 상상해 보세요. 당신은 '모두 환영합니다'라고 적힌 초대장을 만들어 이웃에게 보냅니다. 파티 때문에 흥분되고, 모든 게 멋지게 보이기 위해 꾸미고, 음식과 음료수를 마련해서 파티를 준비하기 시작합니다. 드디어 집들이 날이 되고, 모든 것이 잘 진행되고 있습니다. 손님들이 도착하고, 모두들 웃으며 즐거운 시간을 보내고 있습니다. 더 많은 손님이 도착합니다. 문을 두드리는 소리를 듣습니다. 웃으면서 문을 열려는 순간 질색하는 표정으로 금세 변합니다. 당신 앞에 당신이 귀찮아하는 이웃인 에드나가 서 있습니다. 에드나는 불쾌한 소리를 내고, 가끔은 사람들에게 무례하며, 냄새도 나고, 예의가 없습니다. 이사 온 지 한 달밖에 안 되었는데 이미 그녀에 대해 많은 것을 알게 되었습니다. 당신은 재빨리 문을 닫으려고 하지만, 문틈에 에드나의 발이 들어와 있어 문을 닫을 수 없습니다. 당신은 에드나에게 가 달라고 부탁하지만, 그녀는 천천히 머리

를 저으며 당신이 이웃에게 돌린 초대장을 보여 줍니다. 그리고 큰 글씨로 '모두 환영합니다'라고 쓰인 것을 따라 읽습니다. 또 그녀는 당신에게 가지 않겠다고 하면서 자신을 집 안으로 들여보내 줄 때까지 여기 앉아 있겠다고 말합니다. 그녀는 떠나지 않고, 당신은 손님을 잃게 되는 이런 상황에서 에드나를 안으로 들이기를 결정하지만, 그녀에게 손님과 떨어져서 부엌에 있어야 한다고 강요합니다. 당신은 재빨리 그녀를 부엌으로 데려가 부엌에 있으라고 경고합니다. 부엌문을 닫고 걸어 나오는데 당신 바로 뒤에 에드나가 있습니다. 그녀는 부엌 밖으로 당신을 따라 나옵니다. 당신은 뒤돌아서 "안 돼요, 에드나, 부엌에 있어요."라고 말하고는 다시 그녀를 데리고 갑니다. 다시 파티를 즐기려고 돌아오는데 무슨 일이 일어날까요?

내담자: 에드나가 다시 문을 밀고 나옵니다.

치료자: 맞아요! 그리고 당신이 계속 에드나가 보이지 않게 하려면 부엌문 앞에 딱 버티고 있어야겠다고 생각합니다. 당신은 움직일 수가 없습니다. 여기서 문제는 뭘까요?

내담자: 전 파티를 즐길 수 없겠죠.

치료자: 네, 그래서 중요한 질문은 당신이 파티를 즐기기 위해서 에드나가 집 안을 돌아다니도록 놔둬야 하는 상황이라면 기꺼이 그렇게 하겠는가입니다.

내담자: 어렵네요.

치료자: 네, 하지만 당신은 에드나를 집에 있도록 하고 파티를 즐기는 것을 선택할 수 있겠습니까?

내담자: 네, 그렇게 하고 싶을 거예요.

여기에서 내담자와의 작업은 간단한 질문으로 요약된다. 즉, 당신이 어떻게 느끼는지를 기꺼이 느낄 것인가, 갖고 있는 생각을 기꺼이 가질 것인가, 느껴지는 감각을 온전히 방어하지 않고 그대로 거기에 있게 할 것인가, 당신이 가치 있게 여기는 바에 따라 효과적인 것을 할 것인가다.

기꺼이 하기는 행동이다 이 장에서 우리는 기꺼이 하기에 대한 다양한 설명을 하였다. 기꺼이 하기는 느낌이 아니다. 자전거를 어떻게 타는지, 악기를 어떻게 연주하는지, 혹은 숙련된 스포츠를 어떻게 하는지를 직접적으로 기술할 수 없는 것처럼 직접적으로 가르치거나 기술할 수 있는 것은 아니다. 이는 스키를 탈 때 일어나는 일과 기꺼이 하기의 비교를 통해서 일부 이해될 수 있다.

치료자: 스키를 타 보신 적 있으세요?

내담자: 네, 몇 번 탄 적이 있어요.

치료자: 스키를 타면서 너무 빨라질까 봐 무서울 때 언덕 쪽을 향해 몸을 뒤로 젖히려는 것이 자연스러운 경향이라는 것을 아십니까? 문제는 그렇게 하는 순간 바로 당신이 향하던 방향으로 조절하지 못하고 넘어질 가능성이 오히려 더 높아진다는 것입니다. 이 상황에서 몸을 뒤로 젖히는 자연스러운 반응은 효과적이지 않습니다. 이런 상황이 당신 자신의 생각이나 느낌에 대해서도 비슷하다면 어떨까요? 즉, 당신 자신의 경험에서 멀어지려는 자연스러운 반응이 실제로는 문제의 일부가 된다면 어떻겠습니까? 여기서 필요한 것은 언덕 아래쪽으로 몸을 기울이는 것처럼 경험 안으로 몸을 기울여서 당신 삶에서 당신이 가고자 하는 쪽으로 더 잘 가도록 연습하는 것이라면 어떻겠습니까?

기꺼이 하기의 연습

이상적으로 기꺼이 하기는 다른 수용전념치료 과정과 섞여 치료 전반에서 연습된다. 기꺼이 하기를 연습하는 가장 기본적인 방법은 수용전념치료자가 어려운 주제를 연습하거나 논의할지 여부를 내담자에게 선택하도록 하는 것이다. 이것은 수용전념치료자가 내담자에게 불쾌한 기억을 환기하는 주제에 대해 연습하거나 논의해야 할 필요가 있다고 생각할 때나, 치료자가 작업을 시작하기 전에 내담자에게 그 연습을 기꺼이 할 것인지 물어볼 때 일어난다.

대부분의 내용에는 내담자가 기꺼이 하기를 연습할 기회를 구조화하는 것과 관련된 다수의 치료시간 내 연습과 치료시간 외 연습이 기술되어 있다. 많은 예가 다양한 교재에 소개되고 있다. 예를 들면, 깡통 괴물 연습, 시선 접촉 연습, 불편씨 찾기 연습(Hayes et al., 1999, pp. 171-174, 244-247), 그리고 직면 연습(Eifert &

Forsyth, 2005)이 있다. 이 작업은 대개 치료자가 탈융합과 맥락적 자기에 대해 작업한 후 치료 후반기에 이루어진다.

기꺼이 하기는 흑백 논리의 특성을 가지고 있긴 하나, 기꺼이 하기가 연습되는 맥락은 적어도 부분적으로는 선택할 수 있다(Strosahl, Hayes, Wilson, & Gifford, 2004). 예를 들어, 내담자는 기꺼이 하기를 5초 동안 할지 혹은 1시간 동안 할지 선택할 수 있다. 기꺼이 하기를 서점에서는 하지 않고 쇼핑몰에서는 하도록 선택할 수 있다. 한 감정에 대한 기꺼이 하기를 작업할 수 있으나, 다른 감정에 대해서는 작업하지 않을 수도 있다. 상황(기꺼이 하기의 수준이 아닌)을 선택할 수 있기 때문에 치료자는 내담자의 기꺼이 하기의 현재 수준에 맞추어 그 작업을 적절하게 조절할 수 있다. 마치 직면 훈련을 실행하는 치료자가 직면의 위계를 만들 듯이, 수용전념치료자도 보통 치료시간 내의 한순간 혹은 상대적으로 덜 힘든 개인 사건부터 기꺼이 체험하는 것을 시작하도록 격려한다. 내담자는 여기서부터 시작해서 여러 해 동안 대화를 나누지 않은 형제에게 전화해서 통화하는 동안 드러나는 감정은 무엇이든 기꺼이 느끼기와 같은 더 큰 기꺼이 하기 행동으로 나아갈 수 있다. 기꺼이 하기 연습은 종종 힘든 주제가 도출되는 치료시간 내 직면 연습의 형태를 취할 수 있다. 치료자와 내담자는 치료시간 내에 그 내용에 대하여 작업을 한다.

기꺼이 하기는 다른 수용전념치료의 과정에 따라 결정된다

기꺼이 하기는 결과가 아닌 과정이며 수용전념치료의 모든 측면에 통합되어 있다. 이것은 마치 우리가 '기꺼이 하게 되었으니' 이제 모든 작업은 끝난 것처럼 말할 수 없다는 것이다. 항상 삶에서 그리고 치료과정을 통해서 해 봐야 할 기꺼이 하기가 더 있다.

기꺼이 하기는 수용전념치료 모델의 다른 요소 없이는 완전히 이루어질 수 없다. 따라서 이 책의 이 시점에서는 치료의 후반부에 기꺼이 하기를 적용하는 것에 대한 전반적인 개요를 기술할 수밖에 없다. 기꺼이 하기가 지금 여기에서 순간이 펼쳐질 때 그 순간을 포용하는 것을 포함하기 때문에, 4장에서 이러한 주제에 대해 설명할 때 기꺼이 하기는 중요한 소주제가 된다. 기꺼이 하기는 선택이며, 이는 다른 대안 행동을 선택하는 동시에 그 이유와 융합하는 것을 놓아 버리는 것을 의미한다. 그러므로 기꺼이 하기는 다음 장에서 논의되는 바와 같이 완성된 형태에서는 탈융합을 필수 구성 요소로 포함한다. 힘든 생각, 감정, 체험을 기꺼이 경험하려는 자세는 우리의 가치를 위한 것이다. 이것이 기꺼이 하기가 탐닉과 다른 점이다. 이에 대해서는 6장에서 더 많이 다루게 된다. 마지막으로 전념 행동과 직면의 맥락에서 기꺼이 하기를 적용하는 것에 대한 중요한 전략이 마련되어 있다. 이는 7장에서 설명하였다.

핵심 역량 실천

여기서는 수용전념치료 치료시간에 기초한 면담 기록의 예를 가지고 기꺼이 하기를 사용하는 훈련을 제공하고자 한다. 여기에는 기꺼이 하기/수용을 위한 열 가지 수용전념치료 핵심 역량이 나열되어 있다. 각각의 핵심 역량에 대하여 임상 상황과 면담 기록의 일부분이 제공된다. 전반적인 면담 기록은 핵심 역량을 설명하기 위한 것이다. 또한 대부분의 면담 기록이 수용전념치료의 다른 요소를 포함하는데, 이는 하나의 과정에서 어느 한 요소가 단독으로 사용되는 일은 드물기 때문이다. 면담 기록은 환자의 언급으로 끝이 나며 해당 역량을 반영하는 반응의 예를 만들어 보도록 되어 있다. 또한 당신의 반응에 대한 근거를 기술하도록 되어 있다. 반응과 설명을 각각 적으면, 이 장의 맨 뒤에 있는 두 가지 모범 반응과 당신의 반응을 비교해 볼 수 있다.

이 모범 반응만 맞는 반응이 아니다. 수용전념치료와 잘 일치되는 대안이 상당히 많이 있을 수 있다. 모범 예를 제시하는 주된 목적은 당신에게 수용전념치료와 일치되는 반응에 대한 감을 주기 위해서다. 만일 당신이 모범 반응 중 하나와 같은 것을 가능한 반응으로 짐작했다면, 이것은 매우 좋은 징조다. 당신의 답이 모범 반응일 뿐 아니라 설명과 역량에 잘 들어맞는다면, 당신은 잘하고 있는 것이다. 만일 모범 반응이 좀 더 효과적일 것이라고 생각되면 답안을 통해서 배우도록 하면 된다. 만일 모범 반응이 이해되지 않거나 혹은 당신의 반응이 맞지 않다는 것을 시사한다면 이 장이나 다른 문헌을 재검토해 볼 필요가 있을 것이다. 그리고 잘 모르겠다면 웹사이트 게시판(www.learningact.com/forum/)에 질문을 올릴 수 있다.

면담 기록 중 일부는 다양한 역량에 걸쳐 계속 이어진다는 것을 알아 두라. 이런 경우에 우리는 당신이 찾아보는 것을 돕기 위해 다음 절과 관련된 연습이 재개되는 곳에 안내문을 제시해 놓았다.

당신 자신만의 생각으로 반응을 하기 전까지는 모범 반응을 읽지 않을 것을 권장한다. 당신만의 반응을 먼저 만드는 것을 통해 최대한의 학습 기회를 갖게 되며, 피드백을 통해서 최대의 이익을 얻게 된다. 아마 유연성을 높이기 위해 가능한 한 다양한 반응을 적어야 할 것이다. 또한 각 절에서 특정한 역량을 설명하는 반응을 제공하는 데 초점을 맞추고, 전반적인 의미에서 수용전념치료와 일치하는 반응을 제공하기보다는 가장 효과적으로 해당 역량을 실행할 수 있는 방법을 설명하는 것이 중요하다.

연습 문제를 완성하는 방법의 예는 다음과 같다.

역량: 치료자는 내담자가 정서 통제 전략의 역설적 효과와 직접적으로 만날 수 있도록 돕는다.

완성된 연습 예시

내담자는 19세 여대생으로 사회 불안과 함께 자신의 삶이 특색이 없고 밋밋하다고 호소한다. 내담자가 이렇게 느끼는 것은 어린 시절의 성폭력과 관련이 있다. 치료를 통해 그녀는 자신이 사람들과 가깝게 느껴질 때 그 기억이 어떻게 수면 위로 떠오르는지를 이해할 수 있게 되었다. 그녀는 감정적으로 거리를 두거나 혹은 둔해지는 것으로 반응한다. 다음은 여섯 번째 치료시간에 일어난 대화다.

치료자: 자, 순서대로 살펴보죠. 당신은 남자 친구 옆에 앉아 있습니다. 그가 당신 손을 만집니다. 당신은 불안해지기 시작하고 정말 위험하다고 느낍니다. 그리고 그런 식으로 느끼는 것이 수치스럽게 느껴집니다. 맞죠? 그다음 그 자리에서 벗어날

변명거리를 찾고, 집으로 와서 그 일에 대해 생각하지 않으려고 술을 마시나요? 순서가 이렇게 됩니까?

내담자: 네, 전 그 일에 대해 생각할 수가 없어요. 너무 힘들어요. 지치네요. 이걸 극복할 수 있는 방법이 있으면 좋겠어요.

여기에 자신의 반응을 적어 보십시오(위에 적힌 역량을 사용하고 있다는 것을 기억하시기 바랍니다).

치료자: 이 경험에 대해 이야기를 해서 그렇게 원하는 대로 마음의 문을 열고 사랑할 수 있는 대인관계가 가능하게 된다면 기꺼이 그렇게 해 보시겠어요?

내담자: 네.

치료자: 그럼 질문을 드릴게요. 그런 불안함과 죄책감을 없애려고 하면 할수록 어떤 일이 벌어지던가요? 시간이 지날수록 줄어들던가요? 아니면 그런 것이 점점 더 강해지고, 그동안 당신은 점점 거리가 멀어지고, 외롭고 단절된 자기 자신을 발견하게 되었나요?

어떤 생각 때문에 이러한 말을 하게 되었나요? 무엇에 대한 반응이고, 무엇을 얻고자 하는 것인가요?

분명히 그녀의 회피는 효과적이지 않다. 나는 이 문제와 내담자의 가치를 연결하고, 내담자가 억지로 떠밀린다는 느낌을 받을지도 모르는 고통스럽고 민감한 이 주제에 대하여 이야기하도록 허락을 받고자 한다. 내담자의 이러한 전략이 실제로 생각했던 대로 효과가 있었는지, 아니면 역설적으로 상황을 더 악화시켰는지를 내담자가 확인하도록 한다.

다음 연습으로 넘어가기 전에 이 장 끝에 있는 모범 반응과 당신의 반응을 비교해 보십시오.

핵심 역량 연습

역량 1 치료자는 내담자에게 결함이 있는 것이 아니라 내담자가 효과적이지 않은 전략을 사용하고 있다는 것에 대해 이야기한다.

[연습 2-1]

56세의 남자 내담자가 외상후 스트레스 장애와 관련된 불안에서 벗어나 안정을 얻고자 치료를 받으러 왔다. 그는 몇 개의 치료 프로그램에 참여했고, 적어도 세 명의 다른 치료자와 정신과 의사와 작업했던 경험이 있다. 그는 불안이 너무 심해서 규칙적이고 일상적인 일을 할 수 없다고 호소하였다. 그는 자신을 고립한 채 상황이 달라지기를 바라고 있었고, 그 외에 다른 회피 전략도 사용하고 있었다.

내담자: [불안을 없애기 위한 열 가지 전략을 나열한 이후에] 제가 정말로 하고 싶은 것은 불안을 통제할 수 있는 방법을 찾는 것이에요.

치료자: 굉장히 많은 것을 시도해 온 것으로 보이는군요. 확실히 많은 노력을 해 왔어요.

내담자: 네, 제가 좀 더 열심히 노력할 필요가 있는 것뿐이에요. 이 상황을 달라지게 만들 한 가지 방법을 찾기 위해서 말이에요.

여기에 자신의 반응을 적어 보십시오(역량 1을 사용한다는 것을 기억하시기 바랍니다).

어떤 생각 때문에 이러한 말을 하게 되었나요? 무엇에 대한 반응이고, 무엇을 얻고자 하는 것인가요?

역량 2

치료자는 내담자가 정서 통제 전략의 역설적 효과와 직접 접촉할 수 있도록 돕는다.

[연습 2-2]

이 대화는 역량 1에서와 같은 내담자와 계속된다.

치료자: [아래에 있는 핵심 역량 모범 반응 중 예시 2-1b와 같이 반응한다.]

내담자: 선생님이 무엇을 의미하는지 알겠어요. 하지만 저는 단지 상황이 달라지기만을 바랄 뿐이에요. 항상 불안감을 느껴요. 더 이상은 견디지 못하겠어요.

치료자: 만약 상황이 달라진다면 무엇을 할 것 같은데요?

내담자: 모든 것이 달라지겠죠. 사람들 주위에 있게 될 것이고 일도 할 수 있을 거예요. 모든 것이 상당히 좋아질 거라고요.

여기에 자신의 반응을 적어 보십시오(역량 2를 사용합니다).

어떤 생각 때문에 이러한 말을 하게 되었나요? 무엇에 대한 반응이고, 무엇을 얻고자 하는 것인가요?

역량 3

치료자는 임상적 관계 안에서 적극적으로 효용성의 개념을 사용한다.

[연습 2-3]

이 대화는 역량 2에서와 같은 내담자와 계속된다. 그러나 나중 치료시간이다.

치료자: 좀 더 열심히 노력할 때마다 상황이 달라지도록 만드는 것이 얼마나 성공적이었나요?

내담자: 음, 잠시 동안은 효과가 있었어요. 그러고 나서 문제는 똑같이 다시 시작되었죠. 불안은 다시 찾아와요.

여기에 자신의 반응을 적어 보십시오(역량 3을 사용합니다).

어떤 생각 때문에 이러한 말을 하게 되었나요? 무엇에 대한 반응이고, 무엇을 얻고자 하는 것인가요?

역량 4 치료자는 내담자가 정서를 통제하기 위한 투쟁을 멈추는 것을 시험해 보도록 적극적으로 격려하고, 하나의 대안으로서 기꺼이 경험하기를 제안한다.

[연습 2-4]

41세 여자 내담자가 관계의 결별과 관련된 분노와 슬픔을 경감하기 위해 치료자를 찾았다. 결별은 치료를 시작하기 3년 전에 일어났다. 내담자는 최초 면담에서 배신감을 경험하고 있고 결별로 인한 고통을 지울 수가 없다고 설명했다. 그녀는 분노가 결별을 뒤로하고 계속해서 살아가는 것을 방해한다고 하였다. 또한 인간관계에서 '속임을 당한' 것에 대해 그녀 자신에게 화가 난다고 말하였다. 이 대화는 네 번째 치료시간에 일어난 것이다.

내담자: 저는 분노로 완전히 가득 차 있어요. 그리고 저 자신이 바보같이 느껴져요. 이제 3년이 됐어요. 왜 저는 이것을 이겨 내지 못하는 걸까요? 너무 당혹스러워요.

치료자: 왠지 '이겨 내는 일'을 꼭 해야만 하는 것처럼 들리네요. 그렇게 하면 당혹감과 '바보 같은' 느낌이 사라질 거란 것 같고요. 분노 역시도 말이죠.

내담자: 어리석은 거 같아요, 그렇죠?

여기에 자신의 반응을 적어 보십시오(역량 4를 사용합니다).

어떤 생각 때문에 이러한 말을 하게 되었나요? 무엇에 대한 반응이고, 무엇을 얻고자 하는 것인가요?

역량 5

치료자는 통제와 기꺼이 하기의 효용성을 대조하는 것을 강조한다.

[연습 2-5]

당신이 역량 4에서와 같은 내담자와 있고, 다음과 같이 치료시간이 진행된다고 가정해 보자.

내담자: 저는 분노로 완전히 가득 차 있어요. 그리고 저 자신이 바보같이 느껴져요. 이제 3년이 됐어요. 왜 저는 이것을 이겨 내지 못하는 걸까요? 너무 당혹스러워요.

치료자: 왠지 '이겨 내는 일'을 꼭 해야만 하는 것처럼 들리네요. 그렇게 하면 당혹감과 '바보 같은' 느낌이 사라질 거란 것 같고요. 분노 역시도 말이죠.

내담자: 어리석은 거 같아요, 그렇죠?

치료자: 당신은 자신의 분노에 대해 많은 판단을 하고 있군요. 그것이 어리석고 바보 같다고 생각하고 있어요.

내담자: 그건 정말 그래요. 제가 아직도 이 일에 관해 화를 내고 있다는 것을 믿을 수가 없어요. 도저히 이해가 안 돼요.

여기에 자신의 반응을 적어 보십시오(역량 5를 사용합니다).

어떤 생각 때문에 이러한 말을 하게 되었나요? 무엇에 대한 반응이고, 무엇을 얻고자 하는 것인가요?

역량 6

치료자는 내담자가 기꺼이 하기와 고통 간의 관계를 탐구하도록 돕는다.

[연습 2-6]

이 대화는 역량 5에 등장했던 내담자와의 나중 치료시간에 이루어진 것이다.

치료자: 이 분노를 사라지게 만들기 위해서 어떤 종류의 노력을 했나요?

내담자: 많이 했어요. 그게 얼마나 힘들었는지 말도 못 할 정도예요.

여기에 자신의 반응을 적어 보십시오(역량 6을 사용합니다).

어떤 생각 때문에 이러한 말을 하게 되었나요? 무엇에 대한 반응이고, 무엇을 얻고자 하는 것인가요?

역량 7 치료자는 내담자가 가치 있는 삶의 결과와 비교할 때 기꺼이 하지 않는 것으로 인한 손실을 알아차리도록 돕는다.

[연습 2-7]

이 대화는 역량 6에 등장했던 내담자와 이루어진 것이다.

치료자: 이러한 어려움 때문에 어떤 종류의 일이 발생해 왔나요? 이러한 일로 힘들었던 것 때문에 자신의 삶이 어떻게 변화했나요?

내담자: 음, 저는 남자에 대해 의심을 갖게 됐어요. 제 생각에 그들은 모두 제 눈을 속이려고 하는 것 같아요. 저는 데이트하는 것을 완전히 그만두었어요. 몇 번 시도해 보기는 했지만, 데이트하는 것을 불편해하는 저 자신을 발견했어요. 저는 무지하게 외롭고 남자에 대해 화가 나요. 저는 그게 다 남자들 때문이라고 비난해요. 저는 남자에 대해서는 어떻게 해야 될지 모르겠어요. 제가 어떻게 그들을 믿을 수 있겠어요?!

여기에 자신의 반응을 적어 보십시오(역량 7을 사용합니다).

어떤 생각 때문에 이러한 말을 하게 되었나요? 무엇에 대한 반응이고, 무엇을 얻고자 하는 것인가요?

역량 8
치료자는 내담자가 기꺼이 하기의 특징을 경험하도록 돕는다.

[연습 2-8]

이 대화는 역량 7에 등장했던 내담자와의 나중 치료시간에 이루어진 것이다.

치료자: 또 다른 관계를 갖는 것은 얼마나 중요한가요?

내담자: 저는 정말로 그러고 싶어요. 하지만 그게 가능하리라 생각하지 않아요. 뭔가 굉장히 중요한 게 바뀌어야 할 것 같아요.

여기에 자신의 반응을 적어 보십시오(역량 8을 사용합니다).

어떤 생각 때문에 이러한 말을 하게 되었나요? 무엇에 대한 반응이고, 무엇을 얻고자 하는 것인가요?

역량 9
치료자는 힘든 내적 경험이 있는 중에도 행동하는 것으로서의 기꺼이 하기를 보여 주기 위해 연습과 은유를 사용한다.

[연습 2-9]

50세의 남성이 자신의 소극적이고 짜증스러운 의사소통 방식에 대해 치료적 도움을 받으라는 아내에게 떠밀려 치료실을 찾았다. 그는 아내가 자신의 돈을 잃어버렸다고 오해한 후에 아내에게 거리감을 느끼고, 아내가 자신을 혼자 내버려 두었으면 좋겠다고 보고하였다. 그는 자신이 극도로 실망했다고 말하였다.

치료자: 이 관계가 어떻게 되었으면 좋겠어요? 끝나기를 바라나요?

내담자: 아니요, 저는 이혼 같은 것을 원하지 않아요. 단지 말을 걸지 못할 뿐이에요. 저는 거의 그녀를 쳐다볼 수조차 없어요. 알아요. 제 돈을 잃어버린 것이 그녀의 책임이 아니라는 것을요. 하지만 저는 여전히 그녀를 탓하고 있어요. 저는

돈을 되찾고 싶어요.

여기에 자신의 반응을 적어 보십시오(역량 9를 사용합니다).

어떤 생각 때문에 이러한 말을 하게 되었나요? 무엇에 대한 반응이고, 무엇을 얻고자 하는 것인가요?

역량 10

치료자는 치료적 관계에서 기꺼이 하기를 보여 주고, 내담자가 이 기술을 치료 밖에서도 일반화할 수 있도록 돕는다.

[연습 2-10]

이 대화는 역량 9에 등장했던 내담자와의 나중 치료시간에 이루어진 것이다.

내담자: 저는 제가 돈에 너무 초점을 맞추고 있다는 것에 수치감이 들어요. 인정하기가 힘들어요. 선생님이 저를 얼간이라고 생각할까 봐 걱정이 되네요.

치료자: 이런 것을 인정하는 것이 힘이 드시는군요. 그것이 불안을 불러일으킬 수 있겠어요.

내담자: 네, 저는 그에 관해 선생님과 이야기하는 것이 힘들어요. 그리고 선생님이 도울 수 있다는 확신도 들지 않고요.

여기에 자신의 반응을 적어 보십시오(역량 10을 사용합니다).

어떤 생각 때문에 이러한 말을 하게 되었나요? 무엇에 대한 반응이고, 무엇을 얻고자 하는 것인가요?

핵심 역량 모범 반응

역량 1

예시 2-1a

치료자: 방금 한 말을 다른 방식으로 말해 보자면, "나는 좀 더 열심히 노력해야만 해요." 예요. 이전에 좀 더 열심히 노력하려고 해 봤나요?

내담자: 물론이죠. 열심히 하고 더 열심히 해 왔어요.

치료자: 지금의 문제가 당신이 충분히 노력하지 않아서가 아닐 수 있다는 점을 고려했으면 좋겠네요. 어쩌면 문제는 사회나 부모님 혹은 자신의 과거 등으로부터 받은 도구, 즉 당신이 이런 문제를 다루기 위한 방법으로 배워 온 것과 관련된 것일 수 있겠어요. 어쩌면 그것이 여기서는 효과가 없는 것인지도 모르겠네요. 마치 당신이 걸작을 그리려고 하면서 망치를 사용하는 것과 같을지도 몰라요. 제가 더 나은 색다른 도구를 갖고 있다는 이야기는 아닙니다. 더 나은 도구를 찾아보려는 건 이미 당신도 해 본 것이기 때문이죠. 이 덫은 그보다 더 까다롭습니다.

설명 내적 경험의 통제가 사회적으로 훈련된 현상이라는 것을 치료자가 열린 자세로 인정해 주는 것은 매우 중요하다. 그러한 전략을 시도해 온 것은 내담자의 잘못이 아니다. 내담자는 이런 전략이 효과가 있을 것이라고 배워 왔을 뿐이다.

예시 2-1b

치료자: 자, 그럼 좀 더 열심히 노력하는 것이 해야 할 일처럼 보이죠? 하지만 과거엔 열심히 노력을 안 했나요? 당신은 치료 프로그램도 했고 정신과 의사도 만나 왔죠. 당신이 이미 노력해 온 수많은 것들을 나열해 보았습니다. 열심히 노력해 왔지요, 그렇죠? 자신의 경험을 살펴보세요. [내담자의 머리를 가리키며] 그곳이 아니라 [내담자의 심장을 가리키며] 이곳으로부터 무엇을 알 수 있나요? 당신의 경험은 그동안 '열심히 노력해 온 것'의 결과에 대해 뭐라고 말하나요?

내담자: 이제껏 효과가 없었다고 하네요.

치료자: 맞아요. 그런데 만약 그것이 효과가 있을 수 없기 때문이라면요? 당신은 정말로 열심히 시도했지만 이 영역에서는 '열심히 노력하는 것'의 효과가 원래 이런 것이라면 어떻게 해야 할까요?

설명 여기서 치료자는 내담자의 노력이 효과가 없었음을 지적하면서 동시에 그 노력을 타당화해 주고 있다. 우리는 내담자에게 그것이 치료자가 그렇게 말했기 때문에 효과가 없다고 믿으라는 것이 아니라, 그러한 노력이 성과가 있었는지 자신의 경험을 통해 알아보도록 하는 것이다.

역량 2

예시 2-2a

치료자: 자, 그럼 당신은 주변에 사람들이 생겨날 것이고, 일할 수도 있게 될 거라고 했어요. 모든 것이 전반적으로 다 좋아질 것이라고요. 하지만 뭔가 흥미로운 점이 있네요. 당신은 상당히 오랜 시간 동안 상황을 다르게 하기 위해 노력해 왔어요. 하지만 상황은 당신이 바라던 대로 되지 않았죠. 실은 당신은 여기 제 앞에 앉아서 당신을 다르게 만들, 아니 당신의 불안을 만들 또 다른 방법을 찾고 있는 셈이에요.

설명 치료자는 뭔가 '흥미로운 점'이 있다고 이야기하고 있는데, 이는 내담자의 잘못이 아니라 내담자가 택한 전략의 작동 방식이 이상하다는 의미를 전달한다. 이것은 상대적으로 효용성과 탈융합된 접촉을 하게 한다. 치료자는 내담자가 과거에 해 왔던 똑같은 방식을 또다시 되풀이하고 있는 것처럼 보인다고 지적한다. 이것은 모순을 지적하는 말이다.

예시 2-2b

치료자: 여기서 무엇이 일어나고 있는지 알 수 있겠어요? 당신은 불안이 사라지도록 작업하고 있지만, 그것은 여전히 머물러 있죠. 실제로는 당신이 그것을 원하지 않

는 경우 그것을 갖게 되는 것 같습니다. 당신이 불안을 원하지 않는 경우, 당신은 그 불안을 갖고 있어야만 해요. [다소 농담조로] 사실 당신의 불안을 완전히 없앨 수 없다는 것 자체가 불안하게 만드는 것이 되거든요. 당신이 열심히 노력해 온 경험을 볼 때 문제가 점점 커지는 것 같나요, 아니면 작아지는 것 같던가요?

설명 치료자는 '당신이 그것을 원하지 않는다면 그것을 갖게 된다'는 통제의 모순을 반영하는 생각을 내담자와 공유하고, 내담자에게 이것이 그의 경험에 잘 들어맞는지 물어본다. 그녀는 또한 지금까지 그의 불안을 줄이기 위한 과정에서 이것이 어떻게 작용해 왔는지에 관해 내담자의 경험이 시사하는 바에 대한 문제를 직접적으로 지적한다.

역량 3

예시 2-3a

치료자: 경험상 상당한 기간 동안 불안을 느끼지 않았던 때가 있었나요?

내담자: [없다고 고개를 가로젓는다.]

치료자: 그것을 없애려는 노력은 얼마나 효과가 있었나요? 그러한 노력은 당신의 삶을 활짝 피게 만들었나요, 아니면 갑갑하게 만들었나요?

설명 수용전념치료의 목표 중 하나는 내담자가 가치에 의해 인도되는 실행 가능한 계획으로 향하게끔 돕는 것이다. 내담자가 기꺼이 하기를 실천하면서, 좀 더 좋은 감정이 아닌 좀 더 나은 삶을 건설하는 방향으로 나아가기 시작하는 것은 바로 이 시점부터다. 다시 한 번 효용성은 내담자에 의해 정의된 잘 사는 것에 관한 것이지 반드시 기분 좋게 느끼는 것에 관한 것은 아님을 강조하고 싶다.

예시 2-3b

치료자: 당신은 저를 고용했고, 저는 당신을 위해 일하려고 여기 있어요, 그렇죠?

내담자: 네 맞아요.

치료자: 그러면 제 일에는 당신에게 제가 이해한 바를 말해 주는 것도 있어요, 그렇죠?

내담자: 네. 선생님이 이해한 바가 무엇인가요?

치료자: 저에게 이야기해 주신 것에 따르면, 당신은 불안을 통제하기 위해 할 수 있는 합리적이고 이치에 맞고 논리적인 일이라면 웬만큼 다 해 봤어요. 근데 뭔가 이상하군요. 아무것도 효과가 없었던 것 같아요. 요점은 당신이 해 온 것이 효과가 없다는 겁니다. 불안을 줄이는 점에서 효과가 없어요. 불안은 여전히 그곳에 있어요. 그리고 삶이 돌아가는 데 있어서도 효과가 없어요. 여전히 당신은 사람들 주변에 있지도 않고 일도 하지 않죠.

설명 치료자는 직접적으로 정서적 경험에 대한 통제를 얻는 영역과 더 큰 삶의 목표라는 두 가지 모두에서의 효용성 의제를 제시하고 있다.

역량 4

예시 2-4a

치료자: 어리석게 느껴진다는 것도 해결해야 할 또 다른 것이 되어 버리네요. 정말로 상당히 오랜 시간 동안 싸워 온 것처럼 느껴질 거예요. 우선 분노감 그리고 자신이 분노하면 안 된다는 감정, 그러고 나면 그 분노에 대해 당황스럽고 바보 같은 느낌이 드는군요. 이것은 매우 어려운 싸움이었고 점점 더 커져 가는 것처럼 보이죠. 마치 자신이 감정과 줄다리기를 하고 있는 것과도 같아요. 만약 그들이 이긴다면 당신은 지는 거죠. 당신은 이기기 위해 계속 노력하지만, 아무리 힘껏 당겨도 감정은 지지 않을 것 같죠. 이 게임을 하는 다른 방법이 있을 것 같습니다. 아마도 줄다리기에서 이기는 것이 아니라 줄을 놓는 방법을 배우는 것이 관건일지도 몰라요.

설명 여기서 치료자는 내담자로 하여금 문제는 정서적 내용 자체가 아니라 그것과 싸우는 것이라는 것을 이해하도록 돕는 작업을 하고 있다. 분노감과 당혹감, 그리고 바보가 되어 버린 것 같은 생각은 단순히 그것일 뿐이다. 즉, 느낌과 생각말이다. 만약 내담자가 이것을 그 자체로 기꺼이 받아들인다면 투쟁에서 벗어나 삶을 향한 방향으로 주의를 돌릴 수 있을 것이다. 덧붙이자면 이것은 간단한 일이 아니다. 감정이 사라지도록 싸우는 것이 해야 할 일처럼 느껴지기 때문에 '줄을 놓는 것'은 매우 어렵다. 치료자로서 이 전투가 어렵고 또 그것에 빠지기가 얼마나 쉬운지에 대해 함께 대화할 수 있도록 주의를 기울여야 할 것이다.

예시 2-4b

치료자: 자, 잠시 동안 그 분노감을 살펴봅시다. 만약 제가 손을 뻗어서 당신에게서 그 분노를 벗겨 내고 뭐가 남는지 볼 수 있다면, 제가 무엇을 발견할 것 같다고 생각하시나요?

내담자: [망설이며] 좀 더 많은 분노요.

치료자: 제가 그것도 벗겨 낸다면요? 저는 아마도 상처와 배신감으로 인한 매우 강력한 분노의 감정을 발견할지도 모른다고 생각됩니다…. 그 분노가 그 고통에서 벗어나기 위한 방법일 수도 있을까요?

내담자: [끄덕인다.]

치료자: 만약 자신이 경험해 온 이 모든 투쟁이 고통을 회피하는 것에 관한 거였다면, 하지만 앞으로 나아갈 이런 유일한 방법이 고통에서 벗어나기보다는 고통으로 향하는 것이라면 어떻게 하겠어요?

설명 치료자는 투쟁의 일부로서 회피를 소개하고 있다. 이 예에서 치료자는 내담자를 그 고통에서 탈출하기 위해 오랜 시간 동안 견지해 왔던 투쟁에 대한 대안으로서 고통을 기꺼이 경험하는 방식으로 이끌고 있다. 목표는 내담자가 상처에서 탈출하는 것에 초점을 맞추는 것이 아니라, 그 상처를 기꺼이 환영하고 인식하도록 돕는 것에 있다. 만약 그녀가 고통을 기꺼이 경험한다면 기능적으로 줄을 놓는 것이 된다.

역량 5

예시 2-5a

치료자: 만약에 자신이 분노 안으로 들어가서 거기에 무엇이 있는지 살펴보려는 시도를

한다면 어떤 일이 벌어질지 알고 있나요? 어쩌면 그것이 반드시 '사라져야' 만 당신이 그에 대해 뭔가 다른 것을 할 수 있는 것은 아닐 수도 있어요.

설명 단순히 다른 접근 방식의 가능성을 제시하는 것도 회피하려는 경향을 줄인다.

예시 2-5b

치료자: 저는 그것이 왜 자신에게 이해가 되지 않는지 알 수 있을 것 같아요. 하지만 그것은 당신의 목표가 무엇이냐에 달려 있는 것 같아요. 만약 목표가 좀 더 좋게 느끼는 것, 분노를 더 이상 느끼지 않는 것이라면, 분노를 고치기 위해 더 열심히 노력하는 것은 합리적으로 보이네요. 이것은 논리적이에요, 그렇죠? 하지만 만약 당신의 목표가 또 다른 관계를 찾는 것이라면, 어쩌면 분노를 없애는 것은 지금 여기서 해야 할 일로부터 자신을 빗나가게 할 수도 있겠어요. 사람들이 관계를 찾기 위해 하는 많은 것이 있죠? 파티에 가거나, 전화를 하거나, 친구들에게 누군가를 소개해 달라고 하는 것들 말이에요. 당신은 마치 분노를 없애기 위해 관계를 찾는 것을 포기한 것 같네요.

설명 이 응답은 어떻게 내적 사건의 통제가 생동감의 손실을 통해 작용하는지를 지적한다. 문제는 내담자가 분노감을 더 이상 느끼지 않을 때에야 비로소 다른 누군가를 찾을 수 있을 것이라고 생각하는 데 있다. 그러는 와중에 삶의 몇 년이 흘러갈 것이다. 만약 내담자가 기꺼이 분노와 상처를 느끼려고 하고 동시에 삶에 활력을 줄 수 있는 것과 관련된 선택을 취한다면, 그녀는 그렇게까지 꽉 막힌 듯한 느낌을 받지는 않을 수도 있다. 여기에서 꼭 지적해야 할 점은 치료자가 내담자한테 화를 내라고 하지 않는다는 것이다. 그보다 치료자는 완전히 다른 감정이 먼저 생겨나기를 고집하는 대신에 관계를 맺을 수 있는 기회를 만들고 앞으로 나아가도록 지지해 주어야 한다.

역량 6

예시 2-6a

치료자: 만약에 그렇게 많은 노력을 하는 것을 멈춘다면 어떤 일이 벌어질 것 같은가요? 그렇게 노력하려면 꽤 괴로울 것 같은데요. 괴로움을 덜 느끼게 될 만한 가능성이 조금이라도 있나요?

설명 이러한 종류의 질문을 통해 치료자는 기꺼이 하기와 괴로워하기 간의 차이점을 지적하고 있다. 노력 자체가 내담자에게 짐이 되고 부담이 되어 왔다. 단순히 '노력하지 말기'를 제안하는 것은 기꺼이 하기를 늘리고 잠재적으로 괴로움을 줄이는 방향으로 인도할 수 있다.

예시 2-6b

치료자: 분노를 사라지게 하는 노력이 어렵다는 것이 자신을 화나게 하나요?

내담자: [고개를 끄덕이며 웃는다.]

치료자: 그럴 거라고 생각했어요. 우리가 어떤 감정을 통제하려고 하면 이상한 일이 일어납니다. 예를 들어서 말이에요, 정말로 불안한 것을 원하지 않는다면 우리는 불안해지는 것에 대해 불안감을 느끼기 시작해요. 혹은 바보 같거나 어리석은 것같이 느끼기를 원하지 않는다면, 당신은 그렇게 느껴지는 것에 대해 바보 같고 어리석다고 느끼게 되죠. 제가 무슨 말을 하고 있는지 이해하겠어요?

내담자: [모순을 받아들인다.]

치료자: 자, 이제 당신은 자신의 분노에 대해 분노를 갖게 되었어요. 분노에는 '순수한 분노'와 '오염된 분노'가 있어요. 순수한 분노는 당신이 배신당하거나 상처받았을 때 발생하는 것이에요. 오염된 분노는 그런 분노에 대한 분노이죠. 그러니까 당신의 분노에 괴로움이 추가된 것이에요. 당신의 경험을 돌아보고 저에게 말해 주세요. 당신은 자신의 분노 때문에 괴로워하고 있나요?

설명 또다시 치료자는 내담자가 기꺼이 하기와 괴로워하기 간의 차이점을 탐구하도록 돕고 있다. 배신당했다는 생각을 알아차리는 동시에 초기의 분노와 상처를 기꺼이 경험하는 것은 이러한 것을 느끼면서도 느끼지 않는다고 주장하는 것과는 상당히 다르다. 그러한 고집은 더 많은 고통을 만들어 낸다.

역량 7

예시 2-7a

치료자: 신뢰에 대해 같이 이야기하기 전에 먼저 당신의 삶에서 어떤 일이 일어났는지를 돌아봤으면 좋겠어요. 당신은 의심이 생겼고 외롭고 또 화가 나 있지요. 그리고 데이트를 하지 않고 있어요. 추측하건대 당신이 남자를 대하는 방식에도 변화가 있었을 것 같아요. 여자에 관해서는 더욱 그럴 것 같고요. 여자가 남자에 관해서 말할 때 말이에요.

내담자: 네, 저는 친구들이 얼마나 남자들이 멋진지에 대해 이야기할 때면 정말 화가 나요.

치료자: 자, 그럼 이제 당신은 외롭고 화가 나고 또 의심이 생겨요. 그리고 데이트를 하지 않고, 남자에 관해 이야기할 때 친구들과 관계 맺던 방식을 바꿨어요. 손실이 꽤 커지고 있는데요.

설명 내담자가 정서를 통제하기 위한 결과로 포기해 왔거나 혹은 잃어버렸던 것이 무엇인지에 초점을 맞추는 작업을 통해 내담자가 기꺼이 경험하지 않기 때문에 발생하는 비용을 이해하도록 돕는 작업이 이루어졌다. 같은 맥락에서 내담자의 삶은 더 작아졌다. 목표는 내담자가 자신의 가치와 관련된 손실을 이해하고, 그에 대한 대안으로서 기꺼이 하기를 선택하도록 하는 것이다.

예시 2-7b

치료자: 그것은 마치 당신이 바라는 관계나 삶을 갖기 전에 먼저 남자를 믿어야만 한다는 것처럼 들리네요.

내담자: [동의한다.]

치료자: 신뢰는 그런 식으로 작용하지 않는다는 점이 문제예요. 그것은 그렇게 불현듯 나타나지 않아요. 신뢰는 하나의 과정이죠. 신뢰할 수 있도록 기다리는 동안에

당신은 혼자 있게 될 거예요. 그런데 그런 외로움을 느끼며 그곳에 앉아 있을 때 남자에 대한 당신의 신뢰가 자라는지 혹은 줄어드는지 묻고 싶네요.

설명 여기서 치료자는 또 다른 경험으로부터 벗어나는 한 방법으로서 특정한 감정이 불현듯 나타나도록 하는 것이 어렵다는 것을 지적하고 있다. 이 역시 비용이 드는 일이다. 만약 내담자가 신뢰를 느낄 때까지 기다리고 있다면 굉장히 오랜 시간을 기다리게 될 수도 있다. 이 예에서와 같이 화가 난 채로 혼자 앉아 있는 것은 남자와의 신뢰를 형성하지 못한다. 그것은 오히려 불신을 만들 뿐이다. 남자와 데이트할 때 그곳에서 느껴지는 것이 무엇인지 기꺼이 경험하지 않는 것에 대한 대가는 신뢰를 형성하는 과정을 막는다.

예시 2-7c

치료자: 만약 당신이 남자를 믿게 된다면 어떤 일이 일어날 것으로 예상하나요?

내담자: [빈정대는 톤으로] 음, 그러면 저는 괜찮은 관계를 맺도록 적어도 한 번은 시도해 볼 수 있겠죠. 만약 제가 정말로 그런 괜찮은 남자를 찾게 된다면요.

치료자: 그럼 자신이 괜찮은 관계를 맺을 수 있도록 이 남자(결별한 남자)를 잊었으면 하는 거군요, 맞나요?

내담자: 네.

치료자: 그럼 그에 관해 한 가지 질문을 해도 되겠어요? 그리고 대답할 때 자신의 경험을 점검해 봤으면 좋겠어요. 단순히 머릿속으로만 점검하지 말고요. 당신의 경험이 말하는 바를 알아차리세요. 과거에 겪었던 결별을 극복하기 위해 열심히 노력하면 할수록 자신이 앞으로 되길 바라는 방식대로 일이 이루어지고 있나요? 알다시피 그것을 극복하려고 할수록 당신은 자신이 원하는 종류의 남자와의 관계를 갖는 것에 가까워져 왔나요, 아니면 역설적으로 더 멀어졌나요?

설명 치료자는 내담자가 삶에서 갖는 어떤 가치의 견지에서 통제의 역설을 탐구하도록 돕고 있다.

역량 8

예시 2-8a

치료자: 음, 한번 마음이 자신을 어떻게 미래로 밀어 내는지 보세요. 지금 존재하고 있는 것은 바꿔야 될 것처럼 느껴지게 생각되도록 말이에요. 그 대신에 이 순간으로 들어가려고 노력한다면 어떨까요? 만약 느끼고 있는 것을 느끼고, 생각하고 있는 것을 생각해도 괜찮은 것이라면 어떨까요? 당신이 좋아한다는 의미에서 '괜찮다'는 것이 아니라, 자신이 그대로 존재한다는 의미에서 '괜찮다'는 것입니다. 마치 '그렇구나', '알았다' 처럼요. 상실이나 배신에 대한 두려움은 그것이 발생했을 때 경험할 수 있게 될 거예요. 우리는 미래를 예측할 수 없어요. 만약에 이것이 이해 간다면 진짜 문제는 이것이에요. 지금 현재 자신에게 무엇이 존재하는지, 그리고 그것을 좀 더 충만하게 기꺼이 경험할 것인지 말이에요. 이렇게 말하고 있을 때 자신에게는 어떤 일이 일어나고 있는 걸까요? 예를 들어, 자신의 몸에서는 어떤 일이 일어나고 있나요?

설명 기꺼이 하기는 미래가 아닌 현재에 관한 것이다. 거기에는 항상 경험될 느낌과 생각이 존재한다. 내담자를 이 개념으로 인도하고 현재로 향하게 한다면, 단지 설명을 하는 것이 아니라 그녀가 기꺼이 하기의 특징 중 하나를 체험적으로 이해하도록 도울 수 있다.

예시 2-8b

치료자: 자, 보세요. 마치 뭔가 중요한 일, 그러니까 두 번 다시 속아서는 안 될 것 같은 일이 다시 일어날 것처럼 느껴진다는 것이죠. '속는 것'은 반드시 사라져야 한다는 거예요.

내담자: 네, 저는 그렇게 바보같이 느끼고 싶지 않아요.

치료자: 자, 그럼 여기에 우리가 잘 살펴보아야 하는 또 다른 중요한 점이 있어요. 그것은 '관계를 갖지 않는 것'이라고 부릅니다. 그 역시 중요하게 느껴져요.

내담자: [조용하게] 네. [잠시 멈춤]

치료자: 속는 느낌하고 접촉해 볼 수 있겠어요? 속는 것의 특성은 무엇이죠? '바보처

럼' 이라는 말이 그 속에 속해 있는 것처럼 들리네요. 그 밖에 그 안에 또 무엇이 있나요? 속는 것 안에 또 무엇이 있어요?

내담자: [생각하며] 음, 제 생각에 수치심과 당혹감이 느껴지는 것 같아요. 제가 좀 더 잘 알았어야 했다는 것처럼 말이죠.

치료자: 그래요, 그 안에는 배신감이 있죠. 배신감은 고통스러운 일이에요. 그리고 그것은 당혹스럽고 약간은 수치스럽다는 느낌과 함께 오고요. 마음이 자신에게 '바보 같다' 그리고 '좀 더 잘 알았어야만 했다' 라고 말하는군요.

내담자: 네. 저는 심지어 지금 그것에 관해 말하고 있을 때에도 약간 느껴졌어요.

치료자: 아, 그것을 느끼고 생각하면서도 그것을 기꺼이 가지고 가면서 관계를 맺는 일 또는 관계를 맺기 위해 당신이 해야 할 일을 하는 방향으로 나아갈 수 있겠어요?

내담자: 할 수 있을 것 같긴 해요, 하지만 그러고 싶지 않아요.

치료자: 이해할 수 있어요.

내담자: 제 말은, 그러니까 그런 감정을 다시 느껴야만 하는 것을 원치 않는다는 거예요.

치료자: 무슨 말인지 알겠어요. 하지만 당신은 여기서 심지어 우리가 그에 관해 이야기할 때에도 그것을 조금 느끼고 있다고 했죠. 이러한 경험이 어떻게 느껴지는지 매우 잘 아는 것 같아요.

내담자: 저는 그런 경험이 어떤 느낌인지 너무 잘 알아요.

치료자: 그럼 이러한 것이 계속해서 당신을 관계에서 멀어지게 하는 것일까요? 아니면 당신이 이것을 잘 안다고 했는데, 자신은 그것을 느끼고 생각하면서도 관계를 얻을 수 있게 해 주는 일을 할 수 있나요?

내담자: 그러니까 선생님 말씀은 제가 당혹감을 느끼면서도 누군가와 데이트하기 같은 것 말인가요?

치료자: 네, 기꺼이 할 수 있겠어요? 저는 당신에게 그것을 좋아하라고 하는 것이 아니에요. 단지 그 방법이 당신으로 하여금 연대감과 대인관계로 향하게 한다면, 당신은 자신이 알고 있는 이 감정을 기꺼이 지닌 채 무언가 행동을 하겠냐는 거죠.

설명 어떤 것이 바뀌어야만 한다는 내담자의 진술은 경험 회피를 의미하는 것이다. 치료자는 '속는 것이 없어져야만 한다' 는 내담자의 말을 통해 내담자가 회피하고 있는 것이 무엇인지 추측한다. 그러고 나서 치료자는 그 회피된 정서 경험을 치료 장면으로 가져와 내담자로 하여금 그것을 탐구하고, 그것이 있을 자리를 마련해 주고, 기꺼이 경험할 수 있도록 이끄는 과정을 수행한다. 마지막에는 기꺼이 하기를 원하거나 좋아하는 것과 차별화하는 데 주의를 기울이면서도 그것을 가치와 연결하고 있다.

역량 9

예시 2-9a

치료자: 자, 우리가 할 수 있는 한 가지 일은 돈에 초점을 맞추는 것이에요. 하지만 그것이 지금 당장 유용한 것처럼 보이지는 않는군요. 만약 이 관계를 유지하는 것에 관심이 있다면, 우리는 그렇게 될 수 있도록 하는 일에 관해 작업할 필요가 있을 것 같아요. 당신은 자신이 그녀와 이야기하게 하거나 바라보게 할 수 없다고 말했어요. 마치 실망감이 자신을 그렇게 하지 못하게 막고 있는 것처럼 말이죠.

내담자: [동의한다.]

치료자: 실망감을 느끼면서 동시에 아내와 적극적으로 이야기하거나 바라보는 것이 가능할까요?

내담자: 아니요, 저는 그것이 가능하다고 생각하지 않아요.

치료자: 만약에 그것이 가능하다면 그렇게 하길 선택할 건가요?

내담자: 네.

치료자: 자, 그럼 문제는 이거예요. 실망감을 기꺼이 느끼면서도 동시에 아내에게 말할 수 있겠어요? 만약 그렇게 하는 것이 결혼을 유지하기 위한 것이라면 말이에요. [잠시 멈춤] 당신은 마음으로는 어떤 말을 하면서 행동은 다르게 한 적이 있나요? 예를 들면, "오늘은 침대에서 일어나서 출근하고 싶지 않아."라고 말하면서 실제로는 일어나서 출근한 적이 있나요? 이것은 마치 실망감을 느끼면서도 아내에게 이야기를 하는 것과 꽤 비슷하군요.

설명 다양한 것이 이 반응에서 일어나고 있다. 선택으로서의 기꺼이 하기를 정립하는 것과 행동을 취하는 것이 모두 담겨 있다. 치료자는 내담자가 실망감을 기꺼이 받아들이면서도 행동을 취할 수 있게끔 계속해서 작업을 해야 한다. 내담자가 아내와 상호작용하기 전에 반드시 실망감을 해결해야 할 필요는 없다. 그리고 이 장의 또 다른 예에서와 같이 아내와 상호작용하지 않기를 계속한다면 내담자의 실망감은 더 커질 가능성이 높다. 앞서 제시된 짜증나는 이웃집 에드나의 은유를 사용하는 것이 이 시점에서 유용할 것이다.

예시 2-9b

치료자: [일어나서 주위를 걷는다] 저는 바로 지금 일어나서 걸을 수가 없어요. 저를 그렇게 할 수 있는 방법은 존재하지 않아요. 저는 이 시점에서 걸을 수 있는 능력이 없어요. [다시 자리에 앉는다] 그리고 저는 앉는 것을 정말 원하지 않아요. [잠시 멈추고] 그것이 어떻게 일어났는지 봤어요? 저는 제가 무엇인가를 하는 것을 원치 않는다는 생각을 갖고 있으면서도 그렇게 했어요. 당신은 부인과 이야기할 수 없다는 생각을 갖고 있으면서도 아마 그렇게 할 수 있을 거예요. 만약에 당신이 그렇게 하기로 선택한다면 말이죠. 자, 제가 방금 한 것처럼 그게 그렇게 쉬워 보이지 않는다는 걸 알고 있어요. 하지만 저는 이것이 쉬우면서도 동시에 어려울 수도 있다는 점을 지적하고 싶네요. 마음이 그렇게 말하기 때문에 어렵고, 선택한 행동을 하면 되는 것처럼 간단한 것이라는 점에서는 쉽죠. 어쩌면 당신이 아내와 이야기를 하기로 선택해서 그렇게 하는 동안 많은 생각과 느낌이 나타났다 사라질 거예요. 이러한 것은 그렇게 나타났다 사라지는 방식으로 작용해요. 하지만 그것은 당신의 행동을 결정짓는 것이 아니에요. 이제 무엇을 선택하겠어요?

설명 이 간단한 시범은 내담자로 하여금 생각이 행동을 통제하는 것이 아니라는 점을 이해하도록 돕는다. 그들은 연관되어 있지만 인과관계는 아니다. 내담자는 관계와 관련된 행동을 취하도록 선택할 수 있다. 그는 실망감과 그 상황에서 나타날 수 있는 다른 감정과 생각을 동시에 경험하면서도 그의 아내를 바라보고 이야기하는 것을 선택할 수 있다. 게다가 지속적으로 경험하는 존재로서의 자기를 지적하는 것은 실망감으로 인해 행동하지 않는 족쇄를 느슨하게 풀어 놓을 수 있게 한다.

역량 10

예시 2-10a

치료자: 제가 도울 수 있을지 확신할 수 없어요. 특히 목표가 수치심을 줄이거나 실망감을 느끼지 않게 하는 거라면 더더욱 말이죠. 그리고 당신이 그러한 것을 정말로 느끼고 싶어 하지 않는다는 것을 알기 때문에 이렇게 이야기하는 데 약간의 불안한 감정이 느껴지네요. 우리가 처음 만났을 때 저에게 바랐던 것도 그러한 감정을 느끼지 않도록 도와달라는 거였죠. 하지만 우리가 그것을 향해 정면으로 나아가야 한다고 생각해요. 저는 제가 느끼고 있는 불안을 향해 기꺼이 나아갈 것이고 무엇이 일어나는지를 볼 거예요. 당신도 저와 동참하기를 바라요.

설명 이것은 내담자를 돕는 능력에 관한 치료자 자신의 불안감을 언급하는 약간의 자기 노출이다. 핵심은 내담자가 피해 왔던 방향으로 몰고 가는 것으로 인해 발생하는 불안감을 치료자가 느끼면서도 계속해서 작업한다는 점이다. 이것은 당신이 수치심을 향해 나아가면서 당신이 행하고 말하는 정도를 조절하지 않는다는 것이 아니다. 단지 치료자가 어떻게 치료시간 중에 기꺼이 하기를 할 수 있는지를 지적하는 것이다. 중요한 점은 이 과정이 부자연스럽지 않아야 한다는 점이다. 치료자가 치료시간에 보이는 기꺼이 하기가 무엇이든지 그것은 진실한 것이어야 한다.

예시 2-10b

치료자: 저는 자신이 이 주제에서 벗어나고 싶어 한다는 걸 느낄 수 있어요. 왜냐하면 이 때문에 당신이 얼마나 고통스러운지 알기 때문이에요. 당신 눈에 눈물도 보이고요. 거의 주제를 바꿔서 잃어버린 돈에 관해 이야기하고 싶기도 해요. 하지만 제 생각에 그 수치감과 실망감에 머무르는 것은 매우 중요한 일인 거 같아요. 잠시 시간을 갖고 이 방 안에서 일어나는 것에 머무르면 어떨까 싶네요.

설명 여기서 치료자는 그 자신과 내담자에게 치료 장면의 여러 감정에 머무르기를 요청함으로써 기꺼이 하기를 보여 주고 있다. 잃어버린 돈이나 혹은 아내에 관해 대화하는 것으로 주제를 바꾸는 것은 쉬울 수 있다. 하지만 치료자와 내담자 모두 그 정서에 머무르는 것이 중요하다.

추가 정보

- 연습과 은유를 포함하여 수용에 대해 더 많은 정보를 원하면 Hayes, Strosahl과 Wilson이 저술한 *Acceptance and Commitment Therapy: An Experimental Approach to Behavior Change*(1999)의 4장과 5장(pp. 87–147)을 참조하시오.
- 치료자와 내담자를 위한 수용 관련 연습 및 과제지를 원하면 Hayes와 Smith가 저술한 *Get Out of Your Mind and Into Your Life*(2005)의 3장과 4장(pp. 33–52), 9장과 10장(pp. 121–152)을 참조하시오.

Learning ACT

제 3 장

인지적 융합 약화하기

제3장

인지적 융합 약화하기

나는 뇌가 내 몸에서 가장 훌륭한 기관이라 생각하곤 했다.
그러다가 나에게 이렇게 말하는 것이 누구인지를 깨달았다.
–Emo Phillips

인지적 탈융합의 핵심 목표는 다음과 같다.

✓ 내담자가 생각의 문자적 의미보다는 그 가치에 따라 효율성의 측면에서 반응할 수 있게 하기 위해 생각을 있는 그대로 보도록 돕는 것
✓ 내담자가 일종의 진행 중인 행동 과정으로서 생각과 경험에 집중하고, 마음 내용의 문자적 의미에서 거리를 두도록 돕는 것

"거봐, 그게 내가 말하고 있는 거야."

생각과 관련해서 사람들은 자신이 물속에서 수영하고 있다는 것을 알지 못하는 물고기와도 같다. 우리는 생각이라는 강 속에서 수영을 하지만, 그러한 사실을 거의 알아차리지 못한다. 그러나 부지불식간에 언어는 우리의 행동을 조절한다. 수용전념치료는

사람들이 생각이라는 강 속에서 나와 생각을 있는 그대로 관찰할 수 있도록 도움으로써 주요 맥락에서 언어의 악영향을 약화하도록 한다. 생각이라는 것은 대체로 자동적이거나 의도적이지 않으며, 하나의 사건을 다른 사건과 연결하는 역사적 과정으로 '마음 쓰기'라고도 표현할 수 있다.

인지적 탈융합이란 무엇인가

수용전념치료에서는 생각과 관련하여 고통받고 있는 사람들이 가진 문제는 잘못된 생각을 해서가 아니라, 생각을 단순히 있는 그대로 바라보거나 관찰하기보다는 생각 '속에서' 혹은 생각을 '통해 보는 데' 너무 많은 시간을 낭비하기 때문이라고 본다. 인지적 탈융합은 다음과 같은 방법으로 이러한 문제점을 제거하려고 하는 과정이다. 즉, 내담자가 진행 중인 행동과정으로서 생각에 집중하고 생각을 그 자체로 바라보는 데 좀 더 많은 시간을 할애하게 하여서 문자 그대로의 진리라기보다는 효율성의 측면에서 생각에 반응할 수 있도록 돕는다.

우리는 일반적으로 생각이나 느낌이 직접적으로 행동을 유발하는 것처럼 반응한다. 예를 들면, 당신이 파티에서 내내 구석에만 홀로 있는 사람에게 그 이유를 묻는다면, 납득할 만한 대답은 '당황할 것 같은 생각이 들어 너무 걱정된다'일 것이다. 이렇게 생각하는 방식에서는 '당황할 것 같다'는 생각이 구석에 틀어박혀 있는 행동을 야기한 것이 된다. 그러나 우리는 이런 생각과 행동 간의 관계를 재빨리 바꿀 수 있는 맥락을 쉽게 떠올릴 수 있다. 예를 들면, 파티에서 어떤 사람이 "불이야!"라고 소리친 상황이라면 말이다. 이때에는 '당황할 것 같다'는 생각은 더 이상 구석에 있어야 할 이유가 되지 않고 오히려 그 자리를 떠나야 할 이유가 된다. 수용전념치료에 따르면, 그 생각이 구석에 틀어박히게 만들었다는 이론은 그 상황에 대하여 설명하는 방식 중 하나일 뿐이다. 아마 그중에서도 힘이 빠지게 만드는 설명일 것이다. 수용전념치료는 인간의 감정도 같은 관점으로 본다. 생각과 느낌은 언제나 맥락 속에 존재하며 특정 맥락에서만 특정 생각이나 느낌이 특정 행동과 연결된다. 생각이나 느낌의 특정 내용에서 주의를 돌려 개인의 대인관계 또는 그러한 생각과 느낌의 기능에 관심을 갖는다. 맥락을 바꾸면, 우리는 생각이나 느낌의 기능을 바꿀 수 있다.

그러므로 치료자는 인지적 탈융합을 통하여 생각이나 정서의 형태나 빈도를 직접적으로 바꾸려 노력하기보다는 생각과 느낌을 외현적으로 바람직하지 않은 행동과 관련짓는 '맥락'을 목표로 하여 훨씬 큰 반응의 유연성을 창조하는 것이다. 이러한 관점을 설명할 수 있는 구체적인 탈융합 기법의 예가 있다(우유, 우유, 우유 연습; Hayes et al., 1999, pp. 154-155). 만약 어떤 내담자가 한 단어를 30~60초 정도 빠르게 반복해서 말하면 보통 두 가지 일이 일어난다. 첫 번째로 그 단어는 일시적으로 단어 자체의 의미를 전부 혹은 약간은 잃게 된다. 두 번째로 그 단어의 소리나 혹은 단어가 그 사람의 입에서 나올 때의 느낌과 같이 그 단어의 다른 기능이 좀 더 두드러지게 부각되는 경향이 있다. 당신도 쉽게 시도해 볼 수 있다. 먼저 우유 한 통을 잠시 상상하고 '우유'라는 단어를 적어도 60초 동안 반복해 보자. 무슨 일이 일어나는지 듣고 인식해 보자. 이 기법은 예를 들면 '가치 없는'과 같이 내담자를 고통스럽게 하는 자기 자신에 대한 단어에 반복적으로 사용될 수 있다. 다른 탈융합 기법과 마찬가지로 단어나 구는 여전히 존재하지만, 단어 자체의 일반적인 상징 기능은 감소하고 좀 더 직접적인 기능(이 예에서는 청각 기능이나 운동 감각 기능)이 증가하는 비문자적 맥락이 생겨난다. 다른 방식으로 말해 보는 것을 통해 탈융합 기법은 내담자가 생각을 생각으로서 보고 생각이 의미하는 바와는 덜 융합되도록 돕는다. 덧붙여 탈융합은 논리적인 논쟁이나 설명을 통해서가 아니라, 생각이 경험되고 있는 맥락을 수정함으로써 가능하다. 그 결과 문제가 되는 생각의 문자적 기능은 행동에 영향을 주는 원천으로서의 지배력이 약화되고, 행위를 조절하는 좀 더 유용하고 직접적이고 다양한 원천이 자리 잡게 된다.

왜 인지적 탈융합인가

탈융합 기법은 내담자가 잠재적으로 문제가 되는 수많은 방식에 사로잡혀 있을 때 가장 유용하다. 내담자가 한 단어의 문자적 의미가 사실이라는 생각을 고수할 때, 생각을 통제하려 할 때, 행동에 대한 이유를 정당화하려고 변명을 늘어놓을 때, 심지어 자신을 소모하면서까지 자신이 옳다고 주장할 때 등이 그 예다. 수용전념치료의 탈융합 기법에는 역설, 명상 훈련, 경험적 연습, 은유, 언어 습관이 포함된다. 일단 탈융합이 형성되기 시작하면, 내담자는 현재 주어진 상황에서 효과적인 행위에 집중하게 된다.

다음 가상 상황은 탈융합 기법이 어떻게 도움이 되는지를 보여 준다. 존은 알람이 작동하지 않아 늦게 일어났다. 그는 곧바로 부인을 떠올리고는 이런 생각을 하게 된다. '저 여자가 또 알람을 잘못 맞췄군.' 그런데 그가 이것이 단지 하나의 생각이라는 것을 알아채지 못한다면 그 생각에 의해 구성된 바대로 상황을 보기 시작할 것이다. 이러한 과정은 그가 굳이 인식하지 않아도 일어난다. 만일 그 순간에 그가 생각의 과정을 인식하면서 단지 하나의 생각을 가졌을 뿐이라는 사실을 알아챈다면, 아마 "당신 또 알람 맞춰 두는 걸 잊어버렸어. 나 늦었다고!" 라고 말하지 않았을 것이다. 그의 아내는 이제 비난받았다고 느낀다. 언쟁이 뒤따른다. 존이 만일 생각을 관찰할 수 있었다면 그건 그저 생각일 뿐이라는 것을 깨닫고 좀 더 유연하게 반응할 수 있었을 것이다. 그는 생각을 눈치 챘을 것이고, 그러면 이 상황에서 무엇이 좀 더 효과적일지에 초점을 맞추고는 좀 더 개방적이고 애정을 갖고자 하는 그의 가치를 따랐을 것이다. 그리고 "자기, 알람이 어떻게 된 건지 알아? 내가 맞추는 걸 깜빡했나?" 라고 말했을 수도 있다. 순식간에 지나가는 생각의 과정을 잡아내고 관찰자로서 이를 지켜보는 능력은 습관적인 패턴을 깨고 나와서 좀 더 효과적이고 가치에 기초한 행위를 할 수 있도록 하는 시발점을 만들어 준다.

수용전념치료를 공부하는 치료자는 탈융합을 배우는 데 어려움이 있을 수 있다. 왜냐하면 언어를 약화하기 위해 우리가 주요 도구로 사용하는 것이 바로 그 언어라는 본질적인 문제 때문이다. 이런 상황은 석유시추공의 불이 잘 꺼지는 이치와 비슷하다. 폭발(그 자체도 불)이 석유시추공의 불에서 일어나면 순간적으로 산소를 모두 소비하게 된다. 덜 타고 남아 있는 기름은 산소가 없어 불이 꺼진다. 이와 유사하게 수용전념치료는 우리 삶의 어떤 영역에서 언어의 효과를 없애기 위해 언어와 언어 기능의 허점을 이용한다. 그렇다고 언어 그 자체가 없어지는 것은 아니며, 어떤 맥락에서 언어의 덜 유용한 기능이 약화되어 좀 더 유연한 방식으로 이해하는 것이 행동에 더 큰 영향력을 가질 수 있다.

우리가 지금까지 이 장에서 설명해 온 것처럼 단순히 딜레마에 대해 설명하는 것만으로 융합이 약화될 수 있다면 좋을 것이다. 그러나 불행히도 이 설명은 전적으로 문자 그대로의 의미에 달려 있기 때문에 탈융합이 가능하기 위해서는 문자 그대로의 의미에서 벗어나야 한다. 이를 위해 수용전념치료에서는 비언어적인 방식으로 언어를 사용한다. 예를 들면, 코치가 선수에게 경기를 어떤 식으로 하라고 이야기하는 것처럼 "손가락에 앉은 나비를 쥐듯이 생각을 쥘 수 있겠습니까?"라고 이야기하기도 한다.

이 과정을 촉발하는 것은 무엇인가

치료자는 내담자가 특정한 생각이나 단어를 믿고 '고수하거나' 얽매여 있으며, 이 같은 행위가 내담자의 건강한 삶을 제한하거나 방해하는 것을 발견할 때마다 이 과정에 초점을 맞추는 것이 가장 적절하다. 이는 대개 내담자가 어떠한 생각이나 감정에 사로잡혀서 그러한 것을 갖고는 가치 있는 행위를 할 수 없는 자신을 발견할 때 나타난다. 예를 들어, "난 배우자를 찾지 못할 거예요. 난 쓸모없거든요. 누가 절 좋아하겠어요?"라고 내담자가 말한다. 여기서 우리는 내담자가 '쓸모없는'이라는 단어의 함정에 빠져 있다는 것을 알 수 있다. 문자 그대로를 사실이라고 믿으면 배우자를 찾는 것은 불가능해 보인다. 누가 쓸모없는 사람을 배우자로 고르겠는가? 그러나 내담자가 '쓸모없는'이라는 말이 특정한 상황에서만 또는 특정한 경험에 대해서만 언급된 단어에 불과하며, 실제로 그 또는 그녀가 말 그대로 쓸모없는 사람이라는 뜻이 아니라는 것을 알게 되면, "난 쓸모없어서 배우자를 만나지 못할 거예요."라는 말은 행동에 영향을 덜 미치게 될 것이다. 이는 내담자가 자신이 쓸모없다고 생각하는 것을 멈추거나 혹은 쓸모 있다고 생각하기 시작해야 한다는 의미는 아니다. 그보다 내담자가 생각을 생각으로서 볼 수 있게 된다면 그 생각이 계속 떠오르더라도 그것의 행동에 대한 영향력은 감소될 수 있다는 것을 의미한다. 다음 면담 기록은 치료시간 내에서 탈융합의 사용을 촉진하는 것을 보여 준다(치료 중 대략 다섯 번째 치료시간에 속함).

치료자: 오늘 굉장히 우울해 보이시네요. 무슨 일이 있는 건가요?

내담자: 매번 같은 이야기죠…. 좀 더 잘해 보려고 노력하지만 잘 안 되고… 언제나 실패하고. 매번 그래요.

치료자: 매번 똑같이 '난 노력하지만 되는 것은 없다'는 말이 떠오를 때면 이러지도 저러지도 못하는 상황에 빠지는군요.

내담자: [고개를 숙이고 작게 말한다.] 인정할 건 인정해야죠. 저는 완전히 암울해요.

치료자: 그 말을 지금까지 여러 번 말씀하셨네요. 완전히 암울하다고 하셨어요.

내담자: 저는 완전히 암울해요.

치료자: 그 생각에서 오는 고통과 그 생각을 어떻게 해 보려고 애쓰던 것을 살펴보면 좋겠어요. 잠시 저와 함께 재미있는 일을 한번 해 보시겠어요?

내담자: 물론이죠, 그게 낫겠어요.

치료자: 조금 우습게 보일 수도 있는데, 제게 '나는 완전히 암울하다'를 노래로 해 줄 수 있어요?

내담자: [웃으며] 네?

치료자: 그냥 잠깐만 해 봅시다, 한번 해 보세요.

내담자: [치료자의 예상 밖으로 좋은 목소리로 진지하게, 고통을 담아 '나는 완전히 암울해~'라고 노래한다.]

치료자: 아주 좋아요. 다시 한 번 불러 주실 수 있을까요? 이번에는 뮤지컬 배우처럼 열정적으로 불러 보시겠어요?

내담자: [다시 웃으며] 좋아요. [다른 방식으로 노래한다.]

이후 내담자는 여자, 꼬마 아이, 미키마우스처럼 다른 여러 방식으로 노래할 것을 요청받았다. 치료자는 내담자가 각각의 새로운 방식으로 노래를 부르면서 그 단어로부터 탈융합이 일어나는 것을 관찰할 수 있었다.

내담자: 이제는 그 말이 웃긴 것 같네요.

치료자: 어떻게 그렇게 되는지 신기하죠? 당신이 그 말에 갇혀 있을 때에는 그 단어가 당신을 꼼짝 못하게 하는 것처럼 보입니다. 하지만 우리가 그 덫을 조금 느슨하게 하니까 어떤 점을 느끼셨어요?

내담자: 그 정도로 강하지가 않네요. 이제는 좀 웃기게 들려요.

치료자: 그 단어들로부터 느슨해졌으니까 자신이 어디로 향해 가고 있는지에 대한 작업을 시작해 볼 수 있을까요?

이것은 탈융합을 치료시간 내에 할 수 있는 많은 방법 중의 한 예다. 이러한 연습에서 중요한 것은 내담자가 단어를 생각하는 횟수를 변경하거나 단어를 긍정적인 단어(예, '난 대단하고 훌륭해')로 바꾸도록 하는 것이 아니라, 단어에서 의미를 없애 버리기(탈문자화) 위해 고안되었다는 점이다. 또한 탈융합은 공감적인 방식으로 행해져야 하는데, 가볍게 진행할 수도 있고 진지하게 할 수도 있다. 탈융합은 결코 한 수 위에서 가르치듯이 시행되거나, 내담자가 그런 생각을 한다는 것을 바보 같거나 수치스럽게 느끼는 상태에서 시행되어서는 안 된다.

방법은 무엇인가

이미 여러 가지 탈융합 기법이 다양한 임상 증상을 위해 개발되었다. 예를 들면, 내담자가 부정적인 생각을 마치 재미없고 자극적이지 않은 TV 광고방송을 보는 것처럼 바라보게 함으로써 생각을 차분하게 관찰하게 할 수 있다. 그리고 내담자는 생각에 모양, 크기, 색, 속도, 형태 등을 부여함으로써 생각을 외적으로 관찰될 수 있는 하나의 사건처럼 다룰 수 있다. 내담자는 그런 흥미로운 생각을 하게 해 준 자신의 마음에 감사할 수 있게 된다. 또한 생각하는 과정에 이름을 붙일 수 있고(예, '나는 착하지 않다는 생각을 가지고 있다'), 의식에 떠오르는 생각, 느낌이나 기억에 대해서 마음을 챙겨서 관찰할 수 있게 된다. 이런 절차는 직접 경험되는 것으로서의 생각(예, '나는 착하지 않다'는 생각)을 바꾸려는 것이 아니라, 생각의 문자적 특성을 축소하여 생각을 생각이 언급하는 것(예, '나는 착하지 않다'는 경험) 자체로 받아들이는 경향성을 약화하려고 시도하는 것이다. 보통 탈융합을 통해 얻을 수 있는 것은 생각의 빈도나 형태의 즉각적인 변화보다는 개인 사건에 대한 믿음이나 집착이 줄어드는 것이다.

연습: 탈융합 1부

자신의 내담자 중에 한 명, 이왕이면 어려운 사례를 마음속으로 떠올려 보십시오. 그 사람이 자기 자신, 자신의 삶, 그리고 미래에 대해 가지고 있는 힘든 생각 세 가지를 생각해 보십시오. 구체적으로 떠올리고, 아래에 기록하십시오.

- 생각 1:
- 생각 2:
- 생각 3:

이 장의 뒷부분에서 다시 이 내용을 다루어 볼 것입니다.

이제부터 일반적인 치료 목적에 따른 탈융합의 주요 기법을 설명하고자 한다. 이렇게 정리를 해서 우리는 방법 자체의 이면에 깔려 있는 것을 보여 주고자 한다. 탈융합은 단순한 특정 기법이 아닌 기능적 과정이며, 이러한 이해를 바탕으로 수용전념치료는 단지 임상 모델의 기법을 모아 놓은 것과는 구분되는 일종의 지식이다. 『마음에서 빠져나와 삶 속으로 들어가라』(Hayes & Smith, 2005)처럼 대중적인 수용전념치료 서적에서 우리는 수용전념치료 내담자에게 자신만의 새로운 탈융합 기법을 어떻게 만들어 내는지를 가르쳐 주기도 한다. 이 절의 목적도 비슷하다. 그러므로 이 내용은 예시다. 수용전념치료 탈융합 기법의 완전한 '목록'도 아니고 빠짐없이 완전한 것도 아니다. 탈융합 기법의 목록은 자신과 수용전념치료/관계틀 이론 공동체의 창의성에 의해 무궁무진할 수 있다.

우리가 다양한 탈융합 기법으로 옮겨 가기 전에 탈융합은 매우 강력하지만 직면적이지는 않다는 점을 기억하는 것이 중요하다. 이것은 내담자가 자신의 마음을 관찰하도록 돕는 훌륭한 기법이다. 그러나 탈융합을 강하게 시도한 치료시간 중이나 그 후에 내담자가 무척 혼란하다고 보고할 수 있다. 이러한 감정 상태는 충분히 수용될 수 있다. 능수능란한 탈융합은 날렵한 댄서나 유도 선수와 같은 특징을 가질 수 있다. 이들 전문가는 상대방의 움직임을 힘으로 다루지 않고, 상대방의 움직임과 함께하거나 보다 유용한 방향으로 움직이도록 방향을 돌린다. 탈융합에서는 내담자의 말을 다양하게 논의해 보고 이리저리 섞어도 보고 유희적으로 다루는 등의 방법을 통해 다양한 관점에서 그것을 바라보고 그것의 다양한 특성을 탐색해 보도록 한다. 이것은 직접적인 직면이나 논박없이 이루어진다. 예를 들어, 수용전념치료자는 내담자가 암담한 결론에 이른 것을 오히려 축하해 줌으로써 내담자 마음의 훌륭한 창의성을 인정하기도 한다. 이런 경우 "그래서 그때는 제가 완전히 망쳤다고 생각했어요."라고 내담자가 말한다면, 치료자는 "아, 훌륭해요. 그거 괜찮네요. 당신 마음이 참 잘했군요."라고 답할 수도 있다. 탈융합을 할 때에는 유희적으로 하되, 이전에 언급한 바와 같이 언제나 공감을 유지해야 한다.

경험의 재발견으로 언어의 한계 가르치기

"언어적 지식이 완전히 비언어적 지식 위에 있기 때문에, 모든 지식은 언어적이라는 착각을 불러일으킨다."(Hayes et al., 1999, pp. 153-154) 수용전념치료자는 종종 의식적인 생각의 한계를 지적함으로써 탈융합을 소개한다. 여러 은유 기법과 연습은 '마음'이 모든 해답을 가지고 있지 않으며, 사실은 뭔가를 아는 방법에 마음의 영역을 넘어선 것도 있다는 것을 설명하기 위해 사용된다. 이를 위한 한 가지 방법은 내담자의 삶의 영역 중에서 마음이 알고 있는 것은 충분치 않으며 때로는 부정적인 측면이 있을 수도 있는 영역에 대한 내담자의 경험을 통해 보여 주는 것이다. 예를 들어, 인터넷에서 웹사이트를 찾는 방법을 가르쳐 주는 것처럼 어떤 과제는 매우 잘 통제된 언어적 지식을 요한다. 악기를 연주하거나 새로운 스포츠를 하는 방법을 배우는 것과 같은 다른 과제는 언어적 지식을 덜 요한다. 또한 내담자는 수행 불안, 성적 행동, 혹은 골프 경기에서 얼어붙는 현상과 같이 실제로 언어가 효과적인 기능을 방해했던 일을 경험한 적이 있었을 것이다. 치료자는 "언어와 이성적인 사고가 어떤 영역에서는 도움이 될 수도 있지만, 논리적인 것과 마음이 말하는 대로 따라가는 것이 실제로 문제가 되는 삶의 다른 영역도 있다면 어떨까요?" 와 같은 실험적인 질문을 던져 볼 수 있다.

이러한 기본 개념은 다음 면담 기록의 경우에서처럼 내담자에게 신체 움직임을 언어적으로 설명해 달라고 요청함으로써 설명될 수 있다. 여기에서 치료자는 각각의 동작을 어떻게 하는지 물어보면서 내담자의 설명에 반응한다. 이 연습은 언어의 오만함을 잘 지적할 수 있는데, 신체 움직임은 보통 설명이 아닌 경험을 통해 배울 수 있는 것이기 때문이다. 이 연습의 기본 개념은 내담자에게 우리가 어떻게 하는지 알고 있는 것 중 일부는 의식적인 지식이 아닌 경험을 통해 배우게 되는 것이라는 점을 보여 주는 것이다(Hayes et al., 1999).

치료자: 의자에서 문까지 어떻게 가는지 말해 주세요.

내담자: 먼저 일어서서 한 발씩 다른 발 앞으로 문 앞에 도착할 때까지 내딛으세요.

치료자: 좋아요. 어떻게 하는 거죠?

내담자: 네? 아, 일어설 때까지 의자 손잡이를 손으로 밀고요. 그다음 다리 근육을 앞으로 걸을 수 있게 움직이고… 체중이 실릴 수 있도록요.

치료자: 좋아요, 어떻게 하는 거예요?

내담자: [웃으면서] 뇌에게 손과 발을 움직이라고 말해야 돼요.

치료자: 그건 어떻게 하는 거예요? (내담자가 '모르겠다'고 할 때까지 내담자의 설명이 끝날 때마다 가볍게 이 질문을 한다.) 당신이 내게 말을 해 줄 때마다, 저는 "그건 어떻게 하는 건데요?"라고 물을 거예요. 보다시피 좀 장난스럽지만 걷는 법을 설명해 달라고 했고, 당신의 마음은 나에게 어떻게 말 할 것인가를 알고 있다고 생각하면서 작동하기 시작했죠. 모든 마음이 그래요. 그런데 중요한 점은 당신이나 나나 누군가 어떻게 하는지를 알려 줘서 걷는 법을 배우게 된 것은 아니에요. 아마 말을 알아듣기 전부터 걷는 법을 배웠을 거예요. 우리는 경험으로 걷는 법을 배우는 거죠. 일어서고 넘어지고 머리를 부딪히면서 결국에는 걷는 법을 배우지요. 경험이 우리에게 어떻게 하는 건지를 가

> 르쳐 주는 거예요. 많은 것을 그런 식으로 배우지만, 우리의 마음이 오만해지고 마음이 모든 것을 아는 것처럼 생각하게 되기 때문에 그런 느낌을 잃게 되는 것이죠. 당신은 경험으로 배우는 것이 많이 있어요. 예를 들면 마음이 당신을 해칠 것처럼 이야기해도 느낌이나 감정이 그렇지 않을 것이라는 점을 아는 것처럼요.

이와 같은 연습을 한 후, 치료자는 다음과 같은 제안을 해 볼 수 있다. "당신이 불안을 다루기 위해 했던 것이 이것과 비슷한 경우라면 어떨까요? 마음이 당신에게 어떻게 하면 문제를 해결할 수 있다고 계속해서 이야기하지만, 이와 같은 상황에서 어떻게 벗어날 수 있는지에 대해서는 알지 못하는 것 같습니다. 당신이 처해 있는 상황에 대해서 반응할 수 있는 다른 어떤 방법이 필요한 것이라면 어떨까요? 이것을 어떻게 할 것인가에 대해 읽는 것보다는 어떻게 걷는지를 배우는 것과 더 비슷한 방법이라면요?" 라고 물을 수 있다.

언어의 한계를 알 수 있는 다른 방법은 어떻게 우리가 새로운 활동을 배우는가를 알아보는 것이다. 예를 들어, 자전거를 타는 방법을 어떻게 배웠는지 기억하냐고 물으면, 내담자는 대개 올라타는 것, 균형을 잡으려고 노력하는 것, 넘어지는 것, 다시 시도하는 것 등을 조합해서 설명할 것이다. '균형을 잡으라' 고 말해 주는 부모가 있다고 해서 균형 잡는 것을 배울 수 있는 것은 아니다. 페달이 바퀴를 돌린다는 것을 생각으로 안다고 해서 자전거를 탈 수 있게 되는 것은 아니다. 내담자는 보통 논리적인 이해와 지식이 어느 정도까지만 도움이 될 수 있다는 점을 쉽게 이해한다. 어느 시점에서는 새로운 기술을 배우는 데 있어 행동을 해 보고 그 결과에 따라 행동을 수정해 나가는 것이 필요하다.

내담자와 이러한 연습을 하는 것은 마음으로 인해 잊혀진 혹은 그 뒤에 숨어 있는 '경험적 지식' 을 알 수 있게 한다. 우리는 경험적 지식에 기초한 많은 것을 알고 있으며, 내담자가 경험적 지식과 다시 가까워지게 하는 것이 수용전념치료를 통해 하고자 하는 것 중 일부다. 내담자는 경험적 지식을 통해 자신의 감정, 생각, 기억, 감각을 생겨났다 사라지고 왔다가 다시 가 버리는 것을 반복하는 지속적인 사건으로 바라볼 수 있게 된다. 또한 이로부터 내담자는 공포나 불안이 문자 그대로 자신을 죽이지는 않으며, 자신에게 '하자가 있다는' 뜻이 아니라는 것을 배우게 되고, 단지 그 순간에 갖게 되는 경험(예, 생각)에 불과하다는 것을 알게 된다. 나아가 내담자에게 이와 같이 직관에 의존하지 않는 비문자적 기술을 습득하려면 연습이 필요하다는 점을 상기시켜 주는 것이 중요하다. 내담자는 치료시간에 배운 것을 치료시간 밖에서도 적용할 수 있어야 한다. 이때 수용전념치료자는 수용전념치료 시간에는 오지만 치료시간 밖에서 연습을 하지 않는 것은 마치 철물점에 가서 톱을 산 다음에 계산대에다 놓고 와 버리는 것과 마찬가지라고 이야기해 줄 수 있다.

언어의 한계를 교육하는 다른 예로는 자기 자신에게 다른 과거 경험을 갖고 있으라고 명령해 보는 것이 무슨 도움이 되는지 확인해 보는 것, 옛날 옛적에 오만한 왕이 바닷가에 앉아서 파도에게 오지 말라고 명령만 하다가 물에 빠져 죽었다는 이야기를 들려주는 것, 우리말을 모르는 사람에게 우리말로 이메일을 쓰려고 하는 것 등이 있다.

생각과 생각하는 사람, 감정과 느끼는 사람 사이에 거리 만들기

언어의 문자적이고 평가적인 기능이 지배적일 때, 우리는 개인 사건의 경험자로서 자신과 사건 자체를 구별하지 못한다. '나는 내가 생각하고 느끼는 것이다'라는 것이 일반적인 인간의 상태다. 많은 수용전념치료 기법이 내담자로 하여금 경험하는 자신과 자기에 의해 경험되는 것을 구분하도록 돕는 것에 목표를 둔다. 즉, 생각과 느낌은 내담자가 '가지고' 있는 것이지, 내담자가 '어떻다'는 것은 아니라는 것이다. 이러한 구분을 통해 언어의 미학적이거나 기능적인 특성과 같은 비지배적인 측면을 부각하고, 우리가 자신의 마음과 상호작용하는 방식의 유연성을 키우게 된다. 다음에서는 이러한 원칙을 적용하기 위한 방법의 여러 가지 예를 살펴볼 것이다.

언어 객관화하기

우리 모두는 주위에 있는 대상을 자신에게서 분리하여 다룬 경험을 많이 갖고 있다. 같은 방식으로 치료자는 내담자가 생각과 느낌을 관찰 대상으로 다루도록 가르칠 수 있다. 이러한 개념은 자기와 생각 및 대상으로서의 다른 사적인 사건 간에 건강한 거리감을 형성한다. 이는 생각과 접촉하지 말라는 뜻은 아니다. 생각은 여전히 존재하지만 다른 관점을 통해 관찰된다. 은유법과 연습을 사용함으로써 이러한 과정을 도울 수 있다. 생각을 객관화하는 것은 내담자가 좀 더 유연하고 실용적인 방법으로 자신의 생각과 상호작용하도록 도울 수 있으며, 이는 외부 물체가 다양한 방식으로 사용될 수 있는 것과 유사하다. 예를 들어, 치료자는 내담자가 다음 면담 기록에서처럼 생각을 어떤 면에서는 마치 연장처럼 생각할 수 있지 않은지 물어볼 수 있다.

치료자: 만일 생각을 연장이라고 한다면, 우리는 어떻게 사용할 수 있을까요? 우리는 보통 '이 망치가 내게 맞는 망치인지 잘 모르겠어. 보통 이런 망치를 사용하지 않는데, 난 2파운드 망치가 어울리는 사람이야'라는 생각을 하며 빈둥거리지는 않죠. 그냥 망치를 주워서 못을 박기 시작하거나 전혀 사용하지 않거나 하죠. 반대로 '난 이것을 할 수 있을지 잘 모르겠어, 난 이렇게 살아오지 않았어, 난 정말 패배자 같은 사람이야'와 같은 생각을 가질 때, 그런 생각은 당신에게 전혀 연장 같은 것으로 보이지는 않을 겁니다. 그보다는 '정말이야, 이게 바로 나야'라고 생각합니다. 이렇게 생각한다면 생각은 사용하지 않을 수 없는 망치와 같은 것이 됩니다. 당신이 알아차리기도 전에, '나는 이것을 할 수 있을지 잘 모르겠어' 망치와 '나는 패배자 같은 사람이야' 망치가 당신 손에 쥐어져 있고, 당신은 무작정 못질을 하고 있는 것과 같습니다. 이제 한 발짝 물러서서, 생각이 진짜인지 아닌지 따지기보다는 당신이 가치 있는 삶을 건설할 수 있는 연장으로서 어떤 생각이 유용한가를 살펴볼 수 있겠습니까?

생각을 객관화하는 데는 다양한 수용전념치료의 연습이 사용된다. 예를 들어, 개인 경험을 횡포를 부리는 버스 승객(Hayes et al., 1999, pp. 157-158)에 비유하는 방법이 있는데, 역할 연기의 일부로 눈을 감고 떠올리는 것 또는 은유 기법으로 사용할 수 있다. 특정 생각이나 느낌을 카드에 적고 나서, 내담자는 그것을 받아들이지 않고 생각이나 감정을 쫓아내기 위해 싸우는 것과 같이 여러 방식으로 접촉할 수 있다(p. 162).

언어를 객관화하는 다른 방법으로는 '마음'의 개념을 설명하고 나서 마음이란 항상 자신을 쫓아다니면서 행동에 참견하고, 평가하고, 예측하고, 영향을 주는 거의 외부 대상과 같은 것으로 볼 수 있도록 돕는 것이 있다. 이것은 내담자가 깊게 동화된 자신만의 언어 레퍼토리에서 건강한 거리를 두도록 도우며, 현재에 존재하는 것과 그들 자신의 말 속에 사로잡혀 있는 것을 구별하기 시작할 수 있는 여유를 만들도록 한다.

종종 수용전념치료자는 마치 내담자의 마음이 내담자에게 이야기를 하는 것처럼 간주하거나 혹은 사람과 그 사람의 마음 간의 구별을 강조하는 방향으로 내담자의 생각을 재구성한다. 예를 들면, "당신의 마음이 그렇게 말했단 말이죠?" 나 "지금 저에게 누가 말하고 있는 겁니까? 당신이에요, 아니면 당신의 마음이에요?" 라고 말하기도 한다. "그래서 밥[내담자의 마음]이 우리가 이 직면 연습을 하는 것을 알고 내일 당신이 일어나면 뭐라고 말할 것 같습니까?" 라고 말하는 치료자의 예에서처럼, 가끔 치료자와 내담자는 내담자의 마음에 유희적으로 이름을 붙이곤 한다.

경험적 연습은 내담자가 이러한 구분을 할 수 있도록 돕는 강력한 방법이다. 마음과 산책하기(Hayes et al., 1999, p. 163)라 불리는 수용전념치료 핵심 연습은 두 사람이 짝지어 하는 것으로, 집단치료인가 개인치료인가에 따라 두 내담자끼리 혹은 내담자와 치료자가 짝을 지어서 할 수 있다. 이 연습에서는 짝이 된 각각의 사람에게 어떤 역할이 주어진다. 처음에 한 사람은 마음의 역할을 하고, 다른 사람은 그 사람 역할을 한다. 마음을 맡은 사람은 마음이 일상적으로 하고 있는 것을 보여 주기 위해 평가적이거나 이미 일어난 일에 대해 비판하거나, 짐작하거나, 판단하거나, 논평하는 방식으로 상대방에게 계속해서 말을 하는 일을 맡는다. 그 사람 역할을 하는 내담자는 어디든 그 사람이 선택하는 대로 마음챙김을 하며 묵묵히 걸어간다. 마음은 어디로 갈지를 선택하지 않으며, 그 사람은 마음을 떼어내려 하지 않는다. 마음과 사람은 짝이 되어 약 5분간 걷고 나서 역할을 바꾼다. 그 사람은 마음의 역할을 하게 되고, 마음은 그 사람의 역할을 하게 된다.

다시 그 둘은 5분간 걷는다. 마지막에는 각자 떨어져서 다시 5분간 혼자 마음챙김을 하며 걷고 치료시간으로 돌아오게 된다. 일반적으로 내담자가 이 연습을 통해 배우는 것은 첫째, 마음은 바쁘고 할 말이 많다는 것이고, 둘째, 마음은 우리가 갈 방향을 지시하지 않는다는 것, 즉 마음은 주인이 아니라는 것이다. 또한 내담자는 그들이 어디를 가든 마음이 같이 다닌다는 점도 배우게 된다. 내담자가 혼자 걸을 때, 마음이 이것저것에 대해 뭐라고 떠들어대는 말이 들리기 시작하면 이를 알게 된다.

생각을 통해 보는 것이 아니라 생각을 바라보기

내담자가 생각을 통해 보는 것이 아니라 생각을 보는 능력을 함양하도록 돕기 위한 많은 전략이 있다. 이것은 또한 생각을 갖는 것과 생각을 믿는 것의 차이로 불리기도 한다. 단지 생각의 내용을 관찰하는 이러한 과정을 시작하는 한 가지 방법은 내담자가 스스로에게 계속해서 말을 하고 있다는 단순한 사실을 알도록 돕는 것이다. 치료자는 다음 면담 기록에서 제시된 바와 같이 이러한 개념을 소개할 수 있다.

치료자: 지금 우리는 각자 자신에게 계속해서 말을 하고 있습니다. 그러나 종종 우리는 이런 사실을 인식조차 하지 못하기도 합니다. 뒤에서 뭔가 이것저것에 대해 이야기하는 목소리가 있습니다. '난 찬성해, 난 좋아, 난 싫어, 맞아, 그건 아니야, 내가 좋아하는 건지 모르겠어. 뭐라는 거야?' 이런 식으로 말입니다. 바로 지금도 제가 방금 말씀 드린 것에 대해서 당신의 마음이 그렇게 하고 있지 않았는지 생각해 보세요. [멈춤] "나도 그렇게 생각하는지 잘 모르겠어." 라고 말하고 있을지도 모릅니다. 아니면 "와! 내가 그러고 있었네."라고 할 수도 있죠. 만일 당신이 '난 그러지 않고 있었는데' 라고 생각하고 있다면 그게 바로 그 목소리입니다! 잠시 눈을 감고, 당신이 얼마나 계속해서 스스로에게 말을 하고 있는지 살펴봅시다. 그냥 눈을 감고 있을 때 어떤 생각이 떠오르는지 살펴보세요. [10초 멈춤] 당신의 마음이 모든 것에 대해 의견, 논평, 혹은 질문을 갖고 있는지 보세요. 당신의 차에 대해서 생각해 보시길 바랍니

다. 무슨 생각이 듭니까? [멈춤] 부모님에 대해 생각해 보세요. 부모님에 대해 당신의 마음이 하는 말은 무엇입니까? [멈춤] 당신이 아무것도 하지 않아도 당신 마음이 계속해서 그런 일을 하고 있는 것을 보세요. 당신이 자신에 대해 가장 마음에 안 드는 점을 생각해 보세요. 당신의 마음은 뭐라고 합니까? [멈춤] 이런 일은 계속되고 있지만, 우리는 대부분 그것을 인식하지 못하고 있습니다.

다음 면담 기록처럼 치료자는 내담자에게 생각은 머리 위에 떠다니는 색깔 있는 비눗방울과 같은 것이라고 소개할 수 있다.

치료자: 당신의 생각을 투명하고 색깔 있는 비눗방울이 머리 위에 씌워진 것과 비슷한 것이라고 생각해 보세요. 이 비눗방울은 아늑하고 편안해서 당신은 그것이 있는지조차 알지 못합니다. 볼 수도 없습니다. 당신은 단지 그것을 통해서만 볼 수 있습니다. 당신은 생각의 비눗방울을 통해 보기 때문에 세상이 특정한 방식으로 보인다는 사실을 잊고 있습니다. 아마 비눗방울을 통해 보는 것은 별로 도움이 되지 않을 겁니다. '난 괜찮지 않아'나 '난 쓸모없어'와 같은 생각을 통해 바라보는 것은 세상에 드러내는 당신의 모습을 제한합니다. 여기서 요점은 그 비눗방울을 없애는 것이 아닙니다. 그것이 뭔지 분명히 볼 수 있도록 당신 머리에 씌워진 비눗방울을 벗는 연습을 하는 것입니다. 이 연습은 특정 상황이 주어졌을 때 효과적인 일을 더 쉽게 할 수 있도록 해 줄 것입니다.

내담자는 또한 시냇물에 떠내려가는 나뭇잎 연습, 행군 속에 있는 군인 연습(Hayes et al., 1999; pp. 158-162)이나 다른 유사한 연습을 해 보는 것을 배울 수 있다.

언어의 숨겨진 속성 드러내기

언어에 의해 구별이 모호해지는 것 중의 하나는 평가냐 기술이냐의 문제다. 우리가 접하는 모든 자극은 다양한 속성이 있다. 어떤 속성은 일차적이다. 즉, 주로 감각을 통해 직접 경험된다. 예를 들어, 우리는 장미가 빨간 것을 보고, 콘크리트가 거친 것을 느낀다. 이러한 속성은 기술 영역에 해당된다. 반면 자극의 이차적 속성은 언어에서 비롯되며 평가 영역에 속한다(예, '좋은', '유용한', '추한', '옳은'). 일차적 속성이 자극 본래의 것이라면, 이차적 '속성'은 실제로는 자극의 속성이 전혀 아니고 사람과 자극 간의 상호작용에서 나타나는 것으로서 언어의 결과라고 볼 수 있다.

일반적으로 이 두 가지 속성의 차이는 모호하다. 내담자는 대개 자신, 자신의 세상, 자신의 삶 속에 있는 사람들에 관한 전반적인 평가를 갖고 치료 장면에 온다. 마치 이러한 평가가 자신 혹은 다른 사람의 타고난 일차적 속성인 것처럼 취급한다. 예를 들면, 내담자는 '나는 나쁘다', '나는 쓸모가 없다', 혹은 '나는 사악하다'와 같은 평가를 갖고 있을 수 있다. 말 그대로 본다면, 이것을 받아들이기는 매우 어려울 것이다. 이러한 평가가 실제로 내담자의 본질에 관한 기술이라면 수용의 의제를 채택하기는 어려울 것이다. 궁극적으로 변화가 필요할 것이다. 어떤 자극의 일차적인 속성을 변화시키는 유일한 방법은 말 그대로 그것을 분해해서 다른 것으로 재구성하는 것이다. 예를 들어, 우리가 빨간 장미를 좋아하지 않는다면 장미를 태워서 재로 만들 수도 있을 것이다. 그러나 기술과 평가 사이에 구분이 가능해진다면 평가되는 대상을 받아들일 수 있게 하기 위해 그것을 반드시 변화시킬 필요는 없다. 왜냐하면 그 속성은 사물 그 자체에 있는 것이 아니라 단지 생각에서 비롯된 것이기 때문이다. 기술과 평가 간의 차이를 설명하는 데 도움이 되는 다양한 연습을 5장에서 자세히 소개할 것이다.

또 다른 수용전념치료 기법은 언어가 더욱 직접적이고, 언어의 문자적인 상징 기능은 약화된 상태로 경험될 수 있는 맥락을 만드는 것을 포함한다. 이러한 훈련을 통해 치료자는 단어의 파생 기능(예, 의미)을 영구적으로 없애려고 하는 것이 아니다. 그보다는 단어의 직접적인 자극 속성에 근거한 것(예, 단어가 보이거나 들리는 방식, 단어를 만들어 내는 데 들어가는 노력)과 같이 더욱 유연한 기능을 부각하려고 하는 것이다. 언어의 직접적인 자극 기능을 부각하면 언어의 파생물과 융합되지 않고 언어의 과정을 좀 더 쉽게 관찰하는 데 도움이 될 수 있다. 앞서 사용된 우유, 우유, 우유 연습의 예에서, '우유'라는 단어를 그것이 의미하는 물질로서가 아니라 하나의 단어로서 듣게 된다. 이런 효과를 만들어 내기 위해서 다른 기법도 시도해 볼 수 있다. 생각을 대피 덕[1] 목소리로 말하기, 생각을 노래로 부르기, 격투기 장내 아나운서처럼 생각을 말하기, 내담자와 함께 누가 가장 안 좋은 평가를 생각해 낼 수 있는지 내기하기 등이 이에 속하는 기법이다(Hayes & Smith, 2005). 이 훈련의 요점은 생각을 조롱하는 것이 아니라, 생각의 기능을 전형적으로 경험되는 것 이상으로 확장하고, 이러한 생각에 대한 유연성을 향상하여 생각이 더 많은 투쟁과 경직된 행동을 야기하는 낡고 습관적이고 문자적인 방식으로 경험될 필요가 없도록 하는 것이다.

다음에 설명되는 예제는 내담자가 문자적 의미에 덜 집착한 채 생각에 접근하는 방법을 어떻게 배울 수 있는지를 좀 더 설명한다. 공황장애를 겪는 내담자와 주고받은 아래 치료시간을 살펴보자.

치료자: 한 가지 연습을 해 보고 싶은데요. 제가 어떻게 하는지 설명해 드릴 테니까 하실 수 있는지 말씀해 주세요. 제가 몇 개의 문장을 만들었는데 그것을 말하는 훈련입니다. 모든 문장을 우리가 각각 차례대로 말할 겁니다. 제가 먼저 하겠습니다. 문장을 말하는 사람이 할 일은 내용에 신경 쓰지 말고 문장을 크게 소리 내어 읽는 것입니다. 이것은 감정에 좌우되지 않고 생각을 관찰하는 훈련입니다. 단어가 의미하는 것이 아닌 단어 그대로를 경험하는 것을 연습하는 것입니다. 이해하셨습니까?

내담자: 네.

치료자: 듣는 사람이 할 일은 상대방이 과제를 성공적으로 수행했는지를 보는 것입니다. 다시 말하면, 상대가 의미에 신경 쓰면서 읽었는지 아닌지를 보는 것입니

1) 역주: 워너 브라더즈에서 만든 만화 캐릭터.

다. 제가 그렇게 했는지 안 했는지에 대해서는 그냥 마음 가는 대로 판단하십시오. 너무 신경을 쓰거나, 결정하는 데 오래 걸릴 필요는 없습니다. 해 보시겠습니까? 제가 먼저 하면 다음은 당신 차례입니다.

내담자: 네.

치료자: [치료자는 다음 문장을 내담자와 번갈아 가면서 읽는다. '나는 나 자신을 찾을 수 없다', '나는 여기서 벗어나지 않으면 미칠 것 같다', '말들아, 말들아, 말들을 위한 내 왕국이여', '제게 부담 주지 말라고 몇 번이나 말해야 됩니까?', '더 이상 견딜 수 없어', '말을 타라 카우보이여~' 내용에 신경 쓰면서 읽었는지 여부에 따라 각자 통과했는지 실패했는지 상대방을 평가한다.] 자, 이 연습의 요점은 이러한 생각이 자신에게 더 편안해지도록 하는 것이 아니라, 자신이 생각에서 좀 더 떨어져서 관찰할 수 있도록 하는 것입니다. 아울러 이러한 생각에 얽매이지 않고 그 의미를 처리하지 않는 것이 얼마나 어려운지를 알게 되지요. 여기서 우리는 이 문장들이 단지 단어들의 나열일 뿐이라는 것을 살펴보는 작업을 했습니다. 연습을 해 보면서 어떤 점을 발견하셨습니까?

다른 훈련의 예로는 내담자에게 '나는 방 주변을 걸을 수 없다'고 반복해서 말하면서 방을 걷도록 하거나, 한 발로 뛰는 것과 같이 우스워 보이는 일을 하도록 요구하고, 당혹감을 느끼면서도 여전히 행동하는 것이 가능하다는 것을 알아차리도록 하는 것 등이 있다.

언어 관계의 더 큰 환경을 약화하기

방금 거론한 대부분의 전략은 마음이 말하는 것 중 작은 측면에 대한 문자적 집착을 약화하는 데 목적이 있다. 마음이 하는 일의 더 복잡한 형태에 대한 작업을 진행하려면 다른 기법이 요구된다. 마음은 내담자가 어떤 사람이고, 어떻게 해서 그런 사람이 되었고, 그들이 하는 행동의 이유는 무엇인지 등에 대한 내담자의 이야기처럼 언어적 행동의 확장되고 상호 연관된 형태를 유지하고 있다. 이러한 이야기와 이유는 효과적이지 않은 많은 행동 패턴이 놀라울 정도로 안정적으로 유지되게 하는 언어적 유착을 만들어 낸다.

우리는 인간이기 때문에 행동에 대한 설명이 가능해야 하며, 이러한 설명은 일관성이 있어야 한다고 배운다. 효과적이지 않은 행동의 영역에서는 더 분명한 설명이 기대된다. 사회는 우울증이 있는 사람이 침대에서 나오지 않거나, 3개월간 일하지 않는 등의 행동에 대해 타당한 이유를 갖도록 요구한다. 예를 들어, 어떤 사람에게는 '생화학적 불균형'이 있다는 것이 우울 행동에 대한 좋은 이유가 된다. 자신의 우울증에 대해 타당한 이유가 있다고 생각하는 사람이 좀 더 우울하고 치료에 잘 반응하지 않는다는 것을 보여 주는 연구가 있다(Addis & Jacobson, 1996).

불행히도 그러한 이야기에 사로잡히게 됨으로써 이러한 언어 조직망(network)이 우리 행동을 통제하게 된다. 우리의 과거는 매우 부정적인 결과의 잠재력을 지닌 미래가 된다. 만일 어떤 내담자가 아동기 때 학대를 당해서 좋은 관계를 가질 수 없다는 이야기를 한다면, 그 내담자는 다른 어린 시절을 가질 수는 없기에 정말로 이러지도 저러지도 못하는 상태가 된다. 만약 내담자가 이 이야기를 많은 가능한 이야기 중 하나로 보지 못하고, 그것과 융합하게 되어 결국 문자 그대로 '진실'이라고 믿게 되면, 우리는 그 내담자가 관계 맺는 행동을 하지 않으려는 것을 쉽게 관찰할 수 있다. 내담자가 자신의 이야기에 대해 자신의 생각이 옳다고 믿는 경우가 특히 어렵다. 내담자는 매우 난해하고 효과적이지 않은 행동 패턴에 사로잡힐 수 있다. 다행히도 인지적 반박보다는 탈융합이 이유의 타당성에 대한 집착을 보다 효과적으로 수정할 수 있다(Zettle & Hayes, 1986).

제시카의 경우를 보자. 몇 년 전 그녀는 조증 삽화가 있는 양극성 장애로 진단받았다. 그때부터 그녀는 양극성 장애를 진단받은 사람이 어떤지, 유전적 문제가 뇌의 생화학적 불균형에 어떤 영향을 끼치는지 등에 대한 광범위한 독서를 해 왔다. 이 장애가 생물적인 원인으로 발생하기 때문에 평생 끊임없이 고통스러운 우울 삽화와 통제 불가능한 조증 삽화의 악순환을 반복할 운명이라고 믿게 되면서, 그녀는 자신의 병에 대해 할 수 있는 것은 아무것도 없다고 느낀다. 양극성 장애 진단에 대한 그녀의 지식이 어떤 면에서는 도움이 되기도 하겠지만, 그녀의 이야기는 어차피 회복할 수 없으므로 노력해 볼 이유가 없다는 것을 의미한다.

이런 상황에서 많은 내담자가 그러하듯이, 제시카는 자신의 이야기에 대해 약물 연구 결과나 개인 경험 등의 좋은 증거를 가지고 있다. 수년간 그녀는 자신의 이야기에 따라 살아 왔기 때문에, 약은 복용하지만 자신의 삶을 개선하기 위해 다른 적극적인 노력을 하지 않게 되었다. 수용전념치료의 관점에서 보면, 문제는 이 이야기가 문자적으로 진실인가가 아니라 과연 그녀 자신에게 도움이 되는가다. 그것은 제시카가 원하는 삶으로 그녀를 이끄는가?

유용하지 않은 이야기에 대한 집착을 줄이기 위해 사용되는 수용전념치료의 기본 전략은 그러한 이야기가 갖고 있는 언어로 조직화된 특성과 내담자가 경험적으로 접촉하도록 돕는 것인데, 이를 통해 이야기의 문자 그대로의 진실에서 그것의 효용성으로 주의를 전환하도록 할 수 있다. 이러한 전략은 내담자로 하여금 그들의 마음이 개인 경험을 유용한 방식으로 평가하고 설명할 수 있는 능력을 가지고 있는지에 대해 건강한 의심을 갖도록 돕는 데 목적이 있다. 다음 면담 기록은 치료자가 이러한 개념을 어떻게 소개할 수 있는지를 보여 주는 예다.

치료자: 우리는 계속해서 우리 삶에 대한 이야기를 만들어서 하고 있어요. 뒤에서 계속 뭔가 이것저것에 대해 이야기하는 목소리가 있죠. 우리가 어떤 사람인지, 좋아하는 것이 무엇인지, 일이 어떻게 돌아가고 있는지 등에 대해서 말이에요. 계속해서 당신에게 이야기를 말해 주고 있어요. 여기서 문제는 그 이야기가 정말 사실인가 하는 것이죠. 그 이야기는 어디서 왔을까요? 예를 들어, 당신의 열한 번째 생일이 있은 지 3일 후에 무슨 일이 있었는지, 그날에 대해 자세히 알고 싶어 묻는다면 말해 줄 수 있겠어요?

내담자: 음, 아니요.

치료자: [장난스럽게] 4일 후나 5일 후는 어때요? [멈춤] 우리가 한 100일 정도까지 계속해 볼 수도 있겠죠. 그러면 한두 가지 정도는 자세한 일을 말할 수 있을지도 몰라요. 우리는 자신의 삶에 어떤 일이 있었는지 정말 조금밖에 알지 못해요. 작은 조각만 기억하고 그것을 함께 엮어 이야기를 만드는 겁니다. 아시겠죠? 우리는 자신이 기억하는 작은 단편밖에 가지고 있지 않고, 일어났던 대부분

의 일은 잊어버립니다. 그러면 여전히 기억하는 조각을 말이 되게 하기 위해서 그것을 한데 엮어 이야기를 만들려고 노력하는 거죠. 우리는 자신에게 이런 이야기를 자주 하곤 합니다. 스스로 자신에 대해 결론을 내려 버리죠. 자신이 무엇을 할 수 있는지, 어떤 사람인지. 그리고 그에 맞춰 살아가지요.

내담자: 알겠네요.

치료자: 흥미롭게도, 이런 이야기는 점점 자라납니다. 우리의 마음은 계속 새로운 것을 받아들입니다. 그리고 이것은 아주 예전에, 우리의 과거에 있었던 일이 아니라 지금도 일어나고 있는 일입니다. 새로운 내용이 항상 추가됨에도 우리가 미처 인식하지 못하는 것에 대한 연습을 하나 해 봅시다. 당신에게 겁겁(Gub-Gub)이라는 상상의 생물체에 대해 말해 볼게요(Hayes & Smith, 2005). 겁겁이 말한 것을 기억해 내면 당신에게 100만 달러를 줄게요. 준비되셨어요? 겁겁이 '우~' 하고 말했어요, '우~' 하고 말해 볼래요?

내담자: 우~

치료자: 이제 잊어버리지 마세요. 제가 당신에게 내일 물어보면 100만 달러를 받을 텐데, 해 볼 만하죠? 겁겁이 뭐라고 했다고요?

내담자: 우~

치료자: 좋아요. 자, 이제 다시 100만 달러가 없다고 말하겠습니다. 그러니까 그냥 잊어버리셔도 돼요. 겁겁이 뭐라고 했다고요?

내담자: [웃으며] 우~

치료자: 한 달 후에 해 본다면 기억할 수 있겠어요?

내담자: 물론이죠.

치료자: 두 달은 어때요? 일 년은? 겁겁이 뭐라고 했다고요?

내담자: [웃음]

치료자: 겁겁에 대해 이야기를 조금만 더 한다면, 당신의 임종 순간에도 겁겁이 말한 걸 물으면 기억할 수 있을까요? 이제 이것이 무얼 의미하는지 생각해 봅시다. 우리는 무언가에 짧은 시간을 보내지만, 당신은 평생 그것을 머릿속에 가지고 다닙니다. 당신이 이런 식으로 가지고 다니는 것 중에는 아주 어린 시절에서 비롯된 것도 있습니다. 어디서 왔는지 확신할 수는 없지만 이것은 이제 당

신의 이야기입니다. 이것은 당신 자신에 대한 생각입니다. 예를 들어, '나의 가장 큰 단점은…' [잠시 쉬고 대답을 요청한다.]

내담자: 약해요.

치료자: 나의 가장 큰 장점은… [멈춤]

내담자: 친절해요.

치료자: 내가 이렇게 약한 이유는 …

내담자: 스스로 일어서는 법을 배우지 못했기 때문이에요.

치료자: 좋아요, 훌륭해요. 참 재미있죠? [비꼬듯이] 당신의 마음이 모든 것에 대한 설명과 이야기와 이유를 만들어 내요. 더 해 볼 수도 있겠죠? 모든 것에는 이야기가 있어요.

다른 수용전념치료 기법도 이와 같은 주제를 다루며, 치료시간 내의 문제가 되는 이야기 만들기를 무너뜨리는 역할을 한다. 대부분의 임상가는 치료시간 내내 그동안 무슨 일이 있었는지 이야기하면서 불평과 설명으로 치료시간을 다 허비하는 내담자를 경험해 본 적이 있을 것이다. 이를 타파하는 한 가지 방법은 내담자가 말하는 것의 기능적 유용성에 초점을 맞춰 보는 것이다. "무엇을 위해서 이 이야기를 하는 거죠?" 나 "신이 내려와서 당신이 완전히 옳다고 인정해 준다면 이야기가 당신에게 어떤 도움이 됩니까?" (Hayes et al., 1999, p. 164)와 같은 치료자의 언급은 내담자가 설명하려 하거나 옳다고 하거나 상황을 분석하려는 것을 내담자가 하는 말의 즉각적인 영향으로 초점을 돌릴 수 있게 한다.

'자서전 다시 쓰기'라 불리는 또 다른 기법은 내담자로 하여금 자신의 삶의 이야기에서 있었던 사건 간의 임의적인 관련성을 탐색하게 한다(Hayes & Smith, 2005, pp. 31-93). 이 연습에서 참여자는 두 페이지 정도 분량으로 자신의 삶의 이야기를 쓰는 과제를 받는다. 그런 다음 내담자는 모든 사건을 정확히 그대로 둔 채로 그것의 의미와 이야기의 결과를 바꿔서 이야기를 다시 쓰도록 요청받는다. 이야기를 직접적으로 반박하는 것이 아니고, 있을 수 있는 많은 삶의 이야기 중의 하나로서 보도록 하는 것이다.

수용전념치료자는 때때로 이유에 대한 문자 그대로의 진실을 근거로 도전을 받게 된다. 이를 다시 논박하는 것은 거의 항상 도움이 되지 않는다. 대신에 이유를 도움이 될 수도 있는 언급으로 인정하면서, "자신의 경험에 비추어 보면 어떤가요… 이것이 얼마나 도움이 되죠?"라고 질문을 한다. 내담자에게 다음과 같이 질문할 수도 있다. "글쎄요, 옳은 소리처럼 들리는군요. 그러나 어떤 것을 택하시겠습니까? 자신이 옳은 것하고 활력 있는 삶을 사는 것 중에 말이죠."

치료시간 내에서 진행 중인 탈융합 작업하기

이전 절은 대개 다양한 종류의 특정 탈융합 은유와 연습을 소개하는 것으로 구성되어 있다. 이러한 기법을 강력하게 사용하기 위해서는 현재 진행되고 있는 치료시간의 흐름에 통합되어야 한다. 수용전념치료자가 흔히 하는 실수는 은유와 훈련을 단편적인 방식으로 사용하는 것이다. 연습 중에는 탈융합된 부분이 생겨나지만 나머지 치료시간 중에는 내담자의 말에 문자적으로 반응한다. 그보다는 치료시간 내내 생각의 기능적 유용성에 집중하고 진행 중인 행동과정으로서의 언어 사용에 주의를 기울여야 하며, 이것은 치료자가 하는 모든 말에 관해서도 마찬가지다. 어떠한 상황이든 간에, 생각을 그대로 믿는 것이 내담자(또는 치료자)가 보다 활기차고 가치에 기초한 삶을 사는 데 도움이 되는지의 여부가 주된 초점이 된다.

이 절에서는 현재 진행되고 있는 치료시간의 흐름 중에 탈융합을 실행하고, 현재 일어나고 있는 내담자의 고도로 융합된 행동의 예를 언급하고, 치료실 내에서 탈융합을 유지하기 위한 구체적인 기법을 소개한다.

언어 습관

수용전념치료자는 때때로 내담자에게 문자적 언어의 함정에서 벗어나 내담자 자신과 마음의 내용 사이에 거리를 둘 수 있도록 도와주는 간단한 언어 습관을 사용해 보도록 권할 수 있다. 예를 들어, 치료자는 내담자가 어떤 것에 대해 말할 때 실제로 어떻다는 식이 아니라 내담자가 현재 어떤 경험을 가지고 있다는 식으로 말하도록 요청할 수 있다.

- ✓ '나는 내가 쓸모없다는 생각을 가지고 있다' 대 '나는 쓸모없다'
- ✓ '나는 불안하다는 느낌을 가지고 있다' 대 '나는 불안하다'

이런 연습이 처음에는 어색하게 느껴지겠지만, 잠깐, 한 30분 정도만 연습을 해 보면 매우 유용하다는 것을 알 수 있다. 이러한 연습은 내담자 자신과 자신의 생각의 내용 사이에 적절한 거리감을 만드는 데 도움이 된다.

치료자는 또한 내담자에게 '그러나'라는 단어를 '그리고'로 바꾸도록 권할 수 있다(Hayes et al., 1999, pp. 166-168). '그러나'라는 단어는 말 그대로 그 단어 앞에 나오는 내용을 '배제하는' 의미를 가진다. 만일 내담자가 "나는 남편을 사랑해. 그러나 그가 나를 화나게 해."라고 한다면, 분노는 사랑을 배제해 버리는 기능을 한다. 하지만 '그리고'로 대체하는 것은 내담자가 두 가지 모두 진실이라는 것을 떠올리게 할 수 있다. 즉, 내담자는 남편을 사랑하고, 그리고 남편은 그녀를 화나게 한다. 따라서 '그리고'로 대체하는 것은 다양한 의미를 존재하게 하며, '배제하는'의 의미를 통해 앞의 내용을 부인할 필요를 없게 한다.

은유 떠올리기

은유와 이야기의 힘은 어떤 상황에서 가질 수 있는 새로운 기능을 과도한 설명 없이 신속하게 전달하는 데 있다. 친숙한 은유를 다시 검토하는 것은 탈융합을 촉진한다. 다음 두 문장을 비교해 보자. "마치 방금 손가락에 앉은 나비를 가볍게 잡듯이 생각을 가볍게 잡아 보세요."와 "당신은 탈융합된 방식으로 생각에 반응해야 합니다. 즉, 분리와 수용의 자세로 기꺼이, 개방적으로, 열정적으로, 호기심 있게, 폭력적이거나 투쟁적이거나 전투적이지 않게, 자신이 옳다고 하거나 논쟁하지도 말고, 그것이 사실인지 따져서, 사실이 아니면 비판하거나 하지 않는 식으로 말이죠." 이를 통해 간단한 은유가 자세한 설명 없이도 탈융합의 많은 특성을 얼마나 잘 전달할 수 있는지를 알 수 있다.

일단 탈융합 훈련을 하거나 은유가 제시되면, 치료자는 이전에 했던 탈융합 연습이나 은유를 다시 언급함으로써 재빠르게 탈융합을 가져올 수 있다. 예를 들면, 아래 면담 기록에서 '생각을 믿는 것'과 '생각을 가지는 것'의 차이에 관한 개념은 이전 치료시간에서 소개되었다. 이렇게 구분하는 것의 목적은 내담자가 문자 그대로의 진실이 아닌 그러한 생각의 기능적 유용성에 근거하여 자신의 생각에 반응하도록 돕는 것이다.

내담자: 어떻게 해야 할지 모르겠어요. 사람들과 친해질 수가 없어요. 사회적 상황에 있으면 할 수 있는 게 없어요. 할 말도 없어요.

치료자: 자, 이렇게 한번 살펴봅시다. 당신은 방금 당신 자신과 악수를 했고, 당신의 세일즈맨 마음이 나타나서 '난 사람들이랑 친해질 수가 없어'라는 생각을 당신 자신에게 팝니다. 당신은 지금까지는 항상 그것을 샀던 것 같네요. 아마 여기서 우리에게 중요한 질문은 과연 그 생각이 당신이 계속 사고 싶은 생각이냐는 겁니다. 이렇게 여쭤 볼게요. 당신이 그 생각을 따르면 이 주제에 대해 자신이 갖고 있는 가치에 비추어 봤을 때 그것이 자신을 어디로 이끕니까?

내담자: 전 그냥 집에 머물러요. 그렇지 않으면 파티에 있을 때 사람들과 말을 많이 하지 않아요.

치료자: 그리고 당신은 사람들과 친해질 수 없다는 생각과 관련된 이야기가 있는 것 같은데요.

내담자: 맞아요, 그건 사실이에요. 전 사람들과 친해질 수 없어요.

치료자: 그럼 당신의 마음이 '그것은 사실이야'를 당신에게 팝니다. 그걸 사면 당신은 어디로 가게 되지요?

내담자: 다시, 제가 가고 싶어 하는 곳이 아닌 쪽으로요.

치료자: 우리는 전에 당신이 사람들과 친해지고 싶어 하는 것에 얼마나 가치를 두고 있는지에 대해 이야기했지요.

내담자: 네.

치료자: 그리고 지금 당신의 마음은 당신이 그것을 할 수 없다는 생각을 팔고 있네요.

증거를 대기도 하고요. 자, 다른 질문을 해 봅시다. 당신이 내일 집 밖으로 나가서 실제로 사람들을 만났다고 합시다. 그들은 당신이 정말 함께 할 수 있는 사람이고, 당신도 실제로 함께 할 수 있고 마음을 열었다면 그들도 당신을 알 수 있었을 거라고 해 봅시다. 내일 그렇게 했다고 칩시다. 누가 틀린 거죠?

내담자: 네? 잘 모르겠는데… [10초 멈춤] 제가 틀린 것 같군요.

치료자: 네, 당신이 사람들과 친해질 수 없다는 이야기는 포기해야 되겠죠. 그 이야기에 관해 당신이 틀린 것이 되니까요. 여기서 당신의 선택은 당신의 이야기를 고수하거나 아니면 당신의 삶을 되찾아 오는 겁니다. 당신이 이런 선택을 한다면 어떤 괴로운 일이 일어날 것이라고 생각하시나요?

내담자: 제가 그동안에도 사람들과 지내는 것을 할 수도 있었다는 것을….

치료자: 자, 거기에 머물러 봅시다. 당신이 그렇게 말씀하실 때 어떤 슬픔이 묻어 나오는 것 같은데요. 잠시 그 슬픔이 머물도록 해 볼까요?

내담자: [조용히] 좋아요.

치료자: 이런 슬픔, 이런 상실감을 갖는 것이 당신이 다른 사람과 친해질 수 있게 하고, 당신이 예전에는 결코 할 수 없었던 방식으로 여동생 곁에 있을 수 있게 해 준다면, 이런 감정을 갖고 있을 가치가 있을까요? [이 시점에서 치료자는 내담자가 자신의 슬픔과 함께 존재하고 기꺼이 그것을 지니고 있는 연습을 하도록 안내한다.]

적절한 시점에 내담자에게 "누가 틀린 것이 됩니까?"라고 묻는 것은 자신이 어떤 사람이며, 자신의 삶이 어떤 식으로 돌아간다는 등의 이야기가 자신이 가고자 하는 가치 있는 방향과 충돌하고 있는 내담자를 돕기 위한 강력한 개입방법이 될 수 있다. 이런 질문을 하면 내담자는 대답할 때 머뭇거리게 되고, 질문이 뚱딴지 같은 소리로 들리기 때문에 때로는 혼란해할 수도 있다. 부적절한 시점에 질문하거나 혹은 치료자가 내담자의 가치에 대한 동의를 바탕으로 내담자와 공감적인 치료적 관계를 아직 형성하고 있지 않은 상태라면, 그러한 질문은 비난하는 것처럼 들릴 가능성이 있다. 이 질문은 내담자의 어려움에 대해 내담자를 비난하려는 의도가 있는 것이 아니라, 올바르고 논리적이며 일관성 있는 것이 실제로는 어떻게 활력 있는 삶을 사는 데 방해가 될 수 있는지를 내담자가 알도록 도와주려는 것이다. 능숙하게 한다면, 내담자와 치료자 사이가 아닌 내담자의 마음과 내담자의 경험 혹은 가치 사이의 대립을 이끌어 낼 수 있다.

내담자가 융합을 일으키는 마음의 특성을 인식하도록 가르치기

또 다른 유용한 기법은 내담자가 자신의 마음속에 있는 융합된 언어적 관계의 세계에 사로잡혀 있는지를 확인—전문적인 용어로는 식별—할 수 있도록 도와주는 것이다. 전에는 분명하지 않았던 우리 주변의 패턴을 인식하는 것을 배울 수 있고, 일단 그렇게 하게 되면, 미래에 이를 '보지 않으려 하지' 않을 수 있게 되는 경향이 있다. 이러한 과정은 [그림 3-1]의 시각적 착각과 비슷하게 작용한다. 이 그림에서 무엇이 보이는가? 전에 이 그림을 본 적이 없으면 아마도 많은 점이 무작위로 찍혀 있는 것처럼 보일 것이다. 이번에는 다시 한 번 보도 위에 있는 달마시안이 보이는지 보자. 일단 달마시안을 보고 나서, 이번에는 달마시안을 보지 않도록 해 보라. 말 그대로 이미지를 왜곡하지 않고서는 매우 어려울 것이다. 이 시각적 착각을 이전에 본 적이 있고, 이전 실험에서 달마시안을 본 적이 있다면, 수년이 지났을지라도 당신은 여전히 달마시안을 볼 것이다. 일단 식별력이 잘 학습되면 영원히 행동에 작용할 수 있게 된다.

[그림 3-1]

내담자가 고도로 언어적이고, 오래된 고집스러운 사고방식에 사로잡혀 있다는 것을 인식하도록 가르칠 수 있다면, 이것은 내담자가 언제 한 걸음 물러나서 지금까지 배운 탈융합 전략을 응용해야 하는지에 대한 지속적인 단서로 활용할 수 있다. 내담자는 자신의 생각에 다음과 같은 특징이 나타나는 것을 확인함으로써 언제 자신이 마음에 얽매이게 되는지를 인식할 수 있다(Wilson, 2003).

- ✓ 비교와 평가의 존재
- ✓ 복잡함/바쁨
- ✓ 혼란함(그리고 명확하게 하려고 노력함)
- ✓ 서로 대립적임(양 측면이 있거나 상충되는 면이 있음)
- ✓ 결과에 대해 경고하는 듯한 측면(그래, 그렇지만 등)
- ✓ 대화 중에 미래나 과거에 강하게 사로잡혀 있음이 시사되는 경우(~해야만 한다, ~해야 한다, ~할 수 없다, ~하면 안 된다)
- ✓ 어떤 것이 자신이나 타인이 어떠하다는 것을 의미한다는 것에 대한 강조
- ✓ 문제 해결의 강조
- ✓ 익숙함('오래된 느낌', '오래전부터 그래 왔던 것 같은 느낌')

탈융합 적용의 유연성

치료자는 과정으로서의 탈융합이 특정 형태의 행동을 의미하는 것이 아니라는 것을 염두에 두고 있어야 한다. 탈융합을 별도로 놓고 생각해 보면, 그 자체로서 완전히 독립된 탈융합 기법이나 은유, 연습은 있을 수 없다. 마치 탁자 위의 사탕 한 개만을 독립된 강화물[2)]이라 할 수 없고, '좋다'는 단어 하나만을 칭찬이라 할 수 없는 것과 마찬가지다. 탈융합은 요령, 적절한 시점, 완급 조절, 맥락을 고려해야 하는 기능적인 개념이다. 그 가운데 핵심은 탈융합의 필요성을 가리키는 내담자의 행동을 치료자가 알아차리는 것이다.

내담자와 작업을 해 나가는 것은 울창한 숲을 여행하는 것과 같다. 방향을 잃어버리기 쉽고 갇혀 버리거나 걸려 넘어지기 쉽다. 치료시간에 이유나 정당화, 이야기가 많아지게 되면, 치료자는 스스로나 내담자 혹은 양쪽 모두에게 다음과 같은

2) 역주: 특정 반응의 확률을 높이는 자극.

질문을 통해 이야기의 기능적 유용성에 대해 물어서 '여유'를 찾아야 한다(Hayes et al., 1999).

- ✓ "그럼 그 이야기는 무엇을 위한 것입니까?"
- ✓ "이것이 도움이 됩니까? 아니면 당신의 마음이 당신에게 하고 있는 것입니까?"
- ✓ "전에도 당신 자신이나 남에게 이런 이야기를 한 적이 있습니까? 오래된 것입니까?"
- ✓ "좋아요, 투표를 해서 모두가 당신 말이 옳다고 한다고 칩시다. 자, 이제는 어떻게 할까요?"

문자 그대로의 해석을 극복하는 다른 방법은 내담자가 자신의 마음이 '효과적일 것'이라고 말하는 것과 자신의 경험이 '효과적이었다'고 말하는 것을 대조해 보도록 돕는 것이다. 이것은 종종 과도한 문자 그대로의 사고를 뚫는 방법으로 사용될 수 있다. 수용전념치료자는 "저는 당신이 이것을 믿음의 문제로 보지 말고, 경험에 비추어 확인해 보기 바라요."라거나 "자신의 경험이 뭐라고 합니까?"라고 물어볼 수 있다. 이런 유형의 질문을 하는 목적은 내담자가 문자 그대로의 평가적인 생각에서 벗어나, 좀 더 자신의 환경이 제공하고 자신의 가치에 대한 실질적인 고려에 의해 인도되는 기회를 지향하는 태도를 갖도록 하는 것이다.

또 다른 방법은 다음과 같이 그 상황을 직접적으로 인정하는 것이다. "음, 지금 마음이 점점 더 지나치게 많이 작동하고 있는 것 같지 않나요?", "저는 지금 제가 당신을 이해시키고 설득하려고 애쓰고 있다는 점을 알았습니다. 우리 같이 심호흡 크게 한 번 하고, 지금 이 순간에 우리가 중얼거리는 각자의 마음과 같이 여기 있다는 것에 주목해 볼까요?", "전 뭘 해야 할지, 다음에 무슨 말을 해야 할지 모르겠습니다. 제 마음이 저에게 이렇게 말하면서 무척 가혹해지고 있군요. '나는 치료자라면 알아야 한다고 생각해.' 어쨌든 이 말은 사실입니다. 이제 어떻게 해야 할지 생각나시는 게 있나요?"

연습: 탈융합 2부

이 장의 초반부에 당신이 세 가지 생각의 목록을 적었던 곳으로 돌아가십시오. 이제 당신은 탈융합 기법에 대해 읽었으니, 당신이 적은 각각의 생각에 사용할 수 있는 기법을 한 가지씩 생각해 보고 아래에 적어 보십시오.

- 생각 1:
- 생각 2:
- 생각 3:

당신은 이 내담자와의 치료시간에 이러한 기법을 시도해 볼 수 있을 것입니다.

핵심 역량 실천

여기에서는 수용전념치료 치료시간에 기초한 면담 기록에 대하여 탈융합 기술을 실천해 볼 수 있는 기회를 제공하고자 한다. 여기에 나열된 것은 탈융합에 대한 열 가지 수용전념치료 핵심 역량이다. 각각의 핵심 역량에 대해서 임상 상황과 면담 내용의 일부가 기술되어 있다. 면담 기록은 내담자의 진술로 끝나게 되며, 당신이 그 역량을 반영하는 반응의 예를 제시하도록 되어 있다. 이 장의 마지막 부분에 나오는 모범 반응이 유일한 정답은 아니며, 수용전념치료와 잘 일치되는 반응의 예일 뿐이다. 만약 당신이 그 반응에 동의하지 않거나, 당신의 반응을 재확인하고 싶거나, 그에 관해 좀 더 논의하길 원한다면 해당 웹사이트 게시판(www.learningact.com/forum/)에 질문을 올리면 된다. 다시 말하지만, 이 장의 끝에 있는 예시를 살펴보기 전에 당신 자신만의 반응을 만들어 보도록 노력하기를 권한다.

핵심 역량 연습

역량 1 치료자는 기꺼이 경험하기에 대한 내담자의 정서적, 인지적, 행동적, 신체적 장애물을 확인한다.

[연습 3-1]

내담자는 34세의 여성으로 특히 사회적 상황에서 공황을 보인다. 그녀는 복학하고 싶지만 자신이 '너무 불안하다'고 느낀다. 이 대화는 세 번째 치료시간에 그녀가 수업에 참여하는 것, 특히 손을 드는 것과 관련해서 얼마나 힘든지에 대해 논의한 이후에 이루어진 것이다.

치료자: 무엇이 수업 중에 손을 드는 것을 방해하나요?

내담자: 그냥 그렇게 할 수 없어요. 심지어 그렇게 생각만 해도 겁이 나는 걸요.

치료자: 그래요. '나는 할 수 없다'는 생각을 갖고 있고, 겁이 나는 느낌을 갖고 있군요. 그 밖에 또 어떤 것이 손을 드는 것을 방해하나요?

내담자: 공황이 일어날까 봐 두려워요.

치료자: 그 밖에는요?

내담자: 없어요. 그걸로 충분하지 않나요?

여기에 자신의 반응을 적어 보십시오(역량 1을 사용한다는 것을 기억하시기 바랍니다).

어떤 생각 때문에 이러한 말을 하게 되었나요? 무엇에 대한 반응이고, 무엇을 얻고자 하는 것인가요?

역량 2

치료자는 이러한 경험의 문자적 의미에 집착하는 것이 기꺼이 경험하기를 유지하는 것을 어렵게 만든다는 점을 제안한다(내담자로 하여금 개인적 경험을 그것이 어떠하다고 주장하는 바대로가 아니라 그 자체로 바라볼 수 있도록 도와준다).

[연습 3-2]

이 대화는 역량 1에서와 같은 내담자와 계속되고 있다.

치료자: [이 장 마지막에 나와 있는 모범 반응을 보고, 예시 3-1b에 나와 있는 반응을 한다.]

내담자: 그런 것 같아요. 하지만 그냥 그렇게 할 수 없어요. 너무 겁이 날 것 같아요. 그래 봤자 결국 당황하고 말 것 같아요.

여기에 자신의 반응을 적어 보십시오(역량 2를 사용합니다).

어떤 생각 때문에 이러한 말을 하게 되었나요? 무엇에 대한 반응이고, 무엇을 얻고자 하는 것인가요?

역량 3

치료자는 내담자의 마음이 효과가 있을 것이라고 말하는 것과 내담자의 경험이 지금 효과가 있다고 말하는 것을 적극적으로 대조한다.

[연습 3-3]

이 대화는 역량 2에서와 같은 내담자와 계속되고 있다.

치료자: [모범 반응에 있는 예시 3-2b와 같은 반응을 한다.]

내담자: 그렇지만 전 그렇게 할 수 없어요. 제가 만약 손을 들면 제대로 숨을 쉴 수 없고, 그가 저를 불렀을 때 어떤 것도 말할 수 없으리란 걸 알고 있어요. 만약에 호흡만 제대로 조절할 수 있다면 공황 없이 그렇게 할 수 있을지도 모르는데 말이죠.

치료자: 자, 같이 확인해 봅시다. 당신의 마음은 "나는 호흡을 조절할 수 있어야 한다." 라고 말해요. 맞죠? 그것은 하나의 생각이에요. 많이 들어 본 것인가요?

내담자: 네.

치료자: 자, 이제 자신의 경험이 이에 관해 어떤 이야기를 하는지 살펴보죠. 얼마나 오랫동안 생각이 말하는 대로 해 왔나요?

내담자: 꽤 오랜 시간이요.

여기에 자신의 반응을 적어 보십시오(역량 3을 사용합니다).

어떤 생각 때문에 이러한 말을 하게 되었나요? 무엇에 대한 반응이고, 무엇을 얻고자 하는 것인가요?

역량 4

치료자는 내담자와 내담자의 개념화된 경험 간의 거리감을 만드는 데 언어적 도구(예, '그러나'를 하지 않기), 은유(예, 머리에 씌워진 비눗방울, 버스에 탄 승객), 경험적 연습(예, 카드에 적힌 생각[Thought on Cards])을 사용한다.

[연습 3-4]

44세의 남성 내담자가 알코올중독으로 고생하고 있다. 그가 술을 찾게 되는 가장 큰 촉발 요인 중의 하나는 집에 혼자 있게 되는 상황이다. 그는 오랜 시간 동안 장애를 갖고 있었고, 삶의 상당히 많은 시간을 단순히 집에 앉아 술을 마시고 TV를 보는 것으로 보내 왔다. 그는 지난 두 달 동안 술을 마시지 않았고, 최근 몇 년 만에 처음으로 새로운 직업을 얻게 되었다. 그는 자신의 전념 행동에 의문을 품기 시작했고, 스트레스를 받으면서도 직장을 유지하는 것이 진짜로 가치 있는 것인가 하는 생각을 하고 있다. 치료자와 내담자는 이전 치료시간에 버스 은유에 대해 논의했다. 이 대화는 여섯 번째 치료시간에 이루어진 것이다.

내담자: 직장에 가서 일은 하는데 월급이 충분치 못하다는 것, 그게 스트레스 받는다는 거죠. 마치 제가 일을 망치고 일을 충분히 빨리 하지 못하는 것처럼 느껴져요.

정말 이렇게 일하는 것이 가치 있는 것인지 잘 모르겠어요. 일 끝나고 집에 오면 아무도 없어요. 더 잘하고 싶긴 한데, 그러나 그냥 술이나 먹었으면 좋겠어요…. 정말로요.

여기에 자신의 반응을 적어 보십시오(역량 4를 사용합니다).

어떤 생각 때문에 이러한 말을 하게 되었나요? 무엇에 대한 반응이고, 무엇을 얻고자 하는 것인가요?

역량 5

치료자는 내담자가 기꺼이 하는 자세를 가지고, 어려운 개인 경험을 '갖는' 실험을 하도록 작업한다.

[연습 3-5]

이 대화는 역량 4에서와 같은 내담자와 계속되고 있다.

치료자: [모범 반응에 있는 예시 3-4b와 같은 반응을 한다.]

내담자: 저는 외로움을 느껴요. 무엇인가를 해야 할 것 같은 불안감이 느껴져요.

치료자: 그러니까 외로움이 나타났고, 불안함도 나타났군요. 만약 이 승객이 당신에게 말을 할 수 있다면 뭐라고 할까요?

내담자: 저에게 그냥 술이나 한잔 하라고 하겠죠. 술 먹고 풀라고요.

치료자: 자, 이들은 꽤 친숙한 오래된 승객이에요. 당신은 그들을 매우 잘 알고요. 만약에 당신이 그들이 하라는 대로 한다면 어떻게 하겠답니까?

내담자: 그들은 사라질 거래요. 한동안은 입을 다물 거래요. 그리고 그들은 그렇게 해요.

여기에 자신의 반응을 적어 보십시오(역량 5를 사용합니다).

어떤 생각 때문에 이러한 말을 하게 되었나요? 무엇에 대한 반응이고, 무엇을 얻고자 하는 것인가요?

[연습 3-6](역량 5 계속)

이 대화는 같은 내담자와 계속되고 있다.

치료자: [모범 반응에 있는 예시 3-5b와 같은 반응을 한다.]

내담자: 제가 그것을 할 수 있을지 모르겠어요.

여기에 자신의 반응을 적어 보십시오(역량 5를 사용합니다).

어떤 생각 때문에 이러한 말을 하게 되었나요? 무엇에 대한 반응이고, 무엇을 얻고자 하는 것인가요?

역량 6 치료자는 언어의 숨겨진 특성을 드러나게 하기 위해 다양한 연습과 은유, 그리고 행동 과제를 사용한다.

[연습 3-7]

내담자는 40세의 우울한 남성으로 사회적 상황에서 항상 자신을 다른 사람과 비교하며 자주 자신이 다른 사람보다 못났다고 생각한다. 그의 흔한 패턴은, 누군가와 대화하고 있으면 '이 사람은 꽤 흔들림이 없는 것 같아 보이기는 해. 만약에 그가 내가 얼마나 패배자인지 안다면 나랑 친구가 되길 원하지 않을 거야. 그는 보이는 것처럼 그렇게 흔들림 없이 나를 만나지는 못할 거야. 나는 그가 어떤 면에서는 문제가 있을 것이라고 확신해. 그게 무엇인지는 모르겠지만, 나는 결국 그것을 발견하게 되고 말 거야'라는 생각을 동시에 한다는 것이다. 내담자는 네 번째 치료시간에서 이 상황에 관해 이야기하고 있다.

내담자: 저는 자신을 남과 비교하고, 기분 나쁘게 느끼고, 그러고 나서 그들을 헐뜯는데 완전히 질렸어요.

치료자: 그중에서 가장 문제가 되는 생각은 무엇인가요? 당신이 나쁘다는 건가요?

내담자: 흠, 제 생각엔 '그가 나보다 낫다'라는 생각인 거 같아요.

치료자: 그가 나보다 낫다. 그리고 그것은 당신을 어떻게 만들죠?

내담자: 나쁘게, 더 나쁘게 만들죠.

치료자: 그중에 더 강하게 느껴지는 것은 어떤 것이죠?

내담자: 흠, 나쁘다는 거요.

치료자: 자, 이제 당신에게 나타나는 이 '나는 나쁘다'라는 생각에 대해 저와 함께 간단한 연습을 해 보시겠습니까?

내담자: 물론이죠.

치료자: 자, 제가 같이 해 봤으면 하는 것은 잠깐 이 생각을 갖고 놀아 보는 것입니다. 어떤 것이든 한번 해 보죠. 노래를 부르는 건 어때요. 제가 먼저 할게요. "나는 나빠, 나는 나빠, 너는 그것을 알고 있지." 당신 차례예요.

내담자: [높고 재미있는 목소리로] 어, "나는 나빠, 나는 나빠, 나는 거기서 제일 최악이야."

치료자: 그럼 이제 듀엣으로 같이 부르죠. [내담자와 함께 좀 더 노래를 부른다.] 자, 이제 말해 봐요. 당신은 노래를 부르면서 어떤 경험을 했나요?

내담자: 음, 처음에는 그게 매우 이상해 보였어요. 저는 그렇게 개인적인 일에 대해 농담하는 것이 싫었어요. 하지만 점점 대수롭지 않게 되었어요. 그게 그렇게 큰일 같지 않았어요.

여기에 자신의 반응을 적어 보십시오(역량 6을 사용합니다).

어떤 생각 때문에 이러한 말을 하게 되었나요? 무엇에 대한 반응이고, 무엇을 얻고자 하는 것인가요?

역량 7

치료자는 내담자가 자신의 이야기를 명료하게 하도록 돕고, 내담자로 하여금 그 이야기의 평가적이고 이유를 부여하는 특성과 만나도록 돕는다.

[연습 3-8]

이 대화는 역량 6에서와 같은 내담자와 계속되고 있다.

치료자: [모범 반응에 있는 예시 3-7a와 같은 반응을 한다.]

내담자: 네, 하지만 제가 거기 있을 때 그것은 매우 확실해 보여요. 저는 그게 정말 저에 대해 맞는 말이라고 생각하는 것 같아요. 제가 어떤 면에서는 정말로 나쁘다고 느껴지거든요. 그 밖에 다른 것을 믿는다면 그건 거짓인 것처럼 말이에요.

여기에 자신의 반응을 적어 보십시오(역량 7을 사용합니다).

어떤 생각 때문에 이러한 말을 하게 되었나요? 무엇에 대한 반응이고, 무엇을 얻고자 하는 것인가요?

[연습 3-9](역량 7 계속)

이 대화는 같은 내담자와 계속되고 있다.

치료자: [모범 반응에 있는 예시 3-8b와 같은 반응을 한다.]

내담자: 그럴 수도 있겠죠. 하지만 저는 어떻게 해야 할지 확신이 안 서요.

치료자: 제 생각에 이 모든 것을 설명하는 것의 일부라고 생각되는 것이 있는데요. 같이 그에 대해 살펴봤으면 합니다. 우리 모두가 어떻게 자신이 지금과 같은 사람이 되었는지에 대한 이야기를 갖고 있다고 봅니다, 그렇죠? 저는 제 것을 갖고 있고, 당신은 당신의 것을 갖고 있어요. 우리 모두는 삶 속에서 일어났던 일 중에 기억할 수 있는 모든 일에 대한 기억의 단편으로부터 만들어 낸 이야기를 갖고 있습니다. 지금 이 우울증에 대한 당신의 이야기에 접촉하는 시간을 잠시 가졌

으면 해요. 당신의 과거에 있었던 일 중에, 그러니까 당신이 아이였을 때나 어른이었을 때 언제든 간에 무엇이 당신을 우울하게 만든 건가요?

내담자: 음, 제 생각에 그것은 부모님과의 관계에서 먼저 시작됐어요. 저는 그들이 저를 전혀 돌봐 주지 않는다고 느꼈어요. 어쩌면 유전일 수도 있죠. 제가 화학적 불균형이 있는 것처럼 말이에요.

치료자: 당신은 부모님에게 소홀하게 취급당한 것에 대한 기억과 생각을 갖고 있군요. 그리고 그 원인에 대해 많은 생각을 갖고 있고요. '이건 유전적인 것, 즉 화학적 불균형 때문이다.'

내담자: 맞아요.

치료자: 그럼 화학적 불균형에 대한 부분은 잠깐 옆으로 치워 두고, 당신의 부모님이 당신을 잘 돌보지 않은 것이 당신을 우울하게 만들었을 수도 있다는 부분에 초점을 맞춰도 될까요?

내담자: 물론이죠.

치료자: 자, 당신은 맨 처음에 하나의 평가를 갖고 있었어요. 당신은 당신의 부모에게 소홀히 취급되었다. 그러고 나서는 이것이 자신을 우울하게 만들었을 거란 생각도 갖게 되었죠. 맞나요?

내담자: 네, 맞는 거 같아요. 하지만 저는 그게 바로 실제로 일어났던 일이라고 생각해요. 제가 그런 생각을 갖고 있었던 게 아니고요.

치료자: 그럼 당신이 부모님에게 소홀히 취급되었다는 것에 동의한다고 합시다. 그것은 문자적 의미 면에서 진실일 수도 있고 진실이 아닐 수도 있죠. 그것은 논쟁거리가 아니에요. 저는 당신과 논쟁을 벌이자는 것이 아닙니다. 그리고 그렇게 취급당한 것은 많은 고통을 가져왔습니다. 당신의 고통이죠. 자, 어린아이는 그런 상황에서 자신이 할 수 있는 최선을 다하기 마련이에요. 그래서 저는 절대 당신을 비난하려는 것이 아니에요. 하지만 당신에게 이렇게 묻고 싶군요. 이제 어른이 된 지금 과거를 돌아본다면 부모님이 했던 것 또는 해 주지 않았던 것에 대해 조금이라도 다른 방식으로 반응할 수 있었을까요? 그리고 지금 이 순간 당신이 이 고통스러운 기억에 어떻게 반응할지에 대해 선택의 여지가 있나요?

내담자: 물론 그런 거 같아요. 저는 화를 낼 수도 있었겠죠. 저는 실제로 가끔은 매우 화

가 나요. 제 생각에 '엿이나 먹으라 그래'라고 하고는 저를 돌봐 줄 다른 사람을 찾을 수도 있었을 거예요. 실제로 그렇게 하려고 노력했지만, 그것은 별로 도움이 되지 않았던 것 같아요.

치료자: 당신은 실제로 그에 대해 모든 반응을 다 해 봤군요. 제가 그 장면에 있을 수 있는 두 가지 것을 제안해 볼게요. 하나는 그들이 했던 것에 대한 당신의 반응이에요. 그리고 다른 것은 우울함이라는 당신의 감정이에요. 이제 만약 그들이 실제로 당신을 소홀히 대했다면 과거에 일어난 것에 대해 당신이 할 수 있는 것이 있나요?

내담자: 아니요, 물론 없죠.

치료자: 그래요 이걸 기억하세요. 만약 당신이 우울해진 이유가 부모님이 당신을 소홀히 취급해서라면 당신은 이러지도 저러지도 못하는 거예요. 당신은 우울하게 될 수밖에 없어요. 이해하시겠어요? 마음은 당신에게 이것이 우울한 이유라고 하고 있어요. 만약에 이것이 이유라는 것이 말 그대로 사실이라면 당신은 과거를 바꿀 수 있겠어요?

내담자: 아니요.

치료자: 그럼 마음이 말하는 그대로가 당신을 우울하게 만든 원인이라면 우리는 포기하는 편이 낫겠군요. 당신은 남은 삶을 우울한 채로 보내게 되겠고요.

내담자: 알겠어요. 당신이 무엇을 하려는지 알 것 같아요. 당신은 제가 이렇게 된 것이 실제로는 제 잘못이라고 말하는 것 같군요.

여기에 자신의 반응을 적어 보십시오(역량 7을 사용합니다).

어떤 생각 때문에 이러한 말을 하게 되었나요? 무엇에 대한 반응이고, 무엇을 얻고자 하는 것인가요?

역량 8 치료자는 내담자가 이야기 안에 있는 인과 관계의 자의적인 특성과 접촉하도록 돕는다.

[연습 3-10]

이 대화는 역량 7에서와 같은 내담자와 계속되고 있다.

치료자: [모범 반응에 있는 예시 3-9b와 같은 반응을 한다.]

내담자: 음, 어쩌면 저는 우울한 상태에 있는 것에 대해 그렇게 나쁘게 느낄 필요가 없는지도 모르겠어요. 그것은 제 잘못이 아니에요.

치료자: 맞아요, 그러니까 당신이 조금 더 낫게 느끼는 데 도움이 되는군요. 당신은 하루 종일 침대에 누워 있거나 혹은 학교를 빠진 것에 대해 그렇게 죄책감을 느낄 필요가 없어요. [냉소적으로] 그거 정말 도움이 되죠, 그렇죠? 당신은 기분이 아주 좋아져요! [내담자와 함께 웃는다.] 그리고 그 대신 당신은 어떤 대가를 치르게 되나요?

내담자: 음, 저는 우울한 상태에 머물러 있어야 되죠.

치료자: 그리고 당신이 할 수 없는 것은….

내담자: 행복할 수 없어요, 사람들과 접촉할 수 없어요. 직업을 유지할 수 없어요.

치료자: 다른 방법으로 물어봅시다. 만약 당신이 갑자기 기분이 좋아지고, 더 이상 우울해지지 않는다면 누가 틀린 것이 되죠?

내담자: 예? [내담자는 이 질문에 종종 당황스러워한다.]

치료자: 만약 당신이 갑자기 외출을 하고 더 이상은 우울한 삶을 살지 않게 된다면 누가 틀린 사람이 되는 거죠?

내담자: 저요?

치료자: [공감하면서] 네, 당신입니다. 당신은 지금 당신의 부모님이 당신을 우울하게 만들었다는 이야기를 갖고 있어요. 그것을 내려놓아야 할 겁니다. 그렇게 하려면 그 이야기에 대한 당신의 생각이 옳다고 하는 것을 그만두어야 할 겁니다. 내가 당신에게 하고 싶은 질문은 이거예요. 당신은 부모님이 당신을 소홀하게 취급한 것이 당신을 우울하게 만들었다는 당신의 말이 옳다는 것을 선택하겠어

요, 아니면 당신의 삶을 되찾아 오겠어요? 당신의 삶을 되찾기 위해서 당신은 이 이야기를 내려놓아야 해요.

내담자: 저는 제 삶을 되돌려 받고 싶어요. 하지만 부모님은 제가 필요할 때 곁에 있어 주지 않았어요. 그리고 저는 그것을 바꿀 수 없죠. 그래서 그 이후로 계속 우울해 왔던 거고요.

치료자: 정말 맞아요. 당신은 그들이 한 것을 바꿀 수 없어요. 그리고 우울하다는 것이 당신이 삶을 어떻게 살아 왔는지를 설명해 주는 말이죠. 당신에게 질문을 하나 해 보죠. 그들이 그렇게 하지 말았어야 했다는 생각이 옳다고 주장하려면 꼭 우울한 채로 지내야 하나요? 혹시 그 이야기를 단순히 하나의 이야기로서, 그러니까 옳고 그른 일이 아닌 하나의 이야기로서 간직한 채당신의 삶을 계속 살아 나가고 삶을 되찾을 수는 없을까요? 당신이 삶을 계속 살아 나가려면 그 이야기를 꼭 바꿔야만 하나요? 아니면 그 이야기를 그저 하나의 이야기로서, 하나의 생각으로서 그냥 그렇게 있도록 놓아두고 삶을 살아 나갈 수는 없나요? 이제 그것이 당신이 우울하게 행동하는 하나의 이유로 작용하고 있는 것에 주목해 보세요.

내담자: 알겠어요. 저는 선생님이 무엇을 하려는지 이해할 수 있어요. 하지만 제가 그것을 극복할 수 있을 것 같지가 않아요.

여기에 자신의 반응을 적어 보십시오(역량 8을 사용합니다).

어떤 생각 때문에 이러한 말을 하게 되었나요? 무엇에 대한 반응이고, 무엇을 얻고자 하는 것인가요?

역량 9 치료자는 치료시간 중에 마음을 많이 쓰는 것(융합)을 감지하고, 내담자에게도 그것을 감지하는 방법을 가르쳐 준다.

[연습 3-11]

내담자는 40대의 상당히 지적인 여성으로, 이미 멀어진 배우자와의 관계를 끝낼 것을 고려하고 있다. 그녀는 배우자가 사이가 멀어지더니 고압적이고 비판적인 언사를 일삼고 있다고 묘사하였다. 내담자는 자가 치료 서적도 많이 읽었고, 다른 치료자와 수년간 상담도 받아서 자신과 배우자의 문제에 대해 상당한 통찰을 보인다. 그럼에도 그녀는 계속해서 배우자와의 관계에서 수동적이고 갈등을 회피하고 있다. 이 대화는 일곱 번째 치료시간이 거의 시작할 무렵에 이루어 진 것으로, 그녀의 배우자가 지난 한 주간 그녀를 위협하고 괴롭힌 것에 관해 몇 분 동안 이야기한 이후에 이루어진 것이다. 치료자는 그 대화가 매우 생동감이 없고 지루하고 진부하게 느껴진다는 것을 인식했다.

내담자: 저는 무엇을 해야 할지 모르겠어요. 저는 헤어지는 것에 대해 쭉 생각해 왔지만, 만약에 제가 떠난다면 제 아이들을 잃게 된다는 것도 알고 있어요. 이러지도 저러지도 못하는 느낌이에요. 제가 어떻게 해야 한다고 생각하세요?

여기에 자신의 반응을 적어 보십시오(역량 9를 사용합니다).

어떤 생각 때문에 이러한 말을 하게 되었나요? 무엇에 대한 반응이고, 무엇을 얻고자 하는 것인가요?

역량 10 치료자는 개인적 경험의 흐름과 이러한 경험이 해롭지 않다는 것 모두가 드러날 수 있도록 다양한 기법을 사용한다.

[연습 3-12]

이 대화는 역량 9에서와 같은 내담자와 계속되고 있다.

치료자: [모범 반응에 있는 예시 3-11b와 같은 반응을 한다.]

내담자: 오래되고 친숙한 것이죠. 이에 관해 수만 번도 넘게 생각해 왔어요.

치료자: 그리고 당신의 마음은 이곳에 있죠. 또다시 이것을 해결하려는 방법을 제시하면서 말이에요. 당신의 마음이 지금 여기 있는 걸 알아차릴 수 있나요? 지금 뭐

라고 말하고 있나요?

내담자: "좋아, 그러면 이제 나는 무엇을 하지?" 라고 말해요.

치료자: 그리고 그다음은요?

내담자: 음, 잘 모르겠어요.

치료자: 그다음에 당신의 마음은 당신에게 "잘 모르겠어." 라는 말로 된 생각을 주었군요. 그것도 생각이라는 것을 알아차렸나요?

내담자: 음, 아니요. 그러지 못한 것 같아요.

치료자: 그러면 그다음엔 무엇이 나타나나요? 어떤 생각이 떠오르지요?

내담자: 이런 거 하고 싶지 않아요.

치료자: 그리고… 그것도 역시 생각이라는 것을 알아차렸나요?

내담자: 네.

치료자: 그리고 그다음에는 무엇이 나타나나요? 각각의 생각을 단지 그것이 떠오르는 대로, 그러니까 그게 어떤 생각이다라고 이야기하는 것에 사로잡히지 말고, 그대로 단순히 생각으로서 알아차릴 수 있는지를 살펴보세요. 그것을 그저 생각으로 내버려 두면서, 그것이 차례대로 들어왔다가 나가도록 두세요. [10초간 멈춘다.] 좋아요, 이제 다음 생각은 무엇인가요?

내담자: 지금 치료가 무엇을 향해 가고 있는 것인지 모르겠다는 생각을 하고 있어요.

치료자: 좋아요. '이 치료가 무엇을 향해 가고 있는 것인지 모르겠다'는 또 다른 생각이 있군요. 그것은 정말로 좋은 예예요. 마음이란 것이 정말 훌륭한 기계 같지 않아요? [잠시 멈춤] 이 언어적 기계가 얼마나 자동적으로 움직이는지 아시겠어요? 당신이 심지어 아무것도 안 해도 이 기계는 이러한 단어와 문장을 계속해서 만들어 내고, 그것이 당신의 세계를 구조화하죠. 그러니까 지금까지 우리가 여기서 연습해 본 것은 생각으로 들어가는 것을 알아채고, 생각이 구조화한 대로 세상을 바라보는 것 대신 생각을 생각으로 볼 수 있도록 하는 것입니다. 중요한 것은 생각이 구조화한 대로 세상을 보는 것과는 대조적으로 당신이 생각을 관찰할 때를 구분할 수 있어야 한다는 것이에요. 우리가 연습해야 하는 기법의 하나는 당신이 이러한 생각의 세계에 이 모든 판단, 계획, 평가와 함께 사로잡혀 있을 때—예를 들면, '만약 내가 이것을 하기만 한다면 저런 일이 일어날 것이

다'와 같은 것들 말이에요—다시 자신을 붙잡을 수 있게 되는 것이에요. 그리고 그 순간으로 돌아와 그곳에 무엇이 있는지를 관찰하는 것이죠.

내담자: 네, 하지만 저는 여전히 배우자에 대해 무엇을 해야 할지 모르겠어요.

치료자: 네, 그 생각은 여전히 그곳에 있군요. 그러니까 당신은 계속해서 여기서 무엇을 할지에 관해 생각해 왔지만, 여전히 이러지도 저러지도 못하는 자신을 발견한 것이죠. 우리가 이것으로부터 약간만 물러서서 좀 더 큰 그림을 바라보면 좋을 것 같아요. 당신이 갖고 있는 가치 중 하나는 자신을 존중하는 것이라고 전에 말했죠. 그리고 또 다른 가치는 당신의 배우자와 친밀하게 지내는 것이라고 했고요. 그러한 가치가 바뀌었나요? [치료자는 이전에 이미 폭력의 위험성을 평가하는 작업을 마쳤고, 그럴 가능성은 낮아 보였다.]

내담자: 아니요.

치료자: 좋아요, 그것은 바뀌지 않았군요. 하지만 배우자와의 관계에서 생기는 일을 생각해 봤을 때 당신은 그녀를 대할 때 자신을 존중하나요?

내담자: 아니요, 꼭 그렇진 않아요. 그녀가 저에게 모질게 굴도록 내버려 둬요.

치료자: 맞아요, 그녀가 당신에게 이야기할 때 당신 자신을 존중하는 것을 마치 무엇인가가 방해하는 것 같군요. 무엇이 당신을 방해하나요?

내담자: 음… 제가 아주 작아지는 것처럼 느껴져요. 그리고 뭔가 말해야겠다고 생각하지만 너무 겁나요. 그녀가 마음대로 하도록 내버려 두지 않으면 그녀가 폭발해 버리거나 가 버리거나 삐치거나 뭐 그럴 것이라는 것을 알아요.

치료자: 그리고 그런 일이 벌어졌을 때 당신은 느낌이…?

내담자: 제가 상황을 더 나쁘게 만든 거 같아 겁이 나요. 며칠 동안을 그녀가 또다시 비난하거나 떠나지 않을까 하면서 살얼음 위를 걷는 것처럼 지내죠.

치료자: 그러면 그렇게 지내는 것은 당신에게 어떻습니까?

내담자: 그건 그냥 끔찍해요. 마치 그냥 간신히 겨우 버티고 있는 것 같은 느낌이 들어요.

여기에 자신의 반응을 적어 보십시오(역량 10을 사용합니다).

어떤 생각 때문에 이러한 말을 하게 되었나요? 무엇에 대한 반응이고, 무엇을 얻고자 하는 것인가요?

핵심 역량 모범 반응

역량 1

예시 3-1a

치료자: 우리는 거기 있는 어떤 것에든 열린 마음으로 대해야 하고, 가끔은 미처 알아차리지 못한 것이 떠다니고 있을 수도 있어요. 자, '그것을 할 수 없어'라는 생각, 두려운 감정, 그리고 '공황이 일어날 거야'라는 생각 외에 당신에게 손을 들지 못하게 하는 다른 종류의 것들에 관해 질문하고 싶군요. 몸에서는 무엇이 느껴지나요?

내담자: [대답한다.]

치료자: 좋아요, 그리고 이것으로 인해 과거에 있었던 일 중에 생각나는 게 있나요?

내담자: [대답한다.]

치료자: 잘했어요, 그리고 어떤 종류의 판단과 평가가 떠오르나요?

내담자: [대답한다.]

치료자: 그러면 당신이 그 모든 것을 갖고 있다고 했을 때, 당신은 무엇을 하고 싶나요?

내담자: [대답한다.]

설명 이 반응은 내담자로 하여금 경험에 대한 관찰을 풍부하게 하고, 각각의 관찰을 탈융합된 방식으로 다루게 한다. 이러한 관찰을 행동 경향성과 연결하는 것은 그것을 가치 있는 방향으로 나아가는 것을 방해하는 잠재적인 장애물로 분류하게 한다. 이 모든 장애물이 받아들일 수 있는 것이며, 어떠한 것도 회피하거나 말 그대로 이해해서는 안 된다는 점을 전달하는 것이 목표다.

예시 3-1b

치료자: 물론이죠, 중요한 것은 당신의 실제 경험이에요. 자, 당신은 계속해 나가고, 이러한 생각이 떠오르죠. '그것을 할 수 없어.' 그리고 이런 감정이 떠올라요. 두려움. 그 녀석은 자기 친구도 따라올 거라고 하죠. '공황이 일어날 거야'라는 생각 말이에요. 여기서 주목하세요. 공황은 아직 여기에 있는 것이 아니에요. 바로 그 순간에 당신이 갖고 있는 것은 그냥 '공황이 일어날 거야'라는 생각이에요. 이제 이렇게 물어볼게요. '그것을 할 수 없어'라는 생각과 '공황이 일어날 거야' 라는 또 다른 생각을 그냥 생각으로서 가진 채 손을 들어 볼 수 있겠어요?

설명 이 반응은 이러한 감정과 생각이 어떻게 가치 있는 방향으로 나아가는 것을 막는 방해물로 작용하는지를 설명해 준다. 내담자에게 이러한 장애물이 작용하는 방식을 알려 주고, 그것이 사실이라는 것으로부터 한 걸음 물러나서 그것이 어떻게 기능하는지를 알아차리도록 돕는 것이 목적이다. 내담자는 비언어성의 맥락에서 대답할 것으로 생각된다. 왜냐하면 생각이 말 그대로 믿게 되는 어떤 것이 아니라 가지고 있을 수 있는 대상처럼 취급되기 때문이다.

역량 2

예시 3-2a

치료자: 음, 이렇게 질문할게요. 그것은 얼마나 오래됐나요? 당신은 오랫동안 그러한 생각을 믿어 왔어요, 그죠? 그리고 그동안 시간이 지나가고 삶은 계속 흘러가고, 당신은 똑같은 상황에 갇혀 있어요. 그뿐만 아니라 당신은 '너무 겁이 나게 될 것이다'가 어디에서 비롯된 것인지, 혹은 당신의 삶에 해를 끼치는데도 왜 그러한 당황스러움을 피하는 것이 그럴 만한 가치가 있는 것인지에 대해 알고는 있나요? 만약 이러한 것이 단지 프로그래밍 되어 온 것이라면—자신의 개인적 과거 경험이 현재에 나타나는 것이라면—그것을 말 그대로 받아들임으로써 증폭하여 당신의 삶을 좌지우지하게 만든 것이라면 어떻겠습니까? 겁겁이 뭐라고 했죠?

내담자: 우.

치료자: 네, 그리고 내가 손을 들 수 없는 것은 내가 너무 ~하기 때문이다라고 한다면, 누가 주인이죠? 당신입니까, 당신의 마음입니까?

설명 내담자로 하여금 생각이 부정적인 행동을 조정한다는 그동안 일어났던 사실에 초점을 맞추게 하면, 융합으로 인한 손실을 더욱 명확하게 보여 줄 수 있다. 실제로 일어났던 일을 부각하면 이러한 생각이 그동안 그래 왔던 것처럼 얼마간은 지속될 것이라는 것이 확실해진다. 그러나 핵심 주제는 이러한 생각이 겉으로 드러나는 행동에 미치는 영향이다. 내담자가 이러한 생각의 원천을 무시하고 있는 것을 강조하고, 현재 일어나고 있는 이러한 생각에 대한 사소한 원천과의 유사점을 보여 주는 것은 내담자로 하여금 그 생각을 그대로 따라야만 하는 또는 논쟁하거나 저항하거나 회피해야 하는 문자적인 사건이 아니라, 시간의 흐름 속에서 계속적으로 생산되는 과정으로 볼 수 있게 해 준다.

예시 3-2b

치료자: '그것을 할 수 없어'라는 생각을 문자 그대로 믿게 되면, 정말로 그것은 기꺼이 하기를 어렵게 하죠. 그러므로 가령 당신이 불안감을 느끼고 '그것을 할 수 없어'가 떠오를 때 그것이 문자 그대로 사실이라면 이러지도 저러지도 못하는 상태가 됩니다. 반면에 그것이 하나의 생각이라면, 당신은 어쩌면 그것에 다른 방식으로 반응할 수 있을지도 몰라요. 만약 생각이 도구 같은 것이라면, 예를 들어 망치 같은 것 말이에요, 그러면 어떻겠어요? 우리는 망치가 진짜 망치인지를 알아내기 위해 시간을 보내지 않아요. 그냥 그것을 사용하거나 사용하지 않거나 하죠. 자, 이제 이 상황에서 '나는 그것을 할 수 없어요'라는 생각을 집어 들고 사용하는 것이 당신의 가치를 향해 나아가도록 하나요, 아니면 멀어지게 하나요?

설명 치료자는 생각을 믿거나 혹은 그것을 문자 그대로의 뜻으로 받아들이는 것이 내담자가 가치에 따라 행동하는 것을 힘들게 한다는 점을 제시하고 있다. 치료자는 내담자가 좀 더 실용적인 방식으로, 즉 문자 그대로의 뜻보다는 유용성에 기초하여 생각을 대할 수 있도록 그 생각을 특정 물건과 비교한다. 그 후에 치료자는 내담자에게 이 생각이 자신의 가치에 비추어 보았을 때 유용한지 아닌지를 평가하도록 요청한다.

역량 3

예시 3-3a

치료자: 이제 우리는 당신의 마음이 하는 말을 들었어요. 당신의 경험은 뭐라고 이야기하나요? 당신의 마음이 이야기했던 대로 됐나요? 당신이 계속해서 노력하면 결국 호흡을 조절할 수 있게 되고, 그러면 수업 중에 발표할 수 있게 되고 자신이 원하는 방식으로 수업에 참여할 수 있게 된다는 것 말이에요. 당신 경험으로 보아 정말 일이 그런 식으로 되던가요?

설명 치료자는 '만약 당신이 호흡을 조절하려고 노력한다면 결국 그렇게 할 수 있게 될 것이고, 그러면 손을 들 수 있게 될 것이다'라는 생각에 함축된 언어적 규칙이 실제로 그 규칙이 의미하는 바(즉, 호흡이 느려지고 내담자가 손을 들 수 있게 되는 것)대로인지를 검토한다.

예시 3-3b

치료자: [부드럽게] 자, 이제 거기에 주목해 봅시다. 마음은 당신을 보호하려 하지만, 마음이 말하는 대로 했을 때 어떤 일이 일어났는지 보세요. 만일 당신의 전담 투자상담가 실적이 그 정도라면, 당신은 그를 오래전에 해고했을 거예요. 이제 당신은 어떤 것을 믿을 건가요. 당신의 마음과 당신의 경험 중에서 말이에요.

설명 예시 3-3a와 같다. 치료자는 단지 약간 다른 방식을 사용하고 있을 뿐이다.

역량 4

예시 3-4a

치료자: '그러나'라는 단어를 알아차리는 것은 도움이 됩니다. 당신도 알다시피 영어로 'but'이라는 단어는 오래전에 두 가지 단어가 합쳐져서 생겨난 것이죠. 'be'와 'out'이요. '그러나'는 호전적인 단어예요. 당신은 자신이 약간의 술을 원한다는 사실이 좀 더 잘하기를 원하는 것을 무효화한다고 하고 있고, 더 잘하기를 원하는 것은 약간은 술을 마시고 싶은 충동을 배제해야 하는 것이라고 하고 있어요. 그러나 그게 그렇지 않을 수도 있지 않나 확인해 봅시다. 당신이 경험한 바에 따르면 그렇지 않다는 것을 말입니다. 제 생각에 당신이 경험했던 것은 두 가지일 거예요. 좀 더 잘하기를 원한다는 생각과 술을 마시고 싶어 한다는 느낌이요. 거기서 제가 이야기한 '나는 더 잘하기를 원한다와 나는 술을 원한다' 중에 당신이 가질 수 없는 것이 있나요? 둘 다 가질 수 있습니다. 이제 당신은 무엇을 할 건가요?

설명 치료자는 감춰진 갈등을 표현하고, 내담자가 갈등할 필요가 없다는 것을 이해하도록 하기 위해 노력하고 있다.

예시 3-4b

치료자: 저와 연습 하나 해 보실래요?

내담자: 물론이죠.

치료자: 눈을 감으시고요. 그 순간으로 돌아가 보도록 하겠습니다.

내담자: [눈을 감고 지침을 따른다.]

치료자: 당신이 마지막으로 집에 있었던 때를 생각해 보세요. 당신은 일이 끝난 후에 앉아 있어요. 지치고 혼자라는 느낌이 들어요. 우리가 이야기했던 버스 은유가 기억나나요?

내담자: 네.

치료자: 거기서 어떤 승객이 나타나서 당신을 압박하기 시작하나요? 어떤 감정이 떠오르는지 한번 보세요.

설명 치료자는 작업이 가능한 한 경험적이도록 하기 위해 노력하고 있다. 이를 위해서는 실제로 회피된 내용을 치료 장면으로 가져올 필요가 있다. 치료자는 내담자가 회피된 내용에 접촉하도록 돕는 간단한 경험적 연습을 한다. 그러고 나서 치료자는 생각과 느낌을 사람들을 밀치면서 괴롭히는 사람에 비유하는 이전의 은유를 언급하고 있다. 그 목적은 회피된 개인 경험을 좀 더 기꺼이 하기와 건강한 거리감을 갖고 만날 수 있는 맥락으로 변화된 현재 순간에 그 승객들을 데려오는 것이다.

역량 5

예시 3-5a

치료자: 음, 그들은 물론 자리에 앉을 거예요. 당신이 말한 것처럼 잠시 동안은 말이에요. 그들은 다시 돌아올 때 더 커져 있을까요, 아니면 작아져 있을까요? 더 약해져 있을까요, 아니면 강해져 있을까요? 더 커지고 강해져 있을 거예요, 그렇죠? 그러니까 그렇게 하는 데에는 대가가 따르네요. 자, 그럼 질문하겠습니다. 당신은 그 승객들을 앉게 하지 않으면서 그곳에 있게 하기 위해 어떤 것을 기꺼이 경험해야만 할까요?

설명 치료자는 내담자에게 그런 방법을 사용했을 때 무엇이 떠오르든지 좀 더 기꺼이 받아들이는 식으로 경험할 가능성을 고려하도록 권하고 있다.

예시 3-5b

치료자: 맞아요, 그들은 분명 그렇게 하지요. 그러니까 그들을 다루는 한 가지 방법은 그들이 앉겠다고 할 만한 일을 하는 거예요. 그렇지만 이것을 한번 생각해 봅시다. 만약 당신이 그렇게 한다면 자신의 가치와 관련해서 어떤 일이 일어나나요? 자신의 가치를 향하게 되나요, 아니면 그것에서 멀어지게 되나요?

내담자: 멀어져요. 그렇지만 그러고 나서도 그것은 여전히 강해요.

치료자: 네, 강하군요. 그리고 오래되고 또 익숙하죠. 당신은 아주 오랫동안 이 승객들과 싸워 왔어요…. 그들과 싸워서 어떻게 되었나요? 당신의 삶을 그들의 요구

에 따라 바꾸곤 하지는 않았나요? 그게 효과가 있어 왔나요?

내담자: 아니요.

치료자: 자, 이제 어쩌면 우리는 조금 다른 것을 해야 될 수도 있겠네요. 이것은 어때요? 그것을 그냥 그곳에 생각으로, 또 감정으로 있도록 내버려 두는 거예요. 그들에게 어떤 것도 하지 말고요. 그것을 알아차리는 것 외에 말이죠.

설명 치료자는 내담자의 해결 방안이 효과가 있는지 내담자로 하여금 검토해 보도록 하고, 한 가지 대안으로 기꺼이 하기를 고려하도록 권하고 있다.

예시 3-6

치료자: 그래요, 이제 당신의 마음이 당신에게 '그것을 할 수 있을지 잘 모르겠다'는 생각을 주었죠. 마치 당신이 그게 효과가 있을지 결정해야 할 것처럼 말이에요. 그것을 자신의 경험 속에서 점검해 보시겠어요? 그것 때문에 괴로워하는 것이 효과가 있었는지에 대해 자신의 경험은 뭐라고 말하나요?

내담자: 효과가 없었다고 해요.

치료자: [미소 지으며 농담조로 말한다.] 이제는 다른 것을 해 봐야 되겠다고 할 만큼 충분히 고통을 받았나요? 아니면 좀 더 기다리실래요?

설명 치료자는 내담자가 제시하는 장애물이 또다른 생각이라는 것을 파악하고, 내담자에게 그가 새로운 행동, 즉 기꺼이 하는 행동을 시도할 의향이 있는지 물어보고 있다. 그리고 치료자는 내담자가 갈등했던 경험을 다시 언급하면서 그것이 효과가 있었는지를 물어보고 있다. 만약 내담자가 다른 것을 시도하기로 동의한다면, 이것은 어쩌면 기꺼이 하기와 직면 작업으로 이끄는 것이 될 수도 있다.

역량 6

예시 3-7a

치료자: 그리고 그것이 특별히 가볍게 느껴지지 않았더라도 배울 점은 있어요. 어떤 수준에서 보면 이 역시 언어일 뿐이죠. 아빠 곰은……

내담자: 뚱뚱해.

치료자: 그리고 겁겁이 뭐라고 했죠?

내담자: 우우.

치료자: 그는 누구보다 더 낫죠?

내담자: 저요.

치료자: 이 말들이 당신의 삶을 제한할 가치가 있을까요?

설명 치료자는 생각의 자동성, 그리고 문자적 의미와 실용적 의미 간의 차이점을 강조한다.

예시 3-7b

치료자: 그것의 의미가 어떻게 되었나요?

내담자: 그것은 약간 재미있어 보이는 것 말고는 별 의미가 없어졌어요.

치료자: 자, 이제 당신이 자신에게 "나는 나빠."라고 이야기할 때 당신의 마음이 그러한 단어에 부여하는 의미 말고도 그것은 또한 그냥 단어에 불과하다는 것 역시 사실 아닌가요? 어떤 측면에서 보면 그건 연기 같은 것이에요. 거기엔 어떤 확고한 점도 없어요.

설명 치료자는 단어가 단순히 그들이 의미하는 바 외에도 다른 측면이 있음을 강조한다.

역량 7

예시 3-8a

치료자: 음, 마음은 우리가 그 이야기를 내려놓는 것을 좋아하지 않아요. 그것은 진실일 수밖에 없고, 거짓이라면 증명되어야 한다는 거죠. 만약 그것을 내려놓는다면 마치 자신이 진짜가 아닌 것같이, 거짓말인 것같이 느껴지죠. 영어의 '진짜(genuine)'란 단어의 어원은 흥미롭습니다. 그것은 가까운 친척을 의미하는 단어에서 나왔어요. 무엇과 더 가까워지고 싶나요? 자신의 가치인가요, 자신의

이야기인가요? 이유에 대해 변명하고 싶나요, 아니면 효과적인 행동을 원하나요? 오직 한 가지만 고를 수 있다고 가정해 봐요. 어느 것을 선택할 건가요?

설명 내담자는 주제를 이야기의 문자적 진실성으로 옮기기 위해 노력하고 있다. 치료자는 그것을 묘사하고, 기능적인 진실로 되돌아가고 있다.

예시 3-8b

치료자: 저는 당신에게 다른 어떤 것을 믿으라고 하는 것이 아니에요. 사실 저는 당신에게 다른 어떤 것을 믿으려 하지 말라고 하고 싶습니다. 그렇게 하는 것은 어차피 똑같은 일을 더 하는 것일 겁니다. 당신은 이미 그렇게 해 봤어요, 그렇죠? 자신에게 기본적으로 좋은 사람이라고 말하는 것 있죠? 그렇게 하는 것이 나쁜 사람이 되는 것에 대해 걱정하지 않게 되는 데 효과가 있었나요? 당신은 그러한 생각을 그저 하나의 생각으로 갖고 있으면서도 자신에게 중요한 일을 할 수 있나요?

설명 내담자는 치료자가 이러한 것을 믿어서는 안 된다고 말하는 것을 들은 것 같다. 이러한 메시지는 수용전념치료에 맞는 것이 아니다. 그것이 문자적 맥락 안에 있기 때문이다. 치료자는 문자적 이해에서 벗어난 말을 하면서 "나는 당신에게 다른 어떤 것을 믿으려 하지 말라고 하고 싶습니다."라는 이야기를 통해 믿음과 믿지 않음의 범주를 포함한 이야기를 하고 있다. 그러고 나서 치료자는 효용성과 내담자의 경험이란 주제를 다시 언급하며, 마지막으로 그 생각을 대하는 방법을 제안한다.

예시 3-9a

치료자: 제가 하려고 하는 것이 그것이라고 생각하세요? 아니에요, 당신은 잘못하지 않았어요. 그리고 아마도 당신이 실제로 할 수 있는 것이 있을 거예요. 지금 바로 여기에서 말이에요. 만약 그렇다면 그것은 있었던 일을 바꾸지는 못할 거예요. 만약 우리가 여기서 하나의 기적을 만들어 낸다면, 당신에게 있었던 일을 간직

한 채로 여기에서부터 당신의 삶을 꿋꿋이 살아 나간다면 당신의 부모님이 어떻게 생각할까요?

내담자: 부모로서 잘했다고 생각하겠죠.

치료자: 바로 그렇죠. 그것은 마치 당신이 일단 낚싯바늘에 걸리고 나서는 당신에게 있었던 일이 말이 되게 하기 위해 그것을 바늘 끝에 계속 붙여 놓고 있는 것과 같아요. 당신의 이야기 안에서 보면 그것을 붙여 놓고 있어야 바늘을 떼어 낼 수 있다는 것이 되어 버립니다. 하지만 우리가 기적을 만들어 당신이 바늘에서 빠져나간다면, 그들은 그 즉시 떨어질 수밖에 없을 거예요. 얼마나 안타까운 일이에요! 당신 몸을 찢고 지나가게 하지 않으면 그것을 떼어 낼 수 없다는 것이 말이에요. 이제 당신은 무엇을 선택하겠어요? 당신은 그것을 계속 낚싯바늘에 붙어 있게 놓아두겠어요, 아니면 당신의 삶을 살도록 하기 위해 자유롭게 하겠어요?

설명 이야기와의 융합은 옳은 것을 고수하려는 형태로 나타날 것이다. 무엇에 대해 옳다는 것은 매우 즐겁다. 그것이 내담자의 삶을 파괴하는 점을 제외한다면 말이다.

예시 3-9b

치료자: 음, 그렇지 않아요. 제가 말한 것처럼 당신이 그런 이야기를 갖게 된 것은 아주 자연스러운 일이라는 가정에서 출발했습니다. 당신의 상황과 당시에 당신이 알고 있었던 것을 생각했을 때, 당신은 할 수 있는 최선을 다해 왔죠. 당신을 비난하려는 것이 아닙니다. 그러나 당신이 실제로 지금 즉시 할 수 있는 어떤 일이 있다면, 당신의 마음은 그것을 마치 비난인 것처럼 느껴지게 만들 것입니다. 만약 지금 상황이 반응할 수 있는 상황이라면 어떻겠습니까? 다시 말해, 지금 상황에 반응을 할 수가 있다면 말입니다. 그것은 즐거운 생각이에요. 우리가 할 수 있는 것이 있어요. 그리고 그것은 겁나는 것이에요. 당신의 마음은 이것이 비난받아야 될 사람은 당신이라는 의미라고 주장할 거예요. 여기서 당신의 과거에 관한 가장 큰 위험이 이 과거가 바로 당신의 미래가 되려고 하는 것이라면

어떻게 하겠어요? 한 가지 질문을 할게요. 당신이 과거에 일어났던 일 때문에 우울해졌다는 이야기는 당신에게 도움이 되나요? 우울함에 대해 이러한 이유를 믿는 것이 당신에게 어떻게 도움이 되나요?

설명 내담자가 자신의 이야기를 믿음으로써 스스로에게 미쳤던 영향에 직면하도록 하는 것은 내담자를 비난하려는 것이 아니라, 그가 자신의 행동에 대해 반응할 수 있는 능력을 키워 주려는 것이다. 그런 다음 치료자는 효용성에 대한 질문으로 돌아간다. 이 이야기는 내담자에게 효과가 있는가?

역량 8

예시 3-10

치료자: 괜찮아요, 당신은 그 이야기를 극복할 필요가 없어요. 우리가 해야 되는 것은 약간 다른 관점에서 그것을 지니고 있는 연습을 해서 그 이야기가 약간 덜 고집스럽고 조금 더 유연한 방식이 되도록 하는 것이에요. 그런 방식을 통해 당신의 이야기는 차갑고 딱딱한 사실이 아니라 당신이 어떤 물건처럼 가지고 있을 수 있는 것이 됩니다. 당신이 그 이야기에 대해 약간의 유연성을 기르는 데 도움이 될 수 있는 연습을 하나 제안하고 싶어요. 한번 해 보시겠어요?

내담자: 물론이죠.

치료자: 자, 이렇게 하는 겁니다. 우리는 왜 당신이 우울했는지에 대한 이야기를 조금 다루어 봤어요. 이와 관련된 과제를 제안하고 싶어요. 다시 말씀드리지만, 이 이야기의 진실을 반박하거나 있었던 일을 바꾸기 위해 노력하라는 것이 아니에요. 저는 단지 그것에 대해 약간의 유연성을 기르게 하고 싶은 것뿐이에요. 당신은 자신의 이야기가 계속 옳다고 생각해도 괜찮습니다. 연습은 이런 식으로 진행됩니다. 당신이 한두 페이지 정도 분량으로 자서전을 썼으면 합니다. 왜 당신이 지금과 같은 사람이 되었는지에 대해 영향을 주었던 삶에서의 주요한 사건을 기록하면 좋겠어요. 당신 삶에서 가장 영향력 있었던 사건을 말이죠. 그렇게 한 후에 우리는 그와 동일한 사건이 일어났지만 당신에게 다른 방식으로 영향을 주거나 다른 결과를 가져오는 새로운 이야기로 다시 써 볼 것입니다. 그

결과가 더 좋은 것이든 나쁜 것이든 그것은 상관없어요. 그냥 다르면 돼요. 있었던 일을 말이 되게 하기 위해서 그렇게 하는 것이 아무 도움이 되지 않더라도 끊임없이 이야기를 만들어 내는 마음의 능력이 어느 정도인지를 살펴보았으면 합니다. 한번 해 보시겠어요?

설명 치료자는 자서전 다시 쓰기라는 특정 과제를 추천하고 있다. 그리고 내담자가 그것을 기꺼이 할 것인지 확인하고 있다. 치료자가 이것이 있었던 일을 바꾸거나 혹은 일어난 것을 일어난 게 아니라고 하는 것이 아니라고 제안한 점을 주목하자. 있었던 일을 없었다고 하는 식의 접근은 내담자를 부정하는 듯한 인상을 줄 수 있고 문자적 특성을 부각할 수 있다. 그렇게 하는 대신에 치료자는 내담자가 경험적 과정에 있도록 노력해야 한다. 그럼으로써 특정 사건이 한 사람의 삶을 결정짓지 못하며, 어떤 주어진 상황에 대해서 많은 해석이 가능함을 알려 줄 수 있다. 실제로 사건의 해석은 어떤 의미에서는 그 사건 안에서 일어난 것이며, 이런 해석은 맥락에 의존한다.

역량 9

예시 3-11a

치료자: 도움이 필요하다고 스스로에게 말한 적 있나요? 오래전부터 그랬던 것처럼 느껴지나요?

내담자: 네.

치료자: 제가 명확한 답을 드렸다고 가정합시다. 제가 이렇게 이야기했다고 칩시다. "당신은 거기에 머물러야 하고 이것을 해결해야 합니다." 도움이 되겠습니까?

설명 치료자는 융합된 생각의 특성 중 하나에 주목한다. 그것은 오래되고 지치고 반복적이라는 것이다. 나아가 치료자는 생각의 기능적 유용성에 초점을 둔 탈융합 반응을 활용한다.

예시 3-11b

치료자: 당신이 자신과 대화하는 것에 대해 좀 물어볼게요. 이것이 신선하고 새롭고 다르게 느껴집니까, 아니면 오래되고 생동감 없고 익숙하게 느껴집니까?

설명 치료자는 과도하게 '마음이 사용된' 대화의 특성 중 하나를 강조하려고 하고 있다. 이 경우에는 오래전부터 계속된다는 것과 생동감이 없는 경향을 강조하고 있다. 치료자는 이것을 생동감 있는 대화와 대조하고 있다.

역량 10

예시 3-12

치료자: 그래서 그 느낌이 사라지게 하기 위해 무슨 일이든지 하는군요. 당신은 위축되고, 작아지고, 포기하고, 애써 다른 일을 하고, 살얼음 위를 걷는 듯 조심하게 되는 것이죠. 그러나 뭔가 이상한 것이 있습니다. 당신의 마음은 그것을 견디기 힘들다고 하지만, 당신 자신은 그것을 수년간 참아 왔습니다. 그리고 수년간 계속해서 그것을 견디고 그것과 싸우고 있습니다. 당신이 '도저히 견딜 수 없어'라는 생각을 단지 생각으로 지닌 채, 다음번에 이 무서운 감정이 다시 나타나면 그 것이 들어올 자리를 기꺼이 마련해 줄 의향이 있는지 궁금합니다. 당신이 해야 할 일은 다르게 느끼려고 노력하는 대신에 끔찍한 감정을 완전하게 느끼기 위해 최선을 다하는 것입니다. 그러면 당신은 그들이 과연 당신을 다치게 할 수 있는지, 당신이 다치고 얻어맞게 될지, 혹은 당신이 얻어맞는 것이 그 감정과 싸우는 것 때문은 아닌지를 알게 될 것입니다. 얼마나 오랫동안 견딜지는 당신이 결정하면 됩니다. 5분 동안만이라도 어떤 생각이 떠오르는지, 어떤 감정이 떠오르는지 살펴보고, 자신의 감정을 그대로 느끼고, 자신의 생각에 대해 무엇인가를 하려 하지 않으면서 그저 지켜볼 수 있겠습니까? 그다음에는 언제라도 원래 하시던 대로 다시 하셔도 됩니다. 해 보시겠습니까?

내담자: 5분이요? 너무 기니까 1분으로 해 볼게요.

치료자: 좋습니다, 1분. 다시 돌아와서 당신이 견딜 수 있었는지, 아니면 진짜 그것이 당신을 다치게 했는지 말해 주세요.

[다른 방법으로, 치료자는 배우자에게 그녀 자신이 존중받도록 하는 것에 대한 두려움에 직면하도록 하기 위해 깡통 괴물 연습(Hayes et al., 1999, pp. 171-174)을 소개할 수도 있다. 아니면 이 느낌과 접촉하는 연습을 하기 위해 내담자와 역할극을 할 수도 있다.]

설명 치료자는 내담자에게 자신의 배우자에 관한 가치가 무엇인지, 그리고 자신이 정신적 내용물을 회피해 왔다는 것을 인식하도록 이끌었다. 이것은 내담자가 열린 마음을 가지고 수용적이고 공감적인 자세로 회피하고 있는 내용과 만날 수 있도록 지도받는 경험적 연습이나 치료 후 연습의 주제가 될 수 있다.

경험적 연습: 탈융합

이 장을 공부하면서 자신이 연습하거나 배우는 것과 관련하여 가장 힘들었던 생각은 무엇이었습니까?

이 생각과 가장 관계가 깊다고 생각되는 탈융합의 원칙 하나를 고르세요.

당신의 어려운 생각에 이 원칙을 적용하기 위해 할 수 있는 연습이나 활동에는 어떤 것이 있습니까? 계획을 설명해 보고, 특히 그 생각에 얽매여 있는 것에 대해 어떤 영향을 줄 수 있는지 주목하면서 시도해 보세요.

추가 정보

- 연습과 은유를 포함하여 탈융합에 대해 더 많은 정보를 원하면 Hayes 등이 저술한 *Acceptance and Commitment Therapy: An Experimental Approach to Behavior Change*(1999)의 6장(pp. 148-179)을 참조하시오.
- 치료자와 내담자를 위한 탈융합 관련 연습 및 과제지를 원하면 Hayes와 Smith가 저술한 *Get Out of Your Mind and Into Your Life*(2005)의 5~7장(pp. 53-104)을 참조하시오.

Learning ACT

제 4 장

현재 순간과 만나기

제4장

현재 순간과 만나기

우리의 진정한 안식처는 지금 이 순간에 있다.
-Thich Nhat Hanh(1992, p. 1)

현재 순간과 만나기의 핵심 목표는 다음과 같다.

✓ 내담자로 하여금 삶이 지금 이 순간 일어나고 있음을 깨닫고, 개념화된 과거 또는 미래로부터 현재로 돌아올 수 있도록 돕기
✓ 내담자로 하여금 지금 이 순간을 채우고 있는 것이 슬픔이든 행복이든 현재 일어나고 있는 삶과 만날 수 있도록 돕기
✓ 내담자로 하여금 순간순간의 관계 속에서 무엇이 일어나고 있는지 알아차리도록 돕기

삶은 항상 바로 지금 여기에서 이루어진다. 지금 이 순간을 제외한 그 어떤 것도 직접적으로 경험할 수 있는 것은 없다. 그 밖에 모든 것은 개념적인 묘사나 표현, 생각, 계획, 기억일 뿐이다. 이 모든 것이 상상에 의한 미래나 과거를 의미할

지라도 모든 것은 오직 지금 경험될 수 있다. 과거를 고찰하고 미래에 대한 계획을 세우는 능력은 인간에게 있어 대부분 매우 유용하고 필수적인 능력이다. 하지만 문제는 사람들이 과도하고 경직되게 미래나 과거에 마음을 빼앗겨 현재와의 만남을 잃고 있다는 것이다. 인지적 융합으로 인해 사람들은 개념화된 미래나 과거를 마치 그러한 개념화된 지식이 실제로 일어나고 있는 일인 것처럼 여기면서 정작 현재를 다루는 데는 매우 적은 시간을 할애한다. 수용전념치료에서 문제는 미래나 과거에 대한 생각을 없애는 것이 아니라 사람들이 좀 더 유연해지도록 돕는 것이라고 제안한다. 즉, 현재에 초점을 맞추는 것이 가장 유용한 순간에는 현재에 머무르고, 계획을 세우는 것이 가장 유용한 순간에는 미래에 머무르고, 회상하는 것이 가장 유용한 순간에는 과거에 머무르도록 하는 것이다. 우리가 새로운 것을 배우고 주변 환경에서 제공되는 기회를 발견할 수 있는 곳은 바로 현재이기 때문에, 현재에 초점을 맞추는 것은 특히 중요하다.

수용전념치료의 주요 목표 중 하나는 내담자가 과거에 있었던 일이나 느낌, 생각, 감각과의 투쟁을 내려놓고, 지금 이 순간 진행되고 있는 삶과 마주할 수 있도록 도와주는 것이다. 지금 이 순간과 만나는 것은 내담자가 생각으로 인해 재구조화된 세계에서 벗어나, 외부 세계의 자극과 더불어 내면에서 일어나는 생각, 느낌, 기억 등의 내적 진행과정 모두에 계속해서 더욱 직접적인 주의를 기울이며 온전하게 지금 여기와 만나는 것을 의미한다.

현재 순간과 만나기란 무엇인가

지금 이 순간과 마주하는 것은 순간순간에 일어나는 우리의 내적, 외적 경험을 알아차리는 것과 관계가 있다. 지금 여기에 대한 초점은 순간순간의 자각 속에서 무엇이 떠오르는지에 대해 관찰하거나 알아차리는 것을 통해 형성된다. 외적 경험과 내적 경험에 주의를 기울이게 되면, 예를 들어 당신은 처음에는 새 소리를 듣게 되고, 꽃잎에 있는 노란색을 보게 되며, 땅에 발이 닿는 순간의 느낌, 코의 간지러움, 그리고 생각('멋진데')이 뒤따르는 것을 경험할 수 있다. 이런 각각의 경험은 그것이 일어나는 순간 알아차리게 된다. 이에는 어떠한 노력도 필요하지 않으며, 우리는 경험에 매달리지 않아도 된다. 경험은 떠올랐다가 사라지며, 우리의 관찰 역시 그에 따라 다음 경험으로 넘어간다.

현재와 만나는 것은 쉬우면서도 동시에 어려운 일이다. 어떤 경험에 우리의 주의를 기울이는 것은 쉽다. 그러나 진행 중인 경험에 계속해서 주의를 기울이는 것을 지속하기는 어렵다. 우리의 마음은 재빨리 그 순간으로부터 날아가서 생각으로 우리를 이끈다. 따라서 현재에 머무르는 데는 연습이 필요하다. 수용전념치료에서 우리는 내담자가 수많은 탈융합과 수용, 마음챙김 연습을 하게 함으로써 '현재에 머무르는' 능력을 키울 수 있도록 돕는다. 아무리 연습을 많이 한 사람이라도 언제나 현재에 머물 수 있는 것은 아니라는 것을 알아야 한다. 목표는 관찰과 자각 능력을 확립하고 지속적으로 연습을 해서 내담자의 이러한 능력이 연마되도록 하는 것이지만, 동시에 항상 현재에 머무르는 것은 거의 불가능함을 지각하게 하는 것이기도 하다. 우리는 내담자가 항상 현재 순간에 있기를 원하는 것이 아니며, 그렇게 하는 것이 효과가 있는 상황(예를 들어, 행동을 제약하는 회피 경험이 나타날 때)에서 실행할 수 있게 하기 위해서 이러한 능력을 키우는 것이다. 궁극적으로 현재 이 순간에 대한 자각은 심리적 유연성에 기여함을 통해 내담자의 가치를 실현하도록 해 준다.

왜 현재 순간과 만나야 하는가

많은 고통은 생각과의 융합에서 나온다. 융합을 통해 우리는 '사로잡히게' 되고 부정적으로 평가된 상태에 의해 끌려 다니게 된다. 우리는 자신을 불편하게 만드는 부정적으로 평가된 경험을 제거하기 위한 목적에서 그것을 이해하고 파악하기 위해 과거를 탐색하는 데 시간을 쏟게 된다. 또한 우리는 앞으로 무슨 일이 일어날지에 대해 생각하거나 걱정하는 등 미래에 대해서도 많은 시간을 할애하게 된다. 하지만 우리가 우리 마음을 통해 개념화된 세상에 사로잡혀 있게 되면 현재 상황에 존재하는 기회를 놓치기 쉽다. 지금 이 순간으로 돌아와 마음을 충분히 기울여 비판단적으로 현재의 경험을 관찰하고 기술해 보는 것은 우리가 다시 주변 환경과 만날 수 있게 하고 우리의 가치에 따라 행동할 수 있게 도와준다.

지금 여기와 만나는 것은 또한 삶에 대한 회피와 투쟁을 줄여 준다. 만약 우리가 순간과 연결되어 있다면, 우리는 대개 싸울 일이 없으며 오직 지금 현존하는 것만을 갖게 된다. 현재 존재하는 것, 즉 감정, 생각, 감각 등은 대부분 그 자체로는 위협적이지 않다. 우리가 현재를 잃게 되면 자각을 잃을 수 있고, 느낌과 생각과 감각에 대한 평가와 판단에 얽매이게 되어 불필요한 고통을 만들 뿐이다. 그러므로 지금과 접촉하는 것은 개념화된 자기에 대한 집착을 포함한 대부분의 융합을 약화한다.

또한 현재는 생생하고 창조적이며 연결된 특성을 갖는다. 만약 우리가 과거나 미래보다 지금 이 순간에 있다면, 삶에서 어떤 일이 일어나게 또는 일어나지 않게 하려는 욕구를 내려놓고 삶에서 일어나는 일을 받아들일 수 있다. 우리는 경험을 통해 지금 이 순간 존재하는 어떤 어려운 감정도 충분히 느낄 수 있으며, 그것이 파괴적이지 않다는 것을 알고 있다. 우리가 감정에 맞서 싸우면서 그런 느낌을 받지 않기를 바랄 때 비로소 해로운 일이 일어나는 것이다. 극단적인 경우에는 그것이 미래가 암울하고 절망적인 것처럼 보이는 것으로 인해 자살이라는 형태로 일어나기도 하고, 상처받는 것을 피하기 위해 대인관계를 끊는 것처럼 좀 더 미묘한 형태로 일어나기도 한다. '나는 지금 이 감정을 가지고 있다'는 관점에서 감정을 경험할 때, 우리는 자신의 고통과 과거의 구속에서 자유로워질 수 있다. 우리는 선택을 하려면 우선 삶에서 우리가 무엇인가 달라져야 한다는 것보다는 가치에 근거해서 선택을 할 수 있게 된다.

"기쁨의 순간만큼이나 고통의 순간에서 살아갈 일이 많다."(Strosahl et al., 2004, p. 43) 내담자는 마침내 자신이 더 좋게 느끼게 되면 그때서야 자신의 삶이 시작될 것이라는 태도를 갖고 있는 경우가 많다. 그러나 이러한 입장에 있을 때 흔히 놓치는 면은 삶이 바로 지금 일어나고 있다는 것이다. 모든 순간은 바로 지금 살아야만 하는 것이다. 어떤 사건이 일어났더라도 일어난 일은 이미 일어난 것이며, 과거로 돌아가 있었던 사건을 취소할 수는 없다. 역사는 한 방향으로만 흘러간다. 역사는 순간순간 계속 일어나는 것이어서, 과거로 돌아가 다른 역사를 갖는 것은 불가능하다. 현재 순간에 일어나고 있는 일에 대해 시간을 사용하는 것이 최선이며, 이러한 관점을 통해 당신은 내담자가 자신의 가치를 삶으로 가져오도록 도울 수 있다.

마찬가지로 중요한 것은 미래에 어떤 일이 일어나든지 그것은 아직 일어나지 않았다는 점이다. 우리는 미래를 정확하게 예측할 수 없고 종종 미래가 가져다주는 것에 놀라기도 한다. 우리가 희망하거나 기대하는 대로 되는 경우는 거의 드물다. 그러나 우리는 더 깊고 충만하고 풍요로운 삶을 만들기 위해 특정한 행동을 할 수도 있다. 특정 순간에 가치에 일관된 행동을 하는 것은 우리가 꿈꾸는 삶을 만드는 데 도움을 줄 수 있다. 이것은 우리가 상상하는 대로 모든 것이 다 이루어진다는 의미가 아니다. 하지만 한 해 동안 고통스럽더라도 당신의 가치에 부합하는 삶을 사는 것과 고통과 싸우는 삶을 사는 것 중 선택할 수 있다고 가정해 보자. 당신은 무엇을 선택하겠는가? 이것은 답하기 쉬운 질문이며, 내담자에게도 마찬가지다. 만일 지금 이 순간에 무언가를 느끼고 생각하지 않기 위해 시간을 사용한다면 바로 그것이 우리가 가지게 되는 전부다. 즉, 우리 자신이 아닌 다른 것이 되기 위해 소비한 시간만을 갖게 되는 것이다. 그러나 가치에 따라 살아가기 위해 알아차림에 시간을 쓰면, 우리가 갖는 것은 바로 가치 있는 삶이다.

마지막으로 유연하고 유동적인 자기 인식은 바로 현재 속에서 형성된다(Hayes et al., 1999). 개인 경험의 상당수는 고통스러울 수 있다. 그래서 우리는 종종 생각과 느낌, 반응에 대한 자각을 회피한다. 이것은 잘 사는 것과 유연하게 반응하는 것의 관점에서 볼 때 상당한 대가를 치르게 한다. 현재에 머무는 것을 통해 우리는 자신과 자신의 반응이 어떠하고, 자신의 행동을 어떻게 조절하는지 등에 대해 더 많이 배울 수 있다.

무엇이 이 과정을 촉발해야 하는가

수용전념치료자는 마음챙김 명상과 같은 구조화된 연습을 통해 내담자가 현재로 돌아올 수 있는 능력을 강화하는 것을 돕는 데 상당히 많은 시간을 할애한다.

이러한 과정은 현재 순간에 대한 알아차림이 필요하다는 것을 시사하는 내담자의 행동에 대해 반응하기 위해서 사용될 수도 있다. 현재 순간에 대한 알아차림에 초점을 맞추는 것은 특히 내담자가 다음과 같을 때 유용하다.

- ✓ 생각과 느낌에서 벗어나 있는 것처럼 보일 때
- ✓ 무엇과 만나고 있는지를 설명하지 못할 때, 즉 만성적인 회피와 융합을 보일 때
- ✓ 치료 중에(예를 들어, 가치에 대한 논의에서) 지나치게 머리로만 접근할 때
- ✓ 치료 관계 속에서 주제의 변화 양상을 따라가는 것에 실패할 때
- ✓ 융합되고 익숙한 행동 패턴에 빠져들 때(예를 들어, 개념화된 자기에 묶여 있는 것과 같이)
- ✓ 현재의 상황 속에서 가치 있는 삶과 선택의 기회가 주어진 것을 알아채는 데 실패할 때

치료자는 또한 치료시간 내에서의 자신의 반응을 현재 순간에 초점을 맞추는 것이 더 필요하다는 것에 대한 지표로 사용할 수 있다. 그중 하나는 치료자의 주의가 산만해지는 것이다. 이는 내담자가 거리감을 느낄 때, 치료가 예측 가능하고 진부하고 장황해질 때, 치료가 마치 현재를 외면하기 위한 것처럼 다른 시간과 장소에 대한 토론이 될 때 등이다. 이러한 치료자의 반응은 내담자와 전혀 관계없이 치료자 자신의 개인력 때문일 수도 있지만, 그것이 대부분 내담자에 대한 무언가를 나타내 주므로 당신 자신을 치료의 지표로 사용하는 것은 현명한 일이다.

방법은 무엇인가

치료자는 현재와 접촉하는 것에 대한 개념을 다음과 같이 소개할 수 있다.

치료자: 우리는 자신의 문제와 삶을 대하는 데 있어 우리 스스로를 마치 풀어내야 하

는 수학 문제인 것처럼 취급하는 경향이 있습니다. 하지만 삶의 모든 것을 수학 문제처럼 다루는 것이 항상 유용한 것은 아닙니다. 석양하고 더 비슷한 것도 많습니다. 석양을 수학 문제처럼 다루려고 하면 잘 해결되지 않습니다. 만약 우리가 그렇게 다루려고 하면 어떻게 될까요? 우리의 머릿속에서 이런 식으로 이야기하는 것이 들릴 것입니다. "흠, 저 붉은색은 내가 전에 어떤 그림에서 보았던 것보다 멋지지 않군. 좀 더 연했다면 좋았을 텐데. 그리고 구름이 조금만 위에 있다면 더 좋았을 텐데." 석양에 대한 이런 접근은 그다지 효과적이지 않습니다. 석양은 단지 우리가 그곳에 서서 보기만 하면 되는 것입니다.

만약 우리가 삶 속에서 고투를 벌이는 많은 것이 수학 문제를 푸는 것과 같은 주의가 필요하지 않고, 석양을 대할 때 그랬듯이 단지 당신이 그곳에 있기만 하면 되는 것이라면 어떨까요? 만약 그렇다면 치료 속에서 당신이 해야 할 것 중의 하나는 단순히 당신의 마음이 말하는 것을 따르기보다는 당신의 경험 속에서 실제로 무엇이 나타나는지를 천천히… 보고 … 느끼고 그것에서 배우는 것입니다. 이렇게 하는 것이 자연스러워지려면, 당신은 천천히 보고 느끼는 것을 수천 번 반복해야 할지도 모릅니다.

이런 소개 후에 치료자는 다음 절에서 기술한 경험적 연습 중 하나에 참여하는 것을 제안할 수 있다.

현재 순간 알아차리기 개발을 위해 구조화된 연습 사용하기

내담자는 생각의 내용(예, '나는 슬프다', '난 랄프다', '나는 키가 크다')에 관한 것이 아닌 자기감과 연결되는 데 어려움을 겪게 된다. 우리가 5장에서 논의할 내용처럼 우리의 개인적인 언어적 설명이 지속적이고 만연해 있기 때문에 알고자 하는 존재로서의 자기와 알려진 존재로서의 자기 사이의 구분이 모호해진다. 현재와 만나는 것은 내담자가 계속해서 변화하고 흘러가고 유연한 자기감을 발전시키도록 돕는다. 이러한 과정적 자기감은 비판단적이고, 현재에 존재하고, 진행 중인 생각과 느낌 및 다른 개인 사건에 대한 기술이다(Hayes et al., 2001).

내담자가 과정적 자기감을 발견하도록 돕는 가장 쉬운 방법 중 하나는 **구조화된 마음챙김 훈련**을 하는 것이다. 마음챙김 훈련에서 내담자는 특정 사건이나 내면에서 일어나고 있는 진행 중인 사건을 판단하지 말고 조용히 관찰해 볼 것을 요청받게 된다. 예를 들어 보자. 눈을 감고 하는 유용한 연습 중 하나로 '시냇물에 떠내려가는 나뭇잎'이 있다. 이 연습에서는 내담자로 하여금 자신이 시냇가에 앉아 있는 모습을 머릿속에 그려 보도록 한다. 그러고 나서 잎사귀가 시냇물에 떠내려가는 것을 떠올리도록 하고, 잎사귀가 지나갈 때마다 생각을 하나씩 잎사귀 위에 부드럽게 올려놓도록 한다. 만약 내담자가 자신이 어떤 생각에 사로잡히게 되어 더 이상 생각을 관찰할 수 없는 곳으로 끌려가는 것을 알아차리게 될 경우, 그는 다시 방금 무슨 일이 일어났는지를 알아차리고 조용히 잎사귀 위에 생각을 올려놓은 후 시냇물을 따라 흘러 내려가도록 하는 것으로 돌아온다. 치료자는 적절한 순간에 이러한 효과에 대해 다음과 같이 언급할 수 있다. "혹시 당신의 마음이 다른 것에 흘러가 붙은 것은 아닌지 알아차리세요. 혹시 생각에 사로잡힌 것은 아닌지 알아차리세요. 만약 그렇다면 조용히 그것을 되돌려 당신을 사로잡은 생각을 잎사귀 위에 올려놓고 시냇물에 떠내려 보내세요."

이 연습은 길거리를 지나는 악단 행렬이나 자동차에 떠오르는 생각을 붙여 보내는 것과 같은 다양한 심상을 활용하여 시도해 볼 수도 있다. 어떤 내담자는 전기로 달리는 차가 다니는 도로가 하늘에 떠 있고 곳곳으로 연결되어 있는 미래 도시를 상상하기도 하였다. 이런 경우 내담자가 떠올린 심상으로 진행하는 것도 효과적일 수 있다. 하늘에 떠가는 구름이라는 심상도 사용할 수 있다. 다음은 치료자가 유도한 이러한 연습의 간단한 예다.

치료자: 숨을 깊게 들이쉬고 내쉬면서 눈을 감아 보세요. 두어 번 깊은 숨을 더 쉬고 부드럽게 평소의 호흡으로 돌아온 후, 그 상태에서 잠깐 동안 휴식을 취하세요. [멈춤] 자, 이제 들판에 누워 있는 자신을 상상해 보세요. 어떤 들판인지는 자신이 선택하면 됩니다. 풀밭일 수도 있겠고 꽃밭일 수도 있겠죠. 자신이 그곳에 누워 있는 모습을 그려 보세요. 그리고 위로 파란 하늘이 보입니다. 하

늘 위에는 여러 가지 모양과 크기의 구름이 조용히 떠가고 있어요. [내담자가 이러한 심상을 형성하도록 잠시 시간을 준다.]

이제 자신이 경험하는 모든 생각이 마법처럼 구름에 달라붙게 되는 것을 상상해 보세요. 그것은 단어나 그림의 형태로 구름 속에 머물러 있게 됩니다. 구름이 자신의 생각과 같은 모습을 하고 있을 수도 있겠죠. 여기서 핵심은 각각의 생각이 일어나자마자 그것을 구름에 붙여 흘러가도록 하는 것입니다. 혹시 심상이 사라지더라도 괜찮습니다. 심상이 사라진 것을 알게 되면, 그에 대해 아무런 판단 없이 조용히 다시 들판에 누워서 떠가는 구름을 보고 있는 곳으로 돌아오세요. 그리고 자신을 사로잡는 생각을 구름에 붙이세요. 저는 이것을 연습할 수 있게 몇 분 동안 조용히 있을 겁니다. 각각의 생각이 지나가는 것을 알아차리고, 떠가는 구름 속(또는 위)에 올려놓으세요. [내담자가 몇 분간 이 과정을 조용히 관찰하도록 한다.]

기억하세요. 만약 생각 속에서 길을 잃어버리게 되거나 더 이상 자신의 생각을 볼 수 없게 되면 그저 조용히 다시 돌아오세요. [몇 분 더 준다.]

이제 자신이 누워 있던 그 들판을 떠나서, 충분히 주의를 기울이면서 이 방으로 돌아오세요.

이런 훈련 후에는 내담자와 진행 중인 생각의 특성을 평가하는 시간을 갖고, 어떻게 생각이 바뀌는지, 어떻게 생각이 움직이는지—즉, 왔다가 사라지고, 때로는 혼란하고, 때로는 일관되고, 때로는 심상으로 그려지고, 때로는 잘 보이지 않는 등의 변화—를 설명해 줄 수도 있다. 또한 내담자가 어떻게 (구름 위의) 생각을 보는 것에서부터 (생각 속에서 잃었을 때처럼) 생각을 통해 보는 것으로 흘러갔는지에 대해 논의할 수 있다.

두 번째 마음챙김 연습은 진행 중인 경험에 대한 알아차림을 생각의 끊임없는 흐름을 넘어서 모든 경험의 끊임없는 흐름으로까지 확장한다. '자유 경험' 연습(Walser & Westrup, 2007)을 통해서 내담자는 순간순간의 경험에 주의를 기울일 것을 권유받게 된다.

치료자: 이제부터 진행 중인 경험을 하는 사람으로서의 자기감에 초점을 두는 연습을 해 봅시다. 우선 의자에 편한 자세로 앉으시고, 준비가 되면 눈을 감으세요. 눈을 감으면서 소리가 더 잘 들리게 되는 것에 주의를 기울이세요. 시간을 가지고 들리는 것에 귀를 기울이세요. [10초간 멈춤] 이제 서서히 호흡에 주의를 기울이세요. 그리고 들이쉬고 내쉬면서 호흡을 따라가 보세요. 잠시 동안 당신 자신이 호흡이 되도록 해 보세요. [10초간 멈춤] 이제 호흡을 따라갔던 것처럼 자극, 생각, 감정 등 무엇이든지 떠오르는 것을 따라가 보세요. 새로운 감각이나 생각, 감정을 알아차려 보고 그저 그것이 나타났다 사라지는 것을 관찰해 보세요. 예를 들면, 가려운 것을 느끼다가, 다음 순간에는 불안을 느끼고, 그다음에는 생각이 떠오르고, 그다음에는 근육통을 느끼고, 다음에는 소리가 들리는 것을 알아차리게 되는 식입니다.

이 연습에서 해야 할 일은 새로운 경험이 떠오를 때마다 그것을 알아차리게 되면 그저 관찰하는 것입니다. 다음 몇 분 동안에는 진행되고 있는 경험을 하고 있는 자신에게 주목하세요. 계속해서 감각을 느끼고, 감정을 느끼고, 생각을 하는 자신 말입니다. 그저 새로운 경험을 그대로 두고, 관찰하고, 다음 경험이 오는 것을 알아차려 보세요. [내담자가 5~10분 정도 이 과정을 수행하도록 둔다.]

이제 서서히 자신의 호흡으로 돌아오세요. 잠시 동안 숨이 들어왔다 나가는 것에 집중하세요. 자, 이제 눈을 뜨고 진료실로 돌아오세요.

여기서 핵심은 내담자가 경험을 회피하거나 개념화된 생각에 빠지지 않으면서 즉각적이고 진행 중이며 변화하는 경험에 주의를 기울이고, 알아차리고 함께 존재하며, 만나는 패턴을 유지하도록 돕는 것이다. 내담자는 식사, 설거지, 운전, 줄서기와 같이 단순하고 일상적인 활동에 대해서도 마음챙김을 하며 알아차리는 방법을 통해 이러한 기술을 연습할 수 있다. 치료시간 내에 할 수 있는 것으로서 마음챙김을 하며 건포도를 먹는 연습을 해 볼 수도 있다(Kabat-Zinn, 1994). 이것은 내담자가 감각에 대해 지속적으로 알아차리는 것을 촉진하는 데 도움이 될 뿐만 아니라, 계속 연습하면 경험의 내용은 변할지라도 경험은 계속 생겨난다는 것을 알 수 있다. 예를 들어, 처음에는 건포도를 갖고 있지 않다가, 건포도를 갖게 되며, 맛을 보고, 씹고 삼키며, 결국 더 이상 건포도를 갖고 있지 않게 된다. 시간은 흘러가고 순간순간이 지나갈 때마다 새로운 알아차림이 생겨난다.

치료시간 밖에서의 구조화된 마음챙김 훈련은 일상생활에서 현재 순간을 알아차리는 능력을 함양하는 데 도움이 될 수 있다. 호흡에 집중하기, 걷기 명상, 일상적인 활동을 하면서 일어나는 경험을 알아차리기, 정좌 명상, 일상 사건에 대한 반응 기록하기, 느낌·감각·생각에 특히 주의를 기울이기 등의 방법이 있다. 내담자는 처음에는 기본적인 알아차리기 연습과 명상의 도움을 받는다. 그러다가 결국에는 점점 더 불편한 주제(예, 불안한 생각)도 받아들이는 직면적인 성격의 마음챙김 연습으로 진행한다. 이 장의 끝부분에는 명상에 대한 안내 자료가 소개되어 있다.

순간을 발견하기

마음챙김 연습의 핵심은 연습 중에만 마음챙김을 발달시키는 것이 아니라 현재 순간의 알아차림을 보다 전반적으로 개발하여 그러한 능력이 필요하거나 유용한 상황에서 발휘되도록 하는 것이다. 따라서 수용전념치료자는 치료시간 내에 마음챙김이 녹아들도록 지속적으로 작업해야 한다. 이를 위한 가장 일반적인 방법은 치료시간을 시작할 때 간단한 마음챙김 연습을 시행하는 것이다(Eifert & Forsyth, 2005, pp. 125-126에 훌륭한 예가 나와 있다). 이것은 특히 머리로만 생각하는 경향이 강한 내담자와 치료자에게(만약 치료자도 내담자와 함께 연습을 한다면) 적합할 수 있다. 이러한 과정이 그들을 현재에 머무르게 하고, 심리적으로 치료시간에 참여하고, 치료 작업을 해 나갈 준비를 하는 데 도움을 주기 때문이다. 우리는 가능하다면 마음챙김 연습을 내담자와 함께 할 것을 권한다. 그렇게 함으로써 더욱 유동적이고 시기적절한 연습을 할 수 있게 되고, 치료자가 마음챙김을 하고 현재에 충실하게 되는 데 도움이 되며, 치료적 관계를 동등하게 만드는 데 도움을 줄 수 있기 때문이다.

현재 순간과 만나는 것은 치료시간 중에 수용과 탈융합, 가치 등을 키우는 데 필수적인 방법이다. 이 모든 과정을 다루는 경험적 작업을 하기 위해서는 내담자가 진료실 안으로 경험을 가지고 오게 하는 것이 필요하다. 이를 위한 한 가지 방법은 내담자가 무엇인가를 회피하고 있거나 무엇인가와 융합하고 있음(의식적으로나 혹은 무의식적으로)을 시사하는 순간에 내담자로 하여금 속도를 늦추고 멈춘 후에 그 순간 현재의 경험을 점검하도록 하는 것이다.

내담자의 목소리 톤 변화나 갑작스러운 주제 전환, 신체 긴장이나 쉰 목소리, 생각이나 말의 반복(예, 걱정, 강박적 모습, 반추), 제한, 긴장, 경직성을 암시하는 것이 단서가 될 수 있다. 이러한 행동이 관찰되면, 치료자는 부드럽게 내담자에게 천천히 속도를 늦추고, 현재로 돌아와서 자신이 무엇을 느끼고 인식하며 생각하고 있는지를 알아차려 보도록 권할 수 있다. 이러한 순간에는 의도적으로 내담자의 주의를 경험의 다양한 영역(예, 정서, 생각, 신체 감각, 행동하고 싶은 느낌, 연관된 기억)으로 돌려 내담자에게 각각의 영역에서 무엇이 느껴지는지를 알아차려 보라고 하는 것이 유용할 수 있다. 때로는 현재의 경험을 더욱 강화하고 확인하기 쉽게 하기 위해 내담자에게 천천히, 주의 깊게 특별히 가슴에 와 닿는 문구를 반복하도록 하는 것이 도움이 되기도 한다.

치료자: 직장에서의 어려움에 대해 많이 이야기했는데 여전히 힘들어 보이는군요. 매우 좌절스럽겠어요.

내담자: 그래요. 정말 화가 나요.

치료자: 정말 고통스럽겠어요. 이번이 올해 세 번째 직장인데 이전 두 직장에서와 같은 일이 벌어지고 있군요.

내담자: [얼굴을 붉히며] 글쎄요. 사람들이 참 멍청해요. 저는 말이에요, 그들이 하라는 대로 하고 있어요. 그냥 알아서 일을 하게 내버려 둔다면 상황이 훨씬 나아질 텐데 말이죠.

치료자: 당신은 그렇게 되길 바라지만 절대 그렇게는 안 될 것 같아 보이는 상황이군요.

내담자: [멈추며] 어, 지금 막 생각났는데, 정신과 의사에게 갔던 걸 선생님께 말해야겠어요. 그분은 제가 검사를 몇 가지 더 받아야 한다고 했어요.

치료자: 지금 무슨 일이 벌어졌는지 알겠어요? 우리는 고통에 대해 이야기하고 있는

데 주제를 바꾸셨네요.

내담자: 예, 알아요. 하지만 전 울고 싶지 않아요. 울면 제가 어리석고 바보같이 느껴져요.

치료자: [과정을 늦추기 위해 멈춤] 어리석고, 바보 같고…. 그런 생각이 떠오르는 것을 알아차리고 바로 지금 자신의 감정에 일어나고 있는 것을 마주할 수 있으신가요?

내담자: [눈물이 맺힌다.]

치료자: 제가 원하는 것은 단지 이 경험이 지금 여기서 펼쳐지고 있는 것에 주의를 기울여 보시라는 것입니다. [멈춤] 몸에서 어떤 느낌이 드나요? 천천히 시간을 가지고 살펴보세요. 정확하게 어디서 느껴지는지 살펴보세요.

내담자: [대답한다.]

치료자: 그리고 어떤 판단이나 평가가 떠오르나요? 잠시 멈추고 대답하시기 전에 주의 깊게 조용히 살펴보세요.

내담자: [대답한다.]

치료자: 좋아요. 그리고 이러한 경험으로 인해 과거에 있었던 일 중에서 생각나는 것이 있나요?

내담자: [대답한다.]

치료자: 그러면 이 모든 것을 갖고 있는 채로 어떻게 했으면 좋을 것 같습니까?

내담자: [대답한다.]

치료시간 중에 내담자가 그 순간을 발견하는 것을 돕기 위해 이 밖에도 몇 가지 다른 방법을 사용할 수 있다(Strosahl et al., 2004, p. 44). 생각과 느낌, 기억을 단지 떠오르는 대로 알아차리도록 하는 것, 현재에 머무는 것이 필요할 때를 확인해 보는 것, 현재에 머무는 것으로부터 미래나 과거 속으로 빠져드는 것에 주의를 기울이는 것, 진료실 안의 모습이나 소리, 감각 등을 알아차리는 경험적 탐색 연습 등이 있다. 만약 내담자가 현재에 존재하는 것을 알아차리는 것을 잘 못한다면 간단한 구조화된 신체 감각부터 시작해 보는 것도 좋은 방법이다. 예를 들어, 내담자에게 의자에 앉아 있는 것이 어떤 느낌인지, 숨을 참는 것, 팔을 펴는 것, 얼굴에 천을 문지르는 것은 어떤 느낌인지 큰 소리로 말하도록 요청할 수 있다.

순간 속에서 다른 사람과 관계 맺기

내담자의 문제는 대부분 타인과의 관계 속에서 일어나는 문제다. 그러므로 다른 사람과의 관계 속에서 비판단적이고 열린 마음으로 현재에 머무르는 능력을 개발하도록 돕는 것이 특히 중요하다. 우리는 물건이든, 다른 사람이든, 자기 자신이든 간에 모든 것에 대해 지속적으로 평가, 분류, 비교한다. 그 결과 우리는 주변 사람을 대할 때 풍부하고 복잡하며 살아 온 세월이 있는 개인으로서보다는 그들에 대한 우리의 생각을 바탕으로 대한다. 우리의 경험에 대한 언어는 결코 우리의 경험과 동일하지 않다. 만약 우리가 우리의 생각에 의해 걸러진 바대로만 다른 사람을 대한다면 우리 자신과 타인 사이에 매우 근본적인 장애물을 두는 셈이다.

진료실에서 내담자의 가장 즉각적인 대인관계는 치료자와의 관계다. 따라서 치료적 관계는 현재에 머무르는 능력을 다루고, 내담자가 주변 사람과 보다 직접적으로 마주하는 것을 도울 수 있는 강력한 기회가 될 수 있다. 은유적으로 표현하자면, 만화 주인공이 아닌 진짜 사람들과 살도록 하는 것이 목표다. 이를 위한 한 가지 방법은 현재 순간의 알아차림을 치료적 관계의 맥락 안으로 가져오는 것이다(9장 참조). 치료자는 내담자가 순간순간 치료자와의 관계와 관련하여 자신 안에서 무슨 일이 일어나고 있는지를 알아차리도록 돕는다. 예를 들어, "지금 당신 안에서 그리고 우리 사이에서 무슨 일이 일어나고 있는지 기꺼이 알아차려 보시겠습니까?" 와 같이 물을 수 있다. 이런 과정에 초점을 맞추는 것을 통해 내담자에게 연결된 느낌과 현재에 존재하는 느낌을 경험할 기회를 제공한다. 이것은 대인관계에 임하기 위한 가치 있는 방식이며, 개인의 가치를 위해 직접적으로 취하는 행동이 될 수 있다. 다음 예에서 치료자는 내담자가 치료자에게 보이는 현재 순간의 반응이 자신의 부인에 대한 힘겨운 반응과 비슷하다는 것을 알아차리도록 돕는다.

내담자: 그 느낌이 항상 뒤에 숨어 있는 것 같아요. 마치 제가 까치발을 하고 걷고 있

는 것처럼 항상 조심스러워요.

치료자: 자신이 방어적이라는 느낌 말인가요?

내담자: 예, 제 아내는 제가 하는 모든 것에 대해 비난하는 것 같아요. 전 항상 틀릴 수 밖에 없는 거죠.

치료자: [멈춤] 혹시 여기에서도 가끔 그런 느낌이 드나요?

내담자: 제가 까치발을 하고 선생님 주변을 맴도는 것 같으냐고요?

치료자: 예.

내담자: [잠시 멈췄다가 의자가 불편한 듯 움직인다.] 모르겠어요.

치료자: 그럼 지금 여기, 지금 이 순간 무엇을 느끼고 있나요?

내담자: 제가 무언가를 느껴야 하나요?

치료자: 그냥 한번 살펴보세요. 서두르지 않으셔도 돼요.

내담자: 솔직히 제가 방어적이라고 느껴요. 저도 이유는 모르겠어요. 저는 선생님이 아무것도 하지 않는다는 걸 알지만 꼭 제가 비난받고 있는 것 같은 느낌이 들어요.

치료자: 어디서 그것이 느껴지나요? 몸의 어느 부위인지부터 시작해 봅시다.

내담자: [침묵] 뱃속에서 긴장감이 느껴져요. 마치 누가 배를 때릴까 봐 힘을 주는 것처럼 말이에요.

치료자: 좋아요. 다른 감각은요?

맥락적 자기 형성을 위해 현재 순간 깨닫기 사용하기

현재 순간과 만나는 것은 맥락적 자기를 향상하는 것과 밀접한 관련이 있다(5장 참조). 경험의 내용을 계속 진행 중인 유연한 방식으로 알아차리게 되면 고정되고 개념화된 자기에 대한 집착이 줄어들기 때문이며, 그러기 위해서는 더욱 유연한 의식이 필요하기 때문이다. 이러한 이유로 현재에 들어가는 것은 의식적으로 자기 자신을 관찰하는 느낌을 알아차리는 것을 통해 길러질 수 있다. 마음챙김 연습 중 치료자는 "당신이 그것을 알아차리고 있을 때 이 모든 것을 지켜보고 있는 당신의 일부도 있다는 것을 인식해 보십시오." 또는 "잠시 당신의 몸에서 무엇을 느끼고 있는지, 어떤 감정을 가지고 있는지를 알아차리면서 지금 여기에 있다는 느낌과 만나 보았으면 합니다."라고 말할 수 있다.

어떤 내담자는 관찰자로서의 자기감을 찾기 어려워하기 때문에 마음챙김 연습을 하는 데 어려움을 겪는다. 이러한 경우에는 더 간단하고 즉각적인 방법으로 현재 순간에 대한 관점을 다룰 수도 있다. 예를 들어, 치료자는 적절한 시기에 "지금 그 이야기를 하고 있는 것은 누구지요?" 또는 "제가 다시 질문을 할 때에 그 이야기를 듣고 있는 누군가가 있고, 당신이 대답을 할 때에는 대답을 하는 경험을 하는 누군가가 있는 것처럼 느껴지지는 않나요?"라고 물을 수 있다(Wasler & Westrup, 2007). 이런 질문은 내담자가 각각의 새로운 순간의 경험을 접하고 있는 관찰자 자기와 만나도록 하는 데 도움이 될 수 있다.

뿐만 아니라 치료자는 두 가지 과정 모두(즉, 현재와 만나기와 자기 초월감)의 본보기가 될 수도 있다. 예를 들어, 치료자는 "당신이 그렇게 이야기할 때 제 심장이 빠르게 뛰고 생각이 평가적으로 변하는 것을 감지했습니다. 제가 만일 당신과 같은 상황에서 그런 어려움에 처한다면 더 불안해지고 판단적이 될 것이라는 느낌이 드네요."라는 식으로 말할 수 있다. 이 문장의 뒷부분은 대상 지시적이기 때문에 관찰하는 감각을 길러 준다. 이에 대해서는 5장에서 더 논의할 것이다.

핵심 역량 실천

이 절에서는 현재와 만나기를 확장하기 위해 고안된 기법을 사용하는 연습을 제공하고자 한다. 이전 장에서처럼 임상 상황에 대한 기술과 면담 내용의 일부가 제시되어 있다. 특정 시점에서 면담 기록은 내담자의 진술로 끝나게 되며, 그 역량을 반영하는 반응의 예를 제시하도록 되어 있다. 모범 반응만이 유일한 정답은 아니다. 만약 그 반응에 동의하지 않거나, 자신의 반응을 재확인하고 싶거나, 그에 관해 좀 더 논의하길 원한다면 해당 웹페이지 게시판(www.learningact.com/forum/)에 질문을 올리면 된다. 이 장 끝에 있는 예를 살펴보기 전에 자신만의 반응을 만들어 보도록 노력하기를 권한다.

핵심 역량 연습

역량 1 치료자는 내담자를 내용에서 탈융합하여 순간에 주의를 기울이도록 한다.

[연습 4-1]

이 내담자는 외상후 스트레스 장애 문제로 치료를 받으러 온 57세 베트남전 참전용사다. 그는 20년 동안 간헐적으로 치료를 받아 왔다. 그는 종전 후 정부의 정책에 대한 불만이 있으며, 참전 경험이 자신의 삶을 영구적으로 바꾸었다고 생각한다.

내담자: 저는 정부만 생각하면 분합니다. 그들은 뭔가를 했어야 합니다. 도대체 몇 년째 이러는 건지 모릅니다. 아직도 화가 나요.

치료자: 지나간 날들이 당신의 삶을 압도하는 것 같군요.

내담자: 맨날 그래요. 정말 매일 나를 떠나지 않죠.

여기에 자신의 반응을 적어 보십시오(역량 1을 사용한다는 것을 기억하시기 바랍니다).

어떤 생각 때문에 이러한 말을 하게 되었나요? 무엇에 대한 반응이고, 무엇을 얻고자 하는 것인가요?

역량 2 치료자는 자신의 생각이나 감정을 치료적 관계의 순간으로 가져온다.

[연습 4-2]

이 기록의 내담자는 역량 1의 내담자와 같다.

치료자: [모범 반응에 있는 예시 4-1b와 같은 반응을 한다.]

내담자: 이 문제를 해결해 보려고 한 지 꽤 오래되었어요. 뭐가 정상인지, 문제없이 산다는 게 어떤 것인지도 잊어버렸어요. 이미 했던 말이긴 하지만, 항상 정부가 제 삶을 얼마나 망쳤는지만 생각해요. 정말 엉망으로 만들어 놨다고요.

치료자: 수년 동안 얼마나 좌절감을 느끼셨을지 상상하기 힘들 정도네요.

내담자: 절대 모르실 거예요. 그들에게 복수하고 싶어요. 저의 원한은 정말 깊습니다.

치료자: 그 원한은 정말 계속되는군요. 마치 지금 이곳에서도 감돌고 있는 것 같아요. 우리는 그 이야기를 오랫동안 했는데요. 원한이 완전히 장악하고 있는 것 같군요.

내담자: 네…. [한숨]

여기에 자신의 반응을 적어 보십시오(역량 2를 사용합니다).

어떤 생각 때문에 이러한 말을 하게 되었나요? 무엇에 대한 반응이고, 무엇을 얻고자 하는 것인가요?

역량 3

치료자는 내담자가 경험을 진행 중인 과정으로 느끼는 능력을 확장하도록 연습을 사용한다.

[연습 4-3]

이 기록의 내담자는 역량 2와 같다. 치료시간의 좀 더 후반부에 있었던 내용이다.

치료자: 이 투쟁의 일부는 이 문제가 당신의 삶을 얼마나 낭비하게 했는지와 관련된 것 같습니다.

내담자: 네. 정말 싫어요. 전 항상 이 생각만 하고 삽니다.

여기에 자신의 반응을 적어 보십시오(역량 3을 사용합니다).

어떤 생각 때문에 이러한 말을 하게 되었나요? 무엇에 대한 반응이고, 무엇을 얻고자 하는 것인가요?

역량 4 치료자는 내담자가 미래나 과거로 표류하는 것을 감지하고 지금으로 돌아오는 방법을 가르친다.

[연습 4-4]

역량 3과 같은 내담자이지만 더 나중의 치료시간이다.

치료자: 아내와의 관계에 대한 가치와 관련해서 오늘 어떤 행동을 해 볼 수 있을까요? 당신이 아내를 사랑한다는 것을 알려 주기 위해 해 볼 수 있는 일이 있나요?

내담자: 아내가 몇 달 전부터 문고리를 고쳐 달라고 했어요. 그걸 해 볼 수 있을 것 같네요.

치료자: 아주 좋습니다. 관계에 정말 도움이 되겠어요.

내담자: 잘 모르겠네요. 아내가 뭔가 해 달라고 하면, 저는 한참 후에야 하기 때문에 제가 그 일을 했다는 것을 아내가 알기나 하는지 잘 모르겠어요. 아내는 어찌되든 아무 말도 안 하거든요. 그냥 저를 내버려 두는 편이에요. 뭔가 해 달라고 이야기하는 것 말고는 말이죠. 제가 워낙 예전부터 날 좀 내버려 두라는 식으로 살아서 그런지 저와 거리를 두는 것 같아요. 제가 제대하면서부터 모든 것이 달라졌어요. 정부가 베트남전에 참전하는 것이 얼마나 바보 같은 선택이었는지 알았다면 좋았을 텐데….

여기에 자신의 반응을 적어 보십시오(역량 4를 사용합니다).

어떤 생각 때문에 이러한 말을 하게 되었나요? 무엇에 대한 반응이고, 무엇을 얻고자 하는 것인가요?

역량 5

치료자는 다양한 단계에서 내담자의 상담 내용을 따라가 보고, 현재가 유용할 경우 이를 강조한다.

[연습 4-5]

내담자는 33세 여성으로 자해에 대한 생각을 호소하고 있다. 그녀는 우울감과 불안감을 느끼고 있고, 남자친구에 대해 화가 난 채로 치료시간에 왔다. 그녀는 정서 회피 성향이 매우 강해서 5주 전에 치료를 시작한 이래로 한 번도 고통을 드러낸 적이 없다.

내담자: [실은 이렇다는 식으로] 여러 가지 문제 중에서도 남자친구 문제가 가장 커요. 이런 말 하긴 싫지만 제 남자친구는 저를 짜증나게 해요. 오해하지는 마세요. 저는 그를 사랑해요. 하지만 더 이상은 견딜 수가 없을 것 같아요.

여기에 자신의 반응을 적어 보십시오(역량 5를 사용합니다).

어떤 생각 때문에 이러한 말을 하게 되었나요? 무엇에 대한 반응이고, 무엇을 얻고자 하는 것인가요?

역량 6

치료자는 치료시간 중에 자신의 생각에서 빠져나와 현재 순간으로 돌아오는 시범을 보인다.

[연습 4-6]

역량 5와 같은 내담자다.

치료자: [모범 반응에 있는 예시 4-5b와 같은 반응을 한다.]

내담자: 네 알아요. 그렇지만 그가 얼마나 저를 화나게 하는지 모르실 거예요. 그가 그만두지 않으면 정말 머리끝까지 화가 날 것 같아요. 이번 주만 해도 저한테 100달러도 넘게 달라고 했어요. 전 그만한 돈이 없단 말이에요. 완전히 저를 착취

하는 거죠. 저는 공과금도 내야 되고 차 할부금도 내야 되거든요. 그걸 전혀 몰라요. 이젠 정말 폭발할 것 같아요.

여기에 자신의 반응을 적어 보십시오(역량 6을 사용합니다).

어떤 생각 때문에 이러한 말을 하게 되었나요? 무엇에 대한 반응이고, 무엇을 얻고자 하는 것인가요?

핵심 역량 모범 반응

역량 1

예시 4-1a

치료자: 자꾸 왜 이렇게 되었는지 알고 싶은 생각이 있을 것입니다. 그러나 수년 동안 그렇게 해 봐도 진전이 거의 없다고 하셨어요. 과거로부터 잠시 돌아와 봅시다. 몇 가지 여쭤 보겠습니다. 지금 어떤 것을 알아차릴 수 있습니까? 지금 이 순간에 무엇이 있는 것 같습니까?

설명 치료자는 내담자가 이야기하는 내용에 사로잡히게 되기 쉽다. 내담자는 자신이 회피하는 방향으로 치료자가 따라오게 만들 수 있는 꽤 그럴듯한 이야기를 하는 경우가 많다. 그렇다고 해서 그들의 이야기를 듣지 말라는 것은 아니다. 그러나 수용전념치료는 매우 적극적인 치료이기 때문에 환자의 이야기를 지지적으로 들어주는 데에 대부분의 시간을 할애하지는 않는다. 즉, 지지적으로 듣는 것은 중요하지만, 수용전념치료에서는 그것이 다른 치료법에서보다 상대적으로 작은 비중을 차지한다.

만약 내담자가 이러한 반응을 할 수 있게 되면 자신을 과거에서 현재로 즉각 끌어올 수 있게 된다. 만약 내담자가 현재의 느낌을 알아차리는 상태에 머물러 있을 수 있다면, 치료자는 내담자가 지금의 감정을 그대로 느끼고 지금 있는 것이 무엇인지를 알아차리게 하면서 과거가 아닌 현재에 있다는 점을 지적할 수 있다. 그 느낌이 분노라고 하더라도, 치료자는 어떻게 분노가 내담자의 삶에 영향을 미치고 있는지에 대해 탐색해 볼 수도 있고, 분노라는 감정 밑에 다른 무엇인가(예, 슬픔)가 있는 것은 아닌지 확인해 볼 수도 있다. 이러한 전략은 정부 때문에 어떤 일이 일어났다는 식의 과거에 대한 이야기에 머무르는 것보다는 현재에 좀 더 초점을 맞추고 있다.

예시 4-1b

치료자: 자, 우리는 여기서 정부가 수년 전부터 당신을 얼마나 망쳐 놓았는가에 대해 집중적으로 이야기해 볼 수도 있을 겁니다. 그게 도움이 될까요?

내담자: 아니요.

치료자: 그런 내용에 초점을 맞추는 것은 아무래도 문제가 있으니까, 지금 무엇을 할 수 있는지에 초점을 맞추고 지금 이 순간, 바로 오늘 당신이 선택할 수 있는 것을 찾기 위한 작업을 하는 것이 낫지 않을까요?

설명 여기서 치료자는 과거에 집중하는 전략은 도움이 되지 않을 것이라고 제안한다. 많은 내담자는 이것이 맞다는 것을 알고 있다. 오랫동안 과거에 얽매여 지낸 내담자에게는 오늘로 돌아와서 지금 이 순간 이후로 무엇을 할 수 있는지에 대해 생각해 보도록 하는 것이 유용하다.

역량 2

예시 4-2a

치료자: 그래서 저는 좌절감이 느껴집니다. [멈춤] 당신이 과거에서 벗어나서 삶을 살아나갔으면 좋겠는데 자꾸 같은 곳으로 돌아오네요. 저를 도와달라는 것이 아닙니다. 단지 저에게 떠오르는 어떤 감정을 같이 공유하고 싶을 뿐입니다. 절망감이 느껴집니다. 제가 이런 이야기를 할 때, 당신에게는 무엇이 떠오르나요?

설명 이것은 좀 더 위험한 방법일 수도 있는데, 여기서 치료자는 개인 경험을 마주하는 것과 이 경험을 기꺼이 이야기하는 것을 직접적으로 보여 주고 있다. 이러지도 저러지도 못하고 얽매여 있는 내담자에게 솔직하고 순간에 충실한 반응을 보여 주는 것이다. 이렇게 하는 목적은 이미 일어난 일을 없었던 일로 만들려고 할 때 생겨나는 절망감을 지적하는 동시에 순간을 기꺼이 경험하려는 것의 예를 보여 주려는 것이다. 이것은 또한 치료자가 내담자에게 요구하는 만큼 자신도 기꺼이 하기를 할 필요가 있다는 점을 직접적으로 지적하는 것이다.

예시 4-2b

치료자: 바로 지금 저는 당신에게 지난 일은 내려놓고 앞으로의 삶을 살아 나가라고 이야기하고 싶은 경험을 하고 있습니다. 저의 마음이 저에게 그렇게 하고 있습니다. 주변에 다른 사람도 이런 경험을 하고 있지는 않은지 궁금합니다. 당신에게 지난 일은 내려놓고 앞으로의 삶을 살아 나가라고 이야기하고 싶은 것 말입니다.

설명 치료자는 자신의 마음의 내용을 솔직하게 이야기한다. 이러한 순간에 충실한 반응은 현재에 머무르는 것뿐만 아니라 더 큰 문제를 더 잘 설명할 수 있게 한다. 즉, 그것이 내담자 주위의 다른 사람에게는 어떤 느낌인지에 대한 것이다. 내담자가 정부가 자신의 삶을 얼마나 망쳤는지에 대해서만 이야기하고 분노를 가지고 있다면 대부분의 대인관계에 영향이 있을 것이다. 치료자는 이것을 가치와 연결하여 과연 이것이 내담자가 다른 사람과의 관계에서 원하는 바인지를 살펴보게 할 수 있다.

역량 3

예시 4-3a

치료자: 당신이 오직 이 생각만 하고 있다는 생각의 빈틈을 같이 찾아봤으면 합니다. 좀 전에 저에게 아내와 아이에 관한 이야기를 했습니다. 이것은 자신의 생각과 느낌이 시간에 따라 달라진다는 것을 보여 주는 것이 아닌가 싶습니다. 단지 정부에 대한 내용에 얽매여 있을 때만 아무것도 변하지 않는다고 느껴지는 것뿐입

니다. 연습을 하나 같이 해 보시겠습니까?

내담자: 네.

치료자: [치료자는 내담자에게 펜과 종이를 주고, 페이지 중앙에 선을 하나 긋고서 왼쪽 위에는 생각이라고 쓰고 오른쪽 위에는 느낌이라고 쓰게 한다. 순간순간 생각을 관찰하면서 그것을 왼쪽 칸에 적게 하고, 느낌을 관찰하면서 그것을 오른쪽 칸에 적도록 한다. '지속되는 당신' 연습과 같은 다른 종류의 현재 순간 알아채기 연습을 대신 사용할 수도 있다.]

설명 치료자는 내담자로 하여금 정부와 관련된 경험만 하는 존재가 아니라는 것을 보게 하도록 돕고 있다. 사실 내담자는 무수히 많은 경험을 해 왔다. 하지만 그는 오직 이 한 가지 경험에만 얽매여 있으며, 이것을 고쳐 보려는 노력이 오히려 문제를 더 키우고 있다. 이런 경험적 연습은 내담자가 자신이 단 하나의 경험이 아닌 수많은 경험을 가진 존재라는 자기감을 지속하도록 도와준다.

예시 4-3b

치료자: 자신은 그 경험보다 더 큰 존재일 수도 있다는 것을 저와 같이 탐색해 보실래요?

내담자: 네.

치료자: 눈을 감으세요.

내담자: [눈을 감는다.]

치료자: 눈을 감으니까 어떤 것을 알아차리게 되었는지 말씀해 주세요. 지금 이 순간 어떤 일이 일어나고 있는지 알아차려 보세요.

내담자: 선생님의 목소리가 들려요.

치료자: 좋아요. 주의를 집중하시고요. 저는 잠시 조용히 앉아 있을게요. 순간에 머무르면서 순간순간이 지날 때 무엇을 알아차리게 되는지 말씀해 주세요.

내담자: 바깥의 차 소리가 들려요…. 눈 감은 것이 불편하다고 느껴져요…. 다리가 뻣뻣하고 스트레칭하고 싶은 것이 느껴져요. [보고를 계속한다.]

치료자: [몇 분간 계속한다. 치료자가 좀 더 지시적이고 반복적으로 "뭐가 느껴집니

까?" 라고 물어봐야 할 수도 있다.]

설명 치료자는 내담자로 하여금 자신이 지속적으로 경험하는 존재라는 것을 발견하도록 하기 위해 내담자와 바로 그 순간에 작업을 하고 있다. 이와 같은 방법은 '나는 화가 난 사람입니다. 나는 정부를 싫어합니다'라는 생각에 덜 집착하게 해서 자신이 그 외에 훨씬 많은 다른 경험을 갖고 있다는 사실을 볼 수 있게 해준다. 순간의 경험과 계속 진행되는 과정이라는 느낌을 강조하면 내담자 자신이 좀 더 큰 존재라는 느낌을 갖는 데 도움이 된다.

역량 4

예시 4-4a

치료자: [잠시 내담자의 말을 끊는다.] 방금 일어난 것에 주목해 보세요. 당신이 아내에 대해 갖고 있는 가치를 오늘 실천할 수 있는 방법에 대해 이야기하고 있었죠. 그런데 바로 과거로 돌아갔습니다. 이 과정이 일어나는 것을 보셨나요? 만약 우리가 다시 가치에 대한 작업으로 돌아간다면 자신에게 어떤 감정이 떠오를까요?

설명 여기서 치료자는 내담자가 과거로 옮겨 간 것을 발견하고 내담자가 그것을 알아차리도록 만든다. 내담자가 그런 변화를 찾도록 하는 것은 도움이 된다. 가끔은 과거로의 이동이 너무 빠르고 자연스럽게 일어나 내담자가 무슨 일이 일어나고 있는지 미처 알아차리지 못하기도 한다. 마음은 사람을 이리저리 끌고 다니는 데 능하다. 과거로의 이동을 알아차리도록 도와주고 나면, 내담자가 현재로 다시 이동해 오는 지금의 경험을 알아차리고 가치를 다루는 것에 다시 집중하게 함으로써 현재로 돌아오도록 할 수 있다. 가치에 초점을 맞추는 것에 대해 어떤 감정이 떠오르는지를 탐색하는 것 또한 중요한 일이다. 과거로의 이동은 수년 동안 가치를 따르는 삶을 살지 않아서 생긴 정서적 고통을 회피하려는 시도일 수도 있다. 이러한 정서적 고통도 마찬가지로 벽장 문을 수리하기로 선택하는 것과 동시에 이를 느끼고 관찰하고 경험할 수 있다.

예시 4-4b

치료자: 지금 어디로 가고 계시는지 아시겠습니까?

내담자: 네.

치료자: 그곳으로 가고 싶으신 건가요?

내담자: 아니요.

치료자: 지금 어디로 가고 싶습니까?

내담자: 그곳만 아니라면 아무 곳이나요.

치료자: 그 말씀 직전에 당신이 아내에 대한 사랑을 어떻게 표현할 것인가에 대해 이야기하고 있었어요. 이에 대해서 이야기하는 것이 어떻겠습니까?

설명 이 경우에도 역시 치료자는 내담자를 지금 여기로 이끌고 있다. 치료자는 내담자가 한 이야기의 뒷부분이 무엇을 의미하는지를 알아차리도록 하고 있다. 왜냐하면 과거에 초점을 맞춘 생각으로 이동하는 경향이 있을 때에는 지금 순간에 휙 지나가는 것을 잡아내는 것이 도움이 되기 때문이다. 그러고 나서 치료자는 내담자의 주의를 진료실로 되돌리고 있다.

역량 5

예시 4-5a

치료자: 네, 정말 화가 났군요. 어떻게 해야 할지 모를 정도로 말이죠. 질문 하나 해도 될까요?

내담자: 네.

치료자: 지금 몸에서 무엇이 느껴지나요?

내담자: 아무것도요.

치료자: 시간을 가지고 천천히 자신의 안을 들여다보세요. 뭐가 떠오르나요? 필요하다면 눈을 감아 봐도 됩니다. 그리고 그렇게 하는 동안 이런 것이 떠오르지 못하도록 하는 것을 내려놓을 수 있는지 살펴보세요. 바로 지금 느끼는 것이 무엇이든지 그것에 집착하려는 느낌이 사라지는 것을 바라보세요. 만약 그런 느낌을 없애려는 노력을 하지 않고 그저 앉아서 이런 반응을 간직한 채로 있다면, 당신

의 마음은 어떤 일이 일어날 것이라고 할까요?

내담자: 그렇게는 못할 거라고 하겠죠.

치료자: 좋아요. 그 생각을 그저 하나의 생각으로 바라보면서 여기 현재에 머무를 수 있겠어요?

설명 치료자는 이 부분에서 대인관계의 문제에 대한 이야기를 나누는 식으로 내용 수준으로 접근할 수도 있다. 그러나 치료자는 내담자가 치료시간에 표현되지 않은 어떤 느낌과 접촉하고 있는 것으로 짐작한다. 치료자는 이를 정서적으로 회피적인 이 내담자가 순수하게 인지적인 수준과는 다른 수준의 반응과 만날 수 있게 하는 기회로 삼는다. 치료자는 뭔가 굉장히 확실한 것, 즉 내담자의 신체 반응을 살펴보는 방법으로 이러한 작업을 진행한다. 그렇게 한 후에 감정이 나타나면 수용적인 자세를 권하는 동시에 마음에 대해서도 마음챙김을 하도록 하는데, 그것은 마음이 다시 내담자를 자신의 느낌이나 반응을 해결하려고 애쓰는 쪽으로 끌고 갈 수도 있기 때문이다.

예시 4-5b

치료자: 여기서 여러 가지가 일어나고 있습니다. 당신은 자신의 문제와 그에 대한 생각과 싸우고 있고, 남자친구에 대해서도 화가 나 있습니다. 게다가 제게 이 이야기를 알려 주면서 아마도 뭔가 변화가 일어나기를 기대하고 있는 것 같습니다. 그리고 마지막에는 이렇게 말했습니다. "더 이상은 견딜 수가 없을 것 같아요." 그때 이런 일이 일어납니다…. 당신은 좀 더 견딥니다. 오해하실 수도 있으니까 좀 더 조심스럽게 자세히 설명하겠습니다. 자, 당신이 무엇을 견뎌 내는지에 대해서 좀 더 명확하게 구별해 보겠습니다. 남자친구의 잘못된 행동을 그대로 받아들이고 살아야 한다는 것이 아니라, 바로 지금 이 순간에 자신이 그것을 견뎌 내고 있다는 것을 이야기하는 것입니다. 당신은 생각과 느낌을 그대로 가지고 있으면서 그것을 경험할 수 있습니다. 그리고… 계속해서 그것을 경험합니다. 마음의 이야기와는 다르게 당신은 부서져 버리지 않습니다.

설명 치료자는 내담자의 정서적 내용과 사고 내용, 대인관계에 관한 내용을 따라가고 있다. 이 시점에서 내담자는 마음이 제시한 '더 이상은 견딜 수가 없을 것 같다'는 생각을 믿고 있다. 모든 내용을 부드럽게 짚어 주고 나서 내담자가 지금 순간을 마주할 수 있도록 돕기에 좋은 시점이다. 이것은 마음이 그녀 자신에게 말 그대로의 진실('더 이상은 견딜 수가 없을 것 같다')인 것처럼 보이는 것을 전해 주더라도 그 순간에 대한 경험은 그녀가 견딜 수 있고 또 견디고 있다는 것을 보여 준다는 점을 알아차리게 함으로써 가능하다.

역량 6

예시 4-6a

치료자: 좌절감이 느껴지네요. 그리고 문제를 해결하고 싶어 하는 저 자신을 발견합니다. 그러나 이 순간에 그것을 해결할 수 없다는 것에 무력감을 느낍니다. 당신의 마음이 자신에게 폭발할 것 같다고 한 것도 이와 똑같은 무력감에 대한 것은 아닌가 싶습니다.

내담자: 네, 저도 그렇게 느껴요.

치료자: 지금 이 순간 잠시 무력감에 주목해 보고, 방법이 없는 것 같을 때 어떤 느낌이 드는지를 마주해 봅시다. [침묵할 수 있도록 멈춘다.]

내담자: [조용해지고 울려고 한다.]

치료자: 그리고 자신이 폭발하지 않는다는 것에도 주목하세요.

설명 아마 치료자가 이 상황에서 할 수 있는 가장 확실한 것은 내담자의 문제 해결을 돕는 것이다. 자기주장을 잘하도록 가르치는 방법 등이 있을 수 있다. 그러나 그렇게 하는 것은 무력감을 경험하게 만들거나 그녀가 폭발하지 않을 것이라는 것을 경험적으로 배울 기회를 잃게 만들 수도 있다. 이 순간으로 되돌아오도록 하는 것을 통해 내담자가 자신의 마음의 내용에서 탈융합하는 것을 돕는다. 이를 통해 치료자는 그녀가 무력감을 느끼지 않으려 하는 것으로 인한 대가(예, 재정적 손실, 남자친구와 거리를 두고 싶어 하는 것)를 같이 다루어 볼 수 있다. 그리고 남자친구에 대한 그녀의 가치를 고려했을 때 무엇이 효과적일지에 초점을 맞출 수 있다. 이때 문제 해결을 포함할 수도 있다. 그러나 문제 해결부터 시도해야 하는 것은 아니다.

예시 4-6b

치료자: 저는 제 눈썹이 떨리는 것과⋯ 제 목이 긴장되는 것을 느낍니다. 그리고 당신이 바로 지금 당신을 이해하지 못하는 저와 당신의 남자친구 두 사람 모두에게 느끼고 있을 좌절감을 생각해 보면 무력감이 느껴집니다. 잠시 시간을 갖고 지금 이 순간 무엇이 느껴지는지 알아차려 보면 어떨까 싶습니다. [계속해서 내담자로 하여금 이 순간 치료적 관계 속에서 떠오르는 감정, 감각, 생각을 알아차려 보도록 한다.]

설명 치료자는 내담자에게 시범을 보이기 위해 치료자 자신의 개인적인 감각과 느낌을 관찰하는 과정을 알아차리는 것으로 시작한다. 치료자는 내담자가 "선생님은 그가 얼마나 저를 화나게 하는지 모르실 거예요."라고 말했을 때 그것이 치료적 관계에서의 긴장감을 표현하는 것임을 인식한다. 치료자는 내담자가 순간의 경험에 집중하도록 하고, 얽매여 있는 생각의 흐름에서 벗어나 더욱 현재 지향적이고 관계적이며 직접적인 방식의 경험으로 이동하도록 한다.

경험적 연습: 자유 선택 명상

이 연습은 10분 정도 걸립니다. 조용한 곳에 앉으세요. 방해받지 않도록 편안하게 바로 앉으시고, 너무 경직되지는 마세요.

편안한 자세를 취하면 부드럽게 눈을 감아 보세요. 이렇게 할 때 귀가 좀 더 열리고 민감해지는 것을 감지해 보세요. 몇 분 동안 소리에 귀 기울여 보시고, 그다음엔 자신의 호흡에 주의를 기울여 보세요. 잠시 동안 그저 호흡에 주의를 기울여 보세요. 코끝이나 콧구멍 혹은 가슴의 움직임에서 호흡을 느낄 수 있습니다.

마음이 흔히 그러는 것처럼 여기저기 떠돌아다니기 시작하면 스스로에게 '떠돌아다닌다'고 말하고, 아무런 판단 없이 다시 호흡에 집중하세요. 1~2분간 호흡을 따라간 후에는 천천히 호흡에 대한 주의를 거두고 아무것이나 그다음에 의식에 떠오르는 것에 주의를 기울여 보세요. 그것은 소리일 수도 있고 감각일 수도 있습니다. 생각이거나 감정일 수도 있습니다.

당신이 할 일은 그냥 그것을 알아차리고, 내려놓고, 다음 순간의 경험으로 넘어가는 것입니다. 예를 들면, 에어컨의 소리를 들을 수도 있고 다음에는 코가 간지러운 느낌을 알아차릴 수도 있습니다. 다음에는 호흡을, 그다음에는 근육이 움직이는 것을, 또 그다음에는 생각을 알아차릴 수도 있습니다. 그런 생각이 자신을 붙잡게 하지 말고 그저 알아차리고 내려놓으세요. 다음에는 몸의 감각을, 그다음에는 소리를, 그다음에는 어떤 맛을 알아차릴 수도 있습니다. 순간순간 어떤 것이 의식에 떠오르든 그냥 따라가세요. 하나의 경험에 너무 집착하지 마세요. 부드럽게 하나하나 관찰하세요. 그것이 왔다가 가는 것을 알아차리세요.

6분 정도 후에 다시 호흡에 집중하시고, 조금 전에 했던 것처럼 2분 정도 호흡을 따라가세요. 그리고 부드럽게 눈을 뜨고 명상을 마칩니다. 당신의 마음이 당신을 자꾸 옭아매어 명상에서 빠져나오게 할 수도 있다는 것을 기억하세요. 그렇게 되면 그저 알아차리는 것으로 돌아가세요. 그런 일이 100번 일어나면 100번 되돌아가면 됩니다. 이 역시 명상의 일부입니다.

행운을 빕니다.

추가 정보

- 다음 문헌에서 수용전념치료에서 사용하기 위해 개발된 다양한 마음챙김 연습을 참조할 수 있다. Eifert와 Forsyth(2005), Hayes와 Smith(2005), Hayes 등(1999). 수용전념치료 연습 중 일부는 해당 웹사이트(www.contextualpsychology.org와 www.learningact.com)에서 음성 파일로 제공된다.
- *Meditation for Dummies*(Bodian, 2006), *Zen-Master: Practical Zen by an American for Americans*(Hardy, 2001)는 마음챙김 명상 연습을 하기 위한 이해하기 쉬운 입문서다.
- Jon Kabat-Zinn은 유도 심상, 호흡 훈련, 바디 스캔 마음챙김 연습 등을 포함한 여러 편의 훌륭한 오디오 CD를 제작한 바 있다(www.mindfulnesstapes. com).

Learning ACT

제 5 장

맥락적 자기와 개념화된 자기 구별하기

제5장

맥락적 자기와 개념화된 자기 구별하기

당신은 단지 관찰하는 것만으로도 많은 것을 볼 수 있다.
–Yogi Berra

맥락적 자기와 개념화된 자기 구별하기의 핵심 목표는 다음과 같다.

✓ 내담자가 지속적이고 안전하고 일관성 있는 자기감과 만나고, 그로부터 모든 변화하는 경험을 관찰하고 수용할 수 있도록 돕기
✓ 모든 경험이 일어나는 맥락, 장(場), 또는 공간으로서 일관성 있는 자기감과 경험의 내용(예, 감정, 사고, 감각, 기억)을 구분할 수 있도록 돕기

당신은 누구인가? 이것은 매우 단순한 질문처럼 보인다. 그럼에도 " '자기' 가 무엇인가?" 와 '가장 근본적인 수준에서 우리는 누구인가?' 와 같은 의제는 과학자, 철학자, 이론가 및 사색가에게 수백 년 동안 곤혹스러운 주제였다. 이 장에서는 자기를 이해하는 두 가지 방식을 기술함으로써 이 질문에 대한 답을 찾아보고자 한다(또 하나의 중요한 자기감은 4장에서 기술됨). 수용전념치료는 자기 이해에 대한

각각의 방식이 인간의 잠재력과 기능에 대해 폭넓은 함의를 갖는다고 본다. 이 장에는 두 가지 종류의 자기감이 기술되어 있다. 하나는 인간의 생존에 유용하기도 하지만 엄청난 고통과 한계로 이끌기도 하는 개념화된 자기며, 다른 하나는 고통에서 자유롭게 하고 고통을 감소하는 길인 맥락적 자기다. 이 장의 목표는 각각의 자기감을 정의하고 수용전념치료의 관점에서 각각의 자기감이 어떻게 기능하는지에 초점을 맞추는 것이다.

개념화된 자기

아동은 부모의 말을 흉내 내는 것과 더불어 처음으로 말하는 것과 언어적으로 세상을 이해하는 것을 배울 때 자신에 대한 수많은 질문을 받게 된다. "무엇을 좋아하니?", "무엇을 원하니?", "어디에 가고 싶니?", "무엇을 먹고 싶니?", "몇 살이니?", "왜 그랬니?" 등등. 성인은 보통 이러한 질문을 하면서 대답을 기대하기 마련이다. 아동은 처음에는 이런 종류의 질문에 어떻게 대답해야 하는지를 모르기 때문에 대개 "잘 몰라요.", "그냥."과 같은 반응을 보인다. 그렇지만 아동은 성장하고 배우게 되면서 의도적이지는 않아도 다양한 훈련과정을 통해 자신이 왜 그런 행동을 하는지, 자신이 누구인지, 자신의 감정과 생활사가 어떻게 자신의 행동의 원인이 되고 행동을 정당화하는지에 대한 좀 더 그럴듯한 이야기를 제공할 수 있게 된다. 결과적으로 아동은 성인처럼 기술하고 평가하고 판단하고 설명하며 탐구하고 질문하는 정교한 언어적 행위 레퍼토리를 개발하게 된다. 우리가 자신과 다른 사람에 대해 이야기할 때는 마음이 활성화되어 작동된다. 우리는 마음의 창을 통해 자신과 세상에 대해 많은 것을 이해하고 알게 되기 때문에, 자신과 타인이 어떤 사람인지에 대해 스스로가 만들어 낸 이야기를 믿고 그에 따라 살아가기 시작한다.

이와 같은 사회화 훈련과정의 결과로 개념화된 자기 혹은 내용적 자기가 형성된다. 우리는 자신이 어떤 사람인지에 대해 스스로 개발한 믿음이나 혹은 만들어 낸 자신의 존재를 잘 설명하는 것처럼 보이는 개념을 '나는 ~이다'라는 식으로 이야기하는데, 이것이 다양한 방식으로 표현되는 것을 개념화된 자기 혹은 내용적 자기라고 할 수 있다. 예를 들어, '나는 전문가다', '나는 고통받고 있는 사람이다', '나는 희생자다', '나는 지적이다(또는 멍청하다)'와 같은 말이 이에 해당한다. 이러한 자기감이 진실인 것처럼 보이도록 하는 모든 심상, 생각, 행동은 이런 자기 내용과 관련이 있다. 요컨대, 이러한 정신적 내용이 바로 우리가 정체성이라고 부르는 것이다. 이 정체성을 구성하고 범주화하고 발견하는 것이 근본적으로 잘못된 것은 아니다. 그렇게 하는 것은 우리가 건강하고 익숙하고 유용한 방식으로 세상과 의사소통하고 상호작용하는 데 도움이 된다. 예를 들어, 어떤 분야에 대한 전문가라는 정체성과 그와 연관된 모든 언어적 정보는 우리가 출근하기 싫은 날에도 출근할 수 있게 해 주는 데 도움이 된다. 예를 들면, '나는 훌륭한 일꾼이다', '나는 상사를 실망시키고 싶지 않다', '나는 돈이 필요하다'고 말하면서 말이다. 사회 공동체의 관점에서 보면, 개념화된 자기와의 융합은 대체로 긍정적이다. 왜냐하면 다른 사람이 우리의 행동을 더 잘 이해하도록 해 줘서 우리의 행동을 예측할 수 있게 해 주고, 아마도 우리의 행동에 영향을 미칠 수 있게 해 주기 때문이다. 하지만 불행하게도 사회 공동체에는 효과적일 수 있는 바로 그 긍정적인 결과가 개인 차원에서는 문제가 될 수 있다. 우리의 정체성을 구성하고 상황을 평가하고 통제하며 문제를 해결하는 데 도움을 주는 바로 그 언어적 과정이 효과가 없고 파괴적인 행동을 야기할 수 있으며, 문제가 있는 생활 패턴에 갇히게 할 수 있다. 일관성을 추구하고, 정당화하고, 설명하고, 판단하고, 평가하려는 마음의 성향으로 인하여 우리는 우리의 삶을 제한하는 언어적 구속에 갇혀 버릴 수 있다.

예를 들어, 저자 중 한 명(Robyn D. Walser)은 '자랑스러운 사람'으로 개념화된 자기를 완전히 받아들인 내담자를 맡았다. 그의 '자랑스러운 사람'으로서의 자기 개념은 어떤 경우에도 자신은 존경받아야 한다는 생각을 포함하고 있었다. 그는 가족이 언제나 그의 말을 듣고, 반대 의견 없이 따라야 한다고 느꼈다. 자신은 '자랑스러운 사람'이기 때문에 절대로 잘못을 인정해서는 안 된다고 생각했다. 이러한 개념화된 자기를 고수하는 과정에서 가족과의 관계가 소원해지기 시작했다. 스스로 만든 개념화된 자기 정체성 때문에 애착과 친밀감을 잃고 있었다. 자기 인식과 지나치게 밀착되어 있었기 때문에 이러한 상황에 대해 오히려 화가 났고, 관계를 개선하기 위해서는 다른 사람이 변해야 하고 자신의 방식을 이해해야 한다고 주장했다. 그는 자신이 가장 원하는 것, 즉 친밀한 가족관계를 위해 노력하는 대신에 이렇게 하였다. '자랑스러운 사람' 개념은 그가 변할 수 없다는 것을 명시했다. 게다가 그가 집착을 내려놓으면 더 이상 남자답지 못한 것을 의미하도록 만들었다. 결국 자녀 여섯 중에 그에게 말이라도 거는 사람은 오직 둘밖에 없게 되었고, 대부분의 손자와 손녀는 그의 근처에도 가지 않게 되었다. 그는 자신의 가족을 자신의 이야기와 정체성에 대한 집착과 맞바꿨다.

특정 개념화된 자기는 삶 전체를 좌우할 수 있다. 어린 시절 학대받은 후에 평생 동안 희생자 또는 '하자가 있는 존재'가 된 사람, 베트남전 참전 후에 '베트남전 참전 용사'가 된 사람, 열심히 일한 결과 '전문가'가 된 사람, '순교자'가 된 자기희생적인 엄마 등 여러 가지 예가 있을 수 있다. 이렇게 형성된 각각의 자기개념은 고통과 투쟁을 일으킬 수 있는데, 그로 인해 그 사람이 중요하게 생각하는 것이나 가치를 잃게 될 경우에 특히 그러하다.

개념화된 자기의 언어적 지식에는 한계가 있다. 우리의 행동에 영향을 미쳤거나 미치고 있는 모든 과거 경험과 맥락을 완전히 알 수는 없다. 대신에 우리는 삶에 대한 불완전한 이해로 인해 여러 가지 이야기, 정당화, 설명을 갖게 된다. 그런데 이러한 것은 비록 많은 사실과 행동 양상을 설명해 주기도 하지만, 사는 데 도움이 되는 면에서는 상당한 한계를 드러낸다.

맥락적 자기

관계틀 이론(Hayes et al., 2001)은 내용적 자기감을 만들어 내는 것과 똑같은 사회화 과정이 또 다른 자기감, 즉 지속적이고 안정적이지만 정의하기 어려운 자기를 어떻게 만들어 내는지를 설명한다. 우리는 어릴 적에 "무엇을 보았니?", "걱정되니?", "뭐 먹고 싶니?"와 같은 질문을 받을 때, "나는 강아지를 봤어요.", "나는 무서워요.", "나는 쿠키가 먹고 싶어요."와 같은 반응을 하도록 배운다. 대답의 내용은 계속해서 바뀐다(예, '나는 ~을 본다', '나는 ~을 느낀다', '나는 ~을 원한다'). 그렇지만 '나'라는 단어는 사건을 인지하는 의식의 공간으로서 상수처럼 작용한다. 관계틀 이론에 따르면, '나/너'는 '여기/거기', '지금/그때'와 마찬가지로 대상 지시적인 기본 관계틀이다. 즉, 이런 개념을 학습하는 과정에는 화자에 대한 설명이 필요하다. 이러한 점은 개념화된 '나'와는 다르다. 사람은 맥락적 자기라는 관점으로부터 지각하고, 말하고, 행동하고, 살아간다. 다시 말해서, 나/여기/지금은 경험의 내용에 대한 맥락이 된다.

여기서 생겨나는 자기감은 초월적이고 근본적으로 사회적이다. 이 의식적인 맥락의 한계는 의식적으로 알아차릴 수 없기 때문에 초월적이다. 당신이 어디를 가든 거기에 당신이 있듯이, 무의식을 의식적으로 아는 것은 불가능하다. 달리 말하면, 이 경험은 사물 같은 것이 아니고 시공간적 한계를 가지지 않는 것처럼 보인다. 그러므로 그것은 초월성과 영성의 경험에 대한 사실적인 기초를 제공한다(Hayes, 1984). 자기에 대한 이러한 의식은 반드시 양방향적인 관계틀을 가질 수밖에 없기 때문에 사회적이다. '여기'를 이해하기 위해서는 '거기'를 이해해야 한다. '지금'을 이해하기 위해서는 '그때'를 이해해야 한다. 마찬가지로 '나'라는 느낌과 만나기 위해서는 '너'라는 느낌과 만날 수 있어야 한다. 당신이 당신의 관점을 통해 바라본다는 것을 알기 위해서는 다른 사람도 그들 자신의 관점을 통해 바라본다는 것을 알아야 한다. 이것이 공감과 초월적 자기감이 밀접하게 연관되어 있는 이유다. 자기감을 형성하는 것과 동일한 관계틀 과정이 다른 사람이 어떻게 느끼는지에 대한 느낌을 형성한다.

학령 전기에 맥락적 자기가 나타나기 시작하면(McHugh et al., 2004), 이것은 우리가 의식적으로 경험하는 모든 것의 일부분이 된다. 예를 들어, 당신이 어제 저녁으로 무엇을 먹었는지, 작년 휴가에 어디를 갔는지, 어느 고등학교에 다녔는지 질문을 받는다면 저녁으로 무엇을 먹고, 어디로 휴가를 다녀오고, 어떤 고등학교를 다닌 그 사람의 눈을 통해서 본 것을 바탕으로 당신은 모든 질문에 대답할 수 있을 것이다. 당신은 과거까지 확장되는 안정적인 자기감을 통해 각각의 사건을 지켜볼 수 있을 것이다. 바로 이러한 관점을 통해 당신은 생각, 느낌, 기억, 감각을 포함하는 당신 삶의 내용을 관찰한다. 우리가 말하는 자기는 보다 크고 영원하고 상호 연결되어 있는 당신 자신에 대한 느낌이며, 그것은 당신의 모든 경험을 포함하고 있으면서도 경험 자체는 아니다. 깊은 의미에서 그것은 사물이 아니다. 한편으로 우리는 그것을 '아무것도 아닌 것'이라고 할 수도 있고, '모든 것'이라고 할 수도 있다. 왜냐하면 모든 경험의 내용이 일어나는 이곳, 이 장소를 정의하기가 어렵기 때문이다. 그것은 개념이나 믿음이 아니다.

왜 내용적 자기와 맥락적 자기를 구별하는가

이런 종류의 작업을 하는 목적은 새로운 고착을 만들어 내는 것이 아니다. 우리는 사람들이 '실제로는' 특정 자기감에 해당한다고 주장하려는 것이 아니다. 대신에 그 사람이 '여기에 존재하고 있음'과 접촉할 수 있도록 도움으로써 수용전념치료의 세 가지 핵심 과정을 촉진하고자 하는 것이다. 즉, (1) 개념화된 자기에 고착되어 있는 것을 감소하기, (2) 수용과 탈융합 작업이 위협적이지 않을 수 있는 맥락을 창조하기, (3) 더 많은 유연성을 기르기가 그것이다. 아는 사람과 알게 되는 것을 경험적으로 구분하게 되면, 내담자는 경험을 더욱 자유롭게 관찰할 수 있게 된다. 그리고 가치 있는 방향으로 향하기 전에 부정적으로 평가된 경험을 제거하기 위해 투쟁하는(예, '나의 불안이 사라지고 나면 나의 삶을 살 것이다'라는 생각에 따라 사는 것) 대신 계속해서 삶을 살아갈 수 있게 된다.

어떻게 '맥락적 자기'가 우리가 무엇인가를 알기 위해 사용하는 일반적인 방법을 조절할 수 있는지 예를 통해 살펴보자. "나는 나 자신이 싫어요. 더 이상은 이런 느낌을 한순간도 견딜 수 없어요."라고 이야기하고 나서, '방금 마음이 느낌에 대해 이야기한 것'을 믿고 주의를 기울이는 과정에서 경험으로부터 탈피하는 방법으로 술 마시는 것을 선택하는 내담자가 있을 수 있다. 이 예에서 마음의 내용은 문자 그대로 받아들여지고 개념화된 대상으로서 자기에게 적용되는 것이다. 그 내용은 자기에 대한 평가와 예상되는 결과('나는 견딜 수 없다')를 포함하고 있다. 만약 문자적인 의미에서의 아는 것이 지배적이라면, 즉시 어떤 행동이 취해지지 않으면 어떤 끔찍한 결과가 뒤따를 것처럼 보일 것이다. 마음의 내용을 고정하거나 통제하는 양상으로 행동이 빠르게 조직화되지만, 바로 그 작업이 문제가 될 수 있다. 예를 들어, 내담자가 나쁜 기억을 잊어버리기 위해 멍해지고, 또 기분을 좋게 하기 위해 코카인을 이용하거나, 사랑받지 못할 것에 대한 두려움을 피하기 위해 친밀감을 회피한다면 문제가 될 수 있다.

만약 내담자가 단지 그 순간에 머물고 자신의 생각을 관찰한다면 또 다른 길이 가능하다. 예를 들어, 내담자는 '나는 더 이상은 이런 느낌을 한순간도 견딜 수 없다'는 생각이 떠오르는 것을 지켜보면서 무슨 일이 일어나는지 알아차려 볼 수도 있을 것이다. 그 후에 즉각적으로 또 다른 생각이 떠오를 것이고… 경험의 흐름은 지속될 것이다. 계속 진행하는 경험의 흐름을 알게 되는 것, 즉 경험적 지식을 통해 내담자는 실제로는 자신이 무너져 버리는 것이 아니라 또 다른 순간이 지나가고 또 다른 경험이 따라온다는 것을 알게 된다. 만약 내담자가 그 순간을 직접적으로 경험할 수 있다면 생각과 감정이 파괴적이지 않다는 것을 배우게 되는 기회를 갖게 되고, 또한 자기감을 확장하는 기회를 가지게 될 것이다. 그리고 내담자는 자신이 경험 자체가 아니라 경험자이고 관찰자라는 것을 인식하게 된다.

무엇이 이 과정을 촉발하는가

수용전념치료에서 치료자가 내담자와 함께 개념화된 자기에 고착된 문제와 맥락적 자기를 탐색하는 것은 지속적으로 이루어지는 작업이다. 그렇지만 다음 두 가지 핵심적인 순간에는 이 의제에 특별히 집중하는 것이 필요할 수 있다. 첫 번째는 내담자가 특정 개념화된 자기에 집착하는 것이 삶에서 필요한 변화를 일으킬 수 있는 능력을 방해하는 경우다. 예를 들어, 내담자가 희생자로서의 자기감과 지나치게 동일시되어 있는 경우가 있을 수 있다. 이렇게 개념화된 자기의 내용을 믿는 것으로 인해, 내담자는 친밀감이 자신의 대인관계에 대한 가치의 일부분임에도 불구하고 다른 사람을 불신하고 친밀한 관계를 거부하게 된다. 개념화된 자기에 완전히 빠져들게 되면, 희생자로서 살아가는 것이 내담자의 삶을 전반적으로 제한하게 될 것이다. 치료자가 해야 할 일은 내담자가 맥락적 자기와 만나도록 돕고 마음의 내용에서 분리된 더 크고 광범위한 자기감을 갖도록 돕는 것이다. 다시 말해서, 내담자가 희생자로서의 자신과 분리된 자기감과 접촉할 수 있도록 하는 것이다. 그 목표는 유연성을 높이고 내담자가 새로운 행동을 할 수 있도록 지지하는 것이다.

두 번째는 내담자가 두려운 감정, 기억, 생각, 감각에 직면하고 접촉할 수 있는 안전한 장소를 찾도록 돕는 것과 관련이 있다. 두려운 경험은 때로는 그 사람의 자기감을 위협한다. 초월적인 '나'와 접촉할 수 있게 하는 것을 통해 변함없이 안정적인 장소가 있고, 마음이나 느껴지는 감정의 경험에 위협받을 필요가 없다는 것을 알도록 도울 수 있다. 사실 그 장소는 바로 내담자 자신이다. 이러한 작업은 필연적으로 고통스럽고 괴로운 경험에 접촉하는 것을 수반하는 탈융합과 기꺼이 하기에 대한 작업을 촉진한다. 맥락적 자기 작업은 가치를 다루는 것에도 도움이 될 수 있다. 가치인 듯 보이지만 실은 다른 사람을 기쁘게 하거나 혹은 죄책감이나 수치심을 피하기 위한 시도를 약화하기 때문에 그렇다.

치료자는 맥락적 자기를 다루는 것이 유용할 것임을 시사하는 치료자 자신에게서 관찰될 수 있는 소견에도 유의하여야 한다. 이에는 개인적인 단절감, 공감의 부족, 지루함, 내담자와의 논쟁, 내담자의 자기상을 보호해 주고 싶어지는 것 등이 있다.

방법은 무엇인가

이 과정의 주요 목표는 내담자가 영속적인 자기감을 확립하거나 그에 재연결되도록 돕는 것이다. 여기서 영속적인 자기감은 순간순간의 생각과 감정의 흐름을 내담자가 특정한 반응을 보여야 하는 믿음 또는 불신의 대상으로서가 아니라 지속적인 경험으로서 알아차리고 관찰하는 것과 관련이 있다. 내담자가 관조적인 자세로 차분하게 경험을 관찰할 수 있을 때 새롭고 더욱 유연한 반응 방식을 개발하게 할 수 있다. 이 과정에 이용되는 전략에는 다음과 같은 것이 있다.

✓ 생각과 감정을 알아차릴 수 있는 '자기'감의 존재를 인식하기

✓ 마음챙김과 알아차리기 연습을 가르치고 권하기(4장 참조)
✓ 치료시간 안팎에서 초월적이고 연민 어린 사회적으로 확장적인 자기감에 대한 알아차림을 능동적으로 연습하기
✓ 논리가 아닌 경험에 초점을 맞추기
✓ 생각의 내용에서 탈융합하기(3장 참조)

더 구체적으로 설명하자면, 내담자는 내용적 자기가 아닌 맥락적 자기에 접촉할 수 있도록 돕는 일련의 은유, 개입, 경험적 연습을 통해서 관찰자 자기와의 만남을 형성할 수 있다. 이것은 대개 내담자가 현재 순간의 다양한 측면에 주의를 기울이고 경험의 다양한 측면을 알아차리는 '내'가 존재한다는 것을 알아차리도록 하기 위한 다양한 연습을 통해서 이루어진다.

은유

다른 많은 수용전념치료의 개입에서처럼, 정리해 주는 은유를 사용하는 것이 도움이 된다. 맥락적 자기를 설명하기 위한 다양한 은유가 있다. 한 예는 맥락적 자기를 집에 비유하고, 내용적 자기를 집 안의 가구에 비유하는 것이다([그림 5-1] 참조). 버스 은유(Hayes et al., 1999, pp. 157-158)처럼 다른 과정에서 이용되는 은유는 맥락적 자기를 설명하기 위한 은유로 쉽게 확장될 수 있다. 예를 들어, 치료자가 다루기 힘든 승객으로 가득한 버스 은유를 탈융합, 수용, 가치를 다루는 과정에서 사용하는 중이라면, 버스에 타고 있는 사람 중에 운전기사는 이 모든 경험을 알아차리고 있는 사람이라는 식으로 어렵지 않게 이야기해 볼 수 있다.

체스 판은 수용전념치료의 핵심 은유 중 하나다(Hayes et al., 1999, pp. 190-192). 이 은유에서 자기(즉, 경험이 일어나는 장소 또는 맥락)는 체스 판, 내담자의 생각, 느낌, 감각 등은 체스 말에 해당한다고 설명할 수 있다. 이렇게 은유를 설정하고 나면 다양한 방식의 더 자세한 설명이 가능하다. 예를 들어, 체스는 전쟁 게임인데, 전쟁이 어떻게 되든지 체스 판('자기 자신')은 피해를 받지 않는다는 점에 대해 이야기해 볼 수도 있다. 또한 체스 말이 서로를 위협해도 체스 판을 위협하

[그림 5-1]

지는 않으며, 체스 판은 단지 체스 말과 맞닿아 있고 체스 말을 담고 있을 뿐이라고 언급할 수도 있다. 치료자는 은유를 더 생생하게 전달하기 위해 실제 체스 판을 이용할 수도 있다. 체스 판 같은 실제 도구를 이용하는 것은 추상화 능력이 부족한 내담자에게 특히 도움이 된다. 다음 사례는 이 은유를 치료시간의 흐름 안에 통합함으로써 보다 경험적으로 느껴지도록 하는 것을 보여 준다.

내담자: [체스 판 은유를 설명한 직후 실제 체스 판과 체스 말을 사용하면서] 그러니까

제가 체스 판이고 제 생각과 느낌은 체스 말이란 말씀이죠? 그렇다면 제가 누구인지에 대한 제 생각은 뭐지요?

치료자: [체스 말을 체스 판 위에 더 올려놓으며] 그것 역시 체스 판 위에 올려놓을 체스 말이겠죠.

내담자: 그렇지만 제가 뭔가를 느끼면 그건 진짜 같고 견디기 힘들단 말이에요.

치료자: [또 다른 체스 말을 들어 올리며] 그래요, 그것은 분명히 당신이 가지고 있는 경험이에요. [체스 판 위에 그 느낌을 의미하는 체스 말을 올려놓는다.] 그리고 당신이 방금 가졌던 그 생각, '내가 뭔가를 느끼면 그건 진짜 같고 견디기 힘들다'는 생각 역시 또 다른 체스 말, 즉 또 다른 경험입니다. [또 다른 체스 말을 체스 판 위에 놓는다.]

내담자: 그러면 제가 말하는 모든 것이 또 다른 체스 말이 되나요?

치료자: 그래요, 느낌이든 생각이든 당신이 가지는 각각의 경험은 체스 판 위의 체스 말입니다. 그리고 체스 판에 체스 말이 닿아 있는 것처럼 당신은 생각과 느낌과 접촉하고 있다는 것을 알아차려 보세요. [접촉을 보여 주기 위해 체스 말을 체스 판 위에서 이리저리 움직인다.] 그렇지만 체스 말이 체스 판은 아닙니다.

내담자: 음, 그냥 체스 판을 뒤집어 버리고 싶은데요.

치료자: 그 생각 역시 체스 판 위에 있는 또 다른 체스 말입니다. [또 다른 체스 말을 체스 판 위에 놓는다.] 어떤 식으로 진행되는지 아시겠죠?

내담자: 알겠어요, 그렇지만 전 나쁜 체스 말이 없었으면 좋겠네요.

치료자: [연민을 가지고] 왜 그런지는 잘 알겠습니다. 그렇지만 당신의 경험을 다시 한 번 확인해 보세요. 원하지 않는 체스 말을 체스 판 밖으로 차 버릴 수 있었던 적이 있었나요? 나쁜 기억과 느낌이 사라지던가요?

내담자: 아니요.

치료자: 그러니까 '나는 나쁜 체스 말이 없었으면 좋겠다'는 것 또한 체스 판 위에 놓이게 되는 겁니다. [또 다른 체스 말을 체스 판 위에 놓는다.] 하지만 기억하세요, 체스 판은 체스 말이 아니라는 것을 말입니다. 체스 판은 경험하고 있는 사람인 당신을 의미합니다. 그리고 체스 판은 어떠한 체스 말보다도 큽니다. 당신은 당신의 생각과 감정과 접촉하고 있습니다. 당신은 그것을 가지고 있

> 음을 알아차릴 수 있지만, 당신이 그러한 생각이나 느낌 자체인 것은 아닙니다. 당신은 그런 생각이나 느낌을 경험해 가면서 계속해서 체스 판에 말을 올려놓고 있는 것입니다. 그리고 그 체스 말은 체스 판이 아니죠. 체스 판은 체스 말을 지니고 있는 채로 온전하게 있을 수 있습니다. 체스 말이 "이건 너무 견디기 힘들어."라고 이야기하더라도 말이죠.

여기서 치료자는 체스 판이 경험(체스 말)을 지니고 있으며 또 경험을 관찰하고 있는 것임을 지적함으로써 맥락적 자기를 설명하고 있다. 동시에 경험은 지속적이고 계속해서 부가됨을 설명하고 있다. 경험은 한 순간에서 다음 순간으로 흐른다. 그리고 각각의 새로운 경험은 체스 판 위에 또 다른 체스 말이 더해지는 것처럼 관찰되는 것이다. 치료자인 우리와 내담자 모두 이러한 자기감과 언제나 접촉하지는 않는다는 것을 알아야 한다. 관찰적인 관점을 유지하는 것은 어렵다. 이러한 자기감을 알아차리기 위해서는 연습이 필요하다. 어떻든 간에 이러한 관점은 스스로를 자유롭게 한다. 내담자가 경험 자체가 아니라면 체스 말을 지닌 채로 자유로운 선택을 할 수 있다는 것이다. 즉, 효과적인 행동을 하기 전에 먼저 체스 말을 변화시키려는 노력을 할 필요가 없게 되는 것이다.

간단한 개입

은유 외에도 내담자가 개념화된 자기 및 맥락적 자기와 접촉하도록 도울 수 있는 다양한 개입방법이 있다. 이러한 개입은 일반적으로 관찰자의 관점을 취하는 능력을 촉진하고, 내담자가 내용적 자기와 뒤엉킬 때를 알 수 있게 하는 데 사용된다. 예를 들어, 내담자는 보통 자신에 대한 이야기가 자신이 실제로 경험한 것과 다르다는 것을 모르는 채 치료를 받으러 온다. 내담자는 자신의 이야기가 바로 자신의 삶이라고 생각하고, 스스로에 대한 평가를 존재에 대한 문제라고 생각한다. 초기 작업은 내담자가 스스로에 대한 개념을 가지고 있다는 것을 인식하게 하고, 그 내용이 무엇인지 볼 수 있게 하며, 그것이 자신의 삶에서 어떻게 기능하는지를 이해하도록 하는 것에 초점을 맞춘다.

내담자가 개념화된 자기의 기능을 확인하게 하는 한 가지 방법은 내담자에게 개념화된 자기를 우리가 입는 옷에 비유하는 짧고 유머러스한 이야기를 들려주는 것이다. 한 남자가 새로 맞춘 옷을 찾기 위해 양복점에 들어간다. 그는 옷을 입어 보자마자 그 옷이 잘 맞지 않는다는 것을 발견한다. 팔꿈치는 튀어나오고, 한쪽 어깨는 너무 높고, 허리는 기울었다. 그 남자는 놀라서 재단사에게 이렇게 말한다. "이봐요, 나는 이 옷을 사지 않겠어요. 이 옷은 맞지 않아요." 재단사가 말한다. "걱정하지 마세요. 그냥 어깨는 이렇게 구부리시고, 몸은 이렇게 비트시고, 허리는 왼쪽으로 조금만 기울여 보세요. 딱 맞네요."

그 남자가 그대로 따라 하니까 옷이 딱 맞는다. 가게 밖으로 나가서 길을 가는데 여자 두 명이 지나쳐 간다. 한 여자가 다른 여자에게 속삭인다. "저 장애인 아저씨 불쌍하지 않니?" 그러자 다른 여자가 말한다. "그래, 그렇지만 저 옷은 멋지지 않아?"

이 은유는 자신의 삶을 위해 스스로 선택한 가치의 방향과 잘 맞지 않는 자기 정체성을 갖고 괴로워하는 내담자에게 해 줄 수 있는 것이다. 이에 대한 논의를 통해서 내담자는 자신이 단순하게 삶을 사는 것이 아니라 현실에 대한 자신의 해석에 스스로를 맞추기 위해 자신과 자신의 삶을 왜곡한다는 것을 이해할 수 있다. 우리는 옷에 맞추어 스스로를 비튼다. 이 남자의 옷을 좋아하는 여자에 대해 생각해 보면, 내담자는 또한 사회가 어떻게 우리를 편협하게 정의된 자기개념 안에서 살아가도록 만드는지를 알 수 있다. 그리고 어떤 사람은 자신이 생각에서 벗어나 살기 위해 변화하려고 하면 실망하거나 화를 낸다는 것을 알 수 있다. 이 은유를 언급한 다음, 치료자는 "당신이 맞지 않는데도 입고 있는 옷에는 어떤 것이 있나요?", "당신이 입은 그 옷은 누가 만들었나요?", "당신이 그 옷을 입기로 선택해서 입는 것인가요, 아니면, 단지 버릇처럼 입는 것인가요?", "그 옷을 벗으면 어떨 것 같나요?", "만약 당신이 다른 사람이 된다면 누가 실망하고 화낼 것 같나요? 누구 말이 틀린 것이 될 것 같나요?" 등의 질문을 통해서 내담자가 '나 자신은 옷이 아니다'라는 사실을 알도록 돕는다.

또 다른 개입방법으로는 '정체성 고르기'(Hayes et al., 1999, p. 196)라는 것이 있다. 여기에서 내담자는 자기개념이 자의적이라는 것과 어떻게 자기개념이 자신의 기억, 지각, 생각, 느낌, 성향 전체에 영향을 미치는지 알기 위해 다양한 자기 개념을 하나씩 시도해 본다. 이 연습에서 치료자는 특정 정체성을 기술하는 다양한 내용이 담긴 종이를 만든다. 그중 일부에는 내담자가 자기 자신에 대해 말했던 것을 적고, 다른 일부에는 새로운 것을 적는다. 예를 들어, 치료자는 '나는 발레리나다', '나는 나쁘다', '나는 재미있다', '나는 강하다'라고 적힌 종이를 준비해 놓는다. 내담자는 치료시간에 종이에 적힌 정체성대로 '되어' 본다. 치료자는 내담자가 특정 정체성처럼 되는 것이 어떤 것일지에 대해 탐색해 보도록 돕는다. 그리고 내담자가 이런 정체성과 동일시하는 것이 자신의 생각, 느낌, 성향 등에 미치는 영향을 알 수 있도록 돕는다. 이러한 연습은 관찰자 자기와 접촉할 수 있게 하는 데에도 도움이 된다. 예를 들어, 치료자 생각에 내담자가 정말 특정 정체성대로 하고 있는 것 같다면 다음과 같이 질문할 수 있다. "당신이 가지고 있는 다양한 생각과 느낌을 알아차리고 있는 사람이 여기 같이 있다는 것을 알아차릴 수 있나요?"

우리가 말하고 있는 초월적 자기감을 직접 보는 것은 불가능하다. 그것은 의식적으로 보는 행동을 할 때 작동하는 관점 같은 것이기 때문이다. 이러한 자기감을 찾는 것은 마치 자신의 눈 뒤에서 뛰어올라서 눈이 무엇인가를 보고 있다는 것을 보는 것과 유사하다. 은유적으로 표현하자면, 어떤 일이 일어나는 것을 보기 위해서는 눈이 따라가야만 한다. 그러나 짧은 순간 동안 자신을 알아채는 것은 가능하다. '자유로운 생각 찾기' 연습에서 내담자에게 눈을 감고 완전히 자유로운, 즉 지금까지 경험했던 어떤 일과도 전혀 연관성이 없는 생각을 찾아보라고 한다. 보통 이 연습을 준비할 때는 이것이 가능할 것 같아 보이지만 실제 내담자의 경험은 다르다. 다음 사례에서처럼 치료자는 깜짝 질문을 한다.

> 치료자: 자, 떠오르는 생각을 계속 지켜보세요. 이미 입력되어 있지 않고, 자유롭고, 조건화되어 있지 않고, 당신 삶의 그 무엇과도 전혀 관련이 없는 생각을 찾을 수 있는지 살펴보세요. [잠시 멈춤] 무엇이 떠오르는지 말해 보세요.
>
> 내담자: [잠시 멈춤] 많은 생각을 가지고 있어요. 그렇지만 모두 친숙해요.
>
> 치료자: 자, 계속해 보세요. [잠시 멈춤] 떠오르는 게 뭔지 말해 보세요.

내담자: 좋아요. 음, 해변이 생각나요. 저는 거기에 가 본 적이 없어요. 그리고 '이건 새로운 것이다'라고 생각해요. 그렇지만 그때 이 해변이 광고에서 본 것과 비슷하다는 것을 깨달았어요.

치료자: 좋아요.

내담자: 그리고 새로운 것인지 아닌지를 따져 보기 시작했을 때 마치 3학년 때 선생님이 어려운 문제를 물어봤을 때와 비슷한 느낌이라는 것을 깨달았어요. 그러니까 이건 새로운 것이 아니에요.

치료자: 좋아요, 계속 바라보세요. 계속 찾아보세요. 그리고 그렇게 하는 동안에 질문 하나 할게요. '탐색 모드'로 들어가시면 손가락을 들어 올리세요.

내담자: [손가락을 들어 올린다.]

치료자: 자신의 정신이 작동하는 것을 알아차리면서 이것도 알아차려 보세요. 누가 지켜보고 있나요? [침묵]

내담자: 저요.

치료자: 이 느낌을 붙들려고 하지 말고 바라만 보세요. 곧 지나가 버릴 거니까요. 하나만 더 묻겠습니다. 자신이 지켜보고 있다는 것을 알아차렸을 때, 당신의 그 부분도 이미 입력되어 있고 조건화된 것 같았나요?

내담자: 아니요, 그건 그냥 그거예요.

회기를 마치고 정리하는 동안 이 경험을 구체화하지 않는 것이 중요하다. 초월성을 지나치게 꽉 붙잡으려 함으로써 또 다른 개념화된 자기를 만드는 것은 핵심이 아니다. 핵심은 경험적으로 '무(無, no-thingness)'와 접촉하는 것이다(Hayes, 1984). 그리고 그러한 접촉을 통해 그 수준에서 우리의 내재된 전체성에 대한 신념을 가지고 행동하도록 하는 것이다.

개념화된 자기와 관련하여 해야 하는 것에 대한 수용전념치료의 격언이 있다. "매일 너 자신을 죽여라."(Hayes et al., 1999, p. 200) 맥락적 자기와 접촉하는 것은 개념화된 자기와 그에 따르는 투쟁을 내려놓는 것이다. 요점은 유연성을 창조해 내는 것이다. 만약 우리가 자존심, 피해자, 희생자 등 개념화된 자기에 집착하지 않아도 된다면, 우리는 특정 개념화된 자기가 어떤 대접을 받아야 한다든가,

무엇이 필요하다든가, 무엇을 요구한다든가 등에 따른 선택을 하지 않아도 된다. 그보다 우리는 더 자유롭게 가치와 관련한 선택을 할 수 있게 된다. 즉, 좀 더 유연하고 가치에 맞춘 행동을 할 수 있게 된다.

경험적 연습

개념화된 자기를 내려놓는 데 도움이 되는 다양한 경험적 연습이 있다. 수용전념치료의 주요 연습 중 하나는 관찰자 자기 연습이다(Hayes et al., 1999, pp. 192-196). 관찰자 자기 연습은 내담자가 어떠한 경험보다도 커다란 '나'에 빠르게 접촉할 수 있도록 해 준다. 이 연습은 일반적으로 눈을 감고 행해지고, 대개 30분 이상 소요된다. 전체 과정은 Hayes 등의 저서를 참조해야 하나, 핵심은 다음 예와 같이 우선 의식 자체의 연속성을 알아차리는 것이다.

치료자: 만약 기꺼이 해 보시겠다면 짧은 연습 하나를 제안합니다. 자신이 경험하는 모든 것에 대한 맥락이 되는 곳과 자신의 경험에 대한 관찰자가 되는 곳을 발견하고자 하는 연습입니다. [더 진행하는 것에 대해 허락을 받는다.]

눈을 감고 따라 해 보세요. 잠깐 동안 당신의 호흡에 주의를 기울이고, 의자에 편안하게 앉으세요. [내담자가 자세를 잡는 동안 잠시 기다린다.] 이제 잠깐 시간을 갖고 오늘 아침에 한 것에 대해 기억을 되살려 보세요. 아침을 먹거나 출근 준비를 하는 것 같은 거요. 그 기억을 살펴보세요. 무엇을 하고 있었고, 주위에 누가 있었다면 누구였는지 알아차려 보세요. 그 기억의 장면과 소리를 기억할 수 있는지 보세요. [내담자에게 기억을 떠올릴 시간을 준다.]

자, 당신이 그 기억을 알아차리고 관찰하는 동안에 그렇게 알아차리고 있는 것이 누구인지를 알아차려 보세요. 이제 그 기억을 내려놓고 또 다른 기억을 찾아 시간을 거슬러 올라가 봅시다. 한 달 전이나 일 년 전으로요. 기억을 찾게 되면 마찬가지로 그 기억을 살펴보세요. 이 기억의 장면과 소리는 어떻습니까? [잠깐 멈춤] 그리고 다시 당신이 그 기억을 알아차리는 동안에 그렇게 알아차리고 있는 것이 누구인지를 알아차려 보세요. 당신이 이 기억을 가지고 있음을 관찰하고 있는 '당신'이 거기에 있음을 알아차려 보세요.

다음 전략은 이와 같은 연속적인 자기감을 역할, 감각, 감정, 생각, 행동화 욕구 같은 경험의 다양한 차원과 대비하는 것이다. 각각에 대하여 치료자는 내담자에게 특정 차원이 나타났다가 사라지고 끊임없이 변화하지만 의식에 대한 감각 자체는 변하지 않는다는 것을 알아차려 보도록 한다. 핵심은 우리가 싸우고 있는 경험 자체가 실제로 '우리'인 것은 아니라는 것이다.

카드 이름 붙이기 연습(Walser & Pistorello, 2004), 개념화된 자기 내려놓기 연습(Walser & Westrup, 2007) 등 내담자가 맥락적 자기를 형성하는 데 도움을 줄 수 있는 다양한 수용전념치료 연습이 있다.

자기 평가와의 융합

앞서 언급한 것처럼, 평가는 어떤 경우에는 매우 유용하다. 그것은 우리를 위험에서 지켜 주고 결정을 도와주고 문화적으로 정의된 옳고 그름을 알 수 있게 해 준다. 그렇지만 평가할 수 있는 능력은 어떤 맥락에서는 도움이 되지만 어떤 경우에는 상당히 해로울 수도 있다. 특히 그 평가가 자신에 대한 것일 경우 더욱 그러하다. 우리가 만나는 대부분의 내담자는 자기 자신에 대한 부정적인 평가를 이야기하고 진심으로 그것을 믿는다. 이 평가는 평생 동안 언제나 그들 주위를 맴돌면서 그들을 괴롭히고 문제가 생기면 나타나곤 한다. '나는 쓸모가 없다', '나는 사악하다', '나는 한심하다', '나는 추하다', '나는 자격이 없다', '나는 실패자다', '나는 구제 불능이다', '난 짐승이지 인간이 아니다', '난 불량품이다' 등과 같이 내담자가 치료시간에 가지고 오는 이런 평가를 검토하는 것만으로도 평가와 융합되는 것의 해로움을 느낄 수 있다.

종종 내담자는 자신의 자기 평가가 변해야 한다는 생각을 가지고 치료를 받으러 온다. 더 나은 삶을 살기 위해서는 더 좋고 보다 긍정적인 자기 평가(예, 더 높은 자존감)를 가지는 것이 필요하다고 생각한다. 이것은 내담자가 이길 수 없는 싸움이다. 왜냐하면 부정적인 자기 평가를 제거하려는 싸움이 역설적이게도 바로 문제의 원흉이기 때문이다. 내담자의 평가는 자신의 일부이며, 자신이 살아 온 것의 일부다. 따라서 부정적인 평가를 없애거나 바꾸기 위해서는 내담자가 자기 자신과 싸워야만 한다. 그로 인한 결과는 바로 자기 공격적이고 자기비판적인 자세이며, 이런 자세는 애초부터 문제의 핵심이었던 것이다. 이와는 대조적으로 수용전념치료자는 내담자가 자기 평가의 내용을 바꾸는 대신에 그것을 그 자체로 바라볼 수 있도록 돕는다. 또한 차분하게 그것을 관찰할 수 있도록 안내한다. 요점은 이러한 자기 평가가 이미 입력되어 있는 프로그램 같은 것이어서 어떤 버튼을 누르면 실행되어 모니터 화면에 떠오르는 것과 같다는 것을 알게 해 주는 것이다. 체스 판 은유를 이용하자면, 이러한 평가나 그것을 바꾸려는 생각은 체스 판 위에 있는 체스 말이지 체스 판 자체가 아니다. 내담자는 평가도 포함하고 있는 전체로서의 인간이다. 그리고 앞에서 설명한 여러 가지 '이유'에 대한 경우와 마찬가지로 평가가 내담자의 선택이나 삶의 질을 결정하는 것은 아니다.

내담자가 평가를 진실이라고 믿는 대신 이를 알아차리는 데 도움이 될 수 있는 다양한 연습이 있다. 우선 치료자가 기술과 평가를 구별해 줄 수 있다. 예를 들어, 치료시간 중에 치료자는 펜을 들어 보이며 그것에 대해 다음과 같이 기술한다.

치료자: 이 펜은 흰색입니다. 검은색 글자가 있고요, 뚜껑도 검은색입니다. 펜촉은 금속으로 되어 있고, 검은색 잉크가 들어 있습니다. 동의하시나요?

내담자: 네.

치료자: 자, 제가 이것이 세계 최고의 펜이고 더 좋은 펜은 없다고 한다면 동의할 수 있나요?

내담자: 글쎄, 잘 모르겠네요. 저도 꽤 괜찮은 펜을 갖고 있거든요.

치료자: 그거예요. 기술과 평가가 어떻게 다른지 아셨을 것입니다. '세계에서 가장 좋은 펜'이라는 것은 그 펜 안에 있는 것이 아닙니다. 제가 그 펜에 대해 말한 것입니다. 제가 펜에 대해 평가한 것입니다…. 그 펜 안에 존재하는 것이 아닙니다. [잠깐 멈춤] '쓸모없다는 것'은 당신 안에 존재하는 것이 아닌 평가입니다. 당신이 자신에 대해서 이야기하는 것일 뿐입니다. 당신이 온전한지 아닌

지와는 전혀 관계가 없는 것입니다.

이러한 방식의 상호작용은 3장에 나온 우유 연습을 통해서도 시연될 수 있다. 내담자가 우유를 상상하고, 마음의 눈으로 그것을 보고 차가운 잔을 '느끼고' 우유의 '맛'을 느끼더라도 우유는 거기에 있지 않다. '우유'라고 말하고 우유를 묘사한다고 해서 우유가 말 그대로 갑자기 존재하게 되는 것은 아니다. '나는 나쁘다'고 말하는 것과 '나는 나쁘다'고 느끼는 것이 그 사람 안에 나쁜 속성을 만들지는 않는다. 그것은 그 사람이 자기 자신에 대해 말하는 것일 뿐이다. 이 경우에도 마찬가지로 내담자 자신은 '나는 나쁘다'는 내용을 위한 맥락일 뿐이다.

맥락적 자기와 잘 살아가기

맥락적 자기와의 접촉을 개발하는 것은 선택에 대한 감을 기르는 것을 촉진한다. 선택은 중요하다. 왜냐하면 내담자가 언급한 가치에 맞는 행동을 선택할 수 있도록 하는 것이기 때문이다. 이러지도 저러지도 못한다고 하는 내담자는 흔히 자신에게 선택의 여지가 없기 때문에 그런 상태에 있다고 말한다. 어떤 생각이나 느낌이 앞으로 나아갈 수 있는 그들의 능력을 방해하고 있는 것이다. 그들이 왜 그렇게 이러지도 저러지도 못하는 상황에 놓여 있는지를 설명하는 이유와 이야기는 많다. 이러한 이유는 충격적인 어린 시절의 경험에서부터 분노, 용서할 수 없다는 것, 쓸모없다는 느낌에 이르기까지 다양하다. 치료자가 해야 할 일은 내담자가 이 이야기에서 탈융합하여 여전히 선택이 가능하다는 것을 깨달을 수 있도록 하는 것이다.

만약 내담자가 맥락적 자기로서 행동할 수 있다면 회피나 융합 없이 생각이나 느낌을 알아차리는 것이 더 쉬워진다. 예를 들어, '나는 이것을 할 수 없다'는 생각을 가진 채로 그 일을 할 수 있게 되는 것이다. 핵심은 생각을 관찰하고 그 순간 무엇을 해야 하는지에 따라 행동을 취하는 것이다. 치료자는 다양한 방식으로 내담자가 이러한 레퍼토리를 만들도록 도울 수 있다. 한 가지 방법은 아는 것에 대한 경험적인 인식과 내담자가 연결되도록 돕는 것이다.

치료자: 더 이상은 한순간도 견딜 수 없다고 스스로에게 이야기해 본 적이 있나요?

내담자: 네.

치료자: 어떻게 됐나요?

내담자: 음… [웃음]

치료자: 그 순간이 지나갔죠, 그렇죠?

내담자: 그래요.

치료자: 그리고 다른 순간이 오고 또 다른 순간이 오고 그 순간은 계속해서 왔습니다. 그리고 당신은 지금 여기에 있어요. 당신의 마음은 당신이 견뎌 내지 못할 것이라고 했지만 당신은 견뎌 냈어요.

내담자: 그래요, 그렇지만 그것은 여전히 안 좋은 느낌이에요.

치료자: 저도 그렇게 생각해요. 저도 그것이 정말 안 좋은 느낌이라고 믿어요. 그렇지만 당신의 생각이 정말로 당신의 모든 행동을 좌우했다고 잠시만 상상해 보세요. 당신이 생각만 하면 그 생각대로 하게 되어 있다고 말이에요. 만약 생각이 실제로 모든 사람의 행동을 야기한다면 어떨까요? 그런 세상은 어떨 것 같아요?

내담자: 난장판일 거예요. 세상이 망하겠죠.

치료자: 그래요. 사태가 심각하겠죠. 정말 다행스럽게도 우리의 생각이 우리의 행동을 일어나게 하지는 않아요. 우리의 이유, 우리의 이야기는 우리가 어떤 것을 하게 만들지는 않아요. 그렇지만 어떤 때에는 그것이 정말 우리가 어떤 것이든 하게 만들 수 있을 것처럼 크고 무섭게 보이기도 하지요. 그렇지만 정말 그것이 할 수 있는 것은 크고 무섭게 보이게 하는 것뿐이에요. 당신의 마음은 당신에게 "나는 더 이상은 한순간도 견딜 수 없어."라고 이야기하지만, 당신의 경험은 당신이 견딜 수 있다는 것을 말해 줍니다. 그렇다면 제가 하고 싶은 질문은 이겁니다. "애초부터 이 모든 생각을 알아차리고 있는 것은 누구일까요?"

내담자: 저예요.

치료자: 그렇다면 바로 그 알아차리는 감각이 특정 생각에 따라 달라지나요? 당신은 당신이 좋아하는 생각과 그렇지 않은 것을 알아차릴 수 있습니까?

내담자: 물론이죠.

치료자: 거기서부터 선택이 가능해집니다. 어쨌든 이것은 누구의 삶입니까? 당신 생각의 것입니까? 생각을 관찰하는 동시에 선택을 할 수 있나요? 생각을 가진 채로 그것을 알아차리는 동시에 당신이 원하는 삶에 맞는 행동을 할 수 있나요?

치료자는 내담자에 따라 특히 잘 들어맞는 다양한 과제를 제공할 수 있다. 또한 내담자 자신의 생각과 감정을 위한 선택이 아닌, 의식이 있는 한 인간임을 알아차리는 동시에 생각과 감정을 지닌 채 선택을 하도록 도와주는 다양한 과제를 제공할 수 있다. 이것은 맥락적 자기와 다른 수용전념치료 과정, 즉 현재 순간과 만나기, 탈융합, 가치 있는 삶 등을 효과적으로 연결해 준다.

핵심 역량 실천

이 장의 나머지에서는 내담자가 맥락적 자기와 개념화된 내용적 자기를 구별하는 것을 도와주는 것과 관련된 치료자의 핵심 역량에 초점을 맞춘다. 네 가지 수용전념치료 핵심 역량은 맥락적 자기를 구별해 내는 것과 관련되어 있다. 각각의 핵심 역량에 대한 설명 후에 면담 예시와 연습 문제가 제공된다.

핵심 역량 연습

역량 1 치료자는 은유를 사용하여 내담자가 의식의 내용 및 산물을 의식 자체와 구별하도록 돕는다.

[연습 5-1]

남편과 이혼한 61세의 내담자가 치료를 받으러 왔다. 그녀는 치료 경험이 전혀 없었으며 자신의 힘든 감정을 다루기 위해 회피 전략을 주로 사용하였다. 그녀는 40년이 넘는 시간 동안 혼자 지내 본 적이 없었기 때문에 새로운 삶을 어떻게 살아야 하는지를 알고 싶어 한다. 새로운 것에 도전하는 것에 대한 두려움이 있으며, 그 두려움이 사라지기를 원하고 있다. 그녀는 집에 틀어박혀 있기, 혼자 있을 때 술 마시기, 새로운 상황과 활동을 회피하기와 같은 여러 방법을 통해 두려움에서 벗어나려고 노력했다.

내담자: [체스 판 은유 직후에] 그래도 뭔가 이 전쟁을 이길 방법은 있지 않을까요? 난 이 두려움이 정말 사라졌으면 좋겠어요. 체스 판 위의 말을 그냥 넘어트리면 안 될까요?

여기에 자신의 반응을 적어 보십시오(역량 1을 사용한다는 것을 기억하시기 바랍니다).

어떤 생각 때문에 이러한 말을 하게 되었나요? 무엇에 대한 반응이고, 무엇을 얻고자 하는 것인가요?

역량 2 치료자는 내담자가 맥락적 자기와 접촉하는 것과 이 맥락적 자기와 내용적 자기를 구별하는 것을 돕기 위해 연습을 활용한다.

[연습 5-2]

이 대화는 역량 1에 등장했던 내담자와 나중 치료시간에 이루어진 것이다.

치료자: 굉장히 오랜 결혼 생활로 당신은 자신을 단지 '주부'로만 보게 된 것 같군요.

내담자: 저는 항상 그런 사람이었어요. 저는 설거지와 청소를 하고, 집에 있고, 다른 사람을 돌보는 것을 하는 사람이에요. 다른 것은 할 줄도 몰라요.

여기에 자신의 반응을 적어 보십시오(역량 2를 사용합니다).

어떤 생각 때문에 이러한 말을 하게 되었나요? 무엇에 대한 반응이고, 무엇을 얻고자 하는 것인가요?

역량 3

치료자는 내담자가 마음의 작용과 감정의 경험을 알아차림과 동시에 이런 경험을 하기 위한 것이 아닌 경험을 가진 채로 행동하고 선택하는 자기와 접촉하도록 도울 수 있는 행동적 접근을 사용한다.

[연습 5-3]

내담자는 28세의 여성으로 직장 동료와의 관계에서 어려움을 호소한다. 그녀는 두려움을 느끼며 직장을 그만두고 싶어 하지만 경제적 압박으로 그러지 못하고 있다. 그녀는 직장 내 대인관계로 인해 자신의 감정이 상하지 않기를 바란다. 그녀는 직장에서 의연하게 보이려 하지만 남몰래 힘들어하고 집에 와서는 운다고 한다. 그녀는 이런 기분이 드는 자신에게 화가 난다고 한다.

치료자: [치료시간 끝부분] 그렇게 의연해 보이려 하는 것은 얼마나 효과적이지요?

내담자: 별로요. 전 많이 노력하고 있지만 점점 힘들어져요. 항상 울컥함을 느끼지만 지금까지는 잘 견디어 왔어요.

치료자: 눈물이 나 울어 버리는 것에 대해서는 자신에게 어떤 말을 하지요?

내담자: 난 나약하지만 이런 별것도 아닌 것으로 괴로워하면 안 된다고요.

여기에 자신의 반응을 적어 보십시오(역량 3을 사용합니다).

어떤 생각 때문에 이러한 말을 하게 되었나요? 무엇에 대한 반응이고, 무엇을 얻고자 하는 것인가요?

역량 4 치료자는 평가하는 자기와 평가 자체의 차이를 인식할 수 있도록 도와준다.

[연습 5-4]

이 대화는 역량 3에 등장했던 내담자와의 다음 치료시간에 이루어진 것이다.

내담자: 사람들과의 이런 관계는 끔찍해요. 저는 그들에게 쓸모없는 존재인 것처럼 느껴지고, 이제는 저 스스로도 제가 정말 쓸모없는 존재라고 믿기 시작하게 되었어요. 저한테 정말 문제가 있지 않은 이상 이렇게 될 수는 없을 것 같다고 말이에요.

여기에 자신의 반응을 적어 보십시오(역량 4를 사용합니다).

어떤 생각 때문에 이러한 말을 하게 되었나요? 무엇에 대한 반응이고, 무엇을 얻고자 하는 것인가요?

핵심 역량 모범 반응

역량 1

예시 5-1a

치료자: 당신은 계속 이 전쟁을 하고 있었고 또 이기려고 노력해 왔다는 것을 알아차려 보세요. 당신이 했던 전투에는 두려움이라는 체스 말을 없애기 위해 집에 있기, 술 마시기 등이 있어요. 그 결과 당신은 두려움을 억누르기 위해 당신의 삶을 이 전투와 전쟁에만 제한하고 있어요. 잠시 한 가지만 물어볼게요. 지금 당신은 아직도 '당신' 입니까? 이 모든 상황을 알아차릴 수 있나요? 만약 이 모든 갈등 속 당신이 계속 당신이었다면 이 전쟁이 당신과 그렇게 큰 관계가 있을 만한 이유가 있나요?

설명 치료자는 내담자가 자신의 경험과 만나도록 도와준 후 갈등의 내용과 갈등의 의식적인 맥락 간의 차이를 지적한다.

예시 5-1b

치료자: 당신이 전쟁에 이기기 위해 전투를 시작하였고, 당신은 체스 판 위에 있는 체스 말을 모두 넘어트릴 수 있다고 가정해 봅시다. 하지만 이 체스 판은 끝이 없기 때문에 체스 말을 완전히 떼어 낼 수는 없다는 것을 기억하세요. [체스판 위의 말을 넘어트린다.] 제가 말하는 문제는 이런 겁니다. 당신은 당신인 것에서 당신이 아닌 것으로 옮겨 간 셈입니다. 체스 판이 아닌 체스 말이 되어 버린 것이죠. 이제 더욱 큰 의미의 '당신'이 당신의 적이 되었어요. 이 모든 체스 말이 체스 판에 위협이 되나요?

내담자: 전혀 위협이 되지 않아요.

치료자: 맞아요. 그럼 체스 말은 다른 체스 말에 위협이 되나요? 굉장히 큰 위협이 되죠, 그렇죠? 그럼 당신은 어떻게 이 전투를 중단하게 할 수 있을까요? 불가능해요. 끝내려고 하지 않으시겠죠. 그래서 저의 질문은 이렇습니다. 만약 당신이 그렇게 움직인다면 언제 그 고통이 끝날 수 있을까요?

설명 여기서 치료자는 내용적 자기의 특정 형태에 집착하는 것으로 인한 손실(예, 보다 큰 의미의 자신과 자신의 과거사가 곧 자신의 적이 되는 것)을 강조한다. 그리고 초월된 자기감(즉, 맥락적 자기)과의 접촉이 이 전쟁을 중단할 수 있는 하나의 방법이 될 수 있음을 강조하고 있다.

역량 2

예시 5-2a

치료자: 그럼 주부 외에 다른 '당신'은 정말 존재하지 않는 것으로 보이네요. 주부인 당신만 존재하는 것처럼 말이에요. 그런데 당신은 언니가 있고 부모님의 딸이라고 하셨죠. 당신이 자원봉사를 한 번 했다는 것도 저에게 알려 주었고요. 그럼 우리는 이런 의미의 당신에 대해서도 설명할 수 있을 것이고, 제 생각에 이것은

주부인 당신과는 달라 보일 것 같은데요.

내담자: [생각한다.] 네.

치료자: 하지만 당신이 주부였고, 여동생이고, 자원봉사자였다는 것을 알아차리고 있는 '당신'이 있다는 것도 아셔야 해요. 그리고 당신은 현재 여기 있지요. 그럼 이 모든 것은 누가 알아차리고 있을까요?

설명 치료자는 내담자가 이야기한 적이 있거나 만들어 낼 수 있는 모든 개념화된 자기에 대해 지적함으로써 체스 판 수준의 자기, 즉 맥락적 자기와 만나도록 돕고 있다. 또한 그녀도 이러한 개념화된 자기를 알아차리고 있으며 그 이상의 존재임을 알 수 있도록 돕고 있다. 내담자가 주부라는 개념화된 자기를 유지하려는 것에 국한하지 않는 새로운 행동을 취할 수 있게 되는 것은 바로 이 시점부터다.

예시 5-2b

치료자: 저와 같이 간단한 연습 하나 해 보시겠어요?

내담자: 네.

치료자: [Walser & Westrup, 2007에서 참조] 눈을 감으시고, 주부로서 집에 있는 당신의 모습을 상상해 보세요. 그 장면이 보이면 오른쪽 손가락을 들어 주세요.

내담자: [손가락을 든다.]

치료자: 그럼 그 모습을 자신에게 조용히 묘사해 보세요. 그녀는 어떻게 생겼죠? [멈춤] 이젠 그녀가 어떻게 느끼는지 살펴보세요. 지금 보고 있는 주부로서의 자기는 어떤 감정을 경험하고 있지요? [멈춤] 이 주부는 이 세상과 세상이 돌아가는 것에 대하여 어떤 말을 하고 있지요? [멈춤] 그녀는 자신을 어떻게 정의하나요? [멈춤] 이제 이러한 자신에 대한 모든 이미지를 당신 마음속에 떠올리세요. 그녀의 생각, 감정, 살아가는 방식 등을 가지고 있는 채로 그녀를 보내야만 한다면 그건 당신에게 어떤 의미가 될까요? [멈춤] 그녀를 보낸다는 생각을 하면 어떤 기분이 들죠? [멈춤] 만약 어떤 저항이 느껴진다면 그녀가 당신 자신인 것만은 아니란 것을 알아차릴 수 있는지 살펴보세요. 그녀는 당신의 역할 중 하나일 뿐이에요. 이제는 손바닥 위의 나비를 조심스럽게 잡듯이 당신이 그녀를 살짝

잡는 것을 상상해 보세요. 그리고 당신의 삶에서 원하는 가치에 따라 사는 것을 선택할 수 있다고 상상해 보세요.

설명 치료자는 경험적 연습을 통하여 내담자가 개념화된 자기에 얽매이지 않도록 도와준다. 이것은 그녀가 주부란 역할에서 자신을 자유롭게 하고 미래를 어떤 식으로 살아갈지에 대한 대안을 선택할 수 있게 하는 작은 길을 마련해 준다.

역량 3

예시 5-3a

치료자: 당신은 나약하지만 이런 별것도 아닌 것으로 괴로워하면 안 된다는 생각을 기꺼이 가진 채로 울어 보시면 어떻겠어요? 이런 경험을 해 보시면 어떨까요?

내담자: 그럼 저 자신이 무너져 버릴까 봐 두려워요.

치료자: 네, 그럼 그 생각도 포함해서요. 당신은 나약하고 무너져 버릴 것이라는 생각을 갖고, 그때 느끼는 감정을 만나 보는 것을 기꺼이 해 보시겠어요? 조용히 앉아서 이 감정을 열린 마음으로 받아들일 수 있을까요? 울게 되더라도 말이에요.

내담자: 한번 해 볼 수는 있을 것 같아요.

치료자: 네. 제 생각에 이렇게 하면 도움이 될 거예요. 집에 가셔서 오늘 밤에 이 테이프를 가지고 우리가 했던 관찰자 연습을 해 보세요. 이 연습이 다 끝나고 당신이 초월된 자기감과 더 깊게 연결되었다고 느껴지면 고통스러웠던 경험을 최소 15분 동안 찬찬히 떠올려 보세요. 울고 싶어지면 우셔도 돼요. 어쨌든 그렇게 하는 동안에 당신의 감정에 의해 정의된 당신이 아닌 온전히 의식 있는 사람으로서 그런 경험을 가볍게 쥐어 볼 수 있는지 살펴보세요.

설명 치료자는 내담자가 자신이 약하고 무너져 버릴 것이라는 생각을 경험하는 동시에 애써 회피하던 정서를 능동적으로 마주할 수 있도록 도와준다. 그리고 이를 위해 관찰자 자기의 입장에서 그렇게 하도록 한다. 만약 내담자가 이렇게 할 수 있다면 울더라도 말 그대로 무너져 버리지는 않을 것이며, 그녀는 자신이 감정 이상의 존재라는 것을 경험을 통해 알 수 있게 될 것이다.

예시 5-3b

치료자: 그런 생각과 감정을 지닌 채로 관찰하는 동시에 당신이 추구하는 가치와 일치하는 행동을 직장에서 할 수 있을지 궁금하군요. 직장 생활에서 실현해 볼 수 있는 가치에는 어떤 것이 있을까요? [직장과 관련된 가치를 내담자와 탐색하고 이런 가치와 일치하는 과제(예, 내키지는 않지만 인사해 보기)를 내준다. 다음 치료시간까지 이 과제를 해 보라고 한다.]

설명 내담자가 개인적 가치를 실현하는 행동을 선택하는 것을 일상화하는 동시에 생각과 감정을 관찰할 수 있는 자신과 만날 수 있도록 돕는 것이 목적이다. 내담자는 자신이 기대하는 것(예, 다른 사람이 인사를 받아주는 것)을 얻지 못할지라도 자신의 가치에 따라 사는 것을 선택할 수 있다.

역량 4

예시 5-4a

치료자: 지금 일어나고 있는 일에 슬퍼하는 것을 저도 이해할 수 있겠어요. 그래도 당신의 경험에 대한 당신의 반응이 궁금해요. 이런 감정에 대해서 당신이 더 연민의 관점으로 볼 수는 없는지 궁금해요. 만약 당신이 끔찍한 기분을 느끼고 있는 어떤 사람을 보게 된다면 당신은 그 사람이 쓸모없다고 생각하겠어요?

내담자: 아니요. 그 사람을 위로해 주려고 할 것 같아요.

치료자: 그럼 이런 관점을 당신에게도 적용할 방법이 있을까요? 당신이 쓸모없다는 생각을 경험하는 이 순간에 당신을 위로해 주려고 하고 연민의 관점을 가질 수 있는 방법 말이에요.

내담자: 음, 생각을 '살펴보려는' 노력을 해 볼 수 있겠죠.

치료자: 네, 스스로를 다른 쪽으로 설득하거나 어떻게 하지 말라는 이야기를 하라는 것이 아닙니다. 그냥 자신의 옆에 머무르면서 당신의 생각을 관찰하는 것이지요. 그리고 당신을 위로하고 연민과 일치하는 행동을 할 수 있도록 말입니다. 예를 들면, 혼자 틀어박혀 있거나 숨지 않고 남과 대화하는 것처럼요. 또 어떤 것이 있을까요?

설명 치료자는 내담자의 생각을 없애거나 논박하려는 것이 아니며 판단하지 않고 단지 관찰하는 방식으로 진행하고 있다. '나'에서 '너'로 이동하여, 이 관점을 통해 힘든 내용과 재접촉하는 식으로 대상 지시적 관계를 사용함으로써 초월적 자기와 만날 수 있게 한다. 이런 감정을 경험하기 때문에 자신에게 문제가 있다고 믿는 것보다는 훨씬 더 연민의 사랑하는 관점이다. 치료자가 생각을 바꾸려는 특별한 노력을 하지 않았다는 점에 주목할 필요가 있다. 내담자가 문자 그대로 어떠하다는 내용이 아니라 경험하는 내용으로서 생각을 관찰하는 것에 초점이 맞추어져 있다.

예시 5-4b

치료자: 저를 보세요. 제 눈을 똑바로 보세요. [멈춤] 제가 당신이라고 생각해 보세요. 제 눈을 똑바로 보고 이번에는 당신 바깥으로부터 '당신'을 알아차려 보세요. 이런 평가를 하고 있고 그것을 알아차리고 있는 사람이 여기에 있는 것을 보세요. 만약 평가에 얽매여 있는 부분이 아닌 좀 더 의식화된 부분에게 이야기하고 싶다면 '당신'에게 뭐라고 하겠어요?

설명 맥락적 자기에 기초한 공감에 호소하기 위하여 치료자는 대상 지시적 틀을 사용한다.

예시 5-4c

치료자: 당신이 경험을 평가하고 있는 것을 보세요. 끔찍한 느낌이 든다고 한 후에 그것이 뭔가 나쁘거나 잘못된 것이라고 판단하고 있어요. 하지만 '나에게는 뭔가 문제가 있다'는 생각 역시 체스 판 위의 체스 말이라는 것을 알아차려 보세요. 이것은 당신이 이 순간에 경험하고 있는 것이지요. 전 당신이 경험보다 더 큰 당신과 만날 수 있도록 도와주고 싶어요. 그러기 위해 해 볼 수 있는 한 가지 쉽고 빠른 방법으로 이런 말을 해 보는 것이 있어요. "나는 나에게 뭔가 문제가 있다는 생각을 가지고 있다." "나에게 뭔가 문제가 있다."라는 말 대신에 말이에요. 그렇게 하는 동시에 누가 그런 생각을 알아차리고 있는지를 살펴보세요.

설명 이 반응은 평가로 분류된 경험을 하는 자기를 직접 지적하고 있다. 내담자가 자신의 평가를 믿으려 할 때, 혹은 자신을 체스 말을 지니고 있는 존재가 아닌 체스 말 자체로 인식하고 있을 때, 이런 차이점을 지적하는 것은 도움이 된다.

경험적 연습: 맥락적 자기와 내용적 자기 구별하기

두 가지 개념화된 자기를 묘사합니다(예, 전문가적 자기, 부모로서의 자기, 피해자로서의 자기). 이 개념화된 자기에 대해 기술하십시오. 무엇을 느끼고, 어떻게 생각하며, 어떤 식으로 나타나는지 등을 기술하십시오. 개념화된 자기에 대한 서술을 완성하면, 각각의 개념화된 자기가 할 것 같은 행동과 정반대되는 행동에 대해 몇 가지 문장을 각각 추가하십시오. 창의적이고 거침없이 극단적으로 적으십시오.

글쓰기를 끝낸 후 편한 자세를 취하고 눈을 감고는 묘사된 각 개념화된 자기를 상상해 봅시다. 당신이 원한다면 모르겠지만, 그들이 당신이라고 상상할 필요는 없습니다. 단지 당신에게 어떻게 느껴지는지를 나타낼 수 있는 형태를 상상하면 됩니다. 그리고 상상 속에서 이 개념화된 자기가 조금 전에 정반대되는 행동이라고 기술한 행동을 하는 것을 그려 봅니다. 상상 속 각 상황에서 어떤 일이 일어나는지 알아차려 보고 글로 적어 보십시오.

개념화된 자기 1:
설명:

반대 행동:

메모:

개념화된 자기 2:
설명:

반대 행동:

메모:

추가 정보

- 이 장은 주로 임상 관점에서 쓰였지만, 자기와 대상 지시적 틀에 관한 행동분석 과학 연구 역시 활발하게 이루어지고 있다. 배경이 되는 기본 지식에 대한 길잡이로는 Barnes-Holmes, Hayes와 Dymond(2001)를 참조하시오.
- 이 분야에 관한 현대적 기초 연구에 관해서는 McHugh 등(2004), Rehfeldt 등(2007)을 참조하시오.
- 이 장과 관련된 더 많은 연습과 은유를 원하면 Hayes 등이 저술한 *Acceptance and Commitment Therapy: An Experimental Approach to Behavior Change* (1999)의 7장(pp. 180–203)을 참조하시오.

Learning ACT

제 6 장

가치 있는 방향 정의하기

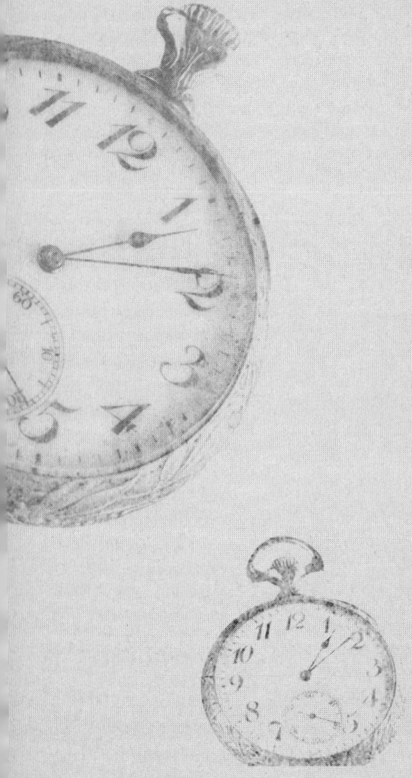

제6장

가치 있는 방향 정의하기

내가 나의 비전을 성취하는 데 있어 나의 힘을 사용하기 위해 강해지고자 할 때,
내가 두려워하는지 여부는 점점 덜 중요해진다.
—Audre Lorde(1997, p. 13)

가치 있는 방향 정의하기의 핵심 목표는 다음과 같다.

✓ 삶에 의미를 주는 가치를 명확히 하면서 동시에 가치와의 접촉을 돕는다.
✓ 자동적 반응과 경험은 그대로 일어나도록 하면서 행동의 변화를 선택된 가치와 연결하는 것을 돕는다.

당신의 치료자로서의 가치는 무엇인가? 당신은 자신의 일에서 목표를 얼마나 높이 잡고 있나? 이 장은 치료자로서의 가치를 명료화하고 그에 집중하도록 돕고, 가치 있는 목표를 정의하는 과정에 대해 경험적으로 감을 익히는 데 도움이 되는 연습으로 시작된다.

경험적 연습: 가치 있는 방향 정의하기

각각의 질문에 대해 충분한 시간을 갖고 천천히 진행하십시오. 각각의 질문을 완성한 후에 지시문에 따라 다음으로 넘어가십시오.

정신건강 전문가로서 당신에게 가장 중요한 것은 무엇인지 잠시 시간을 갖고 생각해 보십시오. 당신은 어떤 정신건강 전문가가 되고 싶으십니까? 당신의 답을 적어 보십시오.

다음에 제시된 치료자의 범주에 대해 잠시 생각해 보십시오.

□ 괜찮은 치료자 □ 좋은 치료자 □ 매우 좋은 치료자 □ 출중한 치료자

위에 기술된 각 치료자의 범주에 대해 생각할 때 무엇이 떠오릅니까? 치료자로서 자신의 기술을 평가하며 스스로 어디에 속하는지 알아보고 있는 자신의 모습을 발견하게 됩니까? 특정 범주에 자신을 포함하는 것에 대해 망설이거나 불편함을 느낍니까?

자신이 무엇을 느끼고 알아차렸는지 적어 보십시오.

네 가지 선택 중에 하나를 고르는 것이 식당 메뉴를 고르는 것만큼 간단한 일이라고 가정해 봅시다. 만약 메뉴를 손에 들고 출중한 치료자를 선택한다면 어떨겠습니까? 그렇게 하는 것이 당신이 내담자를 대하는 방식에 시사하는 바가 무엇인지 한두 가지를 적어 보십시오.

현재 진료하고 있는 내담자를 생각해 보십시오. 어떤 내담자라도 좋습니다. 당신이 그 내담자에게 출중한 치료자가 되고자 한다면, 그렇게 하려고 하는 것은 이 내담자를 대하는 데에 어떤 의미가 있습니까? 출중한 치료자가 되려고 하는 것으로 인해 평상시와 다르게 하거나 혹은 하지 않게 되는 것이 있습니까? 당신이 이 내담자에게 출중한 치료자가 되고자 할 때 바뀔 만한 것에는 어떤 것이 있습니까? 한두 가지 정도를 다음에 적어 보십시오.

자신이 평소 일하는 방식을 고려했을 때, 이러한 변화를 선택하는 데 가장 방해가 되는 내적 장애물은 무엇입니까?

이러한 장애물을 받아들이는 것이 당신이나 당신의 내담자에게 손해가 되었던 적은 없습니까? 솔직히 생각해 보시기 바랍니다.

당신이 출중한 치료자를 고를 경우, 그것이 내담자를 대하는 데 시사하는 바와 출중한 치료자가 되기 위해 당신에게 필요한 변화를 검토해 보십시오. 이러한 변화를 이끌어 낼 수 있고, 내담자를 대하는 것과 관련하여 시사하는 바를 현실화할 수 있는 행동을 할 기회가 있다고 가정해 보십시오. 당신은 이 기회를 받아들이고, 장애물이 자신의 행동을 방해하지 않도록 하면서 이러한 장애물을 알아차리시겠습니까? 당신이 기술한 변화에 연관된 전념 행동으로서 할 수 있는 구체적인 행동을 적어도 한 가지 적어 보십시오.

[가치]에 대한 표현으로서

나는 [행동]에 전념할 것이다.

당신은 지금까지 수용전념치료 내담자가 하는 것과 비슷한 가치 연습을 마쳤다. 특정한 영역(치료자로서의 자신)과 관련된 선택이 주어졌으며 몇 가지 중에 선택하도록 하였다. 가치가 당신의 행동에 시사하는 바를 생각해 보고, 당신이 다루어야 할 장벽과 그렇게 하지 않았을 때의 대가도 깊이 고려하게 되었다. 당신은 그 가치와 그것이 행동에 미치는 함축적 의미에 대해 탐구할 기회를 제공받게 된 것이다. 이 짧은 연습에는 이 장과 다음 장에서 다룰 수용전념치료의 모든 주요 요소가 포함되어 있다. 가치란 인간에게 진정한 의미와 목표다. 가치는 우리를 인도하고 우리의 삶을 정의한다. 말 못하는 동물에게는 한 조각 한 조각의 결과만으로도 목표를 정의하는 데 충분하다. 비둘기는 '먹이를 얻으려고' 열쇠를 부리로 쪼아 보고, 쥐는 물을 마시려고 손잡이를 누른다. 하지만 언어 능력이 있는 사람의 경우 상황은 그렇게 단순하지 않다. 강화물의 역할에는 한계가 있다. 돈이 강화물로 작용할 수는 있겠지만, 아이와의 풍부하고 사랑스러운 관계와 돈 중에 선택하라면 많은 사람은 전자를 선택할 것이다. 수용전념치료의 가치에 대한 접근 방식은 내담자에게 특정한 도덕 규범이나 올바른 가치와 덕목을 가르치는 것이 아니다. 치료자의 손을 떠난 뒤에도 스스로 삶의 중요한 결정을 할 수 있도록 해 주는 가치 평가과정을 가르치는 것이다. 이 과정은 내담자가 자신의 깊은 열망에 동조할 수 있는 삶의 방향을 선택할 수 있도록 도와주며, 궁극적으로 내적 가치에 의하지 않은 목표보다 더 효과적인 목표를 세울 수 있도록 도와주고자 하는 것이다.

수용전념치료자가 이 과정을 다룰 때에는 다음과 같은 핵심 질문에 초점을 둔다. "만약 당신의 삶이 어떤 것이 되도록 선택할 수 있다고 한다면, 당신은 무엇을 선택하시겠습니까?" (Wilson & Murrell, 2004, p. 135). 대화, 쓰기, 눈을 감고 하는 경험적 연습을 포함한 다양한 방법으로 내담자와 이 질문에 대해 탐색해 볼 수 있다. 이 기본 질문을 여러 가지 방식으로 반복적으로 물어서, 자신의 삶의 목적에 대한 문제, 자신에게 진정으로 중요한 것이 무엇인지에 관한 것, 자신에게 잘 사는 삶이란 어떤 것인지에 관한 것으로 내담자가 주의를 기울이도록 한다.

가치란 무엇인가

수용전념치료자가 해야 할 일은 내담자가 자신의 삶의 목표와 가치를 추구하는 것에 대해 더 잘 알아차리고, 마음챙김을 하며, 의도적일 수 있도록 도와주는 것이다. 수용전념치료에서 가치란 언어적으로 구성된 광범위하고 갈구하고 선택된 삶의 방향이다(Dahl, Wilson, Luciano, & Hayes, 2005). 방향이라고 표현하는 것은 목적이 있는 모든 행동에 내재되어 있는 의도성을 이야기하기 위함이다.

가치 두기는 행동과 분리되어 존재하지 않는다. 그것은 우리가 하는 것의 연속적인 특성이다. 가치는 신중하게 선택된 동사와 부사의 조합 같은 것이다. 그것은 시간을 두고 진행 중인 행동의 특성을 포함한다. 다른 사람과 친밀한 관계를 맺는 것도, 아이를 자상하게 관심을 갖고 키우는 것도 하나의 가치다.

어느 정도까지는 우리가 목적이 있거나 동기가 있는 무언가를 할 때마다 가치 두기를 하고 있는 것이다. 우리는 다양한 결과에 대해 가치를 정한다. 삶의 방식과 이상에 대한 가치를 정하기도 하고, 어떤 친구, 연인, 동료, 부모, 아이, 근로자가 될지에 대해 가치를 정하기도 한다. 이러한 중요한 행동의 목적 지향적 특성은 바로 그 특성을 선택하는 행동에 의해 하나의 가치로 발전하게 된다. 가치라는 용어가 가진 의미 중 하나는 그것이 이성적인 판단보다는 반드시 자유 의지에 의한 선택이어야 한다는 것이다. 왜냐하면 가치는 우리 삶의 요소의 의미나 척도를 제공하기 때문이다. 당신이 하나의 가치를 정당화하려고 한다면 또 다른 어떤 척도에 호소해야 한다. 그런데 그렇게 되면 그 척도도 정당화해야 하고, 이 과정은 무한히 반복될 것이다. 만약 어떠한 행동을 취해야 한다면 단지 어느 시점에서 그렇게 하기로 마음먹고, '나는 이것이 중요하다고 생각한다'고 말하게 된다. 언어적 이유는 '왜 내가 이것을 선택했는가' 하는 의견과 생각의 형태로 여전히 존재할 수 있으나, 행동은 이러한 이유 뒤에 숨을 수 없다(그렇지 않으면 당신은 다시 무한히 반복되는 정당화의 연속으로 돌아가게 된다). 궁극적으로 생기 있고 전념하는 삶이란 선택하고 나서 살아 나가는 것이고, 이유는 단지 그 길에 따라오는 것일 뿐이다.

그렇다고 해서 가치를 선택하는 데 깊이 생각할 필요가 없다는 뜻은 아니다. 실제로 굉장히 신중하게 생각하여 선택할 것을 권한다. 과학적으로 말하자면, 가치를 선택하는 것은 우리의 과거나 맥락과 관련이 없다는 것을 의미하지도 않는다. 인간의 모든 행동이 그러하듯이, 선택은 과거와 현재의 상황을 반영한다. 그러나 그것은 이유와 정당화의 형태를 가지는 언어적 규칙과는 관련되어 있지 않고, 그것을 통해 변명되는 것도 아니다.

왜 가치인가

수용전념치료 모델에서 가치는 여러 가지 이유로 중요하다.

건설적인 방향 가치에 대한 작업은 내담자가 도피, 회피, 융합이 더 이상 행동을 통제하지 않을 때 자신의 삶이 어떠할 것인가를 정의하는 데 도움이 된다. 회피와 도피는 본질적으로 어떤 경험에서 멀어지거나 경험을 없애려는 것이다. 특정한 것을 향해 나아가거나 만들어 내는 것과는 관계가 없다. 가치 지향적인 행동은 건설적이다. 그것은 특정한 방향으로 나아가거나 내담자의 삶에 있어 특정한 특성을 가지려는 것과 관련된다. 한 내담자는 이것을 다음과 같이 말했다. "마치 망망대해에서 내가 가고 싶지 않은 한 섬으로부터 멀어지기 위해 헤엄치는 데 평생을 보낸 것과 같다. 결국 어디에도 다다르지 못했다. 나는 무엇인가에서 멀어지는 것이 아니라 무엇인가를 향해 수영하는 것을 시작하고 싶다."

반응 유연성과 동기 가치는 본래 선택과 연결되어 있다. 기능적 맥락의 관점에서 볼 때 가치 두기 영역에서의 자유로운 선택은 '진실'에 해당하는데, 글자 그대로 사실이기 때문이 아니라 그런 방식으로 말하는 것이 유용하기 때문이다. 과학적으로 가치는 주로 문화적으로 조건화되어 있다고 추측하곤 한다. 그러나 개별적인 인간의 관점에서 볼 때 우리의 행동을 선택으로 보는 것은 보다 힘을 주고 삶에 확신을 주는데, 왜냐하면 그것이 행동과 언어적 이야기의 인위적인 연결을 느슨하게 하기 때문이다. 이렇게 연결을 느슨하게 하는 것은 더 큰 행동의 유연성으로 이끈다. 또한 매우 생기가 넘치고 동기를 유발하는 특성을 지닌 선택된 삶의 방향에 접촉할 수 있는 가능성으로 이끈다. 경험 회피, 사회 순응, 혹은 인지적 융합에 기초하여 결정된 가치(예, '나는 X에 가치를 두어야 한다', '좋은 사람이라면 Y에 가치를 둘 것이다', '어머니는 내가 Z에 가치를 두기를 바란다')는 긍정적인 결과를 낳지 않는 경향이 있다는 것이 여러 연구에 의해 뒷받침되고 있다. 즉, 행동의 본질적인 특성에 기초하여 선택된 삶의 방향이 효과가 있다는 것이다(Sheldon & Elliot, 1999).

수용전념치료 과정 지원 수용과 탈융합을 연습하는 것은 불안, 상실, 슬픔, 혼란의 늪을 헤치고 나가는 것을 의미하기도 한다. 가치는 왜 이렇게 힘든 경험과 접촉해야 하는지를 설명해 주는 맥락을 제공한다. 수용전념치료의 관점에서 기꺼이 하기와 수용을 단순한 탐닉이나 직면을 통해 불쾌한 경험을 줄이려는 시도 이상의 것으로 만들어 주는 것이 바로 가치다. 비슷하게, 우리가 선택한 가치에 대한 확신은 우리가 자신의 생각에 문자 그대로 반응하지 않을 때(즉, 탈융합) 효과적인 행동에 대한 지침을 제공해 준다.

일관된 방향 가치 있는 방향을 정의하는 것은 감정의 충돌로 흔들리고 마음의 돌풍이 불어닥치는 삶의 폭풍에서 직접적인 행동으로 이끄는 더욱 일관된 나침반을 만드는 것과 같다. 마음챙김 명상을 조금이라도 해 본 사람이라면 감정과 생각이 얼마나 변덕스럽고 변하기 쉬운지 알아차렸을 것이다. 그러나 가치는 시간이 흘러도 그처럼 빠르게 변하지 않는 경향이 있다. 만약 내담자가 자신의 삶에 있어서 가장 기본적인 가치를 설명하도록 도울 수 있다면, 내담자는 생각과 감정이 변화하는 혼란스러운 풍경에서 안정감의 근원과 접촉할 수 있을 것이다. 한번 가치가 명확해지고 언급되고 그에 전념하게 되면, 가치는 마치 등대처럼 어두운 밤에 폭풍이 몰아치는 것과 같은 심리적 상황에서 방향을 제시해 줄 수 있다.

효과적이고 실용적인 목표 설정 가치에 대한 작업은 유연하고 실용적인 목표를 세우는 데 도움이 되고 효과적인 행동으로 이끈다. 많은 치료자는 내담자가 스스로를 위한 목표를 세우도록 돕는다. 가치는 구체적인 목표를 선택하는 데 기초가 되는 것이기에 수용전념치료에서는 더 깊이 가치를 탐색한다. 가치는 방향과 같고, 가치 두기는 그 방향을 따라 걷는 것과 같다. 가치는 방향을 정하는 순간부터 존재하며 종착점이 없다. 반면 목표는 완료되고 성취되고 종료될 수 있는 그 무엇을 의미한다. 수용전념치료에서는 목표가 가치 있는 방향을 따르기 위해 선택되며, 목표를 위해 가치가 선택되는 것은 아니라고 본다. 따라서 특정 목표를 향해 나아가는 것이 효과적으로 가치를 촉진하지 않는다면 목표를 바꿔야 한다. 수용전념치료에서 가치에 대해 작업을 하는 것은 내담자가 삶의 과정에 중점을 두게 도와준다. 반면 목표에 초점을 두는 것은 현재와 예측되는 결과의 차이에 대한 평가를 강조하는 경향이 있다.

맥락적 목적 수용전념치료에서 가치에 대한 작업이 중요한 데에는 심오한 철학적 이유가 있다. 맥락적 접근에서는 우리가 선택한 목적을 얻기 위해 효과가 있는 것이 곧 진실이다. 그러나 '효과가 있다'는 것의 의미를 정의할 수 없다면 이는 공허한 것이다(Hayes, 1993). 가치는 정확하게 바로 그것을 한다. 그리고 가치가 없으면 수용전념치료는 불가능하다. 예를 들어, 탈융합의 개념을 이해할 수 있게 해 주는 것은 효용성이다. 왜냐하면 탈융합에서는 기능적 진실이 문자적 진실을 대체하기 때문이다. 문자적 진실이 언어 공동체 내의 관습적 의미와 연결되어 있는 것처럼, 기능적 진실은 가치와 연결되어 있다.

이 장에는 어떤 내용이 있나

이 장은 치료자로서 내담자에게 가치 있는 방향을 정의하는 핵심 역량을 개발하는 것에 중점을 두고 있다. 이 작업을 하기 위해 할 수 있는 모든 기법이나 방법을 전부 살펴보기보다는 가장 핵심적인 치료 기술과 내담자가 가치 있는 방향을 정의하도록 돕는 작업에서의 흔한 장애물에 초점을 둘 것이다. 〈표 6-1〉은 다른 자료에서 찾아볼 수 있는 중요한 연습, 은유, 이야기, 과제지, 절차의 목록이다.

〈표 6-1〉

연습	설명	참고문헌
선택 대 판단	선택과 합리적인 판단을 구별하는 데 도움이 됨	Hayes et al., 1999, pp. 212-214, 218-219
과정 대 결과, 방향 대 목표	가치는 성취해야 할 결과물이 아닌 삶의 과정임	Hayes et al., 1999, pp. 219-222
평가 도구로 가치 나침반 사용하기	분량은 중간 정도이며, 가치를 평가하는 도구임(한 차례 치료시간 정도의 분량)	Eifert & Forsyth, 2005, pp. 186-187; Dahl et al., 2005, pp. 91-111
가치 있는 삶 설문지 사용하기	가치를 평가하기 위한 축약된 형식의 설문	Wilson & Murrell, 2004, pp. 120-151
가치, 행동, 목표, 장애물 과정	여러 회기에 걸쳐 가치를 다루는 확장된 평가 절차에 대한 개요	Hayes et al., 1999, pp. 221-229
추도사 작성	내담자가 자신의 사후에 듣고 싶은 추도사를 상상해 봄	Hayes et al., 1999, pp. 215-218
묘비 은유	내담자가 자신의 묘비문에 쓰이기 원하는 내용을 작성해 봄	Hayes et al., 1999, pp. 217-218; Eifert & Forsyth, 2005, pp. 154-155

무엇이 이 과정을 촉발하나

대개 가치 두기 작업은 치료과정 전반에 걸쳐 이루어진다. 그러나 종종 가치 있는 방향을 정의하는 데 특별히 더 초점을 두어야 할 때가 있다. 가치와 전념 행동은 수용전념치료의 다른 핵심적인 네 가지 과정(즉, 탈융합, 수용, 맥락적 자기, 현재에 존재하기)이 내담자의 문제 행동을 경감하거나 문제 행동에 반응하는 것에 보다 중점을 두고 있는 것과는 달리 건설적인 측면을 갖고 있다.

이 과정에 대한 작업이 필요함을 보여 주는 가장 대표적인 경우는 내담자가 자신의 삶에서 회피로 인한 대가를 깨닫지 못하거나 무감각해지고 거리감을 느끼며 지나치게 이지적이게 되거나 무관심해질 때다. 즉각적인 고통을 경험하지 않는 내담자는 그 고통을 벗어나고자 하는 욕구에서 비롯되는 '변화에 대한 압박감'이 없는 경우가 흔하다. 이러한 경우 현재 치료시간에 가치를 가져오는 것이 행동에 영향을 줄 수 있다는 사실로 '이끌어 줌'으로써 변화에 대한 동기가 생겨날 수 있다. 내담자의 삶에 대한 희망, 꿈, 소망 등을 의논함으로써 자신이 현재 살아가고 있는 길과 자신이 선택하고자 하는 길 사이의 괴리감에 심리적으로 접촉할 수 있게 된다. 이 괴리감과 만나는 것은 종종 내적 반응이나 장애물을 환기하는데, 이러한 것이 진료실 내에서 드러나면 다른 수용전념치료 과정을 통해 이에 대한 작업을 진행할 수 있다.

가치에 대한 효과적인 대화의 특성

가치 있는 방향을 정의하는 것은 거의 항상 가치에 대한 대화에서 시작한다. 전반적인 목표는 내담자가 온전한 상태와 깊이와 생기를 가지고 살 수 있는 삶에 대한 비전을 스스로 구성할 수 있도록 하는 것이다. 가치에 대한 효과적인 대화에는 생기, 선택, 현재 지향성, 기꺼이 취약성을 포용하는 것 등의 특성이 있는데, 임상가가 그것을 찾는 방법을 배운다면 좋은 지침이 된다. 또한 내담자가 가치 있는 방향을 명확히 하도록 돕는 과정에서 임상가가 이러한 특성을 개발하는 데 흔히 부딪히는 몇 가지 장벽이 있다. 이 절에서는 이러한 특성을 더 자세하게 설명하고, 흔한 문제점 및 이를 다루는 방법에 대한 개요를 소개하고자 한다.

활력

삶에서 가장 가치 있게 여기는 것이 어떤 특성을 가진 반응을 일으킨다는 점과 심리적으로 접촉하게 되면, 사람들은 이를 흔히 활력이 있고 생생하고 의미가 있는 것으로 묘사하곤 한다. 내담자는, 그리고 흔히 치료자도 실제로는 가치 있는 방향을 향해 어떠한 행동도 취하지 않았는데도 공감적으로 진료실 내에서 그 가치를 느낄 수 있다. 주인이 음식 그릇을 꺼낼 때 개가 입맛을 다시기 시작하는 것과 같이, 사람도 가치의 존재를 느낄 때 심리적으로 가치의 결과를 음미하기 시작한다. 바로 각성하게 되는 것이다.

치료자의 필수 역할 중 하나는 가치에 대한 대화의 활력을 면밀히 관찰하는 것이다. 치료자가 해야 할 일은 내담자의 희망과 꿈을 이끌어 내고, 내담자가 죄책감, 불안, 수치심, 혹은 다른 사람으로부터의 부정적 평가를 회피하기 위해서가 아니라 자유롭게 선택할 삶의 방향을 발견할 수 있도록 도와주는 것이다. 가치에 대해 작업할 때, 치료자는 때때로 대화가 시시하고, 맥빠지고, 지루하고, 말로만 그럴듯한 것 같고, 상투적이고, 편협하고, 지긋지긋해지는 것을 경험할 것이다. 이럴 때에는 대개 내담자와 치료자가 경험 회피와 융합의 형태에 갇혀 있는 것이다. 그 치료시간은 그 순간에 가치를 선택하고 접촉하는 활발한 과정이 아니라 가치에 대한 것이 되어 버린 것이다. 가치에 대한 토론, 분석, 해석은 대개 건조하고 지루하다. 그러나 그 순간에 실제로 가치를 두는 과정 자체와 경험적으로 접촉하는 것은 그러하지 않다. 치료자가 해야 할 일은 가치를 현재 순간에 가져오는 것인데, 이것은 임상적 창의력을 요구한다. 여기서 몇 가지 예를 제시하겠지만, 단순히 정형화된 방식을 따르기만 하는 것은 그다지 효과가 없을 것이다.

내담자의 가치와 관련된 과거의 경험을 회상하는 것은 치료의 정서적 분위기를 조성하고 현재 하고 있는 가치 두기의 특정 기능에 대한 실례를 보여 주는 데 도움이 될 수 있다. 예를 들어, 치료자는 내담자가 강한 활력, 접촉, 존재감, 목적의식을 느꼈던 과거의 경험을 발견하도록 도울 수 있다. 눈을 감고 상상 속에서 사건을 재창조하고 그것의 의미를 생각하도록 하는 연습은 내담자가 지금 삶을 어떻게 살아야 하는지에 대한 지침을 줄 수 있다. 회상은 중요하고 구체적인 것이어야 한다. 예를 들어, 치료자는 "부인을 만났던 때에 대해서 이야기해 주십시오.", "당신이 집을 떠났던 때를 말해 주십시오." 혹은 "삶에서 가장 감동적이었던 순간에 대해 말해 보세요. 마음속에서 어떻게 느껴졌습니까? 당신이 봤던 것처럼, 또 느꼈던 것처럼 저도 보고 느낄 수 있도록 도와주세요. 저는 이해하고 싶습니다."라고 말할 수 있을 것이다. 이렇게 하는 것은 가치에 대한 보다 의미 있는 논의을 위한 밑거름이 될 수 있다.

치료시간을 시작할 때 의미 있는 음악을 함께 듣거나, 시, 침묵의 순간, 마음챙김 연습 등을 이용하면 가치에 접촉하는 것을 증진할 수 있다. 내담자에게 그가 누구를 존경하고 훌륭하다고 생각하는지 물어볼 수도 있다. "누가 당신에게 감명을 줍니까?"라고 물어본 후에 그 대상을 확인하고 내담자가 존경할 만하다고 여기는 것이 무엇인지 구체적으로 드러나면, 치료자는 "만약 이 사람이 당신을 정말 잘 알고 있다면 그가 당신의 삶에서 당신에게 원하는 것이 무엇이겠습니까?"라고 물어본다. 만약 내담자가 존경할 대상을 발견하지 못한다면 좋아하는 영화나 소설의 인물을 사용할 수도 있다.

아래 면담 기록은 이러한 과정을 보여 주고 있다. 내담자는 불성실한 학업 태도에 관한 문제가 있는 고등학생이다. 그녀는 학교에서 갈등이 계속되고 있었고 거의 퇴학당할 지경이다. 이 치료시간은 학기말 보고서를 쓰기 시작하는 데 어려움을 겪고 있던 시점에 이루어졌다.

치료자: 네가 아는 모든 사람 중에 존경할 만한 사람을 생각해 봤을 때 특히 생각나는 분이 있니?

내담자: 3학년 때 담임선생님이었던 슈와이버트 선생님이요.

치료자: 슈와이버트 선생님은 어떤 분이셨니? 그분의 어떤 점이 존경스러웠지?

내담자: 그분은 항상 낙관적이고 즐거워했어요. 우리는 그분이 항상 우리에게 신경을

쓴다는 것을 알고 있었죠.

치료자: 자, 그럼 슈와이버트 선생님이 지금 너에게 원하는 것은 뭘까?

내담자: 제가 뭔가를 배우고, 반에서 일등으로 졸업하기를 원하실 거예요.

치료자: 그래, 반에서 일등. 너에게 그걸 원하실 수도 있지. 나는 네가 그분을 깊이 존경하고 있는 점에서 그런 것 같다는 느낌이 드는구나. 그분이 사람들을 대하는 방식하고 공부에 대한 태도 말이야. [잠시 멈춤] 반에서 일등 하는 것 외에 그분이 너에게 원하는 다른 것이 있을까?

내담자: 그분은 제가 행복하기를 원하실 거예요. 그분은 제가 뭔가를 할 때 그것을 해야 하거나 그분이 하라고 해서가 아니라 제가 즐기니까, 제가 하고 싶으니까 하기를 원하실 거예요.

치료자: 네가 그런 바람에 맞게, 그러니까 너를 위해 보고서를 쓸 수 있는 방법이 있을까?

내담자: 네, 뭔가 보고서를 쓰는 것보다 더 큰 거 말이에요. 제가 해야만 하는 것이 아니라 제가 그것을 하고 싶어지는 이유 같은 거 말이에요.

치료자: 그래, 여기에 왜 왔지? 넌 너의 묘비에 어떤 내용이 쓰여 있으면 좋겠니? 지금 네가 하고 있는 것이 그 내용에 잘 맞는지 생각해 봤으면 좋겠어. 그동안 다른 사람이 너에게 원하는 것에 맞추려고 노력해 왔다는 느낌이 드는데, 사실 그들이 너에게 원한 것은 너 자신이 되는 것이라는 이야기 같아. 뭔가 너 자신의 것을 찾아봤으면 좋겠어. 그것은 아마도 뭔가 너보다 크지만 너라는 사람에게서 나온 것일 거야. 그리고 '난 몰라요'는 답이 아니다. 숙제로 이번 주 동안 이에 대해서 적어 보고 다음에 가져와 보겠니?

내담자: 네, 물론이에요.

치료자: '나는 이것을 할 수 있는 사람에게 감명받을 것이다.'라고 생각하게 만드는 것에 대해 쓰면 돼. [내담자가 무엇에 대해 써야 하는지가 적힌 종이를 가지고 갈 수 있게 이 말을 종이에 써서 준다.] 네가 해 볼 수 있는 것 중에 감명받을 수 있을 만한 일이 어떤 것이 있을까라는 것에 대해서 말이야. 알았지?

이 대화에서 치료자는 내담자가 학업을 삶의 더 큰 맥락, 즉 그녀의 가치와 삶의 방향과 연결하도록 도와준다. 내담자가 이 특정 선생님을 존경하는 데에는 이유가 있다. 내담자가 선생님의 존경할 만한 특성과 접촉하도록 도와줌으로써 그녀가 자신의 삶에서 원하는 특성과 더 가까워질 수 있도록 한다. 작은 문제가 어떻게 훨씬 더 중요하고 삶을 바꿀 수 있는 문제와 연관되어 있는지 볼 수 있기를 내담자에게 기대하는 것이다.

선택

선택이라는 것은 회피, 경직된 규칙, 사회적 조정 없이 자유롭게 고른 가치에 대한 경험을 의미한다. 수용전념치료는 '해야만 하는', '유일한 방법' 등과 같은 느낌을 깨고 개방된 가능성을 만들어 내는 작업을 한다. 내담자는 타인이나 자신의 과거 경험, 자신의 감정과 생각, 심지어 자신의 가치에 의해 강요받는다는 느낌을 가질 수 있다. 수용전념치료에서는 치료자가 이러한 강요의 느낌을 감지할 수 있도록 치료적으로 촉각을 곤두세우고 강요의 대안이 되는 것, 즉 선택을 치료 공간 내에 유지하는 것이 중요하다. 예를 들어, 내담자가 어떤 것에 대해 가치를 '두어야만 한다'고 말하는 일이 흔히 있다. 거의 대부분 이것은 언어적 함정이다. 가치는 온몸을 두들겨 패는 몽둥이 같은 것이 아니다. 그것은 행동이라는 특성과 연결되도록 선택된 것이다.

때때로 내담자는 자신의 삶에 필요한 것이나 원하는 것, 욕구를 효과적으로 확인하고 설명하는 방법을 배운 적이 없기 때문에 막연하거나 모호한 대답을 한다. 이러한 문제를 가진 내담자의 경우, 치료자는 광범위한 가치보다는 미세한 수준의 순간 및 상황마다의 욕구에 초점을 맞춤으로써 내담자의 선택 능력을 키워 주는 것부터 시작해야 할 수도 있다. 이렇게 시작하기 위한 방법 중 하나는 치료시간 내의 순간에서부터 시작하는 것이다. 치료자는 "바로 지금 이 치료시간에서 무엇이든 일어날 수 있다면 당신은 무엇을 원합니까? 목표를 높게 잡고 이야기해 보세요."라고 물을 수 있다. 종종 내담자는 "기분이 나아지길 원해요." 혹은 "이 문제를 좀 더 잘 이해하고 싶어요."와 같은 일종의 과정 목표를 이야기할 것이다. 가치에 도달하려면, 치료자는 내담자의 언어 체계가 특정 목표를 우선 성취해야 한다고 이야기하는 것 뒤에 가려져 있는 삶의 방식을 살펴볼 필요가 있다. 위와 같은 내담자의 대답에 대해서 다음과 같이 반응할 수 있다. "만약 그게 여기서 실현된다면 그다음에는 무엇을 하겠습니까?" "만약 그것이 실현된다면 당신의 삶이 어떻게 될 것이라고 생각합니까?" 이러한 질문은 내담자로 하여금 단순히 어떻게 느끼고 싶고, 자신이 옳은 것이 되고 싶고, 무엇을 알고 싶다는 등의 평범한 반응이 아닌 자신이 살고 싶은 삶이 어떤 것인지를 기술하게 한다.

인간의 가치가 대부분 사회적 요소를 지니고 있다는 점을 고려할 때, 가장 즉각적으로 탐색해 보아야 할 영역 중 하나는 치료적 관계다. 내담자가 가치 있는 선택을 하도록 돕는 전략은, 예를 들어 치료자가 긍정적인 수용전념치료 과정을 즉각적이고, 활력 있고, 취약함을 수용하는 방식으로 시범을 보이고, 격려하고, 강화하는 치료시간에 집중하여서 증대될 수 있다. 위의 예에서 치료자는 "만약 우리의 치료적 관계가 바로 지금 당신이 가장 원하는 특성을 갖는다면 그것은 어떤 것일 것 같습니까?"라고 물을 수 있다.

선택에 있어 또 다른 장애물은 내담자가 스스로 선택한 가치에 의해 강요받는다는 느낌을 갖는 것이다. 예를 들어, 학대를 한 삼촌이 자신의 여동생 결혼식에 올 것을 아는 학대받은 내담자의 사례에서처럼 가치에 기초한 선택은 때때로 고통을 낳는다. 이 내담자는 '나는 기꺼이 해야만 해'라는 태도를 취할 수도 있고, 그렇게 되면 가치를 갖는다는 것은 고통 속에서 자신의 길을 쟁취해 나가야만 한다는 것을 의미한다고 생각하게 될 수도 있다. 이것은 가치 작업의 핵심을 잃은 것이다. 이 경우 치료 목표는 내담자가 이 상황 안으로 선택을 가져오도록 돕는 것이 될 것이다. 예를 들어, 치료자는 다음과 같이 말할 수 있다.

치료자: 글쎄요. 당신이 결혼식에 가야만 하는 것은 아닙니다, 그렇죠? 당신은 가지 않는 것을 선택할 수도 있습니다. 이것은 당신이 어떤 것을 중요하게 여기는가의 문제입니다. 제가 당신에게 어떤 선택을 하도록 제시할 수 있다고 가정합시다. 아무도 당신이 거기 없었다는 것을 알지 못하게 결혼식에 당신을 완벽하게 복제한 로봇을 보낼 수 있다고 합시다. 당신의 여동생은 행복할 것이고 당신의 삼촌도 마찬가지일 것입니다. 당신은 삼촌을 만나지 않아도 되고,

이렇게 한다고 해서 기분이 나쁘지는 않을 것입니다. 물론 당신은 여동생의 삶에서 중요한 이 사건을 완전히 놓칠 것입니다. 다른 선택은 이렇습니다. 만약 당신이 결혼식에 간다면 여동생이 혼인 서약을 하는 바로 그 곁에 있게 될 것입니다. 그러나 당신이 결혼식에 완전히 참석하기 위해서 이러한 선택을 한다면, 당신은 삼촌을 대면하는 것에 대한 불안과 불편감을 경험할 것입니다. 대답하기 전에 잠시 생각해 보십시오. 당신은 어느 것을 선택하시겠습니까?

현재 지향성

가치에 대한 대화가 미래로 확장되긴 하지만, 이것은 또한 당장 현재에 관한 것이기도 하다. 어떤 대상에 가치를 둔다는 것은 바로 지금도 그에 가치를 두고 있다는 것을 의미한다. 가치에 대한 작업은 점점 더 가치 있는 삶의 방향과 연결된 행동 패턴을 키워 나가기 위해 미래로 확장된 순간을 현재 순간으로 가져온다. 이처럼 현재에 초점을 맞추는 것은 회피를 강력하게 예방할 수 있는 방법이다. 보통 지연된 결과보다 즉각적인 결과가 행동을 통제하는 데 더욱 중요하다. 경험 회피를 강력하게 하는 이유 중 하나는 그 효과가 즉각적이기 때문이다. 예를 들면, 사회적 상황에서 유발되는 불안으로부터 후퇴하는 것은 불안의 감소를 가져오기 때문에 즉각적으로 강화된다. 친밀감의 부족과 외로움이라는 결과는 좀 더 시간이 흐른 후에 대개 사회적 상황을 회피하는 습관이 오랜 시간 지속된 결과로 인해 느껴지게 된다. 가치에 대한 작업은 연기된 결과를 현재로 가져온다. 예를 들어, 여동생과 있기 위해서 결혼식에 참석하기로 결정하는 것은 단지 결혼식이 일어날 때의 가치인 것만이 아니라 지금의 가치이기도 하다.

기꺼이 취약성을 포용하는 것

가치에 대한 효과적인 대화의 가장 좋은 지침 중 하나는 그것의 달콤 씁쓸한 특성이다. 내담자가 가치에 대해 마음을 터놓기 시작할 때, 가장 흔한 정서 반응은 울음이다. 그것은 달갑지 않은 고통에 대한 저항의 눈물이 아니라 돌봄과 취약성을 포용하는 눈물이다. 그 눈물은 과거 고통의 맥락에서 발생하지만 현재 가치를 존중하는 것이다. 우리는 오직 우리가 신경을 쓰고 중요하게 생각하는 영역에서만 상처를 받는다. 만약 상처를 회피하기 위해서 가치 두기를 제쳐놓는다면 제대로 살지 못하는 삶으로 인해 더 큰 상처가 생길 것이다. 내담자가 가치 있는 방향으로 일단 방향을 돌리면 그로 인한 정서적 취약성이 나타나게 될 것이다. 그렇지만 그것은 목적을 위해 짊어지고 갈 고통이 될 것이다. 고통 속에서 가치를 발견하고, 가치 안에서 우리는 고통을 발견한다. 한때 상처를 받았지만 다시 사랑하기를 선택한 사람처럼, 취약성은 우리가 소중하게 여기는 것으로 안내한다. 치료시간에서 기꺼이 취약해지고자 하는 인식은 따라야 할 표지와 같은 것이다.

가치? 어떤 가치?

마지막으로 한 가지 더 언급할 만한 장애물은 자신은 아무런 가치도 가지고 있지 않다고 하는 내담자가 드물지 않다는 사실이다. 대개 이것은 가치에 대한 대화를 나누는 것과 관련된 고통 때문이다. 이런 식으로 반응하는 내담자는 자신의 가치를 표현할 가능성에 대해 절망적으로 생각하거나, 자신이 가장 신경을 쓰고 소중하게 생각하는 것에 접촉하는 것을 너무 고통스럽게 생각하고 있을 수도 있다. 이러한 상황에서 내담자는 자신의 상황이 어떻게 드러날지에 신경을 곤두세운 채 '난 모른다' 혹은 '상관없다' 하는 안전지대에서 벗어나는 것을 두려워한다. 이러한 종류의 회피를 약화하는 것은 내담자를 신경 쓰고 소중하게 생각하는 행위의 고통으로 인도하는 것을 의미한다. 치료자가 할 수 있는 도움이 될 만한 반응에는 "이 먹구름이 당신을 덮기 전에 당신은 어떤 것에 가치를 두었나요?", "이것이 당신이 어려서 꿈꾸던 삶인가요? 당신은 당신의 삶이 어떠할 것이라고 꿈꾸었습니까?" 등이 있다. 치료자는 내담자에게 다음과 같이 말하면서 일시적으로 장애물을 치워 놓아 보자고 권할 수 있다. "당신을 지금 자신이 원하는 것이 무엇인지 알고 있는 어떤 사람이라고 가정해 봅시다. 당신은 무엇을 원합니까?"

이런 접근을 설명하는 사례가 있다. 줄리는 35세 여성으로 아동기와 성인기 모두 성적 외상의 경험이 있다. 그녀는 스트립 댄서와 프린트 디자이너로 일하면서 겨우 생계를 꾸려 가고 있다. 그녀는 자신이 재정 위기에 몰려 생활하고 있다고 생각한다. 가까운 친구도 없고, 일 이외의 시간에는 대부분 마리화나를 피우거나 운동을 하고 자위를 하며 보낸다. 얼마 안 되는 대인관계에는 갈등이 많고, 자신이 만성적으로 화가 나 있다는 것을 알고 있다. 그녀는 삶이 나아질 것이라는 희망은 수년 전에 포기했다면서, 지금은 단지 어떻게 하면 다시 희생자가 되지 않고 그럭저럭 살 수 있을지 알고 싶을 뿐이라고 한다. 이 면담 기록은 네 번째 치료시간의 내용이다.

치료자: 제 생각에 당신에게는 상당히 어려울 수도 있겠지만 이 질문을 곰곰이 생각해 보길 바랍니다. 기꺼이 이 질문에 대해 생각해 본다면, 이것은 이 치료에서 핵심적인 질문입니다. 제가 알고 싶은 것은, 당신이 지금 하지 않고 있는 것 중에 삶에서 하고 싶은 것에는 어떤 것이 있습니까?

내담자: 네? 그런 거 생각해 봤자 아무 소용없어요. 전 더 이상 뭐가 어떻게 되든 상관없어요. 제가 뭔가를 바랄 때마다 실망하게 될 뿐이었어요.

치료자: 뭔가를 바란다는 것이 고통스럽다는 것은 알겠습니다. 일이 제대로 되지 않은 경험을 많이 해 보셨죠. 그냥 물어만 볼게요. 만약 다른 결과로 만들 수 있다면 어떤 것일 것 같습니까? 지금은 하고 있지 않지만, 만약 그렇게 된다면 하고 있을 것 같은 것에는 어떤 것이 있겠습니까?

내담자: 모르겠어요. 상관없어요. 아무것도 없어요.

치료자: 이 길을 앞으로 5년, 10년, 15년 더 따라갈 수도 있습니다. 지금까지 해 왔던 대로 계속 이어 갈 수도 있을 것입니다. 잠시 그것이 어떤 모습일지 그려 보세요. [길게 멈춤] 이대로 괜찮겠습니까?

내담자: [잠시 멈춤] 끔찍해요.

치료자: 당신이 원하는 대로 된다는 것에 대해 절망적으로 느끼는 것을 알 수 있습니다. 당신의 마음은 당신을 보호하기 위해 신경 쓰지 않는 것이 더 편하다고 이야기하고 있습니다. 그것이 방금 당신이 앞으로 5년, 10년, 15년 후에 본 것입니다. 그렇죠? 그리고 그건 정말이지 그리 좋아 보이지 않습니다…. 잠시

저하고 이 문제를 기꺼이 가볍게 다루어 보시겠습니까? 만약 당신이 신경을 쓰는 사람이라고 가정해 본다면 어떤 것에 관심을 기울이겠습니까? 무엇을 원하겠습니까?

내담자: 생각하기 어려워요. [한숨] 제 생각에, 음… 전 제가 신뢰할 수 있는 사람이 제 삶에 있었으면 좋겠어요. 제 삶에는 한 번도 그런 사람이 없었거든요. [울기 시작한다.]

치료자: 전 당신이 얼마나 그것을 원하는지, 그리고 당신 삶에 그런 존재가 없다는 느낌이 얼마나 많이 드는지 알 것 같습니다. 그런 사람을 가질 수 있도록 돕고 싶습니다.

내담자가 원하는 것을 말하길 망설이는 것은 미래에 대한 생각이 없어서가 아니라 그것을 생각하는 것이 고통스럽기 때문이다. 만성적인 회피로 인해 내담자는 자신이 느끼거나 원하는 것을 알지 못한다. 이러한 상황에서 내담자가 자신의 가치에 접촉하는 것을 배우도록 지지하기 위해서는 나머지 다른 수용전념치료 모델이 필요하다.

방법은 무엇인가

가치의 개념은 보통 치료 초반에 소개되는데, 내담자의 사례 개념화(8장)에 따라 2장에서 논의된 것처럼 간략한 방식으로 소개되거나 더 자세하게 소개된다. 내담자는 종종 자신의 문제에 너무 집중하기 때문에 꿈과 희망, 그리고 삶에 대한 열망의 더 큰 맥락에 주의를 돌리는 것을 생소하게 받아들일 수 있다. 따라서 치료의 이러한 측면에 대해 익숙하게 하기 위해 약간의 소개가 도움이 될 수 있다. 예를 들면, 치료자는 다음과 같이 이야기해 줄 수 있다.

치료자: 당신의 문제에 대해 조금 말씀해 주셨는데요. 그게 어떤 것인지 감을 잡는 데 첫 단추를 잘 끼운 것 같습니다. 당신의 문제는 중요하고 우리는 당연히 여기

> 서 그것을 다뤄야겠죠. 하지만 당신의 삶은 당신의 문제 이상의 것입니다. 앞으로 얼마 동안 당신의 꿈과 희망, 그리고 삶에 대한 열망 등 당신 삶의 더 큰 맥락에 중점을 두었으면 좋겠습니다. 이것은 삶을 살 가치 있게 만드는 큰 부분이며 당신의 문제를 경험하는 맥락이기도 합니다. 제가 같이 이야기해 봤으면 하는 것은 '삶에서 진정 원하는 것이 무엇인가? 삶이 어떠하길 원하는가? 무엇을 하고 싶은가? 어떤 사람이 되길 원하는가?' 입니다. 앞으로 얼마 동안 주로 이러한 것을 집중적으로 다뤄 봐도 괜찮겠습니까?

가치에 대한 최초 작업의 폭, 깊이, 초점은 내담자의 욕구와 임상 상황에 따라 크게 달라질 수 있다. 때로는 내담자가 주어진 상황에서 가치를 두는 것이 무엇인지를 구체화하도록 돕는 것처럼 아주 제한된 영역에 초점을 맞출 수도 있는데, 아주 짧게 내담자를 봐야 할 경우에 그럴 수 있다. 혹은 대부분 삶의 영역에서 가치 있는 방향을 구체화하도록 돕는 것처럼 치료의 초점을 넓게 가져갈 수도 있는데, 오랜 시간 내담자를 보게 될 경우 그렇게 할 수 있을 것이다.

더 자세한 가치 측정과정(Hayes et al., 1999 참조)은 여러 치료시간에 걸쳐 이루어지기도 한다. 여기에는 내담자가 여러 가지 삶의 영역(예, 가족 및 부부 관계, 양육, 사회관계, 직업, 교육, 여가, 영성, 이웃관계, 자기 관리)에 대한 가치 있는 방향과 목표를 적어 보고, 각 영역에 대해 언급한 가치를 명료화하고, 구체화하고, 간략하게 기록하는 것에 대한 논의를 거쳐 일관성 및 중요성을 평가하는 과제도 포함되어 있다.

마지막으로 각 영역에서 도출한 목표에 기초하여 구체적인 행동을 시작하기도 한다(7장 참조). 좀 더 간단하고 상대적으로 덜 구조화된 가치 명료화 과정을 시행하기 위해 가치 있는 삶 설문지(Valued Living Questionnaire: VLQ; Wilson & Murrell, 2004)를 사용할 수도 있다. Eifert와 Forsyth 또한 불안장애 내담자에 대한 연구를 바탕으로 가치 있는 삶 설문지와 유사하게 간단한 가치 평가과정의 사용방법을 기술한 바 있다(Eifert & Forsyth, 2005, pp. 171-177). 그들은 삶의 나침반(Eifert & Forsyth, pp. 186-189)이라 불리는 방법에 대해서도 설명하였는데, 이것은 Dahl 등(2005, pp. 186-189)에 의해 처음 개발된 것이다. 해당 웹사이트

(contextualpsychology.org)를 방문하면 가치 작업과 관련하여 개발된 다양한 도구 및 도움말을 참조할 수 있다. 다소 광범위하지만 이러한 방법에는 내담자가 가치 있는 삶의 방향을 정의하도록 돕는 데 중요한 몇 가지 단계가 공통으로 포함되어 있다. 이러한 공통 요소를 여기에 기술한다.

내담자가 자신의 가치와 만나고 이를 분명하게 언급하도록 인도한다

내담자가 자신의 삶에서 가장 중요한 것에 온전히 접촉하고 이를 지향하는 태도를 취하는 데 걸림돌이 되는 것을 극복하는 데에는 다른 수용전념치료 과정이 필수다. 가치 두기는 취약성을 내재하고 있어 수용이 필수적이며, 가치는 곧 선택이기 때문에 탈융합이 필수적이다. 의식적이고 현재 지향적이고 적극적인 가치 두기는 다른 모든 수용전념치료 과정과 연결되어 있으며 그것 없이는 가치 두기에 온전히 접촉할 수 없다.

가치에 대한 대화는 가치에서 추상적인 부분을 제거하여 가치를 명확하고 분명하게 만든다. 예를 들어, 내담자에게 다양한 영역 중 각 영역의 가치에 관한 가장 핵심 내용을 정제하도록 권하기도 한다. 이러한 정제 작업은 보통 내담자가 직접 언급하는 형태로 진행되고, 이를 내담자가 지닐 수 있는 유인물에 기록한다. 그러나 내담자의 말 자체가 가치인 것은 아니다. 가치에 대한 내담자의 말은 내담자가 자신의 삶을 만들어 나가는 순간에 부여하고 싶은 특성에 대한 명시적 지침이다.

내담자가 자신의 가치를 지향하는 태도를 취하도록 가르친다

공개적으로 가치를 언급하는 것은 새로운 가치 있는 길을 향한 첫걸음이 된다. 수용전념치료에는 내담자가 자신의 삶에 더욱 충분히 가치를 가져오는 데 확실하게 전념하도록 하는 기회가 구조화되어 있다. 내담자가 치료자나 지인에게 자신의 가치와 관련하여 무엇을 하려고 하는지에 대해 약속하도록 권하기도 한다. 다음 장에는 내담자가 정한 가치 있는 방향으로 더 나아가게 할 구체적인 행동이나 목표를 만드는 것을 어떻게 도와줄 수 있는지에 대한 개요가 소개되어 있다.

내담자가 자유롭게 자신의 가치를 선택할 수 있는 전제조건은 치료자에게서 어떠한 강압도 없어야 한다는 것이다. 그러나 때때로 치료자는 내담자의 특정 가치를 지지하고 싶지 않을 때가 있다. 만약 수용전념치료를 진행하는 치료자 자신의 가치가 내담자의 가치와 근본적으로 갈등을 일으키는 것을 발견하게 된다면, 치료자에게는 이런 갈등이 있음에도 내담자의 가치를 추구하는 것을 온전히 지지하는 것이 가능할지 고민해야 할 의무가 있다. 만약 치료자가 온전히 내담자를 지지할 수 없다면 내담자를 위해 다른 치료 자원을 고려하는 것이 치료자의 의무다.

예를 들어, 치료자가 보수적인 기독교인이기에 친밀한 동성관계에 가치를 두고 사는 동성애 내담자를 지지할 수 없다고 느낀다면, 치료자는 그렇게 할 수 있는 다른 치료자에게 내담자를 의뢰할 책임이 있다. 만약 동성애 모르몬교도가 이성애자로 살고자 할 경우, 동성에 대한 매력을 느끼면서도 독신으로 지내야 함에도 불구하고 이성애자로 사는 것에 가치를 두는 것을 치료자가 지지해 줄 수 없다면 다른 치료 자원을 찾아볼 의무가 있다. 이러한 상황은 대부분 일반적인 도덕 관습을 따르는 것을 통해 다룰 수 있으나, 수용전념치료는 다른 치료에 비해 가치를 더욱 명확하게 다루기 때문에 이러한 가치 갈등을 더욱 개방적으로 인정하고 다룰 기회를 제공한다.

의뢰가 적절하지 않은 상황도 가정해 볼 수 있다. 수용전념치료를 비판하는 사람이나 초심자는 이런 종류의 가정된 상황을 제기하는 경우가 많다. 예를 들어, 나치가 소수 인종을 죽이려고 할 때 느끼는 정서적 불편감을 수용하는 것에 대한 도움을 원하는 경우, 혹은 소아기호증 환자가 아동을 추행할 수 있기 위해 죄책감을 수용하는 것에 대한 도움을 원하는 경우, 치료자는 무엇을 할 수 있는지 질문받게 된다. 치료자는 그 행동이 불법이고 비윤리적이라면 의뢰를 수락할 의무는 없다. 비록 이러한 상황이 존재할 수 있긴 하지만 수용전념치료 모델로 이러한 상황이 해소되기도 한다. 예를 들어, 소아기호증 환자가 자신의 행동을 지지하길 원할 수 있으나, 보통 그런 행동은 추행당하는 아동으로서의 느낌을 회피하기 위해 필요한 극단적인 경험 회피 양상의 하나로 나타난다. 이러한 주제를 다루고 나면, 기저의 가치는 실제로는 아동을 추행하는 것이 아닐 수도 있다. 따라서 우리는 어떤 가치 갈등은 해결할 수 없다는 것을 인정하지만, 그럼에도 공통된 입장을 찾아

보고 건강한 치료적 접촉이 가능한지 보도록 노력하는 것을 선호한다.

내담자가 현재 삶의 방향을 가치와 관련하여 조사해 보도록 돕는다

가장 소중히 여기는 가치에서 벗어난 삶을 사는 것은 많은 고통을 가져온다. 많은 내담자의 현재 행동은 자신의 가치와 일치하지 않는다. 따라서 가치 작업의 핵심 부분은 내담자가 자신의 현재 행동이 얼마나 밀접하게 삶을 위해 의도된 방향과 일치하는지 판별하도록 돕는 것이다. 그러기 위해서는 그들이 가치에 맞지 않게 살고 있는 부분을 살펴보는 것이 필요하다. 이렇게 하는 것은 수치심을 불러일으킬 수 있는데, 수치심은 보통 비생산적인 경우가 많다. 따라서 내담자가 자신이 진정으로 원하는 대로 삶을 살지 않은 것에서 오는 고통을 바라보는 과정에서 '나는 나쁘다'와 같은 생각에 융합되지 않도록 하는 것이 중요하다. 내담자가 이 차이를 경험하도록 도울 때, 치료자는 내담자가 자신의 현재 행동이 이전에 향하고자 했던 방향과 일치하는지를 용기 있게 살펴보도록 돕는 동시에 지금까지 무엇을 했든지 그의 과거사를 고려한다면 이해할 만하다는 관점을 유지하는 것이 중요하다. 내담자가 의도한 대로 삶을 살지 않은 것으로 인한 고통과 접촉하도록 돕는 것에 초점을 두는 것이다.

외롭지만 철저히 방어적이고 과도하게 이지적인 내담자와의 상호작용을 통해 이 개념을 설명하고자 한다. 그녀는 과제로 두 개의 비문을 작성해 오기로 하였다. 하나는 오늘 죽는다면 그녀의 삶이 무엇을 위한 것이었는지를 요약하는 것이고, 다른 하나는 만약 그녀가 20년 후에 죽게 된다면 묘비에 적혀 있었으면 하는 내용이다.

치료자: 적어 보기로 한 과제는 어땠나요? 무엇이 떠올랐나요?

내담자: 오늘 내가 죽는다면 묘비에 적혀 있을 내용에 대한 건 하고 싶지 않았어요. 하지만 떠오른 것이 있긴 해요. 제가 적은 건 "그녀는 행복해지는 방법을 알아내기 위해 많은 시간을 보냈다." 입니다. 그리고 어떤 내용이든 묘비에 적혀 있었으면 하는 내용은 "그녀는 행복했다." 입니다.

치료자: 첫 번째 것에 대해 잠시 이야기를 해도 괜찮겠습니까?

내담자: 네.

치료자: 당신의 삶이 지금까지 어떠했는지 가장 잘 요약해 보면, 무엇이 당신을 행복하게 만드는지를 알아내기 위해 많은 시간을 보냈다는 것이 된다는 이야기군요. 그래서 어떻게 됐습니까?

내담자: 아직 찾지 못했어요.

치료자: 그렇다면 아마도 묘비에는 "여기 엘리샤가 잠들다. 그녀는 평생 행복해지려고 노력했고 결국 실패했다."라고 적혀 있겠군요. 이 묘비가 어떻습니까?

내담자: 형편없어요. 전 실패자가 되고 싶지 않아요.

치료자: 저는 당신이 잠시 이것과 함께 머물러 있었으면 합니다. 기꺼이 그렇게 할 수 있겠습니까?

내담자: 좋아요.

치료자: 눈을 감고 당신의 묘비 위에 이런 글귀가 있다면 어떨지 잠시 주목해 주십시오. [천천히 신중하게 말한다.] "여기 엘리샤가 잠들다. 그녀는 평생 행복해지려고 노력했고 결국 실패했다." 어떤 느낌이 드는지 알아차려 보십시오…. 당신의 몸은 어떤 느낌인지… 당신의 배에서… 팔에서… 어깨에서… 어떤 느낌이 드는지 알아차려 보십시오. 무슨 생각이 떠오릅니까? 이것과 관련한 기억이 있는지 알아차려 보십시오. [잠시 쉼] 자, 이제 눈을 뜨세요.

내담자: 형편없어요. 끔찍한 기분이에요. 생각하고 싶지 않아요.

치료자: 조금만 더 들어가 봅시다.

내담자: 불가능해 보여요. 그리고 어쨌든 전 그것이 어떨지 상상할 수가 없어요. 세상은 모두 언젠가는 끝날 거예요. 결국에는 아무것도 중요하지 않아요.

치료자: 당신은 단어의 벽을 만들고 있습니다. 당신이 원하는 것은 무엇입니까? 지금 당신에게 가장 도움이 되는 친구는 고통입니다. 무엇으로부터 스스로를 방어하고 있나요? 그곳을 살펴보세요. 당신이 정말 진정으로 원하는 것은 무엇입니까?

내담자: [울음] 사람들이요. 전 제 삶 속에 함께할 수 있는 사람들이 있었으면 좋겠어요.

관련되는 차이를 가르친다

가치와 관련되는 세 가지 차이에 대해 내담자에게 가르쳐 주는 것은 도움이 된다. 첫째는 우리가 이미 언급한 바와 같이 방향으로서의 가치와 목표의 차이이다. 둘째는 과정과 결과의 차이이다(Hayes et al., 1999, pp. 219-222). 마지막은 느낌보다는 행동의 특성으로서 가치를 구별하는 것이다(pp. 209-212).

가치와 목표 구별하기

치료자가 내담자에게 자신의 삶에서 원하는 것이 무엇인지 물을 때는 종종 목표와 가치가 뒤섞인 답을 듣게 된다. 보통 상당수의 목표는 과정 목표다. 바꿔 말하면, 내담자가 원하는 가치를 성취하거나 획득하기 위해 필요하다고 생각하는 것이다. 이러한 목표는 기분이 나아지는 것의 형태로 표현되곤 한다(예, 적은 불안, 적은 고통, 적은 외로움, 높은 자존감).

수용전념치료는 내담자가 지속되는 행동 양상의 방향인 가치와 구체적인 성취 혹은 완수하고 끝낼 수 있는 사건인 목표를 구별하도록 도와준다. 가치 있는 방향을 정의하는 과정에서 내담자가 목표를 가치인 것처럼 제시할 때, 치료자가 해야 할 일은 제시된 목표와 연결되어 있거나 기저에 존재하며 진행되는 가치를 탐색하고 추출해 내는 것이다.

지금부터 잠시 어떤 내담자의 언급이 가치에 가까운지 혹은 목표에 가까운지 분류하는 연습을 해 보자. 가치는 행동의 선택된 특성이라는 것을 기억하자. 그것은 동사나 부사로 표현되며 목표가 뭔가 완료될 수 있는 것임에 반해, 가치는 방향에 더 가까운 것이다. 목표는 가치 있는 방향으로 움직이는 것의 결과로서 발생하는 결과물이다. 만약 당신이 어떤 것을 완수하고 마칠 수 있다면 그것은 목표다. 이 연습은 내담자의 언급으로부터 목표가 아닌 가치를 발견해 내는 데 도움이 될 것이다.

연습: 가치와 목표

다음 지문에서 가치라고 생각하는 부분에는 동그라미, 목표라고 생각하는 부분에는 밑줄을 표시하십시오. 이어지는 모범 답안을 보기 전에 스스로 해 보시기 바랍니다.

치료자: 자, 만약 이 불안이 마술처럼 사라지고 삶이 당신이 원하는 대로 이루어진다면, 당신의 삶은 어떨 것 같습니까?

내담자: 음, 더 행복할 거예요. 모든 것을 나눌 수 있는 친구를 적어도 두세 명 갖게 될 겁니다. 나가서 영화를 보거나 오토바이를 타는 것과 같이 제가 좋아하는 일을 할 거예요. 우리 동네 극장에서 일을 하고 있을 수도 있겠고, 적어도 연극을 보러 다닐 거예요. 전 예술을 더 많이 접하며 보낼 거예요. 아름다운 것을 감상하는 데 도움이 되니까요. 남자친구와 잘 지낼 거예요. 훨씬 적게 싸우고 덜 울 거예요. 아마 엄마와의 관계도 더 나아지겠죠. 엄마 곁에 더 오래 있으려고 노력할 거예요. 그리고 돈을 더 많이 벌 거예요.

이제 한 문장씩 내담자가 한 말을 검토해 보면서 목표인지 혹은 가치인지 구분해 봅시다.

내담자: 더 행복할 거예요.

더 행복한 것이 가치라고 생각할 수도 있다. 여기서의 행복을 복지나 가치에 일치하는 삶을 사는 것으로부터 오는 행복이라고 정의한다면 가치의 핵심을 표현한 것으로 볼 수 있을 것이다. 그러나 수용전념치료에서 보듯이 행복을 정서 반응으로 정의한다면 목표이지 가치가 아니다. 그러한 방식으로 본다면, 행복은 행동의 결과로 왔다 가는 사건이지 선택된 행동의 특성이 아니다. 정서적으로 다른 이유 없이 그저 행복을 선택하는 것은 불가능하다.

내담자: 모든 것을 나눌 수 있는 친구를 적어도 두세 명 갖게 될 겁니다.

'두세 명의 친구를 갖는 것'은 완료될 수 있기 때문에 목표이지만, 이 문장은 대인관계라는 영역에서 무엇인가를 나눈다는 뚜렷한 가치를 포함한다.

내담자: 나가서 영화를 보거나 오토바이를 타는 것과 같이 제가 좋아하는 일을 할 거예요.

이 문장은 일단 가치에 대한 언급이다. '내가 좋아하는 일'이란 말에 대해서는 좀 더 명확한 설명이 필요하다. 이것을 단지 정서적 결과라고 생각한다면 가치가 아니다. 그러나 우리는 보통 이 말을 삶의 즐거움을 누릴 수 있게 하는 일에 대해 설명할 때 사용하는데, 이러한 경우에는 가치다.

내담자: 우리 동네 극장에서 일을 하고 있을 수도 있겠고, 적어도 연극을 보러 다닐 거예

요. 전 예술을 더 많이 접하며 보낼 거예요.

예술에 참여함으로써 아름다움을 감상하는 것은 가치다.

내담자: 남자친구와 잘 지낼 거예요.

대인관계에서 중요하게 여기는 특성이 무엇인지 알 수 없기 때문에 아직 '잘 지내는 것'을 가치로 볼 수는 없다.

내담자: 훨씬 적게 싸우고 덜 울 거예요.

이것은 목표다.

내담자: 아마도 엄마와의 관계도 더 나아지겠죠. 엄마 곁에 더 많이 있으려고 노력할 거예요.

대인관계에서 중요하게 여기는 특성이 무엇인지 알 수 없기 때문에 아직 '나은 관계'를 가치로 볼 수는 없다. 어머니 곁에 있겠다는 것은 가치다. 하지만 다소 모호하기 때문에 좀 더 명확한 설명이 필요하다.

내담자: 그리고 돈을 더 많이 벌 거예요.

이것은 가치가 아닌 목표다.

내담자가 종종 목표를 보고할 때, 하나 혹은 그 이상의 가치가 그 목표의 기저에 있는 경우가 있다. 치료자로서는 목표의 기저에 있는 중요한 가치를 추출해 내고 명확하게 만드는 것이 중요하다. 다음 연습을 통해 이에 대해 연습해 볼 수 있다.

만약 당신이 내담자의 위와 같은 대답을 듣고 그에 반응하고자 한다면 내담자가 제시한 목표의 기저에 있는 가치를 찾기 위해 어떤 종류의 질문을 하겠습니까? 당신이 할 수 있는 질문을 두 가지 적고, 아래의 모범 답안을 보십시오.

반응 1:

반응 2:

여기 도움이 될 만한 질문의 예가 있다.

- 남자친구와 잘 지낸다는 것은 어떤 것일까요? 저에게 설명해 주세요.
- '싸우거나 울지 않는다'는 무엇에 관한 것입니까? 왜 그것이 중요하죠?
- 당신에게 돈이 더 많다고 상상해 보십시오. 그걸로 무엇을 하시겠습니까?

과정과 결과 구별하기

내담자에게 목표와 가치를 구별하게 하는 것은 삶의 과정에 좀 더 초점을 두고 행동의 결과에 덜 집착하도록 돕기 위해서다. 많은 사람은 목표를 성취하는 것이 행복한 삶을 위한 길이라는 생각에 매달리게 된다(Hayes et al., 1999). 수용전념치료에서 목표는 효과적인 행동에 근접하고 있다는 것을 표시해 주는 역할이라는 실용적 의미로 사용된다. 단, 결과 자체로서가 아니라 오직 가치 있는 행동을 위한 지침으로서 가볍게 받아들여질 경우에만 그런 역할을 할 수 있다.

한편 목표에 너무 강하게 집착하는 것으로 인한 문제는 그러한 집착 때문에 현재 순간으로부터 주의가 흩어지게 되기 쉽다는 점이다. 한 목표를 달성하자마자 다른 목표가 생기기 때문에, 우리는 목표에 결코 다다를 수 없고 항상 목표에 미치지 못한다. 반면 가치는 삶의 과정과 삶이 우리에게 준 상황에서의 가치 두기 과정에 초점을 두게 한다. 가치 두기의 기회는 항상 지금 여기, 우리의 행동에 있다. 우리는 가치를 두기 위해 어딘가로 가야 하는 것이 아니고, 가치 두기를 시작하기 위해 뭔가를 기다려야 할 필요도 없다. 그러므로 수용전념치료 관점에서 중요한 것은 의미 있는 삶의 과정이라고 말할 수 있다. 미래에 또는 특정한 목표나 결과물을 성취한 후가 아니라, 우리가 사는 모든 순간과 모든 상황에서 중요한 것과 연결될 수 있다.

우리는 삶에서 선택과 손발로 무엇을 할지 등은 통제할 수 있지만, 삶이 어떻게 될지를 항상 통제할 수 있는 것은 아니다. 예를 들어, 딸은 어머니와의 관계에 가치를 두는데, 어머니는 모든 연락을 거절할 수 있다. 그렇다고 해서 가치가 존재하지 않고 하찮은 방식으로 표현된다는 것은 아니다. 생각이든 카드든 혹은 형제와의 대화든 간에 말이다. 댐에 갇힌 물을 생각해 보자. 댐에 가해지는 물의 힘과 같은 것이 가치다. 움직일 수 없기 때문에 물은 자신의 잠재력을 표현할 수 없다. 그러나 댐이 열리게 되면 물의 힘(즉, 가치)이 완전히 드러날 것이다. 마찬가지로 행동이 단지 상황에 의해 제약된다고 해서 가치가 없다는 것을 의미하는 것은 아니다.

느낌에 대비되는 행동으로서의 가치 두기

마지막으로 수용전념치료는 행동 특성으로서의 가치와 느낌으로서의 가치를 구별한다(Hayes et al., 1999, pp. 209-212). 내담자는 종종 가치가 주어지는 상황에서 어떻게 느끼는지에 대한 것, 다시 말해서 욕구나 욕망 같은 것이라고 생각한다. 그러나 가치는 선택된 삶의 방향이다. 가치는 우리가 따라야 하는 방향을 가리키는 나침반과 같은 것이라고 생각할 수 있다. 그 방향은 우리가 계속 앞으로 나아갈 바를 잡아 준다. 비록 순간의 느낌과 생각이 우리가 하는 것에 영향을 줄 수도 있고 길을 꼬불꼬불하게 가거나 돌아가게 할 수도 있지만, 결국 전체적인 방향을 통해 가치는 드러나게 마련이다.

치료자가 지닌 치료와 관련된 가치를 직접적으로 언급한다

수용전념치료자는 은연중에 내담자의 가치 두기에 대해 가치를 매긴다. 치료자는 내담자가 소용이 없고 결국에는 손해가 되는 목표(예, 원하지 않는 생각과 감정 줄이기)를 멀리하고 자신이 가장 '되고 싶다'고 하는 삶을 사는 쪽으로 노력의 방향을 돌려주는 것에 가치를 둔다. 치료자가 내담자에게 이러한 치료 가치를 명확히 하고 그에 전념하는 것은 내담자에게 요구하는 것처럼 가치 두기와 전념 행동에 대한 예를 보여 주는 셈이 되고 이를 독려하는 것이 된다. 이렇게 할 때에는 내담자가 해야만 하는 어떤 것을 만들어 내는 것이 아니라 내담자에게 득이 될 수 있는 기회를 만들어 내는 것이어야 한다는 점이 중요하다.

내담자의 가치의 구체적 형태가 명확해지기 전인 치료 초기에는 이러한 전념 행동이 치료자의 다음과 같은 말로 표현될 수 있다. "저는 이 치료가 당신이 가장 바라는 삶의 모습과 연결되었으면 좋겠습니다. 저는 치료시간 동안 당신이 삶에서 가장 원하는 것을 발견하도록 도와주는 데 전념할 것이고, 그러한 작업에 헌신할 것이라는 걸 말씀 드리고 싶습니다."

치료자는 자신이 내담자의 가치와 생활 상황에 대해 알고 있는 것이 무엇인지에 따라 더 구체적인 전념 행동을 할 수도 있다. 종종 치료자는 내담자가 가치를 공개적으로 밝힌 후에 전념할 것을 약속하기도 한다. 내담자가 심상을 통해 자신의 장례식에 참석하는 연습을 하고 있는 면담 기록을 보자.

치료자: 그러니까 이제는 딸이 자신에 대해 그런 말을 할 것이라고 생각하지 않는군요?

내담자: 네.

치료자: 예전에는 당신이 그녀 곁에 있어 주지 않았습니다. 당신은 감옥에 있었고, 딸과 부인을 버리고 마약을 하게 되었죠. 이 연습에서 딸이 자신에 대해 그런 상냥한 말을 하는 것이 어땠습니까?

내담자: 그게 바로 딸이 저에 대해 이야기해 줬으면 하는 말이에요. 기분은 좋았지만, 실제와는 다르기 때문에 가짜라는 느낌도 들었어요.

치료자: 네. 그것이 당신이 바라는 것이군요.

내담자: 맞아요, 하지만 제 딸은 그렇게 되도록 하지 않을 거예요.

치료자: 당신의 딸은 때때로 사랑하기 어렵게 합니다. 전화를 하면 그녀는 일단 돈을 요구하죠. 그녀는 당신을 믿지 않습니다. 그녀가 그런 식으로 나오는데도 사랑하기란 참 힘든 일입니다. 그런데 한편으로 사람들이 장례식에서 당신에 대해 그런 말을 하게 될지 여부는 지금 당신이 어떻게 사는가에 달려 있다는 것을 알고 있습니다. 저는 일이 어떻게 될지 장담할 수는 없지만, 만약 당신이 애정이 있는 아버지라면, 말씀하신 것처럼 그녀가 찾을 때 곁에 있어 주고 지지해 주는 아버지라면 말입니다, 언젠가 그녀가 당신에 대해 그런 식으로 생각하고 심지어 그런 말을 하게 될 가능성이 많아질 것이라는 점을 장담할 수 있습니다. 하지만 계속해서 딸을 피하려고만 한다면 절대로 그렇게 될 수는 없을 것입니다. 한 가지 묻겠습니다. 기꺼이 일어서서 제 눈을 보고 당신 딸에게 어떤 아버지가 되고 싶은지 말해 주실 수 있겠습니까? 그녀가 아무리

어렵게 만든다고 해도, 그녀가 전화했을 때 원하는 것은 돈밖에 없는 것 같아서 자신이 형편없다고 느껴지는 일이 많더라도 말입니다. 당신이 원하는 것은 무엇입니까?

내담자: 딸이 찾으면 언제나 애정이 있고 지지해 줄 수 있는 아버지가 되고 싶습니다. 딸에게 단지 돈만 주겠다는 뜻이 아니라, 아빠로서 항상 곁에 있겠다는 것입니다.

치료자: 기꺼이 일어서서 그것이 바로 당신이 딸과의 관계에서 되고자 하는 모습이라고 말씀해 보시겠습니까? 딸이 당신이 그렇게 되는 것을 힘들게 만들거나, 이용당했다는 느낌이 들거나, 실망하게 되거나, 화가 나는 순간이 생길 것이라는 것을 알면서도 말입니다. 때로는 엄청나게 힘들 것이라는 것을 알면서도, 그렇게 하는 것에 전념하겠다고 일어서서 이야기해 보시겠습니까?

내담자: 네, 전 그런 아버지가 되고 싶어요.

치료자: 좋아요. 그러면 일어서서 저에게 어떤 아버지가 되고 싶은지 말해 주세요.

내담자: [일어서서 치료자의 눈을 보고] 내 딸이 힘들게 하더라도 나는 애정이 있고 지지적인 아버지가 되고 싶습니다.

치료자: 훌륭합니다! 감명받았습니다. 그에 관한 작업을 해 나가면 좋겠습니다. 저는 당신이 그렇게 할 수 있도록 하는 데 전념하겠습니다.

수용전념치료자는 내담자와의 관계 속에서 자신의 가치를 확인하는 작업으로부터 도움을 받는다. 하지만 이런 작업을 하지 않고 지나치는 경우가 많다. 당신 자신의 경우를 생각해 보자. 예를 들어, 당신은 수련과정 중에 자신이 어떤 치료자가 되고 싶은지 혹은 내담자와의 작업에서 무엇을 가장 중요하게 여기는지에 대해서 지도감독자나 스승과 대화를 나눠 본 적이 몇 번이나 되는가? 이러한 주제는 대학원에서 자주 다루어지는 것은 아니다. 만약 당신이 한두 번 이상 그에 대한 대화를 나눠 봤다면, 이는 오히려 일반적인 경우가 아닐 것이다. 만약 내담자와의 작업에 대한 자신의 가치가 명확하지 않다면, 당신은 내담자에게 수용전념치료의 틀에 일관되도록 전념하는 데 어려움을 겪을 수도 있다. 다음 연습은 치료자로서 자신의 가치를 확인하는 데 도움이 될 것이다.

경험적 연습: 치료자로서의 가치를 확인하기

치료시간 중에 최고의 상태일 때 당신은 어떻습니까?

당신과의 작업 결과로 내담자에게 무엇인가를 줄 수 있다면, 당신은 그들에게 무엇을 주고 싶습니까?(예, 특정한 기술, 변화, 지식, 관계, 경험)

이 질문에 접근하는 데 좀 더 경험적인 방식을 사용하기 위해 눈을 감고 당신이 은퇴 파티에 있는 것을 상상하는 간단한 연습을 해 보길 권합니다. 눈을 감고 집중이 될 때까지 잠시 기다리세요. 그다음에는 자신이 파티에 있는 모습을 떠올려 보고, 그것이 어떤 모습일지, 누가 나타날지 떠올려 보세요. 마지막으로 당신이 가장 좋아하는 세 명의 내담자가 은퇴 파티에 와서 그들에게 당신이 어떤 의미였는지에 대해 한 마디씩 하는 것을 상상해 보세요(아마도 이런 일이 일어나지는 않겠지만, 당신의 상상이니까 원하는 대로 선택할 수 있습니다.). 그들에게 당신이 어떤 의미였는지, 당신과 함께 한 치료시간에서 무엇이 가장 기억에 남았는지, 당신이 그들과 함께 했던 것이 어떤 점에서 가장 중요했는지 이야기해 보도록 해 주세요. 그러고 나서 그들이 뭐라고 말했는지 간단히 요약해서 적어 보세요.

당신이 이 영역에 대해 모든 각도에서 생각해 봤기 때문에 치료자로서 당신의 가치의 요점을 요약해 볼 수 있는지 살펴봅시다. 어떤 치료자가 되고 싶습니까? 무엇을 하고 싶습니까? 개략적인 내용을 적어 봅시다.

치료자로서 나는 ________________________________이 되길 가장 원한다.

그것은 당신에게 얼마나 중요합니까? __ (0=전혀 중요하지 않다, 10=매우 중요하다)

지난 두 주간 당신의 행동은 이 가치와 관련하여 얼마나 일치합니까? __ (0=전혀 일치하지 않는다, 10=매우 일치한다)

당신이 가장 원하는 치료자가 되기 위해 이번 주에 당신이 할 수 있는 한 가지 일은 무엇입니까?

당신은 이것에 전념하겠습니까? □ 예 □ 아니요

당신의 현재 내담자 중 두 명에게 어떻게 전념을 할 것인지 연습해 보도록 합시다. 현재 내담자 중 두 명을 머릿속에 떠올려 봅시다. 그들을 떠올려 보면서 어떤 작업을 같이 하고 있고, 그들이 가장 중요하게 가치를 두는 것은 무엇이고, 당신은 무엇을 가치 있게 여기는지 생각해 봅시다. 그러고 나서 스스로에게 물어봅시다. 만약 각 내담자에게 그들과 작업하고 있는 것과 관련해서 당신이 가지고 있는 가치를 표현하기 위해 전념하려 한다면 뭐라고 말하겠습니까? 예를 들어, "저는 제가 ____________에 전념하려 한다는 것을 당신이 알았으면 합니다."

내담자 1:

내담자 2:

마지막으로 실제로 당신이 내담자에게 이러한 전념을 말할 것인지를 생각해 봅시다.
내담자 1에게 말하겠습니까? □ 예 □ 아니요
내담자 2에게 말하겠습니까? □ 예 □ 아니요

핵심 역량 실천

이 장의 나머지에서는 가치에 대하여 치료자와 내담자가 나누는 대화 중 순간순간의 상호작용에 주로 초점을 맞춘다. 이렇게 함으로써 강력한 가치에 대한 대화의 특성을 이끌어 내는 것의 예와 연습 기회를 가질 수 있다. 우리는 다른 문헌(〈표 6-1〉 참조)에서 찾아볼 수 있는 가치 평가의 구조를 되풀이하려는 것이 아니다. 그보다는 그러한 개입을 가능하게 하기 위해 필요한 기술에 초점을 맞추고 있다. 각 절에는 핵심 역량에 대한 설명이 있고, 면담 예시와 연습 문제가 제공된다. 모범 반응을 참고하기 전에 자신 만의 반응을 만들어 보도록 한다.

핵심 역량 연습

역량 1 치료자는 내담자가 가치 있는 삶의 방향을 명확히 하도록 도와준다.

내담자와 치료자 사이에서 일어난 가치에 대한 비핵심적 대화를 보여 주는 짧은 면담 기록이 제시되어 있다. 각 대화문은 각기 다른 내담자와의 치료시간에서 뽑은 것이다.

[연습 6-1]

내담자는 심한 사회 불안이 있는 58세 여성이다.

치료자: 당신 삶에 현재 없다고 느껴지는 것 중에 있었으면 하는 것은 무엇입니까?

내담자: 저는 이 불안을 덜 느끼고 싶어요. 그저 집 밖으로 나갈 수 있게 되고, 보통 사람처럼 되었으면 좋겠어요.

치료자: 그럼 집 밖으로 나갈 수 있게 되고 싶은 이유는 뭐죠?

내담자: 제가 사는 삶이 사는 것 같지가 않기 때문이죠.

여기에 자신의 반응을 적어 보십시오(역량 1을 사용합니다).

어떤 생각 때문에 이러한 말을 하게 되었나요? 무엇에 대한 반응이고, 무엇을 얻고자 하는 것인가요?

[연습 6-2](역량 1 계속)

내담자는 만성적으로 기능 저하가 있는 46세 남성이다.

치료자: 당신의 삶에 대한 꿈은 무엇이지요?

내담자: 모르겠어요.

여기에 자신의 반응을 적어 보십시오(역량 1을 사용합니다).

어떤 생각 때문에 이러한 말을 하게 되었나요? 무엇에 대한 반응이고, 무엇을 얻고자 하는 것인가요?

[연습 6-3](역량 1 계속)

내담자는 정서적으로 매우 회피적이며 삶의 목표가 없는 17세 여성이다.

치료자: 원하는 것은 무엇인가요? 진심으로 원하는 것은 무엇이지요?

내담자: 행복이요. 그 무엇보다도 제가 원하는 것이에요.

여기에 자신의 반응을 적어 보십시오(역량 1을 사용합니다).

어떤 생각 때문에 이러한 말을 하게 되었나요? 무엇에 대한 반응이고, 무엇을 얻고자 하는 것인가요?

[연습 6-4](역량 1 계속)

치료자: 마지막으로 삶에 대한 꿈을 가졌던 때는 언제입니까? 얼마나 오래되었나요?

내담자: 아주 오래되었어요. 생각하고 싶지도 않아요.

여기에 자신의 반응을 적어 보십시오(역량 1을 사용합니다).

어떤 생각 때문에 이러한 말을 하게 되었나요? 무엇에 대한 반응이고, 무엇을 얻고자 하는 것인가요?

이 역량에 관한 마지막 두 면담 기록은 가치를 확인하고 접근하는 데 있어 다소 까다로운 장애물에 관한 것을 보여 준다. 당신이 해야 할 일은 내담자가 이 장애물을 잠시 제쳐 두고 자신에게 중요한 것에 더 다가가도록 도울 수 있는 반응을 만들어 내는 것이다.

[연습 6-5](역량 1 계속)

내담자는 45세 남성 노숙자다.

치료자: 당신이 가장 바라는 삶은 어떤 것이지요?

내담자: 미국의 대통령이 되는 거요.

여기에 자신의 반응을 적어 보십시오(역량 1을 사용합니다).

어떤 생각 때문에 이러한 말을 하게 되었나요? 무엇에 대한 반응이고, 무엇을 얻고자 하는 것인가요?

[연습 6-6](역량 1 계속)

내담자는 우울해하는 28세 여성이다.

치료자: 당신의 꿈은 무엇이지요?

내담자: 부모님을 기쁘게 하는 것인 것 같아요.

여기에 자신의 반응을 적어 보십시오(역량 1을 사용합니다).

어떤 생각 때문에 이러한 말을 하게 되었나요? 무엇에 대한 반응이고, 무엇을 얻고자 하는 것인가요?

역량 2

치료자는 내담자가 자신의 삶이 지향하고자 하는 바에 전념하도록 돕는다. 그리고 그 부분에 치료의 초점을 맞춘다.

[연습 6-7]

내담자를 전념으로 인도하는 것은 치료 작업 중 가치의 측면에서 볼 때 수용전념치료의 독특한 기술이다. 다음 연습에서는 내담자를 어떻게 그 방향으로 가게 할 수 있을지에 대해 생각해 보도록 한다.

내담자는 43세 남성으로 오랫동안 기분부전증을 가지고 있으며 친밀한 관계를 시작하고 유지하는 데 어려움을 겪고 있다. 치료자와 내담자는 이미 우선순위가 높은 가치를 탐색하였고, 최근에는 지금까지 경시했던 이성관계 분야에서의 중요한 가치를 발견하였다. 이 예문에서 치료자는 내담자가 자신의 삶이 지향하고자 하는 바에 전념하는 쪽으로 나아갈 수 있도록 도와준다.

치료자: 지지적이고 친밀하고 재미있는 관계를 갖는 것이 당신 삶에서 중요하다는 것을 확인했습니다. 하지만 당신은 자신이 아직 만나는 사람도 없고 그러려고 하지도 않고 있는 것을 알았습니다. 이런 것이 당신이 원하는 삶인가요?

내담자: 당연히 아니지요. 하지만 저랑 같이 있고 싶어 하는 사람을 아직 한 명도 못 만났어요. 다가가는 것이 어려워요. 제 생각에 저는 거절당할 것 같아요.

치료자: 몇 가지 중요한 질문이 있습니다. 우선 잠시 시간을 갖고 당신이 작업해 나가고자 하는 것과 접촉해 보세요. 지지적이고 친밀하고 재미있는 관계. 제 질문은 이것입니다. 당신은 삶에서 어떤 사람이 되고 싶으세요? 대인관계에서 거절을 피하고 실패를 막으면서 살 건가요? 아니면 지지적이고 친밀하고 재미있는 관계를 갖는 사람이 될 건가요? 기꺼이 이런 삶의 가치를 위한 입장을 취할 수 있겠어요? 거절을 피하느라 시간을 보내지 않는다면 당신은 무엇을 하고 있을까요?

내담자: 하지만 저도 제가 할 수 있을지 확신이 없어요.

여기에 자신의 반응을 적어 보십시오(역량 2를 사용합니다).

어떤 생각 때문에 이러한 말을 하게 되었나요? 무엇에 대한 반응이고, 무엇을 얻고자 하는 것인가요?

역량 3 치료자는 내담자가 가치와 목표를 구별할 수 있도록 돕는다.

[연습 6-8]

이 장의 앞에서 가치와 목표를 구별하는 것을 연습하였다. 이제 이와 똑같은 연습을 당신과 작업하였던 내담자에게 적용해 보는 시간을 가져 보도록 한다.

두 내담자를 고른 후에 각 내담자가 가지고 있다고 생각하는 가치를 써 본 다음 그 내담자를 떠올리면서 그 가치에 도움이 될 목표를 나열해 보십시오.

내담자 1

가치:

목표:

내담자 2

가치:

목표:

역량 4 치료자는 성취한 결과와 삶의 과정에 참여하는 것을 구별한다.

[연습 6-9]

26세의 남성 내담자가 몇 년 만에 처음으로 데이트를 하려 한다. 지난주에 그는 '다른 사람과의 관계에 있어 먼저 다가서고, 사랑하고, 깊이 마음을 나누며,

진심으로 대하는 사람'이 되고 싶다는 가치를 표현하였다. 그는 이러한 가치의 방향으로 나아가기 위해 자신의 온라인 개인 광고에 이메일을 최소한 하루에 한 개씩 보내는 것에 전념하기로 했다. 그는 매일 이메일을 보냈지만 아직 아무도 답장을 하지 않은 것에 실망한 채 치료시간에 왔다.

내담자: 네, 전 그렇게 했어요. 그런데 아무도 답장을 안 했어요. 그건 소용이 없었어요.

치료자: 그랬군요. 잠시만요, 이 연습의 요점으로 돌아가 봅시다. 이메일을 왜 보내려 했던 거죠? 무엇을 위한 것이었죠?

내담자: 새 여자친구를 만들기 위해서죠. 그런데 이 방법은 소용이 없었어요. 아무도 답장이 없어요. 지금까지 돌아가는 걸 보면, 이건 그냥 시간 낭비일 뿐이에요.

여기에 자신의 반응을 적어 보십시오(역량 4를 사용합니다).

어떤 생각 때문에 이러한 말을 하게 되었나요? 무엇에 대한 반응이고, 무엇을 얻고자 하는 것인가요?

역량 5

치료자는 자신이 가지고 있는 치료와 관련된 가치를 언급하고 그 중요성을 보여준다.

[연습 6-10]

당신이 가지고 있는 치료와 관련된 가치를 표현하는 문장 세 개를 적어 보십시오. 내담자에게 말하듯이 적어 보십시오.

핵심 역량 모범 반응

역량 1

예시 6-1

치료자: 당신 삶에서 무엇이 없다고 느껴지나요? 현재 당신 삶에 없는 것 중 있었으면 하는 것은 무엇인가요? 집에 앉아 있으면서 나가기 두렵다고 느낄 때, 당신 삶에서 무엇을 원하나요? 혹은 어떤 사람이 되고 싶은가요? 잠시 시간을 갖고 생각해 보세요. 때로는 고통이 길잡이가 되기도 합니다.

설명 집에서 나가는 것은 목표이지 가치가 아니다. 치료자는 내담자가 원하는 것이 무엇인지에 의제의 초점을 맞추어야 하는데 내담자가 방어적인 답을 하고 있다. 따라서 치료자는 순간과 고통에 더 가까이 다가가야 한다.

예시 6-2

치료자: 당신은 어렸을 때 당신 삶이 이렇게 될 거라고 상상했나요? 이것이 당신이 상상했던 자신의 모습인가요?

설명 내담자의 대답은 방어적이다. 하지만 내담자를 유년 시절의 꿈이나 희망과 연결해 주면 그런 방어가 자기부정으로 보이게 할 수 있다. 이 시점에서 많은 내담자는 회피하고 방어하는 것을 멈출 것이다.

예시 6-3

치료자: 만약 당신이 행복하다면 현재 무엇을 하고 있을까요? 더 자세히 살펴보세요. 이 행복이란 것이 뭔가 당신이 할 수 있는 것인가요? 지금 무얼 좀 해 보죠. 지금 당장 자신이 매우 행복하게 느낄 수 있게 해 보세요. [멈춤] 그렇게 되나요?

내담자: 아니요, 그런 식으로 되는 게 아니잖아요.

치료자: 맞아요. 그래서 제가 궁금한 것은 당신이 어떤 사람이 되고 싶고, 어떻게 살고

싶은가 하는 것입니다. 당신이 어떻게 느끼고 싶은지를 알고 싶다는 것이 아니고요. 예를 들어, 당신이 손, 발, 입 등으로 무엇이든지 하려고 하는 게 있다면 그게 어떤 행동이겠습니까?

설명 행복은 목표다. 즉, 뭔가 내담자에게 일어날 수 있는 그런 것이다. 행복은 내담자가 나아가려고 하는 방향, 즉 가치와는 다르다. 그래서 치료자는 내담자에게 우회적으로 접근한다. 치료자는 정서를 결과로 삼는 것의 문제점을 설명하기 위해 짧은 연습을 하게 한다. 가치는 내담자가 직접적으로 통제할 수 있는 성질의 것이 아니다. 가치는 행동의 특성을 갖는 것으로, 우리가 직접적으로 접근하거나 지향하는 것이다.

예시 6-4

치료자: 네. 당신의 삶이 당신이 원했던 삶과 거리가 멀다는 것을 생각해 보면 매우 고통스럽겠지요. 저도 이해가 돼요.

내담자: [울기 시작한다.]

치료자: 당신은 삶에 대한 꿈과 희망을 너무나도 많이 포기해 왔어요. 지금까지 포기해 왔던 꿈에 대해 꼭 듣고 싶어요. 기꺼이 말씀해 주실 수 있나요?

설명 치료자는 내담자가 관심과 돌봄에 관련된 상실감과 고통 때문에 자신의 가치에 다가가지 않으려 한다고 생각한다. 그래서 치료자는 내담자가 지금 이 순간 원하는 삶을 살지 않아서 생긴 고통과 만날 수 있도록 하기 위해 공감 어린 말을 한다.

예시 6-5

치료자: 대통령이 되면 무엇을 할 수 있게 되는 거죠?

내담자: 사람들을 돌보는 거요…. 저 같은 사람들을 말입니다.

치료자: 그럼 당신이 대통령이든 아니든 그렇게 사람들을 도와준다면 그것이 당신이 추구하는 가치가 될 수 있을까요?

설명 목표가 과장되어 보인다 해도 그 속에는 때때로 가치가 표현되어 있다. 가치에 대해 논의하는 것의 커다란 장점 중 하나는 내담자를 과대망상적인 목표에 대한 믿음에서 벗어나도록 설득할 필요가 없다는 것이다. 가치 수준까지 파고 들어가면 즉각적으로 행동에 대한 시사점을 얻을 수 있고, 효용성에 대해 설명하면 내담자가 창피함이나 틀렸다는 느낌을 받지 않게 하면서 지나친 반응(정신병적인 것까지도)을 더 부드럽게 진정시킬 수 있다.

예시 6-6

치료자: 부모님이 모두 돌아가시고, 부모님이 당신에게 무엇을 하기를 원했는지를 기억하는 사람은 아무도 없다고 상상해 보세요. 그럼 당신 삶 속에서 가장 변화되었으면 하는 것은 무엇인가요?

내담자: 별로 없어요. 결혼해서 애정을 주면서 아이들을 키우고 싶어요. 그게 부모님을 기쁘게 해 드리는 일일 것 같아요. 그게 제가 원하는 것이기도 해요.

설명 수용전념치료는 가끔 눈치 보기,[1] 즉 다른 사람에게 임의적인 인정을 받기 위해 규칙을 따르는 행동을 약화하는 것을 목표로 한다. 상기 면담 기록에서 치료자는 내담자에게 사회적 인정이 직접적인 주제가 아닌 상황을 상상하도록 요청함으로써 눈치 보기를 평가하였다. 하지만 치료자는 모든 사회적 인정이 눈치 보기라고 가정하지는 않는 방식으로 작업하였다. 우리는 사회적 동물이다. 주된 의제는 선택의 자유와 유대감이지만, 우리에게 이웃이나 가족이 중요하게 여기는 것 등을 중요하게 여기는 경향이 있는 것도 사실이다.

역량 2

예시 6-7

치료자: 저는 당신이 그렇게 할 수 있는지를 묻고 있는 것이 아닙니다. 되든 안 되든 어

1) 역주: 눈치 보기(pliance)란 수용전념치료에서 사용하는 신조어로, 가치와는 관계없이 타인에게 인정을 받기 위해 규칙을 따르는 것을 말한다.

차피 결과는 둘 중 하나일 것이고, 당신이 그것을 완전히 통제할 수는 없습니다. 그리고 당신은 무서운 기분과 걱정스러운 생각이 들 거예요. 제가 묻고 싶은 것은 당신이 무엇을 위해 살겠느냐는 것입니다. 제가 하고자 하는 것은 당신이 자신의 삶을 위한 새 방향에 전념하고자 할 기회를 주는 것이에요. 그 결과가 어떻게 될지는 모르겠지만요. 당신이 기꺼이 그렇게 전념할 것인지에 대해 곰곰이 생각해 봤으면 좋겠습니다. 그리고 그렇게 하시겠다면 저에게 알려 주세요. 당신은 어떤 사람이 되고 싶습니까?

내담자: 네, 전 그렇게 전념하고 싶어요. 할 거예요. [크게 숨을 내쉰다.] 전 지지적이고 친밀한 관계를 맺을 수 있는 사람이 되고 싶어요. 저 자신에게 열정적인 관계를 가질 기회를 주고 싶어요!

치료자: 좋습니다! 저도 당신이 그랬으면 좋겠어요. 그런 것에 관한 작업을 같이 해 나가면 좋겠어요.

설명 치료자는 내담자가 계속해서 집중할 수 있도록 하기 위해 탈융합과 수용 기법을 사용해야 한다. 치료자는 어떠한 결과를 위한 전념이 아닌 어떤 방향, 즉 삶의 과정을 위해 전념할지를 묻는 것이다. 내담자는 거절, 실패, 무능력에 대한 두려움과 같이 흔한 장애물을 보여 주고 있다. 치료자는 이런 장애물을 우회하여 내담자가 새로운 삶의 방향에 전념할 수 있는 기회를 계속해서 제시하고 있다.

역량 4

예시 6-9

치료자: 이 영역에서 당신이 하고자 하는 바를 무엇이라고 적었는지 상기시켜 드리고 싶습니다. 다른 사람과의 관계에 있어서 먼저 다가서고, 사랑하고, 깊이 마음을 나누며 진심으로 대하는 사람이 되고 싶다 적었지요. 우리는 그런 방향으로 나아가는 작업을 하는 것입니다. 어떨 때는 원하는 대로 잘되어서 결과에 만족하실 수도 있고, 어떨 때는 자신이 원하지 않는 결과가 나올 수도 있을 겁니다. 하지만 우리가 지금까지 해 온 작업은 당신이 무엇을 위해 살아 왔는가에 관한 것이었습니다. 지금 당신은 여기에서 잠시 벗어나 여자친구를 얻는 목표에 집

착하게 된 것이 아닌가 싶습니다. 여자친구를 갖게 된다면 좋겠지만, 우리가 그런 목표를 위한 작업을 하고 있는 것은 아니잖아요, 그렇죠?

내담자: 네, 무슨 말인지 알 것 같습니다. 제가 잠시 잊었네요.

치료자: 자, 그럼 그렇게 이메일을 보냄으로써 먼저 다가서고, 사랑하고, 깊이 마음을 나누며, 진심으로 대하는 관계로 가는 방향에 좀 더 가까이 가셨나요?

내담자: 네, 정말 그런 거 같아요. 이런 이메일을 보냈다는 것 자체가 저를 속이지 않았다는 거예요. 왜냐하면 평상시 저는 이성과의 관계를 원하지 않는 척해 왔거든요. 하지만 그것보다 더 나아간 점도 있어요. 저는 원래 이메일을 쓸 때 재치 있고 인상적으로 보이기 위해 정말 많이 노력해요. 제가 그렇게 꾸미지 않으면 사람들이 저의 진짜 모습은 좋아하지 않을 것 같아 걱정되니까요. 더 좋았던 것은 이번에는 좀 더 진짜 나를 보여 줬다는 거예요. 제가 생각하는 것을 말하였고, 그들이 쓰고 말하였던 것에 더 솔직하게 대답해 주었어요.

치료자: 좋아요. 지난주에 그렇게 전념하기로 하고, 일주일 동안 많은 장애물이 있었음에도 끝까지 해내셨다는 건 정말 대단하다고 생각합니다. 당신 삶이 어떻게 흘러가는지 같이 지켜보면서, 결과는 나오는 그대로 바라봅시다.

설명 내담자는 자신이 추구하는 가치를 위한 삶의 과정보다는 결과에 지나치게 초점을 맞추고 있는 것으로 보인다. 그는 특정 목표에 집착하게 되었다. 그리하여 그가 목표로 하는 것의 방향으로 잘 가고 있는지보다는 목표와의 괴리감을 기준으로 자신의 모든 행동을 평가하고 있다. 치료자는 내담자의 가치가 결과에 관한 것이 아니라 내담자가 어떻게 삶을 살아가는가에 관한 것이라는 점을 상기시켜 준다. 치료자는 내담자가 이를 잘 이해하고 있는지를 함께 확인한다.

추가 정보

- 연습과 은유를 포함하여 가치에 대해 더 많은 정보를 원하면 Hayes 등이 저술한 *Acceptance and Commitment Therapy*(1999)의 8장(pp. 204-234)을 참조하시오.
- 관련 문헌으로는 Dahl 등(2005, pp. 91-111), Eifert와 Forsyth(2005, pp. 154-155, 186-187), Wilson과 Murrell(2004)의 저작이 있다.
- 치료자와 내담자를 위한 가치 관련 연습 및 과제지를 원하면 Hayes와 Smith가 저술한 *Get Out of Your Mind and Into Your Life*(2005)의 12장(pp. 165-176)을 참조하시오.

Learning ACT

제 7 장

전념 행동 패턴 만들기

제7장

전념 행동 패턴 만들기

변화하기 위해서는 깊은 전념이 필요하고,
성장하기 위해서는 한층 더 깊은 전념이 필요하다.
-Ralph Ellison(1914-1994)

전념 행동 패턴 만들기의 핵심 목표는 다음과 같다.

✓ 내담자에게 자동적 반응과 경험에 대한 여유를 제공하면서 선택된 가치를 위해 행동을 바꾸도록 함께 작업한다.
✓ 내담자가 책임감을 갖고 행동 패턴을 만들어 나가고, 그러한 행동 패턴이 점점 더 큰 단위로 축적되어 효과적인 가치에 기초한 삶을 지지해 줄 수 있도록 돕는다.

치료를 받으러 오는 많은 내담자의 핵심 문제 중 하나는 그들이 자신의 삶에서 중요한 활동이나 대인관계, 목적 등을 포기해 버렸거나 아주 제한된 정도로만 유지하고 있다는 점이다. 우울증이 있는 레너드라는 내담자의 경우를 살펴보자. 그에게는 친구가 몇 명 있긴 하지만 그다지 마음을 나누지는 못하는 것으로 보이고,

절망스럽거나 외로울 때만 친구들에게 연락한다. 커스틴의 경우는 이제 더 이상 아들의 축구 경기에 가지 않으며, 공황에 대한 두려움 때문에 혼자 운전하지 않는다. 또 호세는 대부분의 시간을 혼자 거실에서 TV를 보며 지내면서, 만약 외출하게 되면 환청이 다시 들릴 것이라고 두려워하고 있다. 만일 이들에게 선택권이 주어진다면, 레너드는 친구들과 더 친밀하게 지내는 것을 선택할 것이고, 커스틴은 아들의 축구 경기에 가고 자신의 독립성을 회복하는 것을 선택할 것이다. 그리고 호세는 거실 밖의 세상에서 더 많은 시간을 보내는 것을 선택할 것이다. 이들은 모두 자신이 살고 싶은 온전한 삶의 모습에 대한 비전을 갖고 있다. 그러나 그들은 자신의 것이 아니거나 스스로 선택한 것이 아닌 어쩌다가 자신에게 찾아온 것 같이 느껴지는 삶을 살아가는 데에 얽매여 있는 자신을 발견하게 된다.

전념 행동이란 무엇인가

전념 행동이란 한 사람이 가장 깊고 간절하게 바라는 하나의 온전한 삶, 통합된 삶을 만들어 나가는 단계적인 행동과정이다. 전념은 그 사람의 가치에 따른 삶을 사는 데 필요한 바에 따라 지속과 변화 모두를 포함할 수 있다(Hayes et al., 2004). 전념은 또한 광범위한 행동에 참여하는 것을 포함한다. 이것이 특히 중요한 이유는 가치 있는 방향을 유지한다는 것이 때로는 효과 없는 행동에 고집스럽게 전념하거나 의미 없이 반복하는 것이 아닌 유연함을 갖는 것을 의미하기 때문이다.

언제나 반응하는 능력이 있다는 관점에서 보면 전념 행동은 본질적으로 책임감을 의미한다. 이것은 단지 이상주의적인 말이 아니다. 여기서 반응하는 능력이란, 어떤 상황에서든지 가치를 행동과 연결할 수 있는 능력을 의미한다. 예를 들면, 감옥에 있는 사람은 가족에 대한 전념을 드러나게 보여 주는 데에는 한계가 있을 것이다. 그러나 가석방될 가능성을 높이기 위해 감옥에서 모범적으로 지내거나 혹은 가족의 면회를 준비하는 것을 통해 이러한 전념이 드러날 수 있다. 실제로 전념은 모든 종류의 선택된 행동을 통해 드러날 수 있다. 주어진 상황에서 요구되는 전념적 행동의 구체적인 형태는 해당 상황에서 할 수 있는 것이 무엇인지와 가장 효과적인 행동이 어떤 것인지에 달려 있다.

전념 행동은 전통적인 행동치료 기법을 수용전념치료 모델에 가장 잘 통합할 수 있는 핵심 과정이다. 직면은 불안 문제에 사용할 수 있고, 사회기술 훈련은 사회적 문제에, 행동 활성화는 우울증에, 그리고 계획화된 흡연은 금연에 사용할 수 있다. 이러한 행동 기법은 매우 다양하기 때문에 이 장에서는 가장 넓은 의미에서 다루려고 한다. 그러나 행동 기법은 수용전념치료의 핵심 부분 중 하나이므로 치료에서 필요할 때마다 사용해야 한다. 수용전념치료에 대한 연구에서는 과학적인 측면을 분명히 하기 위해 전통적인 행동적 접근을 배제하는 경우가 많다. 예를 들면, 직면을 전혀 사용하지 않고 강박증을 성공적으로 치료한 결과를 보고한 연구(Twohig, Hayes, &, Masuda, 2006)의 경우, 여기서 직면을 사용하지 않은 이유는 강박증 치료에서 직면의 효과가 이미 잘 알려져 있기 때문에 직면을 사용하면 연구에서 나타난 효과가 인정될 수 없기 때문이다. 그러나 수용전념치료는 임상 행동 분석에 기초를 두고 있으며, 행동 기술은 수용전념치료에서 핵심 요소의 하나다. 예를 들어, 치료시간 내 직면은 강박증에 대한 일반적인 수용전념치료 접근법의 일부분이다. 임상 실제에서 모델이 완전히 구현되는 것을 제한할 이유는 전혀 없다.

왜 전념 행동인가

가치 있는 삶의 방향을 정의하는 것이 가야 할 길을 위한 나침반을 제공하는 것이라면, 전념 행동은 여행의 단계를 설명하는 것이라고 할 수 있다. 잘 사는 삶이란 궁극적으로 다른 모든 수용전념치료 과정(수용 및 현재 순간에 대한 알아차림을 개발하기, 얽매여 있는 생각에서 탈융합하기, 초월적 자기감을 개발하기, 자신이 선택한 방향을 명확하게 하기)의 목표다. 이러한 과정은 내담자가 자신의 가치 있는 방향을 위해 필요할 때 심리적 유연성을 향상하도록 돕고, 행동을 지속하거나 바꾸도록 돕는다. 전념 행동은 내담자가 시간이 지남에 따라 점점 무활동으로부터 명시적인 행동과 새롭고 더 유연한 행동을 유지하는 것으로 옮겨 가도록 돕는 것을 구체적인 목적으로 하는 행동과 치료 목표를 망라한다.

기꺼이 하기와 전념 행동의 연결

기꺼이 하기와 전념 행동은 매우 깊숙이 얽혀 있어서, 전념은 100% 기꺼이 하기에 달려 있다고까지 할 수 있을 정도다. 왜냐하면 가치는 종종 어려운 내적 경험과 연결되어 있고, 반대로 어려운 내적 경험은 대개 가치에 연결되어 있기 때문이다. 모든 전념 행동은 수많은 사적인 경험 전체를 불러일으킬 수 있는데, 적어도 그중 일부는 부정적으로 평가될 것이다(Hayes et al., 1999). 만약 어떤 사람이 모든 불쾌하거나 어려운 생각, 감정, 감각, 이미지를 경험하지 않으려는 것에 완전히 전념한다면, 그 사람은 어떤 행동과정도 전념하거나 유지할 수 없게 될 것이다. 왜냐하면 모든 과정은 결국에 불쾌한 어떤 것을 불러일으키기 때문이다. 사랑에 가치를 두는 것은 상실의 경험을 불러일으킬 것이고, 공동체에 가치를 두는 것은 거부의 경험을 하도록 만들 것이다. 그리고 창의성에 가치를 둔다면 자신의 능력에 대한 부정적인 평가가 따라오게 마련이다. 은유적으로 말해, 그것은 마치 당신이 '잘 살기'라고 불리는 여행 중에 끝없이 펼쳐진 늪으로 뛰어드는 것과 같다. 늪은 전혀 즐거운 것이 아니다. 늪은 냄새가 지독하고 끈적끈적하며 무섭지만 여행의 일부분이다. 삶은 묻는다. "늪을 헤쳐 나갈 것인가, 아니면 여행을 포기할 것인가?" 우리의 가치에 맞게 행동하는 것을 선택하기 위해서는 어렵고 힘든 사건을 기꺼이 경험하는 것이 필수다.

이 기꺼이 하기라는 행동은 무조건적인 믿음이라는

특성을 가진다. 치료자가 할 일은 내담자가 자신의 가치가 가리키는 방향과 일치하는 미지의 미래로 무조건적인 믿음의 한 걸음을 뗄 수 있도록 하는 상황을 만들어 주는 것이다. 무조건적인 믿음의 한 걸음은 그것을 내디딜 때 무슨 일이 일어나든 받아들이고, 무엇에 닿든 발을 내딛겠다는 기꺼이 하기의 의미를 내포하고 있다. 우리는 내담자의 전념 행동에서 이런 특성을 찾으려고 하는 것이다.

영화 〈인디애나 존스〉 3편의 한 장면에서 인디애나는 성배를 찾기 위한 탐험의 마지막 단계에 이른다. 그는 목표 지점에 거의 이르러서 바로 앞에 끝이 없는 것처럼 보이는 협곡과 맞닥뜨린다. 어디에도 건너는 길은 없다. 그는 자신의 목표를 포기하고 돌아서거나 두려움과 직면하고 믿음의 한 걸음을 협곡으로 내딛는 것 중에 하나를 선택해야 하는 상황에 처한다. 두려움을 안고 그는 빈 공간을 향해 발을 내딛고, 마치 떨어져 죽을 것처럼 보인다. 그러나 아무도 모르게, 협곡 아래와 완벽하게 똑같이 칠해져 있는 다리가 있었다. 인디애나는 이 다리를 건너 그의 목적지까지 안전하게 건너갈 수 있었다. 전념 행동이란 그런 것이다. 그는 기꺼이 자신의 두려움에 직면하였기 때문에 목표를 향해 나아갈 수 있었다. 그의 전념이 그를 기꺼이 그렇게 하도록 한 것이다.

전념 행동은 또한 계속해서 기꺼이 선택할 수 있는 능력을 키우고 연습할 기회를 제공한다. 수용전념치료에서 내담자는 어떤 방식으로든지 전념하도록 강요받아서는 절대 안 된다. 대신에 치료자는 내담자가 자신의 삶에서 행동에 전념하는 것을 선택할 수 있는 기회를 만들어 주어야 한다. 왜냐하면 이러한 행동은 내담자가 반드시 해야만 하는 어떤 것이 아니라, 그들이 살고 싶은 삶을 추구할 수 있는 기회이기 때문이다. 이상적으로 전념 행동은 100% 기꺼이 하기로 만들어진다. 〈인디애나 존스〉에서 주인공의 무조건적인 믿음의 한 걸음은 겉으로 보기에는 생명을 잃을 수 있는 협곡으로 뛰어드는 것과 같은 것이었다. 어떤 개인 사건은 거의 그 정도 수준으로 위협적으로 보이기도 한다. 내담자는 실제의 죽음을 피하는 것처럼 이 사건을 회피한다. 하지만 전념 행동은 내담자에게 생각이나 감정, 감각은 말 그대로 그들을 해칠 수 있는 것이 아니며, 오직 그것이 자신의 삶에서의 행동을 좌지우지하게 만들 경우에만 해로울 수 있다는 것을 경험할 수 있게 한다.

이 과정을 촉발하는 것은 무엇인가

전념 행동을 실행하는 것은 전형적으로 가치 있는 방향을 정의하는 작업 후에 이루어진다. 가치 있는 방향을 정의하는 작업은 일차 진료 상황에서 신속하게 가치 있는 삶의 영역 한 가지를 탐색하는 것부터 더욱 전형적인 치료 상황에서 여러 번의 치료시간을 통해 내담자가 가치 있는 방향을 정의할 수 있도록 돕는 것까지 다양할 수 있다. 중요한 것은 내담자의 가치가 어떤 것인지에 대한 공감을 바탕으로 내담자와 치료자가 함께 전념 행동 작업을 시작한다는 것이다.

전념 행동에 대한 작업은 치료가 활기 없어지거나 지루해질 때, 혹은 내담자가 가치에 대한 이야기만 하고 행동은 하지 않을 때 유용하다. 만약 내담자가 가치 있는 행동을 가로막는 장벽과 접촉하고 있지 않다면, 이 과정에 대한 작업을 시작하는 것이 그러한 장벽을 확실히 유발할 수 있을 것이다. 어떤 의미에서 전념 행동은 다른 수용전념치료 과정을 통해 정서적, 인지적 장벽을 다룰 수 있도록 해 주는 과정이다. 예를 들어, 한 내담자가 친밀감과 개방성의 중요성에 대해 이야기하고 있는데 생동감이 느껴지지 않는다면, 내담자가 기꺼이 전념할 수 있는 실제 행동을 하도록 유도하는 것이 무력한 분위기를 바꿀 수 있을 것이다. 그렇게 하는 것이 충분하지 않더라도 치료적 관계로 직접 접근하는 것을 통해 거의 항상 도움을 받을 수 있다. 예를 들어, 치료자는 "지금 말씀하시는 그 가치를 이 순간에 적용해 볼 수 있겠습니까? 바로 지금 우리 관계에 대해 이야기하기 어려우면서도 좀 더 솔직한 것에는 어떤 것이 있을까요?" 라고 물어볼 수 있을 것이다.

방법은 무엇인가

일단 치료자와 내담자 사이에 무엇이 중요한지에 대한 공감대가 형성되면 전념 행동을 다음과 같은 4단계로 나누어 볼 수 있다.

1. 최우선 순위의 가치 영역을 한두 가지 고르고, 기능 분석이나 입수 가능한 최대한의 증거 혹은 두 가지 모두에 근거하여 행동 변화를 위한 활동 계획을 개발한다.
2. 내담자가 가치와 연결된 행동에 전념하도록 돕는다. 이때 행동은 조합되어 가고 있는 더 큰 행동 패턴에 대해 마음챙김을 하면서 과제로 수행할 수 있는 것으로 설정하도록 한다.
3. 수용, 탈융합, 마음챙김 기술을 통해 행동에 대한 장벽을 주의하고 극복한다.
4. 1단계로 돌아가서 더 큰 행동 패턴, 다른 생활 영역, 두려움을 느끼거나 회피하는 사적 경험, 심리적 유연성이 결여된 다른 영역으로 일반화하는 작업을 한다. 이 작업은 내담자가 치료자의 도움 없이도 유연하고 지혜로운 전념 행동을 유지할 수 있을 때까지 충분한 연습이 필요하다.

이 작업은 건강하게 지내는 것이라든가 영적 활동에 참여하는 것과 같은 추상적인 가치를 구체화하는 데 핵심적이다. 즉, 이러한 가치를 실제로 표현하고 보여주는 구체적인 행동으로 바꾸는 데 핵심적인 과정이다.

가치 있는 삶의 목표를 파악하고 행동 계획과 연결하기

전형적으로 치료자와 내담자는 상호협력적인 방식을 통해 한두 개의 최우선 영역을 전념 행동의 초기 초점으로 삼는다. 보통은 내담자가 참여도가 줄어들거나 선택 혹은 활기가 상실되었다고 느끼고 있고, 이와 같은 제약으로 인해 지속적인 괴로움이 유발된다고 생각하고 있는 생활 영역에 초점을 두는 것이 도움이 된다 (Wilson & Murrell, 2004). 이상적인 경우에는 치료자가 내담자에게 매우 중요한 영역을 제안한다. 이때 행동이나 목표에는 내담자가 두려워하거나 회피하는 개인 경험을 불러일으킬 수 있는 것이 포함되어야 하는데, 이는 심리적 유연성을 개발하기 위한 기회를 극대화하기 위해서다. 초기의 초점이 결정된 후, 치료자와 내담자는 함께 설정한 행동이나 목표를 수행하기 위한 장소와 시간에 대해 구체적인 계획을 세우는 작업을 한다.

효과적인 목표와 행동 계획은 다음에 기술된 여섯 가지 특성 또는 요소를 특징으로 한다.

첫째, **구체적이고 측정 가능해야 한다.** 목표는 치료자와 내담자 모두가 전념이 지켜졌는지를 결정할 수 있도록 구체적이고 세분화될 필요가 있다. 흔한 실수 중에 하나가 목표를 모호하게 설정하는 것인데, 이렇게 되면 목표가 달성되었는지를 평가하기가 어렵다. '친구들과 더 많이 함께하기', '형제에게 더 많이 전화하기', '더 수용적인 태도를 갖기' 등이 모호한 목표의 예다. 이러한 활동은 가치와 일관된 것이기는 하지만 목표가 수행된 방식을 정확하게 파악하거나 내담자가 그 상황에서 보인 특징을 알아내기가 어려울 수 있다. '내 친구 제이크에게 전화해서 같이 영화를 보러 가자고 이야기하고, 레베카와 함께 커피 마시러 가기', '내 동생에게 일주일에 두 번 전화하기', '딸에게 내가 얼마나 사랑하고 있는지를 카드에 써서 전해 주기'와 같은 명확한 목표가 훨씬 더 효과적이다. 그리고 목표는 언제, 어디서, 어떻게 그 행동을 수행할지를 명시하면 더 분명해질 수 있다. 목표를 명확히 하는 것을 내담자 스스로 하기는 어려울 수 있으므로 치료자의 도움이 필요한 경우가 종종 있다.

둘째, **목표는 실질적이고 내담자가 달성할 수 있는 능력 범위 내에 있어야 한다.** 산발적으로 극적인 도약을 시도하는 것보다는 의지를 가지고 한결같은 자세로 작은 단계부터 실시하는 것이 더욱 실행 가능하다. 그러나 때로는 극적인 도약이 필요하기도 하다. 내담자의 능력 범위를 벗어나는 목표를 선택하지 않도록 주의해야 한다. 만약 내담자가 특정 목표를 달성할 기술이 없다면 가치와 일관된 중간 단계로서 해당 기술을 기르는 작업을 해야 한다. 다음 면담 기록에 치료자가 이에 대해 어떻게 설명할 수 있는지에 대한 예시가 소개되어 있다.

치료자: 목표의 크기는 중요하지 않아요. 중요한 것은 당신이 나아가고자 하는 방향으로 한 걸음씩 단계를 밟는 거예요. 얼마나 빠르게 나아가는지는 중요하지 않아요. 그러니까 당신이 이번 시간을 마치고 다음 치료시간에 올 때까지 할 수 있을 만한 전념 행동을 같이 찾아보도록 합시다.

셋째, 죽은 사람의 목표[1])를 피하는 것이다(Lindsley, 1968). 죽은 사람의 목표란 죽은 사람이 더 잘할 수 있을 만한 목표를 의미한다. 예를 들어, '엄마로부터 거리를 덜 두기', '덜 게을러지기', '배우자와 덜 싸우기' 등의 목표는 내담자보다는 죽은 사람이 훨씬 잘할 수밖에 없다. 달리 말하면 죽은 사람의 목표는 마치 다른 사람에게 당신의 사무실로 오는 길을 설명할 때 어떤 길로 가면 안 되는지만을 말해 주는 것과 같다(Heffner & Eifert, 2004). 즉, 죽은 사람의 목표는 내담자가 피하려는 것이 무엇인지를 구체화하는 것에 불과한 것이다. 대조적으로 치료자가 하려고 하는 것은 선택된 목표에 접근할 수 있는 능력을 키우게끔 하는 것이다. 위의 예에 나와 있는 죽은 사람의 목표를 다음과 같은 식으로 재구성할 수 있을 것이다. '엄마와 함께하는 시간을 늘리기', '직장에서 생산적으로 일하기', '지지적인 태도를 갖기'. 좀 더 구체적이고 측정 가능한 목표로 만들어 본다면 다음과 같이 될 것이다. '이번 주에 엄마와 함께 저녁을 먹고, 내가 엄마를 얼마나 그리워하는지를 말하기', '매일 하루에 적어도 두 시간씩은 컴퓨터 코딩 작업하기', '이번 한 주를 힘들게 보내고 있는 남편을 돕기 위해 잔디 깎는 일을 대신하기'.

넷째, 연구에서 밝혀졌듯이 사람들이 전념을 공개하게 되면 달성할 가능성이 높아진다(Hayes et al., 1985). 그러므로 이상적인 방법은 내담자가 치료자 앞에서 특정 목표에 전념하기로 약속을 하고, 그것을 나중에 점검할 수 있는 방식으로 기록하는 것이다. 예를 들면, 카드나 일기장, 목표 기록지 등에 적어 놓을 수 있을 것이다. 이러한 물리적 기록물은 내담자가 전념하는 것을 기억하도록 하는 데에도 사용될 수 있다. 이러한 것이 없으면, 내담자는 종종 전념 행동의 정확한 본질이 무엇이었는지 혼란해할 수 있다. 내담자가 자신의 목표와 성과물을 시간에 따라 계속 검토할 수 있도록 해 주는 서식은 전념 행동의 진행 경과를 강화하는 데에 유용하다. Hayes와 Smith(2005, pp. 177-186), Eifert와 Forsyth(2005, pp. 218, 244)에 서식의 예가 수록되어 있다.

다섯째, 내담자가 전념할 모든 목표와 행동은 정확해야 하고 내담자의 가치와 연

1) 역주: 죽은 사람의 목표(dead man goals)란 죽게 되면 자동적으로 성취하게 될 목표로, 대개 '~를 하지 말기' 또는 '~를 덜 하기' 등의 형태여서 내담자가 뭔가를 시도할 만한 행동 요소를 담고 있지 않다.

결되어 있어야 한다. 내담자는 목표를 향해 나아갈 때 자신의 행동이 자신의 가치 있는 방향과 얼마나 부합되어 있는지를 주의할 필요가 있다(Dahl et al., 2005). 가치 있는 방향으로 움직이게 될 때 전형적으로 나타나는 자연스러운 피드백은 생동감, 자유스러운 느낌, 유연한 느낌 등이다. 내담자는 이런 생동감을 개발하고, 그것을 통해 그들이 과녁을 정확히 맞추고 있는지 여부를 가늠할 수 있을 것이다.

마지막으로 목표는 **증거 및 내담자의 기능적 필요와 연결되어 있어야** 한다. 방대한 양의 문헌에 내담자의 행동과 행동의 기본 원칙의 연결성 및 기능 분석에 기초한 심리적으로 도움이 되는 행동 양식이 기술되어 있다. 수용전념치료는 사례 개념화를 관계틀 이론에 도입한 관계 구성틀 만들기의 원칙과 연결 짓는 과정(Moran & Bach, 2008; Ramnerö & Törneke, 2011)을 통해 이런 과정의 폭을 상당히 확대한다. 관계틀 이론은 전적으로 행동 원칙과 일치하기 때문에, 이를 통해 전통적인 기능 분석을 인간의 인지와 관련된 과정으로 일관성 있게 확장할 수 있다. 특정한 문제를 기능적으로 분석하고 그에 대한 행동방법을 설명한 문헌은 방대하기 때문에 여기서 모든 것을 다루기란 불가능하다. 수용전념치료는 행동치료와 행동 분석의 전통을 계승하고 있고, 그러한 치료에서 경험적으로 증명된 방법을 사용하기 때문에 어떠한 수용전념치료자도 행동치료와 행동 분석을 완전히 무시한 채로 효과적인 치료를 할 수는 없다는 언급만으로도 충분할 것이다.

이 여섯 가지 특성은 모든 수용전념치료 사례에 다 적용된다. 한 내담자가 친밀하고 지지적인 친구관계를 맺는 것에 가치를 둔다고 가정해 보자. 그런 가치를 가지고 있지만 친구가 없는 내담자에게는 두 명의 좋은 친구를 갖는 것이 좋은 장기 목표가 될 수 있다. 그리고 이러한 장기 목표의 일환으로 다양한 행동과 단계가 있을 수 있다. 예를 들어, 스포츠 동호회에 입회하는 방법이 있을 수 있다. 더 작은 하위 단계로는 입회 가능한 스포츠 동호회에 대한 정보 찾기, 그 동호회 사무실에 전화하고 가입하기 등이 있을 것이다. 더 세부적이고 구체적인 기술이 목표가 되어야 할 수도 있다. 예를 들면, 사회적으로 고립되어 있는 내담자의 경우라면 어떻게 동호회에 전화를 걸어야 하는지, 동료 선수와 어떻게 지내야 친구가 될 수 있는지에 대해 연습하는 것이 필요할 수 있다.

전념 행동은 단순히 목표를 달성하는 것이 아니고, 더 정확히 말하자면 가치 있는 삶을 영위하는 과정에 대한 것이라는 것을 명심해야 한다. 목표는 내담자로 하여금 그들이 옳은 방향으로 향하고 있고 잘 가고 있다는 것을 알려 주는 이정표로서의 역할을 하는 것이다. 행동 계획의 두 번째 치료 목적은 내담자가 가치 있게 여기는 삶의 과정에 참여하고, 동시에 심리적 유연성을 더 많이 향상하는 것을 돕는 것이다. 이를 위해서는 내담자가 자신의 목표를 향해 나아가는 방식에 초점을 두어야 한다(즉, 그들이 현재에 살고 있는지, 탈융합 기술을 사용하고 있는지, 기꺼이 하기를 하는지, 각 단계의 효용성을 점검하는지). 이러한 것과 관계없이 목표를 성취하기만 하는 것 자체는 중요하지 않다.

내담자가 목표 설정을 내켜 하지 않는 것은 흔한 문제로, 자기 자신이 새롭게 할 수 있는 것은 아무것도 없다고 느끼기 때문이다. 탈융합, 수용, 가치에 대한 작업이 이루어진 후라면 이런 일이 일어날 가능성은 훨씬 적다. 그러나 이 단계에서 기꺼이 하지 않으려는 경향이 보인다면 탈융합과 수용 기법이 그것을 극복하는 데에 도움이 될 수 있다. 다음의 면담 기록은 치료자가 내담자의 생각의 기능적 유용성에 초점을 맞춤으로써 전념 행동에 대한 언어적 장애물을 탈융합 기술을 사용하여 극복하도록 돕는 것을 보여 주는 예다.

내담자: 제가 왜 목표를 적어야 하는 거죠? 어차피 저는 절대로 목표를 따라서 뭔가를 해 보거나 하지 않아요. 시간 낭비인 것 같네요.

치료자: 당신이 만약에 그러한 생각, 그러니까 절대로 목표를 따라 뭔가를 해 보거나 하지 않는다는 생각이 충고하는 대로 따른다면, 당신은 삶을 바꾸겠다는 당신의 가치에 가까워지게 될까요, 아니면 멀어지게 될까요?

내담자: 음, 멀어지겠죠.

치료자: 그러면 삶을 바꾸겠다는 가치가 당신에게 뭔가를 충고해 준다면 목표를 설정하는 것에 대해 뭐라고 이야기할까요?

내담자: 아마 그러겠죠. "어서 목표를 한번 만들어 봐. 그리고 그것을 이루어 보는 거야."

치료자: 그러면 이제 둘 중에 하나를 선택해야 한다면 어떤 것을 선택하겠어요?

내담자: 목표를 설정하고 그것을 달성하는 것을 선택하겠어요.

치료자: 좋아요. 그러면 이제 첫 단계부터 시작합시다. 목표 설정하기입니다. 만약에 당신이 삶을 변화시키기 위한 삶을 살겠다면 그렇게 하기 위해 자신이 할 수 있는 한 가지 일에는 어떤 것이 있을까요?

또 하나 흔하게 발생하는 문제는 내담자가 포괄적인 가치를 더 세부적으로 진행하지 못해서 목표를 더 구체적으로 설정하는 데에 도움이 필요한 경우다. 이에 대해 치료자는 내담자가 큰 목표와 가치를 더 다루기 쉬운 단계로 분할하는 방법을 배우도록 도와줄 수 있다. 다음 면담 기록은 이와 같은 상황을 다루는 예다.

내담자: 네, 저도 지금 하고 있는 일보다 좀 더 보람 있고, 더 열심히 할 만한 직장을 원한다는 것을 알고 있습니다. 하지만 그런 직장을 구하려면 어떻게 해야 할지 잘 모르겠어요.

치료자: 좋아요. 이것을 좀 더 작게 나눠서 생각해 봅시다. 새로운 직장을 얻는다는 목표를 단 한 번에 이루어야 하는 것은 아닙니다. 만약 당신이 해낸다면 새 직장을 구하는 방향으로 한 걸음 가까이 다가서게 될 만한 행동을 하나 생각해 볼 수 있겠어요? 아마도 예전부터 해 봐야겠다고 생각했지만 막상 해 보려니 두려워지는 것일 수도 있어요.

정서적 장애물이 있는 상태에서 전념을 유지하기

치료자가 내담자와 함께 목표와 전념 행동 패턴 만들기 작업을 할 때는 대개 내담자가 이전에 회피해 왔던 생각과 감정에 접촉하는 과정이 수반되기 마련이다. 수용전념치료는 적어도 부분적으로는 내담자의 불쾌하고 힘든 개인 반응과 그것을 회피하는 것이 내담자로 하여금 자신의 가치에 따라 사는 것을 방해한다고 가정한다. 내담자가 전념 행동을 할 때에는 두렵거나 회피해 온 자극에 직면하게 된다. 이것은 내담자에게 다른 수용전념치료 기술을 연습하고, 더 큰 심리적 유연성을 개발하도록 하는 기회가 될 수 있다.

중요한 점은 내담자가 불안, 슬픔, 우울, 지루함, 부정적인 생각, 불쾌한 기억 등을 경험하게 되더라도 그 경험에 가까이 향하면서 동시에 가치에 따라 행동하는 것을 배우도록 돕는 것이다. 이러한 선택과 행동의 과정을 통해서 내담자는 어려움에도 참을성 있게 새로운 패턴을 구축하고 회피했던 경험과 더 풍부하게 상호작용함으로써 유연하고 넓게 반응할 수 있는 능력을 키우는 기회를 가질 수 있다. 내담자가 가치 있는 방향을 추구할 때, 삶은 수용과 탈융합을 연습할 재료를 제공한다.

어떤 의미에서 수용전념치료는 직면 기법의 하나라고 할 수도 있다. 그러나 차이점이 있다. 첫째, 수용전념치료에서 채택한 소거 모델은 반응을 제거하거나 감정을 축소하는 것이 아니라 반응을 유연하게 하고 반응의 레퍼토리를 넓히는 것이다. 그러므로 수용전념치료에서 직면은 각성을 감소하기 위한 방법으로 제공되는 것이 아니다. 오히려 직면은 기꺼이 하기와 행동을 연습할 수 있는 상황이라고 할 수 있다. 수용전념치료가 직면의 반응 · 유연성 모델에 근거하기 때문에, 수용전념치료자는 직면이 진행되는 동안 다양한 반응 방법을 의도적으로 만들어 낸다. 목표는 미묘한 형태의 회피 반응을 살펴보면서 융합과 경험 회피를 약화하는 것이다.

다음 면담 기록은 공황장애를 가진 내담자와의 직면 치료시간의 한 예인데, 그는 수년 만에 처음으로 한 쇼핑몰을 방문하고 있다.

치료자: 자, 안으로 들어갈 준비 됐어요? 당신이 유일하게 해야 할 전념 행동은 안에 들어가서 5분 동안만 있는 거예요. 그 밖에 다른 어떤 것도 필요 없어요.

내담자: 들어가고 싶지 않아요.

치료자: 좋아요. [부드럽게] 그 생각을 잘 알아차리고 계세요. 그 밖에 어떤 것이 느껴져요?

내담자: 심장이 정말 빠르게 뛰고 있어요.

치료자: 좋아요. 잠시 그곳으로 가서 당신이 그 경험과 벌이고 있는 갈등을 내려놓을 수 있는지 보세요. 당신의 심장이 뛰는 것은 적이 아니에요. 그냥 몇 초 동안 심장이 뛰는 것을 지켜보세요…. 한 가지만 더 물어볼게요. 우리가 왜 여기에 있죠? 왜 쇼핑몰인가요? 쇼핑몰이 무엇에 좋죠?

내담자: 제 가족을 위해서 여기서 멋진 물건을 많이 사 가곤 했어요.

치료자: 그래요. 그럼 이제 가족에게 멋진 물건을 사 줄 수 있는 곳을 잠시 방문하는 것으로 해 봅시다. 같이 가 볼까요? 5분 동안 기꺼이 머물러 보시겠어요?

내담자: 좋아요. [쇼핑몰 안으로 들어간다.]

치료자: 무엇을 느끼고 있나요?

내담자: 메스꺼워요.

치료자: 정확하게 어디가요?

내담자: 제 배 속에서… 뭔가 조이는 것 같아요. [눈을 감는다.]

치료자: 눈을 떠 봐요, 프랭크. 저를 보세요. 밖으로 나오세요. 당신을 둘러싸고 있는 이곳으로 나오세요. 좋아요. 이제 다시 당신 배 속으로 돌아갔다가… 저를 보세요. 프랭크, 이곳으로 나오세요. 이제… 여기에 머무르면서 배가 조이는 느낌이 드는 바로 그곳도 함께하도록 하세요. 그 경계를 알아차리면서요. 어떤 느낌이 드는지 알아차려 보세요.

내담자: 네. [좀 더 천천히 숨을 쉰다.]

치료자: [잠시 멈추고] 느낌이 어떤가요?

내담자: 매우 불안해요.

치료자: 1점부터 10점까지 중에 점수를 매긴다면요?

내담자: 8점이요. 적어도 8점이에요.

치료자: 좋아요. 거기에 잠시 머무르세요. 당신의 몸이 어떻게 느끼는지 알아차리세요…. 당신의 생각을 알아차리세요…. 당신이 무엇을 하고 싶어지는지를 알아차리세요…. 현재에 머무르세요. 만약 당신이 경험하고 있는 것과 싸우려고 하는 것이 느껴지면, 그러니까 당신의 경험 안에서 줄다리기가 있는 것이 느껴지면, 그곳으로 가서 그저 부드럽게 그 줄을 내려놓을 수 있는지 보세요. [이전에 내담자에게 사용했던, 불안과 줄다리기를 한다는 은유를 의미한다.] 당신의 경험은 당신의 적이 아니에요.

내담자: [좀 더 규칙적으로 숨을 쉰다.] 저는 여기에 있어요.

치료자: 좋아요. 이제 한 가지만 추가해 봅시다. 당신 경험에서 뭔가를 빼 버리려는 것이 아니에요. 불안이 오르락내리락하는 것을 느끼면서 당신의 몸, 생각, 감

정, 뭔가 하고 싶어지는 충동을 계속 마음챙김 하세요. 자, 이제 한 가지를 더 해 봅시다. 주위를 둘러보고 쇼핑몰 안에서 가장 형편없는 헤어스타일을 찾아보세요.

내담자: [잠시 동안 웃는다.] 저 사람이요. 와! 저 여자는 도대체 무슨 생각으로 저런 머리를….

이 면담 기록의 마지막 부분은 수용전념치료의 직면이 가치에 근거한 행동, 수용, 탈융합, 마음챙김의 맥락에서 반응의 유연성을 어떻게 만들어 내는지를 보여준다. 가장 형편없는 헤어스타일을 찾아보는 것은 주의를 분산하기 위한 것이 아니라 주의를 끌기 위한 방법으로 사용된 것이다. 즉, 우리는 새로운 반응 형태를 추가하고 있는 것이다. 쇼핑몰에서 사람을 관찰하는 것은 재미있는 일이다. 위와 같은 치료시간에서 반응 형태는 헤어스타일의 예처럼 엉뚱한 것에서 다른 사람에게 어떤 물건을 사 줄지 찾아보는 것처럼 가치에 근거한 행동으로 재빨리 바뀔 수 있다. 내담자의 레퍼토리는 이런 식으로 점점 확대된다.

둘째, 탈융합과 수용은 다른 방식으로는 불가능한 직면을 가능하게 한다. 왜냐하면 탈융합과 수용은 단지 생각과 느낌의 결과만이 아니라 그 과정에 직면할 수 있게 하기 때문이다. 예를 들어, '나는 나쁘다'고 생각하는 사람을 자신이 나쁘다는 것에 직면하게 할 필요는 없다. 대신 탈융합과 수용을 사용하면 그 사람을 '나는 나쁘다'고 생각하는 과정에 직면하게 할 수 있다. 자극감응 직면, 즉 두려운 신체 감각에 대한 직면 작업 자체도 수용전념치료와 일치하는 것이지만 수용전념치료는 이를 훨씬 더 발전시킨다.

셋째, 직면은 가치와 연결된다. 예를 들어, 세균 공포증이 있는 내담자가 과제로 할 수 있는 전념 행동에는 친구와 함께 음식점에 가서 친구와 그 순간에 머무르고 참여하면서 마음을 나누는 것이 있을 수 있다. 이 전념 행동의 일부분으로서 몇 가지 직면 방법을 더욱 세심하게 짜 볼 수 있다. 예를 들면, 손 씻는 것을 식사하기 전과 식당을 떠나기 전에 한 번씩으로만 제한하는 것 등이 있을 수 있을 것이다. 이런 직면은 각성 그 자체를 감소하려는 목표를 향한 것이 아니라, 친구와 함께 그 순간에 머무르고 참여하면서 마음을 나누는 가치와 연결되어 있는 행동 유연성을 높이려는 목표를 향한 것이다.

다른 훌륭한 직면 방법에서와 마찬가지로, 전념 행동을 할 때는 나타날 수 있는 경험적 장애물에 대해 내담자가 대비하도록 하는 것이 좋다. 발생 가능한 경험적 장애물에 대해 알고 있지 않으면, 내담자가 전념 행동을 하기로 선택하더라도 이러한 장애물까지 기꺼이 받아들이려고 하지는 않을 것이다. 하지만 내담자가 어떤 일이 일어날 가능성이 있는지를 알도록 도와주면 선택하는 느낌을 강화해 줄 수 있다. 다음 면담 기록은 사회 불안을 가진 내담자의 한 예다.

치료자: 제가 정말로 장담할 수 있는 한 가지는 당신이 가치를 두는 이 방향을 향하자마자 매우 불편한 생각과 느낌이 생겨나기 시작할 것이라는 겁니다. 예를 들어, 당신이 사람들과 친구가 되려는 노력을 하기 시작하자마자, 그것은 쓸데없는 일이라든가, 사람들이 당신을 실망시킬 것이고, 당신은 결국 상처를 받게 될 것이라는 이야기를 하는 '버스 승객'[버스의 승객 은유; Hayes et al., 1999]이 나타나게 될 것이 거의 확실해요. 이 순간에 삶이 당신에게 묻는 질문은 바로 이거예요. "이런 느낌, 생각, 이미지, 감각을 기꺼이 가질 건가요? 그 승객들이 모습을 드러낼 때, '네'라고 답할 건가요?" 자, 저는 당신에게 그 승객들을 원하는지 묻고 있는 것이 절대 아닙니다. 당신이 그것을 기꺼이 가지고 있을 것인지를 묻는 것입니다. 이건 마치 당신이 집에서 정말로 우울한 기분을 느끼면서 일어났는데, 몇 년 동안 보지 못했던 친구 크레이그가 대문을 노크하면서 들어가도 되는지 물어보는 상황과 비슷합니다. 자, 당신은 크레이그가 온 것을 원하지는 않더라도 기꺼이 그를 들어오도록 할 수는 있지 않을까요? 당신이 영어 수업 시간에 만난 이 남자에게 라켓볼 치러 가지 않겠냐고 물어보는 것도 마찬가지예요. 그렇게 물어보게 되면, 당신은 "쓸데없는 일이야.", "결국 그는 너를 실망시킬 거야.", "너는 결국에는 상처받게 될 거야."라고 말하는 승객들이 앉을 자리를 마련해 줘야 한다는 것을 알면서도 기꺼이 그렇게 하시겠어요? 제가 묻고 싶은 질문은 당신은 100% 기꺼이 그 승객들이 나타나도록 하는 동시에 그 남자에게 라켓볼을 치러 가자고 물어볼 것이냐는 거예요.

내담자: 네. 그렇지만 전에도 그렇게 해 봤는데 사람들은 저랑 친구가 되는 것을 원하지 않아요. 별로 소용이 없을 것 같은데 왜 기꺼이 그렇게 해야 하는 거죠?

치료자: 소용이 없을 것 같다는 것은 무엇을 말하는 건가요?

내담자: 그가 승낙하지 않을 것 같다는 거죠.

치료자: 확실히 어떤 특정한 결과가 보장되는 것은 아니에요. 제가 묻고 있는 것은 당신이 당신 삶에서 중요하게 생각하는 것을 위한 입장을 취하겠느냐는 것이에요. 당신은 예전에 당신 삶에 친구가 좀 더 있었으면 좋겠다고 이야기한 적이 있습니다. 결과는 어떤 식으로든 나오겠죠. 만약에 당신이 그 사람에게 물어보지 않는다면 그때의 결과는 확실히 아실 겁니다. 새로운 친구를 만들 가능성은 전혀 없게 되는 거죠. 물어보기라도 한다면 그건 가능성을 만드는 일이잖아요, 안 그래요? 소용이 있든 없든 거기서부터 시작하는 거죠. 제가 묻고 싶은 것은 이겁니다. "무엇을 위한 입장을 취하시겠습니까?" 만약 이 사람에게 뭔가를 같이 하자고 한다면, 그건 친구를 만드는 것을 향해 나아가는 것인가요?

내담자: 네. 아마도 그런 것 같네요. 네, 그래요.

치료자: 그럼 이제 그게 소용이 있을지도 알 수 없고 거절당한 느낌을 받게 될 가능성도 있고 불안과 걱정을 느끼게 될 것은 확실하다는 것을 알고 있으면서도, 기꺼이 이 모든 것을 100% 느끼고 생각하면서 좀 더 많은 친구를 만들기 위한 방향으로 한 걸음 나아가시겠습니까? 그 남자에게 함께 라켓볼을 치러 가자고 하시겠습니까?

내담자: 네. 저는 그렇게 할 거예요. 그러면서 동시에 제가 느끼게 될 모든 것을 기꺼이 느낄 거예요.

이 대화에서 볼 수 있듯이, 치료자는 내담자의 전념 행동을 방해하는 장벽이 무엇인지를 알아차리도록 돕는다. 힘겨운 감정, 외상적 기억, 실패에 대한 두려움, 옳아야 한다는 것 등의 내적 장벽은 재정 궁핍, 대인관계 결여, 지지적이지 않은 배우자, 효과적인 기술의 부족과 같은 외적 장벽과는 구별된다. 여기에서 '외적 장벽'이란 문제를 다루는 데 외현적 행동의 변화가 필요한 상황을 의미한다. 내적 장벽은 일반적으로 수용, 마음챙김, 탈융합이 필요한 것인 반면, 외적 장벽은 보통 가치 있는 방향을 향한 단계 또는 그러한 단계가 될 수도 있는 예비 목표에 해당한다.

외적 장벽은 어떤 식으로든 고된 작업과 연습을 요구한다. 외현적 행동의 조절을 목표로 한다면 기술 훈련, 심리교육, 문제 해결, 행동 과제, 직면 등의 일차적 변화 전략을 적절하게 활용할 수 있다. 예를 들어, 사회 관계에 가치를 두고 있지만 그에 효과적으로 참여할 수 있는 사회 기술이 부족한 내담자가 있을 수 있다. 이때 그 내담자가 그에 적합한 목표를 만들어 내도록 하기 위해 사회기술 훈련에 참여하도록 하는 것을 하위 목표로 삼을 수 있을 것이다.

내적 장벽과 외적 장벽을 구별하기 어려운 경우도 있다. 예를 들어, '나는 모른다'는 것이 내담자가 앞으로 나아가는 것을 막는 내적 장벽으로서 기능할 수 있는데, '알지 못함'이 어떤 어려운 사회적 상황에 참여하지 않기 위한 수단으로 작용하는 경우가 그러하다. 반면 '나는 모른다'가 지식의 부족을 의미하는 경우도 있을 수 있다. 이런 경우에는 당면한 주제와 관련된 더 많은 정보를 수집하는 것과 같은 예비 조치를 통해 문제를 해결할 수도 있을 것이다. 때로는 내담자가 외부에서 더 많은 정보를 얻도록 하고 그로 인해 그 과정이 더 잘 진행되는지를 살펴보는 것이 '나는 모른다'가 정말로 지식의 문제인지 아닌지를 명료하게 할 수도 있다. 또한 내담자가 이러한 부가 지식을 추구하는 양상이 생기 있고 한층 성장하는 모습인지, 아니면 제한하는 것인지를 살펴봄으로써 이를 명확하게 할 수도 있다.

때로는 치료자와 내담자가 내담자의 가치와는 상관없이 사회적 압력(예, 부모님이나 치료자로부터의)이나 회피로서, 혹은 옳게 되기 위해서나 다른 사람을 행복하게 하기 위해서 목표를 설정하는 것이 전념 행동의 장벽이 되기도 한다. 가치와 연결성을 잃게 되면 힘든 치료 작업 및 두려워하는 상태에 접촉하는 과정을 수행할 동기가 거의 생기지 않는다. 만일 이런 일이 생긴 것 같다는 생각이 들면, 치료자는 가치 있는 방향을 정의하는 과정으로 돌아가서 선택되고 활기 있고 현재 지향적인 가치를 다시 한 번 탐색해야 한다.

전념 행동의 특성을 음미하기

내담자의 이마에는 속도계가 붙어 있는 것이 아니다. 중요한 점은 전진과 발전을 계속해서 유지하는 것이지 변화의 정도나 속도가 아니다. 치료자는 내담자를 이 과정에 주목하게 하여 내담자가 회피나 융합에 사로잡히는 것으로 인해 선택이나 가능성을 상실하고 위축되는 느낌과 확장되는 느낌을 구별하는 법을 익히도록 도와줄 수 있다. 수용전념치료는 내담자가 자신의 행동 속에서 생동감과 성장의 특성을 인식할 수 있도록 여행이나 스포츠, 성장에 대한 다양한 은유를 사용한다. 내담자가 이러한 특성을 판별할 수 있게 되면, 이를 효과적인 행동의 길잡이로 활용할 수 있게 된다. 다음의 면담 기록은 이런 목적을 위해 사용할 수 있는 은유의 예를 보여 준다.

내담자: 저는 아주 오랫동안 안전 제일주의로만 살아 온 것 같아요. 마치 항상 겁이 나 있었던 것처럼요.

치료자: 한 가지 은유를 말씀드릴 테니까 방금 말하신 경험과 잘 맞는 것 같은지 보세요. 농구 경기에 비유한 거예요. 농구 경기장에 있는 사람에는 기본적으로 두 부류가 있어요. 관중석에 앉아 있는 사람과 코트에서 뛰는 사람이죠. 관중석에 앉아 있는 사람은 대화를 주고받아요. 관중석에 앉아서 게임을 분석하고, 무슨 일이 일어나고 있는지 파악하려 하고, 가끔은 응원도 하고, 음식을 먹기도 하죠. 그들은 많은 이야기를 해요. 그렇지만 결국 그들이 경기의 결과에 얼마나 큰 영향을 미칠 수 있죠? 거의 없어요, 그렇죠? 이제 이들과 코트에서 뛰고 있는 사람을 비교해 보죠. 코트 위에 있는 사람들이 하는 대화는 모두 게임 진행에 대한 것이에요. 그들은 판단이나 혹은 경기가 어떻게 끝나게 될지에 대한 예측은 별로 하지도 않아요. 그냥 경기를 잘할 수 있도록 그 순간에 존재하고 완전히 전념해서 게임의 진행에 노력할 뿐이죠. 그들이 나누는 모든 대화는 게임에 아주 강력한 영향을 미치고 큰 차이를 만들어 내요. 그리고 궁극적으로 위험을 감수하는 것도 그들이에요. 경기가 어떻게 끝나게 될지는 그 사람들에게 가장 중요한 일이잖아요. 당신은 삶에서 자신이 어디에 있는

것 같나요? 관중석에 앉아서 그저 보고 평가하고 있나요, 아니면 코트 위에서 직접 뛰고 경기를 진행하는 것에 대한 대화를 하고 있나요?

내담자: 관중석에 앉아 있어요.

치료자: 어디에 있었으면 좋겠어요?

내담자: 물론 코트 위에 있고 싶어요.

치료자: 만약 당신이 이번 한 주 동안 코트 위에 있게 된다면 어떤 모습일까요? 코트 위에 있었다는 걸 알 수 있게 하기 위해 당신이 할 수 있는 일에는 어떤 것이 있을까요?

이 시점에서 도움이 되는 또 다른 은유가 있다.

치료자: [그림 7-1을 그린다.] 자, 이제 이 사회에서 좋은 삶에 대한 주된 은유는 죽는 순간까지, 잠을 자거나 그와 비슷한 상황에서도 항상 성장하고, 시간이 지날수록 계속 나아지는 그런 삶이에요. 저는 당신이 아주 오랫동안 이를 미처 알아차리지 못한 채 이 은유를 따라 항상 더 나아지고, 다음 목표를 성취하고, 더 큰 자존감을 갖고, 불안을 줄이고, 그다음 성취를 이루기 위해 노력해 온 것 같다고 말씀드리고 싶습니다.

내담자: 네, 거의 그런 것 같네요.

치료자: 이 치료에서 우리는 좋은 삶을 살아가는 것이 어떤 것인지에 대해 조금 다른 은유 작업을 해 온 셈이에요. 이 은유는 점점 넓어지는 원에 더 가까워요. 그것은 삶이 점점 나아지는 것에 대한 것이 아니라 당신이 살고 있는 삶에서 당신이 얼마나 많은 공간을 갖고 있는지, 자유롭게 움직일 수 있는 여유가 얼마나 있는지에 관한 것이에요. [그림 7-2를 그린다.] 이 은유에서 당신은 항상 당신의 삶에서 팽창하든지 혹은 수축하든지 둘 중의 하나입니다. 성장이나 후퇴 둘 중의 하나인 거죠. 그리고 이 원의 바깥 경계 면에는 항상 어떤 경험이 있는 겁니다. 대개는 힘든 경험이겠죠. 당신의 경우를 놓고 본다면 공황이 오거나 미칠지도 모른다는 두려움 같은 것일 거예요. 그러니까 여기에 '나는 미쳐 버릴 거야'라는 생각이 있는 것이고, 여기에는 '불안'이라는 느낌이 있

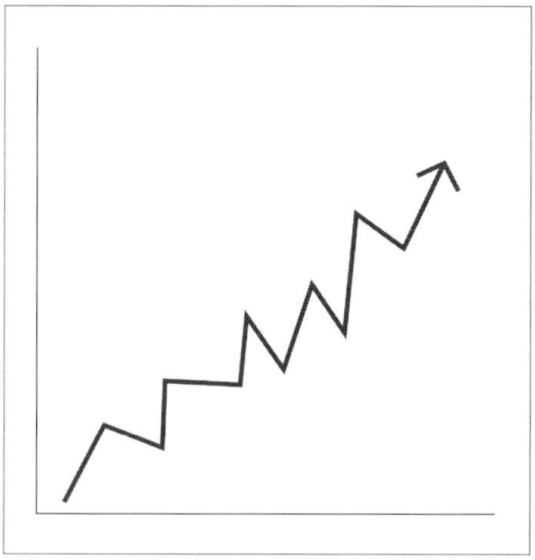

[그림 7-1]

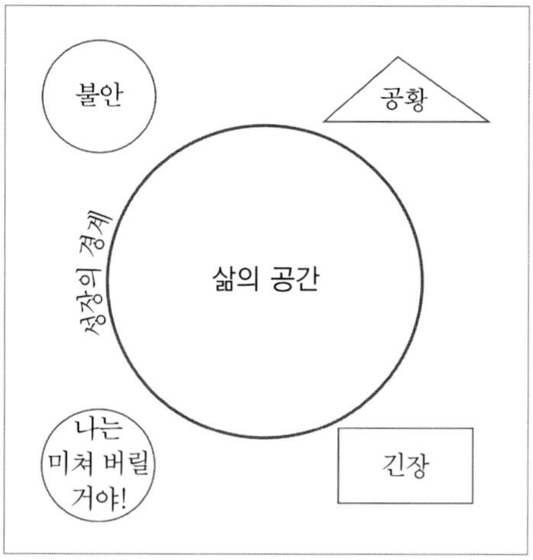

[그림 7-2]

는 거죠. 당신 삶의 특정 순간에 당신의 삶을 나타내는 이 비눗방울이 이것과 우연히 만나게 됩니다. 그 순간 삶은 당신에게 이런 질문을 할 것입니다. "당신은 이것을 기꺼이 가질 건가요? 당신은 이 경험에 대해 '예'라고 말하고 그것을 당신의 일부로 당신 내부에 갖고 있을 건가요?" 만약 당신이 '아니요'라고 말한다면, 당신의 비눗방울은 조금 뒤로 물러서서 뒤틀리기 시작할 거예요. 당신이 계속해서 '아니요'라고 하다 보면, 당신의 비눗방울은 점점 작아져서 그 안에서 살기에는 너무 비좁아지게 되겠죠. 이제 이 은유에서 보면, 바깥에는 항상 '예 또는 아니요'를 묻는 무언가가 있고, 삶은 당신이 대답하기만을 기다리고 있는 겁니다. 여기서 우리가 다루려는 질문은 바로 이겁니다. "당신은 삶에게 '예'라고 할 것입니까, 아니면 '아니요'라고 할 것입니까?"

수용전념치료자는 또한 내담자가 치료시간 동안 자신의 행동에서 이런 특성을 구분할 수 있도록 돕는다. 치료자는 치료시간 내에 내담자가 회피하거나 융합하거나 이유를 부여하는 행동에서 전념 행동으로(예, 삶에 확신을 주고 가능성을 탐색하는 행동을 선택하는 것), 또는 공포나 판단적 생각에서 받아들이는 행동으로 움직이는 것을 알아차릴 수도 있다. 이 순간에 치료자가 해야 할 일은 이러한 각각의 행동에 대해 내담자가 주관적으로 경험하는 것의 차이점을 잘 설명하여, 향후 내담자가 이를 잘 구분할 수 있도록 돕는 것이다. 예를 들어, 치료자는 내담자에게 어떻게 해서 자신이 현재 행동 패턴에 고착되었는지에 대해 잠시 이야기해 보도록 할 수 있다. 그 뒤에 "지금 몇 분 동안 당신이 막다른 골목에 다다른 것같이 된 모든 이유에 대해 말했습니다. 어떤가요? 그렇게 하는 동안 당신의 삶이 마치 확장되는 것처럼 좀 더 자유로워지거나 개방적이 되는 것처럼 느껴졌나요, 아니면 점점 더 막막한 느낌이 들어서 마치 삶이 쭉 빠져나가는 것같이 느껴졌나요? 질문에 답하기 전에 잠시 동안 천천히 이 순간의 경험을 잘 살펴보세요."라고 이야기해 볼 수 있을 것이다.

시간에 따라 행동 패턴 만들기

시간에 따라 행동 패턴을 만드는 것의 목표는 작은 것에서부터 시작하여 내담자가 기꺼이 하려는 마음이 증가함에 따라 일관되게 행동할 수 있도록 돕는 것이다. 수동 변속 차량의 운전을 어떻게 배우는지를 생각해 보자. 처음 배울 때는 행동 하나하나가 서툴러서 주의를 기울이게 된다. 클러치를 얼마나 세게 밟을지, 기어를 몇 단으로 놓을지, 클러치를 푸는 동안 가속 페달을 밟는 것을 어떻게 조율할지 등 하나하나에 모두 주의를 기울이게 된다. 그러나 연습을 하고 시간이 지남에 따라 이런 작은 행동 패턴은 거의 자동화되고, 더 큰 패턴에만 주의를 기울이면 된다. 이와 비슷하게 내담자의 전념 행동에서도 작은 패턴이 중요한데, 작은 행동이 규칙적으로 연습되면 결국 자동화되고 더 큰 패턴의 부분이 되기 때문이다.

시간에 따라 더 큰 패턴에 초점을 맞추는 것은 내담자로 하여금 현재 행동이 자신의 삶의 더 큰 방향에서 어디에 위치하는지를 볼 수 있게 도와주는 과정을 의미한다고도 할 수 있다. 목표는 현재의 행동을 내담자의 삶을 위한 의미(즉, 가치)의 더 큰 패턴과 언어적으로 연결하고, 적극적이고 의도적으로 가치 두기 하는 것을 내담자의 삶 중 가능한 한 많은 순간에 가져오는 것이다. 예를 들어, 행동을 결정할 때 장기적 결과보다는 단기적 결과에 비중을 더 많이 두는 것은 약물중독에 빠지게 할 수 있다. 중독을 다루는 치료자는 내담자의 약물 사용과 연관된 더 큰 행동 패턴을 파악하고 이 행동이 내담자 삶의 더 큰 목표와 가치에 어떤 영향을 주는지를 볼 수 있도록 도와줌으로써 장기적인 결과를 그 순간으로 가져오는 노력을 한다. 그 순간의 행동을 더 큰 패턴과 연결하여서 단기적 결과의 영향을 줄이는 동시에, 장기적 결과의 영향을 통해 현재 행동에 대한 인내심을 늘릴 수 있다.

체중 문제를 가진 한 내담자가 새로운 식이 요법과 운동 프로그램을 시작하고 있는 상황을 생각해 보자. 그 프로그램에는 끼니 사이에 당도가 높은 간식을 먹지 않는 것이 포함되어 있다. 그런데 이틀 후 그 내담자는 끼니 사이에 막대사탕을 하나 먹는다. 더 큰 전념 행동 패턴을 만들기 위해서는 이 순간을 건강한 패턴에 통합하는 것이 필요하다. 내담자는 '결국 나는 약속을 지킬 수 없어'라고 생각하며 다이어트 자체를 중단하고 싶어 할 수도 있다. 그렇게 된다면 행동 패턴은 전념을 하기로 하고, 이틀 동안 지키고, 그것을 어기고, 할 수 없다고 말하고 포기하는 것이 될 것이다. 더 효과적인 패턴은 전념을 하기로 하고, 이틀 동안 지키고, 그것을 어기고, 할 수 없다고 말한 뒤, 그 생각을 알아차리고, 다시 전념 행동의 내용을 갱신하고, 적어도 3일 이상 지키는 것일 것이다. 만약에 내담자가 그 과정을 마음챙김 하여 두 번째 옵션을 선택한다면, 일주일 후에 그 두 번째 전념 행동을 지키지 못하더라도 전체 주기는 계속해서 유지될 수 있다. 내담자가 전념 행동 자체를 포기하는 대신에 말이다.

실수와 재발

융합, 회피, 개념화된 미래나 과거에 사로잡혀 있는 것, 개념화된 자기에 대한 집착은 모두 주류 문화에 의해 대체로 강력히 지지되는 동시에 내담자가 열심히 해 오던 것이어서 결국에는 지속적으로 재연된다. 게다가 새로운 행동 패턴이 실패할 때 언어적이든 비언어적이든 예전의 행동 패턴이 다시 나타나기 쉽다는 사실이 연구를 통해 밝혀졌다(Wilson & Hayes, 1996). 내담자는 다른 무엇보다도 이런 이유 때문에 오래된 행동 패턴으로 돌아가게 된다. 수용전념치료자의 역할은 내담자가 이런 재발 상황을 그들의 삶 속에서 만들어 내고자 하는 효과적인 행동 패턴에 어떻게 통합하는지를 배우도록 돕는 것이다.

후퇴에 대응하는 한 가지 방법은 내담자가 인간이기 때문에 겪게 될 수밖에 없는 필연적인 것으로 그것을 인식하도록 교육하는 것이다. 재발은 부정적인 자기평가나 불쾌한 감정 혹은 고통스러운 기억에 직면하게 될 때 그것을 통제하려는 예전의 통제 강령으로 돌아가는 형태로 일어나는 경우가 많다. 수용전념치료자가 해야 할 역할은 특히 내담자가 자신의 가장 깊은 소망과 꿈에서 멀어져 있을 때 그것을 지지해 주는 것이다. 치료자는 생각과 감정, 다른 개인 사건에 대해 수용과 마음챙김, 연민을 가지고 작업하는 동시에, 내담자의 마음이 지지적이지 않을 때에도 내담자가 정말 원하는 바에 맞춰야 한다. 그리고 내담자로 하여금 가치 있는 행동을 다시 수행할 수 있도록 격려해야 한다.

수용전념치료자에게는 내담자가 후퇴에 대비할 수 있도록 도와주는 여러 가지 구체적인 도구가 있다. 내담자가 대부분의 수용전념치료 과정을 거치고 나면 두 개의 핵심 약어를 가르쳐 주는 것이 유용할 수 있다(Hayes et al., 1999). 첫 번째는 다음과 같다.

Accept(수용하라)
Choose(선택하라)
Take Action(행동을 취하라)

이 약어는 내담자가 힘든 상황에 대처하는 데 도움이 되도록 수용전념치료의 기본 과정을 간략하게 묘사하고 있다. 내담자가 쉽게 떠올릴 수 있도록 이 약어를 명함 용지에 써서 주머니에 넣어 가지고 다니게 하면 효과적이다.

두 번째 약어는 내담자가 막막한 상태에 있어서 어떻게 해야 할지 모르겠다고 느낄 때 유용할 수 있다.

Fusion(융합)
Evaluation(평가)
Avoidance(회피)

Reason Giving(이유 부여)

이 약어는 내담자를 이러지도 저러지도 못하는 상태로 만드는 주요한 방해물이 무엇인지를 확인할 수 있게 해 준다. 역시 같은 방식으로 주머니에 넣고 다닐 수 있는 종이에 써서 내담자에게 줄 수 있다.

수용전념치료자는 여행 은유를 사용하여 삶은 완벽하게 지속적인 향상을 향해 있는 직선 도로가 아니고, 구불구불하지만 특정 방향으로 갈 수 있는 꼬부랑길에 가깝다는 것을 강조할 수도 있다(Hayes et al., 1999, pp. 222, 248 참조). 가끔 우회하게 되는 경우는 내담자가 잠시 길에서 벗어나는 경우 또는 내담자가 선택한 길의 구부러진 부분을 지나는 경우로 볼 수 있다. 이 은유에서 보면, 내담자는 때로는 의도한 목적지와 반대 방향을 바라보고 있더라도 여전히 길 위에 있는 경우도 있다. 이 은유는 내담자가 실수를 저질렀을 때 자신에게 여유를 줄 수 있도록 해 준다.

내담자는 예전 행동(예, 우울 행동, 불안 회피, 판단적이고 거리를 두는 대인관계 행동, 중독)으로 되돌아가게 될 경우 의기소침해지거나 그 순간에 자신이 원하는 것이 무엇인지 혼란해할 수 있다. 그러한 내담자는 다시 현재에 대한 평가나 미래에 대한 걱정과 융합되거나, 과거의 실수나 후회에 사로잡히거나, 자신의 삶이 '어때야 된다'는 이야기에 따라 살게 되는 것이다. 예전의 행동 패턴으로 되돌아간 내담자는 단지 그 순간의 행동으로 인해 다른 것에 가치를 두게 된다는 이유만으로 자신의 가치가 바뀌었다고 생각하는 경우가 많다. 시간이 지나면서 가치가 바뀔 수도 있지만, 단지 우리가 지속적으로 가치에 맞는 삶을 살지 못한다는 이유만으로 가치가 사라지는 것은 아니다(Eifert & Forsyth, 2005). 이 상황에서 치료자는 내담자에게 다음 면담 기록에 제시된 바와 같은 이야기를 해 줄 수 있다.

치료자: 지금 일어난 일을 생각해 보면 당신이 절망적이고 무력하게 느낄 만합니다. 원하는 것이 무엇인지, 무엇을 해야 할지 모르겠다고 느껴지겠죠. 이 상황에서 저는 한 가지 질문을 하고 싶습니다. 당신의 가치가 바뀌었나요? 그러니까 제 말의 의미는 몇 주 전에 당신에게 가장 중요한 것은 아내와 좋은 관계를 형

> 성하는 것이라고 했는데 그것이 바뀌었냐는 것입니다. 부인은 여전히 당신에게 중요한가요, 아니면 다시 술을 마시게 되었기 때문에 아내와의 좋은 관계에 대해서는 더 이상 가치를 두지 않게 된 건가요? 그리고 아내가 당신에게 여전히 중요하다면, 오늘 바로 여기서 당신이 다시 그 가치를 향한 길을 가는 것을 방해하는 것은 무엇인가요?

치료자는 또한 운전하다 미끄러질 경우 어떻게 할지에 대한 은유를 사용할 수도 있다. 만약에 운전하다 미끄러져 전신주 쪽으로 차가 가고 있는 상황이라면, 우리는 자연히 방향을 돌리면서 전신주가 다가오는 것을 바라보게 된다. 그러나 우리가 그 상황에서 해야 하는 일은 원래 가고 있던 방향으로 시선을 유지하고 그 방향으로 운전대를 돌리는 것이다. 치료자는 내담자에게 "이 상황에서 가려던 길에 시선을 유지하는 것은 당신에게 어떻게 보이겠습니까? 전신주를 바라보고 있다는 것을 어떻게 하면 알 수 있을까요?" 라고 질문할 수 있다.

마지막으로 치료자는 내담자와 함께 후퇴가 발생할 수 있는 고위험 상황을 확인하고 이러한 상황에 대처하기 위한 수용전념치료 계획을 마련함으로써 내담자가 후퇴 상황에 대비하게 할 수 있다. 이러한 상황이 닥쳤을 때 내담자가 사용할 수 있도록 이러한 계획을 미리 종이에 기록해 두는 것이 도움이 된다. 이러한 계획의 대부분은 치료시간 중에 의도적으로 개발한 특정 수용전념치료 기술이나 전략이 적용된 것이다.

치료의 목적은 인간의 삶에 능력을 부여하는 것이다. 그리고 그것은 궁극적으로 오직 행동을 통해서만 검증할 수 있다. 결국은 행동이 핵심이다.

핵심 역량 실천

이 절은 내담자와 함께 전념 행동을 시행할 때 필요한 역량에 대해 연습할 수 있도록 구성되어 있다. 각각의 역량에 대한 연습을 어떻게 진행하는지에 대한 지침이 제시되어 있다. 예시되어 있는 반응은 완벽한 반응을 보여 주기 위한 것이 아니라 해당 역량을 적용할 때 가능한 하나의 예를 보여 주기 위한 것이라는 점을 명심하자. 이 장 마지막에 제시되어 있는 모범 반응을 보기 전에 당신만의 반응을 만들도록 노력해 보자.

핵심 역량 연습

역량 1 치료자는 내담자가 가치 있게 여기는 삶의 목표를 확인하고 그것과 연결된 행동 계획을 설립하는 것을 도와준다.

각 목표마다 수용전념치료 모델에서 제시하고 있는 바람직한 행동 목표의 여섯 가지 특성을 고려한다(즉, 구체적이고 측정 가능함, 실질적임, 적극적임, 타인에게 공개함, 내담자의 가치에 정확하게 들어맞음, 내담자의 경험적 증거와 기능적 필요와 연결되어 있어야 함). 이 장의 앞부분에 서술되어 있는 바람직한 행동 목표의 특성을 검토하는 것이 도움이 된다.

다음 세 가지 연습에서 여섯 가지 특성을 고려할 때 발견되는 문제점을 모두 기술해 보도록 한다. 여섯 가지 모두가 해당될 수도 있다.

[연습 7-1]

불안장애가 있는 내담자가 불안을 촉발하는 상황에 대한 걱정을 줄여 그것에 직면해 보겠다고 한다.

[연습 7-2](역량 1 계속)

사회적으로 위축된 내담자가 매주 30명의 여자에게 데이트를 청하는 전화를 하는 것을 목표로 세웠다.

[연습 7-3](역량 1 계속)

한 아버지가 '이번 주에 딸에게 덜 비판적'인 것에 전념하겠다고 말한다.

역량 2

치료자는 내담자가 장애물(예, 실패에 대한 두려움, 외상적 기억, 슬픔, 옳아야 하기)이 있는 상태에서 전념을 유지하고 전념 행동을 수행하는 것으로 인해 장애물이 추가로 생겨날 수 있다는 점을 인식하게 한다.

[연습 7-4]

내담자는 34세의 여성으로 오랫동안 공황장애를 겪어 왔다. 치료자는 이미 내담자와 전념 행동 이외의 다섯 가지 수용전념치료 핵심 과정을 다루었고, 직전 치료시간에는 내담자와 함께 쇼핑몰에 가서 5분 동안 느껴지는 불안을 기꺼이 경험하는 것을 연습하는 계획을 세웠다. 그들은 쇼핑몰에 도착했을 때 다음과 같은 대화를 나누었다.

치료자: 자, 안으로 들어갈 준비 됐어요? 유일하게 해야 하는 전념 행동은 안에 들어가서 5분 동안만 있는 거예요. 그 밖에 다른 어떤 것도 필요 없어요.

내담자: 가고 싶지 않아요.

치료자: 좋아요. 그 생각을 알아차리세요. 그 밖에 어떤 것이 느껴져요?

내담자: 심장이 정말 빠르게 뛰고 있어요. 집에 가면 안 될까요? 정말 여기를 떠나고 싶어요.

여기에 자신의 반응을 적어 보십시오(역량 2를 사용합니다).

어떤 생각 때문에 이러한 말을 하게 되었나요? 무엇에 대한 반응이고, 무엇을 얻고자 하는 것인가요?

[연습 7-5](역량 2 계속)

같은 내담자와의 대화가 계속된다.

치료자: 무엇을 느끼고 있나요?

내담자: 메스꺼워요.

치료자: 정확하게 어디가요?

내담자: 제 배 속에서… 뭔가 조이는 것 같아요. [눈을 감는다.] 젠장, 완전히 정신이 나가는 것 같아요. 생각도 못하겠어요. 미쳐 버릴 것 같아요!

여기에 자신의 반응을 적어 보십시오(역량 2를 사용합니다).

어떤 생각 때문에 이러한 말을 하게 되었나요? 무엇에 대한 반응이고, 무엇을 얻고자 하는 것인가요?

[연습 7-6](역량 2 계속)

같은 내담자와의 대화가 계속된다.

치료자: 어떤 일이 일어날까 봐 두려운 건가요?

내담자: 저는 쓰러지고 말 거예요. 계속할 수가 없어요. 완전히 조롱거리가 되고 말 거라고요.

여기에 자신의 반응을 적어 보십시오(역량 2를 사용합니다).

어떤 생각 때문에 이러한 말을 하게 되었나요? 무엇에 대한 반응이고, 무엇을 얻고자 하는 것인가요?

역량 3

치료자는 내담자가 전념 행동의 특성(예, 생동감, 성장하는 느낌)을 음미하고, 그런 특성과의 접촉을 유지하면서 작은 단계를 밟아 나갈 수 있도록 도와준다.

[연습 7-7]

56세의 내담자는 자신의 외상후 스트레스 장애가 화를 많이 내게 만들고 자녀와 소통하는 것을 가로막는다고 하고 있다. 그는 자녀가 자신을 미워하게 될까 봐 두려워하고 있으며, 그가 극도로 화가 나 있을 때 자녀는 그가 무엇 때문에 그런 것인지 이해하지 못한다고 보고하였다. 자녀와의 관계에서의 가치는 확인한 상태이며, 이제 치료자는 내담자가 자신의 가치에 맞게 행동하기 위한 목표를 확인할 수 있도록 돕는 작업을 하고 있다.

내담자: 더 이상 분노가 저를 마음대로 쥐고 흔들도록 놔두지 않겠어요. 막내딸에게 전화해서 제가 어떻게 느끼고 있는지, 그리고 더 이상 소리 지르지 않을 거라는 걸 말해 줄 거예요.

내담자는 전에도 치료시간 중에 이 이야기를 몇 번이나 했지만 아직 실행에 옮기지 않고 있는 상태다. 치료자로서 당신은 이 목표가 현재 그의 '기꺼이 하기' 수준에 비해 너무 큰 단계이기 때문이라고 생각하여, 목표를 수용전념치료에 적절한 방식으로 좀 더 작은 단계로 나누도록 도우려고 한다.

여기에 자신의 반응을 적어 보십시오(역량 3을 사용합니다).

어떤 생각 때문에 이러한 말을 하게 되었나요? 무엇에 대한 반응이고, 무엇을 얻고자 하는 것인가요?

[연습 7-8](역량 3 계속)

내담자가 할 수 있는 좀 더 작고 구체적인 행동으로서 내담자를 딸에 대한 가치의 방향으로 이끌 수 있고 딸과의 대화를 준비하게 할 수 있는 두 가지 행동에는 어떤 것이 있는지 적어 보십시오.

행동 1:

행동 2:

역량 4

치료자는 내담자가 시간이 지나도 지속적으로 목표를 향해 행동할 수 있도록 하기 위해 점점 더 큰 행동 패턴에 계속해서 집중하게 한다.

[연습 7-9]

이전 치료시간에 47세의 독신 남성은 자신이 한 여성과 깊고 풍부한 관계를 형성하고 이해받기를 원하는 가치를 갖고 있다는 것을 알게 되었다. 이전에 있었던 세 번의 이성관계는 불충분하고 불만족스러웠다. 그 여성에 대해서 그다지 깊은 유대감이나 매력을 느끼지는 못했지만 '혼자 있고 싶지 않기 때문에' 그 관계에 머물렀다. 한 달 전쯤에 4년간 사귀어 온 여자친구와의 관계가 '퇴색된' 후에 다시 혼자가 되었다. 그는 돈과 일, 재정적 안전에 과도하게 중점을 두는 패턴으로 인해 대인관계에서 멀어지곤 한다. 이전 치료시간에 그는 전문적인 데이트 서비스 업체에 가입하기 위해 자신을 잘 표현하고 진심을 담은 개인 광고를 작성해 올 것을 약속했다. 그다음 치료시간에 다음과 같은 대화가 이루어졌다.

치료자: 자, 광고 쓰는 것은 어떻게 됐나요?

내담자: [빨리 말하며] 할 수가 없었어요. 직장에서 일이 좀 생겨서요. 그에 압도되지 않으려는 것 말고는 아무것도 할 수가 없었어요.

치료자: 잠깐 진정해 보세요. 방금 전에 이야기할 때 어떤 느낌이 들었나요?

내담자: 저는, 음, 그래요. 그러니까 제 말은 시간이 있었으면 광고를 썼겠지만 시간이 없었다는 거죠.

치료자: 그러니까 시간이 없다는 그 생각은 당신에게 익숙한 건가요? 오래된 건가요?

내담자: 그래요, 항상 그렇게 돼요.

치료자: 그리고 당신이 그 생각, 그러니까 시간이 없다는 생각을 따르게 되면, 그 생각이 당신을 어디로 이끄나요?

내담자: 제가 가치 있게 생각하는 것들로부터 멀어지게 만들어요. 하지만 정말로 시간이 없었어요.

치료자: [농담하듯이] 오, 또 나타났네요! 그 승객이 다시 나타났어요! 그리고 그게 당신을 어디로 이끈다고요?

내담자: 가치에서 멀어지는 쪽으로요…. 그렇지만 그 밖에 할 수 있는 것이 무엇인지 정말 모르겠다고요.

여기에 자신의 반응을 적어 보십시오(힌트: 내담자가 자신의 삶에서 행동 패턴을 만들어 내는 것에 초점을 맞추도록 도와주는 것).

어떤 생각 때문에 이러한 말을 하게 되었나요? 무엇에 대한 반응이고, 무엇을 얻고자 하는 것인가요?

역량 5 치료자는 전념을 유지하고 더 큰 효과적 행동 패턴을 만들어 내는 과정에 비판단적으로 실수와 재발을 통합한다.

[연습 7-10]

15세부터 알코올을 남용했던 34세 독신 남성의 17번째 치료시간이다. 몇 년 동안 단주 상태를 유지했던 기간이 몇 차례 있었지만, 10년 전 아내와 이혼한 후에는 전혀 없었다. 지난 5년 동안 친구는 한 명도 없었고 부모님과 함께 살고 있다. 그의 유일한 수입은 그가 23세에 받았던 정신분열증 진단과 관련된 장애 수당이다. 그는 자신의 가족을 '얼간이'라고 불렀다. 가족이 돈을 빌리고 갚지 않는 등 그를 이용하는 것으로 보인다. 그는 지금은 약물을 복용하지 않고 있고, 현재 정신병적 증상은 전혀 관찰되지 않는다. 지난 몇 달 동안, 그는 지역사회 봉사 단체에서 자원봉사를 하기 시작했고, 제임스라는 친구도 사귀어 세 번 정도 밖에서 시간을 보내기도 했다. 지난 4주 동안 술을 끊은 상태로 사회 불안과 창피함에 대한 강한 공포심을 성공적으로 받아들일 수 있었다.

내담자: 저는, 어, 어, 이번 주에는 잘 못 지냈어요.

치료자: 으음, 잘 못 지냈다고요?

내담자: 네. 어, 제임스… 그가 얼간이라는 것이 밝혀졌어요.

치료자: 얼간이요? [잠시 멈추고] 무슨 일이 있었던 거예요?

내담자: 음, 이번 주 토요일에 같이 야구 경기를 보러 가기로 했는데 안 왔어요. 그래서 집에 와서 엄청 취해 버렸어요. 항상 이렇게 돼요. 전 그냥 집에 있어야 해요…. 전 멍청이에요.

치료자: 그리고 그다음에 무슨 일이 있었어요?

내담자: 음, 계속 술을 마셨고, 오늘 여기에 오기로 되어 있어서 아침까지만 마셨어요.

치료자: 어떻게 멈출 수 있었죠?

내담자: 그냥 그렇게 했어요. 이 약속 시간을 지키는 것이 저한테는 중요하니까요.

치료자: 그럼 친구 갖기라는 가치에 대해서는 이제 어떻게 할 건가요?

내담자: 됐어요. 포기할 거예요. 항상 이런 식으로 끝난단 말이에요.

치료자: 그래요. 당신이 관계 맺고 있는 사람들과 친구가 되는 과정은 힘들죠. 고통스럽기도 할 거예요. 많은 사람에게 거절당할 거예요. 그렇지만 당신이 계속해서 노력한다면 거절하지 않는 누군가를 찾을 수 있을 거예요. 당신의 마음이 제임스가 당신을 거절하는 사람들 중의 하나라고 말하고 있는 것 같은데요?

내담자: 네, 음, 그는 저를 버렸어요. 노력하는 것도 지쳤어요. 그냥 집에나 있어야겠어요. 친구 만드는 것은 그렇게 중요한 일도 아니에요. 쓸데없는 일이에요.

여기에 자신의 반응을 적어 보십시오(역량 5를 사용합니다).

어떤 생각 때문에 이러한 말을 하게 되었나요? 무엇에 대한 반응이고, 무엇을 얻고자 하는 것인가요?

핵심 역량 모범 반응

역량 1

예시 7-1

설명 이 목표는 구체성과 측정 가능성 측면에서 큰 문제점이 있다. 적극적인 목표가 아니고, 내담자의 가치와의 연결성 역시 분명치 않다. 경험적으로 뒷받침되는 접근이 아니며, 내담자의 기능적 필요와의 연결성도 불분명하다.

예시 7-2

설명 이 목표는 적극적이지만 실질적이지 않다. 전화를 그렇게 많이 할 수 있다는 것은 상상하기 힘들고, 만약 통화가 잘 이루어질 경우에 데이트를 여러 차례 해야 할 것을 생각해 보면 더욱 그렇다. 좀 더 작은 단계로 나눌 필요가 있다.

예시 7-3

설명 이것은 죽은 사람의 목표다. 죽은 사람은 언제나 내담자보다 훨씬 덜 비판적일 수밖에 없다. 또한 이와 같은 것은 가치에 정확히 들어맞지도 않고 생동감도 떨어진다. 예를 들어, 아빠와 딸이 저녁 약속을 잡고 거기서 아빠가 딸에게 얼마나 그녀를 사랑하는지, 그녀가 자신의 딸이라는 것을 얼마나 감사하게 여기는지 이야기해 보는 것과 같은 좀 더 생동감 있는 목표의 경우와 대조해 보자. 마지막으로 이 목표는 구체적이지도 측정 가능하지도 않다. 일주일 후에 그 목표를 완수했는지를 판단하기 어려울 가능성이 높다.

역량 2

예시 7-4a

치료자: 네, 떠날 수도 있어요. 그렇지만 그렇게 하기로 하기 전에 당신의 마음이 "나는 떠나고 싶어."라고 외치는 것을 기꺼이 지켜보면 어떨까요? 그냥 한번 귀 기울여 보세요. 그것이 얼마나 친숙한가요? 얼마나 오래된 것인가요?

내담자: 아주 오래된 것이고 많이 친숙해요.

치료자: 좋아요. 이 순간을 이용해 봅시다. 여기서 우리는 아주 가까이에서 당신을 골치 아프게 했던 문제를 살펴볼 기회를 얻었어요. "나는 떠나고 싶다."라는 말을 들었을 때 당신의 몸에서는 무슨 일이 일어나나요?

설명 절대 내담자가 떠나려는 것을 막으려고 하면 안 된다. 물리적인 방법은 더욱 안 된다. 반드시 내담자가 선택해야 한다. 동시에 치료자는 내담자를 그가 회피해 왔던 것으로 데려가려는 노력을 해야 한다. 내담자가 어떤 경험에 머무르고 좀 더 깊이 들어가는 모든 순간은 발전과정의 한 부분이다. 이것은 매우 좋은 기회이며 결코 실패가 아니다.

예시 7-4b

치료자: 우리는 여기에 무언가를 찾기 위해 왔어요. 우리는 지금 바로 여기서 정확히 무엇이 일어나고 있는지를 알아내기 위해 여기에 왔습니다. 그것을 바탕으로 지금까지와는 전적으로 다른 무언가를 할 수 있는 방법을 배우기 위해서 말입니다. 지금 여기에 두려움이 있다는 것은 나쁜 것이 아니에요. 그러니까 우리가 왜 여기에 있는 것인가 하는 문제와 다시 만나 봅시다. 우리가 여기에 불안하지 않기 위해 있는 건가요?

내담자: 아니요. 그렇지만 저는 불안하지 않았으면 좋겠어요.

치료자: 맞아요. 그리고 그에 대한 집착이 전체 체계의 핵심이죠. 얼마나 더 괴로워하면 될 것 같아요? 충분히 괴로웠나요?

내담자: 그 이상이에요.

치료자: 좋아요. 이제 바로 지금 여기서 새로운 쪽으로 방향을 바꿔 봅시다. 기꺼이 그렇게 하시겠어요?

설명 방해물은 문제인 것처럼 보이지만 문제가 아니다. 그것은 기회다. 내담자를 방해물 안으로 데리고 들어가는 것은 새로운 경험이며, 내담자에게 성장의 기회를 제공한다.

예시 7-5a

치료자: "도와주세요. 쓰러졌는데 일어날 수가 없어요!" 자, 이제 잠시 기꺼이 정신을 놓아 보시겠어요? 아주 잠시면 돼요. 필요하다면 구해 줄 수 있도록 제가 여기 있을게요. 정신을 놓아 보는 것에 대해서 어떻게 하시겠습니까?

설명 유머는 적절한 때 사용하면 강력한 도움이 될 수 있다. 이 반응에서 치료자는 약간의 유머를 사용하고, 바로 다시 회피에 대한 문제로 돌아간다.

예시 7-5b

치료자: 그래요, 눈을 한번 떠 보세요. 잠시 주위를 둘러보세요. 당신이 정신을 놓게 되더라도 최소한 당신이 어디서 정신을 놓는지는 봅시다. 당신은 어디에 있나요?

내담자: 쇼핑몰 안에 있어요.

치료자: 좋아요. 그리고 그것을 알아차릴 때 누가 그것을 알아차리고 있는지 살펴보세요. 쇼핑몰에 있는 것은 누구죠?

내담자: 저예요.

치료자: 맞아요. 그리고 당신이 쇼핑몰은 아니라는 것을 알아차려 보세요. 이제 그러한 생각과 감정 안으로 찬찬히 돌아가 봅시다. 꽉 조이는 느낌을 알아차려 보세요. 그리고 찬찬히 생각하세요. '나는 완전히 정신이 나가는 것 같다…. 생각도 못하겠다…. 미쳐 버릴 것 같다.' 그리고 누가 그것을 알아차리고 있는지 다시 한 번 살펴보세요.

내담자: 좋아요. 저는 여기 있어요. 그냥 생각과 느낌을 가진 것뿐이에요.

치료자: 그리고 그것은 당신의 적이 아니죠.

설명 이 반응에서 치료자는 수용, 탈융합, 초월적 자기감, 현재 순간과 만나기를 사용하여 두렵게 만드는 감정과 생각을 다른 맥락 속에 놓이도록 한다. 즉, 다른 방식으로 작동하고, 전념을 약화하지 않는 맥락 속에 놓이도록 하는 것이다.

예시 7-6a

치료자: 여기에 나와 함께 기꺼이 누워 볼래요? 그렇게 하면 둘 다 조롱거리가 될 수도 있겠네요. 조롱거리가 되려면 또 어떻게 하면 될까요?

설명 이것은 앞서 나가는 접근일 수도 있지만, 만약 치료자가 기꺼이 하려고 하고 적절한 시점에 이루어진다면, 그리고 치료자가 내담자의 감정의 움직임을 잘 다룰 수 있다면, 이처럼 반대로 하는 식의 접근은 매우 효과적일 수 있다. '마음' 씨가 가지 않겠다고 하는 그곳이 바로 당신이 가야 할 곳이다.

예시 7-6b

치료자: 최고예요. '마음' 씨가 또 나타났네요. 멋져요. 그리고 우리를 조롱거리로 만드는 데 시간을 더 보내기 전에 여기 쇼핑몰에서 그 밖에 어떤 것을 할 수 있나요?

내담자: 불안을 많이 갖고 있는 것 말고요?

치료자: [웃으며] 맞아요. 그리고 '마음' 씨가 우리를 겁주는 것을 그저 바라보기만 하는 것 말고 다른 것 말이에요.

내담자: 쇼핑을 좀 해 봐도 될 것 같은데요.

치료자: 오, 좋아요. 이제 제가 질문 하나만 할게요. 그렇지만 바로 대답하지는 말아요. 당신은 '나는 그냥 쓰러지고 말 거야. 나는 계속할 수 없어. 나는 완전히 조롱거리가 될 거야'라는 생각을 기꺼이 가지고 있는 채로 물건을 사러 다니시겠습니까? 그렇게 해야 마음껏 쇼핑할 수 있게 되는 것이라면 말입니다. 대답하지 마세요. 그냥 잠시 질문에 머무르세요. 그리고 당신이 대답을 고민하고 있는 채로 같이 몇 가지 물건을 사러 가도 괜찮겠어요?

설명 이것은 수용과 탈융합을 통해 빠르게 또 다른 전념으로 이끄는 접근법이다. 작은 전념이지만 가치와 아주 잘 연결되어 있는 전념이다. 대답하지 말고 질문에 머물러 보라는 요청은 탈융합 연습이다.

역량 3

예시 7-7a

치료자: 저는 당신이 지금 절망한 상태이고 큰 변화로 도약하고 싶어 한다는 것을 잘 알고 있어요. 그렇지만 우리는 경주에서 이기기 위해 여기에 있는 것이 아니에요. 더 중요한 것은 그 방향으로 작지만 일관된 단계를 밟아 나가는 것이지 커다란 극적인 도약을 하는 것이 아니에요. 그러한 것은 지속될 수 없거든요. 제가 제안하고 싶은 것은 조금 더 쉬워 보이면서도 결국에는 딸에게 그런 전화를 하는 방향으로 나아가게 해 줄 목표를 만들어 보자는 것이에요. 그런 방법에 대해 좋

은 아이디어가 있으세요? 만일 없다면 제가 몇 가지를 제안할 수 있어요.

설명 내담자를 비난하거나, 내담자에게 창피를 주거나, 가치의 중요성에 대해 질문하지 않으면서 치료자는 단순히 전념의 크기를 줄이고는 그것을 내담자의 가치와 연결 짓고 있다. 단계의 크기는 중요하지 않다. 새로운 패턴이 시작되도록 하는 것에 초점을 두어야 한다.

예시 7-7b

치료자: 당신의 목소리가 긴박하게 들리는 것을 보니, 당신이 딸과의 관계를 얼마나 바꾸고 싶어 하는지 알겠습니다. 정말이지 그렇게 하는 데 총력을 다하고 싶어 하시는군요! 아마도 우리가 그 에너지를 잘 이용할 수 있을 것이라는 생각도 들지만, 장기적인 그림도 염두에 두어야 할 것 같다는 생각이 듭니다. 제가 보기에는 당신이 여기서 어떤 변화를 이루어 내길 정말로 원한다면 시간이 좀 걸릴 것 같은데요, 맞습니까?

내담자: 네.

치료자: 자, 이제 우리는 당신의 딸이 즉시 당신이 원하는 방식으로 반응하지는 않을 거란 걸 아주 잘 알고 있습니다. 그리고 그 관계는 오직 당신이 상당히 오랫동안 당신의 가치에 일치하는 행동을 계속 해야만 바뀔 것이라는 것도 잘 알고 있습니다. 그렇게 하기 위해서는 당신이 얼마나 딸과 함께하고 싶은지를 계속해서 지켜보고, 딸이 어떻게 반응해야 된다는 당신의 생각은 내려놓는 것이 중요할 것입니다. 적어도 지금은 말입니다. 좀 더 장기적인 전략에서 본다면, 우리는 딸에게 전화하고 그런 약속을 하는 것 외에도 몇 가지 추가 목표를 더 생각해 봐야 할 필요가 있어요. 이 목표 중에 어떤 것은 딸에게 전화하는 것보다 더 쉬워 보이는 것도 있을 수 있습니다. 딸에게 전화하는 것은 지금으로서는 매우 큰 단계예요. 당신이 딸과 더 좋은 관계를 가질 수 있는 방향으로 나아가도록 할 다른 행동을 생각해 보는 것을 기꺼이 해 보시겠습니까?

설명 내담자는 가치 있는 방향으로 더 나아가게 하는 가능한 행동과 목표를 선택하는 데 있어 다소 경직되어 있는 것처럼 보인다. 그에게 다양한 가능한 목표를 보여 주면 유연성을 높일 수 있고, 그 문제에 관해 보다 선택의 여지가 있다는 느낌을 줄 수 있다. 아울러 치료자는 내담자가 결과는 내려놓는 동시에 가치에 맞게 사는 과정으로 방향을 잡아 주고 있다.

예시 7-8

행동 1 내담자에게 딸에 관하여 느끼는 다섯 가지 감정의 목록을 만들도록 한다. 내담자에게 딸과 통화하기 전에 그것을 아내와 큰 소리로 읽는 연습을 하도록 한다. "나는 너를 사랑한단다.", "나는 너의 가까이에 있는 것이 즐겁단다.", "나는 내가 화가 나서 너를 멀어지게 만들 때 슬프단다." 등.

내담자에게 떠오르는 추가적인 생각과 감정에 마음챙김을 하고 그것에 여유를 가지면서 이 연습을 하도록 한다.

행동 2 내담자에게 자신의 분노가 그와 딸에게 어떤 영향을 미쳤다고 생각하는지를 한 문단으로 적어 보도록 한다. 떠오르는 어떠한 방어나 어떠한 자기비판도 내려놓도록 노력해 보라고 한다. 같이 훑어볼 수 있도록 다음 치료시간에 그 글을 가져오라고 한다.

설명 이러한 행동 혹은 하위 목표는 이 장에서 살펴본 효과적인 목표 및 행동의 특성을 갖고 있다. 그것은 현재 내담자의 기꺼이 하기 수준을 지나치지 않는 맥락에서라면 내담자가 회피했던 생각과 감정에 접근하는 것을 연습하는 기회를 제공한다는 점에서 유용할 수 있을 것이다.

역량 4

예시 7-9a

치료자: 자, 이건 약간 까다로울 수 있는데요. 어떤 의미에서는 당신이 무엇을 해야 할지 알고 있기 때문이죠. 우리는 많은 시간을 그에 관해 이야기해 왔습니다. '시

간은 나를 방해한다. 난 너무 바쁘다'라는 생각이 계속해서 방해하고 있는 것 같습니다. 자, 그럼 당신을 방해하는 것은 무엇을 해야 할지를 아는지 모르는지와는 관계가 없다고 해도 좋을까요?

내담자: 네. 그렇다고 할 수 있을 것 같아요.

내담자: 자, 이제 우리는 당신의 치료에서 중요한 시점에 와 있습니다. 즉, 행동을 통해 당신 삶의 어떤 패턴을 만들고자 하는가 하는 질문을 해야 할 시점입니다. 제가 궁금한 점은 당신이 여기서 바로 이 순간 전념을 가지고 만들고자 하는 패턴이 무엇이냐는 것입니다. 지난 한 주 동안 당신은 예전의 패턴을 약간 강화하게 되었습니다. 전념을 하고, 생각을 갖고, 전념을 깨는 패턴 말입니다. 이제 당신은 선택할 수 있어요. 당신이 만들고 싶은 패턴은 어떤 것인가요?

내담자: 저는 전념을 다시 만들고 싶어요.

치료자: 좋아요. 저는 잠시 시간을 내서 지금 이 작업이 당신에게 어떤 의미인지와 만나는 것으로 다시 한 번 돌아갔으면 좋겠습니다. 기꺼이 그렇게 하겠어요?

내담자: 네.

치료자: 당신은 지금 여기서 무엇에 대한 작업을 하고 있나요?

내담자: 저는 제 삶에서 어떻게 사랑을 가질 수 있을지를 배우고 싶어요.

치료자: 좋아요. 하지만 그것을 방해하는 패턴은 어떤 것이죠?

내담자: 저는 제가 해야 하는 모든 것에 초점을 두기 시작하고, 그러면 제 대인관계는 점차로 희미해져 가요.

치료자: 어떤 점에서는 이번 주하고도 비슷하네요, 그렇죠?

내담자: [부드럽게] 네. 저는 그렇게 계속하고 싶지 않아요. 그렇게 하면 어떻게 되는지 알고 있어요.

치료자: 그러면 이번 주에는 어떻게 할 작정인가요?

내담자: 그 광고를 작성하겠어요.

치료자: 그런데 어떤 일이 생긴다면요?

내담자: 저는 제가 그것에 관해 어떻게 느끼든 그대로 느낄 것이고, 그러고 나서 광고를 작성하겠어요.

치료자: 제가 도와드리겠습니다.

설명 치료자는 내담자가 이 가치 행동에 다시 전념하지 않는다면 그가 '전념을 만들고, 전념을 깨고, 전념을 포기하는' 패턴을 만들게 되는 것이라고 보았다. 어려움이 닥치더라도 전념 행동을 지킬 수 있는 삶을 만들어 나가고자 하는 상황에서 이런 패턴을 만들게 되면 위험할 수 있다. 그래서 치료자는 내담자에게 이 패턴을 지적해 주고, 전념이 깨진 이후에도 다시 전념하는 것을 포함하는 새로운 패턴을 만들 것을 선택하도록 제안한다. 결국 가치는 선택이자 방향이며, 본질적으로 매우 여러 번 반복하여 행동에 다시 전념하는 것을 의미한다. 실수한 이후에 다시 전념하는 패턴을 만드는 것은 삶의 일부로서 가져야 할 필수적인 패턴이다. 왜냐하면 우리는 모두 실수하기 마련이기 때문이다.

예시 7-9b

치료자: 우리는 큰 패턴을 만들려고 하는 것이지만, 큰 패턴은 작은 순간으로 만드는 것입니다. 바로 지금 이것처럼요. 그리고 오래된 패턴은 바꾸기 힘들어요. 하지만 우리가 오래된 패턴을 지금 순간으로 끌어내려 볼 수 있다면 바꿀 기회가 생깁니다. 자, 당신은 바로 지금 자꾸 무엇을 하고 싶어지나요?

내담자: [잠시 멈추고] 제가 왜 그랬는지를 설명하고 싶어져요.

치료자: 좋아요. 그것은 새로운 것은 아니네요, 그렇죠?

내담자: [잠시 멈추고] 맞아요.

치료자: 그러면 그것은 아니네요. 그 밖에 하고 싶다고 끌리는 것이 있나요? 바로 지금요. 천천히 생각해 보세요. 조금 더 미묘한 것을 찾아보도록 노력해 봐요.

내담자: 포기하고 싶어져요. 화도 나고요. 일하러 가고 싶어져요. [잠시 멈추고] 울고 싶어져요.

치료자: 아주 좋아요. 쉽게 떠오르는 것을 보니 그것도 아닌 것 같은데, 마지막의 '울고 싶어진다'는 것에 대해서는 확실하지 않군요. 거기에 담긴 의미가 뭔가요?

내담자: 저는 제 삶에 사랑이 있었으면 좋겠어요. 저는 어떤 사람도 정말로 저를 사랑해 줄 수는 없을 것이라는 생각이 들어요. 모두 저를 거절할 거예요. 그것 때문에 너무 상처받게 될 거예요.

치료자: 상처가 될 수 있겠군요. 그러면 지금 이런 패턴은 상처가 되지 않나요? 어느 쪽

이 나을 것 같으세요? 사랑했다가 헤어지는 고통과 당신이 가장 간절하게 원하는 것들로부터 스스로를 차단해 버리는 고통 중에 말이에요. 서두르지 말고 대답하기 전에 천천히 생각해 보세요. 당신은 바로 지금 패턴을 만들고 있는 중입니다. 바로 지금 이 순간에 말이에요.

설명 패턴 알아차리기, 반응하기, 구성하기라는 말은 건조하고 이지적으로 들린다. 그러나 이 과정은 굉장히 중요한 것이다. 이 과정은 현재의 순간순간마다 일어나는 살아 있는 감정적인 과정이며, 이를 증진하기 위해서는 수용전념치료 모델의 모든 측면이 필요하다.

역량 5

예시 7-10a

치료자: 네. 실망스러워하는 이 감정은 익숙한 것이죠. 이러한 생각 역시 익숙해요, 그렇죠? "쓸데없는 일이다.", "그렇게 중요한 일도 아니다.", "나는 다시 거절당했다.". 마치 그런 생각이 당신을 무엇인가로부터 보호하려고 하는 것 같네요, 그렇죠? 그 생각은 마치 이렇게 이야기하고 있는 것 같아요. "이봐, 친구, 우리가 너를 안전하게 지켜줄게. 그냥 우리랑 같이 지내자. 그 사람들은 어차피 모두 얼간이야." 하지만 당신의 경험을 점검해 봅시다. 이 생각이 가라고 하는 곳으로 따라가니까 어떤 곳으로 가게 되던가요?

내담자: 모르겠어요. 혼자인 상태로요.

치료자: 네. '쓸데없는 일이다'라고 생각하는 것은 나쁜 것이 아니에요. 이것은 오래된 생각이죠, 맞아요?

내담자: 매우 오래됐어요.

치료자: 그리고 그것은 우리에게 오래된 패턴을 깨고 정말 새로운 어떤 것을 할 수 있는 기회를 제공한다는 점에서 멋진 것이네요.

설명 치료자는 '쓸데없는 일이다'라는 말을 말 그대로 내담자가 주어진 다양한 옵션 중에서 선택한 것의 예로서 받아들이지 않고 있다. 오히려 치료자는 우선 내담자가 그 생각을 대상화하여서 거리를 둘 수 있도록 도와주고 나서 원래의 전념으로 돌아가고 있다.

예시 7-10b

치료자: 한 가지만 물어볼게요. 당신의 실수로 인해서 당신이 선택했던 가치 중에 어떤 것이 변했나요?

내담자: 질문이 이해되지 않는데요.

치료자: 당신의 가치 중에 어떤 것이 바뀌었나요? 어떤 것이 2주 전과 비교했을 때 오늘 근본적으로 달라져 있나요?

내담자: 아무것도 변하지 않았어요.

치료자: 하지만 당신의 마음이 당신에게 소중하게 생각하는 것에 대한 관심을 멈추어야만 하며, 그 방향으로는 갈 수 없다고 말하고 있는 것을 알아차려 보세요. 모두 매우 오래된 것이에요, 그렇죠? 자, 이제 제가 두 번째 질문을 할게요. 당신이 가치 있게 여기는 방향으로 가기 위해서 어떤 것을 갖고 있거나 내려놓으시겠습니까?

내담자: 저는 실망하는 것으로 인한 고통을 갖고 있어야 할 것 같아요.

설명 논리적이고 문제를 해결하려는 마음은 도움이 되지 않고 회피의 방향으로 향하게 만든다. 그렇게 하는 것에는 대가가 따른다. 즉, 내담자는 실제로 자신이 소중하게 생각하는 것에 대해 상관하지 않는 척해야만 하는 것이다. 실수는 그가 술에 취하지 않고 맨 정신으로 있을 수 없다는 뜻이 된다. 거절은 그가 대인관계를 가질 수 없다는 뜻이 된다. 치료자는 이 역량에서 요구하는 대로 문제의 핵심에 초점을 맞추는 질문을 통해 매우 빠르게 이 난관을 헤쳐 나가고 있다.

경험적 연습: 전념 행동

다음의 질문에 대해 자신만의 반응을 적어 보십시오. 충분히 생각할 시간을 갖고 진지하게 대답을 생각해 보십시오.

당신의 삶에서 당신이 하고자 하는 대담한 행동에는 어떤 것이 있겠습니까?(예, 창의적이 되기, 크게 생각하기, 위험을 무릅쓰기) 현재 당신이 하고 있지 않는 것을 고르십시오.

그렇게 하는 데 방해가 되는 것은 무엇입니까?

만약 당신이 그렇게 한다면 당신의 삶은 어떨 것 같은지 상상해 보십시오. 그리고 그것을 묘사해 보십시오.

이 대담한 행동을 하는 것과 관련해서 당신이 오늘 할 수 있는 것 한 가지를 적어 보십시오.

당신이 그것을 할 수 있는지 생각해 보고, 당신의 반응을 설명해 보십시오.

추가 정보

- 연습과 은유를 포함하여 전념 행동에 대해 더 많은 정보를 원하면 Hayes 등이 저술한 *Acceptance and Commitment Therapy*(1999)의 9장(pp. 235-264)을 참조하시오.
- 치료자와 내담자를 위한 전념 행동 관련 연습 및 과제지를 원하면 Hayes와 Smith가 저술한 *Get Out of Your Mind and Into Your Life*(2005)의 13장(pp. 177-194)을 참조하시오.

Learning ACT

제8장

수용전념치료를 이용한 사례 개념화

제8장

수용전념치료를 이용한 사례 개념화

좋은 이론만큼 실용적인 것은 없다.
-Kurt Lewin(1951, p. 151)

특히 인지행동치료에서 최근의 동향은 『정신장애의 진단 및 통계 편람(Diagnostic and Statistical Manual of Mental Disorders: DSM)』에 수록된 특정 진단과 연결된 치료 매뉴얼을 사용하는 것이다. 비록 연구 목적을 위해서 몇몇 수용전념치료 매뉴얼은 특정 질환에 특화되어 있지만, 실제 임상에서 수용전념치료는 굉장히 다양한 내담자의 문제와 주된 호소, 과거력을 이해하고 설명하기 위해 이 책에 기술되어 있는 수용전념치료의 여섯 가지 핵심 과정과 같은 일반적인 행동 원칙을 사용하는 것을 더 선호한다. 이러한 행동 원칙은 중재방법에 연결되어 있고, 이를 뒷받침하는 연구 증거가 점점 늘어나고 있다.

사례 개념화는 이러한 원칙을 내담자의 행동(여기서 행동이란 생각, 감정, 외현적 행위 등을 포함하여 인간이 하는 모든 것을 의미한다)에 적용하고, 내담자에 대하여 점차로 이해하게 된 내용을 치료 중재를 선택하고 평가하기 위한 길잡이로 사용하는 것을 의미한다. 수용전념치료 사례 개념화는 수용전념치료와 관계틀 이론의 연구 및 이론에서 제안하는 심리적 유연성을 방해하거나 증진하는 기능적 과정(즉, 1장에서 서술한 수용전념치료의 여섯 가지 핵심 과정과 그에 상응하는 병리)에 초점을 맞추도록 해 준다. 수용전념치료 이론은 심리적 유연성이 존재할 때 삶의 경험(즉, 행동 이론가가 수반성이라고 부르는 것)이 효과적인 행동과 가치, 의미, 생동감으로 가득 찬 삶을 불러일으키는 경향이 있다고 주장한다. 만약에 그것이 옳다면 수용전념치료자는 내담자가 지금까지 학습해 온 과정과 최근 삶의 맥락을 조사하고, 그것이 심리적 유연성을 지지하거나 혹은 감소하는 기능적 과정과 어떻게 연결되어 있는지를 생각해 봐야 한다. 따라서 사례 개념화에 대한 수용전념치료적 접근은 다음과 같은 질문에 대한 답을 찾는 것이라고 할 수 있다. 내담자의 삶에서 특정 문제를 일으키고 이 내담자 특유의 심리적 경직성과 삶의 제한을 유발하는 고유의 요인은 무엇인가?

『정신장애의 진단 및 통계 편람』에 의해 유형화된 지정학적 접근과는 대조적으로 기능적인 것에 기반을 두고 있는 수용전념치료의 사례 개념화는 비슷해 보이지만 실제로는 상당히 다른 내담자의 문제에 대해 서로 다른 방식으로 개입하는 것이 효과적일 수 있다는 가능성을 열어 두고 있다. 내담자의 개인사와 행동을 촉발하고 유지하는 다양한 요소에 따라 서로 다른 개입방법을 사용하는 것이 적절할 것이다. 수용전념치료에서는 내담자 행동의 형태보다 그 기능에 초점을 두어 사례를 개념화하고 치료 개입 방식을 선택한다. 좀 더 쉽게 말하자면, 행동의 기능을 이해한다는 것은 그 행동이 어떻게 보이는가보다 그 행동이 무엇에서 비롯되었으며 그 행동이 무엇을 위한 것인가를 이해한다는 것이다.

예를 들어, 불안장애가 적어도 부분적으로는 동일한 기능적 과정, 즉 경험 회피에 의해 유지된다는 증거가 점점 축적되고 있다(Hayes et al., 2006). 외상후 스트레스 장애의 경우 내담자는 외상과 연관된 사고와 감정을 회피하고 있는 것이며, 공황장애의 경우는 공황 경험(즉, 공황에 동반되는 사고, 감정, 감각)을 회피하고 있는 것이다. 강박증의 경우는 내담자가 강박 사고를 회피하고 있는 것이다. 내담자에 따라 무엇을 회피하고 어떻게 회피하는가는 다양할 수 있으나, 공통적인 기능적 과정은 경험 회피다. 이러한 예에서는 다르게 보이는 행동이 동일한 기능을 공유하고 있다. 마찬가지로 동일하게 보이는 행동이지만 기능적으로는 다른 경우도 있다. 예를 들어, 자신을 과시하고 열등감을 피하기 위해 바비큐 파티를 여는 경우도 있고, 친구에게 감사를 표하고 또 유대감과 공동체 의식의 가치에 따른 행동으로서 바비큐 파티를 여는 경우도 있을 수 있다. 두 행동의 형태는 비슷해 보이지만, 하나는 경험 회피의 예이며 다른 하나는 가치 있는 목적과의 긍정적인 접촉에 의해 유지되는 예일 것이다.

수용전념치료 사례 개념화에서 치료자가 해야 할 일은 내담자가 하는 행동의 특정 형태 그 이상을 살펴보고, 내담자 고유의 개인사와 맥락을 고려하여 그 행동의 기능에 대한 지적인 가설을 세운 뒤, 치료시간에 이를 확인해 보는 것이다. 치료자는 내담자의 행동을 일으키는 개인사와 왜 그 행동이 특정 맥락에서 일어나는지, 그리고 무엇이 그 행동을 지속시키는지를 이해하려는 작업을 한다. 이것이 바로 기능 분석이다. 기능 분석은 내담자에게 행동의 의미에 대한 통찰을 주기 위해서보다는 치료자의 치료 개입에 대한 길잡이로 사용된다.

왜 사례 개념화인가

사례 개념화를 연습하는 것은 적어도 두 가지 분명한 이유에서 유용하다고 할 수 있다. 첫째, 사례 개념화는 치료자가 좀 더 깊고 좀 더 미묘한 수준에서 수용전념치료 이론을 배우는 데 도움이 된다. 수용전념치료의 바탕이 되는 이론을 충분히 숙달하는 것은 유동적이고 유연한 치료 실제를 위해 필수적이다. 수용전념치료 사례 개념화를 바탕으로 진료를 하게 되면 내담자의 행동을 기능성이라는 렌즈를 통해 보는 데 도움이 되고, 치료자가 내담자에 대한 이론적 이해를 만들어 내는 데도 도움이 된다. 그리고 이러한 이해는 치료자가 내담자의 필요에 맞게 치료 기법을 수정하고 선택하고 타이밍을 조절하는 데 도움이 된다.

둘째, 견고한 사례 개념화를 통해 좀 더 집중되고 일관되며 면밀한 개입이 가능하게 된다. 이것은 복잡하고 어려우며 다양한 문제를 가지고 있는 내담자인 경우에 특히 중요하다. 이러한 내담자는 종종 치료자 능력의 한계를 시험하며, 치료자가 하고자 하는 어떠한 종류의 연습, 은유, 기법에 대한 시도도 좌절시키곤 한다.

실제적 이론에 입각한 좋은 사례 개념화가 없을 경우 개입방법을 선택하는 데 있어서 불규칙하고 산만해지기 쉽다. 이러한 방식으로 선택된 개입은 때로는 효과가 있을지도 모르나, 만약 실패할 경우 치료자가 다음에 무엇을 시도할지 판단하는 데 거의 도움이 되지 않는다. 사례 개념화를 통해 특정 기법이 실패할 경우 어떻게 해야 할지에 대한 아이디어를 얻을 수 있다. 만약 특정 내담자에게 가장 중요한 기능적 과정이 무엇인지를 평가할 수 있다면 내담자에게 사용할 다양한 연습과 기법을 창조적이고 지속적이며 유연하게 선택할 수 있을 것이다.

이 장에서의 사례 개념화는 중간 수준 이론이라는 것을 바탕으로 이루어지는데, 내담자의 행동에 대한 더욱 철저한 행동 분석적 해석에 비해 상대적으로 덜 전문적인 용어를 사용한다. 이 중간 수준 이론은 1장에 기술되어 있는 내담자의 심리적 유연성을 떨어뜨리거나(예, 융합, 경험 회피) 증진하는(예, 전념 행동, 수용) 과정의 관점에서 내담자의 행동을 이해하는 것에 중점을 둔다. 여러 수준의 분석에 이러한 개념을 동시적이고 역동적으로 적용해 보는 것이 목표다. 반면에 사례 개념화에 대한 미시적 수준 이론은 조작적 또는 고전적 학습 이론이나 관계틀을 사용하여 내담자의 행동을 이해하고자 하는 것이다. 이러한 미시적 수준의 분석에 대한 연구는 수용전념치료/관계틀 이론 연구자 사이에서 순조롭게 진행되고 있다. 다행히도 이 책에서의 목표는 중간 수준 이론으로 충분하고, 중간 수준 이론이 상대적으로 쉽게 접근할 수 있기 때문에 이를 더 강조하고자 한다.

이 책에서 기술되는 사례 개념화는 정신 상태, 신체 건강, 가족 기능, 발달력 등에 대한 평가와 같은 일반적인 평가를 대체하기 위한 것이 아니다. 아마도 수용전념치료의 과정이 핵심이 아닌 내담자도 있을 것이다. 예를 들면, 일차적으로 읽기 능력의 부족에서 비롯된 문제이면서 경험 회피나 인지적 융합과는 관계가 없는 문제를 지니고 있는 아동의 경우는 그 부족한 능력을 직접 다루는 개입방법이 더욱 적절할 것이다.

사례 개념화를 할 때 평가된 구체적인 내용을 형식에 맞게 기록하는 것에 덧붙여 치료자가 해야 할 일은 몇 가지 가설을 세우는 것이다. 내담자와 작업을 해 나가면서 가설이 틀렸음이 증명될 경우에는 그것을 기꺼이 받아들일 수 있도록 가설에 너무 집착하지 않도록 한다.

이 장의 나머지 부분은 치료자인 당신이 자신의 진료 사례를 수용전념치료의 관점으로 생각해 보도록 하는 것을 목표로 한다. 인간의 고통에 대한 수용전념치료 이론을 통해 내담자의 행동을 분석하고 이러한 분석을 1장에서 7장까지 기술되어 있는 수용전념치료의 여섯 가지 핵심 과정에 기초한 맞춤형 중재방법의 개발에 이용하는 과정을 안내하고자 한다. 또한 수용전념치료의 여섯 가지 과정 이외의 것이라 하더라도 수용전념치료의 틀에 맞는다면 그러한 개입 방식도 고려해 보도록 할 것이다.

수용전념치료 사례 개념화 과정의 개요

이 절은 수용전념치료 사례 개념화를 수행할 수 있도록 구체적인 과정의 개요를 제공한다. 초기에는 상당히 많은 시간이 필요하지만, 우리는 당신이 끈기 있게 이 장에 나와 있는 연습을 완수할 수 있기를 바란다. 반복되고 의도적인 사례 개념화는 수용전념치료 이론에 대한 이해를 깊고 넓게 해 주며, 당신의 중재방법을 좀 더 유연하고 유동성 있게 해 줄 것이다. 연습을 통해 당신은 수용전념치료를 적용하는 방법과 내담자 행동의 기능을 더욱 쉽고 빠르게 이해할 수 있게 될 것이다. 처음에는 이 개요를 따라 사례 개념화를 수행하는 데 빠듯하게 몇 시간이 들 것이다. 그러나 결국에는 30분 이내에 전체 과정을 모두 진행할 수 있게 될 것이다.

우리는 수용전념치료 사례 개념화의 수행을 구성하는 열 가지 요소의 과정을 간략하게 소개할 것이다. 이 개요는 Hayes, Strosahl, Luoma, Smith와 Wilson (2005)에 수록되어 있는 사례 개념화에 관한 장에서 지대한 영향을 받았으며, 추가 지침을 위해 이를 참조하는 것도 도움이 된다. 우리는 또한 평가된 구성 요소와 관련된 치료 개입에 대해 간단하게 소개할 것이다.

1. 내담자가 이해한 바대로 내담자가 제시하는 문제에서 평가를 시작한다

우선 내담자가 치료를 받으러 오게 된 문제에 대해 내담자가 가지고 있는 개념이 무엇인지 탐색한다. 내담자는 자신의 문제를 현재 어떻게 보고 있는가? 내담자는 상황을 좀 더 나아지게 하기 위해 무엇을 해야 한다고 생각하는가? 내담자에게 치료의 목표는 무엇이며, 삶의 목표는 무엇인가?

수용전념치료에서 초기 작업의 지침이 되는 하나의 가정은 내담자가 문제를 해결하기 위해 해 왔던 것이 사실은 문제의 일부분이라는 것이다. 여기에서 치료자가 해야 할 일은 내담자를 제기된 문제 안에 갇혀 있게 만든 언어적 체계를 도출해 내는 것이다. 이러한 자료를 모을 때 열린 태도로 비판단적인 자세를 취하며 내담자가 처음에 제시하는 문제에 대한 설명을 그대로 믿거나 비판하지 않도록 최선을 다해야 한다. 이 단계에서의 핵심은 문제에 대해 내담자가 가지고 있는 개념을 이해하고 이를 수용전념치료의 관점에서 재구성할 수 있어야 한다는 것이다.

내담자는 보통 치료에 대해 다양한 목표를 이야기한다. 어떤 것은 결과 목표일 수 있고, 어떤 것은 과정 목표일 수 있다. 수용전념치료 개념화에서 결과 목표는 내담자의 가치와 연결된, 내담자가 원하는 최종 상태를 가리킨다. 배우자와의 좀 더 나은 관계, 일을 시작하는 것, 지지적이고 사랑을 주는 부모가 되는 것, 성실하게 사는 것, 친밀하고 유쾌한 우정을 쌓는 것, 영적으로 충만해지는 것 등이 해당된다고 할 수 있다. 내담자가 과정 목표를 달성할 경우 결과 목표를 성취하는 것이 가능해질 것이라고 생각한다는 점에서 보면 과정 목표는 결과 목표에 연결된 목표다. 과정 목표에는 불안 수준을 낮추는 것(예, '새로운 사람을 만날 수 있으려면 덜 불안해져야 한다.'), 좀 덜 비판적이 되는 것(예, '사람들과 친해지기 위해 자신을 남과 비교하지 말아야 할 필요가 있다.'), 덜 고통스러워하는 것(예, '너무 고통스러워서 예전에 하던 것을 할 수 없다.'), 덜 우울해하는 것(예, '더 이상 어떤 것도 신경 쓰지 않는다.') 등이 있다. 수용전념치료에서는 문제의 많은 부분이 과정 목표와 결과 목표의 연결 방식에 있다고 본다. 수용전념치료자는 치료 중 종종 이 연결 방식을 문제 삼는다.

이 단계의 마지막 부분은 필요하다면 문제에 대한 내담자의 해석을 수용전념치료 방식으로 재구성하는 것이다. 수용전념치료 개념화는 보통 내담자가 좋게 느끼는 것에 대한 강조를 줄이고, 더 나은 삶을 살고 더 잘 느낄(즉, 느끼는 것을 더 잘하는 것) 수 있도록 도와주는 것에 초점을 맞춘다. 좀 더 심도 있는 수준에서 이러한 재구성은 내담자가 염원하는 삶의 목표 및 가치(결과 목표)와 일치해야 한다. 또한 치료의 초기 목표와 방법에 초점을 둔 치료 계약을 작성할 수 있을 만큼 충분히 구체적이어야 한다. 내담자는 전형적으로 부정적인 감정(예, 우울), 사고, 기억, 감각 등을 문제라고 표현하는 경우가 많다. 이러한 문제는 치료를 통해 근본적으로 재구성되는 경우가 많다. 예를 들어, "이제 저는 아무것도 상관없어요. 이렇게 무기력한 느낌을 더 이상 견딜 수 없어요. 절망적이에요."라고 호소하는 경우가 있을 수 있다. 결국 이 말은 '거절이나 실패라는 느낌을 피하기 위해 친밀한 관계와 일에 열심히 매진하는 것을 피한다'는 것으로 재구성될 수 있다. 또 다른 예의 경우, "저는 스스로에 대해서 좀 더 낫다고 느끼고 싶어요. 저는 좀 더 높은 자존감이 필요해요."라는 것을 주 호소로 가진 경우를 생각해 볼 수 있다. 이에 대한 수용전념치료 사례 개념화는 '자신에 대한 부정적 평가와의 융합이 일어나고 있고, 그 과정에서 삶이 제공하는 기회를 놓치고 있다'(즉, 문제는 애쓰는 것 그 자체다) 정도일 것이다. 이 단계와 관련한 더 많은 내용은 4장에서 찾아볼 수 있다.

2. 내담자가 융합되어 있거나 회피하고 있는 가장 중심적인 사고, 감정, 기억, 감각, 상황을 찾아낸다

내담자는 종종 가장 중심적이고 어려운 사적 경험을 문제의 일부분으로 인식한다. 어떤 경우 치료자가 이러한 것을 찾아내기 위해 탐색하는 과정이 필요할 수도 있다. 이 경우에는 제기된 문제에 대해 충분히 구체적으로 설명하게 함으로써 정보를 얻을 수 있다. 예를 들어, "불안하다고 하셨는데 어떤 의미로 말씀하신 건가요?", "예를 들어서 설명해 주시겠어요?"라고 물을 수 있다. 전반적인 개방형 질문을 통해 추가 정보를 얻을 수도 있다. 예를 들어, "만약 제가 당신의 머릿속에 있다면 그런 상황에서 어떤 말을 듣게 될까요?"라고 물을 수 있다. 또한 "이러한 문제가 신체적인 감각으로 나타나기도 하나요?"와 같이 특정 차원에 대한 질문도 도움이 될 수 있다.

사고와의 융합은 그들 자신, 경험, 상황에 대한 스스로의 평가에서 찾아볼 수 있다. 이러한 형태의 융합은 찾아내기가 까다로울 수 있는데, 융합된 평가는 보통 생각의 형태로 표현되기보다 사건에 내포된 특성으로 표현되기 때문이다(예, "저는 굉장히 심한 불안을 가지고 있어요."). 만약 내담자가 외현화하거나 만성적인 회피 상태에 있다면 상황에 대해 심리적으로 활성화된 측면은 모호할 것이다. 예를 들어, 친구가 자신의 부탁을 거절하는 것을 자신이 '패배자'라는 의미로 받아들이기 때문에 친구에게 뭔가를 해 달라고 부탁하는 전화를 회피하는 내담자는 아마도 처음에는 통화의 회피가 문제라고 여길 것이다. 따라서 내담자가 특정 물리적 상황을 회피하고자 한다면 치료자는 사건이 일어나는 동안 나타나는 내담자를 힘들게 만드는 특정 감정, 사고, 경험을 발견하려 시도해야 한다. 보통 상황 그 자체가 아니라 바로 이러한 것이 내담자가 피하려고 하는 것이다.

내담자가 회피하는 생각이나 감정의 내용을 기록하는 목적은 그것을 바꾸거나 수정하려는 것이 아니라 이후 치료 중에 수용과 탈융합에 중점을 둔 경험적 연습의 대상으로 사용할 수 있게 하려는 것이다.

3. 이전 단계에서 기술한 사건에 대한 경험 회피로 작용하는 행동을 고려한다

내담자는 치료자와 함께 생각, 감정, 기억, 감각과 같은 어려운 내적 경험을 회피하기 위해 사용하는 특정 행동 패턴을 알아채는 능력을 개발할 필요가 있다. 경험 회피는 겉으로 드러나는 행동, 내적인 언어적 행동, 혹은 이 두 가지가 조합된 형태 등 다양한 형태로 나타날 수 있다. 치료자가 이러한 패턴을 직접적으로 볼 수 있는 경우도 있고, 내담자의 보고에 의존해야 하는 경우도 있다.

치료자가 관찰할 수 있는 회피의 세 가지 유형과 각각의 예는 다음과 같다.

- ✓ 내적 회피 행동: 주의 분산, 과도한 걱정, 해리, 다르게 생각하라고 스스로에게 말하기, 백일몽
- ✓ 외현적 정서 통제 행동: 음주, 약물, 자해, 위험 추구, 도박, 폭식, 괴로운 것

을 떠올리게 하는 물리적인 상황이나 물건 회피

✓ 치료시간 내 회피 행동: 주제 전환, 논쟁, 공격성, 치료 중단, 지각, 언제나 주의를 끄는 급한 위기 보고하기, 웃음, 과도하게 긍정적인 것에만 초점을 맞춤

경우에 따라 이러한 행동은 치료 초기에는 명확하지 않을 수 있다. 그렇더라도 그러한 행동의 기능을 짐작해 보는 것이 도움이 될 수 있는데, 치료시간에 예방적으로 이를 다룰 수 있기 때문이다. 예를 들어, 내담자가 친밀감을 위협으로 느껴서 친밀감을 느끼기 시작하면 대인관계에서 도망가는 경향이 있다는 것을 발견했다고 가정해 보자. 경험 회피 과정에 의해 내담자가 치료를 그만둘 것이 예측되기 때문에 치료를 그만두고 싶게 된다면 대신 무엇을 할 수 있을지에 대해 치료 초기에 이야기해 볼 수도 있을 것이다.

마지막으로 경험 회피가 내담자의 삶에 얼마나 만연해 있는지를 평가해야 한다. 이것이 내담자의 삶 대부분의 영역에 걸쳐 주된 요소로 작용하고 있는가, 아니면 일부 영역에서만 그렇게 작용하고 있는가? 또는 내담자의 삶이 경험 회피에 사로잡혀 있어서 내담자가 하는 거의 모든 것이 이에 얽매여 있는가?

4. 행동이 지나치게 편협해지고 제한되거나 제대로 된 삶을 영위하고 있지 못한 영역을 고려한다

수용전념치료의 핵심 목표는 단순히 내담자가 불쾌한 정서, 인지 상태에 더욱 효과적으로 반응하도록 돕는 것을 넘어 훨씬 광범위한 것이다. 수용전념치료는 근본적으로 내담자가 충만하고, 의미 있고, 생기 있는 삶을 창조해 내도록 돕는 것이다. 따라서 사례 개념화에서 치료자는 가족, 건강, 대인관계, 영성, 직업 등 내담자 삶의 광범위한 영역을 조사하고, 이러한 중요한 영역에서 내담자의 기능이 어떠한지에 대한 개략적인 내용을 파악해야 한다.

사람들이 회피와 융합의 방식으로 반응할 때, 행동은 지나치게 경직되고 편협해져서 유연성이 떨어지게 되는 경향이 있다. 효과적이지 못한 행동이 계속 유지되기도 하고, 반대로 행동이 지속적으로 유지되어야 할 영역에서는 오히려 충동

적으로 변화되기도 한다. 내담자가 이러한 삶의 패턴에 너무나 완전히 적응하여 이를 명확하게 알아차릴 수 없게 되는 경우가 흔히 있을 수 있는데, 이러한 경우에 치료자는 이러한 패턴을 제대로 볼 수 있도록 하는 작업을 해야 한다. 극단적인 경우, 내담자는 가치 있는 삶의 영역 중 일부 혹은 모든 영역에서 완전히 낙오되어 아무것도 하지 못한다. 반대의 경우 해당 영역에서 지나치게 좁아지고 융통성이 없으며 일관성이 없는 행동에만 몰두한다. 특정 영역에서 방어적인 양상으로 행동하게 되면 표현, 효과, 활기 등에 제약이 생긴다. 이러한 행동은 연속 선상에 존재하는 것이기 때문에 동일한 과정에 의한 행동이라도 미묘하게 다양한 형태가 있을 수 있다는 점을 놓치지 말아야 한다. 예를 들어, 어떤 내담자는 연인관계로 발전할 가능성이 있는 사람과는 관계를 일체 중단한다. 반면 다른 내담자는 피상적이고 제한된 방식으로만 연인을 대한다. 이 두 예는 모두 취약성에 대한 회피에 의한 것일 수 있다.

내담자의 삶에서 가장 중요한 영역에 초점을 맞춰야 한다. 특히 내담자가 낙오되어 있거나 선택, 활력, 참여도가 부족한 영역에 집중해야 한다. 내담자의 행동이 가장 편협하고 유연하지 못해서 지속적으로 고통을 유발하고 있다고 여겨지는 2~3개의 영역을 사례 개념화 서식에 적는 것에서부터 시작한다. 치료자로서 당신은 바로 이 영역에서 내담자의 행동에 변화를 가져올 디딤돌을 찾을 가능성이 가장 크다. 가족, 애인, 자녀 양육, 친구, 사회 관계, 직업, 교육, 여가, 영성, 지역공동체, 건강 관리와 같은 영역을 고려한다. 그리고 가능하다면 각각의 영역에서 내담자의 행동이 어떻게 제한되고 위축되어 있는지 기술한다.

이러한 영역을 평가하는 한 가지 방법은 내담자에게 만약 그들의 문제가 해결된다면 무엇을 하겠느냐고 묻는 것이다. 만약 적절하다면(예, 문제가 비교적 덜 만성적인 내담자와 작업할 때), 문제가 생기기 이전의 삶은 어떠했는지 물어본다. 무엇을 하며 시간을 보냈는가? 내담자의 대인관계, 직업, 여가, 기타 관련 영역은 어떤 특성을 갖고 있었는가? 치료자는 "만약 기적이 일어나 당신의 모든 문제가 해결된다면 당신의 삶은 어떠할까요?" 라고 물어볼 수 있다.

5. 심리적 경직성에 작용하는 다른 핵심 수용전념치료 과정과 그것이 치료에 시사하는 바를 고려한다

특히 자주 발생하거나, 변함이 없거나, 여러 상황에 걸쳐 일관되게 나타나거나, 또는 이 모든 특성을 갖고 있는 행동 패턴은 심리적 경직성과 관련 있는 경우가 많다. 이미 이전 절에서 경험 회피의 과정을 분석하는 데 상당한 시간을 투자했다. 지금부터는 경험 회피 이외의 다섯 가지 병리 과정(즉, 인지적 융합; 개념화된 과거와 미래의 지배, 제한된 자기 인식; 개념화된 자기에 대한 집착; 가치 명료화/접촉의 결여; 무활동, 충동성, 회피 지속)의 관점에서 내담자의 행동을 검토하고, 여섯 가지 수용전념치료 과정을 전체 맥락에서 차례대로 검토하는 과정을 살펴보기로 한다.

이 절의 내용을 완수하기 위해 위의 다섯 가지 과정을 각각 살펴보고, 내담자가 그 과정과 관련하여 특히 경직되고 유연성 없는 행동 패턴을 보이고 있는지 여부를 생각해 보자. 모든 내담자가 각각의 과정에 관련한 행동을 어느 정도는 보일 수 있으나, 특정 내담자에게 특히 강력하게 관찰되고 치료 계획에 중요한 시사점을 주는 행동 패턴을 알아내는 것이 치료자가 해야 할 일이다. 단 하나의 강력한 패턴 또는 경직된 행동을 보이는 경우도 있을 수 있으나, 그 행동도 여러 가지 다른 병리 과정에서 비롯된 것일 수 있다. 평가 서식에 특히 강력하게 드러나는 패턴과 그것이 치료에 시사하는 바를 기록한다.

이 절은 행동 패턴을 치료 개입에 연결하는 것에 대해 요리책처럼 보고 따라 하기만 하면 되는 지침서로 받아들여질 여지가 있다. 이 자료는 보고 따라 하기만 하면 되는 요리책처럼 사용하기 위한 목적으로 제작된 것이 아니다. 그보다는 수용전념치료를 처음 접하는 독자가 좀 더 기능적인 사고를 하는 방향으로 나아가는 데 도움이 되기 위한 구체적인 지침을 제공하고자 하는 것이다. 결국 이론에 대한 견고한 이해를 바탕으로 한 내담자에 대한 기능 분석이 사례 개념화의 기반이다.

인지적 융합

인지적 융합은 자신이 생각하고 있는 것의 내용에 사로잡히곤 하는 인간의 경향을 의미한다. 인지적 융합은 경험 회피를 뒷받침하는 경향이 있다. 우리는 불편한 생각, 정서, 감각, 기억을 그냥 회피하는 것이 아니다. 우리는 스스로에게 이에 대해 계속해서 이야기한다. 우리는 왜 이를 회피해야 하는지에 대한 이야기를 창조해 내고(이유 대기), 설명하고, 정당화하며, 행동을 이러한 이유에 연결한다. 때때로 우리는 경험 회피에 부합하는 계획과 목표를 만들어 내기도 한다. 우리는 이러한 개념화된 세계에 사로잡힌 나머지 바로 지금의 경험을 놓치고 현재 상황이 제공하는 기회를 놓친다. 이것이 인지적 융합의 핵심이다.

인지적 융합은 효과적이지 않은 통제 전략이 결국에는 효과가 있을 것이라는 강한 신념을 가진 내담자나 그것이 효과가 없다는 것을 알면서도 효과적이지 않은 전략을 지속하는 내담자에게서 관찰된다. 만약 이러한 점을 관찰하게 된다면, 이러한 전략의 궁극적인 효용성에 대한 내담자의 강력한 신념이나 확신을 약화하는 것을 목표로 한 창조적 무망감 기법을 통해 치료 초기에 이를 언급해 주는 것이 좋다. 창조적 무망감 작업을 할 때에는 신념에 대한 직접적인 논쟁은 피하는 것이 좋으며, 내담자가 현재 자신의 행동의 효용성에 대해 자신의 경험이 말하는 것과 자신의 마음이 말하는 것을 끊임없이 검토하도록 돕는 것이 좋다. 이런 점에서 심리적 투쟁과 통제의 효용성을 검토하도록 설계된 행동 실험이 유용할 수 있다.

심하게 융합된 또 다른 패턴으로는 내담자가 매우 논리적이거나 경직된 사고 패턴에 사로잡혀 있는 경우가 있다. 내담자에 따라서는 개인적으로 상당한 대가를 치르면서도 옳아야 한다는 것에 대해 강하게 집착하는 형태로 나타나기도 한다. 또 다른 형태로는 자신의 행동에 대해 과도하게 이유를 대거나 이해, 통찰에 대해 지나치게 치중하는 것 등이 있다. 어떤 내담자는 자신, 타인, 상황에 대한 그들 자신의 평가를 과도하게 신뢰하는 쪽으로 치우치기도 한다. 그들은 효용성이 없음에도 자신이나 타인에 대한 경직된 기대를 붙잡고 있다. 이러한 행동 패턴에 대한 일차적인 개입으로는 탈융합을 통해 이유 대기에 직면하는 것에 초점을 맞추는 것과 내담자가 옳아야 한다는 것에 치중하고 있을 때 그것의 삶의 활력과 방향에 미치는 손실을 검토해 보도록 돕는 것 등이 있다. 맥락적 자기와 마음챙김 연습도 생각과 개념화된 자기에 대한 집착을 줄이는 데 도움이 될 수 있다.

개념화된 과거와 미래의 지배, 제한된 자기 인식

융합, 회피, 내용적 자기에 대한 집착은 우리를 이 순간에서 떨어져 나가게 하고 직접적인 경험에서 멀어지게 하는 경향이 있다. 이로 인해 유동적인 자기 인식이나 자기 자각이 부족하게 될 수 있고, 현재, 즉 우리가 이 순간에 생각하고 느끼고 기억하고 감지하는 것을 알아차리거나 묘사하는 능력을 제한하는 결과를 가져올 수 있다. 그 대신 개념화된 과거나 미래가 현재를 압도하곤 한다. 이를 잘 보여주는 두 가지 유형의 패턴은 다음과 같다.

현재 진행 중인 순간순간의 경험을 잘 따라가지 못하는 내담자 이러한 내담자는 대개 그들이 이 순간에 무엇을 생각하고 느끼며 감지하는지도 잘 알지 못하고 있을 수 있으며, 이러한 경험을 말로 표현하는 능력도 부족하다. 자신은 감정이 없는 것 같다고 하는 감정표현불능 증상을 보이거나 어떤 기분이 드느냐는 모든 질문에 "스트레스 받아요."라고 대답하는 등의 형태로 나타날 수 있다. 치료시간에 자신의 현재 경험을 정확하게 기술하는 데 어려움을 느낄 수 있으며, 사회적으로는 적절하지만 현재 경험이나 일어나고 있는 사건과는 연관성이 떨어지는 공허한 대답을 하는 경우도 있다. 치료자가 내담자에게서 정서 반응을 관찰하였다고 생각했는데, 내담자에게 물어보면 아무런 감정도 묘사하지 못하는 식으로 나타날 수도 있다. 그러한 내담자는 또한 치료과정에서도 개념 수준에만 머물러 있고, 특히 현재 경험에 대해서는 정서적인 용어를 거의 사용하지 않는 경향이 있다.

이러한 과정의 또 다른 형태는 주변에 대한 관심이 편협해지는 것인데, 이로 인해 주위에서 일어나고 있는 다양한 일에 부주의해지게 된다. 이러한 내담자는 치료자가 머리 색깔을 바꾸거나 사무실이 바뀌어도 알아채지 못하며, 치료자에게 다시 이야기해 달라는 말을 자주 하기도 한다. 비교적 안전한 맥락에서 현재 경험을 단순히 관찰하고 묘사하는 것과 같이, 현재 순간과 만나는 것을 목적으로 한 연습이 이러한 내담자에게 특히 중요하다. 내담자가 현재 겪고 있는 정서적 반응을 즉시 묘사해 내지 못할 경우에는 게슈탈트 방식의 연습을 통해 현재 경험을 더욱 자세히 들여다보도록 할 수 있다. 이러한 유형의 연습에서 치료자는 내담자에게 잠시 눈을 감도록 하고 자신의 신체 감각, 감정, 생각을 수용과 기꺼이 하기의 자세로 묘사하도록 돕는다. 또한 치료자는 현재 순간과의 만남을 정기적으로 경험할 수 있도록 고안된 연습(예, 매일 시행하는 마음챙김 연습)을 이용할 수도 있다. 내담자가 뭔가 새로운 것을 시도하려는 상황이나 어려움을 겪고 있는 상황에서 마음챙김을 증진하는 연습도 유용할 수 있다. 이러한 연습에는 그 순간의 사적 경험과 투쟁을 따라가기 위해 일기나 과제지를 쓰도록 하는 것이나, 어려운 개인 경험을 진료실 안에서 불러일으켜 내담자 자신이 그것에 어떻게 반응하는지를 관찰해 보는 실험 등이 있다.

개념화된 과거와 미래에 지나치게 사로잡혀 있는 내담자 이 패턴은 건설적인 행동을 방해하는 광범위한 걱정이나 예기 공포, 분노, 후회 등을 보이는 내담자에게서 종종 관찰된다. 치료시간 내에서 이는 활기 없는 이야기나 반추 사고를 끊임없이 반복하는 형태로 나타난다. 이러한 행동 패턴을 보이는 내담자에게는 치료시간 내에서는 물론 밖에서도 현재 순간과 만나는 것을 연습하게 하기 위한 광범위한 작업이 필요하다. 치료자는 왜 이것이 중요한지에 대해 이야기한 다음 자주 내담자의 말을 끊고 내담자를 그 순간에 일어나고 있는 것으로 주의를 돌리게 하는 것이 필요할 수 있다. 내담자가 현재 순간의 경험을 더욱 잘 알아차릴 수 있도록 하는 데 도움이 되는 간단한 마음챙김 연습이 치료시간을 시작할 때는 물론 치료시간 내내 유용할 수 있다. 또한 중요한 것은 일시적인 생각에 대해 믿거나 동의하지 않고, 그저 관찰할 수 있도록 항상 존재하는 관찰자로서의 자기감(즉, 맥락적 자기)을 기르는 것이다. '걱정의 연쇄' 끝에 있는 두렵고 무엇인가를 불러일으키는 내용이나 후회와 연결된 불편한 과거의 기억을 식별한 다음, 가치에 초점을 두는 것과 더불어 이러한 장면이나 관련 자극을 이용하여 상상이나 실제로 직면하기 또는 기꺼이 경험하기 연습을 수행하는 것을 고려해 보자.

개념화된 자기에 대한 집착

개념화된 자기는 우리가 자신의 행동을 정당화하고 설명하기 위해 사용하는 자신이 살아 온 이야기와 스스로에 대한 평가로 구성되어 있다. 우리는 인간이기 때문에 대개 자신에게 해가 되더라도 자신에 대한 스스로의 또는 다른 사람의 관점에 맞춰 살려고 한다. 융합의 결과로, 심지어 우리는 개념화된 자기를 마치 실제 자신인 것처럼 여기고 이를 고수하려 하기도 한다. 이로 인해 경직된 행동이 나타나게 되고 제한적이고 효과적이지 않은 삶의 패턴에 갇히게 된다. 이 절에서 치료자가 해야 할 일은 내담자가 자신의 가치를 삶으로 가져오는 데 필요한 유연성을 방해할 수 있는 이야기나 자기 평가에 강하게 집착하고 있는지 여부를 생각해 보는 것이다.

개념화된 자기에 대한 집착은 자신을 보는 특정 방식과 자기를 강하게 동일시하는 내담자에게서 관찰된다. 예를 들어, "나는 활기차고 원기 넘치는 사람이야. 나는 금방 회복하는 사람이야."와 같은 말에 매우 집착하는 내담자의 경우를 살펴보자. 겉보기에는 긍정적인 자기 평가이지만, 만약 내담자가 활기차게 행동하거나 빠르게 회복하지 못하는 상황을 열린 자세로 인식하고 직접적으로 언급하기보다 이러한 개념화에 맞도록 사실을 왜곡하거나 해석한다면, 이러한 개념화는 문제가 될 수도 있다. 반대로 '망가지고 결함이 있고 약한' 자기 개념에 결합되어 있으면서, 겉보기에도 부정적인 형태임에도 이러한 개념화와 이를 뒷받침하는 이야기를 고수하려고 하는 내담자도 있다. 개념화된 자기에 대해 이런 식으로 집착하고 있는 것을 환기해 주기 위해서는 상당한 양의 맥락적 자기 및 탈융합 작업이 필요할 것이다. 특히 직접적으로 관찰되는 사건의 일차적인 특성 및 기술과 언어적으로 도출된 이차적인 특성 및 평가를 구별하는 작업이 필요하다. 다양한 유형의 자기 평가를 해 보고 그것이 행동에 미치는 영향을 경험하는 데 필요한 유연성을 얻기 위해 내담자로 하여금 일정 시간 동안 다양한 역할과 자기개념을 선택하고 그에 맞게 행동해 보도록 할 수 있다.

만성적이고 장기간 지속되어 온 광범위한 문제를 가지고 있거나 상당한 정신외상의 경험이 있는 내담자의 경우, 자신은 변할 수 없다든가 자신에게 좀 더 나은 삶은 불가능하다는 강한 신념과 이러한 신념을 지지하는 인생사에 강하게 집착되어 있는 상태로 치료를 받으러 오는 경우가 흔히 있다. 이는 지나치게 단순화되어 있고 흑백논리적인 정체성(예, '나는 약하다', '나는 나쁘다', '나는 망가졌다')을 동반하기도 한다. 또한 자신의 행동에 대해 자꾸 다른 사람을 탓하는 희생자적인 태도로 나타나기도 한다. 이런 내담자에게 특히 중요한 것은 내담자의 인생사에 대한 집착을 약화하는 것을 목표로 하는 탈융합과 맥락적 자기 작업이다. 이야기의 내용에 직접적으로 도전하지는 않더라도 치료자는 이야기에 따라 사는 것으로 인한 대가(예, 충만한 삶을 살 수 있는 기회에 관한)를 검토해 보고, 내담자가 이 패턴을 지속하기 원하는지를 결정하도록 도울 수 있다. 삶의 목표와 가치 있는 방향에 대해 '아무것도 하지 않는' 것의 대가에 초점을 맞추도록 하는 것도 종종 도움이 된다. 자서전 다시 쓰기 연습(Strosahl et al., 2004)을 고려해 볼 수 있고, 작은 변화라도 일어날 수 있는지 살펴보는 행동 실험을 해 볼 수 있을 것이다. 이후의 치료과정에서 용서와 희생에 관련된 주제를 소개하는 것도 고려해 볼 수 있다(Hayes et al., 1999, pp. 257-258).

가치 명료화/접촉의 결여

경험 회피, 이유 대기, 융합이 점점 더 내담자의 행동을 지배하게 되어, 내담자는 장기적으로 삶에서 원하는 것(즉, 가치)을 지향하는 행동을 하기보다는 기분 좋아지기, 옳게 되기, 개념화된 자기를 고수하기 등과 같은 단기 목표를 지향하게 될 수 있다. 내담자의 시간과 에너지는 점점 더 심리적 고통을 해소하는 쪽을 지향하게 될 수 있고, 그로 인해 삶에서 자신이 원하는 것에 접촉(원래는 이런 능력이 개발되어 있었다는 것을 전제로 함)하지 못하게 된다. 수용전념치료자가 "당신은 삶에 대한 통제권을 감정에 대한 통제권과 맞바꾸었군요."라고 말하듯이 말이다.

내담자가 사회적으로 정해진 것이 아닌 욕구, 목표, 가치를 기술하지 못하거나 치료자 혹은 삶의 다른 주요 인물의 존재에 의해 영향을 받는 경우가 있을 수 있다. 수용전념치료 식으로 이야기하자면, 이러한 내담자의 행동은 눈치 보기가 지배하고 있다. 다시 말해서, 사회 규칙을 따르는 것에 의해 행동이 강화되어 왔던 경험 때문에 사회 규칙을 따르는 것에 행동이 지배되어 있다. 이러한 내담자는 종종 착한 사람이 되고자 하는 모습을 보인다. 행동은 전반적으로 '~해야 한다'와 '착하게 보이는 것'을 지향하고 있으며, 치료자의 질문에 대해 옳은 대답을 찾으려 하는 경향이 있다. 이러한 패턴의 내담자는 자신의 행동이(심지어는 지각하는 것까지도) 다른 사람의 존재에 상당히 영향을 받고 있다고 느낀다는 점에서 '자기감에 대한 문제'를 보이는 경우가 있을 수 있다. 그들이 원하는 것 또한 철저히 현재 그들이 만나고 있는 사람들에게서 영향을 받은 것일 수 있다. 이러한 내담자와 가치 명료화 작업을 할 때에는 치료자가 자신의 행동을 더욱 면밀하게 따라가야 할 필요가 있으며, 내담자에게 무엇이 옳고 무엇이 가장 가치 있는 것인지를 이야기해 주는 단서가 될 수 있는 모든 것을 제거하도록 최선을 다해야 한다. 내담자로 하여금 자신의 욕구, 원하는 것, 바라는 것에 접촉하고 이를 설명하는 능력을 점진적으로 기르도록 도와주는 것이 필요할 것이다.

내담자의 행동이 도피와 회피에 지배된 나머지 진심으로 원하고 의미 있는 삶을 위한 목표나 가치를 분명히 표현하지 못하는 경우가 있다. 또는 제대로 검토해 본 적은 없지만 굳게 믿고 있는 목표(예, 유명해지거나 돈을 버는 것)를 마치 그것이 가치인 것처럼 표현하는 경우가 있다. 이 두 패턴은 만성적인 고통을 겪어 왔거나 만성적인 자살 경향 혹은 약물 남용의 경향이 있는 내담자에게서 흔히 관찰된다. 내담자 행동이 경험 회피에 얽매여 있는 정도에 따라, 그들은 삶에서 진정으로 원하는 것이 무엇인지를 이야기하기 어려워할 수 있다. 왜냐하면 이렇게 하는 것이 취약한 느낌을 유발하기 때문이다. 확고하고 내담자가 강한 느낌을 받을 만한 가치를 개발하기 위해서 더 많은 작업과 주의가 필요할 것이다. 가치 명료화와 관련한 상당한 양의 작업이 필요하며, 현재 내담자의 삶의 방향과 가치 있는 삶의 방향 및 목표를 대조해 보는 작업이 중요하다. 치료자는 내담자가 단지 단기적인 보상만 있는 행동에 몰두하느라 삶을 허비하고 있는 것을 검토해 보도록 도울 수 있다. 내담자가 회피 상황에 있을 때 가치를 제때에 전면으로 가져와서 자신의 가치를 더 많이 접하게 하고, 더 장기적으로 바라게 함으로써 내담자의 행동에 더 많은 영향을 주도록 하는 것이 핵심이다. 창조적 무망감 연습은 경험 통제 시도가 내담자의 장기적인 삶의 방향과 활기에 어떤 손해를 주는지에 초점을 맞추고 실행되어야 한다.

무활동, 충동성, 회피 지속

경험 회피와 다른 과정을 통한 회피의 확장 때문에, 내담자는 자신의 장기적인 목표와 삶에서 바라는 것과는 거리가 먼 점점 더 큰 행동 패턴을 만들어 나가게 된다. 내담자의 행동은 더 보람 있고, 만족스럽고, 의미 있고, 궁극적으로 효과가 있는 삶을 만들어 나가기보다는 견뎌 내고, 지나가고, 순간을 모면하는 방향(즉, 회피 지속)을 향하게 된다. 내담자의 행동 레퍼토리는 편협해지고 무엇인가를 배울 기회와 지금 여기에서 가치를 활성화할 가능성에 둔감해진다.

내담자는 즉각적인 고통의 경험에 대해서는 비교적 자유롭지만, 한편으로는 상대적으로 편협하고 불만족스러운 삶을 살고 있을 수 있다. 이 패턴은 알지 못하는 것이나 변화의 결과에 대한 두려움 때문에 만족스럽지 못한 직업 또는 대인관계에 갇혀 있다고 느끼는 내담자나 만성적인 신체적 고통을 지닌 내담자에게서 흔히 관찰된다. 이러한 패턴을 가진 내담자에게는 목표를 좀 더 가볍게 다루거나 행동의 결과보다 삶의 과정에 좀 더 초점을 맞추도록 하는 것과 같은 전념 행동의 특성에 대해 교육하는 것이 중요하다. 또한 온전한 행동인 기꺼이 하기에 초점을 맞추도록 하는 것도 중요할 수 있다. 선택과 결정의 차이를 가르치는 것은 내담자가 계속해서 오래된 이야기에 맞춰 살기보다 새로운 선택을 할 여유를 가지도록 하는 데 도움이 될 수 있다. 내담자가 새로운 행동을 하고 있을 때, 치료자는 내담자가 이 상황에서 자신에 대해 마음챙김을 하고, 비판단적이며, 동정적이고, 수용적인 태도를 발달시키는 것에 초점을 맞추도록 돕는다.

내담자가 충동적이거나 자기비하적인 행동을 유지하고 있는 경우가 있을 수 있다. 회피 행동은 강력한 단기적 보상을 주기 때문에 궁극적으로는 효과적이지만 단기적으로는 고통스러운 행동에 우선시되기 쉽다. 이는 충동성, 약물 사용, 공격성, 위험 행동이나 자해 행동과 같은 만성적인 자기 조절 문제로 나타날 수 있다. 이러한 내담자는 만족을 지연하는 능력에 문제가 있거나 어려운 정서 경험을 인내하는 능력이 심각하게 부족하다. 충동적인 환자는 '충분히 계획하여' 단계적으로 차근차근 시행하는 식의 행동 패턴을 못하는 경향이 있다. 이는 할 일을 미루는 것, 업무 능력이 떨어지는 것, 건강에 안 좋은 행동, 치료에서 내준 과제를 완료하기 어려워하는 것 등의 형태로 나타난다. 이러한 내담자에게 다른 수용전념치료 전략 외에 더 필요한 것은 내담자가 어떤 전념 행동을 하기 시작할 때 작은 것부터 시작하게 하고, 아무리 작은 행동이라도 내담자가 기꺼이 전념하기로 한 것과 행동을 지속해 나가는 것에 대해 강화해 주는 것이다. 내담자가 가치 있는 행동, 충동 행동, 경직된 행동 등을 할 때마다 치료자는 현재 순간과 만나기, 수용, 탈융합에 초점을 맞추어야 한다. 이렇게 하는 것은 내담자가 상황에 맞게 특정 행동을 지속하거나 바꾸기 위한 유연성을 더욱 발달시키는 데 도움이 된다.

6. 변화에 대한 동기를 제한할 수 있는 요소를 고려한다

지금까지 우리가 이 장에서 다루었던 다양한 과정을 살펴보면서 내담자의 변화 동기를 고려해 봐야 한다. 예를 들어, 내담자는 특히 가치가 불명확할 경우에 경험 회피의 대가가 와 닿지 않을 수 있다. 그러나 상당한 동기가 요구되는 수용과 직면 작업을 하기 위해서는 우선 회피의 대가와 접촉하는 경험이 필수적이다. 이러한 상황이라면 일반적인 경우보다 가치 명료화에 대해 좀 더 무게를 두고 중점적으로 다루는 것으로 치료를 시작하고, 그 후에 현재 행동과 원하는 방향, 삶의 목표 사이의 괴리를 검토하도록 하는 것이 도움이 될 수 있다. 또한 상당한 동기를 요구하는 작업을 가치 있는 목표 및 대인관계와 연결하는 것도 도움이 된다. 예를 들어, 다음과 같은 질문을 해 볼 수 있을 것이다. "만약 불안을 느낌으로써 당신이 정말로 원하는 유형의 선생님이 될 수 있다면 기꺼이 불안을 느끼겠습니까?"

치료적 관계가 변화에 대한 강력한 동기로 작용한다는 연구 결과가 있다. 수용전념치료 모델에 따르면, 관계는 수용전념치료 과정을 통해 형성된다(9장 참조). 치료자-내담자 관계의 특성을 평가할 때 치료자는 내담자가 현재에 머무르고 있고, 관심을 가지고 있으며, 치료에 매진하고 있다는 것을 보여 주는 징후를 찾아봐야 한다. 내담자가 강요받고 있거나 오해받고 있다고 느끼고 있음을 보여 주는 징후도 중요하다. 만약 문제가 있다면 치료 계약이 제대로 유지되고 있는지를 살펴봐야 한다. 치료자와 내담자는 서로 합의한 목표를 향해 나아가고 있는가, 아니면 치료자의 목표와 내담자의 목표가 일치하지 않는 점이 있는가? 치료자인 자신이 내담자에게 얼마나 전념하고 있는지를 생각해 보자. 당신은 충분한 시간과 노력을 투자하지 않고 있는가, 이 내담자와 치료 작업을 진행하면 자꾸 산만해지는가? 내담자가 치료자를 힘들게 하는 감정이나 생각을 유발하는지도 검토해 보아야 한다. 예를 들어, 치료자 자신이 회피 행동을 하고 관계를 약화하지는 않는지 살펴본다. 또 자신의 반응을 다룰 수 있는 행동 계획(예, 자문 구하기)을 실천하기로 결정한다.

동기와 관련된 또 다른 문제는 내담자가 자신이 두려워하는 사건을 직면할 때 일어날 결과에 대한 공포에 크게 얽매여 있을 때 일어난다. 이러한 경우에는 두려워하는 사건과 접촉하는 것과 관련된 특정 작업을 하기 전에 우선 탈융합과 맥락적 자기에 더욱 초점을 맞추는 것이 중요하다. 치료자는 내담자가 기꺼이, 충분히, 그리고 방어 없이 경험하려 할 수 있는 수준이 되도록 직면이나 기꺼이 하기 연습의 정도를 조절해야 한다는 점을 명심해야 한다. 100% 기꺼이 하고자 하는 마음을 갖고 작은 수준의 연습 한 가지를 하는 것이 지나치게 버거운 수준의 연습을 하느라 '하얗게 질려 버리는' 것보다 훨씬 낫다.

일반적으로 변화에 대한 동기를 제한하는 가장 큰 요소는 현재의 가치에 직접적으로 접촉하지 못하는 것이다. 사람들은 방어 수단의 한 가지 형태로서 동기화되지 않는 것을 학습한다. 따라서 어떤 의미에서 수용전념치료 모델은 전부 이 한 가지 제한 요소를 다루는 것과 관련되어 있다.

7. 내담자의 사회적, 물리적 환경과 이것이 내담자의 변화를 위한 능력에 미치는 영향을 고려한다.

내담자는 아무것도 없는 진공 상태에서 혼자 살고 있는 것이 아니다. 그리고 치료자는 개인 차원에 적용되는 수용전념치료 관련 과정이 사회적 수준이나 물리적 수준에서도 나타날 수 있다는 사실을 알아야 한다. 현상 유지를 위한 행동을 강화하는 것은 재정적, 사회적, 가족, 기관 수준에서도 일어날 수 있다. 예를 들어, 내담자는 장애 수당을 계속 받기 위해 집에서 아무것도 안 하겠다는 동기가 생길 수 있고, 내담자의 변화가 힘들거나 도전적으로 느껴지기 때문에 배우자가 지지적이지 못하게 될 수 있고, 알코올중독 문제가 있는 내담자에게는 술을 마시지 않는 친구가 전혀 없을 수 있다. 배우자가 실제 친밀한 관계에서 있을 수 있는 일을 너무 두려워하기 때문에 내담자가 아무 문제가 없는 척 지내게 되었을 수도 있다. 설령 그것이 자신의 감정이 무엇인지 모르게 되는 것을 의미하는 것이라도 말이다. 그러므로 치료하고 있는 내담자의 증례에서 사회적, 물리적 환경이 어떤 영향을 주고 있는지를 고려해야 한다. 만약 가능하다면 환경을 바꿀 수 있는 직접적인 개입도 고려해야 한다(예, 지지적이지 못하거나 겁에 질린 배우자와 함께 부부치료를 받도록 하는 것, 지지 집단 또는 치료 집단에 의뢰하는 것). 또한 내담자의 더 큰 삶의 목표를 생각해서, 변화하지 않는 것으로 인한 대가를 검토하기 위해 초기에 가치 명료화 작업을 하는 것도 고려해 볼 수 있다.

8. 심리적 유연성을 기르기 위해 이용할 수 있는 내담자의 강점을 검토한다

치료자는 내담자가 과거에 삶의 문제를 어떻게 수용전념치료적인 방식으로 다루었는지를 검토해 보아야 한다. 때때로 이러한 경험은 치료에서 빠른 변화를 촉진하기 위한 재료로 사용될 수 있다. 과거의 수용, 마음챙김, 전념 행동 경험은 내담자가 현재 상황에서 어떻게 행동할 수 있는지에 대한 은유로 사용될 수 있다. 현재 싸우고 있는 것과 예전에 극복했던 것을 나란히 비교해 보면 과거 경험에서 얻은 효과적인 행동 방식과 관점을 현재 상황에 적용할 수 있게 된다. 만약 내담자가 마음챙김, 12단계, 영성, 인간의 잠재성 개념 등 수용전념치료의 관점에서 긍정적으로 받아들여질 수 있는 것에 대한 경험이 있다면, 치료자는 새로운 경험을 이러한 이전 경험에 연결할 수 있다. 예를 들어, 내담자가 조절할 수 없는 생각, 기억, 감정과 싸우는 것을 내려놓아서 긍정적인 결과를 얻었던 과거 경험이 있거나 삶의 어려움을 건강한 유머 감각이나 역설로 바라보는 것이 가능했던 적이 있다면, 치료자는 현재 상황을 도움이 되는 방식으로 견뎌 내도록 하기 위해 이런 과거 경험을 가져올 수 있다.

종종 과거 경험은 현재 필요한 변화에 대한 기본 틀이 될 수 있고, 한 영역에서의 효과적인 행동은 현재 그리 효과적이지 않게 행동하고 있는 다른 영역에서 효과적인 행동의 기본 틀이 될 수 있다. 예를 들어, 직장에서는 수용, 마음챙김, 단계적으로 목표를 설정하고 실천하기 등을 쉽게 해낼 수 있으나 대인관계와 같은 다른 영역에서는 그러지 못하는 경우가 있을 수 있다. 이러한 기술이 잘 발휘되는 영역은 그렇지 못한 영역에 대한 기본 틀로 활용될 수 있다. 혹은 한 가지 방식으로 해 보다가 좀 더 효과가 있는 방식으로 방향을 전환하여 본 이전 경험이 있을 수 있다. 이러한 경험이 수용, 유연성, 가치 있는 방향을 지속해 나가는 것에 대한 본보기가 될 수 있다. 치료자는 내담자에게 처음에는 그러한 변화가 공포와 불확실성을 불러일으켰던 것과 시간과 연습을 통해 어떻게 새로운 방향으로 나아가는 데 자신감이 생겼는지를 회상해 보도록 요청할 수 있다.

9. 종합적인 치료 계획을 기술한다

이상의 1단계부터 8단계까지를 마치고 나면, 수용전념치료에 맞는 치료 계획을 세우는 데 필요한 정보를 대체로 가지게 될 것이다. 대부분의 치료 계획이 어느 정도 수용전념치료의 여섯 가지 과정을 모두 포함하게 되지만, 사례 개념화에 따라 어느 과정이 더 강조되는지는 다양할 수 있다. 이 절을 마치고 나면, 사례 개념화의 1단계에서 8단계까지를 다시 검토해 보기를 권하며, 특히 스스로 생각해 낸 치료적 시사점을 잘 살펴보기를 권한다. 이를 염두에 두고 다음의 각각에 얼마나 치료의 초점을 맞출 것인지를 고려해 본다.

- ✓ 내담자가 가지고 있는 체계와 창조적 무망감을 직면하기(예, 내담자가 효과적이지 않은 변화 계획을 고수하는 경우)
- ✓ 정서 통제가 문제라는 점을 인식하고 직접 경험할 수 있도록 하고, 기꺼이 경험하기를 연습하기(예, 내담자가 통제의 역설적 효과를 경험적으로 이해하지 못하고 있는 경우, 내담자의 삶의 목표가 경험 회피에 의해 차단되어 있는 경우)
- ✓ 인지적 탈융합을 개발하고 연습하기(예, 내담자가 자신의 사고 내용과 융합되어 있고, 평가에 얽매여 있고, 이유 대기에 사로잡혀 있는 경우, 개인 사건이 파괴적이지 않음을 경험해야 할 필요가 있는 내담자의 경우)
- ✓ 맥락적 자기에 대한 경험을 만들어 내기(예, 내담자가 사고, 감정, 기억, 감각, 이야기, 개념화된 자기로부터 자신을 분리하지 못하는 경우, 직면을 하기 위해서는 안전한 장소가 필요한 내담자의 경우)
- ✓ 현재 순간과 만나기와 마음챙김(예, 내담자가 개념화된 미래에 살고 있는 경우, 내담자가 생활 속에서 맞닥뜨리는 수반성의 원리를 학습하지 못하고 있는 경우)

- ✓ 가치를 탐색하기(예, 내담자가 가치를 분명히 표현하지 못하거나 융합과 회피 이외의 행동에 대한 지침이 거의 없는 경우, 내담자에게 직면에 참여하고자 하는 동기가 거의 없는 경우)
- ✓ 선택된 가치에 기초하여 전념 행동을 하기(예, 내담자가 선택한 가치와 일치하는 일관된 행동 패턴을 기르는 것이 필요한 경우)

치료자는 다음 자료 중 일부 혹은 전부를 치료 계획의 일부로 포함하는 것이 좋다.

- ✓ 현재 치료하고 있는 유형의 내담자에게 효과적인 것으로 알려져 있는 구체적인 치료 지침서를 찾아서 적용한다(www.contextualpsychology.org/treatment_protocols 또는 여러 가지 수용전념치료 서적 참조).
- ✓ 수용전념치료의 과정과 결과를 측정하는 척도를 구하고 어떤 것이 현재의 내담자와 관련 있는지를 결정한다(www.contextualpsychology.org/act-specific_measures).
- ✓ 치료에 동원 가능한 사회적(예, 가족치료, 부부치료, 종교 상담, 멘토, 지지 집단), 재정적, 직업적(예, 직업 훈련 또는 직업 교육) 자원을 확인한다.
- ✓ 수용전념치료를 바탕으로 이론화된 것은 아니지만 관련 있는 다른 기법과 이론을 참조한다(예, 수반성 관리, 단서 직면, 교육).
- ✓ 내담자가 생활 기술이 결핍되어 있는 부분이 있는지를 살펴보고, 만약 그렇다면 직접적이고 일차적인 변화나 교육적 접근을 고려한다(예, 사회 기술, 시간관리 기술, 학업 기술, 자기주장 기술, 양육 기술, 문제해결 기술 훈련).

10. 치료를 진행하면서 개념화를 재평가한다. 기능 분석, 목표, 개입방법을 개정한다

사례 개념화는 형식적 평가가 완료되면 끝나는 과정이 아니다. 치료를 진행하면서 치료 목표와 개념화에 대한 지속적인 평가와 재평가가 필요하다. 따라서 지속적인 재평가라는 열 번째 단계가 추가된다.

사례 개념화 예시

이 절에는 한 내담자에 대한 개략적인 정보가 제공되어 있다. 첫 치료시간의 면담 기록 일부가 치료자의 견해와 함께 소개되어 있고, 이를 바탕으로 사례 개념화의 예가 제시되어 있다. 수용전념치료 모델의 미묘한 부분을 보여 주기 위해 상대적으로 복잡한 증례를 선택하였다.

사례: 알폰소

알폰소는 26세의 이혼한 라틴계 남자로 3년 전에 일하고 있던 건설 현장에서 당한 부상으로 인해 생긴 요통과 만성 우울증으로 장애를 겪고 있다. 알폰소는 만성 통증 집단의 치료자로부터 의뢰되었다. 그는 다른 집단 구성원과 교류하는 것을 굉장히 힘들어했으며, 집단에서 화가 나 있는 경우가 자주 있었고, 다른 사람이 자신을 오해한다는 이야기를 자주 하였다. 그 치료자의 의뢰서에 따르면 알폰소는 사고가 경직되어 있고 유연하지 않은 것으로 보이며, 타인의 생각이나 의견을 받아주는 것을 꺼리는 것 같다. 그가 치료시간에 왔을 때, 왼쪽 팔은 눈에 띄게 야위어 보였고 축 늘어져 있었다. 다음은 첫 번째 치료시간에 있었던 대화다.

면담 기록 8-1

	치료자의 견해
치료자: 자, 치료를 받으러 오게 된 이유가 무엇인가요?	
내담자: 저는 우울해요. 선생님이 저를 도와줄 수 있을 거라고 들었어요. [치료자를 응시한다.]	
치료자: 저도 그럴 수 있기를 바랍니다. 우선 우울증에 대해서 좀 더 이야기해 주시겠어요? 언제부터 우울했고, 자신이 무엇 때문에 우울하다고 생각하는지 같은 것 말이에요.	
내담자: 음, 저는 3년 전 직장에서 등을 다친 이후로 힘들게 지내	내담자의 '나는 쓸모없다'는 진술은 직업 정

고 있어요. 제 생각에는 더 이상 일을 할 수 없기 때문에 우울한 것 같아요. 저는 정말 일을 잘했거든요. 그런데 이제는 이놈의 팔하고 허리 통증 때문에 쓸모없는 인간이 되어 버렸어요.

체성에 있어서 내용적 자기와의 융합이 있음을 암시한다.

치료자: 팔과 허리요? 부상 때문에 그렇게 된 건가요?

내담자: 아니요. 등만 다쳤죠. 허리를 고치려고 네 번이나 수술 받았어요. 아마도 지난 3년 중에 10개월은 병원에 있었던 것 같아요. 처음 세 번의 수술은 매우 잘됐는데, 여전히 약간의 문제가 남아 있었죠. 그래서 한 번 더 수술했죠. 아마 마지막 수술이 될 거라고 생각했는데, 망할 의사가 수술을 망쳐서 팔로 가는 신경이 손상되었어요. 이제는 팔을 거의 쓸 수가 없어요.

아마도 내담자가 자신의 팔을 의사가 어떻게 '망쳐 버렸는지'만 곱씹어 생각하고 있지는 않은지, 이와 같은 융합이 삶을 계속 살아 나가는 데 방해가 되고 있지는 않은지 궁금해지기 시작할 것이다. 옳고 그름에 관한 문제를 가지고 있을 가능성이 있고, 이로 인해 융합이 지속되고 있는 것일 수 있다.

치료자: 어느 정도 힘을 쓸 수 있나요?

내담자: 음, 팔을 약 1피트 정도 들어 올릴 수 있어요. [보여 준다.] 병원에서는 가망이 전혀 없어서 다시는 움직일 수 없을 거라고 말했지만 저는 제가 해낼 수 있을 것이란 걸 알았어요. 그동안 거의 매일 수영장에서 운동을 해서 지금은 물속에서 주먹을 쥐고 팔을 어깨까지 들어 올릴 수 있는 정도까지는 되었어요. 그렇게 되기까지 많은 노력이 필요했지만 해냈어요. 저는 어떤 일을 해야겠다고 마음먹으면 그걸 해내는 그런 사람이에요. [씩 웃으며] 부상 때문에 생긴 통증에 대해서도 마찬가지예요. 저는 전혀 약을 쓰지 않아요. 자기 최면으로 조절하려고 하죠. 통증을 견딜 만하게 해 주는 데에는 그런대로 효과가 꽤 있어요. 그렇지만 어쨌든 그런 건 다 상관없어요. 등하고 팔 때문에 아무것도 할 수 없으니까요…. 이제 저는 쓰레기가 되어 버렸어요. 쓸모없는 존재예요. 제가 왜 노력을 하는지도 잘 모르겠어요.

규칙적으로 운동할 수 있는 능력은 치료에 유용한 전념 행동을 만들고 지킬 수 있는 힘이 있음을 암시한다.

'나는 해냈다'는 말은 실패하지 않는 사람이라는 자기상과 융합되어 있을 가능성을 암시하는 것이기도 하지만 강점이 될 수도 있다.

그는 통제방법으로 최면을 사용하고 있다. 이 시점에서는 상대적으로 무해한 것처럼 보이지만, 정말로 유용한 것인지 평가해 볼 필요가 있을 것이다.

'나는 쓰레기다' 그리고 '나는 쓸모없는 존재다'는 이러한 평가와 융합되고 있을 가능성이 있다.

치료자: 당신이 아무것도 할 수 없다고 이야기할 때, 제가 들은 바로는 중요한 일은 아무것도 할 수 없다는 뜻인 것 같은데요. 당신이 중요한 일을 하고 있는 것이 아니라면 그 시간 동안 무엇을 하고 있나요?

치료자는 융합된 것을 우회하여 내담자의 행동 안에서 진행되고 있는 가치 두기 과정으로 내담자의 주의를 돌리고 있다.

내담자: 음, 저는 매일 지키는 스케줄이 있어요. 항상 규칙적인 생활을 해 왔어요. 아침에 일어나서, 자기 최면을 걸고, 아침을 먹은 뒤, TV를 조금 봐요. 그리고 나갈 준비를 한 뒤 수영장에 가서 운동을 하죠. 운동이 끝나면 무척 피곤해져서 집으로 돌아와요. 그리고 낮잠을 자고, 저녁을 먹은 뒤, TV를 조금 보고, 잠자리에 들어요. 또 저는 자주 밤에 아들과 이야기를 하죠. 그게 다예요. 저는 패배자예요, 그

여기서 우리는 가치 영역(아들)일 가능성이 있는 내용을 엿볼 수 있으며, 이에 대해 더 탐색해 볼 필요가 있다.

그는 자신이 '패배자'라고 말했다. '나는 내가 패배자라는 생각을 갖고 있다'든가 '나는 때때로 내가 패배자라는 생각을 한다'고 말하지 않았다. 이것은 평가와 융합이 된 것,

렇죠?

치료자: 그 생각, '나는 패배자다'라는 생각은 꽤 오랫동안 계속해 왔던 거죠?

내담자: 네.

치료자: 그 생각은 기분이 가라앉았을 때 자신에게 말하는 것 중의 하나인가요?

내담자: 네.

치료자: 자신에게 하는 다른 말에는 또 어떤 것이 있나요?

내담자: 음, 내 삶은 망가졌다. 그 빌어먹을 의사 놈이 그렇게 했다. 저는 그가 수술을 망쳐 버린 것에 대해 많이 생각해요. 아들에 대한 생각도 하고요.

치료자: 당신의 아들에 대해서 생각한다고요?

내담자: 네. 케이시는 여섯 살이에요. 진짜 굉장한 아이죠. 그 아이는 몇 시간 떨어진 곳에서 제 부모님과 함께 지내고 있어요. 제가 더 이상 돌봐 줄 수 없기 때문에 부모님께서 대신 돌봐 주고 계시죠. 저는 제 팔을 관리할 시간이 필요하고, 어쨌거나 제 몸이 이 모양이라 아들을 돌볼 수가 없으니까요. 아침마다 아들이 셔츠 입는 것을 도와주곤 했는데, 이제는 그런 것조차 제대로 할 수 없게 되어 버렸죠. 이런 팔로는 말이에요. 그런 것도 못하는데 어떻게 제가 아빠 노릇을 제대로 할 수 있겠어요?

치료자: 아들을 돌보지 않는 것에 대해서는 어떤 느낌이 드나요?

내담자: [한숨 쉬며] 괜찮아요. 그 애를 돌볼 수 있으면 좋겠지만 그럴 수가 없어요. 아들은 제 부모님과 지내는 것이 더 나아요. 제가 케이시의 엄마와 헤어지고 난 후부터 그 애와 나 둘 뿐이었어요. 그 애 엄마는 우리가 헤어질 당시 중독자였어요. 지난 1년 동안 이야기해 본 적도 없어요.

치료자: 아들을 자주 만나러 가나요?

내담자: 아니요. 너무 멀리 떨어져서 살아요. 그렇지만 거의 매일 밤 전화로 이야기를 나누죠. 그렇게 하면 좀 도움이 돼요. 부모님이 아들을 잘 돌봐 주는지는 잘 모르겠어요. 그렇지만 다른 방법이 별로 없어요. 지금은 제가 원래 해야 되는 만큼 돌봐 줄 수가 없으니까요.

치료자: 부모님이 아들을 잘 돌봐 주는지는 잘 모르겠다고 하셨는데요.

타인의 평가에 대한 염려, 그리고 아마도 치료자를 시험하는 것일 가능성을 암시한다.
치료자는 '나는 패배자다'라는 생각에 대해 탈융합 기법을 사용하고 있다. 또한 치료적 관계를 통해 수용의 예를 보여 주기 위해 약간의 가벼운 유머를 사용할 수도 있었을 것이다.

내담자는 상당히 많은 시간을 현재와 만나는 것에서 벗어나 현재에 존재하지 않는 의사와 아들에 관한 생각으로 보내고 있다.
치료자는 가치 영역을 조사하고 있다.
내담자가 가치 영역일 가능성이 있는 영역에서 회피 행동을 하고 있음을 알 수 있다(아들을 돌보지 않는 것).
'어쨌든 나는 아들을 돌볼 수 없다'는 말 속에서 융합이 명백히 드러난다. 그가 아들이 옷 입는 것을 도와줄 수 없기 때문에 아들을 돌볼 수 없다고 이야기하는 것은 매우 경직되고 비논리적으로 보이기도 한다.

치료자는 일상적으로 이루어지는 회피에서 발생하는 고통의 경험을 탐색하고 있다.
내담자는 이 영역에서 회피 행동으로 인한 손실을 충분히 접하고 있지 않는 듯하다. 이것은 만성적인 회피 패턴이 있을 수 있음을 암시한다.

치료자는 아들과의 관계라는 영역에서 내담자의 기능을 탐색하고 있다. 접촉의 정도가 상당히 제한되고 편협한 것으로 보인다.
아마도 '원래 해야 되는 만큼 돌봐 줄 수가 없다'는 말 속에 더 많은 융합이 있을 것으로 보인다.

내담자의 이야기로부터 학대적인 부모님을 대하는 것(그가 변화하는 데 외적인 방해물로 작용하고 있을 수 있다)이 매우 힘든 것일 수 있고, 부모님이 변화에 저항적일 가능성도 있음을 짐작할 수 있다.

내담자: 어, 제 부모님은, 음… 제가 아이였을 때 신체적, 정신적으로 상당히 학대했어요. 많이 때리고 소리 지르고 그러셨죠…. 어렸을 때 저는 그런 것에 대해 많은 생각을 했죠. 그 부분에 대해서는 저 스스로를 주체할 수가 없었어요. 심지어 학대에 대한 기억을 스스로 조절하는 방법을 터득하기 전에는 자살 생각도 많이 했거든요. 이제 그런 생각은 안 하는데요. 어쨌든 부모님도 나이 드시면서 많이 부드러워지셨고, 그 아이를 때리지는 않으세요.

내담자는 과거의 고통스러운 기억을 통제하는 데 어느 정도 성공했던 경험을 말하고 있다. 치료자는 그것이 어떻게 효과가 있었는지를 살펴볼 필요가 있다. 괜찮은 방법일 수도 있고 그 자체가 문제일 수도 있다(예, 회피하는 패턴 중 하나).

치료자: 학대받았던 기억을 조절할 수 있는 방법을 터득하셨다고요?

치료자는 이 통제방법이 성공적이라는 것에 대해 내담자가 어떻게 평가하고 있는지를 알아보고 있다.

내담자: 네. 저는 항상 학대받은 것에 관해 생각하곤 했고, 악몽에 시달리기도 하고 그랬어요. 하지만 그것을 완전히 차단하는 방법을 배웠죠…. 우리가 그에 관해 이야기할 필요는 없겠죠, 그죠? 저는 그 이야기는 하고 싶지 않아요. 만약 제가 그때 기억을 떠올리게 되면 또다시 완전히 통제 불능이 되어서 다른 사람이나 저 자신을 다치게 할지도 몰라요.

내담자는 이 전략의 단기적 효과를 상당히 긍정적인 것으로 보고 있다. 하지만 여전히 명백하게 학대받았던 기억을 경험적으로 회피하고 있다. 그는 유연성을 잃는 것으로 인한 손실을 모르는 것 같다(예를 들어, 심지어 이렇게 처음 만나는 순간에서조차 치료자에게 거리를 두라고 경고하고 있다). 치료자는 이 기억이 행동을 차단할 가능성이 있는 또 다른 가치 영역에 대해 주의를 기울여야 한다.

치료자: 당신이 이야기하고 싶어 하지 않는 것에 대해 이야기할 필요는 없어요. 여기서 저는 당신이 하려 하지 않는 것은 절대로 억지로 하게 하지 않을 거예요. 그리고 만약 우리가 이야기해 봐야 되는 것이라는 생각이 들더라도, 저는 먼저 당신이 기꺼이 그에 대한 이야기를 해 볼 것인지 동의를 구할 것입니다. 저는 이 치료가 당신이 삶에서 가장 원하는 것에 관한 것이 되었으면 합니다. 그러니까 만약 그 기억을 회상하는 것이 당신이 삶에서 가장 원하는 것과 관련이 된다면, 저는 그에 대해 같이 살펴보는 것이 좋겠다고 생각하게 될 거예요. 만약 그 기억이 회상할 필요가 없는 것이라면 당신의 경험이 당신에게 그렇다는 것을 알려 줄 거예요. 어느 쪽이든 우리는 당신의 경험이 무엇을 알려 주는지 차차 살펴보면 되겠죠.

치료자는 치료적 관계 내에서 수용과 내담자의 선택이라는 맥락을 만들어 내고 있다.

치료자는 치료적 관계를 위해 내담자의 가치를 세우고 있다.

치료자는 내담자의 가치가 치료의 궁극적인 목표이며, 즉각적인 편안함을 주기보다는 그 이상의 삶의 지침 역할을 하는 것임을 언급하고 있다. 그리고 가치를 기꺼이 하기와 연결하기 시작하고 경험을 강조하고 있다.

내담자: 좋아요, 괜찮은 것 같아요. 어떻게 되나 한번 보자는 거죠?

좋은 징조다. 적어도 이야기하는 내용의 수준에서는 가치가 회피보다 우세한 모습이다.

치료자: 네.

내담자: 그러면 이제 무엇에 관해 이야기해 볼까요?

치료자: 음, 혼자 지내시는 시간이 많은 것 같은데, 친구들과는 어떻게 지내시나요?

치료자는 삶의 또 다른 중요 영역에서의 기능을 탐색하고 있으며, 회피 행동 안에서가 아니라 가치 안에서 환자의 노력이 이루어지도록 하고 있다.

내담자: 저는 정말 단 한 명의 친구도 없어요. 지난 몇 년 동안에 말이에요. 예전에는 직장 동료와 함께 시간을 보내곤 했는데, 제가 직장을 떠난 이후로는 아무도 저랑 있고 싶어 하지 않아요.

내담자는 친구관계의 영역에서 매우 제한된 행동을 하고 있음을 이야기하고 있다. 이러한 과정은 사회적 수준에서 다루어질 필요가 있다.

치료자: 매우 외로운 것처럼 들리네요.

내담자: 네.

치료자는 매일 경험하게 되는 손실을 확인하고 있다.

치료자: 당신이 하루 종일 집에 있을 때는 어떤 생각을 하나요?

내담자: 제 아들이 같이 있었으면 하는 생각이요…. 사실 잘 모르겠어요. 저는 수술받았던 것과 팔에 대한 생각을 많이 해요. 모든 것을 망쳐 버린 의사를 찾아가는 생각을 해요. 어떻게 하면 법정 소송에서 이길 수 있을지도 생각하고요. 그냥 놓아 버릴 수는 없어요. 수술을 한 번 더 하게 해서 제 팔을 고치게 만들 수 있는 방법은 없을까 생각하기도 해요. 하지만 의사들은 할 수 있는 것이 아무것도 없다는 이야기만 해요.

내담자는 주로 아들과 관련된 손실을 약간씩 표현하고 있다.

내담자는 개념화된 과거에서 시간을 보내고 있고, 잘못되면 안 되고 옳아야만 한다는 것에 대해 이야기하고 있다.

의사가 자신의 팔을 고쳐야만 한다는 이야기 속에서 융합의 가능성이 명백히 드러난다. 내담자는 신체적인 해결에 집착하고 있는데, 이는 회피의 가능성을 나타낸다.

치료자: 그 밖에 다른 생각도 있나요?

내담자: 저는 이제 일을 할 수 없게 된 제 삶이 얼마나 가치 없는지에 대해 생각해요. 그리고 이게 도대체 어떻게 일어난 것인지, 제가 어디서 잘못한 건지 이해해 보려고 노력해요. 그냥 눈앞이 캄캄해요. 전에 직장에서는 일을 참 잘하는 사람이었어요. 그게 저였어요. 이제는 그렇게 할 수 없어요. 더 이상 아무것도 하지 않고 있어요. 직업이 없이는 제가 어떤 사람인지도 모르겠어요.

융합이 지배적으로 나타나고 있다. 엄격한 평가, 과거에서 시간을 허비하고 있는 것, 머릿속으로 문제 해결을 하려고 하는 것 등이 융합을 시사하는 것이다.

내담자는 내용적 자기, 특히 그의 직업적 정체성과 관련해서 더 많은 융합을 보이고 있다.

치료자: 그리고 당신은 등과 팔에서 느끼는 그 고통 때문에 일을 하지 못하는 것이라고 느끼는군요? 그 고통이 바뀌어야 한다고 느끼면서도, 약은 전혀 먹지 않고 있다고 하신 것 같은데요.

치료자는 내담자가 삶을 살아 나가기 전에 먼저 통증 조절을 달성해야 하는 목표로 간주하고 있는지를 알아보고 있다. 치료자는 경험 통제에 대한 체계를 이끌어 내기 시작했다.

내담자: 네, 수술 이후에 한동안 모르핀을 사용했어요. 하지만 어떤 선생님이 가르쳐 준 자기 최면으로 통증을 조절할 수 있게 됐죠. 운동 후에 통증이 너무 심하면 약을 먹기도 해요. 그렇지만 그럴 때 말고는 전혀 안 먹어요. 저는 약 먹

내담자의 약 복용은 통증 정도에 따라 결정되는 것으로 보인다. 치료자는 그 통제 전략에 대해 상세한 주의를 기울여야 한다. 왜냐하면 시간이 지남에 따라 증가할 수도 있기

는 것을 정말 싫어해요. 약을 먹는 것은 제가 스스로 감당할 수 없다는 의미이기 때문이에요.

때문이다.
개념화된 자아: 통증 = 약한 것.

치료자: 감당할 수 없다고요?

내담자: 네. 선생님도 아시다시피, 약하면 통증을 감당할 수 없죠.

내담자는 자신이 약해서 '통증을 감당할 수 없는 것'을 두려워하고 있으며, 이러한 자기개념 혹은 그 반대의 것(즉, 자신이 강하다는 것)과 융합되어 있을 수도 있다. 이로 인해 경직된 양상이 만들어지게 될 수도 있다.

치료자: 알겠습니다. 그리고 최면을 사용하지 않을 때, 당신의 통증 수준을 1점부터 10점까지 중에 점수 매긴다면 몇 점 정도 되겠어요?

치료자는 내담자의 통증 조절 전략이 어느 정도 성공적인지 감을 잡으려 하고 있다.

내담자: 7점이요.

치료자: 그리고 최면을 사용하면요?

내담자: 대체로 4점쯤이요. 그렇게 심하게 나쁘지는 않아요.

치료자: 좋아요, 고맙습니다. 자, 그럼 제가 뭐 하나 여쭤 볼게요. 더 나아지려면 어떻게 해야 한다고 생각하세요? 이 치료가 당신을 어떻게 도울 수 있을 거라고 생각하시나요?

치료자는 내담자가 속해 있는 체계, 치료와 삶에 대한 내담자의 목표, 이러한 것이 가치 있는 결과와 어떻게 연결되어 있는지를 파악하기 시작하고 있다.

내담자: 기분이 항상 부정적이지 않고, 좀 더 나아졌으면 좋겠어요. 그렇게 되면 팔을 원상태로 되돌려 놓기 위한 노력을 하는 데 좀 더 동기 유발이 되겠죠. 예전에는 제가 이런 사람이 아니었거든요. 제 생각에 저를 망쳐 버린 그 의사에게 법정 소송에서 이긴다면 좀 도움이 될 것도 같네요.

내담자는 경험 회피 계획에 상당히 사로잡혀 있는 것으로 보인다. 그는 또다시 옳으냐 그르냐에 대한 생각을 더 많이 보여 주고 있고, 현재보다는 미래에 있다.

치료자: 다른 질문을 해 볼게요. 이건 약간 바보 같은 질문일 수 있어요. 만약에 당신이 내일 아침에 일어났는데 기적이 일어난다면, 예를 들어 요정이 와서 당신의 모든 소원을 이루어 준다면 당신의 삶은 어떻게 될 것 같나요?

치료자는 회피를 위한 목표 외에 가치에 대한 이야기를 끌어내기 위해 노력하고 있다.

내담자: 아… 그것에 대해서는 생각하고 싶지 않군요. 너무 많은 것들을 잃었어요…. [조용하게] 그것은 일어날 수 없는 일이에요.

내담자는 치료시간 중에 자신의 삶에서 원하는 것을 이야기하는 것에 대한 고통을 회피하는 모습을 보여 주고 있다.

치료자: 잠시 동안 저하고 재미로 한번 상상해 보시면 어떨까요? 한번 상상해 보세요. 만약에 기적이 일어난다면 당신의 삶은 어떻게 될 것 같나요?

치료자는 계속 권하면서 내담자의 회피 행동을 우회하고 있고, 직접적으로 직면하면 회피 행동이 증가할 수 있으므로 그렇게 하지는 않고 있다.

내담자: 좋아요…. 저는 우울하지 않을 것이고, 제 팔이 다시 잘 움직이게 만들 수 있을 것이고, 다시 목수로 일하게 될 것이고, 아들을 돌보게 될 거예요…. 돈도 더 많이 벌 수 있게 되겠죠…. 하지만 그것은 일어날 수 없는 일이에요. 왜 제가 이런 것을 생각해야 하죠?

내담자는 과정 목표(우울하지 않은 것, 팔을 쓸 수 있게 되는 것, 더 많은 돈)와 결과 목표(아들을 돌보는 것, 다시 일하는 것)가 조금씩 섞여 있는 이야기를 하고 있고, 융합된 모습(목수로서의 자신에 집착하는 것)도 보여

	주고 있다.
치료자: 네, 당신이 원하는 것에 대해 생각하고 그것을 가질 수 없다고 느끼는 것은 고통스러운 일이죠. 만약에 여기서 그런 것들에 대해 생각하는 것이 당신에게 어떤 새롭고 의미 있는 직업을 찾아주고 아들을 되찾게 해 준다면, 당신은 기꺼이 그렇게 할 건가요?	치료자는 다시 기꺼이 하기를 삶에서 가치에 맞는 삶을 살아 나가는 것과 연결하고 있다. 그리고 내담자의 가치를 부각하기 위해서 회피 행동의 가치와 아들과의 관계가 갖는 가치를 비교하고 있다.
내담자: 물론이죠. 하지만 그게 어떻게 도움이 될 수 있을지 모르겠군요.	
치료자: 저를 믿으라는 것이 아닙니다. 저는 지금 뭔가를 보장해 드리려는 것이 아니에요. 단지 당신이 지금 하고 있는 것처럼 살아남기 위한 삶이 아닌 진짜 삶을 다시 살아 나갈 수 있게 해 주는 것이라면 그 어떤 고통과 고된 작업도 감수할 만한 가치가 있을 것이라는 점을 알았으면 해요.	치료자는 약간의 탈융합 기법과 함께 "저를 믿으라고 하는 것이 아닙니다."라는 언급을 통해 치료자와 내담자의 관계를 동등하게 하는 방법을 사용하고 있다. 그러고 나서 치료자는 기꺼이 하기, 그리고 그것이 가치와 어떻게 연결되는가에 관한 주제로 내담자의 주의를 돌리고 있다.

알폰소에 대한 완성된 사례 개념화 서식

이 서식은 알폰소에 대한 종합적인 사례 개념화의 한 예를 보여 주고 있다. 읽어 나가면서 앞서 소개된 사례 개념화의 10단계를 다시 참조하는 것이 도움이 될 수 있다.

1. 내담자 자신의 단어로 표현된 현재 문제

내담자는 자신이 우울하며, 우울증이 호전되어야 한다고 이야기하고 있다.

내담자의 초기 목표(내담자는 치료에서 무엇을 원하는가?)

기분이 나아지기, 그의 팔이 움직일 수 있도록 하는 데 좀 더 동기 부여가 되는 것

현재 문제에 대한 수용전념치료적 재개념화

추가 평가가 필요하지만, 내담자는 아마도 슬픔과 공포, 무망감, 자기비판적 생각, 미래에는 더 고통스러울 것이란 공포, 계속되는 상실에 대해 회피의 방법으로 싸우고 있는 것처럼 보인다. 그는 이러한 갈등으로 대부분의 시간을 소비하고 있는데, 가치 행동은 거의 수행되고 있지 않거나 심지어는 아들을 부모님에게 보내는 경우에서처럼 적극적으로 회피되고 있을 정도다.

2. 내담자가 융합되어 있거나 경험하지 않으려 하는 생각, 감정, 기억, 감각, 상황에는 어떤 것이 있는가?

생각

나는 쓰레기이고 무가치하다. 나는 패배자다. 아무도 나와 같이 있고 싶어 하지 않는다. 나는 이 상황을 감당할 수 없다.

감정

아마도 슬픔, 상실감, 당황/수치스러움, 두려움(특히 친밀한 관계에 대한)

기억

내담자는 어린 시절에 심하게 학대받았던 과거력을 갖고 있다. 이 기억은 아마도 어떤 방식으로든 회피되고 있을 테지만, 이 치료시간 중에 평가되지는 않았다. 그는 아마 아들에 대해 생각하는 것을 회피하고 있을 것이다.

기타

어느 정도는 부상으로 인한 신체적인 고통을 회피하고 있고, 타인에게서 거절당하는 것, 직업 관련 활동과 실패, 그리고 그로 인해 생기는 어려움을 회피하고 있다. 때때로 치료자의 평가에 대해 신경 쓰는 모습을 보인다. 잘못하거나 자신이 잘못했다는 말을 듣는 것을 두려워한다.

---

3. 내담자가 이러한 경험을 회피하기 위해 하는 것은 무엇인가?

내적 감정 통제 전략(예, 주의 분산, 과도한 반추/걱정)

주의 분산, 최면, 경직된 긍정적인 자기 진술, '잊어버리기' 위한 TV 시청, 과도한 수면

외적 감정 통제 전략(예, 약물, 자해, 회피된 상황)

내담자는 아들을 돌보는 것을 회피하고 있다. 모든 사람과 친밀한 관계나 교우관계를 회피하고 있다. 무직 상태로 구직 활동도 하고 있지 않다. 내담자는 신체 능력이 감소한 상황에서도 수행할 수 있는 과제를 회피하고 있다. 때때로 아편계 진통제를 복용한다. 매우 규칙적으로 짜인 생활 계획에 맞춰 살고 있다.

치료시간 중에 있었던 회피나 감정 통제 패턴

오해받았다고 느끼거나 화가 나서 중도 탈락할 위험이 있다. 또한 사람들과 가까워지는 것을 두려워한다. 내담자는 집단 상담에서 분노를 보였던 과거력을 갖고 있고, 자주 타인이 자신을 이해하지 못한다고 느낀다. 감정의 회피를 촉진할 수 있는 문화적 요인을 고려해야 한다.

경험 회피가 만연한 정도: 제한됨 1 2 3 ④ 5 매우 광범위함

---

4. 내담자의 행동이 제한되고 유연하지 않은 방식과 영역을 기술한다(예, 가족 및 부부 관계, 부모 역할, 친구/사회 관계, 직업, 교육, 여가 활동, 영성, 공동체, 자기 관리)

내담자는 부모 역할의 대부분을 포기하고 있다. 그는 아들에게 매일 전화를 하지만 더 이상 아들을 돌보지 않고 있다. 그는 이것이 극단적으로 고통스럽다는 것을 알고 있고, 장애 때문에 더 이상 좋은 아빠가 될 수 없다는 생각과 융합되어 있다. 내담자는 친구나 어떤 사회적 지지도 없으며, 그런 관계를 만들려고 하지도 않고 있다. 그는 목수라는 자기개념에 경직되게 집착하고 있고 다른 직업의 가능성은 전혀 고려하고 있지 않다.

5. 다른 종류의 심리적 비유연성과 그것의 치료에 대한 시사점을 고려해 본다(예, 인지적 융합; 개념화된 과거와 미래의 지배, 제한된 자기 인식; 개념화된 자기에 대한 집착; 가치 명료화의 결여; 무활동, 충동성, 혹은 회피 지속)

핵심 과정	패턴	치료에 대한 시사점
인지적 융합	과도하게 논리적, 경직된 생각; 완벽주의적, 자기비판적(과제를 완벽하게 할 수 없으면 하지 않음); 옳아야 한다는 것에 집착; 통증에 대한 통제 전략은 상당히 효과적이었으나, 통제 패턴이 다른 삶의 영역에까지 과도하게 확장되어 있음	마음이 어떤 일이 일어날 것이라고 말하는 것과 통제 전략의 효용성을 비교하는 것에 좀 더 초점을 둘 필요가 있음. 특히 통증 조절과 감정 통제 영역을 비교할 때 이 점을 고려해야 함. 옳아야 하는 것을 약화하는 탈융합에 좀 더 초점 맞추기
개념화된 과거/미래의 지배, 제한된 자기 인식	목수로서의 자기, 엄격하고 경직된 자기 평가에 집착하고 있음	현재 순간에 접촉하는 작업이 좀 더 필요함; 간단한 중심화 연습을 사용하는 것이 좋을 것임, 맥락적 자기를 개발하기; 아마도 마음챙김 명상을 이용한 연습이 도움이 될 것임
개념화된 자기에 대한 집착	목수로서의 자기, 엄격하고 경직된 자기 평가에 집착하고 있음. 타인의 평가를 두려워함	맥락적 자기 작업에 초점 맞추기; 평가와 서술의 차이점을 가르쳐 주기
가치 명료화의 결여	과도하게 과거와 미래에 붙잡혀 있음; 미래가 확실하게 정해져 있고 황량한 것처럼 보임	초기부터 가치 명료화 및 이를 현재 삶의 방향과 대조해 보는 작업에 초점을 둘 필요가 있음을 시사함. 특히 직업과 전반적인 대인관계 영역에서 이와 같은 작업이 필요함

6. 동기적 요인(예, 일상생활, 이 행동이 효용성이 없었던 경험, 가치 명료화, 치료적 관계에서 이 행동으로 인한 손실은 무엇인가?)

동기적 요인	치료에 대한 시사점
내담자는 더 큰 의미에서의 삶의 방향과 동떨어져 있다; 지금은 할 수 없고 소용도 없는 구체적인 목표(아들이 옷 입는 것을 도와주기, 목수로 살기)에 과도하게 집착하고 있다.	결과보다는 과정에 초점을 맞추고 구체적인 목표를 가볍게 다루면서 가치를 명료화하는 작업이 초기부터 필요하다. 가치와 접촉하도록 하면 덜 경직되면서도 좀 더 성취 가능성이 높은 목표를 설정하는 데 더 유연성을 가질 수 있게 될 것이다. 가치와 접촉하는 것은 긍정적인 행동 변화를 위한 동기가 될 수 있다.
내담자는 학대받았던 기억에 압도당하는 것을 두려워하며, 자신이 '통제 불능'이 되어 다른 사람이나 자신을 해칠지도 모른다고 두려워하고 있다.	만약 어느 시점에서 학대 기억이 장애물로 작용한다면, 단계적이고 신중하게 기꺼이 하기나 직면 연습을 하기 전 상당한 양의 탈융합과 맥락적 자기 작업이 선행되어야 할 것이다.

7. 변화에 대한 환경적 장애물(예, 지지적이지 않은 가정/사회적 환경, 변화 가능성 없는 상황, 경제적 상황, 변화의 대가, 사회적 손실)

장애 수당이 환자 역할을 하는 것을 강화하고 있을 수 있다. 부모는 그가 아이였을 때 주요 학대자였기 때문에 그들과의 지속적인 관계가 특히 어려울 수 있다. 내담자는 사회적 지지 체계가 전혀 없다. 경험 회피를 대처 전략으로 사용하는 것에 대해 문화적 요소가 어떤 영향을 미치고 있는지 고려해야 한다.

8. 내담자의 강점(그리고 그것을 치료에 어떻게 활용할 수 있는지)

내담자는 만성 통증이 있는 와중에도 문제를 해결하는 능력과 행동 계획을 수행하는 모습을 보여 주었다. 그는 통증이 있음에도 규칙적으로 부상 부위를 운동하고 있고, 장기적으로 도움이 될 것이라고 생각하는 것을 위해 불편함을 기꺼이 감수하고 있다. 이것은 내담자가 다른 삶의 영역에서 뭔가를 할 수 있다는 것에 대한 은유가 될 수 있을 것이다. 호감이 느껴지는 편이다; 치료자의 반응(유대감이나 배려를 느낌)으로 미루어 볼 때, 내담자가 다른 사람과 좋은 관계를 맺을 수 있는 능력이 있다고 짐작할 수 있다.

9. 초기 수용전념치료 계획

자동적 사고에 대한 믿음의 정도와 수용을 측정하기 위해 수용-행동 질문지(Acceptance and Action Questionnaire: AAQ)와 자동적 사고 질문지-믿음 정도(Automatic Thoughts Questionnaire-Believability: ATQ-B) 사용을 고려한다.

내담자는 어쩌면 문제해결 기술이 부족한 것일 수도 있으므로 대인관계 및 직업 관련 영역에서 문제해결 연습을 하는 것이 도움이 될 수 있을 것이다. 만약 내담자가 직업 영역에서 지금보다 진전이 있도록 전념하기로 한다면 직업 소개 센터에 의뢰하는 것이 도움이 될 수도 있을 것이다.

특히 우울증, 실직, 자기비판, 아들과 관련한 감정과 생각을 통제하려고 시도했던 것에 초점을 맞추면서 통제를 약화하는 것부터 시작한다. 왜냐하면 이 영역에서는 경험 회피가 효과가 없어 보이기 때문이다. 내담자는 통증과 관련하여 통제 전략이 효과가 있다는 경험을 한 과거력이 있기 때문에 창조적 무망감이 중요할 것이다. 통증 조절이 성공적이라는 것을 다른 영역에서는 통제 전략이 성공한 경험이 없는 것과 구별하도록 하는 것이 중요할 것이다.

내담자가 경직된 사고를 하는 경향이 있다는 점은 탈융합을 통해 생각의 기능적인 유용성에 초점을 두어야 함을 시사한다. 만약 그가 자신과 자신의 상황에 관한 생각에서 한 발 물러서서 그 생각을 그저 생각으로 볼 수 있다면, 신체 건강에 대해 자신이 지금까지 해 온 것처럼 문제를 해결하고 행동과정을 계획하는 능력을 삶의 다른 영역에까지 확장할 수 있을 것이다.

목표를 선택하고 현재의 목표에 대한 집착을 줄이는 것을 돕기 위해 가치 명료화 작업을 한다.

완벽주의와의 융합을 약화하기 위해 내담자가 과거에 잘 하지 못했던 일에 대한 구체적이고, 계획되고, 마음챙김을 하고, 기꺼이 하는 직면이 도움이 될 것이다.

내담자는 변화를 두려워하고 방향 감각을 잃어버린 상태다. 가치 명료화에 초점을 맞추는 것과 변화를 위한 단계적 계획은 변화에 대한 동기를 높이는 데 도움이 될 것이다. 기꺼이 하기 연습을 다룰 수 있는 작은 단위로 만든다. 내담자는 목수로 일하면서 아들을 돌본다는 현재 목표에 효과적이지 않은 경직된 방식으로 집착하고 있다. 따라서 결과보다 과정에 그리고 목표를 가볍게 다루는 것에 초점을 맞추는 것은 이러한 집착을 줄이는 데 도움이 될 것이다.

경직된 자기 평가에 집착하는 것을 줄이기 위해 맥락적 자기에 초점을 맞추고 평가와 서술을 구분하는 것이 필요하다. 이는 학대받았던 기억에 노출되는 일이 일어나려고 할 때 특히 중요하다. 수용전념치료 과정의 예를 보여 주고, 개념화된 자기에 대한 집착을 약화하기 위해 치료적 관계를 이용한다.

치료시간 동안 간단한 중심화 연습을 하는 것이 도움이 될 수 있을 것이다. 집에 돌아가서는 과제로 마음챙김 연습을 통해 현재에 머무르는 연습을 하는 것이 도움이 될 것이다.

사례 개념화 연습

이제 하나의 사례를 가지고 사례 개념화 연습을 해 보기로 한다. 자신의 반응과 비교해 볼 수 있도록 모범 반응을 제시하였다. 그 후에 당신의 치료 사례를 개념화하는 연습을 할 기회를 가질 수 있을 것이다.

연습 사례: 샌드라

샌드라는 38세의 기혼 여성으로 전통적인 인지행동치료와 몇 가지 다른 상담 과정에서 도움을 받지 못했다며 치료에 의뢰되었다. 그녀는 자신을 '평생 걱정하는 사람'이라고 표현했으며, "어릴 적에 사람들이 저를 겁쟁이라고 불렀어요. 저는 항상 이랬어요. 저는 너무 예민해요."라고 말했다. 그녀는 굉장히 감정적이어서 문제가 생기면 쉽게 압도되곤 했다. 그녀는 범불안장애의 진단 기준을 충족하는 증상을 보이고 있었는데, 단 한 번도 연애를 해 본 적이 없다는 것, 재정적으로 궁핍해지는 것, 뇌졸중에 걸리는 것 등 다양한 문제에 대해 거의 항상 걱정하는 모습을 보였다. 그녀는 친구와 가족이 아프게 되거나 친구가 자신을 거절할까 봐 걱정했다. 그녀는 침대에 누워 있을 때에도 미래에 대한 지속적인 걱정 때문에 잠을 제대로 잘 수가 없었다. 그녀는 자주 가슴이 조이는 것 같거나 손이 저리는 것과 같은 신체 감각이 느껴진다고 하였고, 심장 발작을 일으키는 것은 아닐지 걱정하였다. 직장이나 사회적 상황에서 지나치게 불안해진다고 느껴질 때면, 그녀는 '조금 진정될 때까지' 그 방에서 나와 있곤 했다.

샌드라는 '덜 예민해지게' 되는 데 도움을 받고 싶어서 치료를 받으러 왔다. 그녀는 "저는 사람들을 멀어지게 만들어요. 또 제가 하고 있는 걱정도 어떻게 좀 해보고 싶어요. 그 때문에 아무것도 못할 때도 자주 있거든요."라고 말했다. 그녀가 치료를 통해서 바라는 점이 무엇인지 말해 달라고 했을 때 그녀는 "삶에 좀 더 잘 대처할 수 있게 되어서 항상 그렇게 불안해하지 않았으면 좋겠고, 직장에서도 일을 더 잘할 수 있었으면 좋겠어요."라고 말했다. 이야기를 좀 더 나눈 후, 그녀는 대인관계를 어떻게 하면 좋을지에 대해서도 도움을 받고 싶다고 했다.

그녀는 6개월 전부터 로펌에서 비서로 일하고 있는데, 그녀가 가장 걱정하고 있는 것은 이 직장에서 해고되는 것이다. 그녀는 '너무 불안하기 때문에' 일을 잘 못하고 있다고 느끼고 있다. 그녀는 전에 여러 직장에서 해고된 경험이 있고, 그녀의 능력보다 낮은 수준의 직업만 가졌다. 그녀는 디자인 전공으로 석사 학위를 받았음에도 현재 직업은 대부분 비서 업무만 하면 되는 일이다. 그녀는 현재 결혼생활을 한 지 15년이 되었는데, 부부 사이에 거리감이 느껴지고 불만족스럽다고 한다. 그녀의 남편은 현재 무직이라서 그녀가 유일한 수입원이다. 그녀는 아이는 없고, 매우 절친한 친구가 몇 명 있다고 한다. 술은 전혀 마시지 않는다고 하고, 거의 매일 적어도 한 시간은 운동을 한다. 그녀는 매우 창의적이어서 항상 여러 가지 다양한 그림 그리기 또는 글쓰기 작업을 하고 있다.

치료시간 중에 샌드라는 자주 불안한 모습을 보였고, 치료자가 중간에 말을 끊지 않는 한 그녀가 하고 있는 걱정과 현재 거기에 어떻게 대처하고 있는지, 그리고 예전의 자신의 모습으로 돌아가야 한다는 것에 대해 끊임없이 이야기한다. 그녀는 쉽게 울고 자주 불안해하거나 심란해하곤 한다. 그녀는 거의 계속해서 이야기를 하기는 하지만, 매우 친근하고 "제가 치료시간을 너무 많이 잡아먹죠?" 라며 자주 미안해하곤 한다. 치료시간 중에 하는 연습이나 집에서 하는 과제를 할 때는 자신이 '잘못 할까 봐' 혹은 '망쳐 버릴까 봐' 걱정된다는 이야기를 자주 한다.

[연습 8-1]

이 장에 제공되어 있는 사례 개념화 서식을 복사해 놓고, 당신이 할 수 있는 최선을 다해 샌드라의 사례 정보를 이용하여 채워 보십시오. 다 끝나면 당신의 답변을 제시된 사례 개념화 모범 답안과 비교해 보십시오. 먼저 혼자 스스로 해 보고 나서 모범 답안을 읽어 보십시오.

모범 답안과 당신의 답안을 비교할 때, 특히 모범 답안과 달랐던 부분을 주목하십시오. 당신의 반응이 수용전념치료와 일치하는지 여부를 생각해 보십시오. 만약 모범 답안과는 다르지만 분명히 수용전념치료와 일관된다면 별 문제가 되지 않습니다. 만약에 모범 답안이나 당신의 반응과 관련하여 의문점이 있다면 해당 웹사이트(www.learningact.com)의 관련 게시판에 질문을 올릴 수 있습니다. 모범 답안과 당신의 반응을 비교할 때에는 다음과 같은 질문을 고려하십시오. 모범 답안에서 이야기된 내용 중 이해가 가지 않는 부분이 있는가? 모범 답안에 제시된 방법 중 동의하지 않는 부분이 있는가? 만약에 그렇다면 수용전념치료 접근의 방식으로 그것이 왜 그런지 이해해 보도록 노력하십시오. 당신의 수련 배경에 따라 수용전념치료 접근과는 다른 접근방법이 떠오를 수도 있을 것입니다. 하지만 수용전념치료의 관점에서 사례 개념화를 해 보도록 하십시오.

샌드라에 대한 완성된 사례 개념화 서식

1. 내담자 자신의 단어로 표현된 현재 문제

걱정이 많고 겁쟁이, 과도하게 예민함

내담자의 초기 목표(내담자는 치료에서 무엇을 원하는가?)

그녀는 '삶에 좀 더 잘 대처할 수 있게 되기'를 원한다. 그것은 항상 불안해하기만 하지는 않고, 직장에서 일을 더 잘하며, 덜 예민해지는 것을 의미한다.

현재 문제에 대한 수용전념치료적 재개념화

내담자는 몇 가지 두려운 결과(예, 궁핍함, 거절, 건강 문제들)과 관련한 생각, 감정, 그리고 심상을 지속적인 걱정하기(즉, 비효과적인 문제해결 방식과 융합된 형태)를 통해 회피하고 있는 것으로 보인다. 이로 인해 그녀의 삶은 언제나 이러한 걱정에 초점이 맞춰져 있게 되었고, 가치에 따르는 삶을 살지 못하게 되었다.

---

2. 내담자가 융합되어 있거나 경험하지 않으려 하는 생각, 감정, 기억, 감각, 상황에는 어떤 것이 있는가?

생각

나는 과도하게 예민하다. 아마도 나는 사람들을 멀어지게 하는 것 같다. 나는 실패자다. 나는 부적절하다.

감정

거절, 공포, 불확실함

기억

이 영역에 대해서는 더 많은 정보가 필요하다. 아마도 내담자는 직장을 잃는 것이나 대인관계에 실패하는 것이나 너무 불안하거나 압도된 것 때문에 실패하는 것과 관련된 안 좋은 기억을 갖고 있을 것이다.

기타

자신에 대해 스스로 혹은 다른 사람이 높은 기대를 갖게 되는 상황을 회피한다(예, 좀 더 많은 책임이 주어지는 직업, 사회적 상황, 부부간 대화).

---

3. 내담자가 이러한 경험을 회피하기 위해 하는 것은 무엇인가?

내적 감정 통제 전략(예, 주의 분산, 과도한 반추/걱정)

걱정하기, 너무 예민하지 말라고 자신에게 이야기하기, 주의 분산

외적 감정 통제 전략(예, 약물, 자해, 회피 상황)

부담이 되는 직업과 사회적 상황을 회피하고 항상 자신의 문제에 관해 이야기함으로써 다른 사람이 안심시켜 주기를 기대함.

치료시간 중에 있었던 회피나 감정 통제 패턴

말이 많음, 이야기 늘어놓기, 안심시켜 주기를 바람, '옳은 방식으로 하려고' 함.

경험 회피가 만연한 정도: 제한됨 1 2 3 ④ 5 매우 광범위함

4. 내담자의 행동이 제한되고 유연하지 않은 방식과 영역을 기술한다(예, 가족 및 부부 관계, 부모 역할, 친구/사회 관계, 직업, 교육, 여가 활동, 영성, 공동체, 자기 관리)

불만족스러운 결혼과 직업에 안주하고 있는 것으로 보임. 부모 역할과 관련해서 회피하는 방식으로 대처하고 있지는 않는지 더 탐색해 봐야 함. 거절에 대한 두려움으로 인해 교우관계의 영역에서 가치 있는 행동이 제약되고 있을 수 있음.

5. 다른 종류의 심리적 비유연성과 그것의 치료에 대한 시사점을 고려해 본다(예, 인지적 융합; 개념화된 과거와 미래의 지배, 제한된 자기 인식; 개념화된 자기에 대한 집착; 가치 명료화의 결여; 무활동, 충동성, 혹은 회피 지속)

핵심 과정	패턴	치료에 대한 시사점
인지적 융합	계속해서 효과적이지 않은 통제 전략을 사용함(예, 진정하기, 이완하기, 너무 예민하지 않기)	효용성에 대한 경험과 창조적 무망감을 중점적으로 다루는 것을 고려한다.
개념화된 과거/미래의 지배, 제한된 자기 인식	극도의 걱정과 예기 불안	길게 이야기하는 것을 자주 끊어 주는 것이 필요할 수 있고, 현재 순간으로 방향을 재정립하고, 현재 경험(신체, 생각, 감정)을 알아차리는 것이 필요할 것이다. 치료시간 안팎에서 마음챙김을 연습하여 관찰자적 자기감을 개발할 필요가 있다. 걱정의 연쇄 끝에 있는 두려워하는 이미지를 확인하고, 기꺼이 하기 연습이나 그 이미지에 직면하는 것을 연습하도록 한다.
개념화된 자기에 대한 집착	걱정하는 사람이고 과민하고 문제 있는 사람이라는 자아정체성에 경직되게 얽매여 있다.	맥락적 자기와 탈융합 작업, 기술과 평가 구별하기, 다른 역할 수행해 보기 등을 해 본다.

6. 동기적 요인(예, 일상생활, 이 행동이 효용성이 없었던 경험, 가치 명료화, 치료 관계에서 이 행동으로 인한 손실은 무엇인가?)

동기적 요인	치료에 대한 시사점
결과에 대한 두려움에 집착하고 있다.	상당한 양의 직면이나 경험하기 작업을 통해 두려움에 직면하기 전에 방대한 양의 탈융합과 맥락적 자기 연습을 선행해야 한다. 기꺼이 하기에 직면하는 적정한 수준을 점점 늘려 나갈 때 주의해야 한다.

7. 변화에 대한 환경적 장애물(예, 지지적이지 않은 가정/사회적 환경, 변화 가능성 없는 상황, 경제적 상황, 변화의 대가, 사회적 손실)

더 많은 평가가 필요하다. 내담자의 남편이 변화를 도우려 하지 않을 수 있는데, 이런 경우 부부치료가 유용할 수 있을 것이다.

8. 내담자의 강점(그리고 그것을 치료에 어떻게 활용할 수 있는지)

내담자는 절친한 친구관계를 만들고 유지하는 능력이 있음을 보여 줬다. 이는 변화를 도울 수 있는 지지 요소 중 하나가 될 수 있을 것이다. 그녀는 또한 규칙적인 운동을 하고 있는데, 전념 행동의 한 가지를 보여 주고 있는 것이라 할 수 있으며, 이것은 다른 형태의 전념 행동 및 연습의 모범 사례로 활용될 수 있을 것이다.

9. 초기 수용전념치료 계획

치료 지침서로 『불안을 위한 수용전념치료(ACT for Anxiety)』라는 책을 사용해 본다. 치료 결과나 과정을 평가하기 위해 수용 행동 질문지(Acceptance and Action Questionnaire), 불안 민감성 지표(Anxiety Sensitivity Index), 펜실베이니아 걱정 질문지(Penn State Worry Questionnaire)를 사용해 본다.

발견되는 모든 문제를 대비하고 해결하려는 전략에 대해 마음이 이야기하는 것과 그러한 걱정의 효용성을 비교하는 데 초점을 맞춰 통제 전략을 약화하는 것부터 시작하는 것이 도움이 될 것이다.

내담자가 두려워하는 심상/감정/감각에 직면하는 것을 기꺼이 하는 데 도움이 될 수 있도록 가치 명료화 작업을 돕는다.

직면과 기꺼이 하기 작업을 수행하기 전에 탈융합과 맥락적 자기에 초점을 맞추는 작업을 충분히 한다.

결국에는 걱정의 연쇄의 끝에 있는 두려운 심상이나 상황에 대한 상상 노출을 포함해야 한다. 아마도 두려워하는 감각에 대한 자극감응 직면을 고려해 볼 수 있을 것이다.

전념 부분을 진행하는 동안에는 전념을 도와줄 수 있는 친구들에게 도움을 구할 수 있을 것이고, 남편이 방해 역할을 하고 있다면 함께 부부 작업에 참여시키는 것을 고려해 볼 수 있다.

[연습 8-2]

이 장의 마지막 연습은 수용전념치료 사례 개념화 과정을 사용하여 당신의 치료 사례 한 가지 이상을 이 장에서 설명된 바와 같이 개념화해 보는 것입니다. 사례 개념화 서식을 복사해서 당신의 내담자 중 한 사람에 관해 공란을 채워 보세요. 당신이 기꺼이 수용전념치료 중재법을 적용하고자 하는 내담자의 사례를 선택하기를 권합니다. 왜냐하면 이런 경우에 개념화가 더욱 적절해지기 때문입니다. 만약 당신이 수용전념치료를 처음 접해 보는 것이라면, 사례 개념화를 구성해 보는 동안 당신의 평가과정에서 몇 가지 사항을 빠트리게 되는 경우도 있을 것입니다. 아마도 수용전념치료 관련 요소를 좀 더 평가해야 되거나, 내담자가 갖고 있는 경험 회피나 융합 패턴에 대해 이해가 부족하다는 것을 알게 될 수도 있을 것입니다. 만약 그렇다면 이것을 어떻게 더욱 철저하게 평가할 수 있을지 생각해 보십시오. 처음으로 개념화를 할 때에는 아마 한 시간이나 그 이상의 시간이 소요될 것입니다. 계속하다 보면 속도는 점점 빨라지게 될 것입니다.

수용전념치료 사례 개념화 서식

자신의 치료 사례를 적을 수 있도록 사례 개념화 서식을 복사해 두는 것이 좋습니다.

1. 내담자 자신의 단어로 표현된 현재 문제

내담자의 초기 목표(내담자는 치료에서 무엇을 원하는가?)

현재 문제에 대한 수용전념치료적 재개념화

---

2. 내담자가 융합되어 있거나 경험하지 않으려 하는 생각, 감정, 기억, 감각, 상황에는 어떤 것이 있는가?

생각

감정

기억

기타

3. 내담자가 이러한 경험을 회피하기 위해 하는 것은 무엇인가?

내적 감정 통제 전략(예, 주의 분산, 과도한 반추/걱정)

외적 감정 통제 전략(예, 약물, 자해, 회피된 상황)

치료시간 중에 있었던 회피나 감정 통제 패턴

경험 회피가 만연한 정도: 제한됨 1 2 3 4 5 매우 광범위함

4. 내담자의 행동이 제한되고 유연하지 않은 방식과 영역을 기술한다(예, 가족 및 부부 관계, 부모 역할, 친구/사회 관계, 직업, 교육, 여가 활동, 영성, 공동체, 자기 관리)

5. 다른 종류의 심리적 비유연성과 그것의 치료에 대한 시사점을 고려해 본다(예, 인지적 융합; 개념화된 과거와 미래의 지배, 제한된 자기 인식; 개념화된 자기에 대한 집착; 가치 명료화 결여; 무활동, 충동성, 혹은 회피 지속)

핵심 과정	패턴	치료에 대한 시사점

6. 동기적 요인(예, 일상생활, 이 행동이 효용성이 없었던 경험, 가치 명료화, 치료적 관계에서 이 행동으로 인한 손실은 무엇인가?)

동기적 요인	치료에 대한 시사점

7. 변화에 대한 환경적 장애물(예, 지지적이지 않은 가정/사회적 환경, 변화 가능성 없는 상황, 경제적 상황, 변화의 대가, 사회적 손실)

8. 내담자의 강점(그리고 그것을 치료에 어떻게 활용할 수 있는지)

9. 초기 수용전념치료 계획

계속되는 과정으로서의 기능 분석

수용전념치료자에게 사례 개념화는 이 장에서 소개된 것처럼 단지 하나의 형식적인 과정만이 아니라 치료과정 전체를 통해 지속적으로 일어나는 과정이다. 지속적으로 내담자 행동의 기능에 주의를 기울이기 위해서는 다음 세 가지 영역을 살펴보아야 한다.

내용 수준 회피되고 융합된 개인 경험의 내용과 회피 행동의 형태를 평가하여 개입 단계에서 이를 정확하게 파악하고 개입 목표로 삼을 수 있도록 한다. 내용 수준은 4개의 요소로 구분된다.

1. 명시적 내용: 이는 내담자가 불평하는 문자 그대로의 수준이다. 예를 들어, 내담자가 불안하다고 하는 것은 말 그대로 불안을 보고하는 것으로 간주하고 다룰 수 있다.
2. 사회적 내용: 모든 치료적 상호작용은 또한 사회적 상호작용이기도 하다. 따라서 치료자는 내담자가 하는 모든 이야기가 치료 바깥의 사회 세계에서 내담자가 대처하는 방식을 반영하는 것일 수 있다는 점을 고려해야 한다. 예를 들어, 내담자가 불안을 호소하는 것은 정서적인 용어를 사용하여 다른 사람의 행동을 조절하려는 특징을 보여 주는 것일 수도 있다.
3. 치료적 관계: 모든 치료적 상호작용은 또한 두 사람 간의 개인적 상호작용이기도 하다. 따라서 치료자는 내담자가 하는 모든 이야기가 치료자와의 관계와 관련될 수 있음을 고려해야 한다. 예를 들어, 내담자가 불안을 호소하는 것은 치료자에게 물러나 있어 달라고 하는 것일 수도 있고, 그 순간에는 치료자가 주도적인 역할을 해 달라고 호소하는 것일 수도 있다.
4. 숨겨진 기능적 과정: 마지막으로 특정 내용을 호소하는 것이 좀 더 깊은 수준의 기능적 주제를 보여 주는 것일 수 있다. 예를 들어, 성이나 죽음에 대한 이야기를 회피하기 위해 불안에 대한 호소를 전면에 드러내는 것일 수도 있다.

과정 수준 심리적 유연성을 촉진하거나 줄이는 행동의 요소를 분석한다.

개입 수준 내용과 과정 분석에서 도출된 개입 요소의 순서를 고려한다.

다중 추적하기

수용-전념치료 사례 개념화는 다중 추적하기 기술, 즉 명시적 내용, 사회적 내용, 치료적 관계, 숨겨진 기능적 과정 등에 동시에 귀 기울이는 기술을 적극적으로 연습하도록 요구한다. 예를 들어, 보통은 지나치게 조용하고 순응적이던 내담자가 치료시간 중에 "맙소사, 여긴 너무 춥군요."라고 이야기하는 경우를 생각해 보자. 치료자는 이에 대해 명시적 내용(진료실의 온도가 낮을 수도 있다), 사회적 행동의 예(내담자가 무엇인가를 요구하는 것을 배우는 데 있어 사회적으로 한 단계 나아가고 있는 것일 수 있다), 치료적 관계에서의 행동(내담자가 "내가 원하는 것이 무엇인지 주의 깊게 보고 있나요?"라고 묻고 있는 것일 수도 있고, "당신과 더욱 동등하다고 느껴집니다."라는 이야기를 하고 있는 것일 수도 있고, "당신은 차가운 사람인가요?"라고 묻고 있는 것일 수도 있다), 숨겨진 기능적 과정의 일부분(무엇인가를 회피하기 위해 화제를 전환한 것일 수도 있고, 감정이나 성에 대한 은유적 표현으로서 온도가 사용된 것일 수도 있다)으로서의 의미를 동시에 고려해야 한다.

내담자의 행동 하나하나를 각각의 요소로 파악한 후 이를 수용전념치료의 정신병리적(예, 회피, 융합, 현재와의 만남 부족) 관점으로 정리할 수 있고, 치료자의 행동 하나하나는 치료자가 촉진하고자 하는 방향과 기술의 더 큰 계획에 적합한가 하는 측면에서 기술될 수 있다. 특히 중요한 것은 진료실에서 일어나고 있는 경험 회피와 융합의 과정에 주의를 기울이는 것이다. 내담자의 행동에서 일어나는 이 두 가지 과정에 대해 지속적으로 관찰하면 치료자의 개입방법의 길잡이가 될 매우 중요한 정보를 얻을 수 있다. "이 내담자는 지금 경험 회피를 하고 있는가?"라고 스스로에게 질문해 보고, 만약 그렇다면 치료자는 그 내담자에게 적절한 방식으로 어떻게 이 과정을 중단할 것인가를 생각해 보아야 한다. 이와 유사하게, 치료자는 "내담자는 지금 지속적인 언어적 행동과 융합되어 있는가?"라고 질문해 보고, 만약 그렇다면 내담자가 단지 문자적 의미에 주의를 기울이기보다는 그저 자신의 반응을 관찰하도록 하거나 현재 자신의 언어적 행동의 다른 특성에 주목할 수 있도록 도와야 한다.

기능이라는 렌즈를 통해 들여다보기

기능이라는 렌즈를 통해 들여다보기란 치료시간 동안 끊임없이 스스로에게 "지금 이 내담자의 행동은 무엇을 위한 것일까?"라고 물어보라는 의미다. 치료자는 기능이라는 렌즈로 내담자의 행동을 볼 때 자신이 수용전념치료 관점에서 무엇을 하고 있는지를 재빨리 알 수 있고, 이것이 내담자에 대한 개념화와 어떻게 일치하는지 이야기할 수 있게 된다. 치료시간 중에 잠시 멈추고 스스로에게 "내가 지금 하고 있는 것을 왜 하고 있는가?", "나는 어떤 과정을 목표로 하고 있는 것인가?" 하고 묻는 것이 초보 수용전념치료자에게 유용할 것이다. 좋은 사례 개념화는 이러한 질문에 당신이 좀 더 세밀하고 유의한 답을 할 수 있도록 해 줄 것이다. 만약 치료자가 이러한 질문에 재빨리 대답할 수 없다면, 자신이 선택한 개입 방식이 내담자의 문제에 대한 개념화와 어떻게 연관되는지에 대해 좀 더 생각해 보아야 할 것이다.

수용전념치료 사례 개념화는 전통적 인지행동치료와 어떻게 다른가

수용전념치료 사례 개념화는 전통적인 인지행동치료(CBT) 및 행동치료(BT)와 유사한 점도 있고 다른 점도 있다. 치료자가 중요한 차이점을 이해하고 인지행동치료와 행동치료에 이미 존재하고 있는 기법을 수용전념치료와 더욱 효과적으로 통합할 수 있기를 바라면서 이에 대한 설명을 하고자 한다.

수용전념치료와 전통적 행동치료

수용전념치료는 행동치료를 어떻게 할 것인가에 대한 모델이다. 따라서 거의 모든 전통적 행동치료의 기법이 수용전념치료에서(약간의 수정을 거쳐) 부분적으로 사용될 수 있다는 것이 그다지 놀라운 사실은 아니다. 외부 유발 요인의 조절을 목적으로 한 자극 조절 전략, 수반성 관리, 문제해결 기술, 행동적 양육 기술, 정신 교육, 직면, 사회기술 훈련 등이 모두 사용될 수 있다. 차이점은 수용전념치료에서는 전통적 행동 변화 전략을 내담자가 가장 소중하게 지니고 있는 가치를 위해 수용과 탈융합의 맥락에서 사용한다는 것이다.

일반적으로 수용전념치료 모델과 상충되는 것으로 여겨지는 행동치료 기법이 몇 가지 있다. 가장 흔한 것으로 이완 훈련을 들 수 있는데, 직접적인 정서 변화를 통해 불안을 다루려고 하는 것처럼 보이기 때문이다. 그러나 이완 훈련은 원래 내려놓는 것을 배우기 위한 방법으로서 고안된 훈련이다. 그러한 점에서 본다면 이완을 정서와 싸우기 위한 도구로서 사용하려는 경우를 제외한다면 수용전념치료와 상충될 이유가 전혀 없다.

수용전념치료가 경험적으로 검증된 행동치료 방법과 맞지 않는다는 어떠한 증거도 없으며, 경우에 따라서 수용전념치료는 기존의 접근법에 아주 일부분만 덧붙인 형태가 되기도 한다.

기술 훈련은 수용전념치료가 어떻게 행동치료와 맞는지에 대한 좋은 예다. 기술 훈련은 단순히 어떤 일을 어떻게 해야 할지를 모르는 내담자가 그 방법을 배워야 할 때 필요하다. 특정 기술의 결핍(예, 사회 관계 부족, 자기주장 부족) 때문에 기능 수준이 떨어지는 것 같다고 판단될 경우, 수용전념치료자는 두 가지 원인을 검토해 볼 수 있다. 하나는 그 사람이 기본 기술은 있으나 자기주장적 행동이 일으킬 수 있는 공포 또는 그 외의 불유쾌한 정서를 회피하려고 하는 것과 같은 요소에 의해 최소한 부분적으로라도 억제되어 있는 경우다. 이런 경우에 문제는 경험 회피에 있으며, 따라서 수용전념치료 작업은 행동에 대한 내적 장애물을 확인하는 것과 탈융합, 수용, 전념 행동을 시작하게 하는 것 등이 될 것이다. 다른 하나는 내담자의 기술 부족이 배운 적이 없거나 연습할 기회가 없었기 때문인 경우다. 원인은 간단하지만, 내담자가 이에 대한 연습을 시작할 때 기술이 부족하기 때문에 사회적으로 어색한 행동을 보이게 될 것이고 이로 인해 힘든 감정과 생각이 생길 수 있다. 이러한 경우에는 수용전념치료 모델을 적용할 수 있다. 만약 행동의 결함이 기술 결핍 때문이고 기술을 습득하는 것을 방해할 만한 장애물이 전혀 없다면, 단순한 기술 훈련에 수용전념치료 모델을 덧붙여 추가 작업을 할 필요는 없을 것이다. 그러나 기술 훈련을 제한해야 할 이유 또한 없다.

수용전념치료와 전통적 인지행동치료

수용전념치료는 전통적인 인지행동치료와 유사한 여러 가지 특성을 가지고 있다. 문제의 발생과정에 있어서 학습을 강조하는 것, 목표 지향적이며 적극적인 치료 스타일, 전통적 행동 전략을 사용하는 것, 상호 협력적 치료관계를 만드는 것을 강조하는 것, 경험주의에 입각한 치료라는 점, 정신병리 및 그 완화에 있어서 인지의 역할을 상당히 강조하는 것 등이 해당한다(Herbert & Forman, 2005). 하지만 인지에 대한 모델 그 자체에 차이점이 있다. 그렇기에 수용전념치료는 특히 논쟁과 같은 인지 재구조화 기법을 통해 "역기능적 신념과 잘못된 정보처리 과정을 수정하려고 하는"(Beck, 1993, p. 194) 전통적 인지행동치료 기법과는 맞지 않는다.

수용전념치료와 인지행동치료를 통합하고자 하는 치료자는 인지행동치료에는 맞지만 수용전념치료에는 적합하지 않은 메시지, 즉 특정 생각, 감정, 기억, 감각을 수정하거나 조절하거나 경감해야 된다는 것을 암시하는 메시지를 전달하지 않도록 굉장히 조심해야 한다. 내담자가 잘 살기 위해 좀 더 이성적이거나 적응적으로 생각할 필요가 있다는 것을 암시하는 메시지는 수용전념치료에는 맞지 않는다. 이러한 메시지는 내담자를 혼란하게 할 수 있고, 수용전념치료적 접근과 인지행동치료적 접근 모두의 효과를 떨어뜨린다.

인지행동치료와 수용전념치료가 차이를 보이는 두 번째 주요 영역은 치료 목표 및 좋은 결과에 대한 정의와 관련한 것이다. 인지행동치료는 내담자가 더 나은 기분을 느끼고 좀 더 명확하게 생각하게 하는 것을 지향하는 경향이 있는데, 이를 통해 더 나은 삶을 살 수 있다는 가정을 바탕으로 하고 있기 때문이다. 대조적으로 수용전념치료는 좋은 기분이 될 수도 있고 그렇지 않게 될 수도 있지만, 그에 관계없이 내담자가 좀 더 낫고 충만하며 깊이 있는 삶을 살도록 하는 것을 직접적인 목표로 한다. 지금까지의 경험적 연구에 따르면, 수용전념치료는 인지행동치료와 동등하거나 그 이상의 효과가 있는 것으로 알려져 있다. 수용전념치료의 원래 목적은 아니지만 더 나은 기분을 느끼게 하는 것에 대해서도 마찬가지다. 제대로 잘 사는 삶이란 내담자가 선택한 가치의 맥락에서 정의되는 것이고, 내담자가 자신의 가치에 따라 행동한다는 증거에 기반을 두고 있는 것인데, 이것이 바로 가장 주된 목표다.

경험적 연습: 자신에 대한 사례 개념화

당신이 수용전념치료자를 만나러 가는 내담자라고 상상해 보십시오. 사례 개념화 개요를 이용하여 당신을 내담자로 가정하고 이를 완성해 봅시다. 자신에 대한 치료 계획은 어떤 것이 되겠습니까?

이 치료 계획을 완성한 후에 이 과정을 당신 삶에서 어떻게 수행할 수 있을지 생각해 보십시오. 만약 당신이 기꺼이 해 보겠다면 그 계획을 실천하는 것에 전념하기로 합시다.

경험적 연습: 이 순간 자신에 대한 사례 개념화

지난 한 주 동안 경험한 것 중에 힘들었거나 화가 났던 것을 하나 골라 보십시오. 다음 지침에 따라 연습을 수행해 보십시오.

눈을 감고 그 사건을 상상해 보십시오. 그 경험의 서로 다른 영역(예, 생각, 감정, 기억, 감각)에서 무엇이 떠오르는지를 알아차려 보고, 이 경험에 대한 당신의 태도를 알아차려 보십시오.

그때에 당신은 무엇이 문제라고 생각했나요?

그 상황에서 무엇을 회피했나요?(예, 생각, 감정, 기억, 감각)

당신이 굳게 믿거나 융합되어 있던 생각이 있었나요? 특히 그 상황이나 당신 자신 혹은 다른 사람에 대한 단순한 기술에 불과한 것임에도 평가를 했던 것을 찾아보세요.

당신은 자신이 경험했던 생각, 감정, 반응에 대해 어떻게 했나요?

그 상황에서 일어난 것에 대한 좀 더 수용전념치료적인 재개념화를 떠올려 볼 수 있을까요? 예를 들어, 당신이 수용할 필요가 있었던 것이나 융합되어 있었던 것 혹은 당신이 그에 맞게 행동해야 할 필요가 있었던 가치 같은 것이 있었나요?

추가 정보

- 수용전념치료 사례 개념화에 대해 더 많은 정보를 원하면 Hayes와 Strosahl이 저술한 *A Practical Guide to Acceptance and Commitment Therapy*(2005)의 3장 'ACT Case Formulation'을 참조하시오. Moran과 Bach(2008)도 참조하시오.
- 규칙에 지배되는 행동이나 고전적, 조작적 조건화와 같은 기본적인 행동 분석 개념에 대해(임상가를 위해 쓰인) 좀 더 많은 정보를 원하면 Ramnerö와 Törneke(2011)를 참조하시오.
- 수용전념치료와 전통적 인지행동치료의 유사점과 차이점에 대한 더 많은 정보를 원하면 Herbert와 Forman(2005)을 참조하시오.

Learning ACT

제 9 장

수용전념치료의 치료적 태도:

수용전념치료를 하기 위해 수용전념치료를 사용하기

제9장

수용전념치료의 치료적 태도:
수용전념치료를 하기 위해 수용전념치료를 사용하기

당신이 마음을 움직이거나 누군가가 당신의 마음을 움직이게 하면,
마음이란 것이 무한하고 굳건하지 않으며 한없이 크다는 것을 발견하게 된다.
또한 마음속에는 한없이 큰 공간과 따뜻함과 부드러움이 있다는 것을 발견하게 된다.
-Pema Chödrön(1994, p. 128)

거의 모든 유형의 심리치료를 검증한 수십 년간의 연구에 따르면, 치료적 관계는 임상 결과와 일관되게 밀접한 상관관계를 보인다(Martin, Garske, & Davis, 2000). 그러나 이러한 경험적 연구의 결과로 좀 더 효과적인 치료나 치료자가 나타나게 되었는지는 분명하지 않다. 이러한 사실을 알고 있으면 훈련 프로그램이 예비 치료자로서 따뜻하고 인정 많은 사람을 선발하도록 하는 데에는 도움이 되지만, 효과적인 치료적 관계를 형성하기 위해 치료자를 어떻게 훈련해야 할지에 대해서는 크게 도움이 되지 않는다. 게다가 효과적인 치료 동맹을 맺기 위해 치료자를 훈련시키는 시도는 지금까지는 대체로 별다른 효과가 없었다(Crits-Christoph et al., 2006). 다시 말해서, 치료적 관계가 중요하다는 것을 안다고 해서 좋은 치료적 관계를 어떻게 만드는지를 알 수 있는 것은 아니다.

수용전념치료 모델은 어떻게 치료적 관계를 향상할 수 있는지에 대한 뚜렷한 제안을 제공한다. 구체적으로 이를 뒷받침할 만한 몇몇 자료가 있으며(Gifford et al., 검토 중), 현 시점에서 치료적 관계에 관한 모델은 주로 수용전념치료의 기본 이론의 강점에서 비롯된 것이라고 할 수 있다. 이 장에서는 먼저 수용전념치료자의 합의를 통해 도출된 치료적 태도의 기본 역량에 대해 개략적으로 살펴보고 (Strosahl et al., 2004), 치료적 관계에 대한 이론적 분석을 소개하기로 한다.

수용전념치료에서 치료적 태도에 관한 핵심 역량

이상적으로 수용전념치료에서 치료적 관계의 기능은 치료자와의 즉각적인 상호작용에서 일어나는 내담자의 심리적 유연성이나 경직성의 표현에 효과적으로 반응함으로써 내담자의 심리적 유연성을 높이는 것이다. 이것은 치료자가 심리적 유연성의 예를 보여 주거나(예, "저는 제가 '뭐라고 말해야 할지 모르겠다'는 생각을 하고 있다는 것을 알아차리고 있습니다. 그에 대해서 당신이 뭔가를 해 줄 필요는 없습니다. 단지 저에게 그런 생각이 떠오른 경험을 공유하고 싶었을 뿐입니다."), 내담자의 심리적 유연성을 지지해 주는 방법(예, "불안하다는 걸 알면서도 여전히 아버지께 전화할 수 있겠어요?")을 통해 가능하다. 또한 지금 치료에서 일어나고 있는 현상과 관련지어서 심리적 유연성을 겨냥하는 방법(예, "눈물을 참으려고 하는 것 대신, 지금 이 순간 그 경험에 조금만 더 마음을 열어 볼 수 있겠어요?")을 통해서도 가능하다.

이러한 심리적 유연성을 얻는 것은 치료자에게도 매우 어려운 일이다. 왜냐하면 우리 자신의 과거 경험과 버릇, 대인관계의 한계점 등이 면담 상황에 반영될 수밖에 없기 때문이다. 내담자가 보여 주는 단편적인 행동만을 가지고 심리적으로 유연한 반응인지 혹은 경직된 반응인지에 대해 잘못된 판단을 하게 되는 경우가 흔히 있을 수 있다. 따라서 치료자는 내담자 측면의 심리적으로 유연한 반응을 격려하고 강화하는 일반적인 치료적 태도를 유지하는 것이 좋다. 이 장에 제시되어 있는 핵심 역량은 수용전념치료 모델에서 비롯된 치료적 자세를 설명하기 위한 것이다.

치료적 자세와 관련된 핵심 역량에 대해서는 이전 장에서 핵심 역량을 제시할 때와는 조금 다른 방식으로 제시하였다. 각각의 핵심 역량은 볼드체로 되어 있고 그 아래에 간단한 설명이 제시되어 있다. 역량이 서로 복잡하게 연관되어 있는 경우에는 여러 역량을 연속적으로 이어서 제시하고 해당 역량 간의 상호관계에 대한 설명을 포함하여 관련 정보를 기술한다. 마지막 부분에는 이 장에 소개되어 있는 일련의 과정을 사용하는 것을 연습할 수 있도록 구성되어 있다.

첫 번째 핵심 역량은 아마 다른 어떤 말보다도 수용전념치료의 치료적 태도를 더 잘 요약한 말일 것이다.

1. 수용전념치료자는 내담자에게 동등하고 솔직하고 공감적이고 진실하며, 함께하는 관점을 가지고 이야기하며, 효과적이지 못한 반응에서 효과적인 반응으로 바뀔 수 있는 내담자의 타고난 능력을 존중한다.

이것은 수용전념치료의 치료적 태도에서 가장 기본적인 부분이며, 치료자가 언어적, 인간적 기능에 대한 수용전념치료 모델을 자신의 전문적, 개인적 삶에 적용하는 것으로부터 자연스럽게 비롯되는 것이라고 할 수 있다. 수용전념치료의 근간이 되는 맥락주의 철학에서는 병든/건강한, 온전한/손상된, 약한/강한, 장애가 있는/장애가 없는, 역기능적/기능적 같은 개념은 타고난 것이 아니고, 모두 우리 문화에 의해 전파된 말하거나 생각하는 방식일 뿐이며, 단지 맥락에 따라 유용한지가 결정되는 것이라고 본다. 수용전념치료자는 "운이 없었다면 나도 그렇게 되었을 것이다."라는 격언과 일맥상통하는 자세를 갖는 것이 좋다. 치료자는 만약 지금까지 살아 온 경험이 약간만 달랐으면 내담자와 비슷한 어려움을 갖게 될 수도 있었을 것이며, 내담자의 자리에 앉아 있게 되었을 수도 있다는 점을 알고 있어야 한다. 수용전념치료에서는 이처럼 맥락을 강조하는데, 이러한 관점에서 보면 한 개인의 삶의 언어적, 사회적, 역사적 맥락에 전환점이 생기면 급진적인, 심지어는 완전히 다른 사람이 될 정도의 변화가 누구에게나 가능하다고 할 수 있다. 살아 온 경험을 바꾸고 다른 생각을 갖고 더 좋은 기분을 느끼게 되어야만 충만하고 깊고 의미 있는 삶을 살 수 있게 되는 것은 아니다.

2. 치료자는 내담자에게 도움이 된다면 기꺼이 자신의 개인적 문제를 공개한다.

부적절하고 시기에 맞지 않는 자기 공개는 치료적 관계에 해가 될 수 있지만(Ackerman & Hilsenroth, 2001), 치료적 의제에 대해 적절한 방법으로 적절한 시기에 이루어지는 자기 공개는 도움이 될 수 있다(Safran & Muran, 2000). 수용전념치료자는 정서적으로 접근하기 쉽고 반응적이며, 내담자를 위해 적절하다면 현명하게 자기 공개를 사용한다. 자기 공개가 조심스럽게 이루어진다면 치료적 관계를 동등하게 하는 효과가 있고, 치료자와 내담자의 사이를 좁혀 주며 치료자 자신의 인간적인 면을 드러나게 할 수 있다. 이것은 수용전념치료에서 특히 중요한데, 치료자가 자신의 문제와의 갈등에 대해 수용적인 자세를 취하는 예를 보여 주는 동시에 가치에 따라 사는 것을 효과적으로 할 수 있는 예를 보여 줄 수 있게 하기 때문이다.

3. 치료자는 판에 박힌 수용전념치료 기법을 사용하는 것을 피하고, 특정 내담자의 특정한 요구에 맞는 개입방법을 사용한다. 치료자는 언제든지 그들의 요구에 맞추어 변화할 준비가 되어 있다.

4. 치료자는 내담자의 경험과 언어 습관, 그리고 사회적, 민족적, 문화적 맥락에 맞도록 개입방법을 조정하고 새로운 은유나 경험적 연습, 행동 과제 등을 개발한다.

이 두 가지 핵심 역량은 수용전념치료자 측에서도 행동적 · 심리적 유연성이 필요하다는 것을 반영한다. 수용전념치료자는 내담자의 요구와 행동에 반응적이며, 무엇을 해야 한다는 것에 대한 지침이나 규칙을 경직되게 따르지 않는다. 핵심은 내담자가 호소하는 것과 효용성이 없는 내담자의 행동 기저에 깔려 있는 기능이 무엇인가를 바탕으로 반응하는 것인데, 이때 새롭고 창조적인 방식으로 반응하는 것이 필요한 경우가 자주 있다. 심리적 유연성을 촉진하는 것이라면 어떤 기법이라도 수용전념치료에 적합하다고 할 수 있다. 수용전념치료 모델을 능수능란하게 적용한다는 것은 창의적으로 새로운 은유와 연습을 만들어 낼 수 있고, 내담자의 요구에 맞게 원래의 기법을 창의적으로 조정할 수 있고, 수용전념치료 과정에 도움이 될 수 있다면 자신의 기반이 되는 치료법에서 벗어날 수도 있다는 것을 의미한다.

치료 모델을 배울 때에는 치료시간에 내담자와 작업하기 전에 먼저 가용한 지침서 중 하나를 가지고 주의 깊게 은유와 과제를 연습해 보는 것이 일반적으로 도움이 된다. 그러나 특정 은유나 연습을 사용하는 것보다 수용전념치료 원리를 따르는 것이 더 중요하기 때문에, 실제로 진료실에 들어갈 때에는 상세한 내용의 치료 지침서보다 내담자의 기능적 충실도를 높이도록 추구하는 것이 유용하다. 치료자가 은유나 연습을 정확하게 적용하려고만 하면 내담자는 혼란할 수도 있다.

내담자의 요구에 맞게 수용전념치료 개입방법을 맞춤형으로 설계하면 관계를 강화할 수 있고 치료가 자연스럽게 흘러가도록 할 수 있다. 예를 들어, 창조적 무망감에는 시간을 덜 쓰고, 통제하려는 문제에는 더 많은 시간을 할애할 수도 있다. 혹은 내담자에게 필요하다면 창조적 무망감을 완전히 배제할 수도 있다. 가치에 대한 논의로부터 치료를 시작할 수도 있고, 가치를 다루는 것을 뒤로 미룰 수도 있다. 치료시간 내에서 내담자와 치료자 자신, 행동의 기능에 대해 알아차리는 것이 수용전념치료의 원리로 향하고 적용하는 데 도움이 된다.

5. 치료자는 부담스러운 내용(예, 치료과정에 떠오르는 것)을 수용하는 예를 보여주는 동시에 내담자의 모순되거나 어려운 생각, 감정, 기억 등에 대해 해결하려고 하지 않고 기꺼이 포용한다.

치료자가 내용과 경험을 마주하면서 진료실에서 기꺼이 하기를 직접적으로 실천하는 것은 중요하다. 이렇게 하는 것은 많은 치료자가 어려운 감정을 해소하는 것이 좋은 치료라고 배워 왔기 때문에 어려울 수 있다. 예를 들어, 내담자가 혼란해할 때 혼란을 좀 더 충분히 경험하는 것이 장기적으로는 더 좋을지에 대해 충분히 고려하지 않은 채 조급하게 문제해결 기법으로 들어가서 내담자가 힘겨워하지 않도록 많은 정보를 주게 될 수도 있다. 핵심은 치료자가 힘든 내용을 해결해 주려고 노력하지 않을 때 일어나는 치료자 자신의 불안을 기꺼이 경험하는 것이다.

서문에서 언급했듯이, 수용전념치료에 처음 입문한 치료자는 수용전념치료 모델의 특성에 대해 불안해하는 경향이 있다. 수용전념치료의 효과에 대한 연구 결과에 따르면 이러한 반응은 천천히 변화한다고 알려져 있다. 하지만 다행히 이러한 불안이 계속 높이 지속됨에도 초보 치료자도 좋은 치료 결과를 얻을 수 있다 (Lappalainen et al., 2007). 아마도 그것은 불안이 있으면 치료자가 단순히 내담자에게 이론적인 자료를 전달하기보다, 수용전념치료 과정에 계속 접촉해 있으면서 내담자에게 수용전념치료 과정에 대한 좋은 본보기가 되도록 하기 때문일 것이다.

6. 치료자는 적절하게 경험적 연습, 역설과 은유 등을 소개하고, 단순한 문자적 의미 만들기는 강조하지 않는다.

7. 치료자는 언제나 내담자의 경험이 무엇을 보여 주는지에 대한 논의로 돌아오며, 치료자의 의견이 그러한 실제 경험을 대신하지 않게 한다.

8. 치료자는 내담자와 논쟁하거나 가르치려 하거나 강요하거나 설득하려 하지 않는다.

역량 5에서 8까지는 비문자적인 탈융합된 현재의 수용적 자세를 강조하는데, 이를 통해 불확실한 상황에서의 성장을 높이 평가하고, 단지 문자적 수준의 이해에 대해서는 회의적인 시선으로 바라볼 수 있게 된다. 특히 의미 만들기는 인간 행동에 강력한 영향을 주어서 때로는 삶의 해가 되는데도 특정 행동을 하게끔 한다. 수용전념치료에서 사용하는 연습이나 은유, 이야기의 요점은 내담자가 자신의 문제를 새롭게 이해하게 하기 위한 것이라기보다, 수용전념치료자로 하여금 심리적 유연성이라는 목표가 내담자의 시야에서 벗어나지 않도록, 즉 내담자가 가치를 추구하기 위해 행동을 지속하거나 바꿀 수 있는 능력을 개발하도록 돕기 위한 것이다. 종종 그들이 특정 문제를 어떻게 가지게 되었는지, 그리고 어떻게 그것에서 빠져나올 수 있을지 이해하려는 작업 자체가 애초에 내담자를 막막하게 만들었던 과정의 하나다. 예를 들어 만성 외상후 스트레스 장애로 고생하는 내담자의 경우, 자신의 외상후 스트레스 장애 문제를 해결하기 위해서는 그 장애에 대해 더 알아야 한다는 믿음 때문에 외상적 경험을 지닌 채로 더 유연하게 사는 방법을 배우는 대신 그 장애를 이해하기 위한 치료에 몇 년을 보낼 수도 있다. 수용전념치료자는 이런 과정을 더하지 않도록 하기 위해 조심해야 한다. 만약 당신이 내담자의 삶을 자유롭게 해 주기 위해 노력하기보다 내담자의 마음을 바꾸려고 하는 것을 발견하게 된다면 거기서 멈추라. 당신은 수용전념치료를 하고 있는 것이 아니다.

마지막이자 가장 넓은 의미를 지닌 역량은 다음과 같다.

9. 수용전념치료 관련 과정이 바로 그 순간에 인식되고, 적절하다면 이를 치료적 관계의 맥락 안에서 직접적으로 지지해 준다.

지금부터는 치료적 관계와 관련된 수용전념치료 이론을 검증하고 이를 연습할 기회를 가져서 이러한 역량을 어떻게 실천할 것인지에 대해 중점적으로 알아보기로 하자.

경험적 연습: 치료적 태도

자신이 보고 있는 내담자를 생각해 보십시오. 만일 그들 중에 수용전념치료를 하고 있는 경우가 있다면 자연스럽게 연습과 은유를 하는 것이 아니라, 내담자가 그것을 이해할 수 있게 하려고 지나치게 애를 쓰고 있는 자신을 발견한 적이 있습니까?

잠시 위 질문의 답에 대해 곰곰이 생각해 봅시다. 눈을 감고 내담자를 이해시키려 애쓰고 있을 때 어떤 감정적 경험이 일어나는지 생각해 보십시오. 그럴 때 어떤 감정에서 도망치려고 하지는 않는지 살펴보십시오.

당신이 무엇을 경험했는지 몇 문장으로 적어 보십시오.

내담자를 이해시키려는 노력을 멈춘다면 무슨 일이 일어날 것이라고 상상됩니까?

당신은 기꺼이 그 감정과 마주한 채 그저 내담자와 연습이나 은유를 해 보겠습니까?

세 가지 수준에서의 수용전념치료 과정: 내담자, 치료자, 치료적 관계

수용전념치료 모델의 치료적 관계를 형성하기 위해 우리는 관계에서의 세 가지 수준 혹은 측면을 구분할 필요가 있다. 내담자의 심리 과정, 치료자의 심리 과정, 치료자와 내담자 사이의 상호작용의 특성이 바로 그것이다.

내담자

이 책의 대부분이 내담자의 심리 과정 수준에 초점을 두고 있기 때문에 여기에서는 간략하게만 다루기로 한다. 내담자 수준은 다음과 같은 주제에 관한 것이다. 어떤 과정이 심리적 성장에 해가 되는가? 이 과정이 임상적으로 어떻게 바뀔 수 있는가? 내담자에게 무엇이 도움이 되는지에 대해 그동안의 연구 및 임상 작업이 시사하는 바가 수용전념치료 육각형 모델에 제시되어 있는 과정에 잘 요약되어 있다.

치료자

수용전념치료 연구자와 임상가는 오래전부터 이 모든 과정이 치료자의 심리에도 적용되며, 치료자가 수용전념치료의 기본 자세를 최대한 유연하게 받아들이기 위해서는 반드시 진료실에서의 자신의 심리 경험에 관한 여섯 가지 수용전념치료 과정을 다루어야 한다고 주장해 왔다. 이 책은 치료자의 측면에서 심리적 유연성을 좀 더 증진하기 위해 해야 하는 모든 것을 중점적으로 다루고 있지는 않다. 수용전념치료 단체는 치료자가 이런 과정을 자신에게 적용하여 작업하는 것을 돕기 위해 체험적 워크숍을 진행해 오고 있다. 또한 치료자가 자신의 어려움에 대한 도움을 얻기 위해 『마음에서 빠져나와 삶 속으로 들어가라』(Hayes & Smith, 2005)와 같은 책을 활용하여 수용전념치료를 배우는 경우도 많이 있다. 치료자가 자신의 치료 능력을 계속 적절하게 유지하려면 치료자 자신의 심리에 관해 여섯 가지 핵심 과정을 사용하고 계속해서 연습하는 것이 필수적이다. 치료자로서 심리적 유연성을 좀 더 증진시키는 방법에 대해 추가적인 지침이 필요하다면 부록 B를 참조하라.

이제부터 각각의 핵심 과정이 치료자에게 적용되는 것을 살펴보자.

수용

임상 작업을 하는 동안 때때로 괴로운 감정이나 기억이 치료자에게도 나타난다. 다른 사람이 고통받는 것을 보는 것은 괴로운 일이며, 게다가 내담자가 경험하는 고통은 흔히 치료자가 경험했던 고통과 비슷하거나 중첩된다. 임상 작업은 다른 의미에서 두렵거나 부담스러울 수도 있다. 예를 들면, 당신의 도움을 받기 위해 치료비를 지불한 사람을 어떻게 도울 수 있는지 확신하지 못하는 데서 오는 고통과 같은 것도 있을 수 있다. 자신의 불편함과 함께 있지 않으려 하거나 그렇게 하지 못하는 치료자는 그것을 피하기 위해 치료시간을 구조화하려는 경향이 있을 것이다. 내담자도 의식적이든 아니든 이것을 알아차릴 수 있으며, 이런 불일치가 치료를 쉽게 손상할 수 있다. 예를 들면, 내담자에게는 불안과 함께 있으라고 하면서도 자신은 상황이 더 나아질지 알지 못하는 불안과 함께 있으려고 하지 않는 수용전념치료자의 경우를 생각해 보자. 내담자는 치료시간 중에 자신의 불안 수준을 감추어서 치료자를 도우려고 할 수도 있다. 이러한 경우, 내담자는 말로는 불안과 함께 있으라는 권유를 받았지만 실질적으로는 불안을 통제하라는 메시지를 전달받은 셈이 된다. 즉, 내담자로서는 이러지도 저러지도 못하는 상황이 주어지게 된 것이다. 이처럼 수용전념치료자는 수용전념치료를 효과적으로 사용하기 위해서 충분한 수준의 수용 기술을 갖추어야 한다.

인지적 탈융합

탈융합에서도 같은 문제가 있을 수 있다. 치료자도 내담자와 마찬가지로 자신의 생각의 정당성을 방어하려는 경향이 있다. 여기에는 단지 개인적인 생각뿐 아니라 치료 그 자체에 대한 생각도 포함될 수 있다. 치료자가 내담자에게 한편으로는 생각을 사실인지 또는 믿을 만한 것인지 여부에 대해 따져 봐야 하는 것으로 받아들이는 대신에 그저 그것을 알아차려 보라고 하면서, 다른 한편으로 임상적 해석에 대해서는 그것을 단지 유용한 정도에 따라 받아들이는 것이 아니라 명백한 사실로 받아들일 것을 은연중에 요구하는 경우가 있을 수 있다. 이 경우 역시 결과적으로는 내담자를 이러지도 저러지도 못하는 상황으로 밀어 넣는 셈이다. 왜냐하면 내담자에게 "당신 생각이 나와 일치하지 않을 때에는 내 생각이 맞는 겁니다. 그런 경우를 빼고는 생각을 그저 생각으로 알아차리세요."라고 요구하는 것이나 다름없기 때문이다. 이러한 이유 때문에 수용전념치료자는 자신의 생각을 단지 생각으로서 받아들일 줄 알아야 하고, 치료에서 가치 있는 목적을 위해 필요한 경우 기꺼이 그렇게 실천할 수 있어야 한다.

현재에 존재하기

내담자와 함께 현재 순간에 참여하고 존재하는 것은 효과적인 수용전념치료 작업에서 필수다. 현재 순간은 내담자와 맞닿는 것(예, 무엇이 말해졌고, 어떻게 말해졌는지)과 치료자 자신의 감정, 생각, 기억, 감각과 접촉하는 것을 포함한다. 만약 치료자가 일관성 있게 현재로 돌아오지 못한다면 치료에 거리감을 느끼고 진부하고 규칙에 얽매이는 특성이 생기게 되어, 치료 효과가 떨어질 가능성이 있다.

맥락적 자기

수용전념치료는 개념화된 자기와의 결합을 약하게 하고 초월적 자기와의 접촉을 형성하는 것을 추구한다. 관계틀 이론에 따르면, 일단 나/여기/지금의 관점을 통해 경험을 보는 것을 배우게 되면, 다른 사람은 (너/거기/그때) 세상을 다르게 본다는 것도 동시에 배우게 되며, 다른 사람의 관점에 있으면 어떨 것 같고 어떤 기분일 것 같은지에 대한 느낌(즉, 공감)도 형성하게 된다. 또한 맥락적 자기에 접촉하는 것은 치료자 측면에서 수용을 촉진할 수 있고, 치료자가 자신의 내담자를 위해 더 유연해질 수 있도록 해 주며, 제한된 자기개념을 내려놓을 수 있게 해 준다. 또한 이러한 것이 내담자에게 좋은 모범이 될 수 있다.

가치 있는 방향 정의하기

치료자 측면의 가치 두기는 효과적인 수용전념치료의 일부다. 가치는 수용전념치료 모델의 다른 부분을 의미 있게 해 주고 그 중요성을 부각해 준다. 목표는 수용 그 자체를 위한 수용이 아니라 가치 중심적인 삶을 살 수 있도록 하는 데 힘을 실어 주는 수용을 기르는 것이다. 치료와 삶에 있어서 치료자 자신의 가치를 명확히 하고 그에 헌신하게 되면, 내담자를 위해 치료자 자신이 심리적으로 어려울 수 있는 상황으로 기꺼이 내디딜 수 있게 된다.

전념 행동

선택된 가치를 적극적으로 추구하는 능력은 수용전념치료 모델의 기본이다. 여기서 말하는 전념은 단지 피상적인 행동 자체에 대한 전념을 의미하는 것이 아니라 삶의 기능에 대한 전념, 즉 선택된 가치와의 연결 고리를 의미한다. 치료자가 치료와 관련된 가치에 따라 행동하는 것에 전념한다는 것은 상황에 따라 치료자의 행동을 지속하거나 수정한다는 의미일 수도 있다. 이를 결정하는 중요한 요인은 내담자를 위한 것인지 여부이며, 치료 기술 그 자체가 중요한 것은 아니다.

치료적 관계

마지막으로 분석의 세 번째 수준은 수용전념치료의 여섯 가지 핵심 과정 모두를 치료하는 순간에 일어나는 치료적 관계의 맥락과 내용에 적용하는 것이다. 예를 들면, 수용전념치료자는 단지 내담자 측면에서의 수용만을 목표로 하지 않고,

치료를 하면서 나타나는 자신의 감정을 수용하는 것만을 목표로 하지도 않으며, 매 순간의 상호작용에서 내담자를 수용한다. 치료적 관계의 맥락과 내용은 이 수용이라는 핵심 과정이 매 순간 생동감을 갖고 표현될 수 있게 해 준다. 육각형 모델의 다른 부분도 이와 비슷하게 탈융합되어 있고, 현재에 존재하고, 자각하고 있고, 가치 중심적이고, 적극적이고, 유연한 수용전념치료의 치료적 관계를 통해 표현된다.

수용전념치료에서 효과적인 치료적 관계의 핵심 과정을 살펴보면서, 일부 요소는 치료의 종류와 상관없이 중요하다는 것을 알아차렸을 것이다. 예를 들어, 치료자는 어떠한 치료 모델을 따르고 있는가와 상관없이 현재에 머물 수 있어야 하고, 자신의 반응을 치료에 대한 조언으로 활용하며, 상황에 유연하게 반응해야 한다. 다른 핵심 치료 과정은 수용전념치료의 맥락에서 특히 중요하다. 예를 들어, 치료자가 자신의 행동을 통해 수용전념치료 과정의 예를 보여 주는 것은 내담자에게 큰 도움이 될 수 있다. 그리고 회피적인 방법으로 수용을 다루려 하거나 융합된 방식으로 탈융합을 다루려고 하면 역효과를 낳을 수 있다. 이 장의 내용은 효과적이고 치유적인 치료적 관계를 형성하는 데 중점을 두는 치료 기법인 기능 분석 정신치료(Functional Analytic Psychotherapy: FAP; Kohlenberg & Tsai, 1991)의 영향을 받았다.

치료적 관계에 대한 수용전념치료 모델

강력한 치료적 관계에 대한 수용전념치료 모델이 [그림 9-1]에 제시되어 있다. 치료적 관계에서의 세 가지 수준인 치료자, 내담자, 그들 사이의 사회적 상호작용이 동시에 표현되어 있는 것을 볼 수 있을 것이다. 관계란 두 사람 사이에서 일어나는 것이며, 각자의 심리적 과정이 중요하게 다뤄지게 된다. 그래서 효과적인 치료적 관계는 이 세 가지 수준이 모두 함께 작용하여 이루어진다고 할 수 있다.

심리적 유연성은 1장에서 여섯 가지 핵심적인 수용전념치료 과정의 총합으로 설명된 바 있다. 심리적 유연성은 모든 과정(육각형의 각 꼭짓점)과 그것의 상호작용

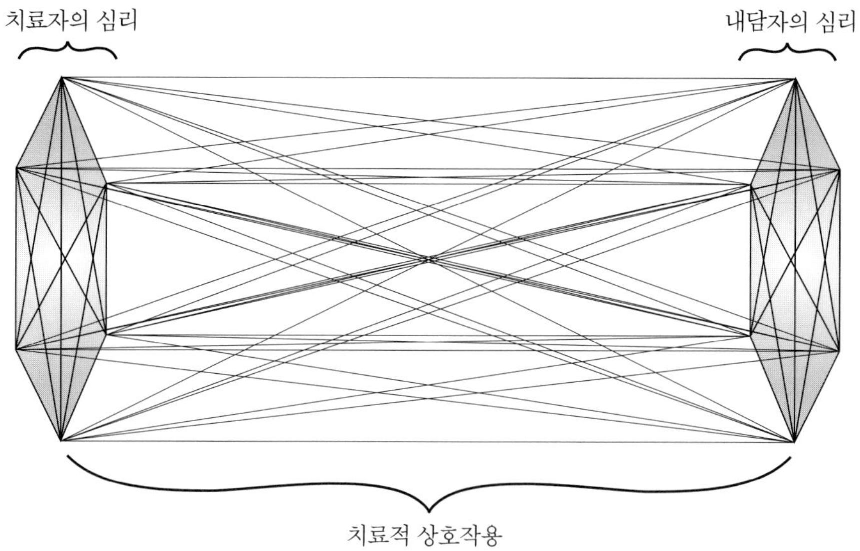

[그림 9-1] 치료적 관계에 대한 수용전념치료 모델

(꼭짓점을 연결한 선)에서 비롯된 것으로서, 육각형의 중심에 있는 원으로 표현하였다. [그림 9-1]에서 볼 수 있는 것처럼 이 모델을 한 쌍으로 확장하면 이 과정의 내부와 상호 간의 상호작용 수는 기하급수적으로 늘어난다. 기본적으로 수용전념치료자의 과제는 내담자의 심리적 유연성과 경직성의 순간을 포착하고, 심리적으로 유연한 반응을 사용하여 내담자에게 심리적 유연성의 예를 보여 주며, 내담자의 심리적 유연성을 조장하고 강화할 수 있는 치료적 관계를 만들어 가는 것이다.

치료적 관계에 수용전념치료를 적용하기

[그림 9-1]과 같은 모든 관계를 다 아우를 수 있는 치료자는 없을 것이다. 그것이 요점은 아니다. 그보다는 수용전념치료가 치료적 관계 자체에 적용될 수 있다는 것이 우리가 전달하고자 하는 바다. 여기에서 우리는 수용전념치료자가 치료시간 내에 내담자의 행동에서 드러나는 심리적 유연성이나 경직성의 순간을 찾아내고, 그 순간 행동을 강화하거나 행동에 이의를 제기하는 방법에 대한 모델을 제시하고자 한다. 이러한 과정을 통해 수용전념치료에 맞는 치료적 관계가 어떤 느

낌인지에 대한 감각을 키울 수 있었으면 하는 바람이다. 만일 당신이 이런 감각을 임상 작업에 적용할 수 있다면 내담자는 당신의 스승이 될 수 있을 것이며, 동시에 내담자의 심리적 유연성이 더 커지는 것으로 인해 그러한 변화에 도움을 준 당신의 행동도 지지받게 된다.

치료적 관계에 수용전념치료를 적용하기 위해서는 먼저 내담자에게서 일어나는 심리적 유연성과 경직성의 순간을 포착해 낼 수 있는 능력이 필요하다. 이런 과정을 어떻게 찾아낼 것인지의 논의를 어느 정도 다루고 있기는 하지만, 8장을 포함하여 이 책의 나머지 부분에서 광범위하게 그것을 다루고 있기 때문에 과도한 분량을 할애하지는 않는다.

만약 내담자의 행동이 심리적 유연성 쪽으로 나아가는 것이라면, 수용전념치료자는 이를 강화하는 동시에 심리적으로 유연한 반응을 사용함으로써 부가적인 유연성의 예를 보여 주고 장려해야 한다. 반대로 내담자의 행동이 심리적으로 경직되어 있다면, 치료자는 이를 강화하지 않도록 해야 한다. 동시에 심리적으로 유연한 반응을 보여줌으로써 유연한 반응의 예를 보여 주고 장려해야 한다.

언제 관계 자체에 초점을 두어야 하는가

정신치료에서의 모든 수용전념치료 방법이 치료적 관계의 맥락에서 일어나는 것이긴 하지만, 언제나 관계 그 자체에 초점을 두어야 하는 것은 아니다. 8장의 사례 개념화에서 우리는 모든 상호작용에 반응할 때에는 네 가지 영역을 관찰해야 한다는 점을 언급한 바 있다. 내담자의 진술은 내용 그 자체로서, 사회적 행동의 예로서, 내담자와 치료자 간의 관계에 대한 것으로서, 상징적 기능의 측면으로서 각각 설명할 수 있다. 이들 요소 각각 대해 수용전념치료적 분석이 가능하다.

내담자의 모든 진술이나 행동은 이들 네 가지 수준에서 살펴볼 수 있지만, 특정 상황에서는 특정 요소가 좀 더 관심의 초점이 될 수 있다. 관계 자체에 초점을 맞추는 것이 특히 유용한 경우는 관계 수준이 다른 수준과 연관될 때, 또는 치료자가 다른 영역을 효과적으로 다루기 위해 치료적 관계에 대한 작업이 필요할 때다. 예를 들어, 불안하고 회피적인 내담자가 치료적 관계 자체에서 이러한 과정을 보인다면, 그 수준에서 불안과 회피적인 태도에 대해 다루어야만 다른 방법으로는 불가능한 즉각적이고 직접적인 효과를 얻을 수 있다. 이와 비슷하게 관계에서 회피 정도가 다른 치료 작업을 간섭하고 방해할 정도라면, 치료자는 적어도 다른 치료 과정을 지나치게 방해하지 않을 정도까지는 충분히 관계에 초점을 두어야 한다.

치료 관계에서 보이는 심리적 경직성이 내담자 삶의 다른 영역에서의 심리적 경직성과 기능적으로 관계가 있을 때에도 관계 자체에 초점을 두는 것이 도움이 될 수 있다. 예를 들어, 내담자는 자신의 삶에 있어 중요한 타인에게 반응하는 것과 같은 방식으로 치료자에게 반응하는 경우도 있다. 예를 들어, 치료자가 자신과 내담자의 관계에서 발견되는 융합에 영향을 줄 수 있다면 이것이 비슷한 관계의 맥락에도 그에 상응하는 변화로 일반화될 수 있다.

치료적 관계는 다른 수준을 대상으로 한 작업을 할 때 평가의 수단 중 하나로 사용할 수도 있다. 예를 들면, 이전보다 사회 불안을 기꺼이 가지고 있으려는 점에서 많은 발전이 있다고 이야기하는 내담자가 치료적 관계에서의 불안을 적극적으로 피하려는 모습을 보일 경우, 이러한 내담자의 이야기를 좀 더 자세히 살펴보는 것이 좋다.

치료적 관계를 목표로 하기

여기서는 임상 장면에서 마주치게 되는 특징적인 순간 한 가지에 대해 이야기하면서 지금까지 논의한 이론을 종합적으로 살펴보기로 한다. 이 장의 후반부에는 추가 예에 대해 직접 작업해 볼 기회가 제공되어 있다. 치료적 관계에 대한 수용전념치료 모델은 관계 수준이 특정적으로 목표가 될 때에만 국한된 것이 아니기 때문에 여기에 제시되어 있는 사례 중에는 치료관계에만 초점을 두고 있지 않은 것도 있다. 덧붙이자면 이 책의 가장 주된 요점은 수용전념치료의 정신치료적 적용에 있기 때문에 주로 이에 대한 내용을 강조하고 있지만, 수용전념치료 워크숍, 직장 및 교육 환경에서의 자문이나 그 외 다른 환경에도 동일한 과정이 적용될 수 있다.

좋아지지 않는다고 하는 내담자

첫 번째 예로 내담자가 불안장애의 치료과정에 대해 치료자에게 이의를 제기하고 있는 상황을 가정해 보자. 내담자는 다음과 같이 치료자에게 말한다.

> 내담자: 더 이상 나아지는 것 같지 않아요. 이건 그냥 저한테는 의미 없는 심리 용어처럼 들려요.

이러한 도전은 그 안에 심리적 유연성의 한 측면을 내포하고 있는 경우가 많다. 예를 들어, 내담자의 경험 회피방법이 권위적 대상에 동의하거나 모든 어려움을 부정하는 식이라면, 내담자가 치료자에게 느낀 언짢은 감정을 포함하여 어떠한 언짢은 감정이라도 인정함으로써 새롭고 더 건강한 영역으로 나아가고 있는 것이라 할 수 있을 것이다.

반대로 이와 같은 도전은 진부하고 심리적으로 경직된 회피나 융합의 표현일 수도 있다. 내담자는 자신의 문제가 좋아지지 않는다는 점을 지적함으로써 자신이 옳다는 것을 증명하려고 하는 전략을 사용하는 것일 수도 있다(Hayes et al., 1999, p. 253). 이는 개념화된 자기와의 융합을 나타낸다. 혹은 내담자가 변화하려고 할 때 생겨나는 불안을 아직은 기꺼이 견디려 하지 않기 때문에 치료자에게 도전하고 있는 것일 수 있다. 이제부터는 각각의 수용전념치료 과정이 임상 반응의 주요 요소가 될 때 어떤 식으로 진행이 되는지 살펴보겠다. 예시된 반응을 보면 한 가지 이상의 수용전념치료 과정을 목표로 하고 있는 경우가 많다. 단 하나의 수용전념치료 과정만을 목표로 하는 반응은 작위적이며 불필요하다. 왜냐하면 수용전념치료 모델의 요소가 상호 연관되어 있는 특성으로 인해 수용전념치료의 임상 반응은 대부분 복합적인 기능을 하기 때문이다.

내담자의 말이 호전을 의미하는 경우

내담자의 불평을 힘든 감정을 인정하는 능력을 키우기 위한 일보 전진으로 볼 수 있는 경우부터 살펴보자. 이 경우에 치료자 반응의 목적은 그러한 진전을 강화하는 동시에 수용전념치료 과정의 예를 보여 주고 강화하는 것이다.

그렇다면 다시 내담자가 "더 이상 나아지는 것 같지 않아요. 이건 그냥 저한테는 의미 없는 심리 용어처럼 들려요."라고 말하는 상황으로 돌아와 보자.

수용 반응 "저에게 그 이야기를 해 주셔서 고맙습니다…. 여기에서 그런 생각을 드러낼 때 어떤 기분이 느껴지나요?"

분석 보편적으로 있을 수 있는 반응이 수용전념치료 관점에서는 문제가 될 수 있다. 예를 들면, 치료자는 내담자가 혼란해하고 있다고 추측하면서 오해하고 있는 것은 분명히 해 줄 필요가 있다는 생각 때문에 설명해 주려 하거나 적어도 의미 없는 심리 용어 같다는 느낌을 해소해 주기 위해 노력할 수 있다. 이런 종류의 강하게 융합된 반응은 '이것은 의미 없는 심리 용어다'라고 생각하는 것이 해결해야 하는 일종의 내용 문제라는 생각을 심각하게 받아들이게 만든다. 대신에 치료자는 좋아진 것이 없는 것 같다는 느낌을 정당화할 것인지, 아니면 그러한 생각에 대항할 것인지에 대해 결정하기 위한 노력을 해 볼 수 있다. 예를 들면, "실제로 당신의 불안 점수는 굉장히 낮은데, 더 좋아지지 않는다고 느끼는 이유는 뭘까요?"와 같은 반응은 아마도 내담자에게 방어로 보일 것이다. 내담자는 자신이 한 말이 치료자를 언짢게 할 수도 있다는 것을 알기 때문에, 자신이 한 말의 문자 그대로의 진실에 의문을 제기하거나 파헤치려는 치료자의 행동은 치료자가 부적절감을 느끼지 않으려고 도망치는 것으로 보일 수 있다. 그리고 실제로도 부적절감을 느끼지 않으려는 시도일 수 있다. 치료자의 그런 반응은 만약 내담자가 기분 나빠하는 것을 인정해 주지 않는 인상을 주게 되면 더 문제가 될 수 있고, '더 좋아지지 않는다'는 생각이 반드시 성공에 대한 장애물이라는 생각과 융합하게 한다.

"저에게 그 이야기를 해 주셔서 고맙습니다."라는 말은 치료자가 언짢음을 기꺼이 느끼겠다는 것을 보여 준다. 이런 반응은 치료자가 포착한 내담자의 정서 개방을 강화하는 효과가 있다. "어떤 기분이 느껴지나요?"라는 말은 치료자가 지지하려는 영역을 내담자가 탐색하도록 해 준다.

인지적 탈융합 반응 "어머나, 그거 참 지니고 있기에는 고통스러운 생각이네요."

분석 성급하게 사용한다면, 이런 상황에서의 탈융합은 내담자 감정의 타당성을 인정해 주지 않는 인상을 주기 쉽다. 그렇게 되면 전반적인 치료 목표에 악영향을 줄 수도 있다. 위의 반응에서 치료자는 내담자가 단지 생각을 표현하고 있는 것이지, 그 사건이 객관적으로 사실인지 거짓인지는 중요하지 않다는 점을 지적해 낼 수 있을 정도로만 탈융합을 동원하고 있다. 그리고 동시에 내담자가 한 걸음 더 나아가는 것을 지지하고 있다. 이와 같은 치료자 반응은 내담자의 고통을 인식함으로써 내담자가 감정적으로 힘든 것을 표현하는 것을 타당화해 주고 지지하려 한다는 점에서 수용의 요소도 포함하고 있다고 볼 수 있다.

현재에 존재하기 반응 [잠시 멈춤] "그런 이야기를 하는 것이 꽤 힘들었을 것 같아요. 우리 둘 다 잠시 그 이야기와 함께 머무는 것이 어떤 감정을 불러일으키는지 현재에 머무는 시간을 가져 보죠."

분석 이 반응은 치료자와 내담자 둘 다 현재 순간에 하나의 도전을 받고 있음을 인정하는 것이다. 내담자가 했던 이야기는 하기 힘든 말이며, 치료자로서 그것을 듣는 것 또한 힘든 일이다. 치료자는 도전을 적극적으로 받아들이면서 두 사람 모두 현재로 함께 돌아올 것을 제안하여서 수용과 현재 순간의 중요성에 대한 예를 보여 주고 내담자가 힘든 감정으로 한 단계 나아가는 것을 강화하고 있다.

맥락적 자기 반응 "제가 만일 그렇게 느꼈다면 정말 힘들었을 거예요. 치료자에게 그렇게 말하는 것은 매우 힘든 일이었을 거예요."

분석 초월적 자기감은 대상 지시적 관계틀에 기초를 둔 것이다. 관계틀 이론 연구에는 어린아이가 이러한 틀을 사용하도록 훈련하는 방법 중의 하나로, "만약 내가 너이고, 너는 나라면 어떻게 하겠니?"라는 식으로 질문하는 것이 있다. 치료자가 내담자의 입장이 되는 간단한 행위를 통해 내담자의 의식적 감각을 깨워 주고 내담자로 하여금 심리적 고통 속으로 한 걸음 나아가도록 하는 효과를 거둘 수 있다.

가치 있는 방향 정의하기 반응 "알겠습니다. 우리가 그것에 대해 알아보기 전에, 우선 제가 여기 있는 건 당신 자신과 당신이 삶에서 진정으로 원하는 것 때문이지 그럴듯한 말로 칭찬을 받으려고 하는 것이 아니라는 것을 말씀드리고 싶네요."

분석 이 반응은 치료자의 가치를 솔직히 말한 것이다. 치료를 치료자의 편안함이나 치료자가 옳은 사람이 되는 것이 아니라 내담자에 관한 계약이라는 관점에서 정의하고 있다. 또한 의미 없는 심리 용어에 집착하는 것(예, 그럴듯한 말을 하는 것)을 명확하게 피하고 있다.

전념 행동 반응 이제까지 나온 모든 반응은 치료자 측면에서의 전념 행동으로 볼 수 있다. 왜냐하면 내담자의 이익을 먼저 생각한 것이기 때문이다. 전념 행동을 더욱 강조하는 반응을 만들어 낼 수 있겠지만, 그렇게 하려면 이 사례의 더 많은 맥락에 대한 정보가 필요할 것이다.

모든 치료자의 반응은 내담자의 진술이 강한 임상적 도움이 필요한 긍정적인 임상적 진전을 의미한다는 것을 가정한다. 그러나 치료자가 내담자의 불만 속에서 긍정적 진전을 관찰하지 못하는 경우를 가정해 보자. 회피와 융합만 발견된다고 가정해 보자. 그럴 때에는 치료자가 어떻게 할 것인가? 대부분 치료자의 전반적인 전략에 달려 있다. 그래서 다음 내용을 볼 때에는 각각의 영역에 제시되어 있는 모범 반응을 옳은 반응으로만 보기보다는 내담자에 대한 분석과 자신의 반응을 연결하는 것이 중요하다. 특히 모범 반응만이 유일한 올바른 반응이라고 받아들이지 않도록 주의해야 한다.

내담자의 말이 무엇인가 문제가 있음을 의미하는 경우

만약 내담자의 진술이 심리적으로 경직되어 보인다면 치료자의 목표는 부정적 과정을 강화하지 않으면서 긍정적인 과정의 예를 보여 주고 격려하는 것이다. 경험 회피의 경우 예상되는 강화물은 힘든 개인 경험을 회피하는 것이다. 그러므로 치료자가 그러한 기능적 결과를 불러일으키는 반응으로 빗나가지 않도록 하는 것이 중요하다. 예를 들어, 치료자가 왜 내담자가 진전이 없다고 느끼는지에 대해서 더 철저히 분석하려고 한다면 결코 회피된 감정과 만나지 못하게 될 수도 있을 것이다. 회피를 임상적으로 다루기 어려운 경우가 간혹 있을 수 있는데, 회피가 효과적으로 작용하게 되는 경우에는 기능적으로 중요한 것이 직접적으로 드러나지 않기 때문이다. 그래서 치료자는 어떤 일이 벌어지고 있는지에 대해 빈틈없는 결정을 내려야만 한다. 예를 들어, 내담자의 말이 불안을 회피하기 위한 것이라고 가정하자. 이 경우에는 치료자가 경솔하게 내담자의 불안을 예방하려 하지 않는 것이 중요하다.

유사하게 융합의 경우에도 예상되는 강화물은 광범위하게 논리정연한 관계틀, 즉 옳은 것을 방어하려는 것이다. 이런 경우에 내담자와 치료자 모두를 이러한 관계 틀 속으로 깊이 끌어들이는 치료자의 반응은 바람직하지 않다. 동의하거나 동의하지 않는 것 모두 이러한 효과를 나타낼 수 있으며, 논리적인 이의 제기, 순응, 저항, 분석 등도 마찬가지다.

이런 이유에서 다음에 나오는 반응은 불합리하게 보일 수도 있다. 일상적이지만 도움이 되지 않는 경향에서 빠져나와 대신 특정 수용전념치료 과정으로 들어가도록 설계된 임상 반응의 경우 그렇게 보일 수 있다. 우리는 내담자의 호소에 담겨 있을 것이라고 가정되는 회피되고 융합된 패턴과 같은 패턴이 치료적 관계 자체에서도 명백하게 드러날 것이라는 가정을 가지고 이러한 반응을 만들어 내었다. 그러므로 어떤 반응에서는 치료자가 내용 수준에서 관계 자체의 수준으로 옮겨 갈 수 있다.

그렇다면 다시 내담자가 "더 이상 나아지는 것 같지 않아요. 이건 그냥 저한테는 의미 없는 심리 용어처럼 들려요."라고 말하는 상황으로 돌아와 보자.

수용 반응 "다른 치료를 받으실 때에도 이런 감정을 느꼈을 것으로 생각되는데요, 맞나요? 그렇다면 한 가지 묻겠습니다. 예전에 이렇게 느꼈을 때에는 어떻게 했나요? 그리고 그것이 어떤 효과가 있었나요?"

분석 이 반응은 과거의 순간으로 돌아감으로써 자신이 했던 말의 기능을 살펴보게 하는 것이다. 이것은 수용을 기반으로 한 질문의 하나라고 할 수 있다. 그것이 경험 회피의 단서를 가리키고 있는 것이기 때문이다. 치료자가 자신을 방어하지 않고 과거에 그런 적이 있었다는 것을 먼저 확인한 후 내담자의 반응을 내담자의 말 자체의 진실 여부가 아니라 효용성과 연결한다는 점에 주목하자. 치료자는 논쟁하지 않고, 알고 싶어 한다는 점을 보여 주고 있다.

관계 자체 수준에서의 수용 반응 "제가 당신을 실망시키고 좌절하게 할까 봐 걱정되시나요?"

분석 치료자는 내담자의 불평을 치료적 관계 자체에 관한 진술로 분석하고 있다. 있을 수 있는 기능을 추측함으로써 치료자는 힘든 과정을 수용하는 것에 대한 예를 보여 주고 이를 북돋워 주고 있다. 그 추측이 틀렸다 해도 내담자는 아마도 치료자가 위험을 감수하는 것을 보고 고맙게 생각할 것이고, 치료자와의 관계 안에서는 힘든 감정도 이야기할 수 있다고 받아들이게 될 것이다.

인지적 탈융합 반응 "이것 하나만 물어볼게요. 지금 그 생각이 당신에게 얼마나 가까이 있나요? 그 생각이 당신에게 달라붙어 있는 것처럼 느껴지나요, 아니면 우리 사이의 공간에 떠다니는 것처럼 느껴지나요? 이 종이가 '나는 더 이상 좋아지지 않는 것 같다'는 생각이라고 가정하고, 지금 이 생각이 당신에게서 얼마나 떨어져 있는지 보여 주시겠어요?"

분석 이것은 단도직입적인 탈융합 반응이다. 단순히 반응의 결과를 통해 바라보는 것이 아니라 생각의 과정을 살펴보는 반응이기 때문이다. 이 장에 부분적으로 이러한 내용을 포함한 이유는 일반적인 사회 관계에서 조금 벗어나 있는 탈융합의 특성 때문에 관계 지향적인 치료자가 탈융합을 내담자의 타당성을 인정하지 않는 반응으로 인식하는 경우가 있기 때문이다. 그러나 이와 같은 탈융합 반응에 내담자의 타당성을 인정하지 않는 효과는 없다는 것이 우리가 이야기하고자 하는 요점 중 하나다.

관계 자체 수준에서의 탈융합 반응 "흥미롭군요. 만약 그 생각을 문자 그대로 받아들인다면, 제 생각에 우리는 당신이 실제로 진전을 보이고 있는지 여부에 대해 다뤄야 할 필요가 있을 것 같아요. 그리고 그렇게 하는 것이 가치가 있을 것 같다고 본능적으로 느껴진다면 그렇게 해 볼 수도 있습니다. 그렇지만 우리의 관계를 살펴보고, 우리가 과정 자체에 대해 두렵고 힘든 생각을 갖게 될 때 어떻게 해야 할지에 대해 살펴보는 것도 필요하지 않을까 싶습니다."

분석 이 반응 역시 치료적 관계 자체가 내담자 진술의 초점 중 하나라는 생각에 기초한 것이다. 이 반응은 탈융합을 언어적이든 아니든 다양한 방법으로 걱정을 다룰 수 있고 관계 내에 이를 적용할 수 있는 유연성과 특별히 연결하는 것이다.

현재에 존재하기 반응 [치료자의 의자를 내담자 옆으로 옮겨서 둘 다 같은 방향을 보도록 하면서] "우리 둘 다 치료가 진전이 없다고 생각하면 어떤 기분인지 지금 여기서 만나 볼 수 있을까요? 그리고 저 앞의 바닥에 그 생각을 내려놓고 그것을 바라보면 무엇이 떠오르는지 더 자세히 관찰해 봅시다."

분석 이 반응은 탈융합과 현재에 머무는 반응을 합한 것이다. 문자적 수준에서 내담자의 불평은 치료자와 내담자 사이의 분명한 장벽이다. 의자 두 개를 함께 놓고 두 사람 앞에 주제를 내려놓는 것은 탈융합되어 있고 현재에 초점을 두는 치료 동맹의 은유적 표현이다. 이것은 마치 치료자가 "우리의 걱정과 판단은 우리

관계에 있어서 장벽이 아니에요. 그것은 적당한 치료 작업의 목표가 될 수 있어요."라고 말하는 것과 같다. 이 방법은 치료 작업을 다른 시간과 장소에 대해 이야기하는 것으로부터 끄집어내고 이러한 반응을 현재 순간으로 가져오는 것이다.

맥락적 자기 반응

치료자: 조금 이상한 질문 같겠지만, 당신은 지금 몇 살처럼 느껴지나요?

내담자: [잠시 멈춤] 일곱 살 정도요.

치료자: 좋아요. 우리 잠시 일곱 살의 몸으로 들어가 보는 시간을 가져 볼까요? 눈을 감고 연습해도 될까요?

내담자: 네.

치료자: 좋아요. 해 봅시다. 그리고 이후에 이에 대해서 더 다뤄 볼 수 있습니다. 일곱 살 때 어디에 살았는지를 떠올려 보세요. 그리고 당신의 마음의 눈으로… [내담자가 일곱 살 때 어떻게 느꼈는지 자세히 설명할 수 있게 어린아이 연습을 계속한다. 그리고 아이에게 무엇이 필요한지를 물어보고 듣도록 한다.]

분석 이 움직임은 회피를 과거에 있었던 사건으로 다루고 있다. 이 연습은 내담자를 일곱 살의 몸으로 이동하게 하여, 나/지금/여기를 현재의 투쟁에 대해 더 큰 조망을 갖는 다른 맥락으로 가져가게 한다.

가치 있는 방향 정의하기 반응 "그리고 그냥 그것과 함께 계속 가 보지요. '이건 효과가 없어'라는 생각과 함께 가 봅시다. 그게 사실이라면 삶에서 원하는 것 중에 잃게 되는 것은 무엇입니까?"

분석 우리는 가치 안에서 고통을 발견하고, 고통 안에서 가치를 발견한다. 이런 움직임은 투쟁을 가치 안에 두게 하는데, 이로 인해 투쟁 자체에 다른 의미를 부여할 수 있게 한다.

전념 행동 반응 "좋아요. 이거 하나만 물어볼게요. 치료가 전진하려면 무엇을 내려놓아야 한다고 생각하고 있나요? 그리고 만약 고통스러워도 자신이 무엇을 해야 할지 안다면 그 방향으로 함께 나아가기 위해 필요한 것은 무엇일까요?"

분석 이 반응은 만약 치료적 관계가 효과일 것이라는 것을 안다면 그러한 치료적 관계에 기꺼이 전념할 것인지를 묻고 있는 것이다.

요약

이 연습은 각각의 예에서 특정 수용전념치료적 과정이 가장 지배적인 위치를 차지하고 있다는 점에서 보면 어느 정도 인위적이라고 할 수 있다. 수용전념치료를 하는 중에 대부분의 임상적 반응은 여러 가지 수용전념치료를 기반으로 하는 과정이 혼합되어 있는 경우가 많다. 그러나 위와 같이 어느 정도는 인위적인 반응을 만들어봄으로써, 회피되거나 오해될 수도 있는 접근법을 살펴볼 수 있다.

효과적인 치료적 관계를 형성하는 것은 수용전념치료의 핵심이다. 다행히도 그렇게 하기 위한 기초적인 기법이 수용전념치료 자체에 내재되어 있다. 본질적으로 전략 원칙은 다음과 같다. 당신이 수용전념치료를 할 수 있는 맥락을 만들어 나가는 과정에 수용전념치료를 적용하고, 심리 변화의 예를 보여 주며 북돋워 주고 지지해 주면서 치료적 관계 자체에 수용전념치료를 적용하라는 것이다.

이 절에 소개되어 있는 예는 치료적 관계가 손상되는 상황을 다룰 때 어떻게 하는지에 대한 견본이다. 치료자는 온전하게 방어 없이 자신의 역할에 대해 책임감을 가져야 한다. 이는 수용전념치료 과정의 예를 보여 주는 식으로 이루어져야 하며, 방어적으로 내담자의 관심을 돌리려는 식이어서는 안 된다. 그 후에 같이 논의한 가치에 근거해서 치료 계약을 재정리하고 다시 확정해야 하며, 이러한 과정의 각 단계에서 수용전념치료 과정의 예를 보여 주고 북돋워 주어야 한다.

핵심 역량 실천

모범 반응을 보기 전에 최선을 다해서 이 절에 나와 있는 내담자의 언급에 대해 자신만의 반응을 만들어 보기를 권한다. 힘든 노력 끝에 자신만의 반응을 만들어 낼 때 가장 많은 것을 배울 수 있을 것이다. 자신만의 반응을 만들어 내면서 이 장의 앞부분에 나와 있는 예를 참조하는 것이 도움이 될 것이다.

모든 것이 잘되어 가고 있다고 하는 내담자

폭식 병력이 있는 23세 여자가 우울하다면서 치료자를 찾아왔다. 그녀는 자기 비판적인 경향이 있으며, 피상적인 긍정(예, "난 괜찮아요.")의 뒤로 자신을 숨기는 경향이 있었다. 이전 치료시간에 치료자는 내담자와 함께 스스로를 좋아 보이게 하려는 대신 자신이 어떤지 솔직해지는 것에 대해 열심히 작업을 하였다.

내담자: 이번 주는 굉장히 좋았어요. 제 생각에 선생님하고 했던 치료 작업 덕분인 것 같아요. 기분도 좋고요, 마음이 더 열린 것 같고요, 폭식 문제도 잘 조절하고 있어요.

내담자의 이야기가 처음에 비해서 심리적으로 좀 더 유연해지는 쪽으로 발전하고 있음을 반영한다고 가정해 보자. 치료자는 '기분도 좋고 마음이 더 열린 것 같다'는 말이 회피를 의미하는 것은 아니라는 것을 확신하고 있다. 치료자는 내담자가 현재의 치료적 맥락에 대해 알고 있는 것을 근거로 정말 자신의 생각과 감정에 대해 더 열린 마음을 갖게 되었다고 생각하지만, '기분이 좋다'는 것이 감정을 더 잘 느끼는 것보다는 정서적 내용에 더 초점을 맞추고 있다는 뜻은 아닌지 약간 걱정을 하고 있다.

[연습 9-1]

당신은 긍정적인 수용전념치료 과정의 예를 보여 주고, 북돋워 주고, 강화해 주고자 한다. 이 연습에서는 수용, 인지적 탈융합, 현재에 존재하기, 맥락적 자기, 가치 있는 방향 정의하기, 전념 행동을 각각 보여 주고 있는 반응 목록을 우선 읽어 본다. 몇 가지 반응은 한 가지 이상의 수용전념치료 과정을 포함하고 있음에

유의하도록 한다. 당신이 해야 할 일은 가장 두드러지는 과정을 고르는 것이다.

반응 1 "훌륭해요. 그런데 그 이야기를 하실 때 무엇이 떠오르나요?"

반응 2 "고맙습니다. 지금까지 우리가 작업해 온 것을 바탕으로 생각해 볼 때 단지 좋게 느끼는 것이 아니라 느끼는 것을 잘하고 있는 것 같습니다. 저에게는 그게 특히 의미가 있는 것 같습니다. 힘든 곳으로 한 걸음 더 들어가서 거기서 할 수 있는 새로운 일을 찾아내고 계시는 것 말입니다."

반응 3 "한 걸음씩 나아가고 있다는 것을 잘 알겠습니다. 무슨 일이 있더라도 이 작업의 다음 단계에도 제가 함께할 것이라는 것을 아셨으면 합니다."

반응 4 "때때로 저의 마음이 저에게 걱정거리를 많이 안겨 주기도 합니다…. 당신에게도 그런 일이 일어나기도 한다는 것을 잘 알고 있습니다. 그리고 제 생각에 이제 우리는 스스로에게 마음이 그렇게 떠들어대는 것에서 한 걸음 물러나서 작업을 할 여유를 준다면 어떤 일이 가능하게 될지에 대해 알아차리기 시작한 것 같습니다."

반응 5 "중요한 것은 이 작업이 당신과 당신이 삶에서 원하는 것에 관한 것이라는 점입니다. 그렇게 되어 가고 있는 것을 보니 좋군요. 그리고 당신이 과거의 경험이 아닌 자신이 중요하게 생각하고 있는 것을 기준으로 삼고 있는 것을 보니 더욱 좋습니다."

반응 6 "당신에게는 이 모든 것이 돌아가는 것을 보면서도 동시에 선택을 할 수 있는 면이 있군요, 그렇죠? 자신의 그러한 면과 함께할 수만 있다면 '이기고 들어가는' 셈입니다. 잘은 모르지만 바로 그것이 당신이 인식하고 있는 변화의 한 부분이지 않을까 싶네요. 스스로를 의식이 있는 사람이 될 수 있도록 해 주는 것 말입니다."

아래의 각 빈칸에 반응 번호를 적어 넣어 반응을 수용전념치료 과정과 연결해 보십시오.

___ 수용
___ 인지적 탈융합
___ 현재에 존재하기
___ 맥락적 자기
___ 가치 있는 방향 정의하기
___ 전념 행동

정답은 이 페이지 밑에 제시되어 있다.

이번에는 똑같은 내담자의 말이 주로 심리적 경직성을 반영하고 있다고 생각되는 맥락을 가정해 본다. 이 경우에 치료자는 “이번 주는 굉장히 좋았어요. 제 생각에 선생님하고 했던 치료 작업 덕분인 것 같아요. 기분도 좋고요, 마음이 더 열린 것 같고요, 폭식 문제도 잘 조절하고 있어요.”라는 내담자의 이야기가 자신과 특히 치료자에게 긍정적으로 꾸며진 면을 보여 주려고 하는 오래된 습관을 보이는 것이라는 생각이 든다. “이번 주는 굉장히 좋았어요.”라는 말은 내담자가 어떠한 도전도 해 보려 하지 않았다는 것을 의미하고, “제 생각에 선생님하고 했던 치료 작업 덕분인 것 같아요.”라는 말은 치료자가 좀 더 자세히 살펴보지 못하도록 하기 위해 치료자에게 당근을 주려는 것이다. “기분도 좋고요, 마음이 더 열린 것 같아요.”라는 말은 수용전념치료의 겉모습을 하고 있지만 오래된 정서 통제 강령일 뿐이며, “폭식 문제도 잘 조절하고 있어요.”라는 말에는 억압적인 회피가 뚜렷하게 담겨 있다고 치료자는 생각하고 있다.

다음 연습에서는 건강하지 않은 과정을 강화하지 않고, 긍정적인 수용전념치료 과정의 예를 보여 주고 북돋워 주면서 치료적 관계를 형성해 나가는 것을 해 보도

[2, 4, 1, 6, 5, 3]

록 한다. 각각의 연습에는 치료자의 반응 목록이 제시되어 있는데, 그중에는 해당 연습의 초점이 되는 수용전념치료 과정이 가장 잘 표현되어 있는 것이 있다. 반응 자체는 적절하지만 해당 연습에서 요구하는 수용전념치료 과정이 잘 반영되어 있지 않은 경우도 있다. 어떤 경우에는 해당 수용전념치료 과정에는 맞지만 심리적 경직성의 원천을 강화하는 반응도 있을 것이다. 또 다른 경우에는 반응이 단지 너무 약한 것일 수도 있다. 각각의 사례에서 연습의 목적을 잘 기억하고 가장 적절하다고 보이는 것을 고르도록 하자.

그렇다면 다시 내담자가 "이번 주는 굉장히 좋았어요. 제 생각에 선생님하고 했던 치료 작업 덕분인 것 같아요. 기분도 좋고요, 마음이 더 열린 것 같고요, 폭식 문제도 잘 조절하고 있어요."라고 말하는 상황으로 돌아가 보자.

[연습 9-2]

수용을 가장 잘 보여 주는 반응에 표시하십시오.

___ "네, 저도 모든 일이 다 잘되어 가고 있을 때 기분이 좋아요."
___ "음, 그 이야기를 들으니까 약간 불안해지는데요. 지금 우리가 하려는 것이 기분을 좋아지게 하는 것이었나요?"
___ "당신은 자신의 감정을 받아들여야 합니다. 연구에 따르면 그렇게 하지 않을 경우 좋은 결과가 있을 수 없다고 합니다."

설명을 읽기 전에 가장 적절하다고 생각하는 반응에 표시하십시오.

설명 세 번째 반응은 설교하는 느낌이다. 수용을 다루고 있는 것인데, 오히려 융합되어 있고 비판적이며, 수용의 예를 보여 주거나 북돋워 주고 있지 못하다. 내담자의 말에 대한 분석을 고려해 보면, 첫 번째 반응은 회피를 강화하고 있는 것이라고 할 수 있다. 두 번째 반응은 치료자의 힘든 감정을 인식하고 있고 앞서 가정된 회피 기능을 약화하고 있다. 따라서 수용전념치료에 가장 적합한 것이라고 할 수 있다.

[연습 9-3]

인지적 탈융합을 가장 잘 보여 주는 반응에 표시하십시오.

___ "만약 '치료에 진전이 없다'는 생각을 갖고 있었다면 그 생각도 저에게 이야기할 수 있으셨을까요? 아마 어려웠을 겁니다. 습관적으로 '난 괜찮다'는 생각으로 빠져들었을지도 모릅니다."

___ "음, 두 가지 생각이 떠오르네요. 하나는 지금까지 우리가 해 온 치료 작업이 얼마나 좋았는지에 대한 것이고요. 다른 하나는 지금 말씀하신 것이 저를 기분 좋게 하려는 것과 연관되어 있다는 느낌이 들어서 그에 대해 좀 더 파고들어야 할 것인지 여부입니다. 지난주에 대해 말씀하신 것에 대해 잠깐 시간을 갖고 살펴보면 어떤 생각이 떠오르나요?"

___ "이번 주가 굉장히 좋았다는 생각의 증거가 무엇인지 말씀해 보시겠어요?"

설명을 읽기 전에 가장 적절하다고 생각하는 반응에 표시하십시오.

설명 마지막 반응은 생각이 옳다는 것에 대한 증거를 요구하고 있다. 이러한 접근 방식은 수용전념치료에서 금지하고 있지는 않으나 거의 사용하지 않으며 탈융합 기법이 아니다. 나머지 두 반응은 탈융합에 초점을 맞추고 있고, 앞서 가정된 회피를 직면시키고 있다. 두 가지 반응 모두 수용전념치료 관점에서 적절한 것으로 보인다.

[연습 9-4]

현재에 존재하기를 가장 잘 보여 주는 반응에 표시하십시오.

___ "우리가 한 치료 작업 중에 가장 도움이 되었다고 생각하는 것은 무엇입니까?"

___ "자, 폭식 문제를 조절하는 것에 대해서 바로 지금 여기에서 어떤 기분이 드나요?"

___ "그에 대해 좀 더 알아보기 전에, 우선 심호흡을 크게 세 번 하고 지금 여기에 있으면서 치료 작업을 해 나가는 것에 대해 드는 느낌과 만나 봅시다. 괜찮으시겠어요?"

설명을 읽기 전에 가장 적절하다고 생각하는 반응에 표시하십시오.

설명 첫 번째 반응은 상대적으로 융합된 반응이며, 사실상 모든 것이 잘되어 가고 있다고 가정하고 있기 때문에 치료자가 회피 행동이라고 보고 있는 것을 강화할 가능성이 있다. 두 번째 반응은 현재로 돌아오게 하려는 시도이기는 하나 다소 서투르다. 또한 폭식을 조절한다는 생각과 연결되어 있기 때문에 억압적 회피의 한 형태가 아닌지 염려하는 것을 강화할 가능성이 있다. 마지막 반응은 아주 유려하지는 않지만 일어나는 일을 현재 순간으로 가져오고 있고, 특히 내담자가 한 말의 부정적인 측면을 강화하는 것을 피하고 있다. 주어진 반응 중에서는 최선의 선택이다.

[연습 9-5]

맥락적 자기를 가장 잘 보여 주는 반응에 표시하십시오.

___ "지금 그 이야기를 하고 있는 것은 누구일까요? 당신의 여러 모습 중에서 힘든 일이 있더라도 긍정적인 모습을 보여 주고 싶어 하는 부분에서 비롯한 것일까요, 아니면 좋든 나쁘든 자신의 경험에 대해 열린 마음으로 다가가는 좀 더 핵심적인 부분에서 비롯한 것일까요?"

___ "만약 제가 당신이고 당신이 저라면 전 제 치료자를 기분 좋게 해 주고 싶을 거예요. 꼭 그렇지만은 않은데도 모든 것이 잘되어 가고 있다는 말로 그저 저에게 좋은 인상을 주려 하시는 것 같다는 느낌이 드네요."

___ "다른 사람을 즐겁게 해 주려는 분이 하는 말인가요?"

설명을 읽기 전에 가장 적절하다고 생각하는 반응에 표시하십시오.

설명 첫 번째와 두 번째 반응 모두 맥락적 자기를 불러일으키려는 시도를 담고 있다. 두 번째 반응은 대상 지시적 관계('만약 제가 당신이고 당신이 저라면')를 통해 그러한 시도를 하고 있는데, 한편으로는 다소 위험할 수도 있다. 왜냐하면 내담자가 더욱 개방적인 자기감과 접촉할 수 있도록 돕기보다는 내담자의 동기에 대한 치료자의 짐작이 옳다는 것에 강하게 치우쳐 있기 때문이다. 지금까지의 치료과정에서 반복적으로 다루었던 오래된 패턴이 아니라면 첫 번째 반응에서처럼 좀 더 부드럽게 이야기하는 것이 더 현명한 방법일 것이다. 세 번째 반응도 괜찮을 수 있다. 단지 이 반응의 경우에는 맥락적 자기를 직접 다룬 것이라기보다는 개념화된 자기로부터 탈융합하도록 한다는 의미에서 맥락적 자기와 연결되어 있는 것이라고 할 수 있다.

[연습 9-6]

가치 있는 방향 정의하기를 가장 잘 보여 주는 반응에 표시하십시오.

___ "앞으로 나아가는 것이 당신에게 얼마나 중요한지 잘 알겠습니다. 그런데 저에게 나아지고 있는 것에 대해 감사해할 때, 전 제가 다가서는 것을 막으려는 것 같은 느낌을 받습니다. 제가 완전히 잘못 짚은 것일 수도 있지만 그런 느낌이 들어요. 제가 여기 있는 것은 저를 위해서가 아니라 당신을 위해서입니다. 제가 듣기 좋은지 거북한지와 관계없이 당신이 실제로 경험하고 있는 것이 무엇인지 알고 싶습니다."

___ "지금 당신의 삶에서 효과가 있을 만한 일을 하는 것이 중요할 것 같습니다. 마음의 문을 닫는 것보다는 열린 마음을 갖는 것이 효과적인 가치입니다. 자, 지금 저에게 마음을 열고 계시는 건가요?"

___ "좋아요. 이거 하나만 살펴보시겠어요? 저에게 그 이야기를 하시면서 그것이 무엇을 위한 것이라는 생각이 드시나요? 지금 하신 그 말씀 말입니다. 바로 대답하지는 마시고요. 그것이 무엇을 얻고자 하는 것인지에 대해 열린 마음으로 받아들일 수 있는지 보세요. 당신이 정말 원하는 것은 무엇인지, 그 작은 순간에 말이죠."

설명을 읽기 전에 가장 적절하다고 생각하는 반응에 표시하십시오.

설명 두 번째 반응은 치료자가 내담자에게 무엇에 가치를 두라고 지시하는 것과 같은데, 이는 수용전념치료의 관점에서 볼 때 심각한 실수다. 이 반응에서는 선택된 가치에 따라 효용성이 결정되는 모습이어서 주객이 전도된 셈이다. 첫 번째와 세 번째 반응은 훨씬 낫다. 치료자가 맥락에 따라 둘 중에 하나를 고르면 될 것이다. 첫 번째는 더 단정적이고 지시적이며, 세 번째는 더 잠정적이고 탐색적이다.

[연습 9-7]

전념 행동을 가장 잘 보여 주는 반응에 표시하십시오.

___ "섭식장애로부터 회복하는 데 전념하고 싶다면 우리가 고안한 식이 계획을 따르는 것에 전념하셔야 합니다."

___ "이렇게 해 보면 어떨까요? 제 이야기가 맞고 말씀하신 것이 틀리다는 뜻은 아닙니다만, 좀 힘든 상황으로 같이 가 보면 어떨까 싶습니다. 제 의자를 당신 바로 앞으로 옮기고, 제 눈을 똑바로 보시면서 당신이 이런 말을 할 때 당신은 어떤 느낌이 들고 저는 어떤 느낌이 드는지를 살펴봤으면 합니다. '저는 제가 예전 패턴을 반복하고 있을 때에도 당신이 제가 괜찮다고 생각하게 만들려고 합니다'."

설명을 읽기 전에 가장 적절하다고 생각하는 반응에 표시하십시오.

설명 이 반응은 기록하기에도 그렇고 떠올려 보기도 좀 어렵다. 왜냐하면 전념 행동은 단지 말로만 되는 것이 아니라 행동 패턴이기 때문이다. 첫 번째 반응은 내담자가 식이 계획에 전념하도록 밀어붙이고 있는데, 너무 설교하는 식이기 때문에 내담자가 치료자의 기분에 맞추려는 행동을 계속하게 할 우려가 있다. 두 번째 반응은 이 주제를 직접적으로 직면시키고 있는데, 조금 거칠고 위험성이 있지만 더 나은 반응이라 할 수 있다.

무엇인가에 대한 설명을 원하는 내담자

다음의 연습은 아마 이 책 전체를 통틀어 가장 어려운 연습일 것이다. 이 연습에서는 각 수용전념치료 핵심 과정에 대해 내담자의 반응이 심리적 유연성의 증가를 반영하는 경우와 그렇지 않은 경우 모두에 대해 자신만의 반응을 만들어 보아야 한다.

당신은 아마도 유연하고 효과적으로 보이는 반응을 만들어 내기 위해 애를 쓰게 될 것이다(우리도 그랬다). 이런 연습을 포함한다는 것이 위험한 일일 수도 있는데, 당신이 애를 쓰는 것을 보면서 자신의 능력이 떨어지거나 이해를 잘 못한다거나 수용전념치료가 자신에게 맞지 않기 때문이라고 여기게 될 수도 있기 때문이다. 이러한 상위 인지적 정보는 오해를 불러일으킬 수 있다. 음악가가 복잡한 음계를 연습하는 것처럼, 이 연습은 당신이 할 수 있는 목록을 넓히고 부드럽게 하기 위해 다소 인위적으로 고안된 연습이라는 것을 알아두었으면 한다. 이러한 목표는 원래 쉽지 않은 것이다.

이 과정의 일반 목표는 정신치료적 관계의 순간에서 일어나는 내담자의 심리적 유연성이나 경직성의 표현에 대해 효과적으로 반응하여 내담자의 심리적 유연성을 높이는 것이다. 치료자는 치료자 측면에서 심리적 유연성의 예를 보여 주는 식으로 반응할 수도 있고(예, "저는 제가 무슨 말을 해야 좋을지 모르겠다는 생각을 하고 있다는 것을 알아차리고 있습니다. 저를 도우려고 하지 않으셔도 됩니다. 저는 그 생각과 함께 있을 수 있습니다. 단지 이런 내용을 공유하고 싶었을 뿐입니다. 당신도 이런 느낌을 받을 때가 있나요?"), 직접적으로 치료적 관계를 목표로 하는 식으로 반응할 수도 있으며(예, "저와의 관계에 대한 느낌 중에 어떤 것이 그 생각과 관련되어 있나요?"), 내담자 행동의 특정 부분에 대해 그에 맞는 수용전념치료적 방식으로 반응할 수도 있다(예, 도전적인 말을 수용적으로 받아들이는 것).

지금부터는 이 연습을 완수하는 데 도움이 될 만한 내용을 소개하기로 한다. 반응을 만들어 내는 방법 중 하나는 이 장의 앞에서 제시한 모범 반응을 참조하는 것이다. 이러한 반응을 모방하는 것을 통해 효과적인 반응에 접근하기 위한 초기 아이디어를 얻을 수 있다. 이렇게 하는 것이 수용전념치료에 부합하는 반응을 쉽게 만들 수 있는 길이기는 하지만 한편으로 많은 것을 배울 기회를 잃을 가능성도 있고, '바로 그 순간에' 수용전념치료를 하는 것이 무엇인지에 대한 감각을 기르는 데에도 한계가 있는 방법이다. 더 큰 유연성을 기르기 위해서는 모범 반응과 겉모양은 다르면서도 동일한 수용전념치료 과정을 목표로 하고 있는 반응을 만들어 볼 것을 권한다. 자신의 목소리를 불어넣도록 노력해 보기를 바란다. 이 연습을 하는 데 도움이 될 만한 자료로서 목표로 하고 있는 특정 과정과 관련한 역량 목록을 참조하는 방법이 있다(부록 C 참조). 이 역량은 창의성을 지나치게 제한하지 않으면서도 일반적인 지침의 역할을 해 준다. 당신 자신의 심리적 과정(이에 대해서는 솔직해야 한다)과 관련하여 심리적 유연성의 예를 보여 주는 반응을 만들어 보는 방법도 고려해 볼 수 있다. 자신의 유연성을 더욱 확장하기 위해 여러 가지 다양한 반응을 만들어 보도록 하는 것이 좋다.

이 마지막 연습에 대해서는 모범 반응을 제시하지 않기로 결정하였다. 왜냐하면 굉장히 다양한 적절한 반응이 나올 수 있을 것 같다고 느꼈고, 우리가 제시한 특정 반응이 치료자의 행동을 제한하게 되는 결과를 초래할 가능성이 있기 때문이다. 자신의 반응에 대한 피드백을 원한다면 해당 웹페이지(www.learningact.com)의 게시판을 통해 이 연습에 대해 논의해 볼 수 있다.

약물남용으로 최근 28일간의 해독 및 약물남용 치료 프로그램을 이수한 39세 남자 내담자가 치료를 받으러 왔다. 기혼이고, 두 명의 청소년 자녀가 있으며, 알코올, 대마초, 암페타민을 남용하고 있다. 예전에는 과도하게 생각에 몰두하게 되면 거의 강박적인 수준이 되고, 이 상태에서 약물을 사용하곤 하였다. 그는 이러한 문제에 대해 열심히 노력하고 있고 변화하고자 하는 동기가 있다고 하였다.

내담자: 계속 노력하고 있어요. 하루씩 하루씩 말이에요. 그 『마음에서 빠져나와』 책도 보면서 해 보고 있어요. 이거 진짜 화끈하던데요. 이번 주에는 가치에 대한 부분을 읽고 있었어요. 근데 질문이 하나 있어요. 제가 보기에는 목표가 가치보다 더 중요해 보여요. 목표는 제가 실제로 성취할 수 있는 것이잖아요. 저의 목표가 무엇인지에 대해서는 확실히 알 것 같고요. 그런데 가치는 뭔가 좀 동떨어져 있는 느낌이고, 저도 제 가치가 진짜로 뭔지 잘 모르겠던데요?

게다가 제가 그것을 어떻게 선택할 수 있는지도 잘 모르겠어요. 왜 가치가 그렇게 중요한지 설명해 주실 수 있나요? 그리고 제 가치가 무엇인지 어떻게 하면 알 수 있죠?

[연습 9-8]

내담자의 말이 처음에 비해서는 더 큰 심리적 유연성을 향하는 방향으로 발전해 가고 있음을 내포하고 있다고 가정해 보도록 한다. 예를 들면, 당신은 내담자가 선택으로서 가치의 가능성에 대해 정말로 열린 태도를 보이고 있다고 확신하고 있다. 이런 경우 당신은 긍정적인 수용전념치료 과정의 예를 보여 주고 북돋워 주고 강화하려 할 것이다. 당신의 반응에는 여러 가지 다양한 수용전념치료 과정이 담겨 있을 수 있지만, 수용전념치료 핵심 과정 중 한 가지씩을 강조하는 여섯 가지 서로 다른 반응을 만들어 보도록 한다.

✓ 수용:
✓ 인지적 탈융합:
✓ 현재에 존재하기:
✓ 맥락적 자기:
✓ 가치 있는 방향 정의하기:
✓ 전념 행동:

[연습 9-9]

이번에는 내담자의 말이 대체로 심리적 경직성을 의미한다고 가정해 본다. 이 경우 당신은 내담자가 가치가 무엇인지를 알아내려는 것에 얽매여 있다고 생각하고 있고, 내담자가 정말로 가치에 근거한 행동을 하고 있는지에 대해서는 의심스러워하고 있다. 당신은 내담자의 지적 질문이 변화를 향해 한 걸음 나아가려는 것이라기보다는 뭔가를 알아내려고 애쓰는 것으로 치료시간을 채우려는 시도에 불과하다고 생각하고 있다.

이번에도 당신의 반응에는 여러 가지 다양한 수용전념치료 과정이 담겨 있을 수 있지만, 수용전념치료 핵심 과정 중 한 가지씩을 강조하는 여섯 가지 서로 다른 반응을 만들어 본다.

✓ 수용:
✓ 인지적 탈융합:
✓ 현재에 존재하기:
✓ 맥락적 자기:
✓ 가치 있는 방향 정의하기:
✓ 전념 행동:

[연습 9-10]

당신의 내담자가 했던 말 중에서 흥미롭지만 동시에 당신이 다루기 어려웠던 것을 찾아보고 앞서 했던 연습에서와 같은 과정을 적용해 본다. 내담자가 한 걸음 나아가는 것을 강화하는 동시에 수용전념치료 과정의 예를 보여 주고 북돋워 줄 것인지, 아니면 수용전념치료에 부합하지 않는 방향으로 나아가는 것을 강화하지 않도록 하면서 수용전념치료 과정의 예를 보여 주고 북돋워 줄 것인지를 결정한다. 예를 들면, 내담자가 했던 말 중에 당신을 곤혹스럽게 했던 것, 어떻게 반응해야 할지 몰랐던 것, 다루기 힘들었던 행동 등이 있을 수 있다.

치료과정에서 경험했던 내담자의 말 한 가지를 생각해 보고 빈칸에 기술해 보도록 한다.

내담자의 말:

이제 해당 수용전념치료 과정을 잘 반영하는 수용전념치료적 반응을 적어 본다. 각각의 경우에 어떤 수준을 다룰 것인지에 대해서도 생각해 본다. 다시 말하면, 내용 수준을 따라갈 수도 있고, 내담자의 말을 사회적 행동의 예로서 따라갈 수도 있고, 치료적 관계의 관점에서 따라갈 수도 있고, 내담자의 말이 나타내는 상징적 · 기능적 과정의 관점에서 따라갈 수도 있을 것이다.

- ✓ 수용:
- ✓ 인지적 탈융합:
- ✓ 현재에 존재하기:
- ✓ 맥락적 자기:
- ✓ 가치 있는 방향 정의하기:
- ✓ 전념 행동:

경험적 연습: 같은 위치에 있음을 발견하기

이 연습은 당신과 내담자는 근본적으로는 다르지 않다고 보는 자세를 연습하기 위한 것입니다.

당신이 만났던 가장 어려운 내담자는 누구입니까? 내담자의 이름을 영문 이니셜로 적어 보십시오.

이 사람을 잘 설명할 수 있는 형용사의 목록을 만들어 봅시다(적어도 6~12개 정도는 적어 보십시오).

당신의 가족, 어린 시절, 과거 경험을 살펴보고 위에 적은 내담자의 특성 중에 자신의 과거를 떠올리게 하는 것이 있는지 생각해 보십시오. 1~2분간 그에 대해 적어 보십시오.

자신을 살펴보고 자신에게 물어봅시다. 이러한 특성 중에 내 안 어딘가에 있는 것이 있나? 이러한 것 중에 나에 대한 이야기가 있지는 않나? 만약 있다면 1~2분간 그에 대해 적어 보십시오.

다 마치고 나면 다음 질문을 생각해 보십시오.

이 연습을 하는 것이 어떠했습니까?

이 연습을 하는 것에 대해 주저함이나 저항이 보이지는 않았습니까? 만약 그렇다면 무엇을 느끼지 않으려고 했던 것입니까? 그 느낌에 대해 열린 마음으로 다가갈 수 있겠습니까?

당신 자신 안에 있는 이러한 다른 사람의 모습을 바라보면 당신의 이런 모습에 대해 어떻게 반응하게 됩니까? 따뜻하게 기꺼이 받아들이고 동정적인 마음을 갖게 됩니까, 아니면 그 모습이 당신이 애써 고치려고 했던 혹은 포기해 버렸던 당신의 모습입니까?

위의 질문에 대한 답을 적어 보십시오.

추가 정보

- 치료적 관계에 대해 더 많은 정보를 원하면 Hayes 등이 저술한 *Acceptance and Commitment Therapy: An Experimental Approach to Behavior Change* (1999)의 10장(pp. 267-280), 'The Effective ACT Therapeutic Relationship'을 참조하시오.
- 수용전념치료에서의 치료적 관계에 대한 보다 이론적인 치료방법을 원하면 Pierson과 Hayes(2007)를 참조하시오.
- 강력한 치료적 관계를 형성하는 것에 대한 행동 분석적 해석을 원하면 Kohlenberg와 Tsai가 저술한 *Functional Analytic Psychotherapy* (1991)를 참조하시오.

Learning ACT

제10장

모든 것을 통합하기

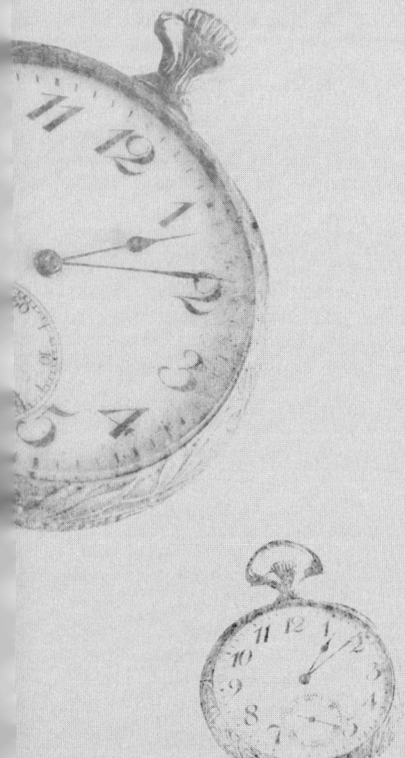

제10장

모든 것을 통합하기

당신 자신과 당신이 고민하고 있고 바꾸려고 하는 것의 차이를(맥락적 자기) 생각할 때,
당신의 투쟁이 그에 대해 무엇이라고 하든지 당신은 기꺼이 그것을
있는 그대로(탈융합) 온전히, 방어하지 않고 가지고 있으면서(기꺼이 하기/수용),
지금 이 시점, 이 상황에서(현재에 존재하기) 당신이 선택한 가치의 방향으로
나아가기 위해(가치) 할 수 있는 일을 하시겠습니까(전념 행동)?
–Wilson, Hayes, Gregg, & Zettle(2001, p. 235)

사교댄스를 배울 때에는 회전, 파트너 리드하기, 발끝으로 살짝 기울이기, 기본 스텝, 박자 맞추기 등 기본 춤 동작을 반복해서 연습하는 것부터 시작한다. 각각의 기술을 어느 정도 익히게 되면 그것을 어떻게 모아서 하나의 일관된 패턴으로 만드는지를 배운다. 그리고 실력이 더 늘게 되면 회전을 넣는다든지, 몸짓을 넣는다든지 하는 식으로 그동안 익힌 작은 동작으로부터 즉흥적인 동작을 만들어 가미하기 시작하고, 결국 춤 전체가 즉흥적인 요소로 이루어지게 된다. 그리하여 당신은 손쉽게 무도회장의 다른 사람과 자연스럽게 어우러져 파트너의 기술에 맞추면서, 음악에 맞춰 자연스럽고 빠르게 춤을 출 수 있게 된다.

이 은유는 수용전념치료를 배우는 과정을 보여 주는 것이기도 하다. 지금까지 이 책을 통해 우리는 수용전념치료라 불리는 치료적 춤의 부분 동작에 초점을 두었다. 임상가는 각 부분을 그 자체로 잘 이해하며, 그것을 조합하여 능숙하게 사용할 수 있는 능력을 기를 필요가 있다. 수용전념치료의 각 과정이 그 자체만으로

도 효과적이라는 것이 연구자에 의해 점점 더 밝혀지고 있다. 그러나 춤에 비유하면 이러한 개별 동작이 합쳐져야 비로소 하나의 춤이 완성된다.

8장에서는 종합적인 사례 개념화를 사용하여 수용전념치료의 모든 과정을 개념적으로 통합하는 것을 연습해 보았으며, 9장에서는 치료적 관계에서 다양한 과정을 어떻게 통합할지에 대해 생각해 보았다. 이제 우리는 한 걸음 더 나아가 다양한 수용전념치료 과정이 전형적인 수용전념치료 치료시간에 어떻게 통합되고 이어지는지를 살펴보기로 한다. 당신이 즉흥적으로 응용하고 시험해 보고 개입하는 데 있어 기본 패턴으로 사용될 수 있도록, 여러 과정이 섞여 있는 사례와 함께 실행 연습을 수록하였다.

지금까지는 학습의 편의를 위해 수용전념치료의 여섯 가지 과정이 마치 별개인 것처럼 제시되었다. 실제로 이 과정은 촘촘하게 서로 얽혀 있고, 치료자는 과정 사이를 빠르게 반응적으로 오가면서 현재의 맥락에 맞게 이 과정을 조율해야 한다. 이를 전제로 하면서 특정 치료시간에서는 단일 과정에 더욱 초점을 두기도 한다.

수용전념치료는 전형적으로 두 가지 기본 패턴 중 하나를 바탕으로 이루어진다. 첫 번째 패턴의 경우, 무엇인가 새로운 것을 내담자에게 제시할 수 있도록 현재의 심리 체계를 개방적으로 만들기 위해 우선 이를 약화하거나 창조적 무망감에 초점을 맞추고 치료적 작업을 시작한다. 그다음에는 대개 통제하려는 것이 문제로 보이는 생각에 초점을 맞춘 기꺼이 하기 작업이 이어진다. 그리고 탈융합의 기본 개념과 방법을 설명하는 개론 성격의 탈융합 작업을 충분히 시행하게 된다. 이러한 과정이 진행되는 동안 과제는 자유롭게 사용될 수 있다. 그다음에는 맥락적 자기를 소개하고 개발하는 작업을 하며, 가치 평가와 명료화를 시행한다. 그러고 나서 전념 행동에 대한 개념을 소개하고, 가치를 두고 있는 목적을 향해 나아가기 위한 행동을 할 수 있게 하는 것이라는 새로운 관점에서 기꺼이 하기를 다시 소개한다. 치료의 나머지 부분은 체계적인 행동 변화의 과정이다. 이 과정에는 행동치료와 행동 분석에서 빌려 온 요소도 사용된다. 즉, 전념, 기꺼이 하기, 가치, 행동 등 수용전념치료 고유의 요소와 직면, 기술 개발, 적극적 행동 변화 등의 행동치료적 요소를 적절히 조합하여 사용하게 된다. 이 마지막 단계는 이전 치료시간에서 소개되었던 수용전념치료 과정을 연습한다는 맥락에서 제시된다. 예를 들면, 가치 있는 길에 대한 탈융합되고 현재에 초점을 두며 의식적이고 유연한 표현이라는 맥락에서 기꺼이 하기와 유연성 연습으로서 정통적 방식의 직면 훈련을 시행하는 식이다. 지금까지 소개한 첫 번째 패턴은 수용전념치료 기초 교재(Hayes et al., 1999)와 『마음에서 빠져나와 삶 속으로 들어가라』(Hayes & Smith, 2005)에 소개되어 있는 방법이다. 이것은 이 책의 구성과도 일치한다.

두 번째 전형적인 패턴 또한 수용전념치료에서 사용되어 온 방법이다. 이 패턴에서는 가치 평가와 명료화를 치료 처음부터 시작한다. 그 후에 곧 전념 행동을 다루고, 다른 모든 수용전념치료 과정은 가치를 둔 행동에 대한 각 과정의 관계에 따라 적절히 배치하여 다루게 된다. 내담자가 심리적 유연성을 어떻게 만들어 낼지 더 많이 이해하게 되는 과정에서 가치 작업 초기에 있을 수 있는 융합이나 회피를 체계적으로 제거할 수 있도록 치료 전반에 걸쳐 가치 작업을 반복적으로 다룬다. 이런 패턴에서는 치료시간 전체를 어떤 하나의 과정에만 초점을 맞추어 시행하는 경우는 거의 없고, 각각의 치료시간에 한 가지 이상의 수용전념치료 과정을 동시에 다룬다. 『만성 통증의 수용전념치료(ACT for Chronic Pain)』(Dahl et al., 2005)나 『불안장애의 수용전념치료(ACT for Anxiety Disorders)』(Eifert & Forsyth, 2005)와 같은 책, Wilson과 Murrell(2004)이 저술한 장 등이 이런 식으로 쓰였다. 『불안장애의 수용전념치료』는 특히 잘 쓰인 지침서인데, 한 치료시간 내에 다양한 과정을 함께 엮어서 다루는 방법에 대한 많은 예가 제시되어 있기 때문에 이 책에 대한 보충 교재로서 읽어 볼 만하다.

두 가지 형식을 바탕으로 한 연구 프로토콜이 각각 개발되어 있으며, 두 가지 모두 수용전념치료 과정을 작동하게 하고 긍정적인 결과를 만들어 내는 데 효과적인 것으로 보인다. 그러나 둘 중에 어떤 패턴이 어떤 경우에 더 나은지에 대해서는 연구를 통해 명확하게 밝혀진 바가 없다. 아직까지는 공식 연구로 확인된 것은 아니지만, 변화에 대한 동기가 거의 없는 내담자(예, 억지로 온 내담자, 변화의 초기 단계에 있는 약물/알코올 중독자)는 치료 초기부터 가치를 집중적으로 다루는 것이 도움된다는 것이 일반적인 임상적 견해다.

이 외에 다른 형식의 수용전념치료 방법도 있다. 예를 들면, 어떤 초단기 치료 지침서의 경우에는 통제하려는 것으로 인한 문제에 대한 정신교육적 접근을 먼저 시행하고, 이후에 기꺼이 하기, 탈융합, 가치 작업 등을 빠르게 진행한다. 예방을 위한 지침서의 경우는 수용과 탈융합을 연습하기 위해 상대적으로 많은 양의 마음챙김 과제를 포함한다.

아직까지는 충분한 정보가 부족하기 때문에 지금 시점에서는 다양한 유형을 배우고, 자신의 임상 스타일에 맞는 유형을 강조하고, 특정한 문제를 다룰 때 효과가 있다고 확인된 방법과 유사한 방식을 취하는 것이 현명할 것이라 생각된다. 해당 웹사이트(www.contextualpsychology.org/treatment_protocols)에서 치료 지침서를 다운로드할 수 있다.

여섯 가지 핵심 과정 모두를 보여 주는 사례의 면담 기록

이 절에는 치료자의 견해가 적혀 있는 한 치료시간에 대한 면담 기록이 제시되어 있다. 이 면담 기록은 치료자가 수용전념치료의 여섯 가지 핵심 과정 모두를 상대적으로 짧은 시간에 어떻게 통합하는지를 보여 준다. 이 면담 기록의 중심부에는 눈을 감고 하는 연습을 시행하는 것이 나와 있다. 수용전념치료에는 내담자를 현재에 머무르도록 유도하고, 심상 작업이나 연습을 통해 도와주는 과정이 대개 포함된다. 상당수 치료자가 이런 종류의 작업에 익숙하지 않거나 불편하게 느낀다. 따라서 이런 연습에 대해 치료자 자신이 느끼는 걱정과 불편한 느낌을 알아차리고, 이런 불편한 느낌이 머물렀다 갈 수 있는 자리를 마련해 주는 동시에 연습을 시행할 수 있어야 한다. 아래 면담 기록은 치료자가 눈을 감고 하는 연습을 실행하는 능력을 향상하고자 할 때 좋은 참고 사례가 될 수 있을 것이다.

이 면담 기록은 혼합형 불안우울장애와 더불어 자기주장에 문제가 있는 33세 남성과의 여덟 번째 치료시간에서 발췌한 것이다. 이 치료시간에서 내담자는 자신의 부하 직원 중 한 사람에게 위협을 느낀다는 문제를 이야기하였다. 그 사람은 그에게 직접적으로는 아무런 이야기도 하지 않지만 내담자의 다른 부하 직원에게 내담자에 대한 좋지 않은 이야기를 하고 다닌다고 하였다. 그는 상사로서 제대로 된 역할을 유지하기 위해서는 그 사람과 이야기를 나누어 볼 필요가 있다고 느끼지만 그렇게 하는 것을 겁내고 있다.

면담 기록 10-1

	치료자의 견해
내담자: 네, 그 사람 사무실 앞을 지나다니지도 못하고 있어요. 그 사람과 마주치지 않으려고 12시에서 1시 사이에는 구내 식당에 가지도 않고요. 심지어는 점심 도시락을 공용 냉장고에 두지 않고 제 방에다 둬요.	
치료자: 그렇게 하시는 게 어떻게 느껴지세요?	
내담자: 음, 조금은 겁쟁이 같다는 느낌이 들어요. 하지만 어떻게 해야 할지 모르겠어요. 그 사람 근처에 가면 꼭 안 좋은 일이 생겨요. 그냥 얼어붙어서 말을 할 수가 없게 되죠. 꼭 어린애가 된 것처럼 느껴져요.	
치료자: 네, 작아지는 기분이군요. 지금 여기서 그 작아지고 겁이 나는 느낌을 느껴 볼 수 있겠어요? 그 느낌이 지금 여기에 있나요?	현재에 존재하기와 수용: 내담자가 현재 장벽을 경험하고 있는지를 평가하고, 현재로 가져오도록 돕는다.
내담자: 네, 지금 여기에 있어요.	
치료자: 그러니까 그 사람 주변에 있을 때에만 그 버스 승객이 당신을 찾아오는 게 아니군요. 다른 경우에도 그렇게 하는군요. 그 사람이 주변에 없어도 그 사람에 대해 생각하기만 하면 그 작아지는 느낌, 그러니까 겁쟁이가 된 것 같고 위축되는 느낌이 다시 나타나는군요, 그런가요?	인지적 탈융합: 자동성을 알아차리기. 그 느낌을 버스 승객으로 표현한다.
내담자: 네.	
치료자: 그리고 그렇게 느낄 때 당신의 마음은 그에 대해 어떻게 해야 한다고 말하던가요?	인지적 탈융합: 내담자의 생각을 '당신 마음이 뭐라고 말하는가'로 표현한다.
내담자: 그런 느낌이 없어졌으면 좋겠고, 뭔가 편안해질 수 있는 것을 하고 싶고, 주의를 분산시키고 싶다고 해요.	
치료자: 그러니까 당신 마음은 그 느낌을 없애라고 하고, 편안해지고 불안감을 덜 느낄 수 있게 된다면 도움이 될 것이라고 하는군요. 전에 이야기했던 것처럼 실제로 즉시 기분이 좀 나아지기도 하지요. 하지만 이걸 여쭤 보고 싶어요. 당신의 경험에 따르면 그게 실제로 문제를 해결해 주었나요? 당신의 마음이 하라는 대로 따라 했을 때 이 문제가 점점 줄어들던가요? 당신의 경험은 어떻게 말하고 있나요?	수용: 생각과 회피하고 싶어지는 것 사이의 연관관계를 알아차린다. 인지적 탈융합과 수용: 내담자의 마음이 말하는 것과 그의 경험이 말하는 것을 비교한다.
내담자: 아니요, 더 나빠졌죠.	
치료자: 그럼 그것을 어떻게든 해 보려고 하고 없애려고 하고 더	수용: 내담자가 기꺼이 하려고 하는지를 물

좋게 느끼려고 한 노력이 효과가 없었다면, 당신 마음이 짜증 내고 신경질 낼 만한 일을 한번 기꺼이 해 보시겠어요? 불안이라는 승객을 당신에게 정말 가까이 오도록 초대하는 연습을 하는 것이 당신의 삶에 새로운 무엇인가를, 예를 들면 당신이 되고 싶어 하는 관리감독자가 되는 것 같은 것을 가져올 수 있다면 기꺼이 그렇게 해 보시겠어요?

어본다.

가치 명료화: 기꺼이 하기와 가치 두기를 연결한다.

내담자: 네, 아마도요. 어떻게 하면 되는 거죠?

치료자: 자, 눈을 감고 그 사람을 대하는 것에 대한 기억을 다루는 연습을 해 봤으면 좋겠어요. 그런 일이 일어나고 있다는 가정을 하고, 그 안에서 다양한 것을 해 보는 것입니다. 한번 해 보시겠습니까?

수용: 힘든 내용으로 들어가는 것에 대해 허락을 구한다.

내담자: 네.

치료자: 시작하기 전에 우선 자리에 편안하게 앉으세요. [멈춤] 당신이 지금 여기 진료실 제 앞에 있다는 사실을 알아차리기 바랍니다. 마음의 눈을 통해 자신이 방 안 어디에 있는지를 볼 수 있는지 살펴보세요. 당신이 제 건너편에 앉아 있는 모습을 눈앞에 그려 보세요. [멈춤] 그런 다음 당신이 알아차리고 있던 것을 내려놓고, 당신의 몸과 몸에서 느껴지는 감각에 집중해 보세요. 안에서부터 바깥으로 몸의 위치를 알아차릴 수 있는지 살펴보세요. 공기가 코로 들어왔다 나갔다 하는 것을 알아차려 보세요. 숨을 들이 쉴 때의 느낌과 그때 공기가 지나가는 길을 알아차려 보세요. [멈춤] 다음에는 숨을 내쉴 때의 느낌과 그때 공기가 지나가는 길을 알아차려 보세요. [멈춤] 숨을 들이쉬고 마실 때 공기의 온도가 약간 차이 나는 것을 알아차려 보세요.

현재에 존재하기: 내담자가 자신의 신체에 집중함으로써 현재와 접촉할 수 있도록 유도한다.

당신의 눈 뒤쪽의 공간을 인식할 수 있는지 살펴보세요. 그리고 그곳에 이 모든 것을 관찰하고 있는 당신의 한 부분이 있다는 것을 알아차려 보세요. 이것을 마치 자신의 눈 뒤에 있는 것 같은 느낌이라고 이야기하기도 합니다. 당신이 인식하고 있는 것을 인식할 수 있는 그런 또 다른 '당신'이 있다는 느낌을 알아차릴 수 있는지 한번 살펴보세요. [멈춤]

맥락적 자기: 내담자에게 자신의 한 부분은 자신이 인식하는 것을 인식하고 있다는 점을 알아차려 보도록 한다. 그리고 계속해서 내담자가 관찰자로서의 자기감과 만날 수 있도록 돕는 간단한 연습을 하고, 그러한 연습의 연속으로서 오랜 시간에 걸친 관찰자적 자기감과 만날 수 있도록 한다.

그리고 지난여름에 일어났던 일을 생각해 보세요. 잠시 시간을 갖고 한 가지를 떠올려 보세요. [멈춤] 지난여름의 그 기억 안으로 돌아가 봅시다. 아까 이야기했던 것처럼 마치 당신이 자신의 안으로 들어가 눈 뒤에서 바라보듯이 그 기억을 바라보면서 말이에요. 그리고 마음의 눈으로 당신 주변을 돌아보고, 무엇이 일어나고 있었고, 거기에 다른 누군가가 있었는지를 보세요. 무엇을 듣고 보고 있었나요? 당신이 느끼고 생각하고 있었던 것을 약간이라도 잡아낼 수 있는지 보세요.

그러고 나서 당신이 그때 거기에 있었고, 지금 제 이야기를 듣고 있는 분과 같은 분이 어떤 의미에서는 그때 거기에 있었다는 것을 알아차려 봤으면 좋겠어요. 눈 뒤에 있는 그 사람을 알아차리면서, 그 사람과 지금 여기에 있는 사람 사이에는 연속성이 있음을, 연속된 선으로 이어져 있음을 알아차려 보세요. 당신은 평생 동안 당신이었습니다. 당신이 지금 이 상황에 있는 것처럼 당신은 지난여름에 거기에 있었습니다. 많은 것이 변했지만 말입니다. 당신의 몸과 감정이나 생각은 변했지만, 깊은 의미에서 볼 때 당신은 여전히 당신이에요. 이것은 어떤 믿음 같은 것이 아니에요. 논쟁을 하자는 것도 아니고요. 단지 당신이 무엇을 인식하는지를 알아차리는 사람이 되어 보는 경험을 조금이라도 해 보셨으면 하는 것입니다. 이 경험에 대해 이름을 붙인다면, 자신이 인식하는 것을 관찰하고 알아차리는 자신의 일부분이므로 이것을 '관찰자 자기'라고 하겠습니다. 자, 그러한 깊은 느낌의 자기감과 만나시고요, 지난여름의 기억과는 작별합시다.

이제 당신이 직장에서 그 사람 주위에 있을 때의 기억을 찾아보시기 바랍니다. 당신이 작고 하찮고 위협받는다고 느껴질 때 말입니다. 잠시 시간을 갖고 기억을 찾아보세요. 기억이 떠오르고 선명하게 그려지면 오른 손가락을 드세요.

수용과 현재에 존재하기: 기꺼이 하기 연습을 위해 기억과 감정을 생생하게 회상할 수 있도록 돕는다. 현재 순간에 있을 때만 학습이 가능하다.

내담자: [오른 손가락을 든다.]

치료자: 잠시 시간을 갖고, 그 기억 주위를 돌아보세요. 무엇이 보이나요? 당신은 어디에 있었나요? [멈춤] 거기에 누가 있었나요? [멈춤] 자신의 감정을 느끼세요. [멈춤] 진행하면서 몇 가지 질문을 하겠습니다. 하지만 대화를 자제하고, 가능하면 눈을 감은 채로 짧게 대답해주세요, 아시겠죠?

내담자: 네.

치료자: 그럼 관찰자의 관점에서 이 경험의 부분들을 바라보았으면 합니다. 먼저 자신의 몸에서 무엇이 느껴지나요?

현재에 존재하기: 신체 감각은 현재에만 일어나므로, 내담자로 하여금 신체 감각을 관찰하게 함으로써 내담자를 그 순간으로 데려올 수 있다.

내담자: 불안이요.

치료자: 음, 불안은 감정입니다. 오직 신체 감각으로만 이루어진 것은 아닙니다. 그렇다면 우선 불안 중에 신체 감각에 해당하는 것을 살펴봅시다. 몸 어디에서 불안이 느껴지는지

살펴보세요. [멈춤] 우리는 지금 당신이 그 감각과 함께 있는 시간을 갖고 그 감각에 친숙해지게 하려는 겁니다. 자신의 몸에서 무엇이 느껴지나요?

내담자: 명치 부근이 꽉 조이는 느낌이 들어요.

치료자: 좋아요. 그냥 그것을 알아차리고 계세요. 당신이 그 감각에 대항해 싸우려고 하는 것을 모두 내려놓을 수 있는지 보세요. 그 조이는 느낌이 반드시 없애야만 하는 것인가요?

기꺼이 하기: 때로는 좀 더 구체적인 소소한 영역을 먼저 다루는 것이 도움이 된다.

내담자: 가지고 있을 수 있어요.

치료자: 좋아요. 이제 불안이라는 감정으로 다시 돌아와 봅시다. 잠시 시간을 갖고 그 감정에 대한 자신의 태도에 주의를 기울여 보세요. 그 감정에 대해 당신의 마음은 뭐라고 말하나요? 좋아하나요? 없어지길 바라나요? 불안에 대해 어떻게 느끼나요? 대답해 주시겠어요?

내담자: 불안한 게 싫어요. 없어졌으면 좋겠어요.

치료자: 불안한 느낌을 변화시키거나 그 밖에 다른 무엇인가를 하지 않고 있는 그대로의 불안한 느낌을 기꺼이 가지고 있으려는 마음은 얼마나 되나요? 0에서 10점까지 중에 평가한다면 말이에요. 0점은 전혀 그렇게 하지 않겠다는 것이고, 10점은 완전히 기꺼이 그렇게 하겠다는 것이에요. 몇 점을 주시겠어요?

내담자: 3점이요. 전 그 느낌이 싫어요. 그만 느꼈으면 좋겠어요.

치료자: 네, 당신은 불안한 느낌을 좋아하지 않아요. 그리고 동시에 기꺼이 하기는 좋아하기와는 다른 것입니다. 좋아하지 않는 것을 기꺼이 가지고 있으려 할 수 있습니다. 기억하시죠?

내담자: 맞아요, 네.

치료자: 우리가 이 감정과 당신의 관계에 대해 다시 협상을 해 볼 수 있을지 한번 같이 살펴봅시다. 3점이라고 말씀하셨죠. 점수를 조금만 더 올려 볼 수 있을까요? 그 감정을 조금만 더 받아들일 수 있을까요? [멈춤] 그리고 조금만 더요. [멈춤] 자, 할 수만 있다면 이 문제를 당신이 좋아하는 사람이든 아니든 새로 온 손님을 맞기 위해 테이블 위의 얼룩을 닦는 경우처럼 받아들여 보세요. [멈춤] 이제 이 문제에 대해 당신이 열린 마음으로 받아들이는 정도는 몇 점인가요?

기꺼이 하기: 직접적인 권유로 충분한 변화가 없을 때는 은유를 사용하여 마음챙김을 하고 수용하는 태도를 갖게 하는 것이 도움이 될 수 있다. 왜냐하면 대부분의 사람은 자신이 별로 좋아하지 않는 손님이 왔을 때의 경우처럼 어떤 주어진 맥락에서는 좋아하는 마음 없이도 기꺼이 하기와 받아들이기가 가능하다는 것을 알기 때문이다.

내담자: 6점을 줄 수 있어요.

치료자: 좋습니다. 당신의 부하 직원과 함께 있는 장면으로 가서 눈앞에 떠올려 보세요. 그 사람이 거기에 있습니다. 그리

고 당신이 좀 더 마음을 열 수 있는지 살펴보세요. 당신은 이 사람을 참을 수가 없고, 어떻게 해야 할지도 모르는 상태입니다. 자신의 몸에서 느껴지는 감정에 주목하세요. [멈춤] 당신 마음이 당신에게 건네는 말에 주목하세요. 그리고 마음이 어떻게 하고 싶거나 피하거나 도망가고 싶게 만드는 것을 알아차려 보세요. [멈춤] 0점에서 10점 사이에서 불안의 강도는 어느 정도입니까?

내담자: 6점이요.

치료자: 마치 손가락 위에 앉은 나비를 잡는 것처럼 가볍게 이 감정을 쥘 수 있는지 살펴봅시다. 잠깐 시간을 갖고 살펴봅시다. [멈춤] 이 감정은 당신이 대항해서 싸워야 하는 적이어야만 합니까, 아니면 그냥 있는 그대로 거기에 있도록 할 수 있나요? 당신은 그 감정을 좋아할 필요도, 원할 필요도 없습니다. 다만 그에 대항하여 싸우는 것만 내려놓으면 됩니다. [멈춤] 그리고 잠시 저는 조용히 있겠습니다. 당신은 냉정하게 관찰자의 입장에서 자신의 몸이 무엇을 하는지를 찾아보고 지켜보기 바랍니다. 각각의 감각에 주목하면서 단지 그것을 알아채고 받아들이고 환영할 수 있는지 살펴보세요. 그리고 이 모든 것을 할 때 잠시라도 그것을 뒤에서 바라보고 있는 당신의 일부분이 있다는 것을 알아차릴 수 있는지 살펴보세요. [오랜 침묵] [이 시점에서 치료자는 평가, 특정 행동 성향, 다른 심상이나 관련된 감정 등 다른 범주의 반응에 대해서 연습을 더 할 수도 있다; Hayes 등(1999)에 수록되어 있는 깡통 괴물 연습을 참조하라.]

> 맥락적 자기: 잠시 관찰자 관점을 다시 가져오도록 하기 위해 약간의 단서를 제공한다(그리고 이 모든 것을 할 때…).

그럼 마무리로 진료실의 모습을 그려 보고, 당신이 눈을 떴을 때 어떻게 보일지 떠올려 보세요. 돌아올 준비가 되면 눈을 뜨세요.

[멈춤] 좋습니다. 무엇을 경험했나요?

내담자: 음. 처음에는 느낌이 상당히 강해서요, 정말 이 연습을 하고 싶지 않았어요. 하지만…… 어쨌든 해냈네요. 같이 계속 진행해 나가면서 조금 더 기분이 나아졌어요. 불안에 대한 느낌의 강도가 줄어들었고요.

치료자: 좋아요. 불안한 느낌의 강도가 줄어들었군요. 우리가 작업하는 데 있어서 느낌의 강도가 줄어들었는지 아닌지는 그렇게 중요하지는 않아요. 느낌이 강렬하기도 하고 때로는 그렇지 않기도 하죠. 항상 변하기 마련이에요. 여기서 더 중요한 것은 당신이 그 느낌과 싸우는 것이에요. 처음에 기꺼이 하려는 것이 덜했을 때와 나중에 좀 더 기꺼이

> 인지적 탈융합: 기분이 나아졌다는 것을 문자 그대로 받아들이지 않는다.
> 기꺼이 하기: 내담자가 투쟁과 기꺼이 하기의 차이를 비교하도록 돕는다.

하려고 했을 때 사이에 어떤 차이를 느끼셨나요?

내담자: 네, 처음에는 긴장감을 느꼈어요. 어려운 작업이었죠. 나중에 제가 좀 더 기꺼이 하려고 하니까 더 쉬워지더라고요. 조금은 두려웠지만 어쨌든 좀 더 열린 마음으로 받아들이려 했던 것 같아요.

전념 행동: 이러한 기꺼이 하기를 실제 생활로 옮겨서 적용해 보는 개념을 소개하고, 간단하게 가치와 연결한다.

치료자: 잘했어요. 그럼 지금까지 해 본 것을 실제 생활에서 실천하기 위해 기꺼이 하기를 좀 더 많이 이끌어 낼 만한 방법이 있을까요? 자신이 되고 싶은 상사가 되기 위한 것이면서 지금 해 본 연습처럼 기꺼이 하기가 필요한 것 중에 해 볼 수 있는 것에는 어떤 것이 있을까요?

내담자: 제 생각에 그 사람을 직접 대면해 볼 수 있을 것 같아요.

기꺼이 하기: 지금 시점에서는 내담자가 100% 기꺼이 하기는 어려운 단계로 갑자기 너무 한 번에 건너뛴 것으로 보인다. 따라서 내담자에게 좀 더 작은 단계를 생각해 보도록 권한다.

치료자: 네, 그럴 수도 있을 겁니다. 제 생각엔 우리가 실제로 그렇게 해 보기 전에 좀 더 준비과정이 필요할지도 모르겠어요. 아직 그 시도를 해 보기에는 이를 수도 있으니까요. 그 밖에 해 볼 수 있는 다른 일 중에 막상 해 보려면 두렵게 느껴지지만 긍정적인 방향으로 한 걸음씩 나아가는 기분이 들 만한 것으로 생각해 보신 것은 없나요?

내담자: 음. 그 사람 사무실 옆으로 지나가지도 못하고 있어요. 그런 생각을 하는 것 자체가 저를 불안하게 만들어요.

치료자: 그럼 그 사람 사무실 옆을 지나가는 것이 당신을 불안하게 만들기 때문에 그렇게 하는 것을 피하고 계시군요. 우리가 해 볼 수 있는 것 중의 하나는 그 사람 사무실 옆을 지나면서 무엇이 떠오르는지를 살펴보는 것이 될 수 있겠네요. 기꺼이 하는 자세로 싸우려 하지 말고 오늘 연습했던 것처럼 열린 마음과 기꺼이 하는 느낌을 유지하면서 말이에요. 우리가 여기에서 키우고자 하는 것은 어려운 것을 해 나갈 때에도 당신이 자신과 함께 현재에 머무를 수 있는 능력입니다. 또한 그 순간에 과거 경험의 어떤 부분이 떠오르든 그것이 머물렀다 갈 수 있는 자리를 마련해 주고 당신이 가치를 두는 방향으로 계속해서 나아갈 수 있도록 하는 것입니다. 이 힘든 작업은 무엇을 위한 것일까요? 당신은 어떤 가치에 맞게 살아가려 하고 있는 것인가요?

가치 명료화: 이 연습을 가치 있는 방향과 연결한다.

내담자: 제가 관심을 갖고 배려한다는 것을 직원들이 알게 하고, 직장을 재미있게 만들고 팀워크를 만드는 것입니다.

치료자: 이런 느낌에 좀 더 익숙해지는 연습과 이런 느낌을 기꺼이 느끼는 연습을 하는 데 좀 더 많은 시간을 투자하는 것이 그런 방향으로 한 걸음씩 더 나아가게 하는 것일 수 있다고 생각되나요?

기꺼이 하기와 전념적 행동: 기꺼이 하기와 행동을 가치와 연결한다.

내담자: 네, 제가 그 사람에게 이야기할 수 있어야 되니까요. 그 사람은 사기를 떨어뜨리거든요.	
치료자: 그렇다면 아마도 오늘 하셨던 것처럼 위협받는 느낌, 무슨 일이 일어날지도 모른다는 불안감 속으로 일부러 들어가는 데 시간을 써 볼 수 있을 것 같은데요. 매일 일정한 시간을 정해서 그 사람 사무실 옆을 지나간다면 그와 같은 효과가 있을까요?	전념 행동: 가치 있는 방향으로 전념 행동을 하도록 한다.
내담자: 네, 그런 식으로 시작해 보면 좋을 것 같아요. 하루에 두 번씩 하면 어떨까요?	
치료자: 좋은 생각이네요! 그 연습을 하는 동안 어떤 반응이 나타나든 간에 마음챙김을 하고 받아들이는 자세를 취하려고 노력하는 것을 기억하세요. 기꺼이 하려는 마음가짐을 바라보면서 어떤 버스 승객이 나타나는지 살펴보고 기꺼이 받아들이세요. 당신 자신의 반응을 친절하게 다루세요. 그리고 이것은 힘든 일을 지나가게 하기 위한 것이 아니라는 것도 기억하세요. 즉, 이것은 직장에서 보다 강력하고 효과적인 삶을 사는 방향으로 자신의 삶을 이끌어 나가는 것을 배우는 것입니다.	심리적 유연성: 전체 모델을 요약하고, 여섯 가지 핵심 과정을 몇 문장으로 간추린다.

[치료자와 내담자는 이 치료시간과 다음 치료시간 사이의 과제를 명확하게 하고, 무엇이 일어나는지 따라가는 방법을 개발하는 작업을 한다.]

수용전념치료 문제 해결: 일곱 가지 흔한 함정

수용전념치료를 적용할 때 흔히 하는 실수를 찾아내는 방법을 아는 것은 지속적으로 자신의 기술을 추적 관찰하고 학습하는 데 필수다. 수용전념치료를 능숙하게 할 수 있는 능력을 개발하는 것은 학습과정의 결과다. 수용전념치료자는 완벽한 은유나 연습을 제공하려고 노력하기보다는 내담자의 삶 속에 이런 개입방법을 적재적소에 위치하게 하려고 한다. 그리고 이런 과정 중에 최고의 치료자조차 실수를 한다. 흔한 함정을 감지해 낼 수 있다면 내담자를 혼란하게 하거나 치료적 동맹을 손상하고 결국 치료의 조기 종결을 야기할 수도 있는 일관적이지 못한 반응을 피할 수 있다.

함정 1 회피와 융합을 키우는 것

수용전념치료의 탈융합 기법을 사용할 때에는 치료자가 일반적인 문자 그대로 말하는 방식에서 벗어나 사교적 대화에서는 통상적으로 적절해 보이지 않을 수도 있는 방식으로 이야기하고 행동해야 할 필요가 있다. 이렇게 사회적으로 적절하게 훈련받아 온 경험을 극복하는 것은 쉬운 일이 아니다. 내담자의 주관적인 언어적 현실에서 내담자와 만나는 동시에 언어화하는 과정을 지속적으로 알아차려야 하며, 동시에 내담자가 탈융합하는 것을 돕기 위해 언어를 사용하는 것이 치료자가 직면하게 될 도전이다. 내담자를 탈융합하도록 설득하려(이것은 문자적 언어의 체계 안에서 이루어지게 될 가능성이 높다) 하지 않으면서 탈융합 행동을 내담자에게 가르쳐야 한다는 점 때문에 어려운 것이다. 수용전념치료에서 치료자의 말이 주로 은유나 경험적 연습과 같은 비언어적 경험을 지지하는 식이라면 가장 이상적일 것이다.

예를 들어, 대부분의 상황에서는 누군가 당신에게 질문을 하면 당신은 직접적으로 반응한다. 그러나 내담자의 정보를 얻으려는 행동이 회피 행동의 일종인 경우가 자주 있다. 예를 들면, 범불안장애 사례에서와 같이 걱정을 많이 하는 내담자의 경우에는 단순한 결정조차 과도하게 부담이 되고 복잡해질 수 있다는 점에서 결정을 하기 전에 가능한 한 많은 정보를 얻으려고 한다(Eifert & Forsyth, 2005). 다른 내담자의 경우에는 자신의 과거 경험과 어떤 사람이 과거에 무엇을, 왜 했는지 혹은 왜 자신이 그런 모습인지를 이해하려고 수많은 시간을 보내며, 그러는 동안 삶은 계속 흘러간다. 때때로 내담자에게 필요한 것은 더 많은 정보보다 단순하게 마음이 재잘거리는 것과 지금 느껴지는 감정이 머물 수 있는 여유를 주고 자신의 가치를 향한 행동을 하는 것일 수 있다. 그러나 치료자 역시 똑같은 사회 공동체에서 훈련을 받았기 때문에, 내담자의 질문이 이치에 맞고 마음에서 우러나온 대답을 해야 할 것 같은 느낌을 받는다. 이러한 질문에 직접적으로 대답하지 않고 오히려 그것과 탈융합하는 것이 치료자 입장에서는 더 어려울 수 있다. 치료자가 난관에 부딪히는 이유 중 하나는 우회하는 것이 가장 바람직한 내용에 대해 문자 그대로 반응하는 것이기 때문이다. 문자 그대로 보면 내담자의 진술은 정보를 얻기 위한 방법으로 보이지만, 기능적으로 보면 힘들거나 고통스러운 것을 피하거나 그에서 도망치려는 수단일 수 있다.

아래에는 치료자가 융합을 강화하고 있는 예로 대화 중에 이러한 함정에 빠지는 것에 대한 설명이 제시되어 있다. 이 면담 기록은 35세 남자 내담자와의 열두 번째 치료시간에서 발췌한 것이며, 내담자는 자신이 누구인지, 삶에서 무엇을 하고 싶은지에 대해 상당히 혼란하고 불확실한 느낌을 받는다고 호소하고 있다. 치료자는 내담자의 이러한 표현이 자신의 삶에 대한 책임을 회피하고, 혼란하고 예측하기 어려웠던 어린 시절과 관련된 기억과 감정을 회피하기 위한 방법이라고 개념화하였다. 내담자는 아내에게 그녀가 자신에게 얼마나 중요한지를 이야기하는 전념 행동을 하기로 했다. 다음 대화는 치료시간 초반에서 나온 것이다.

치료자: 자, 지난주에 당신이 전념하기로 한 것을 시도했을 때 어떤 일이 벌어졌죠?

내담자: 음, 하기로 했던 것이 무엇인지 제가 잘 이해했는지 모르겠어요. 그렇게 하는 것에 대해 생각해 봤는데, 제가 뭘 하고 있는지도 모른다는 걸 깨달았어요.

치료자: 좋아요. 그럼 이걸 나누어 분석해 봅시다. 무엇이 떠올라서 아내에 대한 당신의 감정을 이야기하는 것을 막았나요?

내담자: 우리가 이야기를 나눴던 것에 대해 생각하고 있었는데, 그 상황에 대해 제가 어떻게 느끼는지 진짜 잘 모르겠다는 생각이 들었어요. 어떨 때에는 도망치고 싶고, 어떨 때에는 그냥 있고 싶어요. 그래서 제가 여기서 그것에 대해 좀 더 알아볼 때까지는 잠시 중단해야겠다고 생각했어요.

치료자: 그 양가감정이 어디서 나오는 걸까요?

치료자의 마지막 반응은 이미 내담자가 습관적으로 하고 있는 바로 그것, 즉 더 많은 이유를 찾으려는 것(예, 그의 삶을 살아 나가기 전에 양가감정에 대한 해결책을 찾기)으로 이끈다는 점에서 함정에 빠진 것이라고 할 수 있다. 다시 말해 이런 반응은 단지 회피를 강화할 뿐이다. 또한 마치 가치에 따라 살기 전에 양가감정이 먼저 해결돼야 하는 것처럼 생각하는 내담자의 분석을 문자 그대로 받아들이는 것이다. 이런 식의 함정에 빠지는 대신 치료자가 다음과 같이 말한다고 생각해 보자.

치료자: 좋아요. 무슨 일이 일어났는지 차근차근 검토해 봅시다. 지난주에 우리는 아내와 관련된 당신의 가치에 대해서 이야기를 나누었습니다. 그리고 아내를 좀 더 많이 위하고 배려하려는 당신의 가치가 얼마나 의미 있는지에 대해 이야기했습니다. 그렇죠? 그리고 당신은 그에 전념하기로 했죠? 그런데 가치를 행동으로 옮기려 할 때가 되니까 당신의 마음이 당신에게 말하기 시작했어요. "네가 정말 그렇게 하고 싶어 하는 것인지 난 잘 모르겠는데?", "아마 너는 자신을 속이고 있는 것인지도 몰라.", "다음 치료시간에 이것에 대해 다뤄 볼 때까지 기다리자." 이런 이야기가 잘못되거나 옳지 않다는 말을 하려는 것이 아니에요. 하지만 그동안 한 주가 또 지나갔다는 사실에 주목해 보세요. 그리고 우리는 또 이 자리에 있고요, 그렇죠?

내담자: 맞아요.

치료자: 그럼 그 생각을 단지 생각으로만 가진 채로 아내를 위하고 배려하는 일을 하는 것이 가능할까요?

내담자: 그럴 수 있을 것 같은데, 그래도 제가 할 수 있을지 확신이 서질 않아요.

치료자: 그것도 같은 문제예요. '내가 할 수 있을지 확신이 서질 않아'라고 생각하고, 당신의 마음에게 그런 생각을 한 것에 고마워하면서 여전히 아내를 위하고 배려하는 일을 하는 것이 가능할까요? 어떨지 기꺼이 한번 확인해 보시겠어요? 당신이 아내를 위하고 배려하는 것과 관련해서 어떤 것을 해 볼 수 있을까요?

이러한 함정의 다른 형태로는 다음과 같은 것이 있다.

- ✓ 내담자에게 융합을 설명하는 것에 사로잡히는 것: 이것은 대개 치료시간이 다소 논리적이고 내담자의 경험에서 동떨어져 있는 느낌을 주는 결과를 초래한다. 탈융합 연습과 은유는 더 적게 사용될 것이고, 상황에 대한 이야기를 더 많이 하게 될 가능성이 높다. 수용전념치료 과정에 대한 대화를 하기에 비교적 안전한 시간은 진료실에서 이미 그 과정과 연결된 느낌이 있을 때이며, 이러한 느낌에서 얻을 수 있는 점을 간단하게 언어적으로 요약하는 것으

로 충분하다. 간단한 정신 교육적 개입방법이 필요한 상황을 제외하고는 탈융합에 대해 대화를 나누는 것이 효과가 있는 경우는 드물다.

✓ 치료자가 한 단계 위에 위치하는 것: 치료자가 거만한 위치에서 무엇이 옳은 답이고 해결책인지 아는 것처럼 이야기하는 것을 의미한다. 한 가지 해결책은 치료자가 겸손한 태도를 갖고, 자신이 탈융합의 옳고 정당함에 대해서, 수용전념치료에 대해서, 그 밖에 치료시간에 일어나는 일에 대해서 지나친 확신을 가지고 있지는 않은지 알아차리는 것이다. 치료자는 스스로에 대해서도 탈융합을 사용하여 자기 자신을 가볍게 쥐고 있을 수 있어야 한다.

함정 2 수용전념치료의 은유와 연습을 치료시간 내에서의 내담자의 행동, 개인사, 그 밖의 맥락적 요인을 고려하지 않고 적절하지 않은 시점에 사용하는 것

이 함정에 빠지게 되면, 치료자는 맥락에 맞지 않거나 내담자의 경험과 연결되어 있지 않은데도 한 치료시간 내에 여러 가지 은유와 연습을 남발할 수 있다. 불행하게도 새 망치를 갖게 되면 못을 하나라도 더 박아 보고 싶기에 모든 것이 못으로 보이게 마련이다. 이로 인해 치료자는 한 수용전념치료 기법에서 다른 기법으로 우왕좌왕하는 것으로 보일 수 있고, 그 와중에 내담자는 치료자가 무엇을 하는지 종잡을 수 없게 된다. 수용전념치료 기법을 치료시간 내에서 관찰되는 내담자의 특정한 언어적 행동의 맥락에 맞게 사용하고, 은유와 연습을 그에 맞게 변형하고 조절하는 것이 가장 이상적인 경우다. 이 함정에 빠지게 되면 치료적 동맹에 부정적인 영향을 미치게 되는 일이 흔히 일어나는데, 그로 인해 내담자가 치료자와 단절된 느낌을 받거나, 치료자가 자신을 이해하지 못하고 있거나 자신의 편이 아니라고 느끼게 될 수 있다. 수용전념치료에는 많은 은유와 연습이 만들어져 있기 때문에, 이 연습에서 저 연습으로 자꾸 옮겨 다니는 것보다는 내담자의 현재 순간의 경험을 반복적으로 확인하는 것이 매우 중요할 수 있다.

이러한 함정의 다른 형태로는 다음과 같은 것이 있다.

✓ 내담자의 걱정을 무시하는 것처럼 보이는 경우: 이것은 특히 예의에 어긋나게 함부로 연습을 사용하거나, 치료자의 언급이 부적절한 타이밍에 이루어

지는 경우에 흔히 일어난다. 이 경우 내담자는 조롱받는다고 느낄 수 있다. 탈융합 연습을 부적절한 시기에 시도하는 경우가 대표적인 예이지만, 다른 모든 수용전념치료 과정에서도 이러한 일이 일어날 위험이 있다.

✓ 내담자의 걱정을 비효과적으로 가볍게 여기는 것: 치료자는 무심코 내담자에게 그가 그저 '그 문제를 극복하면 된다'는 메시지를 줄 수도 있다.

✓ 은유를 사용할 때 불필요하게 간접적인 방식으로 하거나 솔직하지 않게 하는 것: 간혹 내담자는 질문에 대한 직접적인 대답을 요구할 때가 있는데, 이러한 질문을 우회하는 방식이 때로는 치료자가 회피적이라는 인상을 줄 수도 있다. 만일 당신이 다른 연습이나 은유를 찾아보려고 하면서 스스로에 대해 확신이 없는 느낌이 든다면, 이것이 내담자가 느끼는 감정을 어떤 식으로든 반영하고 있는 것은 아닌지 살펴보고, 이를 계기로 당신의 치료 작업을 좀 더 인간적인 방식이 되도록 해야 한다.

함정 3 기꺼이 하기/직면 연습을 실시할 때 내담자를 앞서가는 것

이 함정은 다양한 형태로 나타난다. 한 형태는 치료자가 현재 내담자가 시행할 수 있는 단계의 수준을 면밀히 고려하지 않고, 내담자가 현재 해당 연습을 할 때 갖는 기꺼이 하기의 수준을 넘어서는 연습을 제안하는 경우다. 높은 수준의 기꺼이 하기를 유지할 수 없는 상황에 내담자를 직면하게 하는 것은 기껏해야 비생산적일 수밖에 없고, 최악의 경우에는 내담자에게 다시 외상을 입히는 결과를 초래한다. 만일 내담자가 기꺼이 하는 자세를 가지고 특정 경험에 다가갈 수 없다면, 기껏해야 그 상황은 내담자가 이미 수도 없이 실행해 왔던 경험 회피나 융합을 다시 반복하게 되는 것일 뿐이다.

이러한 상황은 다음의 세 가지 단계를 통해 피할 수 있다. 첫째, 내담자에게 힘들거나 불쾌한 개인 사건을 떠올리게 하는 연습을 하기 전에 항상 내담자에게 허락을 구한다. 이것은 내담자에게 그 상황에 대해 선택권이 있다는 느낌과 자신의 의도에 따라 기꺼이 하기를 연습할 기회가 주어졌다는 느낌을 주는 효과가 있다. 둘째, 항상 내담자의 기꺼이 하기와 선택의 수준에 맞추면서, 상대적으로 좀 더 쉬운 상황에서 시작하여 점차 난이도를 높이는 점진적 방식으로 기꺼이 하기 연습을 시행한다. 치료자는 대개 연습을 시행하는 데 드는 시간과 상황을 선택함으로써 전념 수준을 적절하게 조절할 수 있다(예, 사회불안증 내담자로 하여금 실제 낯선 사람 앞에서 말하기를 하기 전에 역할 연기로 낯선 사람에게 말을 거는 연습을 먼저 하는 것). 다른 한편으로 느낌, 생각, 심상에 대해 기꺼이 경험할 수 있을 만한 강도의 기준을 미리 설정하는 것(예, "내 불안이 10점에서 7점 이하로 떨어지지 않으면 기꺼이 할 것입니다.")은 문제가 될 수 있기 때문에 일반적으로 이에 동조해서는 안 된다. 왜냐하면 이렇게 하면 내담자가 해 나가는 치료적 작업과정의 질이 떨어질 수 있기 때문이다. 셋째, 대개 기꺼이 하기 연습을 하기 전에 탈융합과 맥락적 자기에 대한 훈련을 하는 것이 중요하다. 이런 과정을 거치지 않은 채 기꺼이 하기 연습을 하게 되면 억지로 직면을 강요하는 것이 될 수 있으며, 이는 잠재적으로 내담자에게 다시 외상을 주게 될 가능성이 있다.

함정 4 강압적으로 가치를 사용하는 것

때로는 가치가 내담자로 하여금 치료자가 원하는 대로 하도록 강요하는 식으로 사용될 수도 있다. 가치는 '내담자가 규칙을 지키도록 하기' 위한 것이 아니다. 가치를 강압적으로 사용해서는 안 된다. 다음 사례를 보자. 22세 남자 내담자의 치료 초기에 있었던 사례다. 내담자는 몇 해 전 형에게 학대받았던 사건에 대해 아버지에게 전화를 해서 이야기를 하겠다고 하였다. 그 당시에 아버지에게 이야기를 하려 했으나 무시당한 느낌을 받았다고 했다. 이 대화는 그다음 치료시간에서 이루어진 것이다.

내담자: 아버지를 대하는 게 너무 힘들어요.

치료자: 어떤 일이 있었는지 아버지에게 말씀드리는 것이 자신의 가치라고 하셨죠. 불안을 받아들이면서 그냥 아버지께 말씀드리지 그러세요.

내담자: 네, 하지만 아버지가 뭐라고 말씀하실지 두려워요. 만일 아버지가 또 제 이야기를 듣지 않으시면 제가 감당할 수 있을지 잘 모르겠어요.

치료자: 음, 당신은 두려움에 그냥 항복해 버릴 수도 있습니다. 그렇지만 그것은 자신의 가치를 따르는 것이 아니겠죠. 그동안 충분히 고통받지 않았나요? 자신이

가치 있다고 여기는 일을 하지 않으면 삶은 전혀 변하지 않을 거예요. 이게 바로 지금 여기서의 선택인 것이죠. 앞으로 나아가느냐 그렇지 않느냐….

내담자: 저는 앞으로 나아가고 싶어요.

치료자: 그렇다면 미적거리지 말고 움직이세요. 그냥 하는 거예요. 만일 당신이 그렇게 하지 않으면 아무것도 달라지지 않을 거예요.

이 대화에서 일어나고 있는 것은 실제 행동이 일어나게 하려는 치료자의 강령이 내담자의 강령을 지배하고 있는 현상이다. 치료자는 내담자가 어떻게 해야 된다는 생각을 고수하는 데 사로잡혀 있는 것처럼 보이는데, 이는 정말로 변화를 만들어 내고자 하는 것일 수 있다. 그러나 문제는 치료자가 세워 놓은 목표를 내담자가 달성한다 하더라도, 내담자의 심리적 유연성은 증가하지 않을 수도 있다는 것이다. 왜냐하면 가치를 향한 방향으로 이루어진 행동이라기보다는 눈치 보기(즉, 치료자의 사회적 압력)에서 비롯된 행동이라고 할 수 있기 때문이다. 가치는 선택이다. 내담자에게 함부로 휘두를 수 있는 무기 같은 것이 아니다.

말 자체가 잘못되었다는 뜻은 아니다. 위 대화에서 치료자의 말 하나하나는 효과적인 수용전념치료 개입방법에 잘 맞는 것이라 할 수 있다. 그러나 특히 치료 초기에 이루어지는 이런 종류의 대화는 내담자에게서 일어나는 과정을 잘 비추어 보여 주는 것이라기보다 거의 확실히 사회적 압력이 작용하는 것으로 볼 수 있다. 치료자는 가치 명료화 기술을 확실하게 사용해야 하고, 그렇게 행동하라는 사회적 압력으로 인한(가치라는 미명하에 행해지는) 것이 아닌 내담자가 진짜 가치를 두는 것을 바탕으로 행동하게 하는 데 좀 더 초점을 맞추어야 한다.

때로는 내담자가 전념하기로 한 약속을 어겼거나 가치에 반한 행동을 했다고 치료자가 내담자를 비난하는 경우(직접 그런 말을 하거나 혹은 마음속으로)도 있을 수 있다. 이러한 반응의 예를 들자면 다음과 같은 것이 있다. "왜 마빈은 자신이 하겠다고 한 것을 하지 않지? 이 내담자는 정말 절망감을 느끼게 하는군." "알린은 치료에 대한 동기가 전혀 없어. 내가 할 수 있는 건 별로 없는 것 같아. 이건 생물학적인 문제야. 아마 약물치료를 하면 동기가 좀 더 생길 거야." "호세는 자신의 삶에 대해 별로 관심이 없는 것 같아." 쥐를 이용한 실험을 자주 하는 행동심리학자들은 '쥐가 항상 옳다.'는 농담을 하곤 하는데, 이 말에는 중요한 핵심 생각이 내포되어 있다. 이를 내담자에게 적용해 보면, 내담자는 지금까지 학습해 온 바와 현재 주어진 맥락에 정확히 들어맞게 느끼고 생각하고 행동한다는 의미가 된다. 치료자는 지금까지 내담자가 학습해 온 바에 대해 내담자를 비난해서는 안 된다. 치료자는 새롭고 효과적인 행동을 만들어 내기 위해 언어적, 상황적 맥락을 바꾸는 작업을 해야 하는 것이다.

내담자가 치료자인 당신이 하기 원하는 것을 하지 않는다면 당신 자신의 행동을 탓해야 하며, 오히려 기뻐해야 한다. 이제 당신은 내담자와 한 배를 타고 있는 셈이고, 이것은 당신의 작업을 인간적으로 만들 수 있기 때문이다. 적절한 학습의 기회를 부여하지 않는 당신 자신을 탓하는 것은 당신 자신의 행동에 대해 무언가를 할 수 있다는 뜻이기 때문에 성장의 기회가 될 수도 있다. 내담자는 지금까지 학습해 온 바와 현재 주어진 맥락에 정확하게 들어맞는 행동을 하고 있다는 점을 명심해야 한다. 당신의 행동 계획을 재고해 보고, 필요하다면 수정해야 한다. 열린 마음으로 위험을 받아들이고 자문을 구하는 것이 좋다.

함정 5 목표에 지나치게 초점을 맞추거나 충분히 초점을 맞추지 않는 것

치료자와 내담자가 특정 목표나 행동을 달성하는 데 지나치게 치중하는 경우가 있다. 전념 행동을 통해 내담자에게 도움을 주는 과정에서 가장 중요한 목표는 심리적 유연성을 증진하는 것이라는 점을 염두에 두어야 한다. 우리는 내담자가 단순히 특정 목표를 성취하는 것을 돕는 것이 아니라 심리적 유연성을 키우는 것을 체계적으로 도와주려는 것이다. 특정 목표를 달성하는 것을 돕는 것은 배고픈 사람에게 물고기를 잡아 주는 것과 같고, 더 큰 심리적 유연성을 개발하도록 돕는 것은 물고기 잡는 법을 가르쳐 주는 것과 같다. 우리는 내담자가 궁극적으로 자기효능감과 삶에 있어 자신의 행동을 실질적으로 조절할 수 있는 능력을 갖추도록 지향한다. 그러나 단기간에 이러한 능력이 생기게 하려는 것이 아니라, 효과적인 행동 패턴을 반복함으로써 장기적으로 이러한 능력이 개발되기를 기대한다. 이런 경우, 치료자가 내담자를 더 강하게 밀어붙일수록 내담자의 저항은 더 커질 가능성이 높다. 따라서 그렇게 하는 대신에 내담자가 가치를 따르지 않을 때의 손실이나 가치의 중요성을 알 수 있도록 도와줌으로써 동기가 생길 수 있다.

이와 정반대의 경우는 바로 목표에 대한 초점이 부족한 것이다. 이것은 가치를 실천할 수 있을 만한 특정 목표나 행동에 대해 불분명한 태도를 보이는 양상으로 나타난다. 또한 목표 달성에 대한 확고한 전념을 확인하지 않는 양상으로 나타나기도 한다. 대개 과제를 완수하기 위한 구체적인 시간 계획을 바탕으로 내담자에게서 분명한 언급을 받아 놓는 것이 가장 좋다. 치료자가 가치를 구체적인 행동 계획으로 변환하는 것에 대해 적절히 구조화된 방식과 피드백을 제공하지 못하는 경우가 흔히 있다. 우리의 성장 환경에서는 대부분 자신의 삶을 위한 긍정적인 행동 계획을 세우는 방법을 배울 기회가 별로 없기 때문에 내담자가 이러한 방법을 알고 있을 것이라고 기대할 수는 없다. 치료자의 과제는 내담자가 기꺼이 하고자 할 만한 효과적인 목표와 행동을 개발하도록 돕는 것이다.

함정 6 행동 연습/기꺼이 하기 연습을 깊고 진심에서 우러나온 가치와 연결하지 않는 것

수용과 탈융합이 일어나는 맥락에 주의를 기울이는 것은 중요하다. 수용과 탈융합은 그 자체가 목적이 아니고 내담자가 자신의 가치를 삶의 경험으로 가져오도록 돕는 것이라는 점에서 유용하다. 수용과 탈융합은 어려울 수 있다. 이것이 고통에 허우적거리는 것이나 자학과 구별되는 것은 목적이 있다는 점이다. 만약 지금 우리와 우리가 원하는 삶 사이에 고통의 늪이 있다면, 우리는 그것을 기꺼이 헤쳐 나가겠다고 선택할 수도 있을 것이다. 우리의 고통을 잠재적으로 의미 없고 목적 없는 것에서 가치 있는 것으로 바꾸어 주는 것이 바로 가치와의 연결이다. 왜냐하면 가치와의 연결은 목적 있는 삶의 일부분이기 때문이다. 수용전념치료에서 직면과 기꺼이 하기는 목적을 위해 고통을 만들어 낸다. 이에 대해 작업하는 동안 중요한 것은 '~을 견뎌 내면서' 또는 '~을 극복하는'과 같은 의미가 전달되지 않도록 주의해야 하며, '~과 함께'라는 의미를 전달하도록 해야 한다는 것이다.

함정 7 치료자의 경험 회피 행동

수용전념치료는 치료자에게도 도전적인 치료다. 수용전념치료가 잘 진행되기 위해 치료자는 많은 도전을 넘어서야 한다. 예를 들면, 내담자를 위해 인간적이면서도 현재에 머물며, 고통을 함께 하는 것 등이 해당된다. 수용전념치료의 많은 기법은 치료자에게 상당한 불편감과 불안감을 유발할 수 있다. 탈융합의 경우 문자적 언어가 해체되기 때문에 불확실한 느낌을 갖게 하며, 따라서 다음에 무엇을 할지, 무슨 말을 해야 할지 불분명해진다. 때로는 단지 현재에 머무르면서 무엇이 일어나는지 보는 것이 치료자가 할 수 있는 유일한 일이다. 전문가라는 역할을 맡고 있는 우리가 답을 모른다는 것은 굉장히 부담스러운 일일 수 있다. 예를 들면, 기꺼이 하기 연습에서는 치료자가 내담자의 기분이 나아지게 하거나 내담자가 스스로에 대해 더 합리적으로 생각할 수 있도록 도와주지 않으면서 내담자에게 힘든 감정, 기억, 생각을 경험하라고 한다. 효과적인 창조적 무망감으로 인해 느껴지는 불확실성은 치료자에게 불안감을 불러일으키는 것인 동시에, 창조적 무망감이라는 방법을 사용하는 데 있어 필수적인 것이기도 하다. 가치에 대해 논의하고 가까이 하는 것은 내담자가 삶을 제대로 살아 보지 못한 것에 대한 막대한 상실감과 고통을 경험하게 할 수도 있는데, 치료자는 이러한 고통을 없애 주지 않는 것이 좋다. 맥락적 자기와 완전하게 만나게 되는 내담자는 때로는 기존의 자기개념에 대한 집착이 사라지면서 마치 '공허함에 빠져드는' 경험을 하게 되기도 한다.

수용전념치료의 많은 측면은 치료자의 입장에서 불확실성, 알지 못함, 불안 및 고통을 견디고 수용하는 것에 대한 상당한 정도의 기꺼이 하기를 요구한다. 치료자는 종종 내담자를 안심시켜 주고 구해 주고 편하게 해 주고 싶다는 유혹에 빠지기 쉽다. 만일 당신이 이런 것을 느낀다면, 내담자를 편하게 해 주고 안심시켜 주고 진정시키려고 하는 것이 실제로 내담자를 위하는 것인지, 아니면 그보다는 당신의 마음을 편하게 하려는 것인지 스스로 확인해 보아야 한다. 잠시 멈추고 무엇이 가장 내담자를 배려하는 방법인지 생각해 보자.

함정 찾기 연습

다음 면담 기록은 치료자와 내담자의 대화 중에 치료자가 위에 기술한 함정에 빠지는 예를 보여 주고 있다. 각각의 예에서 〈표 10-1〉에 정리되어 있는 함정을 찾아내고, 수용전념치료의 관점에서 봤을 때 왜 이 함정이 부정적인 영향을 줄 수 있는지 답을 적어 본 후, 대안 반응을 제시해 보자. 함정 중 몇 가지는 의도적으로 아주 미묘하게 구성되어 있기 때문에 치료자의 반응이 꽤 좋다는 판단을 했다고 해서 불안해할 필요는 없다. 수용전념치료 모델의 관점에서 다시 한 번 살펴보고, 있을 수 있는 문제를 파악할 수 있는지 확인해 보자.

〈표 10-1〉

함정	
1	회피와 융합을 키우는 것
2	수용전념치료의 은유와 연습을 치료시간 내에서의 내담자의 행동, 개인사, 그 밖의 맥락적 요인을 고려하지 않고 적절하지 않은 시점에 사용하는 것
3	기꺼이 하기/직면 연습을 실시할 때 내담자를 앞서가는 것
4	강압적으로 가치를 사용하는 것
5	목표에 지나치게 초점을 맞추거나 충분히 초점을 맞추지 않는 것
6	행동 연습/기꺼이 하기 연습을 깊고 진심에서 우러나온 가치와 연결하지 않는 것
7	치료자의 경험 회피 행동

[연습 10-1]

아래 대화는 많은 시간을 우울한 생각을 반추하며 보낸 56세 남자와의 여섯 번째 치료시간에서 발췌한 것이다. 치료자가 현재 순간과 만나는 것과 관련한 다양한 연습과 은유를 제안한 직후에 있었던 대화다.

내담자: 전 지금까지 중에서 가장 혼란스러워요. 선생님이 제 질문에 직접적으로 대답해 주시지 않으려는 것 같아요. 그냥 제게 이러저러한 이야기랑 연습만 계속하고 계시는데요, 그게 제 삶과 무슨 상관이 있는 것인지 잘 모르겠어요.

치료자: 그럼 이해하시는 데 좀 더 도움이 될 만한 다른 은유를 들어 볼게요. 만약 지금 당신의 상황이 모래 지옥에 빠져 있는 셈이라면…

여기서 오류는 무엇인지 적어 보십시오.

수용전념치료의 관점에서 볼 때, 이러한 오류로 인한 부정적인 결과는 무엇인가요?

당신은 대신에 어떤 반응을 할 수 있나요?

위 반응에서의 문제 여기서 오류는 함정 2에 해당하며, 함정 7을 반영하는 것일 수도 있다. 치료자가 이 시점에서 치료가 잘 진행되지 않고 있다고 느낄 가능성이 있고, 또 다른 은유를 사용하는 것은 자신의 불안을 회피하기 위한 수단일 수도 있기 때문이다. 내담자는 치료자에게 좌절을 표현하고 있는 것으로 보이는데, 아마도 이에 대해 직접적으로 다룰 필요가 있을 것이다.

추천 반응

치료자: 좌절감이 드시나 봅니다.

내담자: 네.

치료자: 제가 당신의 이야기에 귀 기울이지 않고 별로 도움되지 않는 것 같다고 느끼는 것 같네요. 제가 잠시 치료 방향에서 벗어나 저만의 생각에 사로잡혀 있었던 것일 수도 있겠네요. 제 의도는 항상 여기에 당신과 함께하면서 당신의 반응이 어디에서 비롯된 것인지와 만나려는 것입니다. 그렇기에 제가 듣기에 힘든 이야기라고 하더라도 당신의 반응을 같이 다루어 볼 수 있게 되어 좋은 것 같습니다. [멈춤] 그럼 이걸 여쭈어 봐도 될까요? 혼란하고, 좌절하고, 이해받지 못하는 것 같고, 답을 얻지 못하는 이런 느낌, 우리 이런 느낌과 잠시 같이 있어 볼 수 있을까요? 그 감정 안에는 우리에게 매우 중요한 무언가가 있을지도 모릅니다. 우리 잠시 동안 그 감정 속으로 들어가 볼까요? [멈춤] 혹시 여기에 뭔가

익숙한 것 같은 점이 있나요?

설명 이 반응은 수용과 탈융합의 예를 보여 주다가, 설명하거나 이해하려 하거나 기법을 사용하지 않고 바로 의제를 현재 순간으로 되돌리고 있다.

[연습 10-2]

내담자는 18세 여성으로 자신의 심리적 문제를 들여다보는 능력이 좋은 편이고 대체로 치료에 적극적으로 임하는 사람이다. 치료자는 아래의 대화 직전에 내담자와 '마음과 산책하기' 연습(Hayes et al., 1999, pp. 162-163)을 막 끝낸 상황이다.

내담자: 좋아요. 제 마음이 계속 이것저것 말을 하는데 갈피를 못 잡겠어요. 이 연습이 얼마나 도움이 될지 모르겠어요.

치료자: 요점은 당신의 마음이 당신에게 어떻게 하라고 하는 이야기를 다 들을 필요가 없다는 거예요. 그냥 무시하세요.

여기서 오류는 무엇인지 적어 보십시오.

수용전념치료의 관점에서 볼 때, 이러한 오류로 인한 부정적인 결과는 무엇인가요?

당신은 대신에 어떤 반응을 할 수 있나요?

위 반응에서의 문제 이것은 함정 1에 해당한다. 이 반응은 문자적 체계 안에서 작동하는 것이기 때문에 융합을 일으킨다. 치료자의 언급에 내포해 있는 원칙은 '만일 무언가가 마음에 들지 않으면 → 무시하라'다. 이것은 이 연습의 요점과는 거리가 멀다. 이 연습의 목적은 새로운 기술, 즉 탈융합을 연습하는 것이다. 마음이 무슨 이야기를 하는지 듣지 않으면 그렇게 할 수 없다. 우리 마음을 무시하는 것은 결코 탈융합이 아니며, 마찬가지로 우리의 감정을 무시하는 것은 수용이 아니다. 탈융합하는 능력은 오직 연습을 통해 개발할 수 있는 것이며, 치료자의 반응은 이를 더욱 증진하는 역할을 할 수 있다.

추천 반응

치료자: 좋아요. 바로 지금도 같은 일이 일어나고 있는 거죠. 당신의 마음이 여전히 당신에게 말을 하고 있는 겁니다. 그럼 그저 그것에 주목하세요. '도움이 될지'에 대해서 확실하게 알 수 있는 것은 없습니다. 어떻게 하고 싶습니까?

설명 이러한 반응은 의도적으로 '마음과 산책하기' 연습의 방향과 일치하도록 구성되어 있다. "갈피를 못 잡겠어요."라는 내담자의 말이 융합되어 있고 회피적인 것이라면, 이 반응은 그러한 과정을 약화하고 의제를 가치, 행동, 장애물로서의 융합에 관한 것으로 되돌리고 있는 것이다.

[연습 10-3]

두 자녀의 어머니인 43세 여성 내담자는 광장공포증을 동반한 공황장애로 진단되었다. 그녀는 불안과 싸우느라 가족이 필요할 때 같이 있어 줄 수 없었다. 다음 대화는 백화점 상가에서 직면 연습을 하는 동안 나온 것이다.

내담자: 여기서 나가야겠어요. 못하겠어요. 불안이 너무 심해요.

치료자: 그냥 불안을 받아들이세요. 떠나지 말아요. 불안은 왔다가 갑니다. 5분 동안 여기에 있는 것에 전념하기로 한 것을 지키셔야 해요. 딱 1분밖에 안 남았어요.

여기서 오류는 무엇인지 적어 보십시오.

수용전념치료의 관점에서 볼 때, 이러한 오류로 인한 부정적인 결과는 무엇인가요?

당신은 대신에 어떤 반응을 할 수 있나요?

위 반응에서의 문제 이것은 함정 5와 함정 6에 해당한다. 직면의 목표는 단지 정해진 시간 동안 어딘가에 머물러 있기를 하는 것이 아니다. 직면의 목표는 5분간 버티기 그 자체가 아니라 내담자 자신의 가치와 연결된 채로 좀 더 수용적이고 유연한 삶을 사는 것이다. 치료자는 직면의 과정과 목적에는 충분히 초점을 두지 못하고 있으면서 시간에만 과도하게 초점을 두고 대화하고 있다.

추천 반응

치료자: 좋아요, 자, 마음이 자신에게 소리치고 있는 것에 주목하세요. 그리고 그 불안을 느끼고 불안에 다가가면서 자신이 이곳에 머물러 보는 것이 불안과 관련된 것만은 아니라는 것을 느낄 수 있는지 살펴보세요. 당신이 여기에 온 것은 어떻게 하면 아이들이 필요할 때 같이 있어 주고 자신의 삶을 위해 살 수 있을지를 배우기 위한 것이었습니다. 그렇죠? 불안이라는 녀석한테 좀 더 열린 태도로 다가서는 것이 그렇게 하는 데 도움이 된다면 기꺼이 그렇게 해 보시겠어요? 지금 이 질문도 여기에 같이 머무르게 합시다. 그러면서 바로 지금 당신의 삶이 이 질문을 당신에게 묻고 있는 것을 알아차려 보세요. 현재에 머무르고 내려놓는 것을 배우는 것이 정말로 원하는 엄마가 되는 방법을 배우는 과정 중 일부라면 어떻겠습니까? 이제 그 목표를 몸 안으로 받아들이세요. 지금 불안을 느끼는 곳은 어디인가요? 자신의 몸 어디에서 불안이 느껴지나요?

설명 이 반응은 탈융합, 수용, 가치 있는 행동을 자유자재로 활용하고 있는 것이다. 이 반응은 치료 작업을 맥락에 맞게 적절히 조율하고 있다. 치료자는 사실상 내담자가 5분 목표에 도달할 수 있도록 독려하고 있기도 하지만 핵심 과정에 대한 초점을 계속해서 유지하고 있다.

[연습 10-4]

내담자는 우울증에 걸린 25세 남성이며, 다음은 네 번째 치료시간의 대화다.

내담자: 전 지금 일 때문에 너무 압도된 것처럼 느껴져요. 그것 때문에 아무것도 하지 못하겠어요.

치료자: 알겠어요. 그럼 그것을 다루어 봅시다. 이 감정에 어떻게 대처하면 좋을지 문제해결 방법을 사용해 볼까요? 압도되는 것처럼 느낀다고 생각하시는 이유는 무엇일까요?

여기서 오류는 무엇인지 적어 보십시오.

수용전념치료의 관점에서 볼 때, 이러한 오류로 인한 부정적인 결과는 무엇인가요?

당신은 대신에 어떤 반응을 할 수 있나요?

위 반응에서의 문제 이것은 함정 1에 해당한다. 이 감정에 어떻게 대처할지 문제해결 방법을 사용하는 것은 감정 변화 강령을 지지해 주는 것일 가능성이 크며, 따라서 경험 회피를 지지하게 되는 것일 수 있다.

추천 반응

치료자: 그 느낌은 정확히 어떻게 느껴지나요? 그리고 당신이 그렇게 느낄 때 당신 마음은 어떻게 하나요? 그 감정을 바로 지금 여기로 가져와 볼 수 있을까요?

설명 압도된 감정으로 들어가는 것은 감정 그 자체는 적이 아니라는 의미를 전달하고, 내담자에게 압도된 감정을 느끼는 동안 좀 더 유연한 반응을 할 수 있는 기회를 준다.

[연습 10-5]

내담자는 만성 강박증을 지닌 57세 여성으로 화학물질에 오염되는 것을 두려워한다. 이전 치료시간에 그녀는 자신에게 묻은 하수도 세정제가 자녀에게 묻게 될까 봐 걱정된다고 하였다. 다섯 번째 치료시간에 이 주제가 다시 등장하였으며, 이번에는 치료자에게 직면 훈련을 할 도구(세정제)가 준비되어 있다.

내담자: 이 하수도 세정제는 해로워요. 독성이 있어요. 그것 때문에 죽을 수도 있어요. 제가 그걸 만지면 저와 아이들에게 안 좋은 일이 일어날까 봐 두려워요. 그런데 제 남편은 계속 창고에 그걸 두자고 해요…. 그래서 제가 애들한테 창고 가까이에 가지 말라는 이야기를 자꾸 해야 되니까 아이들이 힘들어해요. 남편과 그것 때문에 싸우곤 하는데, 그 사람은 저의 모든 두려움을 자기가 해결할 수는 없는 거라고 해요.

치료자: 실제로 이 하수도 세정제 가루는 물이 묻었을 때에만 해로운 물질이 된답니다. 보세요. 제가 손에 세정제 가루를 쏟아부어도 제 손이 말라 있으니까 아무런 일도 일어나지 않잖아요. [시범을 보인다.]

여기서 오류는 무엇인지 적어 보십시오.

수용전념치료의 관점에서 볼 때, 이러한 오류로 인한 부정적인 결과는 무엇인가요?

당신은 대신에 어떤 반응을 할 수 있나요?

위 반응에서의 문제 주된 오류는 함정 3에 해당하지만 치료자는 융합이 일어나게 할 위험도 초래하고 있으며, 직면을 기꺼이 하기, 유연성, 가치와 연결하지 못하고 있다. 이 책의 저자 중 한 사람(Steven C. Hayes)이 초보 치료자 시절에 어떤 내담자에게 이와 똑같은 실수를 범한 적이 있었는데, 그 내담자는 다시 찾아오지 않았다. 직면과 기꺼이 하기 작업을 하기 전에는 항상 내담자에게 허락을 구해야 한다. 그리고 치료 작업의 초점을 항상 핵심 과정에 두어야 한다.

추천 반응

치료자: 그러니까 이 하수도 세정제 때문에 많은 고통스러운 생각과 감정이 생기는군요. 그리고 남편과 아이들과의 관계에서도 문제가 생기고 있고요. 꽤 손해가 큰 것 같은데요, 그렇죠?

내담자: 물론이죠.

치료자: 우리가 이 문제를 직접적으로 다룰 수 있도록 지금 여기서 그 힘든 부분으로 들어가 보는 것도 도움이 될 수 있을 것 같아요. 우리는 수용과 마음챙김 작업을 충분히 해 왔으니까 지금 실제 예를 가지고 연습해 볼 수 있는 좋은 기회일 수도 있을 것 같아요. 제 비서에게 하수도 세정제가 담긴 병을 가져오도록 하는 것을 기꺼이 해 보시겠어요? 비서에게 그 병을 바닥에 놓으라고 하고, 그 병이 당신의 몸과 마음에 무엇을 불러일으키는지, 그리고 어떻게 하면 좀 더 열린 마음으로 유연하게 그러한 반응과 함께할 수 있는지를 알아보는 것부터 시작해 볼 수도 있을 것 같아요. 처음 시작하기에는 너무 어려운 단계인 것 같기도 한데… 어떻게 생각하세요?

설명 이 반응은 내담자에게 선택권을 주고 작업에 초점을 둔다. 수용전념치료는 직면에 기초한 접근 방식이지만, 거칠게 강요된 직면은 결코 목표가 아니다.

함정 찾기 추가 연습

함정을 찾아내는 것을 더 연습하려면 이 연습과 이전 장들의 연습에서 당신이 답한 것을 다시 검토하면서 거기에 어떤 함정이 포함되어 있지는 않았는지 확인해 볼 수도 있다. 만약에 함정이 발견된다면 당신이 한 말이 어떤 점에서 문제가 될 수 있었을까? 예를 들어, 당신의 반응이 모범 반응과 달랐다면 당신의 반응이 내담자에게 미칠 수 있었던 영향은 무엇인지, 수용전념치료의 관점에서 부정적인 과정을 강화할 만한 점은 없는지 확인해 볼 수 있을 것이다.

연습: 수용전념치료 모델을 통해 유연성 기르기

함정에 빠지는 것을 피하는 가장 좋은 방법은 절대로 함정에 빠지지 않으려고 애쓰는 것이 아니라, 치료자도 내담자에게 개발하도록 권하는 것과 같은 종류의 심리적 유연성을 개발하는 작업을 하는 것이다. 이렇게 하기 위한 방법의 하나로 특정 치료 상황에 대해 다양한 대안 반응을 개발하는 연습을 하는 것을 들 수 있다. 경우에 따라서는 주어진 치료 상황에 적절한 치료적 반응이 단 하나밖에 없는 것처럼 느껴질 수도 있다. 원래 책이라는 것이 유연한 도구는 아니기 때문에 특히 이러한 인상을 조장할 수 있다. 그러나 사실 99%의 경우에는 수용전념치료 모델 안에서 하나 이상의 다양한 방법이 존재한다. 다양한 선택 사항을 볼 줄 아는 유연성이 없으면 이런 다른 길은 결코 눈에 띄지 않게 될 것이고, 수용전념치료자와 내담자는 좁은 행동 반경에 갇힐 수 있다.

지난 장들에서 그랬듯이, 이번 절에서 우리는 당신이 내담자의 말 하나하나에 다양한 반응을 만들어 냄으로써 수용전념치료 모델에 대해 좀 더 유연성을 기르는 과제를 주고자 한다. 각각의 연습에는 면담 기록이 제시되어 있으며, 육각형 모델의 여섯 가지 핵심 과정 중의 하나와 일치하는 반응을 만들어 내면 된다. 다른 연습에서와 마찬가지로 모범 반응을 보기 전에 최선을 다해서 자신만의 반응을 만들어 내도록 한다. 마음에 즉각적으로 떠오르는 것이 전혀 없을 때에는 각각의 과정에서의 핵심 역량을 확인해 보는 것이 도움이 될 수 있다(핵심 역량 목록은 부록 C에 수록되어 있다). 핵심 과정에 기초한 반응을 어떻게 만들어 낼지 확신이 없고 서툴고 세련되지 않아 보이더라도 어떻게든 자신만의 반응을 만들어 보는 것 자체가 가장 큰 도움이 될 수 있다.

연습 수행: 유연성 기르기

대부분의 성인기를 알코올 문제와 싸워 온 54세 남자와의 네 번째 치료시간이다. 그는 여러 차례 술을 끊었지만 재발하곤 하였다. 이번 치료시간이 있었던 당시에 그는 술을 입에 대지 않은 지 30일째였는데, 이는 그동안 술로 덮어 두었던 삶의 고통스러운 영역으로 다시 돌아오기에 충분한 시간이었다. 치료자는 그가 재발에 가까워지고 있는 것 같아 걱정하고 있다. 이 면담 기록은 치료자가 내담자의 가치에 대한 대화를 시작하는 부분에서 발췌하였다.

치료자: 당신은 술을 마시지 않는 삶을 원한다고 하셨는데요. 그 말에서 술을 마시지 않고 지내는 것이 당신에게 정말 중요한 무언가가 담겨 있는 것 같다는 생각이 듭니다. 술을 마시지 않고 지내게 되면 무엇을 할 수 있게 될까요? 단주 상태를 유지할 수만 있다면 당신 삶이 어떻게 되길 희망하나요?

내담자: 지금 시점에서는 단지 단주 상태를 유지하는 것에만 집중하고 싶어요. 다른 것에 대해서는 생각하고 있지 않아요. 서두르지 않고 단주에 집중하지 않으면 1년도 못 가서 재발할 거예요. 제 감정을 이겨 내지 못할 것 같은 느낌이 들어요. 지금은 서두르지 않고 속도를 늦추는 데 집중하고 있어요. [멈춤] 지금은 그저 속도를 늦춰야 해요.

치료자: 지금은 마치 당신 삶이 너무 빨리 흘러가고 있는 것 같다는 건가요? 당신이 원하는 방향으로 가고 있지 않은 것 같나요?

내담자: 제 삶보다는 마음이 더 그래요. 제 감정도 그렇고요. 전에는 이걸 몰랐기 때문에 그에 맞춰서 마음도 정신없이 바빠지다가 결국 술을 진탕 마시게 되곤 했어요. 다시 술을 끊을 수 있게 되기까지 몇 주 혹은 몇 년이 걸리기도 해요.

[연습 10-6]

만일 인지적 탈융합에 관한 작업을 한다면 어떻게 말할지 적어 보십시오.

어떤 생각 때문에 이러한 말을 하게 되었나요? 무엇에 대한 반응이고, 당신이 설명하고 있는 핵심 역량은 무엇인가요?

[연습 10-7]

동일한 내담자의 말("다시 술을 끊을 수 있게 되기까지 몇 주 혹은 몇 년이 걸리기도 해요.")에 대하여 현재에 존재하기에 관한 작업을 한다면 어떻게 말할지 적어 보십시오.

어떤 생각 때문에 이러한 말을 하게 되었나요? 무엇에 대한 반응이고, 당신이 설명하고 있는 핵심 역량은 무엇인가요?

[연습 10-8]

동일한 내담자의 말("다시 술을 끊을 수 있게 되기까지 몇 주 혹은 몇 년이 걸리기도 해요.")에 대하여 수용/기꺼이 하기에 관한 작업을 한다면 어떻게 말할지 적어 보십시오.

어떤 생각 때문에 이러한 말을 하게 되었나요? 무엇에 대한 반응이고, 당신이 설명하고 있는 핵심 역량은 무엇인가요?

[연습 10-9]

동일한 내담자의 말("다시 술을 끊을 수 있게 되기까지 몇 주 혹은 몇 년이 걸리기도 해요.")에 대하여 맥락적 자기에 관한 작업을 한다면 어떻게 말할지 적어 보십시오.

어떤 생각 때문에 이러한 말을 하게 되었나요? 무엇에 대한 반응이고, 당신이 설명하고 있는 핵심 역량은 무엇인가요?

[연습 10-10]

동일한 내담자의 말("다시 술을 끊을 수 있게 되기까지 몇 주 혹은 몇 년이 걸리기도 해요.")에 대하여 가치 있는 방향 정의하기에 관한 작업을 한다면 어떻게 말할지 적어 보십시오.

어떤 생각 때문에 이러한 말을 하게 되었나요? 무엇에 대한 반응이고, 당신이 설명하고 있는 핵심 역량은 무엇인가요?

[연습 10-11]

동일한 내담자의 말("다시 술을 끊을 수 있게 되기까지 몇 주 혹은 몇 년이 걸리기도 해요.")에 대하여 전념 행동에 관한 작업을 한다면 어떻게 말할지 적어 보십시오.

어떤 생각 때문에 이러한 말을 하게 되었나요? 무엇에 대한 반응이고, 당신이 설명하고 있는 핵심 역량은 무엇인가요?

모범 반응

예시 10-6a

치료자: 그러니까 마음이 정신없이 바빠질 때 마음이 말하는 것 중에 하나가 '속도를 늦춰라'군요. 꽤 갈등이 있을 것 같은데요…. 한편에서 보면 정신없이 바빠지게 하는 것도 당신의 마음인데, 다른 한편에서는 마음이 속도를 늦추라고 하는 거네요. 마치 당신의 두 부분이 당신보고 이래라 저래라 하고 있고, 당신은 그 사이에서 이러지도 저러지도 못하고 있는 것 같군요.

내담자: 네. 맞는 것 같아요. 어쩔 땐 이렇게 하고, 또 어쩔 땐 저렇게 하고 있죠.

치료자: 마치 어떤 마음은 이렇게 말하고 어떤 마음은 다르게 말하고 하는 식으로 작동하는 프로그램이 있는 것 같겠네요. 그리고 그 안에는 당신이 원치 않는 것이 많이 있고요. 맞나요?

내담자: 네.

치료자: 그리고 다른 부분은 당신한테 속도를 늦추라고 말하고 있고요. 제가 제안하고 싶은 것은 그것과는 조금 다른 것인데요. 지금 우리에게 정말 필요한 것은 조금 뒤로 물러서서 마음속에서 두 가지 마음이 마치 탁구공처럼 왔다 갔다 하는 것을 바라보는 것이라면 어떨까요? 어느 한쪽에 얽매이지 않고 말이에요. 크게 심호흡을 합시다. [심호흡을 한다.] 그리고 당신의 마음이 가는 곳을 잠시 지켜봅시다. 당신 마음이 당신에게 이야기하는 것을 크게 말해 보세요…. 그렇지만 한쪽으로 빠져들지는 마세요.

설명 이 대화는 다음의 핵심 역량을 보여 준다. 치료자는 내담자가 기꺼이 하는 자세를 가지고, 어려운 개인 경험을 '갖는' 경험을 하도록 작업한다. 내담자는 마음이 정신없이 바빠지는 것에 얽매이게 되는 것으로 인한 위험은 이해하고 있지만, '서두르지 말고 속도를 늦춰야 해'에 얽매이는 것으로 인한 위험은 완전히 간과하고 있다. 치료자는 이러한 과정을 탈융합된 마음챙김으로 전환한다.

예시 10-6b

치료자: 네, 마치 당신 마음이 당신을 무서운 생각으로 후려치고 있는 것 같군요. 술을 마시지 않고 지내는 것이 왜 중요한지를 기억하는 것이 무섭게 느껴질 정도로요. 당신의 마음은 이런저런 감정과 생각이 떠오르고 있기 때문에 뭔가 잘못된 것이라는 식으로 이야기하고 있지만, 항상 그 자리에 있던 것 역시 당신의 마음이었습니다. 기억하시겠지만 우리가 치료를 시작할 때 술을 마시지 않고 지내게 되면 오히려 마주하기 힘든 것이 더 떠오르게 될 수도 있다는 말씀을 드린 적이 있습니다. 특히 술이 덮어 주고 있던 것이 떠오르게 된다고 말이에요. 그러니까 지금 계획대로 치료가 잘 진행되고 있는 것 같군요.

설명 이 대화는 다음의 핵심 역량을 보여 준다. 치료자는 기꺼이 하기에 대한 내담자의 정서적, 인지적, 행동적, 신체적 장애물을 확인한다. 치료자는 내담자가 불안한 마음과 투쟁하고 있는 것에 대해 탈융합을 사용하고 있으며, 표면으로 드러나는 장애물에 주목하고, 순간순간 일어나는 융합이 주는 손실에 주목하고 있다. 치료자는 내담자의 투쟁을 정상화하지만 이를 최소화하지는 않는다.

예시 10-7a

치료자: 조금 전에 "지금은 그저 속도를 늦춰야 해요."라고 말씀하셨죠. 기억하시나요?

내담자: 네.

치료자: 그 말을 다시 천천히 말씀해 보시겠어요?

내담자: [밋밋한 감정으로 중간 속도로 천천히 말한다.] 지금은 그저 속도를 늦춰야 해요.

치료자: 한 번만 더 말씀해 주셨으면 좋겠는데요, 이번에는 좀 더 천천히 그리고 좀 더 감정을 실어서 해 보시겠어요?

내담자: [좌절한 목소리로 천천히 말한다.] 지금은… 그저… 속도를… 늦춰야… 해요.

치료자: 좋아요. 그렇게 말할 때 속에서는 무엇이 느껴지던가요?

내담자: 좌절스러워요. 음… 음… 이 문제에 대해 너무 많은 노력을 하고 있었던 것처럼 느껴져서요.

치료자: 네. 속도를 늦춰야 한다는 말 속으로 들어갔을 때, 그러니까 정말로 속도를 늦춰야 될 것처럼 말이에요, 어떤 느낌이 들었나요? 정말 편안히 이완되어서 물러서 있는 것처럼 느껴졌나요, 아니면 당신이 싸우고 있던 것을 오히려 더 붙잡으면서 열심히 노력하고 있는 것처럼 느껴졌나요?

내담자: 음… 더 열심히 노력하고 있는 것처럼요. 네, 이상하네요.

설명 이 대화는 다음의 핵심 역량을 보여 준다. 치료자는 내담자를 내용에서 탈융합하여 순간에 주의를 기울이도록 한다. 치료자는 그 순간에 직접 경험된 것처럼 후자의 경험, 즉 더 열심히 노력하고 있는 것처럼 느껴지는 경험으로 이끌고 있으며, 내담자가 이야기하고 있는 내용에서는 거리를 두게 하고 있다(끝 부분에는 약간의 수용도 포함하고 있다).

예시 10-7b

치료자: 당신이 속도를 늦춰야 한다는 이야기를 할 때 거기서 절박함이 느껴집니다. 마치 당신의 삶이 그에 달려 있는 것처럼 말이에요.

내담자: 네. [멈춤] 저도 그렇게 느껴져요.

치료자: 그 느낌과 잠시 함께 있어 볼까요? 당신의 삶이 위태롭게 느껴지는 그 느낌과 함께 말이에요. 그 느낌과 함께 있으면서 살펴보면 그 안에는 무엇이 있나요?

설명 위와 같다.

예시 10-8a

치료자: 이걸 한번 생각해 보면 좋겠어요. 만약 당신의 마음이 정신없이 바쁘게 지나가는 것이 문제가 아니며, 원래 마음은 언제나 바쁘게 흘러가는 것인데 당신이 늦추려고 애를 쓰는 것 자체가 문제라면 어떻게 해야 할까요? 마음의 속도를 늦추기 위해서 당신은 어떤 것을 하나요?

내담자: 음, 전 뭐든지 안전한 방향으로 하려고 하고 과열된 대화는 피해요. 너무 피곤해지지 않으려고 매일 긴장하지 않고 휴식을 취하려고 노력하고요. 원래 하던 일은 그만두고 이번에는 스트레스가 적은 일을 찾고 있어요.

치료자: 그러면 당신이 그렇게 했을 때, 당신의 경험에 따르면 장기적으로 마음의 속도를 늦출 수 있었나요? 아니면 잠시만 효과가 있었나요?

설명 이 대화는 다음의 핵심 역량을 보여 준다. 치료자는 임상적 관계 안에서 적극적으로 효용성의 개념을 사용한다. 치료자는 내담자의 어려움을 더 자세히 살펴보고 싶은 마음에서 주의를 돌려, 내담자의 마음의 속도를 늦추려는 노력의 효용성에 주목하게 한다.

예시 10-8b

치료자: '너무 바쁘게 서두르고 있어'라고 생각하기 바로 전에 떠오른 느낌, 거기로 가 볼까요? 그 느낌은 얼마나 됐나요? 얼마나 친숙한가요?

내담자: 그건 불안이에요. 원래부터 있었던 것 같아요. 저 자신을 조절할 수 없을 것 같은 느낌이에요.

치료자: 맞아요. 그리고 바로 그 '조절할 수 없을 것 같은' 느낌에서 벗어나 다시 조절할 수 있는 상태가 되려고 노력하고 계시는 것 같네요. 하지만 조절할 수 없을 것 같은 느낌에 더 성장할 수 있는 길이 있는 것이라면 어떻겠습니까? 아마 그 느낌 속으로 들어가 봐야 할지도 모릅니다.

설명 이 대화는 다음의 핵심 역량을 보여 준다. 치료자는 정서를 통제하기 위한 내담자의 싸움을 시험적으로 멈추어 보도록 적극적으로 격려하고, 하나의 대안으로서 기꺼이 경험하기를 제안한다. 다음 단계로는 내담자에게 불안한 감정을 기꺼이 경험하는 것을 실행하는 연습을 하도록 동의를 구하는 것을 고려해 볼 수 있다.

예시 10-9a

치료자: 마치 자신의 생각과 전쟁을 하고 있는 느낌이 드실 것 같네요.

내담자: 네.

치료자: 체스 아시죠? [치료자는 종이판을 마치 체스 판인 것처럼 집어 든다.]

내담자: 네.

치료자: 이 상황이 체스 게임이라고 해 봅시다. 검은 말과 흰 말이 전쟁을 하고 있는 상황입니다. [치료자는 '체스 말'로 표현하기 위해 종이판 위에 다양한 물건을 올려놓는다.] 이 은유에서 체스 말은 당신의 다양한 생각, 감정, 기억 등 당신 안에서 경험되는 모든 것을 의미합니다. 자, 이제 당신은 흰 말이 이기게 하기 위해 전쟁을 시작합니다. 당신은 흰 말과 함께합니다. 체스 판 안으로 들어가 말과 기사 위에 올라타고 전쟁터로 나갑니다. 그런데 그때 일어나는 일은 당신이 '충분히 속도를 늦추고 있어'라는 생각과 정말로 함께하게 되는 겁니다. 그러니까 그 생각이 흰 말이고 당신은 그 체스 말이 이기게 해야 하는 것이니까, 검은 말이 정말 위협적으로 느껴질 겁니다. 아시겠지만 당신에겐 그러한 검은 말이 굉장히 많을 거예요, 그렇죠? 이 말은 모두 당신 안에 있는 것입니다. 이 체스 말에 대해서 이런 식의 태도를 갖는 순간, 당신은 엄청나게 큰 당신의 일부분과 전쟁을 하게 되는 겁니다. 당신 삶은 전쟁터로 변합니다. 그리고 체스 말은 체스 판에서 서로를 쓰러뜨리려고 합니다. 하지만 당신이 경험했던 것은 무엇인가요? 당신이 검은 말, 그러니까 술을 마시고 싶다는 충동이라든가 자신이 무가치하게 느껴지는 것 등 당신이 싫어하는 말을 삶에서 없애 버리려고 했을 때 전투에서 이길 수 있었나요? 이 은유에서 만일 당신이 체스 말이 아니라 사실은 이 모든 일이 벌어지고 있는 맥락인 체스 판과 같은 것이라면 어떨까요? 보세요, 체스 판은 아무것도 할 필요가 없어요. 그냥 모든 체스 말을 가지고 있을 뿐이에요. 체스 말이 많든 적든 전혀 상관하지 않습니다. 그냥 체스 말을 가

지고 있을 뿐이지요. 그리고 지금 제가 손으로 체스 판을 앞뒤로 움직이는 것처럼 체스 판은 움직일 수 있습니다. 당신이 이 체스 판 수준의 자신과 만나는 데 도움이 될 수 있는 연습을 같이 기꺼이 해 보시겠어요? [시냇물에 떠내려가는 나뭇잎 연습 등의 마음챙김 연습을 제안한다.]

설명 이 대화는 다음의 핵심 역량을 보여 준다. 치료자는 은유를 사용하여 내담자가 의식의 내용 및 산물을 의식 자체와 구별하도록 돕는다. 마지막에는 경험적 연습을 더함으로써 내담자가 은유를 통해 설명된 이러한 차이점을 직접 경험할 수 있도록 한다.

예시 10-9b

치료자: 그럼 다시 돌아가서 단어 기계가 자기 일을 하게 해 봅시다. 당신 마음이 당신에게 속도를 늦추라고 소리치게 할 수 있나요?

내담자: 그건 쉬워요.

치료자: 좋아요. 그러면 당신이 정말로 시끄러운 싸움터로 들어가서 그 소리가 들리면 손가락을 드세요. 그러면 여쭤 볼 게 있어요. [멈춤]

내담자: [잠시 후에 손가락을 든다.]

치료자: 그 시끄러운 싸움을 듣고 있는 사람은 누구인가요?

설명 이 대화는 다음의 핵심 역량을 보여 준다. 치료자는 내담자가 맥락적 자기와 접촉하는 것과 이 맥락적 자기와 개념화된 자기를 구별하는 것을 돕기 위해 연습을 활용한다. 치료자는 내담자가 자신의 경험의 내용과 강하게 만나도록 인도하고, 이를 의식적이고 관찰자인 내담자의 한 부분과 만나도록 돕는 기회로 활용한다.

예시 10-10a

치료자: 속도를 늦추기 위한 이 싸움 안에 당신에게 정말로 중요한 무언가가 있다는 느낌이 드네요. 정말 중요한 무언가가 위태로운 상태에 있는 것 같아요.

내담자: 네, 그래요.

치료자: 당신 삶에서 당신이 원하는 중요한 것 중에 지금 갖고 있지 못하다고 느껴지는 것은 무엇입니까? 그에 대해 말씀해 주실 수 있나요?

설명 이 대화는 다음의 핵심 역량을 보여 준다. 치료자는 내담자가 가치 있는 삶의 방향을 명확히 하도록 도와준다. 내담자는 문제(즉, 자신의 삶은 너무 빨리 흐르고 있어서 늦출 필요가 있다는 것)와 그에 대한 해결책에만 집착하고 있다. 치료자는 내담자가 속도를 늦추는 것을 통해 무엇을 얻으려고 하는가와 관련된 더 큰 그림을 제시하고자 하고 있다.

예시 10-10b

치료자: 당신은 오래전부터 속도를 늦추려고 했던 것 같습니다. 그 일은 당신에게 무엇을 위한 것입니까? 당신의 묘비에 쓰였으면 하는 그런 것인가요? "앤디는 속도를 늦추기 위해 정말 열심히 노력했다?" 술을 마시지 않고 지내는 것도 마찬가지입니다. "앤디는 술을 마시지 않기 위해 정말 열심히 노력했다." 이것이 당신의 묘비에 쓰였으면 하는 말인가요? 이 모든 것이 정말 이런 것을 위한 것인가요? 그게 삶인가요? 만일 묘비에 다른 것을 새길 수 있다면 무엇을 새기겠습니까?

설명 위와 같다.

예시 10-11a

치료자: 속도를 늦추는 것을 목표로 할 때 있을 수 있는 한 가지 문제점은 그것이 바로 우리가 '죽은 사람의 목표'라고 부르는 것이라는 겁니다. 죽은 사람의 목표란 죽은 사람이 언제나 더 잘할 수 있는 목표를 말합니다. 예를 들면, 자기 마음의 속도를 늦추는 것을 당신하고 죽은 사람 중에 누가 더 잘할 수 있을까요? 죽은 사람이 매번 이길 겁니다. 당신이 속도를 늦추려고 미뤄 왔던 목표 중의 하나를 든다면 어떤 것이 있습니까? 해 보고 싶다고 생각했던 것 중에 만일 그렇게 한

다면 마음의 속도가 빨라질지도 모른다고 생각해서 하기가 두려웠던 것에는 어떤 것이 있습니까?

설명 이 대화는 다음의 핵심 역량을 보여 준다. 치료자는 내담자가 가치 있게 여기는 삶의 목표를 확인하고, 그것과 연결된 행동 계획을 만들어 내는 것을 도와준다. 다음 단계로 내담자와 함께 내담자가 찾은 방향이나 목표가 무엇이든지 그것과 관련된 행동을 취해 보고, 속도를 늦추는 것이 내담자가 자신의 진짜 삶을 살아가는 것에 대한 해결책인지 혹은 방해물인지를 살펴보는 작업을 해 볼 수 있을 것이다.

예시 10-11b

치료자: 속도를 늦추려는 당신의 본능이 옳다고 생각해요. 그리고 단지 하나의 기법으로서 적절한 것이 아니라, 보다 더 중요한 것일지도 모른다는 생각이 듭니다. 한번 해 보죠. 바로 지금 여기서 속도를 늦춰 보고, 여기서 일어나는 일에 마음을 열 수 있는지 살펴봅시다. 한번 해 봅시다. [멈춤]

내담자: [스스로 숨을 깊이 들이쉰다.]

치료자: 방금 전에 당신 목소리에서 뭔가 다급한 느낌이 있었던 것을 알아차렸나요?

내담자: 사실대로 이야기하면 무서워요. 뭔가 해야 할 것 같은 느낌이 들어요.

치료자: 맞아요. 그런 식으로 작동하는 겁니다. 그럼 뭔가 해야 할 것 같은 느낌을 재빨리 알아차린 후에 속도를 늦추고 싶어 하는 마음 안에는 무언가 깊은 지혜가 담겨 있다고 가정합시다. 그리고 현재에 머물러 봅시다. 바로 여기에서 당신은 실제로 존재할 수 있습니다. 바로 여기에서 당신은 삶을 살 수 있습니다. 여전히 이곳은 가끔은 무서운 곳이기도 합니다. 여기에서 도망가려고 어떻게 했지요?

내담자: 저 자신을 멍해지게 만들었어요. 술을 마셨습니다. 많이요.

치료자: 네, "속도를 늦추고 현재에 머물러야 해."라는 말은 "서둘러, 내 마음과 감정을 어떻게든 해야 돼."라는 말과 모두 섞여 버립니다. 자, 당신은 그렇게 할 수 있는 방법이 있었는데, 그렇게 하니까 어떤 손실이 있었는지 살펴봅시다. [멈춤]

제가 당신에게 들은 것은 당신은 제대로 된 삶을 살고 싶고, 진짜 당신이 되고 싶고, 바로 여기에 있고 싶다는 겁니다. 당신이 그렇게 할 수 있으려면 어떻게 해야 되는 거죠?

내담자: 술에 취해 있지 않아야 되죠. 술 때문에 내 삶을 허비하고 있었어요. 제가 술 때문에 잃게 된 것은 바로 저예요.

치료자: 그러니까 재빨리 도망치기 위한 새로운 방법을 찾으려 하지 맙시다. 단주 상태를 유지한다는 핑계로 도망치려고 하지 맙시다. 왜냐하면 그것 역시 진짜 당신이 되지 못하게 되는 길일 뿐이니까요. 아마 단주 상태를 유지하는 것도 결국에는 다른 무언가를 위한 것일 거예요. 무엇을 위한 것이죠?

내담자: 제가 진짜 저 자신이 되는 것이죠…. [스스로 깊이 숨을 들이쉰다.] 전 도망가지 않아요. 이제는 그렇게 하지 않을 거예요. 바로 여기 이곳에서 살아갈 거예요.

설명 이 대화는 다음의 핵심 역량을 보여 준다. 치료자는 내담자가 장애물이 있는 상태에서 전념 행동을 만들고 유지할 수 있게 한다. 역설적으로 내담자는 의도적이고 의식적인 방식으로 삶을 사는 것의 중요성에 대한 인식을 또 다른 융합된 회피 행동에 대한 정당화와 뒤섞인 채로 받아들이고 있었다. 그랬기에 속도를 늦추는 것은 자신의 삶을 마주하고 정직하고 자신을 존중하는 방식으로 살아가고자 하는 현명하고 깊은 욕구의 표현이라기보다는 그저 자기기만적인 기술에 불과한 것이 되어 버렸다. 현재에 존재하는 것과 살아 있는 진정한 가치는 가려져 있었다. 술을 마시는 것은 그 가치에 위배되는 것이었고, 고립되고 융합되고 다급하고 회피적이며 자기기만적인 방식으로 그저 술에 취하지 않는 상태에 집중하는 것 또한 가치에 위배되는 것이라 할 수 있을 것이다.

치료자의 반응 선택에 영향을 주는 맥락

이전 절에서의 연습은 임상 상황에 대한 맥락적 설명이 상대적으로 부족하다는 점에서 다소 인위적이라 할 수 있다. 따라서 독자의 해석이 많이 필요하다. 정보가 제한되어 있기 때문에 거의 모든 과정이 유용한 것으로 인정될 수 있었을 것이다. 실제 상황에서는 적절한 기법을 선택하는 데 사용될 정보가 훨씬 더 풍부하게 주어지기 때문에 특정 과정이 다른 것보다 선호되는 경우가 많다. 그럼에도 우리는 이 장에 소개된 연습이 주어진 임상 상황에서 여러 가지 다양한 반응이 가능하다는 것을 보여 주는 데 도움이 되기를 바란다. 치료자는 임상적 필요에 따라 서로 다른 수용전념치료 과정을 활용할 수 있는 유연성이 있어야 한다. 정확한 개입방법의 선택은 내담자와 내담자의 요구에 대한 치료자의 개념화, 치료의 큰 틀, 치료자 자신의 행동 맥락에 따라 결정된다.

내담자의 행동에 대한 이해

그 순간의 내담자의 특정 행동은 치료자 반응에 영향을 미치는 가장 즉각적인 맥락을 만들어 낸다. 가장 이상적인 형태는 바로 그 순간 내담자의 행동에 대해 치료자의 기능 분석이 이루어지고 그에 근거하여 행동에 반응하는 것이다. 예를 들어, 내담자의 행동은 회피, 융합, 자기 평가, 과거 혹은 미래에 사로잡혀 있는 것을 보여 주는 것인가? 이것은 8장과 9장에서 논의한 순간에 대한 기능 분석과 동일하다.

그 순간 내담자의 행동에 덧붙여 치료자의 개입은 여러 치료시간에 걸쳐 나타나는 좀 더 확장된 내담자의 행동 패턴에 의해 결정된다. 이 경우는 공식적, 비공식적 사례 개념화의 영역이라 할 수 있다. 예를 들어, 사례 개념화에 의해 여러 치료시간에 걸친 특정 과정의 개발이 필요한 내담자의 약점이 발견될 수도 있다. 그리하여 한 치료시간에서 관찰되는 내담자의 특정 행동과 관계없이 해당 과정에 좀 더 초점을 맞출 수도 있다.

치료의 큰 틀

치료자는 또한 치료에서 이미 설명했던 수용전념치료 모델의 한 부분이나 특정 내담자에 대해 앞으로 다루고자 하는 것에 기초하여 개입방법을 선택하기도 한다. 예를 들어, 두 번 이상 치료시간을 갖지 않을 내담자에 대해서는 제한적인 범위 안에서만 가치에 대한 평가를 시행할 것이다. 다른 한편으로 좀 더 장기간의 치료를 하고 있는 경우에는 기꺼이 하기/직면 작업을 하기 전에 탈융합 기술을 개발하는 것을 돕는 계획을 먼저 세울 것이다. 치료의 큰 틀이 어떻게 특정 치료시간에 치료자가 무엇을 할 것인가에 영향을 미치는가는 다음을 비롯하여 여러 가지 예가 있을 수 있다.

- ✓ 치료의 목적과 목표에 대해 합의하는 것에 관한 이전 작업은 어떤 개입방법을 선택하느냐를 결정하는 데 도움이 된다.
- ✓ 대개 전념 행동에 대한 작업을 하기 전에 내담자의 가치에 대해 알아보는 것이 중요하다.
- ✓ 특정 지침서에 제시되어 있는 틀을 따라가고 있는 치료자는 내담자의 특정 언급에 반응하면 다른 방향으로 진행하게 될 수도 있으므로 해당 지침서의 형식을 따르는 것이 나을 수도 있다.

즉각적인 치료자의 행동

효과적인 수용전념치료자는 시간에 따라 빠르게 드러나는 복잡하게 얽힌 치료적 과정을 조직화하는 방법을 배운다. 종종 한 과정은 다른 과정에 집중하게 만드는 즉각적인 맥락을 만든다. 예를 들어, 현재와 만나기는 가치 작업을 하는 동안 혹은 직전에 행해져야 하는데, 그렇지 않으면 가치 작업이 무미건조하고 지적 수준에만 머무르게 될 수 있기 때문이다. 수용을 적절히 가미하지 않은 채 탈융합 작업을 하게 되면, 대개 지적 수준에만 머물게 되거나 내담자의 타당성을 부정하게 되거나, 두 가지 역효과가 모두 일어나게 되는 결과를 초래한다. 효과적인 직면 연습이 되기 위해서는 적어도 기본적인 탈융합 기술을 적재적소에 적극적으로 사용해야 한다. 그렇지 않으면 내담자를 그저 겁에 질리게 만들 뿐이다. 기꺼이 하기 연습은 대개 가치 작업과 연결되는 경우가 많은데, 가치가 기꺼이 하기를 해야 할 이유를 제공하기 때문이다. 현재 순간과 만나는 것은 내담자가 현재의 모든 것을 알아차리고 있는 사람(맥락적 자기)을 알아차릴 수 있게 하는 경험적인 자료를 제공한다. 이런 맥락과 패턴은 치료자가 과정 사이를 자유자재로 움직이면서 몇 분 사이에 펼쳐진다. 이러한 유형의 지식은 대체로 암묵적인 특징이 있어서 연습을 통해 습득할 수 있다. 치료자가 복잡한 행동의 특정 부분을 연습하면 할수록 자신이 접근할 수 있는 행동 패턴과 어떤 패턴에 효과적인지에 대한 자기 지식을 키울 수 있게 된다.

자주 하는 질문

여기에서 우리는 수용전념치료 접근을 처음 접하는 치료자가 흔히 가질 수 있는 질문을 살펴보고 그에 대한 간략한 답을 제시하고자 한다. 만일 이 외에 다른 질문이 있다면 해당 웹사이트(www.learningact.com) 혹은 맥락적 행동과학학회(Association for Contextual Behavioral Science, www.contextualpsychology.org)에서 관리하는 ACT 리스트서브에 질문을 올리면 된다.

질문 경험적 연습이나 은유를 내담자에게 어떻게 소개하는가?

답변 경험적 연습과 은유를 광범위하게 사용하는 것이 수용전념치료의 특성인데, 이런 접근법에 익숙하지 않은 치료자에게는 불안을 유발할 수 있다. 수용전념치료는 일종의 경험적 치료이기 때문에 덜 대상 지시적이고, 이차적 변화 형태는 물론 연습과 이야기가 더욱 중요하며, 치료시간에 자주 사용된다. 은유와 연습은 내담자가 지닌 어려움의 특정한 특성에 따라 맥락화하는 것이 이상적이다. 예를 들면, 치료자는 내담자가 과거에 표현했던 생각 또는 감정을 은유에 접목하거나 내담자가 한 이야기 중 하나에서 특정 연습을 시작하도록 할 수 있다. 은유와 연습을 맥락화하는 것은 치료자가 일관된 주제에서 벗어나 여러 가지 연습이나 은유를 한 치료시간 동안에 남발하는 문제를 예방하는 데 도움이 된다. 어떤 경우에는 치료자가 특정 연습이나 은유가 도움이 될 수 있을 것 같다는 느낌을 받지만, 어떻게 연습이나 은유를 내담자의 경험에 직접적으로 연결할 수 있을지 알기 어려울 수도 있다. 이런 경우에는 좀 더 일반적인 형태로 연습을 진행하는 것이 도움이 될 수 있다. 우리는 치료자가 모든 연습을 소개하기 전에 내담자에게 동의를 구할 것을 권한다. 간단하게 "당신에게 도움이 될 만한 연습을 생각하고 있어요. 저와 함께 짧게 눈을 감고 하는 연습을 한번 해 보시겠어요?"라고 물어보면 된다.

초보 수용전념치료자는 치료시간이 좀 더 체험적이 되도록 하기 위해 단계적 접근 방식을 사용할 수도 있다. 한 가지 방법은 특정 치료 지침서를 따르는 것이다. 지침서는 대개 단계별 접근을 사용하며, 치료자가 일관된 치료시간 진행을 할 수 있게 될 때까지 적절한 치료시간에 대해 미리 학습함으로써 치료시간을 준비하도록 해 준다. 만일 당신이 지침서를 사용하지는 않지만 이미 하고 있는 치료작업에 수용전념치료를 통합하고 있거나 덜 구조화된 방식으로 수용전념치료를 사용하고 있다면, 다음 치료시간에 사용할 수용전념치료 과정과 연습에 대해 대략적인 계획을 세울 것을 권한다. 이렇게 하면 적절한 은유와 연습 서너 개 정도를 골라서 치료시간 이전에 미리 검토할 수 있으며, 치료시간 중에 그것을 적절하게 사용하는 것과 의도한 효과를 확실히 이해하는 데 도움이 된다. 은유나 연습은 실제 치료시간에 조용히 읽는 것이 아니라 말하고 듣는 것이기 때문에 준비과정에서도 소리 내어 읽어 보는 것이 좋다. 이 책과 관련한 홈페이지에 게재된 동영상도 도움이 된다. 일반적으로 치료시간에 내담자 앞에서 연습 내용에 대한 지문을 읽는 것은 별로 좋은 생각이 아니다. 단, 관찰자 자기 연습처럼 오래 눈을 감고 하는 연습의 경우에는 가능할 수도 있다.

질문 내담자에게 수용전념치료를 어떻게 설명하고 동의를 얻나?

답변 수용전념치료와 같이 비문자적인 치료에서는 치료과정에 대해 적절히 설명하고, 목표와 과제에 대한 일반적인 동의를 얻는 것이 다소 어려울 수 있다. 수용전념치료는 경험적이고 비문자적이기 때문에 치료과정을 직접적으로 기술하는 것은 불가능하다. 내담자가 치료를 받으러 올 때는 자신의 상황 및 변화를 위한 노력에 대해 그들 스스로 이해하고 있는 바 그 자체가 문제가 되는 경우가 많다. 그러나 이러한 점을 발견하더라도 그것을 즉각적으로 그리고 직접적으로 내담자와 공유하는 것은 도움이 되지 않을 수 있다. 왜냐하면 이를 내담자가 문제를 극복 또는 포기해야 한다는 뜻으로 오해할 수도 있기 때문이다. 대부분의 수용전념치료자가 이러한 경우 사용하는 해결책은 수용전념치료의 목적에 대해 은유적으로 이야기하는 것이다.

다음 면담 기록은 치료자가 만성적으로 걱정을 안고 사는 내담자와 치료에 대한 동의에 관해 논의하는 방법을 보여 주는 예다.

치료자: 당신이 겪어 온 걱정에 대해 제게 대략적인 설명을 해 주셨는데요. 저도 당신이 삶에 대해 갖고 있는 희망과 꿈의 전반적인 모습에 대해 첫인상이 생기는 것 같습니다. 실제로 치료에 들어가기 전에 우리가 치료에서 무엇을 할 것인지에 대한 개략적인 내용을 소개해 드리고, 치료에 대한 계약을 맺었으면 합니다. 우선 당신이 걱정을 극복하기 위해 당신 스스로를 변화시키려고 얼마나 열심히 노력했는지 알 수 있었습니다. 그리고 그런 만성적인 걱정이 당신의 대인관계, 특히 가족과의 관계를 어떻게 방해해 왔는지도 알 수 있었어요. 당신은 수년 동안 걱정과 불안을 조절해 보려고 열심히 노력했지만 그다지 성공적이지 못하였던 것 같습니다.

어떤 치료자는 당신이 걱정을 조절하는 데 사용할 더 많은 기술을 개발하도록 도와주는 방법을 사용합니다. 저의 접근 방식은 그것과는 다릅니다. 당신은 마치 걱정과 계속 전쟁을 치르고 계셨던 것 같습니다…. 그리고 어떤 치료법에서는 당신이 그 전쟁에서 싸울 수 있도록 더 많은 무기를 당신에게 줍니다. 그것도 하나의 방법이에요. 만약 당신이 그것을 원한다면 그런 접근법을 사용하는 치료자에게 당신을 의뢰해 드릴 수 있습니다. 제가 하는 치료는 전쟁터에서 떠나는 방법에 대해 배우는 것과 좀 더 비슷합니다. 전쟁은 여전히 계속 진행될 수도 있고, 당신도 그걸 볼 수 있을 겁니다. 하지만 당신은 그 전쟁터에서 살지는 않게 되는 겁니다. 불안이나 두려움, 걱정과 싸우는 이 전쟁에서 빠져나오는 방법에 대해 작업할 것입니다. 당신 자신을 자유롭게 하고 당신이 살고 싶은 삶을 살 수 있는 힘을 가질 수 있도록 말입니다. 하지만 이것이 당신이 원하는 방향인지에 대해서는 당신이 결정해야 합니다.

내담자: [알았다는 표시를 하며 치료자에게 계속 설명해 달라는 몸짓을 한다.]

치료자: 치료가 당신이 진정으로 되고 싶어 하는 엄마나 아내가 되도록 돕는 것에 관한 것이라면 해 볼 만한 가치가 있을까요? 당신의 가족에 대한 전념 정도와 걱정과 두려움으로 인해 방해받았던 것에 대해 기꺼이 알아보시려는 태도에 깊은 인상을 받았습니다. 불안과의 전쟁에서 빠져나오는 것이 당신이 원하는 엄마가 되는 것을 가능하게 해 주는 것이라면 그런 치료를 받아 보고 싶은 생각이 있으십니까? [만약 내담자가 치료 내용에 대해 보다 자세한 설명을 원한다면 그에 대한 이야기를 나누는 것도 좋다. 그러나 그때에도 은유적인 방법을 사용하는 것이 좋다.]

내담자: 전쟁터에서 제가 빠져나올 수 있게 해 주는 것이 무엇이죠?

치료자: 음, 그 질문에 대한 답을 하기 어려운 이유 중의 하나는 우리를 전쟁터에 계속 있게 하는 것이 문자적인 언어이기 때문입니다. 제 생각에 당신은 최선이라고 생각하고 논리적이라고 생각하는 대로 행동해 왔던 것 같습니다. 하지만 그것이 그다지 효과가 없었던 것 같습니다. 그렇지 않다면 당신이 왜 여기에 계시겠습니까? 전쟁터에서 빠져나오기 위해 우리는 단순한 논리의 밖에 있는 무엇인가를 해야 할 필요가 있습니다. 미친 짓을 하라는 이야기가 아닙니다. 당신 앞에 놓인 모든 것, 우리의 마음이 일상적인 상태에서 제시하는 것을 바꾸어야 한다는 것입니다. 그러니까 당신의 질문에 대해 일상적인 태도 안에서 말씀드려 봤자 이해시켜 드릴 수가 없습니다. 제가 이 순간에 가장 비슷하게 설명해 본다면 이렇게 말씀드릴 수 있겠습니다. 전쟁터에서 빠져나오는 것은 당신이 자신의 생각과 감정과 관계 맺는 법을 바꾸는 것이고, 직접적인 경험과 가장 깊게 염원하는 것에 기초해서 행동하는 것 등이 필요합니다. 이것이 구체적으로 무엇을 의미하는지가 바로 치료를 통해 명확하게 해야 할 부분입니다. 하지만 우리가 앞으로 나아가는지 아닌지에 대해 말할 수 있는 사람은 궁극적으로 제가 아닌 당신이라는 점만은 분명히 하고 싶군요. 이에 대해 당신과 작업하는 데 다소 시간이 필요하겠지만, 제가 아무것도 하지 않

겠다는 이야기는 아닙니다.

일반적으로 다양한 대안적 치료의 효과와 수용전념치료에 대한 경험적 증거에 대해 이야기를 나누는 것이 도움이 된다. 수용전념치료자는 치료에 대한 일반적 접근 방식에 대해 설명해 주고, 더불어 대개 내담자에게 처음 몇 회의 치료시간에 대해서는 기간이 끝날 때까지 평가를 미루고 우선 치료에 전념해 줄 것을 부탁한다. 동시에 치료자는 내담자의 관점에서 봤을 때 직접적인 진전이 있는지가 절대적으로 중요함을 다시 한 번 분명히 한다. 즉, 우리는 합리적이며 제한된 기간 동안 내담자가 전념해 줄 것을 부탁하지만, '전적으로 우리를 믿으라'는 식으로 말하지는 않는다.

또한 치료 경과에는 부침이 있을 수 있다는 사실을 알려 주는 것이 좋다. 예를 들어, 수용전념치료를 롤러코스터를 타는 것에 비유하여, 전체적으로 봤을 때는 점차 위로 올라가고 있는 것이지만 어떤 시점에서는 처음 치료받으러 왔을 때보다 낮은 곳에 있는 것처럼 보일 수 있다고 이야기해 줄 수 있다. 경험 회피를 평가하였는데 내담자가 상대적으로 높은 점수를 받았다면, 집중적인 치료과정 중에 치료를 포기하고 싶은 회피에 기초한 충동이 있을 수 있음을 예측하는 것이 도움이 된다. 또한 이러한 충동을 다스리고 어떻게 그것을 치료의 틀 안에서 다룰지를 설명하는 것이 도움이 된다. 치료적 관계가 아직 충분히 형성되기 전인 치료 초기에 이러한 작업을 해 두면 조기 탈락의 위험성을 줄이는 데 도움이 되며, 또한 치료자가 때로는 내담자에게 혼란스럽고 도발적이고 고통스러울 수도 있는 반직관적이고 일반적이지 않은 접근을 할 시간을 벌 수 있다.

수용전념치료의 관점에서 치료 계약의 핵심은 가치를 공유하는 느낌을 갖는 것과 치료 방향에 대한 일반적인 설명, 이러한 방향으로 함께 작업하기로 선택하는 것이다. 일반적으로 내담자는 더 나은 삶을 살기 위해서는 기분이 더 나아져야 할 필요가 있다는 지배적인 문화적 담론을 암묵적으로 따르면서 진료실로 찾아온다. 그들은 이런 이야기 속에 살면서 삶은 뒷전이 된 채 끊임없이 좀 더 기분이 나아지는 것만을 추구하고 있는 자신을 발견한다. 수용전념치료는 선택된 가치를 향하여 내담자가 나아갈 수 있도록 돕고 내담자를 자유로워지게 하는 것을 지향한다.

따라서 수용전념치료자는 기분이 나아지는 것과 상관없이 내담자에게 진정으로 중요한 것(즉, 가치)이 무엇인지에 대해 처음부터 감을 잡는 것이 중요하다. 치료 계약은 이렇게 내담자의 가치에 대한 공통적인 느낌을 기반으로 하여 세워져야 하고, 내담자의 더 큰 삶의 목표 및 꿈과 일치해야 한다.

질문 경험 회피는 언제나 나쁜 것인가?

답변 짧게 답하자면 '그렇지 않다', 길게 답하자면 '상황에 따라 달라진다'라고 할 수 있다. 한편에서 보면 경험 회피에 대한 수용전념치료의 입장은 실용적이다. 즉, 경험 회피는 내담자의 가치 맥락에서 효과적이지 않을 때에는 '나쁜' 것으로 볼 수 있다. 수용전념치료 모델에 따르면 경험 회피가 내담자의 삶에 해를 끼치지 않는다면 그것을 치료의 목표로 삼을 필요가 없다. 그리고 확실히 어떤 상황에서는 반드시 해롭지만은 않기도 하다. 다른 한편으로 과거 20여 년 동안 연구에서 알려진 바에 따르면, 광범위한 대처 양식으로서의 경험 회피 반응은 현존하는 가장 파괴적이고 해로운 심리적 과정 중 하나다(Hayes et al., 2006). 경험 회피는 위험한 성적 행동, 발모광, 공황, 지쳐 버리는 것, 우울증, 학습 불능 상태 등 온갖 부정적인 결과와 연관되어 있는 것으로 알려져 있다. 따라서 경험 회피가 내담자의 광범위한 반응 패턴인 것으로 관찰된다면 대개 긍정적인 행동은 할 수 없다고 보는 것이 합리적이다. 그러나 궁극적으로 내담자에게 효과적인 것이 무엇인지를 결정하는 것은 결국 그 내담자의 경험이다.

질문 '내담자와 같은 배를 타고 있다'는 게 무슨 말인가? 나와 내 정신분열증 내담자가 모두 똑같이 역기능적이라고 할 수는 없지 않나?

답변 수용전념치료는 평등하고 인간적인 치료자-내담자 관계를 추구한다. 우리는 치료자와 내담자 간의 존재의 차이를 부정하는 것을 추구하는 것이 아니라, 내담자에게 이득이 되지 않는 부분에서의 그러한 차이를 최소화하려는 것이다. 수용전념치료 모델에서 괴로움은 어느 곳에나 있기 때문에 괴로움의 원인도 어느 곳에나 있는 것일 수밖에 없다고 가정한다. 수용전념치료 및 관계틀 이론은 언어 그 자체가 문제의 근원이라고 보며, 치료자와 정신분열증 내담자 모두 '언어병'을 가지고 있다고 본다. 수용전념치료에서도 특정한 또는 비정상적인 요인이 내담자의 문제(예, 정신분열증에 대한 유전적 소인)에 기여할 수 있다는 점을 인정하지만, 그렇다고 해서 언어에 기초한 일반적인 과정(예, 경험 회피, 융합 등)의 강한 영향력을 배제할 수 있는 것은 아니다. 실제로 두 개의 무작위 대조군 연구에서 수용전념치료가 정신병적 장애를 가진 환자의 재입원을 유의하게 줄였고, 이는 수용전념치료 과정의 변화와 관련이 있는 것으로 나타났다(Bach & Hayes, 2002; Gaudiano & Herbert, 2006).

질문 수용전념치료에서 정신약물학의 역할은 무엇인가?

답변 대부분의 경우에 약물은 사고와 감정을 없애지 못한다. 단지 약물은 그로 인한 영향을 조절한다. 경험적으로 약물의 효과가 있었던 경우에는 유연한 자세가 도움이 된다. 다음과 같은 말이 효과가 있다.

> 치료자: 아시다시피, 약이 모든 사람의 문제를 100% 해결해 주지는 않아요. 그렇지 않다면 오늘 이 자리에 계시지 않았겠지요. 그렇지만 약물은 우리가 생각과 감정에 덜 얽매여 있게 되면 어떨지를 살짝 엿볼 수 있게는 해 줍니다. 우리는 다른 방법으로 치료 작업을 해 나갈 것입니다. 어떤 시점이 되면 약물치료에 대한 문제를 직접적으로 다루고 싶어지실 수도 있습니다. 하지만 그러기 전까지는 얻을 수 있는 것을 얻어 봅시다.

약물치료가 호전을 제한할 수 있다는 증거가 있는 영역(예, 벤조다이아제핀은 직면의 치료 효과를 차단하는 작용이 있음)의 경우에는 적절한 시점에 이 문제를 다뤄 볼 수 있다. 그러나 이러한 경우라고 하더라도 수용전념치료에서 치료 시작부터 약물을 끊으려 하는 경우는 거의 없다. 직접적인 경험에 근거하여 지속적으로 효용성을 살펴보려는 열린 태도가 필요할 뿐이다.

질문 경험적 연습이 정말 싫다. 그냥 내담자가 해야 하는 것을 설명해 주면 안 되는 이유가 무엇인가?

답변 물론 수용전념치료에 근거한 정신 교육을 통해 어느 정도 효과를 볼 수 있다. 그러나 우리는 언어적 규칙을 따르는 것이 경험에서 나온 행동과 같지 않다는 것을 알고 있고, 경험에서 나온 행동이 좀 더 유연하다는 것을 알고 있다. 따라서 우리는 내담자가 어떻게 배우는가에 따라 큰 차이가 생길 수 있다는 것을 알고 있다. 증거와 내담자의 요구, 가치가 가장 중요한 지침이다. 당신은 치료자로서 특정 접근방법에 대한 자신의 호불호를 잘 살펴볼 가치가 있다. 불편함을 수용하고 해야 할 필요가 있는 것을 하는 것이 정확히 수용전념치료의 핵심이며, 수용전념치료 요소에 동반하는 불편함이 반드시 나쁜 것은 아니다. 실제로 그것은 치료에 중대한 정보를 줄 수 있다.

질문 절망에 빠져 있거나 자살 가능성이 있는 내담자에게 창조적 무망감을 사용할 수 있나?

답변 이 질문은 용어에 대한 오해에서 비롯된 것이다. 창조적 무망감은 내담자가 무망감을 느끼게 만드는 것이 아니다. 치료에서 창조적 무망감의 단계는 환자의 직접적인 경험의 타당성을 인정하고, 효과적이지 않은 것을 내려놓게 하고, 진정한 변화를 위해 준비하게 하는 것이다. 그로 인한 결과는 우울해지고 절망에 빠지는 것이 아니라 희망적이고 힘을 얻는 것이다.

질문 어떤 내담자에게는 수용전념치료가 적절하지 않을 수도 있는가?

답변 수용전념치료는 일종의 근거 기반 접근이기 때문에 현재의 증거가 시사하는 바를 따르라는 것이 가장 좋은 답변일 것이다. 그러나 좀 더 구체적인 이야기를 해 볼 수도 있다. 이 질문이 '어떤 질환을 치료하기 위해 수용전념치료를 개발하였는가?'를 묻는 것인 경우도 있다. 대개 이러한 질문에 깔려 있는 생각은 특정 증후군을 목표로 하고 있지 않은 치료는 경험에 근거한 것이 아니라는 것이다. 그것은 잘못된 생각이다. 증후군 모델은 임상과학을 하는 한 가지 방식이지 유일한 방식은 아니다. 실제로 증후군 모델을 바탕으로 수많은 연구가 행해졌지만, 그러한 노력에 비하면 상대적으로 증후군 모델은 그리 유용하지 않았다고 생각한다. 수용전념치료는 증후군 모델과 비교해서 연구된 자료는 비록 적지만 경험적으로 입증된 치료에 큰 영향력을 끼친 귀납적이고 원리 중심적인 전통(예, 행동 분석)에서 비롯되었다. 따라서 이 질문에 대한 또 다른 대답은 다음과 같다. 수용전념치료는 경험 회피, 인지적 융합, 개념화된 자기에 얽매이는 것, 심리적 경직성 등과 같은 수용전념치료와 관련된 문제과정이 없는 내담자에게는 적당하지 않다. 이런 사람은 누구인가? 이에 대해서도 역시 현재의 증거가 시사하는 바를 따르라는 것이 최선의 답이지만, 특정 증후군의 명칭으로 이 질문에 대한 실증적인 답을 할 수는 없을 것이라고 생각한다. 단순한 기술 습득 문제를 갖고 있는 내담자의 경우 수용전념치료가 적합하지 않은 예로 거론될 수도 있는데, 인지적·언어적 과정이 새로운 기술의 학습을 저해하는 경우가 많고, 언어와 인지 측면의 장애물에 대해 수용전념치료가 효과가 있기 때문에 단순한 기술 습득과 관련된 문제에 대해서도 수용전념치료는 충분히 가치를 발휘할 수 있다.

질문 수용전념치료는 다른 치료와 어떻게 병합적으로 사용될 수 있는가?

답변 수용전념치료는 일종의 모델이다. 모델에 맞는다면 어떤 기법이라도 사용할 수 있다. 일부 치료자가 맞지 않는다고 생각할 수도 있는 많은 기법이 이 모델에 맞는다. 예를 들면, 이완 훈련은 아주 잘 맞는다. 이완 훈련을 단지 내려놓는 것에 대한 훈련으로 받아들이고, 불안과 투쟁하는 데 사용하는 도구로 소개하지만 않으면 된다. 직접적인 인지적 논쟁은 모델과 맞지 않으며, 현재 이런 방법이 유익하다는 증거는 희박하다.

다른 기법이 수용전념치료 모델에 맞는다면 그 기법을 결합한 치료 역시 수용전념치료라고 할 수 있다는 것이 우리의 견해다. 단, 모델에 적합한지에 대해 검증된 방법이라는 전제는 필요하다. 그렇다고 해서 당신 스스로 이러한 검증까지

해야 한다는 것은 아니다. 이것은 어떤 정책이나 상표화가 아니다. 제대로 된 울타리를 치는 것보다는 제대로 된 문을 여는 것이 훨씬 낫다는 것이 요지다. 이러한 태도는 수용전념치료/관계틀 이론 공동체 전체에 널리 통용되고 있다. 따라서 수용전념치료는 수많은 치료자의 좋은 아이디어의 도움을 받고 있다.

질문 수용전념치료를 뒷받침하는 증거는 무엇인가?

답변 이 영역에 대한 연구가 빠르게 진행되고 있다. 이 책을 집필할 당시에는 Hayes 등(2006)의 논문이 가장 최근에 발표된 종설이었다. 맥락적 행동과학학회(ACBS)의 해당 웹사이트(www.contextualpsychology.org)를 계속 확인해 보고 더 최근의 자료가 있는지 살펴볼 것을 권한다.

결론

인간이라는 존재는 습관적인 마음 쓰기 과정과 지나치게 융합되어서 기계처럼 되기 쉽다. 그로 인해 언어적으로 왜곡된 사람이 되어 평가에 사로잡혀 있게 되고, 미래 혹은 과거 속에서 살며, 자신의 프로그램에 지배를 받고, 경직되고, 무반응적이고, 스스로를 제약하게 된다. 수용전념치료는 우리가 언어적 기계에 의해 지배되거나 그것을 지배하려고 시도하기보다, 이러한 습관, 반응, 관계를 받아들이고 언어적 기계를 마치 필요할 때만 사용하는 도구처럼 가지고 다니는 방법을 배울 수 있다고 제안한다. 수용전념치료는 사람들이 스스로를 제한하고 패배감을 느끼게 하는 과거 경험에 사로잡혀 사는 대신에 삶에 대해 좀 더 균형적인 접근을 찾을 수 있도록 돕고, 그들이 원하는 삶을 살 수 있는 힘을 길러 주는 것을 목표로 한다. 수용전념치료의 목표는 온전하고 충만한 삶을 의미와 깊이를 갖고 살아가는 것을 향해 나아가는 여행 그 자체다.

이 작업에 공감한다면 당신은 혼자가 아니며, 다른 많은 사람이 이 여행에 당신과 함께하고 있다는 것을 알아야 한다. 그들과 만나고(부록 참조), 이 여행길에서 당신이 다른 사람에게 기여할 수 있는 것이 무엇인지를 살펴보라.

수용전념치료는 새로운 유형의 심리학을 만들어 내고자 하는 노력의 일환이다. 수용전념치료는 과학적 철학, 인지에 관한 연구의 기초 프로그램, 진료실의 울타리를 벗어난 응용 연구 및 실습과도 연결되어 있다. 탐구해 봐야 할 것이 많은 광활한 영역인데, 자신의 내담자에 대한 작업에서 시작한다면 가장 좋을 것이다. 그것이 정말 기본이 되는 것이다. 그리고 그것이 바로 우리가 지금 이 책을 집필한 이유이기도 하다. 이 모델이 내담자에게 효과적이지 않다면 그 외의 다른 것은 중요하지 않다.

이 책에는 수용전념치료 모델이 내담자에게 어떤 식으로 작용하는지를 살펴보기 위해 필요한 핵심 기술에 관한 것이 담겨 있다. 우리는 이 책이 당신의 내담자가 자신의 고통과의 전쟁에서 빠져나와 삶을 살기 시작할 수 있도록 역량을 키워주고 힘을 실어 주는 데 도움이 되기를 바란다.

경험적 연습: 모든 것을 통합하기

이 연습은 수용전념치료 마지막 시간에 오는 내담자에게 추천되는 방법과 유사한 과정으로 당신을 안내할 것입니다.

이 책을 통해 배운 것 중 당신의 치료법에 적용할 예정인 가장 중요한 것 세 가지를 적어보십시오.

1.
2.
3.

수용전념치료를 계속해서 배우거나 치료자로서의 당신의 능력을 개발하기 위해서 할 수 있을 만한 것 세 가지는 무엇입니까?

1.
2.
3.

당신이 위에 나열한 목표를 따라가는 과정에서 이탈하게 할 만한 위험 상황 세 가지에는 어떤 것이 있습니까? 당신을 가장 잘 아는 것은 바로 당신입니다. 당신은 대개 어떤 상황에서 자신을 위해 세워 둔 계획을 따르는 것으로부터 이탈하게 됩니까?

1.
2.
3.

이러한 장애물에 어떻게 반응할 것인지 수용전념치료의 관점을 바탕으로 계획을 세워 보십시오. 위의 세 가지 장애물에 대해 각각 어떻게 반응할 것입니까?

1.
2.
3.

당신이 수용전념치료의 관점을 열심히 파고든다면 수용전념치료가 가족, 학교, 조직, 문화를 비롯한 무수히 많은 영역에 대해 광범위한 시사점을 지니고 있다는 것을 알게 될 것입니다. 이러한 연관된 영역 중에 당신과 당신의 가치를 위해 개인적으로 중요한 것을 적어도 한 가지 이상 적어 보십시오. 그리고 나서 수용전념치료 모델을 이 영역으로 확장하는 방법을 어떻게 배울 것인가에 대해 간단히 적어 보십시오.

추가 정보

- 다양한 환자군(예, 불안, 우울, 정신증), 치료 상황(예, 직장), 형식(예, 집단) 등에 대해 완전한 수용전념치료 모델을 적용하는 것에 대한 정보를 원한다면 Hayes와 Strosahl(2005)이 집필한 *A Practical Guide to Acceptance and Commitment Therapy*를 참조하시오.

부록 A
집단과 교실 환경에서 교재 활용하기

이 절에서는 교실, 동료 지도감독, 실습 또는 협동 학습 환경에서 수용전념치료 배우기를 활용하는 것에 대한 지침을 제공하고자 한다. 강의를 구성하는 방법에 대한 정보를 제공하고, 효과적인 동료 자문 집단 구성에 관한 힌트, 수용전념치료를 배우는 과정에서 경험적 연습과 역할 연기를 활용하는 방안, 그리고 시범 보이기, 비디오나 오디오 자료의 검토, 핵심 역량 평정 양식 활용에 대한 조언을 제공하고 있다. 몇몇 통제된 실험이 수용전념치료 학습과정(일부는 이 책에 언급한)을 검증한 바 있으나, 대부분은 학습과정을 특정한 요소로 나누지는 않았다. 따라서 우리는 이 절에서 주로 우리의 경험을 활용하여 훈련에 적용하고자 한다.

집단 학습 환경에서 교재 활용하기

이 책을 활용할 수 있는 한 가지 방법으로 수용전념치료의 지식과 기술과 역량을 기르는 데 초점을 둔 교육과정이나 연구 모임에서 주교재로 사용하는 것을 들 수 있다. 수용전념치료에서 치료자의 장벽과 함께 경험적 작업을 지도감독 과정 속에 포함하는 지속적인 지도감독과는 대조적으로, 연구 모임은 개념적인 배경과 수용전념치료자의 효과적인 반응을 배우는 데 좀 더 초점을 두게 된다. 수용전념치료/관계틀 이론 연구 모임은 전 세계적으로 온라인과 개별적 모임을 통해 이루어지고 있다. 비영어권 나라에서는 수용전념치료를 수련한 자국의 전문가를 양산하기 위해 이러한 연구 모임을 운영해 오고 있다.

수용전념치료에 초점을 둔 교육과정인 경우, 최초의 수용전념치료(Hayes et al., 1999) 교재처럼 좀 더 이론적이고 철학적인 것을 지향하는 포괄적인 수용전념치료 교재를 적어도 하나 더 포함할 것을 권한다. 강의실에서 이루어지는 연구 모임에서 이 책에 있는 내용을 이해하면서 개론을 발전시켜 나가기 위해서는 각 장마다 약 3시간 정도가 적당하다. 우리가 활용해 온 한 치료시간 혹은 강의의 개요는 다음과 같다.

- ✓ 열린 경험적 연습, 대개는 마음챙김 연습으로 시작한다. 예를 들면, 매주 마음챙김 연습은 그 주에 수용전념치료 과정의 주제가 될 내용이 포함된 것으로 실시한다.
- ✓ 만일 있다면 실습에 대한 반응을 짧게 논의한다.
- ✓ 그 주에 읽을거리에 대해 논의하고, 질의응답을 대비하여 질문할 기회를 가진다. 이 책의 논의 문제는 해당 웹페이지(www.learningact.com)에서 찾아볼 수 있다.
- ✓ 강의실에서 나온 질문이나 이슈를 다루기 위한 하나의 방안으로 역할 연기를 할 기회를 가져 본다. 예를 들어, 어떤 학생이 특정 역량을 이해하지 못한 것 같다면 리더는 그 역량을 설명하기 위해 역할 연기를 하도록 결정할 수 있다. 역량에 대해 반신반의하는 참가자는 대안으로 그 사람이 이해한 것을 역할 연기로 해 볼 수 있다.

각 참가자가 강의에 들어오기 전에 그 주에 관련된 장을 읽고 연습을 해 보는 것이 중요하다. 강사는 이것을 확인하거나 시험을 보는 것이 현명하다. 각각의 참가자가 교재를 읽고 연습 문제를 완성하는 과정에서 질문이나 문제를 발견해 내는 것이 유용하다. 논의해 볼 만한 주제 중 하나는 연습 반응의 내용이다. 흔히 참가자는 형식상 모범 반응과 유사하지 않은 반응을 보이는데, 문제는 그 반응이 역량을 잘 설명하는가의 여부다. 마찬가지로 모범 반응의 질, 적절성, 효과 등을 논의할 수 있다. 이러한 문제를 논의하는 것은 집단이 이론과 기술에 대해 좀 더 이해하는 데 도움이 될 수 있다. 예를 들어, 어떤 참가자가 역량에 맞는 반응을 했지만 예시 반응과 다르게 보인다면, 이것은 반응이 기능적으로 유사하게 유지되면서도 형식은 매우 다를 수 있다는 것을 참가자가 이해하는 데 도움이 되는 기회일 수 있다. 한편 그 역량에 대한 착오를 반영하는 반응은 참가자의 수용전념치료 모델에 대한 이해를 향상할 기회를 제공한다. 특히 참가자가 수용전념치료/관계틀 이론과 맥락주의에 대해 문헌의 서로 다른 측면을 읽었다면, 그들 중에 진정한 전문가가 아무도 없더라도 이러한 과정을 통해 완전히 오해할 위험을 방지할 수 있고, 핵심에 가깝게 발전해 나갈 가능성이 높다. 그 작업에서 서로 일관성을 유지하는 것이 이러한 효과를 만들어 내는 것으로 보이는데 자기 나름대로 이해한 바가 집단을 통해 확인되기 때문일 것이다.

논의가 전체적으로 말의 경연으로 흐르지 않도록 주의한다. 왜냐하면 그러한 논의가 대체로 정의상의 문제로 바뀌기 때문이다. 또 다른 실수는 너무나 성급하게 단 하나의 올바른 답을 도출하는 것이다. 수용전념치료/관계틀 이론의 핵심으로 들어가는 것은 한 수준에서는 언어를 느슨하게 풀고(예, 정상적인 언어 기능을 바꾸는 데 초점을 둔 좀 더 높은 수준의 임상 용어), 다른 수준에서는 언어를 조이는(예, 관계틀 이론 원칙과 철학적 가정) 것을 요한다. 더불어 모델의 모든 요소가 자리를 잡게 되면 그 모델을 좀 더 이해하게 된다. 이처럼 참가자가 모델을 통해 작업을 할 때, 특히 초반에는 어느 정도 모호함을 감수하여야 한다.

연구 모임은 온라인으로도 할 수 있다. 리스트서브(listserv)[1]가 갖춰져 있다면 대개 누군가가 한 장을 요약하게 되고, 자료에서 온라인상에 쓰인 논의는 리스트서브에 올려지게 된다. 이러한 논의는 유용할 수 있으며, 수용전념치료와 관계틀 이론의 주요 리스트서브에서 방대한 양의 이러한 자료를 이용할 수 있다(부록 B 참조). 새로 출판되는 책에서 이러한 논의점을 요약해 두었다(Gentry, 2007). 인터넷이나 유선상 컨퍼런스를 진행한다면, 연구 모임은 면대면 집단과 같은 방식으

1) 역주: 특정 집단의 멤버 전원에게 전자 우편으로 메시지를 자동 전송하는 시스템.

로 운영된다. 인터넷을 기반으로 한 과정은 상업적으로 이용 가능하다.

동료 자문 집단과 관련된 특정 이슈

동료 자문 집단은 개방적이고 기능적이며 서열을 나누지 않는 경향이 있어, 수용전념치료적 접근의 훈련과 보급을 위해 중요한 일부분이 된다. 사실 동료 자문 집단 내에 전문가인 사람이 전혀 없을지라도, 그 집단의 사람들이 수용전념치료를 배우는 것은 가능하다. 이런 집단을 시작하고 참여한 경험을 바탕으로, 우리는 수용전념치료 동료 자문 집단의 시작을 고려 중인 사람에게 몇 가지 팁을 줄 수 있다.

집단이 성공하기 위해서는 보통 회의를 조직하고 정기적으로 집단 모임을 가질 수 있도록 조정할 수단을 강구하는 책임자를 적어도 한 명 정도 두는 것이 중요하다. 우리는 두 명 정도로 작은 집단이 효과적으로 만날 수 있으며 유용한 작업을 할 수 있다는 것을 알게 되었다. 어떤 동료 자문 집단은 더욱 개인적이어서 그들의 훈련과정에 경험적인 측면을 포함하는 경향이 있는 반면, 다른 동료 자문 집단은 기술을 쌓는 데 초점을 두어 좀 더 연구 모임으로서 기능한다.

동료 자문 집단에 경험적 요소를 포함하려고 한다면 초반 회의에서 이것을 포함할 것인지, 어떻게 다룰 것인지, 개인적 경험을 표현하는 것에 대한 집단원의 기대와 두려움은 없는지를 논의하는 시간이 반드시 필요하다. 더불어 집단과정의 경험적 측면의 참여는 완전히 자발적으로 이루어져야 한다는 점도 논의에서 인정해야 한다. 공유된 가치와 믿음을 고양하는 것은 좋은 경험적 작업을 하기 위해 필수적이며 비밀은 반드시 보장되어야 한다.

지도감독, 실습 과목 및 훈련 현장에서 경험적 작업

전통적으로 수용전념치료자에게 경험적 작업은 훈련의 중요한 일부분이었다. 치료자는 경험적 작업을 하여서 수용전념치료의 여섯 가지 핵심 치료과정을 자신에게 적용하게 된다. 훈련의 이러한 측면은 다른 인지행동치료적 접근을 위한 훈련과 비교했을 때 수용전념치료에서 상당히 독특한 것이다. 그 차이는 모델에서 비롯된다. 치료자도 비수용, 어려운 생각과 얽힘, 가치 명료화의 결핍, 전념 행동의 결여라는 똑같은 기본적인 문제와 싸우면서 내담자처럼 같은 언어로 이루어진 강에서 수영을 한다고 가정한다.

경험적 측면을 훈련에 포함하는 데에는 두 가지 주요한 이유가 있다. 첫째, 치료자에게 수용전념치료 과정을 다루는 것은 그들이 내담자와의 작업에 더욱 전념하고, 관계하며, 유연하고, 효과적일 수 있도록 도움이 되어야 한다. 예를 들어, 치료자가 내담자와 내담자에 대한 자신의 반응을 수용하지 않는다면 내담자가 자기 자신을 수용하도록 이끄는 것은 어렵다. 만일 치료자가 탈융합을 실습하기 위해 옳고 그른 방식이 존재한다는 생각에 융합되어 있거나 혹은 내담자가 무언가를 할 필요가 있다는 특정한 생각을 갖고 있다면, 내담자와 풍부하게 탈융합을 실행한다는 것은 모순이 된다. 사실 여러 연구(초반 연구는 Hayes 등[2006]에 의해 요약되었으며, 그 외 연구는 현재 개관 중에 있다)가 이미 치료자에게 초점을 둔 수용전념치료 훈련이 더 많은 유연성, 더 적은 얽힘과 소진, 더 많은 학습 능력을 양산하는 데 도움이 된다는 것을 보여 준 바 있다.

경험적 훈련은 수용전념치료 과정의 기능적 이해를 위한 양적 평가 가능성을 제공하는 것처럼 보인다. 예를 들어, 치료자가 자신의 인지적 융합 혹은 탈융합의 징후에 좀 더 민감해지는 것을 배운다면, 내담자의 이런 과정을 감지하고 수용전념치료 모델의 지형학적 고수와 그것을 이행하는 기능적 역량 간의 차이점을 발견하기 위한 피드백을 사용하는 것이 더 쉬워진다.

경험적 지도감독은 내담자에게 사용한 똑같은 과정에 수련생을 참여시키는 것을 통해 임상가의 역량에 있어서 일련의 장애물을 목표로 한다. 수련생이 내담자나 혹은 지도감독(현재 진행 중인)에 대한 자신의 현재 순간의 반응과 만날 수 있도록 돕거나 혹은 혹독한 자기 판단을 관찰하는 동안 맥락으로서의 자기감과 만나도록 돕는 형태일 수 있다(맥락적 자기). 내담자에게 쩔쩔매는 듯 느끼는 수련생에게는 그 압도당한 느낌과 함께 떠오르는 다른 생각이나 감정을 연습하도록 안내할 수 있다(인지적 탈융합). 수련생에게 자신이 상담실 내에서 내담자와 힘겹게 발버둥치고 있음을 알아차리도록 하고, 그들 자신의 반응을 좀 더 수용하고 기꺼이 하는 태도를 향상하도록 도움을 줄 수 있다(수용). 내담자와 어떤 작업을 해야 할지가 명확하지 않은 수련생에게는 자신의 내담자가 가상의 은퇴 파티에 참석하는 상상 연습을 통해서 자신만의 치료 관련 가치를 확인하도록 할 수 있다(가치 있는 방향 정의하기). 마지막으로 수련생의 불안하고 불편한 반응이 상담실을 채우고 있을 때는 내담자와 함께 논의나 연습에 참여하는 데 전념하도록 지도할 수 있다(전념 활동). 경험적 모드에서 작업을 할 때의 주안점은 한 번 덜 가르치고, 학습을 가능하게 하는 조건을 한 번 더 만드는 것이다.

경험적 작업이 지도감독 과정의 일부가 되기 위해서는 이 작업이 수용전념치료의 경험적 초점과 조화를 이루게 할 방법과 그 역할에 대해 명백하게 논의를 하는 것이 중요하다. 경험적 기법을 포함하는 지도감독은 그 과정의 일부로 수련생의 내적 경험과 어려움을 포함하는 것에 대해 수련생의 동의를 구해야 한다. 이러한 작업의 경험적 측면은 어떤 식으로든 강제되지 않는 것이 중요하기 때문에, 사적인 내용을 드러내는 것에 대해 수련생의 기꺼이 하기와 사생활 보호의 욕구는 존중되어야 한다. 감정적 반응, 투쟁, 걱정을 직접적으로 다루는 것이 불안을 야기하고 힘들 수 있다 하더라도 이러한 핵심적인 경험적 과정의 일부는 상당한 자기노출 없이도 이루어질 수 있는데, 조심스러운 수련생에게 그 수준까지 개방함으로써 얻을 수 있는 것이 무엇인지 시간이 지남에 따라 알게 할 수 있다. 때로 수련생은 좀 더 확장된 본격적 지도감독 과정에 들어가기 전에 지도감독 체험 기간에 참여하는 것이 유용하다.

지도감독의 경험적 수준에 초점을 두는 것은 지도감독자와 수련생 모두에게 일단 인위적이고, 편안하지 않고, 강요받는 것처럼 느끼게 할 수 있다. 대개 지도감독자는 경험적 작업의 표준이 만들어지기 전까지 경험적 측면에 초점을 두기 위해 집단으로 할지 혹은 개인으로 할지를 초반에 열심히 작업해 두어야 한다. 일단 표준이 만들어지면, 치료시간은 일반적으로 경험적 학습과 개념적 학습 사이에서 부드럽게 흐르게 된다. 지도감독자가 경험적 과정의 일부가 되는 것은 매우 중요하다. 이러한 모델은 소위 말하는 전문가들이 앉아서 다른 사람을 평가하는 것이 아니라 순환적이면서 수평적인 것이다. 즉, 만일 지도감독자가 폐쇄적이고 방어적이며 옳은 것에 집착한다면, 그 사람은 수련생과 함께 개방적인 탐색을 해 나갈 수 없을 것이다.

지도감독에서 경험적인 초점을 조성해 나가는 한 가지 방법은 각 치료시간을 (집단 혹은 개인) 마음챙김 실습으로 시작하는 것이다. 마음챙김 실습은 상황의 요구에 맞게 특정한 수용전념치료 과정에 초점을 둘 수 있도록 수정될 수 있다. 또 다른 방법은 수련생(그리고 그의 지도감독자)에게 주기적으로 자신만의 가치와 장애물을 솔직하게 털어놓도록 요청하는 것이다. 수용전념치료 훈련 집단이 시작될 때, 혹은 멤버십의 이행 후에 이것을 하는 한 가지 방법은 모든 참가자에게 집단에서 자신이 원하는 것 하나와 목표 성취를 막는 심리적인 장애물 하나를 차례대로 돌아가며 보고하도록 하는 것이다. 참가자는 때때로 그 장애물이 집단에서 어떻게 나타날 수 있는지 말하도록 요청받는다. 예를 들면, 어떤 이는 "이번 학기에 집단 내에서 성취하고 싶은 것은 제 내담자와 새로운 것을 시도해 보는 데 있어 더 대담해지는 것을 배우는 것입니다. 이렇게 하는 것의 장애물은 '내가 얼마나 무능력한지 당신이 알게 될 거야'라는 생각을 갖고 두려워하며 시작하는 것입니다. 여기에서 분명히 드러나는 점은 논의가 제가 불편하게 느끼는 영역과 가깝게 이루어지면 전 농담을 하기 시작하고 논의 주제를 바꿀 방법을 찾느라 애쓴다는 것입니다."라고 말할 수 있다. 각자 자신의 열망, 두려움, 회피 행동 등을 차례대로 솔직히 터놓고 이야기할 때, 얼마나 많은 장애물을 공유하는지 집단원이 알게 되면서 그 집단은 단합하기 쉽다. 일반적으로 지도감독자는 집단원이 집단과정에서 나타난 장애물을 말로 표현하도록 하기 위해 서로 허락하도록 요청한다.

효과적인 경험적 지도감독에 필요한 신뢰적이고 개방적이며 탐색적인 집단과정을 개발하는 데 있어 가장 흔한 장애물은 지도감독 주제에 맞는 통찰력이 있거나 혹은 올바른 반응을 유도하는 어떤 표준을 집단원이 생성하는 것이다. 타당하고 올바른 것처럼 보이는 이러한 시도가 훈련에서 수련생에게 유용한 효과적인 반응을 시범 보이도록 이끌 수는 있다 하더라도, 그것이 평소의 두려움에 대한 회피와 기능적으로 연관되어 있다면 이러한 시도는 역시 중요한 경험적 작업을 가로막을 수도 있다. 경험적 초점을 포함하기를 원하는 지도감독 집단은 '모르는 것'과 내적인 정서적 경험의 표현이 올바르거나 영리한 것만큼 중요하다는 맥락을 만들기 위해 열심히 작업하는 것이 필요하다(Safran & Muran, 2000). 지도감독자는 시범 보이기와 부추김을 통해 이것을 장려할 수 있다. 집단이 이러한 과정에 놓이게 되었다면, 각각의 집단원에게 현재의 힘든 생각이나 감정을 (그것을 바꾸려는 시도 없이) 솔직히 털어놓도록 간단하게 요청함으로써 현재 순간에 근거를 둔 과정을 도울 수 있다.

시청각 기록 사용하기

치료시간의 녹음 및 녹화 자료는 이 책과 함께 가장 중요한 훈련 도구 중 하나다. 현재 많은 훈련 장면에서 이런 자료의 활용은 일반적인 관행이다. 그러나 일부 저명한 전문가에게 이런 녹취 행위는 종종 불편한 경험이기도 하다. 그들은 수년간 다른 사람이 자신의 작업을 지켜보도록 하지 않았을 것이고, 자문단이나 동료의 평가를 두려워할 수도 있다. 내담자의 반응을 두려워하며, 치료적 관계를 방해할 만한 그들의 반응에 대한 걱정을 표현할지도 모른다. 이러한 두려움이 직접적으로 설명되지 않는다면 강력한 지도감독 방법에 심각한 장애물이 될 수도 있다. 그러나 기꺼이 하기와 노력이 조금만 따른다면, 대부분의 치료자는 수용전념치료에서 자신의 작업에 대해 직접적인 피드백을 받는 것이 매우 가치 있는 경험이라는 것을 발견하게 된다. 더불어 대다수의 내담자는 기록을 하는 것이 사실상 관습이라고 생각하며 목적과 비밀 보장의 범위에 대한 설명이 있는 한 치료시간을 기록하는 과정에 대해 개방적이다.

지도감독 목적을 위해 치료시간을 기록한 녹화 자료를 보거나 녹음 자료를 듣는 것을 적극 추천한다. 치료시간의 기록은 지도감독자와 동료들이 실제 경험에 훨씬 가까워질 수 있게 한다. 더불어 또 다른 눈과 귀가 치료의 자료에 주목하고 있다는 것은 내담자와 치료자 자신이 인식하지 못하는 자신의 행동의 특정한 측면을 발견할 수 있도록 해 준다. 이는 자신의 치료시간을 다시 보고 들을 수 없다면 가능하지 않을 것이다.

수용전념치료 전문가의 비디오 또한 유용하다. 인지행동치료협회(ABCT)는

Steve Hayes가 사회 불안을 가진 내담자와 역할 연기를 하는 치료시간에서 수용전념치료를 설명하는 1시간 30분짜리 비디오를 소장하고 있다. 급히 제작한 것이어서 음질이 좋지 않지만, 이 비디오를 통해 수용전념치료가 어떤 것인지에 대한 좋은 아이디어를 제공할 수 있다. 판매용 수용전념치료 비디오 역시 다른 출처를 통해 나오고 있다. 뉴 하빙거 출판사(New Harbinger Publications)는 2007년에 테이프 시리즈를 출시하였고, 미국심리학회(APA)는 2008년 수용전념치료 테이프를 출시하였다. 비디오 역시 맥락적 행동과학학회(ACBS) 웹사이트(부록 B 참조)에서 사용할 수 있다.

훈련에서 역할 연기 활용하기

실제 치료시간에서만 보일 수 있는 정보의 풍성함을 재현해 내는 또 다른 작업은 역할 연기를 활용하는 것이다. 역할 연기는 다양한 방법과 다양한 목적으로 시행할 수 있다. 역할 연기의 한 가지 목적은 내담자와 특별히 문제가 되거나 어렵고 당황스러운 상호작용의 사례를 분석하기 위한 것이다. 또한 개념적으로 논의하면 따분하고 활기 없는 연습으로 바뀔 위험성이 있는 개념적인 문제에 활기를 가져다줄 수 있다. 종종 지도감독에서 개념적인 문제는 실제로 개념적인 장애물과 경험적인 장애물의 결합이다. 개념적인 문제를 설명하는 역할 연기를 하는 것은 이 두 가지의 장애물과 함께 작업하는 방법을 제공하며, 또한 치료시간 내에 대안 반응을 시범 보일 기회를 제공할 수 있다.

역할 연기는 상황과 치료자의 요구에 따라 수련생이 내담자나 치료자 혹은 두 역할 모두를 연기하도록 해서 시행할 수 있다. 종종 역할 연기는 내담자와 함께 실험을 하기 위한 방법과 내담자에 대한 개입에 있어 모델 대안적인 방법으로 사용할 수 있지만, 임상적인 상황과 관련한 생각, 감정, 감각을 탐색하고 작업하기 위한 기회로 자주 사용하지는 않는다. 이러한 치료자의 내적 경험은 치료시간 내 작업에 있어서 가장 중요한 요소가 될 수 있으나, 수련생은 아직 자신의 내적 정서 경험과 관련 있는 지도감독을 받고 있음을 알아차리거나 생각할 수조차 없다.

역할 연기는 임상 상황에 대한 수련생의 초기 반응을 재설명하고, 수련생의 원래 행동에 좀 더 가까운 내용과 함께 작업하도록 도울 수 있다. 이것은 특히 치료시간에 대한 녹취를 사용할 수 없을 때 도움이 된다.

수련생이 내담자를 연기하는 역할 연기는 내담자의 경험에 더욱 공감적이 되고, 내담자의 관점을 더 잘 이해하도록 돕는다. 집단에서 역할 연기를 할 때 다양한 수련생이 치료자의 역할을 맡도록 하는 것이 도움이 된다. 이는 일어날 수 있는 일종의 경쟁심을 탈융합하도록 도울 수 있다. 더불어 지도감독을 처음으로 받는 수련생에 대해 집단원의 공감적인 태도를 고양할 수 있다.

역할 연기가 덜 인위적이 되도록 하기 위한 한 가지 방법은 내담자를 위한 수련생의 보살핌, 수련생이 치료시간에 제공한 가치와 내담자의 고통을 느끼지 못하는 어려움, 무엇을 할지 혹은 어떻게 도울지 확신하지 못하는 것 등에 수련생이 초점을 맞추어 눈을 감고 간단한 마음챙김 연습을 익히도록 하는 것이다. 수련생에게 내담자의 고통을 느끼기 위해 내담자의 몸속으로 들어가도록 하고, 연습의 끝부분에 눈을 뜰 때 자신이 내담자라고 상상해 보도록 요구한다. 매우 인위적이고 지적인 역할 연기 연습이 단지 몇 분 안에 고통받는 사람과 함께하는 현실에 강하게 초점을 둔 역할 연기가 될 수 있다.

시범 보이기

훈련받는 치료자는 전문가 시범을 관찰할 기회가 매우 드물다. 자신이 작업하는 것을 수련생이 지켜보도록 하는 지도감독자는 거의 없다. 그러나 연구들은 전문가가 치료를 시행하는 시범을 지켜보는 것이 새로운 치료 기법을 학습하는 가장 빠른 방법이라고 제안한다(Baum & Gray, 1992). 이처럼 우리는 수용전념치료를 배우는 방법으로 시범 보이기를 포함할 것을 강력히 권장한다.

수련생이 시범을 보는 것을 통해 학습하려고 할 때, 그들은 그 시범의 내현적인 행동에까지 접근해야 한다. 지도감독자가 본보기로서 수행을 하고 있을 때는 여러 방법을 통해 이 접근이 가능해질 수 있다. 지도감독자는 임상 상황에서의 자신의 반응에 대한 자신의 내적인 과정과 인식을 논의하면서 내담자와 함께 임상 상황을 검토할 수 있다. 이러한 대화의 목적은 표본 반응을 제공하는 것에 있기보다는 전문가로서 수련생에게 한 전문가의 내적인 과정을 들을 수 있는 기회를 제공하는 것에 있다.

본보기가 한 전문가의 녹화 자료(예를 들어, 이 책과 관련한 동영상 자료와 같이)라면 그것은 지도감독자가 주기적으로 동영상을 멈추고 시청한 내용에 대해 토론을 이끄는 데 유용하다. 수련생이 내담자의 무엇을 보았는가? 치료자가 무엇을 하는가? 치료자의 행동을 이끈 내담자의 관련 행동은 무엇이라고 생각하는가? 치료자의 개입 목적과 근거는 무엇이라고 생각하는가? 지도감독자는 전문가의 치료와 관련된 언어적 대화를 재구조화하도록 요구할 수 있다. 수용전념치료가 어떻게 전문가의 행동을 이끄는지에 대한 이해가 없다면, 수련생은 관련된 상황에 대한 모방 행동을 일반화할 수 있는 훌륭한 능력을 가질 수 없을 것이다.

부록 B

향후 발전을 위한 자원과 참고문헌

수용전념치료/관계틀 이론과 맥락적 행동과학 공동체는 빠르게 성장하고 변화한다. 따라서 이 장에 있는 자원의 일부는 시간이 지나면 분명히 달라질 것이고, 많은 새로운 자원(예, 책, 테이프, 온라인 자원)이 나타날 것이다. 따라서 우리는 수용전념치료와 관계틀 이론, 여기에 제공된 부록과 관련된 다양한 용어로 온라인을 검색해 볼 것을 제안한다.

당신의 즐겨찾기 목록에 맥락적 행동과학학회(ACBS) 웹사이트를 추가하고, 학회에의 참여를 고려해 보라. 맥락적 행동과학학회는 수용전념치료, 관계틀 이론 등 맥락적 행동과학의 여러 가지 다른 형태의 발전을 지지하는 핵심 조직이다. 웹사이트는 수용전념치료와 관계틀 이론에 관심이 있는 임상가, 연구자, 개발자, 비전문가 등 온라인 공동체의 결합으로 형성되어 있다. 수용전념치료 개발자와 연구자의 전체 공동체는 웹페이지, 파일, 멀티미디어 자료를 올리고, 토론 집단을 선발하고 지지함으로써 이 웹사이트에 기여하고 있다. 새로운 자료도 정기적으로 추가된다.

맥락적 행동과학학회의 회원은 자신의 실습에 사용할 서식뿐 아니라 치료 매뉴얼, 출판물, 측정 도구, 오디오 및 비디오의 시청각 자료를 내려받을 수 있다. 파워포인트 프레젠테이션과 다량의 정보도 수용전념치료를 배우고 활용하는 데 도움이 될 수 있다. 훈련 워크숍이 사이트에 게시되며, 당신 지역에 있는 동료

자문 집단 또한 확인할 수 있다. 만일 자료를 이용할 수 없다면, 수용전념치료 리스트서브나 웹사이트 상의 토론 포럼 중 한 곳에 요청서를 올리는 것을 고려해 보라.

맥락적 행동과학학회는 매년 수백 명이 참여하는 많은 수련 이벤트(예, 여름 강좌와 국제회의)를 열고 있다. 이러한 행사에서 당신은 수용전념치료 작업의 본질을 경험하며, 단순히 책을 읽어서 할 수 있는 것 이상으로 더 많은 것을 배울 수 있다. 또한 매년 열리는 인지행동치료학회와 행동분석학회의 학술대회에서 워크숍이 정기적으로 계획되어 있다.

수용전념치료 훈련자는 전 세계에 있다. 훈련자의 명단은 수용전념치료 웹사이트에 게시되어 있는데, 여기에는 훈련 전달과정이 과도하게 금전에 목적을 두거나 혹은 불필요하게 위계적이지 않을 것이라는 보장을 의미하는 공인된 가치 진술서가 포함되어 있다. 만일 당신 지역에 훈련자나 지도감독자가 배정되어 있지 않다면 전화 자문을 고려하라. 이것은 수용전념치료를 배우는 데 훌륭한 방법이 될 수 있으며, 일부 연구 자료는 이를 입증해 주고 있다(Luoma, 2006).

맥락적 행동과학학회 웹사이트는 링크를 제공함으로써 당신이 이용할 수 있는 많은 수용전념치료와 관계틀 이론 리스트서브에 참여할 수 있도록 한다. 수용전념치료와 관계틀 이론은 많은 특정 언어(예, 프랑스어, 스페인어, 독일어, 스웨덴어, 포르투갈어, 네덜란드어), 특정 나라와 지역(예, 영국, 호주, 뉴질랜드), 특정 주제(예, 측정치, 연구, 식이장애), 특정 전문가(예를 들어, 수용전념치료에서 정신과 전문의), 내담자와 일반 대중을 위한 목록 등 보편적인 목록을 갖고 있다. 이러한 목록은 특히 여러 대학으로 나뉘며 유용하다. 인지행동치료학회(ACBT) 웹사이트에는 당신이 질문을 올리면 수용전념치료 공동체로부터 답변을 받을 수 있는 토론 게시판도 있다. 또한 온라인 행사와 온라인 워크숍도 열린다.

수용전념치료 배우기(The Learning ACT) 웹사이트(www.learningact.com)는 이 책에 따라 만들어졌다. 이곳은 이 책과 관련된 질문을 하거나 반응을 실습하여 관련된 피드백을 받기 위해 마련된 곳이다. 이곳에는 이 책을 사용하는 다른 사람뿐 아니라 저자와 상호작용할 수 있는 토론 게시판이 있다. 모든 수용전념치료 책과 비디오의 최신 목록은 수용전념치료 배우기와 맥락적 행동과학학회 웹사이트

두 곳에서 이용할 수 있다. 특별히 수용전념치료 책에 적극적인 출판사는 뉴 하빙거 출판사와 콘텍스트 프레스(Context Press)로 모두 각자 이름으로 된 웹사이트를 갖고 있다(www.newharbinger.com과 www.contextpress.com).

부록 C

수용전념치료 핵심 역량 평가 양식

핵심 역량 평가 양식은 수용전념치료와 일치하는 방식으로 작업하고 있는 치료자의 주요한 역량을 기술하고 있다. 이것은 자신과 타인을 지도감독 하는 데 사용할 수 있다. 역량은 수용전념치료 훈련자 회의에서 합의를 통해 개발되었다. 또한 이 책에서 간접적으로 설명되었지만, 이전 장에서 특별하게 기술된 바 없었던 역량이 포함되어 있다.

자기 지도감독을 위해 양식 활용하기

당신이 수용전념치료를 배우고 있다면 주기적으로 자기 자신을 평가하고, 다음에 나오는 자기 평가와 관련된 질문과 지침을 고려하여서(이는 단지 제안이며, 당신은 언제든지 다른 것을 추가할 수 있다) 자신의 학습을 향상하기 위해 이 서식을 사용할 수 있다. 이 과정에의 참여는 당신이 수용전념치료를 배운 이후에 초점을 두어야 할 영역을 결정하는 데 도움을 줄 수 있다.

✓ 당신이 스스로를 낮게 평가한 영역에 주목하라. 그 역량이 무엇을 의미하는지 이해하는가? 이해하지 못한다면 이 역량과 관련한 것은 무엇을 의미하는

지를 알고 싶을 것이다. 어떤 자료를 읽어야 하는가? 조언을 구하기 위해 수용전념치료 리스트서브나 www.learningact.com에 질문을 올리거나 동료에게 이야기를 해 보았는가?

✓ 당신이 하고 있는 것 중 낮은 점수를 받은 영역에서 수용전념치료와 일치하지 않는 것을 설명하라. 즉, 당신의 행동이 일치하지 않는 이유와 그 대신 무엇을 하고 있는지를 분석하고, 수용전념치료 모델이 이 과정을 설명하는 데 도움이 될 수 있는지를 살펴보라. 이런 방법으로 당신은 현재의 반응 패턴을 계속하기를 원하는지, 아니면 다른 새로운 반응을 훈련할지를 결정할 수 있다. 새로운 것을 시도하는 것은 그것을 계속할지 결정하지 않더라도 유연성이 생기는 장점이 있다. 하지만 당신이 이러한 새로운 활동에 대해 즉각적으로 저항을 갖게 된다면, 그 저항을 그 자체로 융합하거나 회피하는 것은 아닌지 파헤쳐 볼 가치가 있다. 예를 들어, 당신이 탈융합과 맥락으로서의 자기에 대한 여러 문항에서 낮은 점수를 받았다고 상상해 보라. 내담자가 부정적인 자기 평가적 생각을 표현할 때, 당신은 지금 무엇을 하고 있는지를 생각해 볼 것이다. 당신은 그러한 생각에 도전하고 있나? 증거를 찾고 있나? 아니면 그러한 생각의 역사적인 뿌리를 탐색하도록 내담자를 돕고 있는가? 당신이 이미 한 것을 생각한 후에 이러한 접근에 대한 당신의 애착이 어떤 기능을 하는지 이해하도록 노력하라. 당신은 당신의 접근이 도움이 되는 강력한 경험을 하거나 혹은 그 접근을 명백히 지지해 줄 연구 문헌으로 결론을 내릴지도 모른다. 하지만 때로는 이 두 가지 모두 일어나지 않고, 새로운 시도를 고려하기를 원할 것이다. 이런 경우 유연성에 있어 장애물(예, 두려움, 자신감 부족, 옳아야만 하는 것)을 다루는 것이 현명하다.

✓ 낮게 평가한 역량과 관련한 당신의 행동을 수정하기 위해 선택 사항을 고려하라. 그 영역에서 기술을 향상하기 위해 무엇을 할 수 있는가? 당신이 읽을 수 있는 것이 있는가? 훈련해야 할 기술이 있는가? 당신은 기꺼이 새로운 기법이나 기술을 훈련하는 데 있어 가능한 실패나 부적합 또는 무능력한 느낌을 수용할 수 있고, 혹은 여전히 하고 있는가? 아마도 치료시간에 들어가기 전에 동료와 함께 새로운 기술에 대해 예행 연습을 할 수도 있다. 치료시간

전체 동안 한 가지 과정에 초점을 두어서 훈련할 기회를 가질 수도 있다. 그 영역에서 당신의 훈련을 향상하는 방법에 대해 수용전념치료 리스트서브에 질문을 올릴 수도 있다. 이 역량을 어떻게 다룰지에 대한 다른 아이디어가 있는가?

✓ 한 가지 행동을 선택하여 그것에 전념하고 행동을 시작하는 것이 좋다. 어떤 행동으로 할 것인가? 당신이 내담자에게 이 한 가지 행동을 시도할 때 하는 것처럼 수용전념치료를 당신 자신에게 적용해 보라. 어려운 생각(예, '난 이걸 잘 하지 못해. 그리고 내담자는 내가 능숙하지 못하다는 것을 알게 될 거야')과 어려운 감정(예, '이렇게 이상한 것을 하려니까 너무 무능한 것 같이 느껴져')에 개방적이 되고, 이러한 생각을 행동하는 동안 넘기라.

✓ 다시 앞으로 돌아가서 자기 평가에서 낮게 평가된 다른 역량에 대해서도 이런 과정을 반복하라.

다른 사람을 지도감독 하는 데 양식 사용하기

평가지는 다른 사람을 지도감독 할 때 사용할 수도 있다. 지도감독자가 이미 수련생과의 작업에 익숙하다면 평가지에 있는 모든 관련 역량에 있어 수련생의 일관성을 평정할 수 있다. 그러고 나서 지도감독자는 이후에 유연성을 높이고, 낮은 점수를 받은 영역을 연습하도록 수련생과 함께 계획을 세울 수 있다.

대안으로서 양식은 치료에서 개인 치료시간을 평가하는 데 사용할 수도 있다. 이는 수용전념치료 모델과 일치하지 않는 행동, 빈도, 기술 수준 등을 늘리는 행동을 찾아내는 데 도움을 줄 수 있다.

핵심역량 평가 양식

역량 평가 양식에 몇 가지 진술이 있다. 당신이 수용전념치료를 사용할 때 각각의 진술이 당신과 얼마나 맞는지 아래의 숫자로 평정해 보라. 척도에 있는 숫자를 평정하는 데 사용하라.

평정 척도

1	2	3	4	5	6	7	?
항상 맞지 않다	항상 거의 맞지 않다	거의 맞지 않다	때때로 맞다	자주 맞다	거의 항상 맞다	항상 맞다	잘 모르겠다

수용전념치료 태도

1	수용전념치료자는 내담자와 동등한, 내담자의 취약한, 연민 어린, 진실한 관점을 공유하면서 이야기를 하며, 실행 가능하지 않은 반응에서 실행 가능한 반응으로 바꾸는 내담자의 타고난 능력을 존중한다.	
2	내담자에게 도움이 된다면 치료자는 개인 문제에 대해 기꺼이 자기 노출을 할 수 있다.	
3	치료자는 틀에 짜 맞춘 수용전념치료 개입의 사용은 피하고, 대신에 특정 내담자의 특정 요구에 맞추어 개입한다. 치료자는 어느 순간에라도 그러한 요구에 부응하여 진행과정을 바꿀 준비가 되어 있다.	
4	치료자는 내담자의 경험, 언어 습관, 사회적 · 인종적 · 문화적 맥락에 적합한 개입을 재단하고 새로운 은유, 경험적 연습, 행동 과제를 개발한다.	
5	치료자는 내담자의 모순되거나 어려운 생각, 감정, 기억 등을 해결하고 싶은 어떤 욕구를 갖지 않고 기꺼이 유지하는 한편, 도전적인 내용(예를 들어, 치료 중에 드러나는)을 수용하는 본보기를 보인다.	
6	치료자는 경험적 연습, 역설, 은유 등을 적절하게 소개하며, 같은 내용을 문자적으로 이해하도록 하는 것은 덜 강조한다.	
7	치료자는 항상 문제를 내담자의 경험이 보여 주는 것으로 가져오고, 내담자의 진술한 경험을 자신의 의견으로 대치하지 않는다.	
8	치료자는 내담자와 논쟁, 강의, 강압하거나 내담자를 설득하려 시도하지 않는다.	
9	수용전념치료 관련 과정은 순간에 인지되며, 적절하다면 치료 관계의 맥락에서 직접적으로 지지된다.	

기꺼이 하기와 수용의 개발

10	치료자는 무너지지는 않았지만, 작동되지 않는 전략을 사용하는 내담자와 의사소통한다.	
11	치료자는 내담자가 감정 조절 전략의 역설적인 효과와 직접 접촉하도록 돕는다.	
12	치료자는 임상 상호작용에서 작동 가능성의 개념을 적극적으로 사용한다.	
13	치료자는 내담자가 감정 조절을 위한 투쟁을 멈추는 실험을 하도록 적극적으로 독려하고, 대안으로 기꺼이 하기를 제안한다.	
14	치료자는 조절의 작동 가능성과 기꺼이 하기 간의 차이를 강조한다.	
15	치료자는 내담자가 기꺼이 하기와 고통 간의 관계를 조사하도록 돕는다.	
16	치료자는 가치 있는 삶의 목적과 관련하여 기꺼이 하지 않기의 대가와 만나도록 돕는다.	
17	치료자는 내담자가 기꺼이 하기의 질적 경험을 하도록 돕는다.	
18	치료자는 어려운 내적 경험의 존재에 있어 한 가지 행동으로서의 기꺼이 하기를 보여 주기 위해 연습과 은유를 사용한다.	
19	치료자는 치료 관계에서 기꺼이 하기의 본보기가 되고, 내담자가 치료시간 밖에서도 이 기술을 일반화하도록 돕는다.	
20	치료자는 기꺼이 하기 과제에 단계적이고 구조화된 접근을 사용할 수 있다.	

인지적 융합 약화하기

21	치료자는 기꺼이 하기에 대한 내담자의 정서적, 인지적, 행동적, 신체적 장애물을 식별한다.	
22	치료자는 이러한 경험의 문자적 의미에 대한 집착이 기꺼이 하기를 유지하기 어렵게 만든다는 것을 말한다(내담자가 자신이 되고자 하는 것을 광고하기보다는 자신이 누구인지에 대한 개인 경험을 보도록 돕는다).	
23	치료자는 내담자의 마음이 하는 말이 작동하는 것과 내담자의 경험이 하는 말이 작동하는 것을 적극적으로 대비시킨다.	
24	치료자는 내담자와 내담자의 개념화된 경험을 분리하기 위해 언어 도구(예, '이의' 달지 마라), 은유(예, 버스에 탄 승객), 경험적 연습(예, 카드에 적힌 생각)을 사용한다.	
25	치료자는 태도로서 기꺼이 하기를 사용하여 내담자가 어려운 개인 경험을 '가지는' 실험을 하도록 작업한다.	
26	치료자는 언어의 숨겨진 특질을 드러내기 위해 다양한 연습, 은유, 행동 과제 등을 사용한다.	

27	치료자는 내담자가 자신의 이야기를 설명하도록 돕고, 그 이야기 속에서 평가하고 이유를 제시하는 특질과 만나도록 돕는다.	
28	치료자는 내담자가 자신의 이야기 속에서 인과관계의 임의적인 특질과 만나도록 돕는다.	
29	치료자는 치료시간 내에서 마음가짐(융합)을 발견하고, 내담자 또한 그것을 발견해 내도록 가르친다.	
30	치료자는 개인 경험의 흐름과 그러한 경험이 독성이 있다는 것을 모두 드러내기 위해 다양한 개입을 사용한다.	

현재 순간과 만나기

31	치료자는 내담자가 내용으로부터 탈융합하고 순간에 집중하도록 안내할 수 있다.	
32	치료자는 순간에서의 자신의 생각과 감정을 치료 관계로 가져온다.	
33	치료자는 하나의 진행 중인 과정으로서 내담자의 현재 경험감을 확장하기 위해 연습을 사용한다.	
34	치료자는 과거 혹은 미래의 방향으로 표류하고 있는 내담자를 발견하고, 지금으로 돌아오는 방법을 가르친다.	
35	치료자는 다양한 수준에서 내용을 추적하고, 유용할 때 현재를 강조한다.	
36	치료자는 치료시간 내에 자신의 마음에서 나와 현재 순간으로 돌아가는 것을 실습하고 본보기가 된다.	

맥락적 자기와 개념화된 자기 구별하기

37	치료자는 내담자가 내용과 의식의 산물과 의식 그 자체를 구분하도록 돕기 위해 은유를 사용한다.	
38	치료자는 내담자가 맥락적 자기와 만나고, 개념화된 자기와 그것을 구분해 내도록 도와주기 위해 연습을 활용한다.	
39	치료자는 내담자가 마음의 작업을 알아차리고, 경험 자체뿐 아니라 이러한 경험을 선택하고 행동하는 자기와 접촉하는 동안의 감정 경험 또한 알아차리도록 돕기 위해 행동 과제를 활용한다.	
40	치료자는 평가하는 자기와 평가 그 자체의 차이를 내담자가 인식하도록 돕는다.	

가치 있는 방향 정의하기

41	치료자는 내담자가 가치 있는 삶의 방향을 분명히 하도록 돕는다.	
42	치료자는 내담자의 의미 있는 삶을 위해 그가 원하는 것에 전념하도록 도우며, 치료는 그것에 초점을 둔다.	
43	치료자는 가치와 목표의 차이를 구분하도록 내담자를 가르친다.	
44	치료자는 달성한 결과물과 삶의 참여과정의 차이를 구분한다.	
45	치료자는 자신만의 치료 관련 가치를 언급하고, 그것의 중요성을 본보기로 만든다.	
46	치료자는 내담자의 가치를 존중하며, 그것을 지지할 수 없다면 의뢰하거나 다른 대안을 찾는다.	

전념 행동 패턴 만들기

47	치료자는 내담자가 가치 있는 삶의 목표를 찾아내고, 그것과 연결된 행동 계획을 세우도록 돕는다.	
48	치료자는 내담자가 지각된 장애물(예, 실패의 두려움, 외상적 기억, 슬픔, 자신이 옳아야만 하는 것) 앞에서도 계속 전념하고, 전념 행동에 참여한 결과로 생길 부가 장애물을 예상하도록 독려한다.	
49	치료자는 내담자가 전념 행동(예, 생동감, 성장감)의 질을 평가하고, 그런 질과 접촉을 유지하는 동안 작은 걸음이라도 나아갈 수 있게 돕는다.	
50	치료자는 내담자가 시간이 흘러도 목표를 향해 일관성 있게 행동할 수 있도록 돕기 위해 보다 큰 행동 양상에 초점을 유지한다.	
51	치료자는 계속되는 전념과 효과적인 행위의 더 큰 패턴을 만들어 가는 과정 속으로 실수나 재발을 비판단적으로 통합한다.	

용어정리

당신이 이 용어 사전을 사용할 때, 이곳의 용어는 기술적 정의보다는 대부분이 일상 언어라는 것을 염두에 두기 바란다. 많은 용어, 특히 행동 분석과 관계틀 이론에서 나온 용어는 이보다 더 정확한 기술적 정의를 갖고 있지만, 행동 분석 훈련을 받은 경험 없이는 이해하기 어렵다.

가치 values 개인적으로 중요한 삶의 방식으로 선택된 행위의 특성이다. 이는 결코 하나의 대상으로서 얻어질 수 있는 것이 아니고 매 순간 예시되는 것이다. 명사로 사용되기는 하지만, 가치란 인간의 행위와 분리될 수 없기에 '가치 주기'라는 용어가 좀 더 맞는 듯하다.

개념화된 자기 conceptualized self 우리가 자신에 대해 이야기하는 서술적이고 평가적인 생각과 이야기.

개인적 사건 private events 생각, 기분, 감정, 감각, 기억, 이미지 등은 모두 개인적 행동의 형태다. 수용전념치료가 하나의 부분인 전통 안에서 공적 · 사적인 행동은 모두 행동으로 간주되며, 원칙적으로 둘 다 다른 하나를 넘어서는 특권을 가지지 않는다.

경험적 연습 experiential exercise 개념적 학습보다는 사건을 연습하거나 직접적인 접촉을 통해서 참가자가 배우도록 하는 활동이나 연습.

경험적 지식 experiential knowledge 연습이나 직접적인 경험에 기초하여 알게 되는 방식(예, 기타 연주법을 아는 것). 이는 개념 이해를 통해 얻게 된 지식과 구별된다(예, 음계의 음표를 아는 것).

경험 회피/통제 experiential avoidance/control 행동적 손해를 야기할 수 있음에도 내적 경험(예, 사고, 감정, 감각, 기억)의 형태나 빈도 혹은 상황적 민감성을 통제하거나 바꾸려는 시도.

과정적 자기 self as process 순간의 생각, 기분, 다른 사적 사건 등에 대한 탈융합되고 비판단적이며 계속 진행되는 알아차림과 묘사.

관계틀 relational frame 관계틀은 관계틀 이론에서 언어의 가장 기초적인 구성 단위다. 좀 더 기술적으로는 상호적 수반, 조합적 수반, 자극 기능의 변형이라는 맥락에서 양상을 정의하는, 임의로 적용할 수 있는 관계 반응의 한 유형을 말한다. 명사로 쓰이지만 이것은 항상 행위이며, '관계적으로 사건을 틀에 넣는 것'으로 다시 말할 수 있다.

관계틀 이론 relational frame theory: RFT 수용전념치료에 기초를 이루는 언어와 인지에 대한 현재 행동분석 이론. 수용전념치료보다 훨씬 광범위한 연구 프로그램이며, 단지 수용전념치료에만 기초한 것이 아니라 인간 언어와 인지를 포함하는 행위가 기저를 이룬다.

구미에 맞는 (행동) appetitive (behavior) 어떠한 것을 획득하거나 어떤 것을 지향하여서 강화되는 행동을 말한다. 이는 회피나 혐오적 자극을 피해서 행동이 통제되는 혐오적으로 통제된 행동과는 대비된다.

규칙 rules 관계틀 속에서 그들의 참여에 기초한 행동을 안내하는 언어적 공식.

기꺼이 하기 willingness 수용의 또 다른 용어. 두 가지 용어 간에 기술적으로 중요한 차이는 없다. 그러나 일상 용어에서 수용은 수동적인 의미를 전달할 수 있기 때문에, 치료자는 가끔 수용의 적극적인 자세를 전달하기 위해 기꺼이 하기를 사용한다. 따라서 예를 들면 수용전념치료에서 직면 연습은 종종 '기꺼이 하기 연습'으로 불린다.

기능적 맥락주의 functional contextualism 수용전념치료와 관계틀 이론을 기반으로 한 실용적인 철학의 한 형태이며, 선택된 목표를 성취함에 있어 작동 가능성에 진리가 정의된다. 정확성, 범위, 깊이 등을 갖춘 행동의 영향력과 예측에 대한 공유된 대중 목표를 갖춘 과학적 철학.

기능 분석 functional analysis 변화되거나 영향받을 수 있는 변인 간의 중요한 관계를 식별하기 위해 행동 원칙의 관점에서 내담자의 어려움에 대한 이해를 개발하는 과정.

깊이(이론의) depth (in theory) 분석의 수준(예, 심리적, 생물적, 사회적)을 망라하는 일치성 혹은 일관성.

내용적 자기 self as content 자신이 지금까지 경험해 온 생각, 감정, 감각, 기억 등을 문자적 조망을 통해 보는 것이 자기로서 고려된다. 개념화된 자기와 동일하다.

눈치보기 pliance 규칙을 따르는 것이 성공적이건 아니건 규칙을 따르기 위해 사회적으로 강화된 역사에 기초하여 언어적 규칙을 따르는 습관.

마음챙김 mindfulness 수용전념치료 육각형 모델의 왼쪽에 있는 네 가지 과정의 조합을 의미한다. 마음챙김으로 개인은 기꺼이 그리고 직접적으로 생각의 내용에 사로잡히지 않은 채, 경험에 대한 의식적인 관찰자가 되면서 현재 순간과 만난다.

마음 mind 수용전념치료에서 마음은 글자 그대로 하나의 실체로서 존재하는 것으로 여겨지기보다 우리가 생각하는 것이라고 부를 수 있는 언어적 능력의 집합체로서 여겨진다. 때때로 마음은 생각과 생각하는 사람을 분리하도록 도울 수 있기 때문에 마치 하나의 실체인 양 언급하는 것이 유용하다.

맥락적 자기 self as context 나/여기/지금으로부터 사건을 경험하는 것. 반영의 대상으로서가 아니라 관찰이 이루어지는 관점이나 위치로서의 자기.

문자(맥락 그대로의) literality (context of) 상징(예, 생각)과 그에 대한 언급(즉, 생각이 무엇과 관련이 있는지 혹은 무엇을 의미하는지)은 함께 융합되어 있다는 맥락. 그러므로 직접적으로 경험하는 세계와 언어를 통해 구조화된 세계 간의 차이를 줄인다.

생각하기/생각 thinking/thoughts 임의로 적용할 수 있는 감각에서 상징적이거나 관계적인 것. 이에는 단어, 몸짓, 생각, 징후, 이미지, 감정의 다른 특징 등이 포함된다.

수반성 contingency 어떤 맥락에서 규칙적으로만 생기는 결과; 그 모양은 해당 맥락에서 유기체의 행동에 의존한다.

수용 acceptance 우리의 이야기에 의해 야기되는 개인적 사건에 대해 그것의 빈도나 형식을 바꾸려는 필요 이상의 시도를 하지 않은 채(특히 그렇게 하는 것이 심리적 해를 끼칠 때) 적극적으로 알아채며 받아들이는 것이다.

심리적 경직성 psychological inflexibility 주로 언어적 규제과정의 지배를 받으며 선택된 가치를 위하여 행동을 지속하거나 바꾸는 데 무능하다.

심리적 유연성 psychological flexibility 의식적인 인간으로 현재 순간과 충분히 만나는 과정이며 선택된 가치를 위하여 행동을 지속하거나 바꾸는 과정이다.

언어 language 관계틀에 의해 적어도 일부라도 영향을 받는 행동에 대해 사용하는 사회적으로 관습화된 용어.

언어적 능력 verbal abilities 관계틀에 따라 달라지는 화자와 청자에 의한 행위.

원칙 principles 높은 정확성과 넓은 시야를 갖고 말하는 방법.

이론 theory 기능적 맥락주의에서 정확성, 범위, 깊이를 가진 영역 내에서 현상을 예측하고 영향을 미칠 목적을 위해 주어진 영역에 일련의 원칙을 적용하는 것.

이유 대기 reason giving 행동에 대한 언어적 설명.

인지적 융합 cognitive fusion 인간이 생각하는 것의 내용에 사로잡혀 행동 조절의 다른 유용한 원천을 지배하는 경향.

인지적 탈융합 cognitive defusion 융합을 하지 않거나 '탈융합'을 의미하는 뜻으로 만들어진 단어; 언어가 본래 역사를 가지고 있으며, 현재 순간에 나타나는 적극적이고 계속 진행 중이며 관계적인 과정으로서 보일 수 있는 비문자적 맥락을 만드는 과정.

인지행동치료 (전통적) cognitive behavioral therapy: CBT (traditional) 정보처리 인지 모델을 역기능적인 믿음의 수정에 적용한 심리치료의 분야; 인지적 논쟁이나 비합리적인 인지를 검증하고 도전하는 과정을 통해 개인적인 사건의 형태나 빈도를 바꾸는 것에 초점을 둔 점에서 수용전념치료와는 큰 차이가 있다.

임의로 적용할 수 있는 arbitrarily applicable 어떠한 반응이 주로 사회적 변덕이나 관습에 기초하여 수정될 수 있는 맥락을 말한다.

전념 행동 committed action 내적으로 경험된 장애물(예, 생각)에도 불구하고 선택된 가치의 방향으로 나아가는 일련의 행동.

조작적 operant 특정 맥락에서 행동의 기능적 효과에 의해 정의된 행동의 종류. 유사한 맥락에서 발생한 행동과 유사한 효과를 초래하는 행동은 동일한 조작의 일부로 여겨진다.

창조적 무망감 creative hopelessness 내담자 행동의 작동 가능성이 없는 경험을 설명하고 타당화하는 과정을 의미한다. 창조적 무망감은 문제 해결에 있어 개인의 현재 언어 체계의 일부인 이전 전략을 포기하는 태도로서 내담자의 행동에서 종종 보이며, 그래서 진정으로 새로운 형태의 행동을 만들어 내도록 허용한다.

추적하기 tracking　규칙과 그 규칙을 따름으로써 만나게 되는 임의적이지 않은 결과 간 관련성의 역사에 기초하여 언어적 규칙을 따르는 것.

탈문자화 deliteralization　수용전념치료에서 사용하는 인지적 탈융합의 원래 용어인데 발음이 지나치게 어려워 대체되었다.

행동의 기능 function of a behavior　조작적, 고전적, 혹은 언어적 행동의 원칙을 통해 이해한 것으로 그 행동의 역사와 현재 상황이라는 측면에서 분석된 한 행동의 목적.

행동의 지형 topography of a behavior　행동의 형태나 모습.

참고문헌

Ackerman, S. J., & Hilsenroth, M. J. (2001). A review of therapist characteristics and techniques negatively impacting the therapeutic alliance. *Psychotherapy: Theory, Research, Training, 38*(2), 171-185.

Addis, M. E., & Jacobson, N. S. (1996). Reasons for depression and the process and outcome of cognitive behavioral psychotherapies. *Journal of Consulting and Clinical Psychology, 64*(6), 1417-1424.

Bach, P., & Hayes, S. C. (2002). The use of acceptance and commitment therapy to prevent the rehospitalization of psychotic patients: A randomized controlled trial. *Journal of Consulting and Clinical Psychology, 70*(5), 1129-1139.

Barnes-Holmes, D., Hayes, S. C., & Dymond, S. (2001). Self and self-directed rules. In S. C. Hayes, D. Barnes-Holmes, & B. Roche (Eds.), *Relational frame theory: A post-Skinnerian account of human language and cognition* (pp. 119-139). New York: Plenum Press.

Barnes-Holmes, D., Hayes, S. C., & Gregg, J. (2001). Religion, spirituality, and transcendence. In S. C. Hayes, D. Barnes-Holmes, & B. Roche (Eds.), *Relational frame theory: A post-Skinnerian account of human language and cognition* (pp. 239-251). New York: Plenum Press.

Baum, B. E., & Gray, J. J. (1992). Expert modeling, self-observation using videotape, and acquisition of basic therapy skills. *Professional Psychology: Research and Practice, 23,* 220-225.

Beck, A. T. (1993). Cognitive therapy: Pat, present, and future. *Journal of Consulting and Clinical Psychology, 61,* 194-198.

Berens, N. M., & Hayes, S. C. (2007). Arbitrarily applicable comparative relations: Experimental evidence for a relational operant. *Journal of Applied Behavior Analysis.*

Blackledge, J. T. (2003). An introduction to relational frame theory: Basics and applications. *Behavior Analyst Today, 3*(4), 421-433.

Bodian, S. (2006). *Meditation for dummies.* Foster City, CA: IDG Books.

Chödrön, P. (1994). *Start where you are.* Boston: Shambhala.

Crits-Christoph, P., Connolly Gibbons, M. B., Crits-Christoph, K., Narducci, J., Schamberger, M., & Gallop, R. (2006). Can therapists be trained to improve their alliances? A preliminary study of alliance-fostering psychotherapy. *Psychotherapy Research, 16,* 268-281.

Dahl, J. C., Wilson, K. G., Luciano, C., & Hayes, S. C. (2005). *Acceptance and commitment therapy for chronic pain.* Reno, NV: Context Press.

Dimidjian, S., Hollon, S. D., Dobson, K. S., Schmaling, K. B., Kohlenberg, R. J., Addis, M. E., et al. (2006). Randomized trial of behavioral activation, cognitive therapy, and antidepressant medication in the acute treatment of adults with major depression. *Journal of Consulting and Clinical Psychology, 74*(4), 658-670.

Eifert, G., & Forsyth, J. (2005). *Acceptance and commitment therapy for anxiety disorders.* Oakland, CA: New Harbinger Publications.

Fletcher, L., & Hayes, S. C. (2005). Relational frame theory, acceptance and commitment therapy, and a functional analytic definition of mindfulness. *Journal of Rational Emotive and Cognitive Behavioral Therapy, 23*(4), 315-336.

Gaudiano, B. A., & Herbert, J. D. (2006). Acute treatment of inpatients with psychotic symptoms using acceptance and commitment therapy: Pilot results. *Behaviour Research and Therapy, 44*(3), 415-437.

Gentry, D. (2007). *Talking ACT.* Reno, NV: Context Press.

Gifford, E., Hayes, S. C., Koglenberg, B., Antonuccio, D. O., Piasecki, M., & Pierson,. H. (under review). Applying the acceptance and relationship context model to smoking cessation: An initial evaluation of acceptance and commitment therapy, functional analytic psychotherapy and bupropion.

Hanh, T. N. (1992). *Touching peace: Practicing the art of mindful living.* Berkely, CA: Parallax Press.

Hardy, R. R. (2001). *Zen-master: Practical Zen by an American for Americans.* Tucson, AZ: Hats Off Books.

Hayes, S. C. (1984). Making sense of spirituality. *Behaviorism, 12,* 99-110.

Hayes, S. C. (1989). *Rule-governed behavior: Cognition, contingencies, and instructional control.* New York, Plenum Press.

Hayes, S. C. (1993). Analytic goals and the varieties of scientific contextualism. In S. C. Hayes, L. J. Hayes, H. W. Reese, & T. R. Sarbin (Eds.), *Varieties of scientific contextualism* (pp. 11-27). Reno, NV: Context Press.

Hayes, S. C. (2004). Acceptance and commitment therapy, relational frame theory, and third wave of behavioral and cognitive therapies. *Behavior Therapy, 35*(4), 639-665.

Hayes, S. C., Barnes-Holmes, D., & Roche, B. (Eds.). (2001). *Relational frame theory: A post-Skinnerian account of human language and cognition.* New York: Kluwer Academic/Plenum/Springer-Verlag.

Hayes, S. C., Luoma, J. B., Bond, F. W., Masuda, A., & Lillis, J. (2006). Acceptance and commitment therapy: Model, processes and outcomes. *Behaviour Research and Therapy, 44*(1), 1-25.

Hayes, S. C., Rosenfarb, I., Wulfert, E., Munt, E., Zettle, R. D., & Korn, Z. (1985). Self reinforcement effects: An artifact of social standard setting? *Journal of Applied Behavior Analysis, 18*(3), 201-214.

Hayes, S. C., & Smith, S. (2005). *Get out of your mind and into your life: The new acceptance and commitment therapy.* Oakland, CA: New Harbinger Publications.

Hayes, S. C., & Strosahl, K. D. (Eds.). (2004). *A practical guide to acceptance and commitment therapy.* New York: Springer-Verlag.

Hayes, S. C., Strosahl, K. D., Luoma, J., Smith, A. A. & Wilson, K. G. (2005). ACT case formulation. In S. C. Hayes & K. D. Strosahl (Eds.), *Acceptance and commitment therapy: A practical clinical guide.* New York: Kluwer/Plenum.

Hayes, S. C., Strosahl, K., & Wilson, K. G. (1999). *Acceptance and commitment therapy: An experiential approach to behavior change.* New York: Guilford Press.

Hayes, S. C., Strosahl, K., Wilson, K. G., Bissett, R. T., Pistorello, J., Toarmino, D., et al. (2004). Measuring experiential avoidance: A preliminary test of a working model. *The Psychological Record, 54,* 553-578.

Hayes, S. C., Wilson, K. G., Gifford, E. V., Follette, V. M., & Strosahl, K. (1996). Experiential avoidance and behavioral disorders: A functional dimensional approach to diagnosis and treatment. *Journal of Consulting and Clinical Psychology, 64,* 1152-1168.

Heffner, M., & Eifert, G. H. (2004). *The anorexia workbook: How to accept yourself, heal your suffering, and reclaim your life.* Oakland, CA: New Harbinger Publications.

Herbert, J., & Forman, E. (2005, July). *ACT versus traditional CBT.* Paper presented at the ACT Summer Institute, La Salle University, Philadelphia, PA.

Jacobson, N. S., Dobson, K. S., Truax, P. A., Addis, M. E., Koerner, K., Gollan, J. K., et al. (1996). A component analysis of cognitive-behavioral treatment for depression. *Journal of Consulting and Clinical Psychology, 64*(2), 295-304.

Kabat-Zinn, J. (1994). *Wherever you go, there you are: Mindfulness meditations in everyday life.* New York: Hyperion.

Kohlenberg, R. J., & Tsai, M. (1991). *Functional analytic psychotherapy: A guide for creating intense and curative therapeutic relationships.* New York: Plenum

Press.

Lappalainen, R., Lehtonen, T., Skarp, E., Taubert, E., Ojanen, M., & Hayes, S. C. (2007). The impact of CBT and ACT models using psychology trainee therapists: A preliminary controlled effectiveness trial. *Behavior Modification.*

Lewin, K. (1951). Problems of research in social psychology. In D. Cartwright (Ed.), *Field theory in social science: Selected theoretical papers* (pp. 155-169). New York: Harper & Row.

Lindsley, O. R. (1968). *Training parents and teachers to precisely manage children's behavior.* Paper presented at the C. S. Mott Foundation Children's Health Center, Flint, MI.

Lorde, A. (1997). *The cancer journals.* San Francisco: Aunt Lute Books.

Luoma, J. B. (2006, July). *Toward a more functional approach to the training and dissemination of ACT and other empirically-supported psychotherapies: Models, data, and future directions.* Address given at the Second World Conference on ACT/REF and Contextual Behavioral Science, London, UK.

Martin, D. J., Garske, J. P., & Davis, M. K. (2000). Relation of the therapeutic alliance with outcome and other variables: A meta-analytic review. *Journal of Consulting and Clinical Psychology, 68,* 438-450.

McHugh, L., Barnes-Holmes, Y., & Barnes-Holmes, D. (2004). Perspective taking as relational responding: A developmental profile. *The Psychological Record, 54,* 115-144.

Moran, D. J., & Bach, P. (2008). *ACT in practice: Case conceptualization in acceptance and commitment therapy.* Oakland, CA: New Harbinger Publications.

Pierson, H., & Hayes, S. C. (2007). Using acceptance and commitment therapy to empower the therapeutic relationship. In P. Gilbert & R. Leahy (Eds.), *The therapeutic relationship in cognitive behavior therapy* (pp. 205-228). London: Routledge.

Ramnerö, J., & Törneke, N. (2011). *ABCs of human behavior: An introduction to behavioral psychotherapy.* Reno, NV: Context Press.

Rehfeldt, R. A., Dillen, J. E., Ziomek, M. M., & Kowalchuck, R. (2007). Assessing relational learning deficits in perspective-taking in children with high-functioning autism spectrum disorder. *The Psychological Record, 57,* 23-47.

Safran, J. D., & Muran, J. C. (2000). *Negotiating the therapeutic alliance: A relational treatment guide.* New York: Guilford Press.

Sheldon, K. M., & Elliot, A. J. (1999). Goal striving, need satisfaction, and longitudinal well-being: The self-concordance model. *Journal of Personality and Social Psychology, 76,* 482-497.

Strosahl, K. D., Hayes, S. C., Wilson, K. G., & Gifford, E. V. (2004). An ACT primer: Core therapy processes, intervention strategies, and therapist competencies. In S. C. Hayes & K. D. Strosahl (Eds.), *A practical guide to acceptance and commitment therapy* (pp. 31-58). New York: Springer-Verlag.

Twohig, M. P., Hayes, S. C., & Masuda, A. (2006). Increasing willingness to experience obsessions: Acceptance and commitment therapy as a treatment for obsessive-compulsive disorder. *Behavior Therapy, 37*(1), 3-13.

Walser, R. D., & Pistorello, J. (2004). ACT in group format. In S. C. Hayes & K. D. Strosahl (Eds.), *A practical guide to acceptance and commitment therapy* (pp. 347-372). New York: Springer-Verlag.

Walser, R. D., & Westrup, D. (2007). *Acceptance and commitment therapy for the treatment of post-traumatic stress disorder and trauma-related problems.* Oakland, CA: New Harbinger Publications.

Wenzlaff, R. M., & Wegner, D. M. (2000). Thought suppression. *Annual Review of Psychology, 51,* 59-91.

Wilson, K. G. (2003, April). *Introductory experiential workshop on acceptance and commitment therapy.* Symposium conducted in Oxford, MS.

Wilson, K. G., & Hayes, S. C. (1996). Resurgence of derived stimulus relations. *Journal of the Experimental Analysis of Behavior, 66*(3), 267-281.

Wilson, K. G., Hayes, S. C., Gregg, J., & Zettle, R. D. (2001). Psychopathology and psychotherapy. In S. C. Hayes, D. Barnes-Holmes, & B. Roche (Eds.), *Relational frame theory: A post-Skinnerian account of human language and cognition* (pp. 211-237). New York: Plenum Press.

Wilson, K. G., & Murrell, A. (2004). Values work in acceptance and commitment therapy: Setting a course for behavioral treatment. In S. C. Hayes, V. M. Follette, & M. M. Linehan (Eds.), *Mindfulness and acceptance: Expanding the cognitive-behavioral tradition* (pp. 120-151). New York: Guilford Press.

Zettle, R. D., & Hayes, S. C. (1986). Dysfunctional control by client verbal behavior: The context of reason giving. *The Analysis of Verbal Behavior, 4,* 30-38.

찾아보기

인 명

내 용

저자 소개

Jason B. Luoma

임상심리학자로 Portland Psychotherapy Clinic Research and Training Center의 소장이자 미국 리노의 네바다 대학의 연구 교수다. 상담에 지친 내담자나 물질사용장애를 가진 환자에게 수용전념치료를 적용하거나, 근거중심치료를 보급하고 훈련하는 일을 하고 있다. 그는 또한 수용전념치료의 전문가로서 임상 실제와 수련에 경험이 많으며, 이 책은 그의 이런 실질적 경험과 연구의 결과다.

Steven C. Hayes

네바다, 리노에 소재한 네바다 대학교의 창립 교수다. 그는 거의 400여 편의 논문과 30여 편의 책을 저술하였으며, 저서 중에는 『마음에서 빠져나와 삶속으로 들어가라』, 『수용전념치료』, 『관계틀 이론』 등이 있다. ABCT(Association for Behavioral and Cognitive Therapies)의 회장을 역임했으며, 전 세계적으로 수용전념치료의 수련을 수백여 차례 실시하였고, 졸업학생의 임상 수련을 지도감독하고 있다.

Robyn D. Walser

임상심리학자로 개업 중이며 수용전념치료 워크숍 리더이자 상담가다. 그녀는 1998년부터 국내외의 수용전념치료 워크숍을 다양한 형태와 다양한 임상 문제를 중심으로 진행하고 있으며, Palo Alto Health Care System의 보훈 병원 내 외상후 스트레스 장애 국가 센터에서 일하고 있다. 외상후 스트레스 장애나 외상 관련 문제에 수용전념치료를 적용한 저서 『외상후 스트레스 장애 및 외상 관련 문제를 위한 수용전념치료』라는 책과 다수의 논문을 저술하였다.

역자 소개

최영희 (정신과 전문의/의학박사)

고려대학교 의과대학 학사 및 석사

인제대학교 의과대학원 의학박사

ISST(International Society of Schema Therapy) 국제 인증 스키마 치료 전문가

ACT(Academy of Cognitive Therapy) 인증 인지행동치료 전문가 및 Fellow

전) 인제대학교 서울백병원/신경정신과 책임교수

계요병원 진료부장

현) 메타 인지행동치료 및 스키마치료 연구소장

덕성여자대학교 심리학과 겸임교수

인제대학교 의과대학 임상 외래교수

유은승 (임상심리전문가)

덕성여자대학교 심리학과 학사

고려대학교 일반대학원 심리학과 석사

고려대학교 일반대학원 심리학과 박사과정 수료

전) 인제대학교 의과대학 서울백병원 정신과학교실 외래강사

현) 국립암센터 정신건강클리닉

고려대학교, 가톨릭대학교, 삼육대학교 등 출강

최지환 (정신과 전문의/의학석사)

서울대학교 의과대학 학사 및 석사

전) 항공우주의료원 신경정신과 과장

현) 힐링유심신치유센터, 유안정신과 원장

수용전념치료 배우기

Learning ACT
An Acceptance & Commitment Therapy
Skills-Training Manual for Therapists

2012년 9월 25일 1판 1쇄 발행
2025년 3월 25일 1판 8쇄 발행

지은이 • Jason B. Luoma · Steven C. Hayes · Robyn D. Walser
옮긴이 • 최영희 · 유은승 · 최지환
펴낸이 • 김 진 환
펴낸곳 • (주) 학지사
04031 서울특별시 마포구 양화로 15길 20 마인드월드빌딩 5층
대표전화 • 02) 330-5114 팩스 • 02) 324-2345
등록번호 • 제313-2006-000265호
홈페이지 • http://www.hakjisa.co.kr
인스타그램 • https://www.instagram.com/hakjisabook

ISBN 978-89-6330-945-3 93180

정가 25,000원